成本管理会计

（第3版）

王秀芬　颜　敏　主编

首都经济贸易大学出版社
中国农业大学出版社

教材编审委员会

前　言

成本会计和管理会计是20世纪为了满足企业内部经营管理需要而相继产生发展起来的重要会计分支。近年来,企业的生产制造与服务经营环境发生了巨大变化,特别是进入21世纪后,会计界更加强调信息处理技术的革新。而在高新技术迅速发展的今天,技术创新也不断运用于产业活动,从而引起生产组织与管理的新变化。为了适应这些变化,成本会计与管理会计也必须接受新的思想与方法,以改变会计信息与企业管理需要相脱节的局面。

本教材是专为审计学专业、财务管理专业学生和经济、管理类学生学习“成本管理会计”课程而编写的,也可作为广大财会工作者、财经院校教师的参考用书。成本会计和管理会计本来是两个独立的学科,但又存在着内容的交叉。为避免重复以提高学习效率,我们将成本会计与管理会计的内容进行优化,并增加最新内容,从而完成了这本《成本管理会计》教材。

按照教材编写的一般规律和内容分工,确定本教材的主要内容为:在系统介绍企业成本核算原理与方法的基础上,引入管理决策方法,并提出成本战略和成本管理与控制方法,最后对企业的成本和业绩进行分析与评价。为便于学生理解和掌握所学内容,每章后均附有思考题和练习题。

本教材由王秀芬教授和颜敏教授任主编,负责总体框架设计、拟定大纲、组织撰写、审阅、修改及总纂等工作。全书共分为16章,各章执笔人员如下:第一章,颜敏、王秀芬;第二、四章及附录,王秀芬;第三章,颜敏;第五章,苏喜兰;第六章,王会兰;第七章,颜敏、索建宏、陈杰;第八、十三章,王留根;第九、十二章,杨定泉;第十章,潘广伟;第十一、十六章,董红星;第十四、十五章,秦洪珍。

由于时间紧急和水平所限,书中难免存在错误和遗漏,恳请读者批评指正。在编写本书的过程中,参阅了国内外许多优秀的教材、著作,在此表示衷心的感谢。

编　者

2009年2月于郑州

目　录

第一篇　导　论

第二篇　成本核算

第三篇　管理决策

第四篇 成本战略

第五篇 成本管理与控制

第六篇 成本分析与业绩评价

第一篇　导　论

第一章

成本管理会计概述

本章导读

- 成本管理会计的含义
- 成本管理会计的产生与发展
- 成本管理会计的内容与特征

第一节　成本管理会计的含义

一、成本的含义

成本是商品经济中的一个价值范畴。它是企业为生产商品和提供劳务等所耗费的物化劳动和活劳动中必要劳动价值的货币表现，是企业再生产过程中的补偿尺度。

成本是商品价值的组成部分，是由已消耗的生产资料的转移价值和劳动者必要劳动创造的价值所组成。马克思曾指出："商品 W 的价值，用公式来表示是 $w=c+v+m$。如果我们从这个产品价值中减去剩余价值 m，那么，在商品中剩下来的，只是一个在生产要素上耗费的资本价值 $C+V$ 的等价物或补偿价值。"①可见，商品价值 w 由三部分组成：一是已被消耗的劳动对象的转移价值和已被磨损的劳动资料的转移价值，即生产资料的转移价值 c；二是劳动者的必要劳动所创造的价值 v；三是劳动者的剩余劳动所创造的价值 m。成本实质上就是指商品价值中的 c 和 v，它是规范成本开支内容的客观依据。

①《马克思恩格斯全集》第 25 卷，北京：人民出版社，1974：30.

成本是生产经营过程中的一种耗费。马克思曾指出:“生产行为本身,就它的一切要素来说,也是消费行为。”①在商品经济条件下,商品的生产行为是劳动者运用劳动资料,对劳动对象进行加工制作,生产出满足市场需要的商品产品的生产过程。它既是商品产品的形成过程,又是活劳动和物化劳动的耗费过程。在商品经济中,这种耗费必须用货币计量。因此,成本作为劳动耗费的尺度,是商品生产中物化劳动耗费和活劳动中必要劳动耗费的货币表现。

成本是再生产过程中的补偿尺度,是维持企业简单再生产的前提。如果产品的价值不能补偿成本耗费,企业的简单再生产就无法进行。马克思指出:“商品价值的这个部分,即补偿所消耗的生产资料价格和所使用的劳动力价格的部分,只是补偿商品使资本家自身耗费的东西,所以,对资本家来说,这就是商品的成本价格。”②“因为这个价值部分会通过流通过程,由它的商品形式不断买回在商品生产上耗费的各种生产要素。”③因此,成本作为维持简单再生产的补偿尺度,其补偿价值是通过流通过程来实现。只有实现了成本足额补偿,企业扩大再生产才有可能。也就是说,在一定的产品数量和销售价格条件下,产品成本水平的高低,不但影响简单再生产,制约着企业的生存,而且决定着剩余价值 m 的多少,从而影响到企业扩大再生产的可能性。

综上所述,要理解成本的经济含义,不仅要看到成本的耗费,更要重视成本的补偿,这才是对成本含义的完整理解。在商品经济条件下,耗费和补偿是对立统一的。任何耗费总是个别生产者的事情,而补偿则是社会的过程,任何商品只有拿到市场上与人交换才能实现补偿。然而耗费容易补偿却难。生产中的耗费要求补偿和流通中能否补偿是两回事,其决定条件就是生产中所消耗的个别劳动时间低于社会必要劳动时间,否则,就不易补偿。这就迫使商品生产者不得不重视成本,努力加强管理,力求降低个别劳动时间,以较少的耗费来寻求补偿,并争取获得最大限度的利润。由此,降低成本和加强管理便结下了不解之缘,从而也就确立了成本管理在企业管理中的重要地位。

由于成本与管理相结合,成本的内容往往服从管理的需要,并随管理的发展而发展。事实上,无论国内和国外,成本的内涵和外延都在不断发展变化之中。例如,从成本的内涵来看,成本作为资本耗费,发生于生产过程,而补偿是对生产成果的分配,属于分配领域的范畴。作为商品的所有者和经营者,常常会对分配领域的

---

①《马克思恩格斯全集》第 2 卷,北京:人民出版社,1972:93.

②《马克思恩格斯全集》第 25 卷,北京:人民出版社,1974:30.

③《马克思恩格斯全集》第 25 卷,北京:人民出版社,1974:33.

一些支出做出符合自身利益需要的主观规定，列作生产成本，导致实际补偿价值和已经消耗的 $c+v$ 不一致。如为了减少损失，对于一些不形成产品价值的损失性支出(废品损失、停工损失等)列入产品成本。对于应从为社会创造的价值中进行分配的部分(如企业为职工支付的基本医疗、基本养老、失业、工伤等社会保险费等)也列入成本费用。这说明，成本的实际内容一方面要反映成本的客观经济内涵；另一方面又要按国家的分配方针和《企业会计准则》、《企业财务通则》的规定，把某些不属于 $c+v$ 的内容列入成本。

从外延来看，成本的概念已不限于马克思所说的商品产品成本。成本概念的运用已由生产领域向其他领域扩展。美国会计学会 1951 年对成本下了一个定义："成本是为一定目的而付出的(或可能付出的)用货币测定的价值牺牲。"例如，(英)R·威尔逊认为"成本是牺牲的同一语"，"是各种牺牲的一般形式"。[①] (美)查尔斯·T·霍恩格伦认为成本"是为了达到某一特定的目标所失去的或放弃的资源。"[②]上述定义的外延已相当广泛，远远超出产品成本概念的范围。也就是说，不同的目的、不同的条件，可以有各种不同的成本概念，如出现了机会成本等为了管理的需要而产生的各种管理成本概念。

由上所述，上文中的 $c+v$ 这个成本内涵，只能是一种高度的理论抽象。有的会计学者称之为"理论成本"。在现实的经济活动中，一般很难确定纯粹的 $c+v$ 这种理论成本。在我国目前实务中，对于已发生的成本费用，必须遵循国家统一规定的成本开支范围，以此作为国家对企业加强成本管理的依据，防止企业乱挤乱摊成本，影响利润的计算和所得税的上缴。

二、成本会计的含义

成本会计是在社会经济发展过程中逐步形成和发展起来的。时代不同，成本会计的含义不同；目的不同，成本会计的内容也随之而不同。

美国早期研究成本的会计专家劳伦斯(W. B. Lawrence)认为："成本会计乃应用普通会计之原理，以有秩序之方法，记录一企业之各项支出，并确定其所产物品(或所提供劳务)的生产和销售总成本和单位成本，使企业的经营达到经济、有效而又有利之目的。"[③]这里，强调应用会计的原理、原则来计算成本，充分反映了最出

---

①(英)R·威尔逊. 实用成本控制指南. 北京：北京大学出版社，1988：9.

②(美)查尔斯·T·霍恩格伦. 高级成本管理会计学. 北京：中国财经出版社，1986：20.

③(美)劳伦斯(W. B. Lawrence)著. 劳氏成本会计. 潘序伦，译. 上海：立信会计图书用品社，1950：1.

的成本会计是记录型成本会计。

随着科学技术的飞速发展和日趋复杂的外部环境，对企业管理提出了越来越高的要求。19世纪末20世纪初在制造业中发展起来的以泰勒为代表的科学管理，对成本会计产生了深刻的影响。成本会计不只是事后计算产品的生产成本和销售成本，还要事前制定标准成本，并据以控制日常的生产耗费与定期分析成本。这一时期的成本会计定义，可引用英国会计学家杰·贝蒂(J. Batty)的表述："成本会计是用来详细地描述企业在预算和控制它的资源(指资产、设备、人员及所耗的各种材料和劳动)利用情况方面的原理、惯例、技术和制度的一种综合术语。"①

20世纪50年代起，西方国家的社会经济进入了新的发展时期。在激烈的市场竞争面前，企业为了适应社会化大生产的客观要求，管理也要现代化。随着管理现代化，运筹学、系统工程和电子计算机等各种科学技术成就在成本会计中得到广泛应用，从而使成本会计的重点已由如何对成本进行事中控制、事后计算和分析转移到如何预测、决策和规划成本，形成了新型的以管理为主的现代成本会计。现代成本会计是成本会计与管理的直接结合，其定义可表述为：成本会计是采用专门的方法，对企业生产经营过程中的费用和成本进行核算、计算及预测、决策、计划、控制、分析、考核和评价，以促使企业成本达到最优，实现生产经营最优运转的一种价值管理活动。具体又可以表述为：成本会计是运用借贷复式记账法，反映企业日常发生的各项费用即进行成本核算；采用一定的成本计算方法定期进行成本计算；与管理相结合，根据成本核算和其他资料，采用现代数学和数理统计的原理和方法，按照成本最优的要求，对企业将要发生的各种费用进行预测、决策并编制计划，对正在发生的各种费用进行控制，对已发生的各种成本费用进行分析，并结合责任者进行考核，促使企业生产经营实现最优运转，提高经济效益。因此，现代成本会计是广义的成本会计，实际上已经发展成为成本管理。

三、管理会计的含义

管理会计是从传统的会计中分离出来的一个新的会计分支学科。它拓宽了会计的管理职能，侧重研究企业单位内部未来和现在资金运动的规划与控制，把决策会计和责任会计作为主体内容。它吸收了现代管理科学的一些成果，成为现代企业管理不可缺少的一门综合性的交叉学科。

1952年，会计师国际代表大会正式提出"管理会计"术语，但对其定义则各不

①(英)杰·贝蒂(J. Batty)著. 高级成本会计学. 陈炳权，译. 北京：轻工业出版社，1983.

相同。美国会计学会于 1958 年和 1966 年先后两次为管理会计提出了如下定义："管理会计是指在处理企业历史和未来的经济资料时，运用适当的技巧和概念来协助经营管理人员拟定能达到合理经营目的的计划，并做出能达到上述目的的明智的决策。"显然，此时他们将管理会计的活动领域限定于微观，即企业。

1981 年，美国全国会计师联合会的一个下属委员会在其颁布的公告中指出："管理会计是为管理当局用于企业的计划、评价和控制，保证适当使用各项资源并承担经营责任，而进行确认、计量、累积、分析、解释和传递财务信息等的过程。"并指出管理会计同样适用于非盈利的机关团体。这一定义扩大了管理会计的活动领域，指明管理会计的活动领域不仅限于"微观"，还应扩展到"宏观"。

1982 年，英国成本和管理会计师协会发表了一个正式观点，把审计以外的会计各个组成部分都说成属于管理会计的范围。在这个意见中，给管理会计下的定义是："对管理当局提供所需要的信息的那一部分会计工作，使当局得以确定方针政策；对企业的各项活动进行计划和控制；保护财产的安全；向企业外部人员（股东等）反映财务状况；向职工反映财务状况；对各个行动的备选方案做出决策。为此，需要确定为达到各项目标而制订的计划（编制长期计划）；确定短期经营计划（编制预算/编制盈利计划）；对实际业务进行记录（财务会计和成本会计）；采取行动纠正偏差，将未来的实际业务纳入轨道（财务控制）；获取并控制各种资金（司库）。"

20 世纪 80 年代初，西方管理会计学的理论被介绍到我国。我国会计学者在解释管理会计定义时，提出如下主要观点：

(1)管理会计学是一门新兴的综合性边缘学科。

(2)管理会计是一个服务于企业内部经营管理的信息系统。

(3)管理会计是西方企业会计的一个分支。

(4)管理会计是一种为管理部门提供信息服务的工具。

综上所述，管理会计定义可以从广义和狭义两个方面去理解。广义的管理会计是指现代会计系统中区别于传统会计的，体现会计预测、决策、规划、控制和责任考核评价等会计管理职能的那部分内容。现代会计系统既包括宏观会计和国际会计，又包括微观会计。因此，这个概念既揭示了微观管理会计的本质，又可以反映正在形成的宏观管理会计和国际管理会计的一般特征。

狭义的管理会计或者叫微观管理会计，是现代企业会计的一个分支，是以强化企业内部经营管理，实现最佳经济效益为最终目的，以现代企业经营活动为对象，通过对财务等信息的深加工和再利用，实现对经营过程的预测、决策、规划、控制和责任考评等职能的一种管理活动。它是一种侧重于在企业内部经营管理中发挥作用的会计，同时又是企业管理的重要组成部分。①

四、成本管理会计的含义

从会计的发展过程来看，成本会计原是财务会计的核心组成部分，随着成本会计重要性的日益增强，逐渐从财务会计中独立出来，构成了管理会计的核心，并与管理控制共同组成了成本管理会计的基本框架。本教材在总结成本会计与管理会计含义的基础上，将成本管理会计的含义描述为：成本管理会计是以成本信息为主线的内部管理信息系统。它将传统的成本会计与管理会计结合起来，在运用基本的会计核算原理反映企业日常发生的各项费用并采用一定方法定期计算成本的基础上，根据成本核算和其他资料，采用现代数学和管理方法，以强化内部经营管理、实现最佳经济效益为目的，对现代企业的经营过程进行预测、决策、规划、控制、责任考核评价等。

第二节　成本管理会计的产生与发展

一、成本会计的产生与发展

成本会计是会计学科中的一个重要分支，是社会经济发展到一定历史阶段的产物，它是随着商品经济的发展而逐步形成和发展的。

在商品生产出现以后，商品生产者总是希望他所生产的商品在交换中，能从所获得的商品价值中补偿其生产耗费的部分。早在工场生产初期，工场主在接受顾客订货时，为了使卖出的商品能补偿其耗费的价值，不至于吃亏，便出现了估计成本，以满足定价的需要。为了使估计成本接近实际，工场主开始用统计方法计算和汇总生产中发生的直接费用，对数额不大的间接费用则作为损失处理。人们开始积累成本资料，对生产过程中发生的各种耗费进行粗略的计算和汇总，为成本计算迈出可贵的一步。

随着产业规模的扩大，1531 年意大利的 Mcdici 家族在他们的毛纺厂中，开始按照毛纺织的生产工艺分为拣选、清洗、梳刷等步骤，设置成本费用明细账，进行费用的归集和计算，这被人们认为是成本会计的萌芽。18 世纪在英国出现了分批成

---

①参见全国会计师资格考试教材．管理会计．大连：东北财经大学出版社，1995：9.

本计算和分步成本计算模式。1750 年,英国人 James Dodsom 为他的制鞋厂设计了一套会计记录,形成分批成本计算的雏形;1777 年,英国人 Ward-hamgh Jhompson 为他的亚麻制袜厂设计了存货、纺麻、漂白、染色、织袜、整理等步骤的记录,从而计算出每双棕色长筒袜的成本,形成分步成本计算的模式。分批、分步成本计算模式是成本会计的雏形,但还不是真正意义上的成本会计。

19 世纪产业革命后,企业数量增多,规模逐渐扩大,企业之间出现了竞争,力图以薄利多销取胜,生产成本的作用更加突出。为了提高成本计算的精确性,资本家要求会计担当起这项工作来。如此,成本计算与复式簿记结合,形成了成本会计。此时的成本会计主要是将历史成本汇总,然后分配给各种产品和计算产品生产成本及销售成本,其主要目的是为了对存货进行计价和确定利润。这种成本会计是以事后核算和控制为其重点,可称为原始的成本会计。在当时来讲,它还只是财务会计的一个组成部分。

20 世纪初,资本主义经济迅速发展,市场竞争更加激烈。企业为了增强竞争力,对以事后核算为主的成本会计已经感到不能满足要求。在 1910 年出现的泰罗制的推动下,“预算控制”、“标准管理”等科学管理方法用于会计,形成了标准成本会计,使成本会计在原有的成本积聚基础上增加事前控制的新职能,把成本会计从事后核算向事前控制推进。此时的成本会计可称为近代成本会计。泰罗制从其具体内容上来说,不失为一种科学的生产管理制度,其核心是强调提高生产和工作效率,即通过所谓时间和动作研究等来制定在一定条件下既是能够实现的,又是最有效率的标准,作为评价和考核的依据,从而推动了资本主义生产的发展。随着泰罗制的广泛实施,会计上如何与之配合,开始提到议事日程上来,于是,“标准成本”、“预算控制”、“差异分析”等与泰罗的科学管理方法直接相联系的技术方法引进到会计中来,成为成本会计的一个组成部分。此时成本会计不仅是会计核算与成本的结合,还包括了预算与控制。标准成本会计的产生,使成本会计的理论和方法有了进一步的完善和发展,相对财务会计而言,成本会计已经具有一定的独立性。它既是财务会计确定在产品成本、产成品成本、销售成本和利润的依据,又具有成本预测和控制相对独立的体系。

第二次世界大战以后,资本主义垄断经济、跨国公司大量涌现,企业生产规模越来越大,生产经营更加复杂。战争中发展起来的科学技术大量用于生产,产品更新加快,竞争更加激烈。企业为了在竞争中生存和发展,除了要大幅度地降低成本,更要把眼光放在生产过程之前,对产品的品种、结构、工艺、生产的组织安排等进行精心设计,从整体上做出最优的经营决策。为此,西方会计学家,在原有的成本会计基础上,吸收了不少管理方法,将原有的成本会计与预测、决策和事前规划控制等现代管理相结合,形成了以管理为主的现代成本会计。正如美国成本会计学家查尔斯·T·霍恩格伦所说:"成本会计目前涉及收集和提供各种决策所需的信息,从经常反复出现业务的经营管理直至制定非经常性的战略决策以及制定组织机构重要的方针。重要的是把现代成本会计制度的着眼点放在帮助经理们解决好目前和将来所出现的问题上。它关心过去,这只有在帮助预测未来和满足对外报告需求的情况下,才是合适的。"①因此,现代成本会计的主要特点是成本与管理相结合,以成本干预生产。其职能已发展为以核算为基础,以控制为核心,包括对成本的预测、决策、计划、控制、核算、分析和考核的整个职能体系。

二、管理会计的产生与发展

管理会计的产生与发展是寓于现代会计的产生与发展之中的。现代会计的产生和发展与生产力的进步和商品经济的发展是密不可分的。管理会计作为现代会计系统中的一个分支,同样也不例外。1494 年,由于意大利地中海城市海外贸易、商业和金融业的发展,最早地全面论述复式簿记原理的重要著作——意大利数学家帕乔利的《算术、几何及比例概要》一书在威尼斯出版。在该书中,帕乔利提出了"复式簿记平衡原理",这被认为是会计发展史上的第一个里程碑,是会计史上的一次重大的变革——从单式簿记发展到复式簿记,被会计史学家认为是现代会计开始的一个重要标志。

19 世纪中叶,具有强大生命力的股份有限公司这种企业组织形式出现了,对会计提出了新的更高的要求。要求会计围绕正确确定"分期损益"这一中心环节解决问题,包括如何进行会计期间的确定、资本支出与收益支出的划分、固定资产折旧的计算、资产的计价、收入实现的确认等。这些问题的正确处理,对股份制企业经营机制的正常运行及健康发展关系极大。为维护企业内外有经济利益关系的集团和社会公众的利益,客观上要求各个企业遵守规范化的会计程序和规则,此即"公认会计原则"制订和实施的主要原因。"公认会计原则"的形成和发展,标志着财务会计进入一个新的发展阶段——现代财务会计阶段。

19 世纪中叶以后,股份有限公司巨额筹资,生产规模扩大,生产设备增多,引起间接费用在成本中所占的比重愈来愈多,加上产品品种日趋多样化,使间接费用的分配和吸收成为成本计算面临的一大难题。同时市场竞争的压力也要求企业正确计算产品成本,为产品定价提供客观依据。因此,复式簿记原理开始纳入成本计

①(美)查尔斯·T·霍恩格伦.高级成本管理会计学.北京:中国财政经济出版社,1986:3.

算系统，并逐渐实现了成本会计记录与财务会计记录的有机结合。这一目标的实现经历了一个较漫长的历史过程。正如美国著名会计学家保罗·加纳所指出的："工厂记录与财务记录的结合，在进入本世纪以前，是以相当缓慢的速度发展着的，直到1920年，才创立了全部具体的结合方法。"

成本会计向纵深发展，从单纯的事后成本计算发展到成本计算与成本控制相结合，以更好地为降低成本服务。具体的表现是从原始的实际成本计算向标准成本系统发展。至此，管理会计的雏形已经形成。

(一)执行性管理会计阶段——早期管理会计的形成

19世纪末20世纪初，产业革命加速了资本主义经济的发展，生产规模的社会化和激烈的自由竞争，要求彻底改变单纯凭经验和主观臆断的管理方法，于是泰罗的科学管理理论应运而生。1911年，被西方誉为"科学管理之父"的泰罗在《会计月刊》上发表了著名的《科学管理原理》一书(后又出版单行本)，从而开创了企业管理上的一个新纪元。"泰罗制"的核心是：通过对工人操作的动作和时间的研究，制定额定的工作量和工资标准，用来考核和评价实际工作。列宁于1918年曾对"泰罗制"做过全面分析，指出："资本主义在这方面的最新发明——泰罗制，也同资本主义的其他一切进步的东西一样，有两个方面：一方面是资产阶级剥削的最巧妙的残酷手段；另一方面是一系列的最丰富的科学成就，即按科学来分析人在劳动中的机械动作，省去多余的笨拙动作，制定最精确的工作方法，实行最完善的计算和监督制度等"。可见，"泰罗制"的主要作用是提高生产和工作效率。通过他所倡导的所谓时间与动作研究，来制定一定条件下可以实现并被认为是最有效率的标准，以此作为评价和考核的依据，以促使生产的各个方面实现高度的标准化。

随着"泰罗制"的广泛实施，劳动工资制度的改革，在会计业务中增加了"标准人工成本"和"成本差异"的核算，即出现了标准人工成本法。它的出现，改变了会计只进行事后计算的传统模式，严密的事先计算开始引入到会计体系中来，为企业进行事前计算和事中控制、加强成本管理和降低成本提供了方法。另一位管理学专家甘特把这种管理方法引申到材料和制造费用的管理中去，出现了"标准材料成本"和"标准制造费用成本"。它们与"标准人工成本"共同组成了标准成本系统。这些内容在当时只是作为原有会计体系中的一个附带部分而存在。1919年，美国成本会计师协会的成立，加快了标准成本的推广。此后，美国会计学界经过近10年的争论，正式将标准成本纳入了会计系统，出现了真正的标准成本会计制度。与此同时，预算控制、变动成本法和利润坐标图等方法相继出现，部分学者开始提出"管理会计"概念，且有相关著作问世。1922年，奎因斯坦和麦金西分别出版了《管理会计:财务管理入门》和《预算控制》;1924年,麦金西又出版了《管理会计》;布利斯出版了《通过会计进行经营管理》等著作。据此,可以认为:以泰罗的科学管理理论为基础,以标准成本和预算控制为主要支柱的早期执行性管理会计,在20世纪二三十年代已初步形成。①

(二)决策性管理会计阶段——现代管理会计的形成

第二次世界大战以后特别是20世纪50年代以后,资本主义经济的迅猛发展为现代管理会计的形成打下了坚实基础。此时资本主义经济的主要特点表现在:第一,现代科学技术突飞猛进并广泛用于生产,使生产力获得高速发展;第二,资本进一步集中,企业规模日趋扩大,跨国公司大量涌现,市场竞争更加激烈,企业经营更趋复杂化。这些特点对企业管理提出了相应的新要求:一方面要求企业内部管理更加合理化、科学化;另一方面要求企业具有灵活多变的反应能力和适应能力,以免在激烈竞争中被淘汰。前述曾风靡一时的"泰罗制",其主要作用是降低消耗,提高投入产出之比,进而提高生产经济效果。而"果"并非都有益。只有将"果"与企业外部联系,并被外部——市场接受,才能体现为"益"。要提高经济效益,必须加强企业整体决策的科学性。只有决策正确,生产效率高,才有益处。"泰罗制"只重视对生产过程个别环节的高度标准化和高效化管理,而忽视企业管理的全局和企业与外部的关系,这在新的形势下显得本末倒置;不把人当做具有主动性和创造性的劳动者,而只作为机器的附属物来管理,这势必引起劳动者的强烈不满,因而难以达到应有的效果。因此,"泰罗制"必将被新的管理科学理论所替代。新的管理科学理论——现代管理科学是管理研究和管理技术的总称。它广泛吸取了自然科学和管理科学的新成就,形成了以运筹学和行为科学为主要支柱的理论和方法。其中:运筹学为企业决策和规划提供了理论和技术方法。如以西蒙为代表的决策论(属于运筹学的一个分支)认为"管理的重心在于经营,经营的关键在于决策",通过分析、评价,从多种可行方案中选择最优方案的决策问题事关重大。行为科学从心理学和社会学的角度提供了管理人和控制人的理论,较好地适应了战后经济的特点和要求。

现代管理科学的发展以及在企业管理中的成功应用,使得会计重点转向对经济过程的控制和事前预测决策,传统会计方法已不能满足经营管理的需要。为适应现代管理的需要,线性规划、概率论等多种数学方法日益渗透到会计领域,使会计学科越来越多地利用自然科学的方法和成果,这一切都为现代管理会计的形成

---

①参见杨世忠、徐兴恩.管理会计基础.北京:北京经济学院出版社,1995.

奠定了理论和方法基础。一方面，早期管理会计的技术方法得到了进一步的发展。例如，标准成本会计和预算控制不仅保留下来，而且吸收了运筹学、行为科学等方面的研究成果，形成了以目标管理为前提的标准成本制度；利润坐标图从主要用于解析过去的经济活动，发展为根据企业的主客观条件，运用本量利分析进行经济合理的选择，成为科学预测、决策和计划、控制的手段。另一方面拓展了会计的管理职能，即从解释过去转向控制现在和筹划未来。借助于运筹学中的理论和技术，建立了经营决策会计、投资决策会计，以行为科学为基础，建立了责任会计方法体系。

会计内容上和职能上的深刻变化，使原有的会计定义和方法已经概括不了变化后的现实。为了不断推进会计理论的研究，以满足企业管理发展的需要，必然促使管理会计从传统的会计中分离出来，形成一门以现代管理科学为基础、以决策分析为主要支柱、与财务会计并列的新型会计学科——现代管理会计。管理会计体系基本形成之后，由于它能更充分发挥会计的管理职能，在改善企业经营管理和提高经济效益方面起到了十分重要的作用，受到了企业界和会计界的高度重视，因而它的各种专门方法和技术得到了广泛的推广应用。

20 世纪 60 年代，美、英等发达国家陆续将管理会计学课程作为高等院校会计专业和其他财经管理专业的主干课程。西方会计学者撰写了大量的管理会计教材、专著和论文，其内容广泛涉及预测决策会计、规划控制会计和责任会计。1972 年，美国全国会计师联合会成立了独立的“管理会计协会”。1985 年，英国也成立了“成本和管理会计师协会”。它们分别出版专业性刊物《管理会计》月刊，并在全世界发行。1980—1988 年 2 月，美国会计学会所属的管理会计实务委员会发布了 14 个《管理会计公告》，作为解决管理会计问题的指导原则。在管理会计的理论研究中，数量经济分析、风险分析、数理统计推断、运筹学、管理工程学、现代决策论、控制论、信息论、系统论、心理学、行为科学以及电子计算机技术被广泛应用，极大地丰富了管理会计学的内容。1980 年 4 月，国际会计师联合会在巴黎召开第一次欧洲会计专家会议，讨论如何在世界范围内推广和应用管理会计问题。

（三）管理会计的发展

20 世纪 80 年代后期，世界经济的科技含量越来越大，高科技企业越来越多，产品的开发费用所占比例越来越高，直接材料、直接人工费用所占比例越来越小，过去传统的成本与管理会计计算成本的方法已不适应新的形势。1988 年美国哈佛大学的罗宾·库珀（Robin Cooper）和罗伯特·卡普兰（Robert Kaplan）提出了作业成本计算法（activity based costing，简称 ABC 法）。成本与管理会计的这一进展，不仅改进了单位成本计算的准确性和成本控制的有效性，而且极大地改进了销售价格和产品结构的决策。

与此同时，世界经济进一步走向全球化和国际化，企业市场竞争日趋激烈，企业的经营管理决策越来越依赖于外部环境的变化，不少学者和企业家开始了对企业战略管理的研究。随着企业战略管理理论研究的不断深入和完善，为了适应企业战略管理的需要，成本管理专家和学者认为，战略管理需要获得具有竞争优势的成本资料，而传统成本管理会计还不能满足要求。因此，一方面，要将成本管理会计导向企业战略管理并与之相融合；另一方面，更重要的是在成本管理会计中引入战略管理思想。1981 年，著名管理学家西蒙首次提出了“战略管理会计”一词，1993 年美国学者尚克(J. K. Shank)等出版了《战略成本管理》一书，使战略成本管理会计更加具体化，由此进入了以市场驱动的标准成本为标志、以重视环境适应性为特征的战略成本会计发展的新阶段。

第三节 成本管理会计的内容与特征

一、成本管理会计的内容

(一)成本会计的内容

从成本会计的发展来看，原始的成本会计是运用会计核算的一般原理和方法，全面系统地记录企业生产过程中所发生的各种生产费用，通过一定的程序归集，并按一定的标准在各成本计算对象之间进行分配、汇总，确定各种产品和劳务的总成本和单位成本。随着经济的发展，管理的科学化和系统化，这种事后的成本核算和计算已不能满足现代成本管理的要求。因此，现代成本会计必须拓宽原有成本会计的内涵和外延，涉及的内容更为广泛。其基本内容包括：

1.成本预测

成本预测是指根据历史成本资料和其他相关的资料，运用专门的方法，对未来成本水平和发展趋势做出的科学推测和估计。成本预测是成本决策的基础。通过成本预测，得出若干不同方案的成本数据，可以帮助企业了解成本发展的前景，以供决策时使用。

2.成本决策

成本决策是指运用定性和定量的方法，根据成本预测和相关资料，对生产经营过程中涉及成本高低不同的方案做出最佳选择的过程。成本决策的主要内容有：零部件自制与外购的成本决策，是否接受特殊订货的成本决策，亏损产品是否停产的成本决策等。做出最优化的成本决策，是制定成本计划的前提，也是实现成本目标和提高经济效益的重要途径。

3.成本计划

成本计划是指在成本预测和决策的基础上，根据计划期的生产任务和目标利润，通过一定的程序，遵循一定的原则，以货币计量形式表现计划期产品的生产耗费和成本水平，作为成本控制和考核的依据。

4.成本核算和计算

成本核算和计算是指对生产费用的发生和产品成本的形成进行核算和计算。即根据企业的生产工艺和生产组织的特点以及成本管理的要求，确定合适的成本计算方法并加以采用。按照规定的成本项目，归集和分配生产费用，计算出各种产品的总成本和单位成本。

5.成本控制

成本控制是指在产品成本形成过程中，通过对成本形成的监督，及时纠正发生的偏差，采取措施，使生产经营过程发生的各种消耗和费用，被限制在成本计划和费用预算标准的范围内，以保证实现目标成本。这种成本控制又可以称为狭义的成本控制。

广义的成本控制可以按照成本费用发生的时间顺序，分为事前控制、事中控制和事后控制三个阶段。以产品成本为主体来考察，可以分为产品设计阶段的成本控制、产品生产阶段的成本控制、事后考核阶段的反馈控制。以企业特定的经营时期来考察，又可以分为事前控制：对下一期的成本费用水平进行预测，对下一期成本方案进行决策，并编制出成本计划；事中控制：采用特定的成本控制方法对正在发生的成本费用进行控制，使其能实现目标成本；事后控制：对已经发生的成本费用进行分析考察，了解形成的原因，总结经验教训，为下一阶段的成本预测、决策和控制服务。

6.成本分析

成本分析主要是指事后成本分析，即利用成本核算资料，与目标成本、上年实际成本、责任成本、国内外同类产品成本的先进水平进行比较，了解成本变动的情况，系统地研究成本变动的量差、价差的原因。通过成本分析可以了解成本变动的规律，总结经验教训，寻求节约耗费、降低成本的途径。

7.成本考核

成本考核是指定期对成本计划和有关指标实际完成情况进行考核和评价。成本考核是分清各部门责任、评价其工作业绩的重要手段，其结果是奖惩的主要依据。通过成本考核，可以鼓励先进，鞭策后进，进一步完善成本管理责任制，调动职工的积极性，更好地履行责任，提高成本管理的水平。

(二)管理会计的内容

管理会计是一门不断发展的学科，其理论和方法尚未形成科学、严密的体系。

由于管理会计侧重于为企业内部经营管理服务,不受公认会计原则的制约,因此其内容在中外会计界尚未统一,也不可能完全一致。但就管理会计的基本内容而言,大体是一致的,主要包括决策会计和控制会计两部分。

1.决策会计

决策会计又叫决策与规划会计,是以企业经营目标为依据,在缜密地预测分析基础上,运用各种专门方法,分析评价长、短期决策的经济效果,为各级管理人员提供各种有用的信息。规划是根据决策所确定的目标,经过反复地综合平衡,形成一个完整的全面预算体系。它是企业和各方面生产经营活动的统一纲领,也是评价和考核工作成果的基本尺度。其基本内容包括:①决策分析及作为其前提的预测分析;②全面预算及责任会计中的责任预算部分。

2.控制会计

控制会计又称控制与业绩评价会计,是以全面预算为基础,通过标准成本系统等对企业的成本实施有效的控制;通过责任会计对企业内部各单位实施控制和考核,协助企业管理当局实现既定目标;通过平衡计分卡对企业的经营业绩和努力程度进行评价。这里的"控制"包括分析执行过程和评价工作业绩。其基本内容包括:①全面预算;②成本控制;③业绩评价。

管理会计的基本内容除了上述决策会计和控制会计之外,还应包括成本——业务量——利润的分析。它是以成本性态分析为前提,进行盈亏临界点分析和目标利润的规划,同时阐述变动成本计算的理论和特点。它既是决策和控制的重要工具,又是学习管理会计的必备基础知识。

由上可知,成本管理会计在经济活动中所发挥的职能既包括反映、预测、决策、计划和分析职能,也包括规划经营目标、控制经济过程和考评经营业绩等职能。

二、成本管理会计的特征

从成本会计与管理会计的产生与发展来看,成本会计是管理会计的前身,管理会计的发展超出了成本会计的范围,成本会计是管理会计的组成部分。因此,要分析成本管理会计的特征,必须了解成本会计、财务会计和管理会计三者之间的关系,从而在此基础上进行总结归纳。

(一)成本会计与财务会计的关系

1.成本会计与财务会计的区别

(1)职能不同。财务会计的职能主要是核算并对外提供财务报告,而成本会计的职能则是多方面的。它既要反映在特定期间内发生的各项费用和支出，并按规定及时计算出产品成本，同时还要对成本费用方面的经济业务进行预测、决策、规划、控制、分析和考核，为企业加强成本管理、降低成本服务。因此，成本会计比财务会计的职能更广泛。

(2)反映的内容不同。成本会计的内容仅限于成本、费用、支出方面，而财务会计则对企业发生的全部经济业务进行反映，其中某些内容需要借助于成本会计核算和计算的结果。

(3)反映内容的时间不同。财务会计主要是反映过去已经发生的经济业务，即对企业的过去作一个“历史性的描述”；而成本会计反映内容的时间阶段很全面，既有过去，还有现在和未来。即它要遵循历史成本原则核算和计算已经发生的成本费用，并采用一定的方法分析和考核成本计划的完成情况，同时又要对正在发生的成本费用采用科学的方法进行控制，更要对将要发生的成本费用运用运筹学、数理统计等各种有用的方法进行科学的预测、决策并做出规划。

2.成本会计与财务会计的联系

两者的联系主要体现在成本会计核算和计算等方面。财务会计在进行资产计价和收益确定及对外提供财务报告时，需要依据成本会计提供的相关资料；由于成本会计计算的实际成本的真实性直接对实际损益产生影响，并进而影响各相关者的经济利益，所以，成本会计核算和计算的整个程序也要纳入以复式簿记为基础的财务会计框架中，严格遵循会计核算方面的原则和准则，并在成本开支范围、开支标准、补偿方式等方面严格遵守有关法规的明确规定。只有如此，所获得的成本信息才能取信于企业外部的信息使用者，被他们用于对企业管理当局的业绩评价，并据以做出各自的决策。

(二)成本会计与管理会计的关系

1.成本会计与管理会计的区别

(1)职能不同。首先，管理会计的职能主要是决策和控制，体现会计的管理职能，即运用财务会计所提供的历史资料，对未来的经济活动进行筹划，并控制现在正在进行的各项经济活动，重在对企业内部进行管理。成本会计虽然也要决策未来的成本费用，并控制正在发生的成本费用，但其基本的职能是核算和计算已经发生的成本费用，这是与管理会计职能的重要区别。其次，从管理职能的履行来说，管理会计更侧重于决策，筹划未来，采取各种措施使预期利润最大化；成本会计则侧重于控制，即以降低成本为主要目的。

(2)反映的内容不同。管理会计是对企业全部经济活动进行决策和控制，范围十分广泛，涉及的会计要素主要有收入、费用、损益等，是对企业的收入、成本、资金、利润等各方面进行管理；成本会计主要在成本费用方面进行管理。

(3)发挥作用的时间不同。管理会计是筹划未来，控制现在；成本会计则是反映过去，控制现在，决策未来。

2.成本会计与管理会计的联系

成本会计与管理会计的联系要重于区别，主要体现在：企业经营决策的主要内容就是对决策方案的成本效益进行比较、分析和评价。虽然管理会计以利润最大化为终极目标，但是，成本的高低决定着利润的多少。经营决策评价中，很多方案都要以成本的高低作为决策的标准。成本会计提供的资料是决策方案选择中必不可少的重要指标。管理会计所用的各种独特的“成本”概念，是以基本成本资料为基础进行的加工、改制和延伸，以适应不同情况进行灵活运用。离开了成本会计所提供的基本成本资料，经营决策分析和评价中所用的各种“成本”也就成了无源之水、无本之木了。同时，正是成本会计提供的资料，常用来作为对企业管理人员工作业绩的评价依据。

(三)管理会计与财务会计的关系

1.管理会计与财务会计的区别

(1)目标侧重点不同。财务会计主要是向企业外部有利害关系的各方提供信息；管理会计主要服务于企业内部的经营管理。

(2)基本职能不同。财务会计主要是核算和监督；管理会计主要是决策与控制。

(3)基本对象不同。财务会计是对企业全局已发生的各项经济业务进行反映；管理会计是对企业全局或局部未发生和正在发生的经济活动进行决策和控制。

(4)方法不同。财务会计主要采用复式记账法对实际经济业务进行确认和计量，并涉及一些初等数学知识；管理会计方法灵活多样，主要有决策和控制方法，并大量涉及高等数学知识。

2.管理会计与财务会计的联系

(1)基本数据同源。管理会计需要使用财务会计输出的某些资料，通过加工、改制和延伸，使其符合内部经营管理的需要，没有必要另行组织一套原始数据。

(2)主要指标相互渗透。财务会计提供的历史性的资金、成本和利润等指标，既是管理会计进行长、短期决策分析的重要依据，又是分析、评价和业绩考核的主要资料。管理会计中确定的预算、标准等数据是财务会计日常核算的基本前提。因此，管理会计和财务会计的主要指标体系和内容应该一致，尤其是企业内部的会计指标体系更应同步实施，才能达到有效的控制和管理。

(3)最终目标一致。管理会计和财务会计同作为经济管理的组成部分,它们所提供的会计报告都是为了有关方面的经济决策服务,都是为了改善经营管理,提高经济效益。

(4)都面临不断自我完善和发展的问题。不论是管理会计还是财务会计都需要与不断发展的社会经济环境相适应。因此,管理会计和财务会计的联系可以归结为:同源分流,殊途同归。

(四)成本管理会计的特征

1.侧重于为企业内部经营管理服务

成本管理会计的主要目的是为企业内部各级管理人员提供有效经营和最优决策的信息,为加强企业内部的经营管理和提高经济效益服务。财务会计虽然也为企业内部提供基本的财务信息,但其主要目的是为企业外部有经济利害关系的各方提供信息。成本管理会计这种服务对象或基本目标方面的特点是其最本质的特征。正是由于这一特征,才决定并派生出了其他特征。

2.反映过去、筹划未来、控制现在

为了有效地服务于企业内部的经营管理,一方面要求成本管理会计运用其基本的理论和方法,反映企业成本特定期间发生的各项费用和支出情况,及时计算出产品成本,同时要求运用特有的理论和方法,对生产经营方面将要采取的各种方案进行科学的预测分析,并以此为基础进行决策分析和编制预算,即筹划未来的经济活动;另一方面,为确保规划的经营目标能得以实现,还必须切实地控制现在。与此相对比,财务会计主要是解释和描述过去,通过记账、算账、报账,反映实际完成的交易事项,对企业的财务状况和经营成果作历史性的描述。

3.方式方法更具灵活性

由于成本管理会计侧重于为企业内部的经营管理服务,因此,在很多方面都具有灵活性,如在管理上不受会计原则制约;工作程序不固定,表现在决策分析做出的时间、对经济过程的控制时间、报告编制报出的时间均不固定,只要内部经营管理需要,成本管理会计应随时工作;方法灵活多样,大量借鉴了其他相关学科的方法,如预测学中的数理统计和数学方法,运筹学中的决策论、线性规划,行为科学中对人的管理思想和方法等,目的是为了满足其基本职能的需要。而财务会计必须严格遵守公认会计原则的要求,必须按照统一的凭证——账簿——报表的会计程序进行工作,并定期提供财务报告。

4. 提供的信息具有不同特征

具体包括:

(1)特定性和针对性。成本管理会计所提供的信息是为了满足内部经营管理的需要、针对某一个特定的问题做出的。如针对企业经济业务所引起的物化劳动和活劳动的耗费进行计量、计算和控制,生产经营决策中的品种选择问题,投资决策中的某一项目可行性分析等。

(2)不定期性。成本管理会计根据需要不定期地提供各级管理人员所需的管理报告。

(3)信息质量特征的双重性。成本核算和计算得出的信息必须真实、完整、准确、及时,而针对未来的预测、经营决策不可能绝对准确,也不具备法律效力。

(4)种类多。成本管理会计提供的信息既有定量指标,也有定性指标,如责任会计中提供的有关员工的精神状态和工作态度的信息。也就是说,只要是对企业内部经营管理有用的信息,成本管理会计都应尽可能地随时提供。

5.更加关注管理过程和人的作用

现代成本管理会计不仅看重实施管理行为的结果,而且更为关注管理的过程。在成本管理会计观念中,企业中的每一个人都是财富和效益的创造者,属于可开发的人力资源,决不能将其看成被管制的对象。因此,在企业管理中,要注意行为科学的应用,要培养合格人才,核算人力资源成本,并且要密切注意管理过程及其结果对企业内部各方面人员心理和行为的影响,要千方百计地调动人们的积极性,充分发挥人们的主观能动性。

6.对从业人员的素质要求更高

鉴于成本管理会计的方法灵活多样,体系缺乏统一性和规范性,无固定的工作程序可循,因此,成本管理会计水平的高低在很大程度上取决于会计人员素质的高低。同时,由于成本管理会计工作需要考虑的因素比较多,涉及的内容较复杂,也要求从事这项工作的人员必须具备较宽的知识面和较深厚的专业造诣,具有较强的分析问题和解决问题的能力及果断的应变能力。成本管理会计所涉及的问题大多关系重大,尤其是决策工作决不允许素质较低的人员瞎参谋。因此,成本管理会计工作需要由复合型高级会计人才来承担。

思 考 题

1.如何理解成本的经济含义?其与费用和支出有何区别?

2.如何从成本管理会计的产生和发展过程理解成本管理会计的含义?

3.成本管理会计的内容有哪些?

4. 成本会计、财务会计和管理会计三者有何关系?

5.成本管理会计有哪些特征?

第二章

成本的分类

本章导读

- 成本的一般分类
- 成本的特殊分类

第一节　成本的一般分类

一、成本按其经济用途的分类

1.制造成本

也称生产成本，是指为制造产品或提供劳务而发生的成本，主要由直接材料、直接人工和制造费用三个项目构成。

(1)直接材料。是指在加工后直接构成产品实体或主要部分的材料成本。其重要特征是，不论在理论上还是实践上，该项成本都能准确地归属于某种具体对象上。

(2)直接人工。指在生产过程中直接改变原材料的性质或形态所耗用的人工成本。其基本特征与直接材料相同，即必须能直接归属到具体对象上。

(3)制造费用。指在生产过程中发生的除直接材料、直接人工以外的其他费用，通常由间接材料、间接人工和其他制造费用三个部分构成。

2.非制造成本

对生产企业而言，非制造成本应视为期间成本，是指企业在生产经营过程中发生的应由当期收入负担的支出，主要包括财务费用、销售费用和管理费用。

二、成本按其转为费用的不同方式分类

1. 产品成本

产品成本是指为生产或提供一定种类和数量的产品或劳务而发生的、应该由一定种类和数量的产品或劳务负担的成本。如生产产品耗用的直接材料、直接人工和制造费用等。由于企业一定时期内所生产的产品并不一定能在该期全部出售，因此，一定时期的产品成本不能全部作为当期费用从收入中扣除，而只能扣除销售实现的部分。

2. 期间成本

期间成本是指在一定会计期间发生的、不应由一定产品或劳务负担而直接从当期收入中扣除的成本。如销售费用、管理人员薪酬等。由于该种成本不是用已交付的货物或已提供的劳务来表示，并不构成存货的一部分，因此又可称为不计入存货的成本。

三、成本按其同特定对象的关系分类

1. 直接成本

直接成本是指在成本计算时，能直接计入某种特定对象的成本。如产品成本中的直接材料、直接人工等。直接成本与某一特定对象（产品、劳务、加工步骤或部门）之间具有直接联系，可按特定标准将其直接归属该对象。

2. 间接成本

间接成本是指在成本计算时，不能直接计入某种特定对象、而必须通过一定分配标准才能分摊到各种特定对象的成本。如制造业企业发生的制造费用。间接成本与某一特定对象之间没有直接联系，无法按某一特定标准直接归属有关对象。

四、成本按其经营目标的分类

1. 生产性成本

生产性成本是指生产性企业为生产一定质量和数量的产品，在生产要素上个别耗费的物化劳动 c、生产者必要的活劳动 v 的补偿价值。生产性企业是指那些通过一系列生产工艺过程，采用一定的技术方法，将投入的生产要素有机结合起来，生产出具有某种使用价值和实物形态的产品的企业。生产性企业包括工业企业、建筑施工企业、种植养殖企业等。这类企业的劳动成果都有特定的实物形态，

能够以产品产出的地点和时间确定成本计算对象、归集生产费用，从而计算产品成本。在生产性企业中，成本按其经济用途可划分为制造成本和非制造成本两大类。

2. 服务性成本

服务性成本是指服务性企业为提供某种劳务在生产要素上个别耗费的物化劳动 c、提供劳动者必要活劳动 v 的补偿价值。服务性企业是指那些以具有某种服务功能的设施，满足某方面需要的企业，包括交通运输企业、商品流通企业、邮电通讯企业、饮食宾馆旅游企业、金融保险企业等。这类企业的劳动成果一般不具有实物形态，只能按照提供劳务的性质、数量和质量，归集所发生的经营费用，计算成本。

第二节　成本的特殊分类

一、成本按其性态分类

成本性态也称成本习性，是指成本总额对业务量（产量或销售量）的依存关系。按成本性态，成本可分为固定成本、变动成本和混合成本三大类。

1. 固定成本

固定成本是指在一定时期和一定业务量范围内，其发生总额保持不变的成本。即在一定的业务量范围内，与业务量的增减变化无关的成本。但就单位固定成本而言，则是随着业务量的增减变化而成反比例变动。如按直线法计提的固定资产折旧费，企业管理部门的办公费等。

2. 变动成本

变动成本是指在一定时期和一定业务量范围内，其发生总额随着业务量变动而成正比例变动的成本。但就单位变动成本而言则是固定的，如构成产品实体的各种原材料、生产工人计件工资、按产量法或工作量法计提的固定资产折旧费等。

3. 混合成本

混合成本也称半变动成本或半固定成本，是指在一定条件下，其发生总额随着业务量变动但不成正比变动的成本。如机器设备的日常维修费用、辅助生产费用等。

二、成本按其经营管理与决策的关系分类

1. 付现成本和沉没成本

付现成本是指需动用本期现金、有价证券和存货等流动资产的成本。付现成

本是一种未来成本。企业在短期经营决策中,付现成本的大小通常会决定最终方案的选择。特别是当企业的资金处于紧张状态、筹措资金又比较困难时,往往对付现成本大小的考虑比对总成本高低的考虑更加重视,因而会选取付现成本最小的方案来代替总成本最低的方案。

沉没成本是指由于过去决策所引起的并已经支出、不需要动用本期现金等流动资产的成本。它所涉及的是以前的付现成本,是已经发生的成本。如固定资产的折旧费用,当按一定的方法计入本期费用时,并未动用本期的现金与流动资产,而是以前的付现成本在当期的摊销,因此沉没成本常常是一种与决策无关的成本。

2.原始成本与重置成本

原始成本是指按照资产购置时支付的现金或现金等价物的金额,或者按照购置资产时所付出的对价的公允价值计量的成本。如购买的材料,按购入时的买价、运费及其他采购费用作为其原始成本。由于原始成本是已发生的实际成本,有较客观的参考价值,所以在计算资产的价值和企业的净收益时,一般都用原始成本作为确定销售成本的依据。

重置成本是指按照现在购买相同或者相似资产所需支付的现金或现金等价物的金额计算的成本。重置成本不仅是财务会计关心的一个重要问题,更是管理会计所需关心的问题,通常在定价决策中考虑重置成本,而不是历史成本信息。

3.可控成本与不可控成本

可控成本是指考核对象对成本的发生可以调节、掌握和控制的成本。例如,生产部门对材料的消耗是可以控制的,所以材料的耗用成本是生产部门的可控成本;材料的价格,因由供应部门所控制,所以是供应部门的可控成本。

不可控成本是指考核对象对成本的发生不能调节、掌握和控制的成本。例如,生产部门无法控制材料的采购成本,因而对生产部门来说材料采购成本是不可控成本;水、电、气的供应成本对生产部门来说也是不可控成本。

可控成本与不可控成本都是相对的,而不是绝对的。对于一个部门来说是可控的,对另一个部门来说就可能是不可控的。但就整个企业而言,一切成本都应是可控成本。

4.专属成本与共同成本

专属成本是指可以明确归属于某种、某批或某个部门的成本,是某项特定决策的相关成本。如某种设备专门生产某一种产品,那么,这种设备的折旧费用就是该种产品的专属成本。

共同成本是指那些需要由几种、几批或几个部门共同负担的成本,不是某项特定决策的相关成本。如某种通用设备生产多种产品,那么,该设备的折旧费用就是所生产多种产品的共同成本。

5.可避免成本和不可避免成本

可避免成本是指当决策方案改变时某些可免予发生的成本,或者在有几种方案可供选择的情况下,当选定其中一种方案时,所选方案不需支出而其他方案需支出的成本。如在机械化生产时,产品零部件的传送需要人工来搬运,而改用自动流水线进行生产时,就可自动传送,这样对于自动流水线生产方案来说,机械化生产情况下搬运零部件所需的人工费用等就是该方案的可避免成本。应当注意:可避免成本不是指可降低的成本,虽然对本方案来说,其他方案的某些支出本方案可免予支出,但本方案可能发生其他的支出,所以,可避免成本仅指其他方案的某些支出本方案可免予发生的部分。

不可避免成本是指无论决策是否改变或选用哪一种方案都将发生的成本。例如,无论是机械化生产方案还是自动化生产方案,都需占用厂房,这样厂房的折旧费用对任何方案来说都需发生,因而是不可避免成本。

6.差别成本与边际成本

差别成本是指两个不同方案之间预计成本的差异数。在企业进行决策时,由于各个方案所选用的生产方式、生产工艺和生产设备的不同,各方案预计发生的成本也存在差异,各方案估计成本的差异数就是差别成本。在产品售价或销售收入相同的情况下,差别成本是进行决策的重要依据。

边际成本是指产品的产量每增加一个单位所需增加的成本。在大批量生产的情况下,由于在一定的生产能力范围内,每增加一个单位产品只增加变动成本,所以边际成本常表现为变动成本。但在单件小批量生产情况下,增加一个单位产品常需增加生产能力,即需增添机器设备等,这时边际成本就包括由于增加这一单位产品所发生的所有变动成本和固定成本。在经营决策中,边际成本可以用来判断业务量的增减在经济上是否合算。

7.机会成本

机会成本是经济学中的一个重要概念,它是指由于从多个可供选择的方案中选取一种最优方案而放弃一些次优方案上的收益。由于资源的稀缺性,资源用于某一方案就不能同时用于另一方案。为了保证经济资源得到最佳的利用,在分析所选方案(机会)的收益时,就要求将所放弃方案中的最高的收益额视作选定该方案所付出的代价,这种被放弃的次优方案的最高收益额即为所选方案的机会成本。机会成本是企业在做出最优决策时必须考虑的一种成本。

8.相关成本和非相关成本

相关成本是指与特定决策相关,决策时必须考虑的未来成本。例如当企业是否接受一批订货时，生产该批订货所需发生的各种成本即为相关成本。相关成本通常随决策的产生而产生，随决策的改变而改变，从根本上影响着决策方案的取舍。属于相关成本的有：差量成本、边际成本、机会成本、付现成本、专属成本、重置成本和可避免成本等。

非相关成本是指与特定决策不相关，决策时可不予考虑的成本。例如接受特殊订货时，原有的固定成本就属非相关成本，因为即使不接受这批特殊订货，这些固定成本也照样发生。非相关成本不随决策的产生而产生，也不随决策的改变而改变，对决策不具影响力。属于非相关成本的有：原始成本、沉入成本、共同成本和不可避免成本等。

除了上述分类之外，与经营管理有关的成本分类还会产生不同的成本概念，如标准成本、责任成本、质量成本等，将在后面有关章节详述。

思考题

1. 什么是直接成本和间接成本？

2. 成本按其经营管理与决策的关系分类包括哪些内容？

第二篇　成本核算

第三章

成本核算基础

本章导读

- 成本核算的原则和要求
- 费用的分类
- 成本核算的程序和科目

第一节 成本核算的原则和要求

一、成本核算的意义

成本核算是对成本的确认、计量、记录、分配、计算的一系列行为，有广义和狭义之分。广义的成本核算既包括对各行各业、各单位的各种成本进行的核算，如制造业企业成本核算、商品流通企业成本核算、施工企业成本核算等；又包括因不同目的而进行的各种成本核算，如为了存货计价和损益确定而进行的产品成本核算，为了考核内部各单位责任履行情况而进行的责任成本核算等。狭义的成本核算仅指企业的产品成本核算。本章的成本核算主要是指狭义的成本核算，并且是以制造业企业为主的产品成本核算。

产品成本核算是企业以一定的产品或劳务为对象，对成本进行确认、计量、记录、分配、计算，以确定产品实际总成本和单位成本的过程。成本核算是成本会计的基础内容。正确组织产品成本核算，对按时确定损益、加强成本管理具有重要意义。

1. 成本核算是存货计价、损益计算和产品定价的基础

通过成本核算所确定的产成品、在产品成本信息，可以为确定“资产负债表”中

的存货项目数额提供依据,还可以为确定“损益表”中的营业成本提供依据。成本核算不及时或不准确,将直接影响到企业对外报告的正确性。通过产成品成本的计算还可以为制定产品价格提供最低经济界限。产品价格是价值的转化形态,制定价格应以价值为依据。但产品的价值在现阶段仍无法直接计算,人们只有通过计算产品成本,在产品成本的基础上考虑平均利润率及其他因素制定产品价格。同时由于补偿的原因,产品价格只有高于产品成本,才能实现补偿,从这一角度来说,制定产品价格必须考虑产品成本,它对客观真实地反映企业各期的经营成果具有重要意义。

2.成本核算为改善企业经营管理、提高管理水平提供必要的成本信息

通过成本的高低,可以全面反映企业生产技术经营管理水平的情况和效果。企业劳动生产率的高低、固定资产的利用程度、原材料的消耗情况、生产单位管理水平等都将直接或间接地表现在产品成本上。因此,通过成本信息的反馈,对改善经营管理、提高管理水平具有重要意义。

3.成本核算是成本管理的重要环节

成本管理是对成本耗费所作的预测、决策、计划、核算、控制、分析和考核等一系列组织工作。成本核算为成本管理的各个环节提供真实的成本信息,它是成本管理的重要组成部分。通过成本核算,反映和监督成本计划的执行情况,为加强成本控制、分析和考核成本升降的原因以及编制新的成本计划、进行成本预测和决策提供实际资料,以加强成本管理,不断降低成本。

4.成本核算为反映和监督在产品的动态,保护企业财产安全完整和加强生产资金的管理提供重要资料

当企业各期存在在产品时,需要计算在产品成本和完工产品成本。计算在产品成本需要反映在产品的实物量,并能反映出在产品所占用的资金数额。因此,成本核算提供的资料对加强在产品的实物管理和资金管理都具有积极的意义。

二、成本核算的原则

(一)分期性原则

企业的经营活动是持续不断进行的,为了取得一定期间内所生产的产品成本信息,必须把企业的经营活动人为地划分为各个期间,分别计算各期产品成本。在实际工作中,成本核算的分期必须与会计报告期一致,定期地进行费用的归集和分配,以便于计算利润。但会计报告期不一定与成本计算期一致。成本计算期是计算完工产品成本的时期,它与生产类型和管理要求有关,可以定期计算,也可以不

定期计算。

(二)配比原则

为了正确确定各个会计期间的营业利润,除了需要确认各期营业收入外,还应确认应由相应期间负担的成本费用,将费用与收入相配合和比较。实行配比原则,必须划清跨期费用的界限,坚持权责发生制,正确确定各期的成本费用。

(三)实际成本计价原则

成本核算按实际成本计价包括两层含义:一是对生产耗用的原材料、燃料和动力、折旧费等都要按实际成本计价。这种按实际成本计价,是指原材料、燃料和动力要按其实际耗用量和实际单位成本计算,折旧费要按固定资产原始价值和预计使用寿命计算。二是完工产品成本要按实际成本计价。即当产品完工转出时,账面上已归集的属于该产品的实际成本应随之转出,不能多转或少转。但这并不排斥“库存商品”科目按计划成本(定额成本或标准成本)计价,实际成本与计划成本(定额成本或标准成本)之间的差异,另设专门科目反映。

(四)一致性原则

一致性原则是指成本核算所采用的方法前后各期必须一致,使各期的成本资料口径统一、相互可比,便于分析和考核,不能随意变动。否则,容易弄虚作假,人为调节各期成本水平,影响成本的正确性。成本核算所采用方法的一致性包括:耗用材料实际成本的计算方法、折旧计提方法、辅助生产费用和制造费用分配的标准与方法、在产品的计价方法、产成品成本的计算方法等都应前后一致。

(五)合法性原则

合法性原则是指计入成本的费用必须符合国家的法令、法规和制度的要求。不符合规定的费用不能计入成本。例如,购建固定资产的支出,按规定应作为固定资产增加,不能直接计入成本;管理费用、财务费用等应作为期间费用处理,不能计入产品成本;其他如购入无形资产的支出、对外投资的支出、被没收的财物、罚款性支出、捐赠和赞助支出等都不能列入成本。

(六)重要性原则

重要性原则是指组织成本核算时,对成本有重大影响的项目,应作为核算重点,力求精确;对于一些不太重要的内容,可从简处理。对重要产品单独核算成本,重要费用单独作为成本项目加以列示，数额较大的间接费用分配要力求准确、单独分配。对于非重点产品和费用则不必要求过细，如构成产品实体的原材料、生产工人薪酬直接计入“直接材料”、“直接人工”项目单独核算；一般性耗用的材料费用计入制造费用等综合反映。

（七）效益性原则

成本核算工作细微复杂，工作量大。在成本核算中，坚持效益性原则，就是要讲求成本效益分析。即成本核算工作本身要讲效益或称管理效益。如果某项成本核算提供的信息对管理非常有用，对降低成本很有帮助，则可以把此项核算工作做得细致一些，工作量可以大一些；反之，则可以简化进行，否则就不合算，或无效益。

三、成本核算的要求

（一）正确划分各种费用支出的界限

1. 划清收益性支出与资本性支出、营业外支出的界限

支出是指企业在经营过程中发生的一切开支及耗费。企业的经营活动多种多样，因而支出的用途也多种多样。相对于费用、成本，支出这一概念的范围最广，因为并非所有的支出都能作为费用和成本。企业的所有支出可以分为三大类：收益性支出、资本性支出和营业外支出。收益性支出的效益仅与本会计年度有关，因而要与本年收入相配比，列作本年的生产经营管理费用，作为本年收入的扣减项目；资本性支出的效益与两个或两个以上的会计年度有关，不能作为当年的生产经营管理费用，而应作为非生产经营管理费用，按照受益年限分摊计入以后各年；营业外支出与生产经营无关，不能作为企业的费用处理。

正确区分不同性质的支出是正确计算生产经营管理费用和非生产经营管理费用，进而正确计算产品成本的前提条件。

2. 划清生产费用与经营管理费用的界限

企业的生产经营管理费用应进一步划分为生产费用和经营管理费用。其中，生产费用是指用于产品生产、应计入产品成本的费用。产品成本要在产品完工并销售以后才计入企业的损益；而当月投入生产的产品不一定当月完工并销售，当月完工并销售的产品不一定是当月投入生产的，因而本月发生的生产费用并不完全等于计入当月损益，从当月利润中扣除的主营业务成本。经营管理费用是指在一定的会计期间，为企业提供一定的生产条件，保持正常生产经营能力，为组织和管理生产而发生的费用。它与各个期间有关，与产品生产无关。因为即使当月企业

不生产,这些费用也会发生。因而经营管理费用要全部计入当月损益,而不计入产品成本。因此,为了正确计算产品成本和经营管理费用,以正确计算各个月份的损益,还应将生产经营管理费用进一步划分为生产费用和经营管理费用。

3.划清各个月份的费用界限

为了按月计算、分析和考核产品成本和经营管理费用,正确计算各月损益,还应将生产费用和经营管理费用在各个月份之间进行划分。为此,应该贯彻权责发生制原则,正确核算预付费用和预计费用。本月支付但属于以后各月受益的费用,应记作预付费用,分摊计入以后各月的成本费用;本月虽未支付,但本月已受益的成本费用,应记作预计费用,预先计入本月的成本费用。划清本月成本费用与下月成本费用界限,可以正确计算各月成本费用及各月损益。

4.划清各种产品的成本界限

企业若在本月内生产了两种或两种以上的产品,则应计入本月产品的生产费用还应在本月生产的各种产品之间分配。其中,直接材料、直接人工一般可以分清产品品种,直接计入各种产品成本。制造费用一般难以分清属于哪种产品,需要采用合理的分配方法分配后计入各种产品成本。分清了各种产品的成本,才可以进一步计算各种产品的完工成本和在产品成本。

5.划清在产品和产成品成本的界限

本月生产的各种产品有时并不一定全部完工,月末会有一定数量的在产品存在。此时各种产品成本还需要在本月完工产品和月末在产品之间分配。分配时可以结合不同的情况采用相应的在产品成本计算方法。只有计算出了完工产品总成本和单位成本,才可以为产品销售提供定价依据,可以计算产品销售成本,同时为期末存货计价提供依据。

(二)严格执行成本开支范围的规定

为了统一成本所包括的内容,规范成本补偿的标准,保持成本开支的可比性,防止乱挤乱摊成本,保证企业成本和损益计算的正确性,国家规定了统一的成本开支范围,作为企业进行成本核算工作的依据,增强可操作性。企业在实际工作中应严格遵守成本开支范围的规定。在成本开支范围中,规定应计入成本、费用的开支包括以下各项。

(1)生产经营过程中实际消耗的原材料、辅助材料、配件、外购半成品、燃料、动力、包装物的原价和运输、装卸、整理费用等。

(2)固定资产的折旧费、修理费和租赁费。

(3)低值易耗品的摊销费和无形资产的摊销费。

(4)按国家规定列入成本的职工薪酬。

(5)企业生产产品和提供劳务而发生的各种制造费用。

成本开支范围是国家根据成本的经济内涵、国家的分配方针等的具体要求而规定的。这种规定有助于企业做好成本核算工作,保证成本核算工作的质量;有利于正确确定企业的利润和税金,解决国家与企业之间的分配关系。这种规定会随着国家经济体制的改革、分配方针的变化和财务管理制度的变化而做相应修改,但仍要以成本经济内涵为基准,不宜有过大的偏离。成本开支范围一经规定,应保持相对稳定,以保证不同年度的产品成本具有可比性,便于进行成本分析和考核。

(三)做好成本核算的各项基础工作

1.建立健全原始记录

原始记录是按照规定的格式,对企业的生产、技术经济活动的具体事实所做的最初书面记载。它是进行各项核算的前提条件,是编制费用预算、严格控制成本费用支出的重要依据。成本核算的原始记录主要包括以下内容。

(1)反映材料物资耗用的原始记录。根据企业的性质、规模和管理要求的不同,需要填制材料验收入库单、领料单、废料回收单、自制材料入库单、多余材料退库单、委托加工材料领用单等。

(2)反映劳动消耗的原始记录。一般包括职工录用通知单、考勤记录、劳动工时记录、职工调离通知单、请假单、职工薪酬结算单、职工薪酬费用分配表等。

(3)反映固定资产的原始记录。一般包括固定资产竣工验收单、机器设备检验单、设备利用数、各产品使用的台时记录、报废、清理单等。

(4)反映产品生产和产出的原始记录。一般包括产品加工路线单、工作票、班组生产记录、停工通知单、半成品入库、调拨、报废及盘亏报告单、在产品转移交库单、产品验收单、出库单和销售结算记录等。

2.完善计量验收等制度

准确的计量和严格的质量检测是保证原始记录可靠性的前提。计量和验收的失误将使整个成本会计工作的可信度降低,导致成本信息失真。计量和验收是企业生产经营管理中数量管理的基础。货币计量与实物计量验收紧密相关,没有严密的实物计量和验收,便不可能对生产和耗费进行正确的计量和计价。因此,对企业的一切原材料的收入、发出、领退、盘存、在产品和半成品的内部转移、产成品的完工入库等活动都要严格计量和验收,以保证准确计算生产耗费,保护财产物资的安全完整。要做好计量和验收,必须配备必要的计量工具,如度、量、衡具和有关计量仪器、仪表,并由专人负责,随时检修和校正。

3.制定科学先进的消耗定额

定额是企业在一定的生产技术和设备条件下,对生产经营活动中的各种耗费所制定的消耗标准和应达到的要求。定额管理是以定额为依据来安排计划,组织生产,控制消耗的一种科学管理制度。制定合理的定额,实施定额管理是成本会计工作的重要基础。它对编制成本计划,组织成本核算,进行成本控制、成本分析和考核都有重要意义。

定额按其内容主要包括:有关原材料、燃料、动力、工模夹具等的消耗定额;有关劳动消耗的工时定额、产量定额等;有关设备利用的消耗定额;有关费用开支标准和定额等。

定额的制定要有科学性,定额本身应有先进性和可行性,才能充分发挥定额在控制生产耗费中的积极作用。随着生产技术条件的变化和生产组织的改进,应适时地对定额进行补充和修订;同时又要注意保持定额的相对稳定性,以利于调动职工积极性,使分析、考核建立在可比的基础上。

4.制定适合企业内部的结算制度和结算价格

内部结算制度是企业内部各单位、各部门相互提供产品或劳务进行收付结算的一种制度。我国内部结算业务一般通过内部银行进行结算,内部结算方式主要有厂币结算、支票结算和转账结算。实行内部结算必须制定合理的内部结算价格。在企业内部对于原材料、辅助材料、燃料、动力、在产品、半成品、零部件以及各种劳务都要制定相应的内部结算价格,作为内部结算的依据。制定内部结算价格是实行内部结算的前提,它对明确各单位的经济责任,反映各单位的经济利益,考核各单位的业绩,简化核算工作具有重要意义。内部结算价格一经制定,不宜随易变动,否则不利于内部结算和考核。

(四)选择适当的成本计算方法

成本计算方法是指将生产费用进行归集汇总后,具体计算每种产品完工总成本和单位成本的方法。现有的产品成本计算方法主要有品种法、分批法、分步法、分类法、定额法等多种。企业可以根据具体情况选择相应的成本计算方法。

一般情况下,决定选择的因素主要是企业生产类型的特点和管理的要求。企业的生产类型主要有:按工艺过程分有简单生产、连续式复杂生产和装配式复杂生产;按组织方式分有大量生产、成批生产、单件生产。不同的生产类型,决定了企业的成本计算对象不同,如是分产品计算,还是分投产批次计算或分生产步骤计算,因而也就有了品种法、分批法、分步法之分。不同的成本计算方法,在成本计算期、生产费用在完工产品和在产品之间的分配方法等方面均不相同。

管理要求对成本计算方法选择的影响主要表现在:要求企业分清主次,区别对待。对主要产品从细,对次要产品从简,粗细适当。如为配合管理的需要,将几种性能、工艺等相近的产品归为一类加以计算成本,即成本计算的分类法,以简化成本计算。如此既能满足成本核算的需要,又能提高工作效率,简化核算过程。

第二节 费用的分类

一、费用按经济内容分类

一个企业为进行正常的生产经营活动,会发生很多费用。例如:企业为了生产产品,需要领用材料用于加工产品并构成产品实体,因此,要发生材料费用;要生产产品就必须有一定数量的生产工人来加工产品,为此要支付给工人工资,发生职工薪酬费用;为生产产品还必须有一定的设备用于加工产品,为此,因使用设备将会发生折旧费用;生产车间为了组织产品生产,还将发生各种料费、工费和其他费用。除了生产产品之外,企业在正常经营过程中,还会发生公司经费、企业房屋建筑物的折旧费、修理费、保险费、管理人员的薪酬费用、借款利息等费用。

这些在一定时期发生的费用均是用货币表现的,其具体内容按照费用的性质(或经济内容)可以划分为:劳动对象消耗的费用、劳动手段消耗的费用和活劳动中必要劳动消耗的费用。前两方面为物化劳动耗费,即物质消耗;后一方面为活劳动耗费,即非物质消耗。这三类可以称为制造业企业费用的三大要素。为了具体反映制造业企业各种费用的构成和水平,还可将上述费用进一步分为8个项目。通常我们把费用按经济内容分类的项目称为费用要素。

(1)外购材料。指企业为了进行生产经营而耗用的一切从外部购进的原材料、主要材料、辅助材料、半成品、包装物、修理用备件和低值易耗品等。

(2)外购燃料。指企业为进行生产经营而耗用的一切从外部购进的各种燃料,包括固体燃料、液体燃料和气体燃料。

(3)外购动力。指企业为进行生产经营而耗用的一切从外部购进的各种动力,包括电力、热力和蒸汽等。

(4)职工薪酬。指企业为获得职工提供的服务而给予各种形式的报酬以及其他相关支出。

(5)折旧费。指按照规定计算提取的固定资产折旧费(不包括出租固定资产折旧费)。

(6)利息费用。指企业计入期间费用的短期借款利息费用减去利息收入后的净额。

(7)税金。指计入企业管理费用的各种税金,如印花税、房产税、土地使用税等。

(8)其他费用。指不属于以上各项要素的费用,如邮电费、差旅费、租赁费、保险费、水电费、设计费、办公费等。

费用按经济内容进行分类可以反映费用的原始形态。将费用划分为若干要素进行反映,有助于企业了解在一定时期内发生了哪些费用,各要素的比重是多少,借以分析各个时期各种要素费用的结构和水平。这种分类反映了企业外购材料、燃料费用及职工薪酬的实际数额,可以为编制材料采购资金计划、劳动工资计划以及考核储备资金周转速度提供资料。这种费用的划分,能将物化劳动的耗费明显地从劳动耗费中划分出来,进行单独反映,有利于企业计算工业净产值,并为计算国民收入提供资料。

二、生产费用按经济用途分类

企业的各种费用按照不同的经济用途可以做如下分类:首先,企业的全部费用可以划分为用于日常生产经营的生产经营管理费用(即收益性支出)和用于其他有关方面的非生产经营管理费用(即资本性支出);其次,生产经营管理费用按照是否用于产品生产还可以分为用于产品生产,可以计入产品成本的生产费用和用于组织、管理产品生产及销售的日常经营管理活动的经营管理费用。为了便于进行成本核算,将计入产品成本的生产费用按用途可分为若干项目,在会计上称为产品成本项目。产品成本项目包括如下内容:

(1)直接材料。指直接用于产品生产并构成产品实体或主要成分的原料、主要材料、外购半成品、有助于产品形成的辅助材料,以及直接用于产品生产的各种燃料和动力费用。

(2)直接人工。指企业给予直接参加产品制造的生产工人的报酬以及其他相关支出。

(3)制造费用。指企业车间为生产产品和提供劳务而发生的各项间接费用。包括车间管理人员的薪酬、车间设备和房屋建筑物的折旧费、修理费、办公费、水电费、机物料消耗、劳动保护费等。

(4)废品损失。指企业在生产过程中发生了废品造成的损失。在废品较多或废品在产品成本中所占比重较大,需要单独加以核算时,可以设此项目进行核算。

(5)停工损失。指企业基本生产车间因停工而发生的各种费用造成的损失。在发生停工情况较多的企业,需设“停工损失”项目进行核算。

上述生产费用按经济用途划分的各个产品成本项目并非一成不变,企业可以根据自身的生产特点和成本管理要求来决定。如在采用分步法计算产品成本的企业,为了考核各步骤半成品成本,可以增设“自制半成品”成本项目。

三、生产费用按照与产品的关系分类

1.直接费用

直接费用指直接用于产品生产并能直接计入产品成本或按一定比例分配后计入产品成本的生产费用。如直接材料、直接人工。有些直接材料或直接人工是用于两种以上产品的生产,因而还需按一定比例分配后计入各种产品成本。这一类费用一般是直接计入按产品种类等成本计算对象分别设置的“生产成本——基本生产成本”科目中。

2.间接费用

间接费用指生产车间为组织和管理生产而发生的各种物化劳动和活劳动的耗费及固定资产折旧费等。包括间接材料、间接人工及其他制造费用。必须指出的是:直接用于产品生产的机器设备折旧费按其用途应属于直接生产费用,但这项费用没有专设的成本项目反映,在成本核算过程中,一般是与车间的房屋建筑物等固定资产的折旧费一并反映,作为制造费用项目的一个细目,因此,将其归为间接费用。

间接费用需要先按发生的地点等归集计入有关费用科目,然后再按一定的标准分配计入各种产品的“生产成本——基本生产成本”科目中。

这种分类对企业正确计算产品成本具有重要意义。间接费用的合理分配与否,直接影响到产品成本计算的正确性。

四、生产费用按照与生产工艺的关系分类

(1)基本费用。指由生产工艺本身引起的费用,如直接用于加工产品而发生的劳动对象、劳动手段和活劳动中必要劳动的耗费。包括直接材料、直接人工、直接用于产品生产的固定资产折旧费。

(2)一般费用。指生产车间为组织和管理生产而发生的各种耗费,它不是由生产工艺本身引起的费用。如间接人工、办公费、差旅费等。

这种分类便于了解企业产品成本构成情况，分析企业不同时期的管理水平。管理水平越高，产品成本中一般费用的比重越低。这种分类有利于促使企业提高管理水平，降低一般费用的开支，提高经济效益。

五、费用按照与产品产量的关系分类

(1)变动费用。指费用总额随产量的增减而成正比例变动的费用，如构成产品实体的原料及主要材料、计件工人薪酬等。

(2)固定费用。指费用总额不随产品产量的增减而变动，在一定产量幅度内，费用总额不变。如固定资产折旧费、管理人员薪酬等。

(3)混合费用。指费用总额随产品产量变动但不成正比例变动的费用。在产品成本项目的构成中，制造费用的较大部分都是混合费用。这类费用既有固定费用的特性，又有变动费用的特性。为了便于管理，可以采用专门的方法将其分解为固定费用和变动费用。

将费用分解为固定费用和变动费用，有利于寻求降低成本费用的途径。其中变动费用要通过降低单位费用的方式来实现；固定费用要通过增加产量，降低单位产品分摊的固定费用并控制总额支出来实现。这种分类对成本的预测、决策、控制、分析等都有重要作用。

第三节 成本核算的程序和科目

一、成本核算的程序

成本核算是对生产费用的发生和产品成本的形成进行核算。构成产品成本的生产费用与产品成本的形成同出于生产过程。成本核算实质上是对产品生产过程中劳动耗费的核算。成本核算的过程就是按照一定的程序，对发生的生产费用进行分配、汇总，将计入产品成本的生产费用归集于各种产品，通过确认，计算各该产品实际总成本和单位成本的过程。成本核算程序就是指从生产费用的发生、归集开始，直到计算出完工产品成本为止的整个核算顺序和步骤。

在产品生产过程中，耗用的原材料、燃料、动力、发生职工薪酬、计提折旧等费用，有的可以从凭证上清楚了解是某种产品生产所需，可以直接计入产品成本，有的则无法分清耗用对象，需要通过一系列的归集和分配过程，逐步汇总到产品成本

中去;月末,本月生产的产品有全部完工的,也有部分完工的,此时,需要将产品成本在完工产品和在产品之间进行分配,确定产成品成本和在产品成本。

因此,整个核算程序可以归纳如下:

1. 进行要素费用的核算

将生产经营过程中发生的原材料费用、燃料、动力费用、薪酬费用、折旧费用及其他各项要素费用按照用途和费用发生的地点等分别加以归集,分清生产经营管理费用和非生产经营管理费用;生产经营管理费用再按用途区分为生产费用和经营管理费用。在用于产品生产的生产费用中,构成产品实体的材料费用、生产工人薪酬费用等,能分清产品品种的直接于发生时计入各种产品的"生产成本——基本生产成本——×产品"科目;属于两种产品共同耗用的材料、薪酬费用,应根据产品耗用的重量或工时等比例,将材料、薪酬费用分配计入各产品的"生产成本——基本生产成本"科目中。

其他非直接生产产品发生的生产费用按照费用发生的地点归集。如基本生产车间发生管理和组织生产的各种费用计入"制造费用"科目中,辅助生产车间发生的费用计入"生产成本——辅助生产成本"科目中。这两类费用于月末采用一定的方法分配计入各种产品的"生产成本——基本生产成本"科目中。经营管理费用分别计入"管理费用"、"销售费用"、"财务费用"科目,作为期间费用处理。

进行要素费用核算,要严格按照成本开支范围的规定,审核和确认生产费用支出应计入何种科目,严格划清各种支出的界限。

2. 进行预付费用和预计费用的核算

预付费用和预计费用均是指费用的发生期和归属期不一致的费用。如本月发生的预付全年的保险费或租金支出,虽减少了本月的现金或银行存款,但并不应全部计入本月的"制造费用"或"管理费用"科目,而应在以后的受益期内平均分摊计入各期成本或费用科目。分摊时,按照何期受益、何期负担的原则进行分配。

进行预付费用和预计费用的核算,是为了分清应由本期产品成本或损益负担的费用和应由以后或以前各期产品成本或损益负担的费用,划清费用的期间界限,真实反映各期的产品成本和损益。

3. 进行辅助生产成本的核算和分配

辅助生产车间是为其他车间和部门提供水、电、气等的部门,它所发生的劳务费用等也应按照受益部门进行分配,以便进行成本补偿。因此,辅助生产车间在计算出自己的劳务成本并计入"生产成本——辅助生产成本"科目后,要按提供劳务量的情况分配计入各有关的成本、费用科目。如为基本生产车间提供的劳务,其费用应分配计入按基本生产车间设置的“制造费用”科目，之后再按产品受益情况分配计入各产品的“生产成本——基本生产成本”科目中。

4.进行基本生产车间制造费用的分配

月末，应将基本生产车间本月发生的全部制造费用，采用适当的分配标准，分配计入各产品的“生产成本——基本生产成本”科目中。

上述分配的目的是为了将基本生产车间发生并归集的全部产品生产费用在各种产品之间做彻底的分配，以便分清生产费用在各种产品之间的界限，以保证正确计算每一种产品的成本。

5.生产费用在完工产品和期末在产品之间的分配

各种生产费用均计入各种产品的“生产成本——基本生产成本”科目后，就要进一步计算本期完工产品成本。由于企业本期生产的产品本期并不一定都完工，因而完工产品成本的计算也需要分以下几种情况进行：

(1)本期无期初在产品，也无期末在产品，当期投入生产的产品全部完工。

此时，各产品“生产成本——基本生产成本”科目归集的生产费用就是当期完工产品成本。即：

$$\text{本期生产费用}=\text{完工产品总成本}$$

(2)当期投入生产的产品全部未完工，此时，各产品“生产成本——基本生产成本”科目归集的生产费用全部是期末在产品成本，完工产品总成本为零。

(3)当期投入生产的产品部分完工，部分未完工，假如无期初在产品，则各产品“生产成本——基本生产成本”科目归集的生产费用应在当期完工产品和期末在产品之间进行分配，以便确定当期完工产品成本。即：

$$\text{本期生产费用}=\text{完工产品总成本}+\text{期末在产品成本}$$

假如有期初在产品，则为：

$$\begin{matrix}\text{期初在产品}\\\text{成本}\end{matrix}+\begin{matrix}\text{本期生产}\\\text{费用}\end{matrix}=\begin{matrix}\text{完工产品}\\\text{成本}\end{matrix}+\begin{matrix}\text{期末产品}\\\text{成本}\end{matrix}$$

之后，便可在完工产品总成本基础上，计算完工产品单位成本。

6.结转验收入库产成品成本

月末，在产品完工并已计算出完工产品总成本和单位成本的基础上，应根据产品实物的流转，将“生产成本——基本生产成本”科目反映的完工产品总成本转入“库存商品”科目，表示生产过程的结束，该完工产品将进入销售阶段。

成本核算的程序如表3-1所示。

表 3-1 **成本核算一般程序**

<table>
<tr><td colspan="10">企业费用</td></tr>
<tr><td colspan="9">生产经营管理费用</td><td rowspan="4">非生产经营管理费用</td></tr>
<tr><td colspan="2" rowspan="2">预先计入本月成本的生产费用</td><td colspan="4">本月发生生产费用</td><td rowspan="5">预先计入本月的期间费用</td><td colspan="2" rowspan="2">本月发生经营管理费用(期间费用)</td></tr>
<tr><td colspan="3">应计入本月成本的生产费用</td><td rowspan="5">摊入以后各月成本的生产费用</td></tr>
<tr><td rowspan="2">甲种产品生产费用(按成本项目反映)</td><td colspan="3" rowspan="2">乙种产品生产费用(按成本项目反映)</td><td rowspan="2">丙种产品生产费用(按成本项目反映)</td><td rowspan="3">应计入本月的期间费用</td><td rowspan="4">摊入以后各月的期间费用</td></tr>
<tr><td rowspan="3">资本性支出</td></tr>
<tr><td>完工产品成本(全部完工)</td><td colspan="2">完工产品成本</td><td rowspan="2">在产品成本</td><td rowspan="2">在产品成本(全部未完工)</td></tr>
<tr><td colspan="3">产成品成本</td><td colspan="2">计入当月期间费用</td></tr>
</table>

二、成本核算的科目

为了核算产品成本,需要设置以下几种科目:

1.“生产成本——基本生产成本”科目

本科目核算各种产品、自制材料、自制工具及设备等所发生的各项生产费用。构成产品实体的直接材料、直接人工等直接费用直接计入该科目的借方及其按各种成本对象(如各种产品)设置的明细账中。基本生产车间发生的间接费用还需设置“制造费用”科目归集;月末按一定标准分配计入“生产成本——基本生产成本”科目的借方及其明细账中。该科目的贷方反映月末已完工并验收入库的自制半成品、产成品等的成本结转数额,转入“库存商品”、“自制半成品”科目。“生产成本——基本生产成本”科目的月末余额表示尚未完工的各项在产品的成本数额。

2.“生产成本——辅助生产成本”科目

本科目核算企业各个辅助生产部门或车间为基本生产车间及其他各个部门提供辅助产品,如各种工具、模具或劳务所发生的各项生产费用。属于辅助生产的直接材料、直接人工应直接计入“生产成本——辅助生产成本”科目的借方及其明细科目。间接费用可以计入该科目的借方,也可以通过“制造费用”科目归集,再转入该科目的借方。月末,需要计算辅助生产车间所提供的产品或劳务的成本,并按耗用劳务、产品的受益车间、部门,从该科目的贷方结转到“生产成本——基本生产成本”、“制造费用”、“管理费用”等科目及其明细账的借方。该科目月末一般没有余额,若有余额,表示尚未完工的在产品成本。

需要说明的是:为了减少二级科目,简化会计分录,也可以将“生产成本”总账科目下的两个二级科目“基本生产成本”和“辅助生产成本”提升为总账科目进行核算。

3."制造费用"科目

本科目核算企业生产产品而发生的各项间接费用。费用发生时计入该科目的借方及其按车间分别设置的明细账中,月末,按照一定的比例或方法将借方归集的费用合计数分配计入"生产成本——基本生产成本"科目的借方及其按成本计算对象设置的明细账中。"制造费用"科目月末一般无余额。

成本核算的账务处理基本程序如图 3-1 所示。

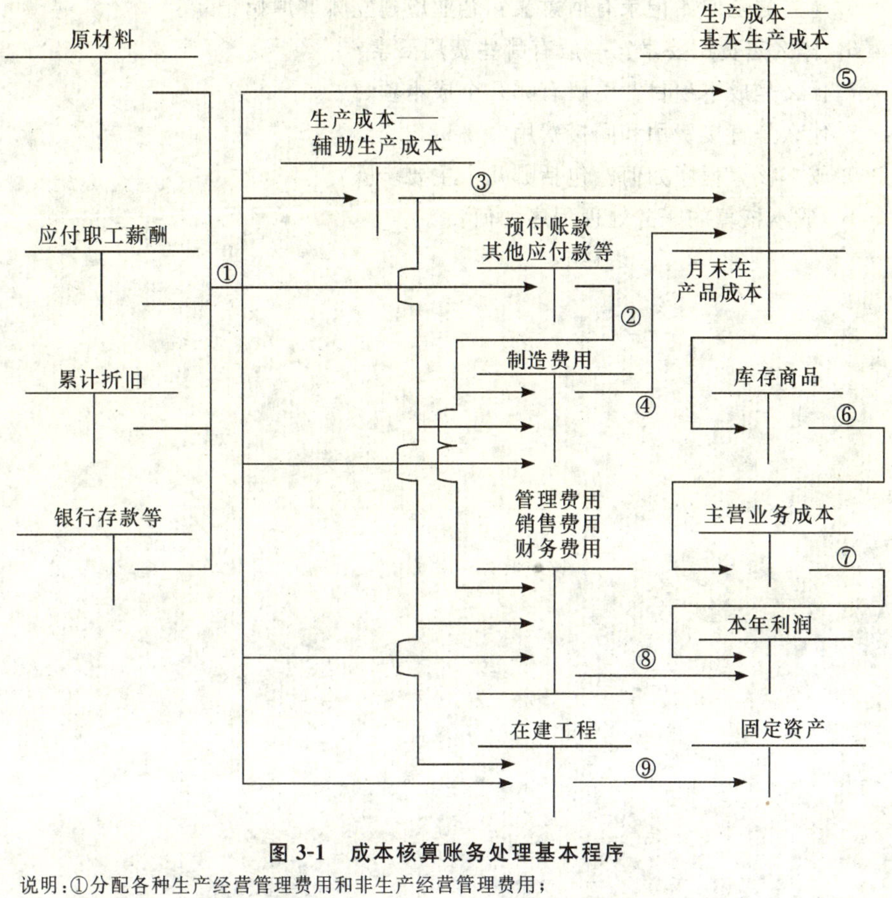

图 3-1　成本核算账务处理基本程序

说明:①分配各种生产经营管理费用和非生产经营管理费用;

②摊销和预计本月应负担的成本、费用;

③分配辅助生产费用;

④分配制造费用;

⑤结转完工产品成本;

⑥结转已销产品生产成本;

⑦将本月产品销售成本计入本月损益;

⑧将本月期间费用计入本月损益;

⑨结转应计入固定资产价值的在建工程成本。

思 考 题

1.试述成本核算的意义。

2.成本核算必须遵循哪些原则?

3.为正确计算产品成本,应正确划分哪几种费用的界限?

4.为进行成本核算,应做好哪些基础工作?

5.建立健全原始记录有何意义?企业应建立哪些原始记录?

6. 什么是费用要素?一般有哪些费用要素?

7.什么是成本项目?一般有哪几个成本项目?

8.什么是直接费用和间接费用?

9.成本核算程序如何?包括哪几个主要步骤?

10.成本核算的账务处理程序如何?

第四章

费用的归集与分配

本章导读

- 材料费用的归集与分配
- 职工薪酬费用的核算
- 折旧费用的归集与分配
- 其他费用的归集与分配
- 辅助生产费用的归集与分配
- 制造费用的归集与分配
- 损失性费用的核算
- 生产费用在完工产品与在产品之间的分配

第一节 材料费用的归集与分配

一、材料费用的组成

材料是制造业企业生产加工的劳动对象，是产品生产中必不可少的物质要素。材料费用是构成产品成本的主要生产费用，它包括企业在生产经营过程中实际消耗的各种原料及主要材料、辅助材料、备品配件、外购半成品、燃料、动力、包装物、低值易耗品以及其他直接材料的价值。

原料及主要材料是指经过加工后构成产品实体的各种原料和材料。原料是指直接从自然界取得的劳动对象，如纺织企业纺纱耗用的原棉、冶金企业炼铁耗用的矿石等；材料是指已被加工过的劳动对象，如纺织企业织布耗用的棉纱、加工工业耗用的钢材等。

辅助材料是指直接用于生产过程,有助于产品形成或便于生产进行但不构成产品实体的各种材料。辅助材料在生产中发挥的作用不同,有的为劳动工具所消耗,如维护机器设备用的机油和防锈剂等;有的和主要材料相结合,使主要材料发生变化或给予产品某些性能,如漂泊粉、催化剂、染料、油漆等;有的为正常劳动创造条件,如清洁卫生用的扫帚、抹布、清洁剂等。

备品配件是指用于修理本企业的机器设备和运输设备等所专用的各种零件、备件和配件,如齿轮、轴承等。其他修理用的一般零件,可以并入辅助材料中。

外购半成品是指为本企业产品配套而耗用的外购成品件,如生产汽车的企业从外部购入的汽车轮胎等。

燃料是指在生产过程中用来燃烧发热或为创造正常劳动条件用的各种燃料,包括固体燃料、液体燃料和气体燃料,如煤、汽油、天然气等。燃料按其在生产中所起的作用来看,也属于辅助材料,但由于它在企业生产过程中的消耗量大,对现代化生产来说作用比较大,需单列一类,以便于管理和核算。

动力是指在生产过程中耗用的电、热、水等。

包装物是指为了包装本企业的产品,并随同产品一同出售或在销售过程中借给、租给购货单位使用的各种包装物品,如箱、桶、瓶、袋等,不包括包装用的一般零星材料,如纸张、绳子、铁丝、铁皮等。

其他直接材料是指企业在生产过程中消耗的不属于上述各类的其他材料。

二、材料费用的原始记录

1. 限额领料单

限额领料单是一种在当月或一定时期内,按照规定的限额可以多次使用的领发材料的累计凭证。它是由供应部门或生产计划部门根据生产计划和产品的材料消耗定额等有关资料,分别按每一领料车间、部门、产品或工作令号开出,可以一单一料,也可以是一单多料,一般为一式三联,列明所需材料的品种和限额,经供应部门或计划部门负责人签字后,一份送交用料车间或部门,一份送交发料仓库,一份留底备查,分别作为一定期间内领发材料的依据。

限额领料单所规定的限额是用料部门当期可领用材料的最高限额。领料部门在规定的限额内,可以一次或分次领用。如果超过限额或变更规定材料的领料,应区别情况处理:对于增加产量超过限额的领料,若是市场适销产品或有根据的增加计划产量的产品,经有关部门审核批准后,可以办理追加限额手续;对于使用中浪费或其他原因超过限额的领料,应另填领料单说明原因,并经过有关部门批准以后才能领发。月终,领料部门所持的限额领料单,应送交发料仓库,与仓库留存的一份核对,并计算全月实发数量和金额。发料仓库应根据领料情况登记材料明细账,以反映材料库存的动态情况。限额领料单的格式如下:

限额领料单

年 月

领料单位:第一车间 编号:1234

用途:A 产品 发料仓库:2 号库

材料编号	材料名称及规格	计量单位	全月领用限额	全月实发			备注
				数量	单价	金额	
03528	圆钢 18 mm	千克	5 000	4 950	10.00	49 500	

供应部门负责人:(签章) 生产部门负责人:(签章)

日期	请领数量	实发数量	限额结余	领料人签章	发料人签章
合计	4 950	4 950	50		

限额领料单适用于大量大批生产的企业中经常使用并有消耗定额的材料领用。采用限额领料单,不仅节省了大量凭证,简化了核算手续,还可以有效地监督材料消耗定额的执行,及时有效地控制材料的使用,促使用料部门合理使用,杜绝浪费,也便于仓库主动备料、送料,保证生产经营活动的正常进行。

2. 领料单

领料单是一种由领料车间、部门按用途分别填制的一次性使用的领发材料凭证。它适用于领用次数不多、零星消耗、不经常使用及没有制定消耗定额材料的领发业务。领料单的格式如下:

领 料 单

年 月 日

领用单位: 编号:

用途: 发料仓库

材料编号	材料名称及规格	计量单位	数 量		实际或计划单价	金额
			请 领	实 发		
备 注			合 计			

领料单位负责人: 收料人: 发料人:

领料单也可以采用一单一料或一单多料制,由领料单位填写一式三联,其中一联留领料单位备查,另外两联办完领发料手续后,据以进行材料发出核算和计算材料费用。

3.领料登记表

领料登记表也是一种多次使用有效(一般为一个月)的领料凭证,一般采用一单一料制。对于生产车间、班组常用的数量零星、价值不大的消耗材料,为简化核算,平时可以不采用上述凭证进行核算,而由领料人在领料登记表上登记领用数量并签章证明,据以办理领料手续。领料登记表的格式如下:

领料登记表

年 月 日

领料单位: 发料仓库:

日期	材料类别	材料编号	材料名称及规格	计量单位	领用数量		发料人	收料人	备注
					当日	累计			
材料单价				合计金额					

4.退料单

退料单是一种记录企业生产车间退回月终结存材料的凭证。生产车间领用的材料,虽然是用于生产产品方面,但领用的数量并不一定等于实际消耗的数量。为了正确反映存货价值和计算产品成本,生产车间应于月终,对那些领而未用的材料,办理退料手续。下月不再使用的材料,应填制退料单连同材料退回仓库;下月继续使用的材料,则办理假退料手续,即同时填写本月退料单和下月领料单,材料不退回仓库。退料单的格式如下:

退 料 单

年 月

退料单位: 任务编号:

材料编号	材料名称	材料规格	计量单位	数 量	单 价	金 额
备 注						

车间负责人: 退料人: 收料人:

5.材料盘点报告表

材料盘点报告表是反映企业材料盘点情况的书面凭证。制造业企业储存的材料品种多,收发业务极为频繁,往往由于日常收发错误及管理不善等原因,导致材料物资账实不符,出现盘盈、盘亏的现象。因此,企业应定期对材料进行盘点,并将盘点结果登记在材料盘点报告表内。材料盘点报告表的格式如下:

材料盘点报告表

年　月　日

仓库名称：

材料编号	材料名称及规格	计量单位	数量		计划单价	盘盈		盘亏		盈亏原因
			账存	实存		数量	金额	数量	金额	

供应部门负责人：　　仓库保管员：　　盘点人：

三、材料费用归集的核算

产品生产过程中耗用的材料都应计入产品成本。由于生产过程中耗用材料的用途和所起的作用不同，材料费用计入产品成本的程序和方式也不相同。从材料费用计入产品成本的程序和方式的角度进行分类，产品的材料成本可分为直接材料成本和间接材料成本。直接材料成本是指直接计入某一产品成本计算对象，并在该成本计算对象中以“直接材料”成本项目单独列示的材料成本；间接材料成本是指不能直接计入某一成本计算对象，而是按材料耗费的地点先归集于制造费用中，期末通过制造费用分配再计入某一成本计算对象，并在该成本计算对象中以“制造费用”成本项目列示的材料成本。本节主要讨论直接材料成本的核算，有关间接材料成本的核算将在第六节介绍。

产品生产过程中耗用的直接材料原则上都应作为直接材料成本单独在成本项目中进行列示。但根据重要性原则，对于一些价值较低的直接材料，如果它们在产品生产过程中所占比重较小，并且在消耗过程中无法或不易直接分清是哪个成本计算对象所耗用的，为简化成本计算工作，可将这些直接材料按间接材料计入产品成本的程序和方式计入产品成本。

企业在生产过程中耗用的材料费用应按照领料部门、领料用途，分别由不同的对象来负担。对直接材料的归集应遵循以下原则：凡属于制造产品耗用的直接材料费用，应直接记入“生产成本——基本生产成本”科目；凡属于辅助生产车间为进行产品或劳务生产而耗用的直接材料费用，应直接记入“生产成本——辅助生产成本”科目；凡属于几种产品共同耗用的直接材料费用，因领用时无法确定每种产品耗用的数量，应按照一定标准在各种产品之间进行分配，然后根据分配环节和对象进行归集，记入“生产成本——基本生产成本”或“生产成本——辅助生产成本”科目。对于车间、管理部门以及其他部门为组织和管理生产领用的材料，不能作为直接材料费用，而应按照费用的发生地点和用途进行归集和分配。

四、材料发出的核算

在制造业企业,从仓库发出的材料主要由生产车间和管理部门领用,企业可以将本期发出材料的领料单先按领用车间或部门进行分类,然后再按具体产品进行汇总,以归集各种产品本期领用的材料数量,并根据一定的计价方法计算出本期各车间、部门以及所生产的各种产品的材料费用,计入相关的成本费用科目的借方和“原材料”科目的贷方。因此,材料发出核算的关键问题是确定发出材料的计价方法。

在会计实务中,发出材料可以按实际成本计价,也可以按计划成本计价。

(一)按实际成本计价

企业对原材料的收发采用实际成本计价时,由于各批购入材料受物价波动及来源地点的影响,即使是同一种材料,其实际单位成本也不尽相同,因此必须采用一定的方法确定发出材料的单位成本,以便正确计算各期发生的成本费用。我国《企业会计准则第1号——存货》明确规定,企业可以选择如下方法确定发出材料的实际成本。

1.先进先出法

先进先出法是假定先购入的材料先发出,日常发出材料的实际成本要按最先购入材料的实际单位成本计算的方法。这种计价方法的成本流转假设是先收进的材料先发出,如果发出的批量超过最先收进的那一批量时,超过部分要依次按下一批收进的单位成本计算。在材料价格逐渐上涨的情况下,采用此法会使计算出来的产品成本偏低。它适用于材料价格变动不大的企业。

2.加权平均法

加权平均法又称全月一次加权平均法,是指以本月收入某种材料的数量加月初该种材料结存数量为权数,计算出该种材料的平均单位成本以确定发出材料成本的方法。其计算公式如下:

$$\text{加权平均单位成本}=\frac{\text{月初库存材料的实际成本}+\text{本月购进的各批材料的实际成本}}{\text{月初库存材料数量}+\text{本月购进的各批材料数量}}$$

$$\text{发出材料成本}=\text{出材料数量}\times\text{加权平均单位成本}$$

采用这种方法,加权平均单位成本只需在月末一次计算,手续简便,但平时无法了解材料的结存情况,不利于加强对材料的管理。另外,按这种方法计算的发出材料成本，在物价上涨时，会低于市场上同类材料的现行成本，而在物价下跌时，又会高于同类材料的现行成本。所以，在材料价格经常波动的情况下，采用此法计算发出的材料成本比较合理。

3.移动平均法

移动平均法又称移动加权平均法，是指以每次购进材料的数量加购进前结存数量为权数，重计加权平均单位成本，以计算发出材料成本的方法。其计算公式如下：

$$\text{移动加权平均单位成本}=\frac{\text{本次进料前库存材料的实际成本}+\text{本次进料的实际成本}}{\text{本次进料库前库存材料数量}+\text{本次进料数量}}$$

$$\text{发出材料成本}=\text{发出材料数量}\times\text{移动加权平均单位成本}$$

采用这种方法可以使企业管理人员及时了解材料的结存情况，并且每次购入材料的单位成本和购入前材料的单位成本对发出材料成本的影响与材料的数量成正比，从而使成本计算较为客观。但因每购入一次材料就要计算一次平均单位成本，计算工作量较大。因此在手工操作的情况下，适用于那些品种较少或收发次数不多的材料。

4.个别计价法

个别计价法是指某种材料的发出成本与结存成本均按它们的实际取得成本计价的方法。采用这种方法计价，需要为每一种材料设置记录，详细记录材料的批次，并在材料上加贴标签或编号，期末可以根据库存及本期发出材料的编号逐个辨认其购进日期和单位成本，以正确计算发出和结存材料的成本。但在材料品种较多的情况下，很难为每一种材料设置记录，因此，该法适用于材料品种不多或按购入批次分别入库、保管、领用的材料。

企业根据各生产车间、部门耗用材料的数量，按选定的计价方法计算出发出材料的成本时，应作如下会计分录：

借：生产成本——基本生产成本
　　　　　　——辅助生产成本
　　制造费用
　　管理费用
　贷：原材料

(二)按计划成本计价

企业对原材料的收发采用计划成本计价时，材料收发的原始凭证、各种材料的总分类核算与明细分类核算均按计划成本进行，材料的实际成本与计划成本之间的差额，通过“材料成本差异”科目进行核算。月末采用一定的方法计算当月全部发出材料应分摊的材料成本差异，以便将发出材料的计划成本调整为实际成本。其计算公式如下：

发出材料的实际成本＝发出材料的计划成本±发出材料应分摊的成本差异额

发出材料应分摊的成本差异额＝发出材料的计划成本×材料成本差异率

$$\text{材料成本差异率}=\frac{\text{期初结存材料的成本差异}+\text{本期收入材料的成本差异}}{\text{期初结存材料的计划成本}+\text{本期收入材料的计划成本}}\times 100\%$$

企业根据各生产车间、部门耗用材料的数量，对发出材料按计划成本计价核算时，应作如下会计分录：

借：生产成本——基本生产成本
　　　　　　——辅助生产成本
　　制造费用
　　管理费用
　　贷：原材料

如果发出材料为超支差异，应作如下调整分录：

借：生产成本——基本生产成本
　　　　　　——辅助生产成本
　　制造费用
　　管理费用
　　贷：材料成本差异

如果发出材料为节约差异，应作与上述相反的会计分录。

对生产中领用而当月未用的材料，生产部门应认真办理余料退库手续，即使下月继续使用该种余料，也要办理假退料手续，以便分清本月成本与下月成本的界限。对于废料价值，应扣减产品成本，以便真实反映产品的实际消耗。

五、材料费用分配的核算

凡生产产品直接耗用的材料费用应尽可能直接计入有关产品的成本，以便充分反映产品制造成本的真实水平。企业生产产品领用原材料一般都可以根据领料单上所注明的用途直接计入所生产的各种产品。但如果企业生产不同产品领用同一种原材料，领料单上未注明用途或虽注明了用途但无法确定各种产品实际耗用的数量时，就必须采用一定的分配方法，将所耗用的原材料在各种产品之间进行分配，并分别计入各种不同产品的直接材料费用中。

对于不同产品共同耗用直接材料费用的分配，应选择合理的分配标准，在生产的几种产品之间进行分配。分配标准的选择要尽可能与材料费用的发生有密切关系，做到多耗用多分配，少耗用少分配。可供选择的分配标准很多，一般有：材料定额耗用量、材料定额成本、产品产量、产品重量等。企业应根据耗用材料的具体情况选择一定的标准进行分配。

1. 材料定额耗用量比例法

按材料定额耗用量比例分配材料费用时，首先根据各种产品的产量和单位消耗定额，计算出各种产品的材料定额耗用量，然后按实际耗用量与定额耗用量的比例，求出各种产品的材料实际耗用量，最后根据材料的单位成本，求得各种产品应分摊的材料费用。其计算公式如下：

某种产品材料定额耗用量＝该种产品实际产量×单位产品材料耗用定额

$$材料耗用量分配率=\frac{各种产品共同耗用的直接材料数量}{各种产品直接材料定额耗用量}$$

某种产品应分配的材料数量＝该种产品的材料定额耗用量×材料耗用量分配率

某种产品应分配的直接材料费用＝该种产品应分配的材料数量×材料单位成本

【例 4-1】某企业第一车间 2008 年 10 月份生产 A、B、C 三种产品，产量分别为 100 件、200 件和 300 件，单位产品材料消耗定额分别为 20 kg、5 kg 和 10 kg，共同耗用甲材料 6 300 kg，单位成本为 10 元。根据以上资料，按材料定额耗用量比例法编制的"直接材料费用分配表"如表 4-1 所示。

表 4-1　　直接材料费用分配表

生产单位：第一车间　　2008 年 10 月　　材料名称：甲材料

产品名称	实际产量	单位消耗定额（千克）	定额耗用量（千克）	材料耗用量分配率	实际分配的耗用量（千克）	直接材料费用（元）	
						单位成本	金额
1	2	3	4＝2×3	5	6＝4×5	7	8＝6×7
A	100	20	2 000		2 100		21 000
B	200	5	1 000		1 050		10 500
C	300	10	3 000		3 150		31 500
合计			6 000	1.05	6 300	10	63 000

注：材料耗用量分配率＝6 300/6 000＝1.05。

2. 材料定额成本比例法

按材料定额成本比例分配材料费用时，除分配标准为定额成本之外，分配的步骤与材料定额耗用量比例法相同。其计算公式如下：

$$直接材料定额总成本 = \sum 各种产品直接材料定额成本$$
$$= \sum (产品产量 \times 单位产品消耗定额 \times 材料计划单位成本)$$

$$直接材料分配率 = \frac{各种产品共同耗用的直接材料费用}{各种产品直接材料定额总成本}$$

某种产品应分配的直接材料费用＝该种产品材料定额成本×直接材料分配率

3.产品产量比例法

按产品产量分配材料费用时，要求各种产品产量的计量单位必须一致，否则产量无法加总。如果不一致，可以用不变价格计算产值替代产量进行分配。这种方法适用于直接材料耗用的数量与产品产量有一定比例关系的产品。其计算公式如下：

$$直接材料分配率 = \frac{各种产品共同耗用的直接材料费用}{各种产品的产品产量（或产值）之和}$$

某种产品应分配的直接材料费用＝该产品产量（或产值）×直接材料分配率

4.产品重量比例法

按产品重量分配材料费用时，同样要求各种产品重量的计量单位必须一致，以便产品重量可以加总。如果计量单位不一致，必须将产品重量的计量单位调整一致。这种方法适用于直接材料耗用的数量与产品重量有一定比例关系的产品。其计算公式如下：

$$直接材料分配率 = \frac{各种产品共同耗用的直接材料费用}{各种产品的重量之和}$$

某种产品应分配的直接材料费用＝该种产品的重量×直接材料分配率

除了上述几种主要分配方法之外，企业还可以产品的体积或产品的标准产量作为分配标准，对直接材料费用进行分配。分配计算方法可参照前述方法，此处不再赘述。

在实际工作中，材料费用的分配是通过编制材料费用分配表进行的。这种分配表应根据领料凭证和有关资料编制，它包括“直接材料费用分配表”（如表4-1所示）和“材料费用分配汇总表”。材料费用分配明细表是按车间分别编制的。如果企业的产品品种较多，使用的材料比较复杂，也可按每类材料编制。它既可以按实际成本编制，也可以按计划成本编制。

根据材料费用分配明细表汇总编制的“材料费用分配汇总表”，其按实际成本编制的一般格式如表4-2所示，按计划成本编制的一般格式如表4-3所示。

表 4-2

材料费用分配汇总表(按实际成本编制)

2008 年 10 月

单位:元

应借账户	产量(件)	材料费用					合计
		直接归集	分配归集				
			消耗定额	定额耗用量	分配率	金额	
生产成本——基本生产成本——A 产品	100	4 000	20	2 000		21 000	25 000
——基本生产成本——B 产品	200	1 500	5	1 000		10 500	12 000
——基本生产成本——C 产品	300	4 500	10	3 000		31 500	36 000
小计		10 000		6 000	1.05	63 000	73 000
生产成本——基本生产成本——D 产品	100	25 000					25 000
生产成本——辅助生产成本		3 000					3 000
制造费用——第一车间		5 000					5 000
——第二车间		1 000					1 000
——辅助车间		800					800
合计		44 800				63 000	107 800

表 4-3

材料费用分配汇总表(按计划成本编制)

2008 年 10 月

单位:元

应借账户 / 应贷账户	生产成本——基本生产成本						生产成本——辅助生产成本	
	甲产品		乙产品		小计			
	计划成本	差异	计划成本	差异	计划成本	差异	计划成本	差异
原材料——A 材料	250 000	−2 500	300 000	−3 000	550 000	−5 500	80 000	−800
——燃料	50 000	−1 000	35 000	−700	85 000	−1 700	70 000	−1 400
包装物			20 000	400	20 000	400		
合计	300 000	−3 500	355 000	−3 300	655 000		150 000	−2 200

应借账户 / 应贷账户	制造费用						管理费用		合计	
	一车间		二车间		小计					
	计划成本	差异	计划成本	差异	计划成本	差异	计划成本	差异	计划成本	差异
原材料——A 材料	10 000	−100	5 000	−50	15 000	−150			645 000	−6 450
——辅助材料	20 000	−200	25 000	−250	45 000	−450	10 000	−100	55 000	−500
——燃料							5 000	−100	160 000	−3 200
包装物							2 000	40	22 000	440
合计	30 000	−300	30 000	−300	60 000	−600	17 000	−160	882 000	−9 760

材料费用分配汇总表可与作为发料记账依据的发料汇总表相核对，也可以代替发料汇总表作为记账依据。

企业根据表 4-2 按实际成本对材料进行总分类核算和明细分类核算时，应作会计分录如下：

借：生产成本——基本生产成本——A 产品　25 000
　　　　　　　　　　　　　　——B 产品　12 000
　　　　　　　　　　　　　　——C 产品　36 000
　　　　　　　　　　　　　　——D 产品　25 000
　　生产成本——辅助生产成本　3 000
　　制造费用——第一车间　5 000
　　　　　　——第二车间　1 000
　　　　　　——辅助车间　800
　贷：原材料　107 800

企业根据表 4-3 按计划成本对材料进行总分类核算和明细分类核算时，应作如下会计处理：

(1)分配材料费用时，应作会计分录为：

借：生产成本——基本生产成本——甲产品　300 000
　　　　　　　　　　　　　　——乙产品　355 000
　　生产成本——辅助生产成本　150 000
　　制造费用——第一车间　30 000
　　　　　　——第二车间　30 000
　　管理费用　17 000
　贷：原材料——A 材料　645 000
　　　　　　——辅助材料　55 000
　　　　　　——燃料　160 000
　　　包装物　22 000

(2)调整发出材料节约差异时，应作会计分录为：

借：材料成本差异　10 200
　贷：生产成本——基本生产成本——甲产品　3 500
　　　　　　　　　　　　　　　——乙产品　3 700
　　　生产成本——辅助生产成本　2 200
　　　制造费用——第一车间　300
　　　　　　　——第二车间　300

管理费用 200

(3)调整发出材料超支差异时,应作会计分录为:

借:生产成本——基本生产成本——乙产品 400

管理费用 40

贷:材料成本差异 440

第二节 职工薪酬费用的核算

一、职工薪酬的组成

职工薪酬也是企业的一项主要生产经营费用,是指企业为获得职工提供的服务而给予各种形式的报酬以及其他相关支出。即企业使用职工的知识、技能、时间和精力而给予职工的一种报偿。按照《企业会计准则第 9 号——职工薪酬》的规定,企业的职工薪酬包括以下八项内容:

1.职工工资、奖金、津贴和补贴

是指按照国家统计局的规定构成工资总额的计时工资、计件工资、支付给职工的超额劳动报酬和增收节支的劳动报酬、为了补偿职工特殊或额外的劳动消耗和因其他特殊原因支付给职工的津贴,以及为了保证职工工资水平不受物价影响支付给职工的物价补贴等。此外,还应包括加班加点工资和特殊情况下支付的工资。其中:

计时工资是指按照计时工资标准(包括地区生活补贴)和工作时间支付给职工的劳动报酬。计时工资标准是根据每一职工从事工作的技术难度、熟练程度、劳动强度等确定的单位时间内应得的工资额。计时工资主要包括:①对已做工作按计时工资标准支付的工资;②实行结构工资制的单位支付给职工的基础工资和职务(岗位)工资等;③新参加工作职工的见习工资(学徒的生活费)等。计时工资对不同职务、不同工种和不同等级的职工规定了不同的工资标准,体现了按劳分配的原则。

计件工资是指按照职工完成的工作量和计件单价支付给职工的劳动报酬。计件单价是指完成单位工作量应得的工资额。计件工资包括个人计件工资和集体计件工资两种形式,集体计件工资应在集体成员内部按照每一个成员的劳动数量和劳动质量进行分配。

奖金是指为了调动职工生产的积极性,奖励在生产、工作中取得优异成绩的职工，在标准工资之外支付给职工的超额劳动报酬和增收节支的劳动报酬，包括生产奖、节约奖、劳动竞赛奖及其他经常性奖金。

津贴和补贴是指为了补偿职工特殊或额外的劳动消耗和因其他特殊原因支付给职工的津贴，以及为了保证职工工资水平不受物价影响而支付给职工的物价补贴。津贴主要包括补偿职工特殊或额外劳动消耗的津贴（如高空津贴、井下津贴、夜班津贴、野外津贴、高温津贴），保健性津贴，技术性津贴（如工人技师津贴），年功性津贴及其他津贴。物价补贴主要包括副食品价格补贴、粮食补贴等。

加班加点工资是指按照职工加班加点的时间和工资标准支付给职工的加班工资和加点工资。

特殊情况下支付的工资主要是指根据国家法律、法规和政策的规定，对职工因病、工伤、产假、计划生育、婚丧假、事假、探亲假、定期休假、停工学习、执行国家或社会义务等原因按计时工资标准或计时工资标准的一定比例支付的工资。

2. 职工福利费

主要是指尚未实行分离办社会职能或主辅分离、辅业改制的企业，内设医务室、职工浴室、理发室、托儿所等集体福利机构人员的工资、医务经费、职工因公负伤赴外地就医路费、职工生活困难补助、未实行医疗统筹企业职工医疗费用，支付给因公伤亡职工的配偶、子女或其他被赡养人的抚恤金以及按规定发生的其他职工福利支出等。

3. 医疗保险费、养老保险费、失业保险费、工伤保险费和生育保险费等社会保险费

是指企业按照国务院、各地方政府或企业年金计划规定的基准和比例计算，向社会保险经办机构缴纳的医疗保险费、养老保险费（包括向社会保险经办机构缴纳的基本养老保险费和向企业年金基金相关管理人缴纳的补充养老保险费）、失业保险费、工伤保险费和生育保险费。企业以购买商业保险形式提供给职工的各种保险待遇也属于职工薪酬，应当按照职工薪酬准则进行确认、计量和披露。

基本养老保险费是企业根据国家规定的基准和比例计算的养老保险费，一般不得超过企业工资总额的20%（包括划入个人账户的部分），具体比例由省、自治区、直辖市人民政府确定。

补充养老保险费也称企业年金，是企业根据《企业年金试行办法》、《企业年金基金管理试行办法》等相关规定，向有关单位（企业年金基金账户管理人）缴纳的养老保险费，它是企业及其职工在依法参加基本养老保险的基础上，自愿建立的补充养老保险制度。企业建立年金所需资金由企业和职工个人共同缴纳，企业缴费每年不超过本企业上年度职工工资总额的1/12，企业和职工个人缴费合计一般不超

过本企业上年度职工工资总额的1/6。

4.住房公积金

是指企业按照国务院《住房公积金管理条例》规定的基准和比例计算，向住房公积金管理机构缴存的住房公积金。

5.工会经费和职工教育经费

是指企业为了改善职工文化生活、为职工学习先进技术和提高文化水平和业务素质，用于开展工会活动和职工教育及职业技能培训等相关支出。

6.非货币性福利

是指企业以自己的产品或外购商品发放给职工作为福利，企业提供给职工无偿使用自己拥有的资产或租赁资产供职工无偿使用，免费为职工提供诸如医疗保健的服务或向职工提供企业支付了一定补贴的商品或服务等。

7.因解除与职工的劳动关系给予的补偿

即国际财务报告准则中所指的辞退福利，是指由于分离办社会职能、实施主辅分离、辅业改制，重组、改组计划、职工不能胜任等原因，企业在职工劳动合同尚未到期之前解除与职工的劳动关系，或者为鼓励职工自愿接受裁减而提出补偿建议的计划中给予职工的经济补偿。

8.其他与获得职工提供的服务相关的支出

是指除上述七种薪酬以外的其他为获得职工提供的服务而给予的薪酬，主要包括以现金结算的股份支付。以现金结算的股份支付，是指企业为获取职工提供服务而承担的以股份或其他权益工具为基础计算确定的交付现金或其他资产义务的交易。

二、职工薪酬费用的原始记录

1.考勤记录

是反映企业职工出勤、缺勤时间和情况的原始记录。它是企业计算计时工资、加班加点工资、病假工资和各种津贴、补贴等的依据。考勤记录主要有考勤簿和考勤卡两种形式。

(1)考勤簿。是按生产车间、部门或生产班组分月设置，由考勤员根据各生产车间、部门或生产班组每个职工的出缺勤情况逐日登记，月末分类汇总反映该月每个职工出勤情况的原始记录。考勤簿的格式，应根据企业管理的不同要求设计，一般格式见表4-4。

(2)考勤卡。是为每个职工按年设置，反映职工在年度内出缺勤情况的记录。

在这种考勤制度下，每个职工都有一张考勤卡。职工上下班时，将自己的考勤卡从出入口处的考勤板插袋中取出，交给考勤人员，考勤人员根据收到的考勤卡和留在考勤板插袋中的考勤卡确定每个职工的出勤和缺勤。考勤卡也可以由职工本人保管，上班时交给考勤人员记录考勤，下班后再由考勤人员发还给职工本人。如果企业和生产车间备有考勤钟，职工上下班时，可自行将考勤卡插入考勤钟内，由考勤钟自动打上职工上下班的时间。月终，考勤人员根据考勤卡上的日常记录对每个职工的出缺勤情况进行分类汇总。考勤卡上的内容可以与考勤簿上的内容完全一致，这样就可以用考勤卡代替考勤簿进行考勤记录。

2. 产量和工时记录

是反映工人或生产班组在出勤时间内完成产品数量、质量和生产这些产品耗用工时的原始记录。它为计算计件工资、分配直接人工费用等提供依据。

在不同企业或同一企业的不同车间，由于生产工艺和管理要求的不同，产量和工时记录的种类、格式和登记程序不完全相同。但通常使用的产量和工时记录有工作通知单、工序进程单和工作班产量记录。

(1)工作通知单。也叫派工单或派工工票，它是以每个工人或生产班组所从事的各项工作为对象开设的，用于通知工人按单内指定的任务进行工作的记录。当生产任务完成后，将送检的产品数量和实用工时填入单内，连同产品一起送交质量检验员验收，并将验收结果记入单内，据以计算计件工资。工作通知单的一般格式如表 4-5 所示。

由于工作通知单以每个工人或生产班组所从事的每项工作为对象开设，会导致凭证数量繁多，工作量大，并且这种记录只能反映加工物在个别工序上的加工过程，不能反映加工物连续加工的工艺过程，因此，工作通知单适用于单件小批生产的企业或车间，以及个别的、一次性的加工任务。

(2)工序进程单。也叫加工路线单，它是以加工产品为对象而开设的产量和工时记录。由于加工对象往往要经过若干道工序连续加工，因此，转入下一道工序时要将工序进程单随实物一起移交，并要顺次登记各工序的实际产量、加工工时以及各工序间加工物的交接数量。工序进程单的格式如表 4-6 所示。

工序进程单具有较强的监督和控制作用。但是，由于工序进程单是按加工对象开设的，而计算工资和统计产量是按班组和个人进行的，因此，它不能全面反映班组的产量，还应结合使用工作班产量记录。

(3)工作班产量记录。也叫工作班报告，它是按生产班组开设的反映一个生产班组在一个工作班(一般为 8 小时)内生产产品数量和所耗工时的一种产量和工时记录。工作班产量记录是根据工人送检的产品数量经验收后登记的，它同工序进程单结合使用，更能全面提供核算工作所需要的资料。工作班产量记录的格式如表 4-7。

表 4-4 **考 勤 簿**

年 月

车间或部门： 组别： 考勤员：

顺序号	职工编号	姓名	职务或工种	工资等级	出勤记录															考勤统计											备注
					1	2	3	4	5	6	7	8	9	10	**	28	29	30	31	出勤	夜班次数	加班加点	工伤	病假	婚假	产假	丧假	事假	迟到早退	公假	
1															**																
2															**																
3															**																

表 4-5 **工 作 通 知 单**

2008 年 10 月 10 日

任务编号:08-423

生产车间:机工 生产班组:2 操作工姓名:江华

设备名称:车床 设备编号:476 操作工工号:168

<table>
<tr><td colspan="2" rowspan="2">产品型号或定单号</td><td colspan="2" rowspan="2">零件名称</td><td colspan="2" rowspan="2">零件编号</td><td colspan="2" rowspan="2">工序编号</td><td rowspan="2">工序名称</td><td colspan="2" rowspan="2">工序等级</td><td colspan="2" rowspan="2">计量单位</td><td colspan="2" rowspan="2">单位定额工时(分)</td><td colspan="2">加工任务</td></tr>
<tr><td>应制数量</td><td>定额工时</td></tr>
<tr><td colspan="2">08326</td><td colspan="2">齿轮</td><td colspan="2">4286</td><td colspan="2">18</td><td>车</td><td colspan="2">3</td><td colspan="2">只</td><td colspan="2">30</td><td>12</td><td>3</td></tr>
<tr><td colspan="4">开工时间</td><td colspan="4">完工时间</td><td rowspan="2">实用工时</td><td colspan="8">交 验 结 果</td></tr>
<tr><td>月</td><td>日</td><td>时</td><td>分</td><td>月</td><td>日</td><td>时</td><td>分</td><td>合格品数量</td><td>定额工时</td><td>返修数量</td><td>工废数量</td><td>料费数量</td><td>短缺数量</td><td>废品通知单编号</td><td>检验员（签章）</td></tr>
<tr><td>10</td><td>10</td><td>9</td><td>10</td><td>10</td><td>10</td><td>15</td><td>0</td><td>5 小时50分钟</td><td>10</td><td>5</td><td>—</td><td>1</td><td>1</td><td>—</td><td>0820</td><td>李芳</td></tr>
</table>

表 4-6　**工序进程单**

生产车间:机工　签发日期:2008 年 10 月×日　编号:0876

产品型号或定单号				0828	零件号		105	零件名称		底盘	投入数量		15		
工作说明				规定任务				验收							
工序定额									废品						
工序号	名称	工作等级	单位时间(分钟)(月/日)	日期	机床号	工人姓名	发给个数	合格品	可修复	不可修复	通知单号	生产工人产量报告表号	检验员	完成定额工时	实用工时(小时)
1	铣	3	10	10/12	1010	王力	15	14		1	017	5	李霞	2 小时 20 分钟	2
2	镗孔	5	20	10/12	1020	郑洁	14	14				6	李霞	4 小时 40 分钟	4
3	钻孔	5	25	10/12	1030	周华	14	13	1		018	7	李霞	5 小时 25 分钟	5
4	磨	4	10	10/13	1040	肖建	13	13				8	李霞	2 小时 10 分钟	2

表 4-7　**工作班产量记录**

生产车间:机工　2008 年 10 月×日

生产班组:2　编号:08-224

工人		工序进程单编号	产品型号或定单号	零件		工序名称	交发加工数量	交验结果				检验员	废品通知单编号	工时			计件单价
工号	姓名			编号	名称			合格品数量	返修数量	工废数量	料废数量			单位产品定额工时(分钟)	完成定额工时	实际工时(小时)	
215	王力	0876	0828	105	底盘	铣	15	14			1	李霞	017	10	2 小时 20 分钟	2	1
217	郑洁	0876	0828	105	底盘	镗	14	14				李霞		20	4 小时 40 分钟	4	2
220	周华	0876	0828	105	底盘	钻	14	13	1			李霞	018	25	1 小时 15 分钟	1	2
225	李强	0890	0846	203	齿轮	车	30	28		1	1	李霞	019	12	5 小时 36 分钟	6	1

工作班产量报告按生产班组的工人分行登记。在工作班工作开始前,由有关人员向仓库领取材料、毛坯、零件或部件等,然后将工序进程单连同领取的材料、毛坯、零件或部件等一起交给操作工人,生产工人据以生产,而工作班产量报告则由检验人员保存。生产工人完成工作任务后,将完工产品和工序进程单交班组长查点,然后转由检验员验收,并将检验结果在工序进程单和工作班产量报告中进行记录。工作班工作结束后,由班组长在单中注明实际工时,并经有关人员签章后,作为统计产量、工时和计算工资费用的依据。

3.其他凭证

直接人工的归集和分配主要依据考勤记录、产量和工时记录。但在实际工作中,还需填制一些其他凭证,如废品通知单、停工单、各种奖金、津贴发放的通知单等,以便正确计算职工薪酬。

废品通知单是记录产品生产过程中发生的废品数量及原因,并据以计算废品工资和废品损失的一种原始凭证。检验员在验收产品时,如果发现废品,除了应登记有关产量和工时记录以外,还必须同时填制废品通知单。检验员发现废品应区分是否可以修复。可以修复的废品应继续加工修复,不可修的废品应予报废。废品如果不是由于过失人的原因造成的,应照付计件工资,并在废品通知单内注明应付工资的数额,作为计算工资的依据。如果废品是由于生产工人的过失造成的,按规定应由生产工人赔偿时,应在废品通知单内注明应赔偿的金额。废品通知单的一般格式如表4-8所示。

表4-8　　废品通知单

生产车间:机工　　2008年10月×日　　编号:019

生产班组:2　　机床:478

原工作通知单或定单编号	零件		工序	计量单位	定额工时(分钟)	计件单价(元)	废品数量			实际工时(分钟)	应负担的薪酬(元)
	名称	编号					工废	料废	返修		
0828	底盘	105	铣	个	10	1		1		9	1
0846	齿轮	203	车	只	12	2	1	1		26	2

废品原因:
- 工废:因工人操作不当,加工损坏(不可修复)
- 料废:因材料有砂眼,零件损坏(不可修复)

责任者			赔偿责任			备注
姓名	工种	工号	数量	单价(元)	金额(元)	经查工废零件属责任赔偿
李强	车工	225	1	20	20	

检验员:李霞　　生产组长:张宏伟

废品通知单一般一式三联,一联由质检部门留存,一联交生产车间,一联交财会部门核算废品损失。财会部门和质检部门应对废品通知单所列废品的数量、原因、过失人等项目进行审核,审核无误即作为核算废品损失的依据。月末,财会部门应根据废品通知单按产品汇总废品的数量、耗用的工时,以便据以组织废品损失的核算。

停工单是记录生产车间或车间内某个班组停工时间、停工期间应计的工资、停工原因及责任人,并据以计算停工损失的一种原始凭证。停工单的一般格式如表 4-9 所示。

表 4-9 停工单

填写日期： 编号：

车间			工段			班组			机床	
工人			停工时间			工资结算			停工代号	
姓名	工号	级别	开始	终结	延续	工资率	支付 百分比 (%)	金额	原因	

工人从事其他工作记录：

备注：

负责人： 制表：

凡属车间内部原因造成的停工，有关人员应立即报告值班负责人，查明具体原因并采取措施，以恢复生产。如果在一定时期内不能恢复生产，应填写“停工单”。凡属工厂内部原因造成的停工，应由值班负责人通知厂内有关车间、部门，设法恢复生产。如果在一定时间内不能恢复生产，应填写“停工单”。凡属工厂外部原因和自然灾害造成的停工，除由停工车间填写“停工单”外，还应填制专门的凭证或报告，由厂长或总工程师审批。

停工单应于停工终结后送劳资部门，核定计算工资支付的百分比，最后由会计部门审核、计算停工工资和停工损失。

三、职工工资的计算

正确地计算应付职工工资，是职工薪酬费用核算的基础。职工工资费用的计算与各类企业实行的工资结算制度有直接关系。由于各类企业实行不同的工资结算制度，工资的具体计算方法应根据企业的具体情况确定。企业应付职工工资的计算包括工资各组成项目的计算。由于奖金、津贴和补贴及加班加点工资的计算要严格按照国家规定的政策或企业的有关规定进行，方法比较简单，此处不详述，下面重点介绍计时工资、计件工资和特殊情况下支付工资的计算。

（一）计时工资的计算

计时工资是根据考勤记录登记的每一职工出勤或缺勤日数，按照职工的工资标准计算的工资。由于职工当月的出勤情况要到月底才能统计出来，因此在实际工作中计算本月应付工资时，通常是根据上个月的考勤记录进行计算。

企业计算计时工资可以采用月薪制和日薪制两种方法。

1. 月薪制

月薪制是指职工如果当月出全勤，无论该月是大月还是小月，都可以取得固定的月标准工资。如果发生缺勤，则应在月标准工资中减去缺勤的工资。因此，月薪制又称扣缺勤方式。其计算公式如下：

应付计时工资＝月标准工资－缺勤日数×日工资率×扣款比例

或＝月标准工资－缺勤时数×月工资率/每班工作时数

按此种方法计算的应付计时工资，各月的满勤工资都是月标准工资。企业多采用月薪制计算应付计时工资。

公式中的日工资率，在实际工作中可按以下三种方法计算：

(1)用月标准工资除以全年平均每月的工作日数

$$\text{全年平均每月工作日数}=\frac{365-104(\text{公休日})-11(\text{法定节假日})}{12}=20.83(\text{天})$$

为了简化计算手续，取21天整数计算。则：

日工资率＝月标准工资/21

按照这种方法计算的日工资率是固定不变的(调整月标准工资除外)，即各个月份的日工资不变。节假日不发工资，缺勤期间的节假日也不扣工资。

(2)用月标准工资除以全年平均每月的日历天数

全年平均每月日历天数＝365÷12＝30.4(天)

为了简化计算手续，取30天整数计算。则：

日工资率＝月标准工资÷30

按照这种方法计算的日工资率全年也是不变的。但节假日照发工资，缺勤期间的节假日也要照扣工资。

(3)用月标准工资除以各月的满勤天数

满勤天数是指各月的日历天数扣除当月的公休日和法定节假日后的天数。由于月份有大有小，各月的公休日和法定节假日不同，各月的满勤天数也不同。因此，各月份的日工资率也不相同。其计算公式如下：

各月日工资率＝月标准工资÷当月满勤天数

按照这种方法计算的日工资率是不断变化的，节假日不发工资，缺勤期间的节假日也不扣工资。

【例 4-2】某企业工人李华的月标准工资为 850 元，6 月份的满勤天数为 22 天，事假 2 天。则月薪制下按三种日工资率计算的应付李华计时工资的结果如下：

应付计时工资＝850－850÷21×2＝769.05(元)
或＝850－850÷30×2＝793.33(元)
或＝850－850÷22×2＝772.73(元)

2. 日薪制

日薪制是指根据职工出勤日数和日工资率计算各月计时工资。由于各月的满勤天数不同，按此方法计算发给职工每月的全勤工资是不固定的。因此，日薪制又称发出勤方式。其计算公式如下：

应付计时工资＝当月出勤日数×日工资率＋病假工资

公式中日工资率的计算与月薪制相同。按此种方法计算的应付计时工资，因各月的满勤天数与日工资率计算采用的天数不完全一致，会使各月的满勤工资不固定，可能等于、高于或低于月标准工资。所以，企业较少采用日薪制计算应付计时工资。

【例 4-3】某企业工人张强的月标准工资为 800 元，10 月份公休日 8 天，法定节假日 3 天；11 月份公休日 8 天，两个月均无缺勤。则日薪制下按三种日工资率计算的应付张强计时工资如下：

10 月份应付计时工资＝20×800÷21＝761.90(元)
或＝31×800÷30＝826.67(元)
或＝20×800÷20＝800(元)
11 月份应付计时工资＝22×800÷21＝838.10(元)
或＝30×800÷30＝800(元)
或＝22×800÷22＝800(元)

计时工资制度适用于机械化、自动化程度比较高，产品生产需要经过若干道工序进行分工协作才能制造完成的行业，以及生产条件多变、生产任务不足的企业对生产工人标准工资的计算。各企业对辅助人员及管理人员的工资计算也基本上采用计时工资制度。

(二)计件工资的计算

计件工资是根据产量记录登记的实际合格产品数量和规定的计件单价计算的工资。其计算公式如下：

$$应付计件工资=合格品数量\times计件单价$$

如果一名工人在一个月内生产了多种计件单价的产品,应汇总计算各种产品的计件工资,计算公式为：

$$应付计件工资=\sum(各种产品合格品数量\times各种产品计件单价)$$

计件工资是根据验收合格的产品数量计算的。如果因生产工人本人过失导致了废品(简称工废),则不应支付工资,还应根据具体情况向责任者索取部分或全部赔偿;如果不是由于生产工人的过失而是因为原材料的质量不符合要求导致了废品(简称料废),应按规定的计件单价支付工资。计件单价是根据加工单位产品所需耗用的定额工时和按该加工物件的加工等级计算的小时标准工资(即小时工资率)的乘积计算的。

【例 4-4】某企业生产工人郑凯的工资等级为 5 级,月标准工资为 850 元,10 月份完成的合格产品数量为:甲产品 100 件,单位产品定额工时为 30 分;乙产品 100 件,单位产品定额工时为 60 分。则甲乙产品的计件单价及 10 月份应付给郑凯的计件工资计算如下：

$$5级工小时工资率=850\div21\div8=5.059\,5(元/小时)$$
$$甲产品计件单价=5.059\,5\times30\div60=2.529\,75(元/件)$$
$$乙产品计件单价=5.059\,5\times60\div60=5.059\,5(元/件)$$
$$应付计件工资=100\times2.529\,75+100\times5.059\,5=758.93(元)$$

在计件工资的计算中,合格产品可以完全按计件单价计算。但发生料废的产品并不一定都是完工以后发现的,当加工过程中发现材料质量有问题,将会立即报废,因此,料废产品并不一定都完成了整个加工过程,也就不能按计件单价全额计算工资。在这种情况下,可按生产工人完成的定额工时计算计件工资。

【例 4-5】续例 4-4,郑凯 10 月份加工甲产品 105 件,其中合格产品 100 件,工废 2 件,料废 3 件;乙产品 104 件,其中合格产品 100 件,料废 4 件。料废的甲产品在完工以后发现,料废的乙产品是在加工过程中发现的,共完成定额工时 180 分钟。则 10 月份应付给郑凯的计件工资计算如下：

应付计件工资＝(100＋3)×2.529 75＋(100＋180÷60)×5.059 5
＝781.69(元)

在采用集体计件工资时，应先按集体完成的合格品数量和计件单价确定集体应得的计件工资总额，然后再在集体内部各成员之间按每个成员的技术等级、月标准工资和实际工作时间进行分配。

【例 4-6】某生产小组由 A、B、C、D 四个不同等级的生产工人组成，其技术等级分别为 2、4、5、7 级，各技术等级的月标准工资分别为 700 元、800 元、850 元和 950 元。按照 2008 年 10 月份的产量和计件单价，全月小组共得计件工资 4 000 元，根据每人计时工资的比例分别计算个人所得的计件工资如表 4-10 所示。

表 4-10　某生产小组集体计件工资分配表

2008 年 10 月

工人姓名	技术等级	小时工资率(元/小时)(1)	实际工作时数(元/小时)(2)	计时工资(元)(3)＝(1)×(2)	分配率(4)	实得计件工资(元)(5)＝(3)×(4)
A	2	700/(21×8)＝4.166 7	168	700.01	1.240 2	868.15
B	4	800/(21×8)＝4.761 9	165	785.71	1.240 2	974.44
C	5	850/(21×8)＝5.059 5	165	834.82	1.240 2	1 035.34
D	7	950/(21×8)＝5.654 8	160	904.77	1.240 2	1 122.07
合计	—	—	658	3 225.31	1.240 2	4 000.00

注：分配率＝4 000/3 225.31＝1.240 2。

计件工资制度不仅反映了不同等级工人之间的差别，而且反映了同一等级的工人在劳动中的差别。目前，计件工资制度适用于机械化、自动化程度较低，依靠体力劳动和以手工操作为主进行产品生产，又能单独计量的企业或车间对生产工人标准工资的计算。

(三)特殊情况下支付工资的计算

特殊情况下支付的工资是指国家规定在某些非工作时间内支付给职工的工资。按照国家劳动保险条例的规定，职工因病或非因公负伤，病假期间在 6 个月以内的工资，按其连续工龄的长短折扣发给或全部发给工资。现行支付标准为：

工龄	不满 2 年	2～4 年	4～6 年	6～8 年	8 年以上
本人工资的百分比	60%	70%	80%	90%	100%

职工因病或非因公负伤，病假期间超过6个月时，应按长期病假标准支付工资，并列入管理费用。其标准为：

工龄	不满1年	1～3年	3年以上
本人工资的百分比	40%	50%	60%

注：病假工资＝日工资率×本人工资的百分比×病假天数。

职工因公负伤，不论病假时间多长，工龄长短如何，其病假期间的工资，应按标准工资全额支付。根据劳动保险条例及其他有关规定，对职工产假、探亲假期间的工资，也应按标准工资全额支付。

四、职工薪酬费用的汇总与分配

（一）职工薪酬费用的汇总

企业计算出应付职工薪酬总额后，需要按其用途和发生地点进行汇总。企业生产工人的薪酬，应按所生产的产品进行归类汇总。因有些产品要经过不同的车间或工序才能完成，所以对职工薪酬费用也应先按车间或工序分户汇总，然后再按所生产的产品汇总，以汇总各车间或工序生产各种产品应承担的职工薪酬，最后将生产该产品的各车间或工序的生产工人薪酬按产品类别作进一步汇总，即可将本月各产品生产所耗用的直接人工费用归集在一起。

职工薪酬费用的汇总和与职工的薪酬结算都以职工工资计算为基础，但二者包含的内容不完全一致。职工薪酬费用汇总的内容广泛，没有全部包括在应付职工工资结算中，因此，企业对职工薪酬费用的汇总需单独编制职工薪酬费用汇总表，而不能以职工薪酬结算凭证（即职工薪酬结算单和职工薪酬结算汇总表）代替。职工薪酬结算凭证在《财务会计学》中已有列示，此处不再重述，职工薪酬费用汇总表的格式如表4-11所示。

（二）职工薪酬费用的分配

职工薪酬费用的分配是指将企业职工的工资、计提的福利费、社会保险费、住房公积金、工会经费和职工教育经费等按照其用途分配计入本期各种产品成本和当期损益。其中直接从事产品生产的生产工人薪酬，应直接计入各种产品成本，通过“生产成本——基本生产成本”科目进行归集，并在产品制造成本中以“直接人工”项目单独列示；基本生产车间管理人员的薪酬，记入“制造费用”科目，然后与其他间接费用一起分配计入各种产品成本；辅助生产车间人员的薪酬，记入“生产成本——辅助生产成本”科目；企业行政管理人员（包括厂部管理人员、福利部门人员、工会人员）的薪酬，记入“管理费用”科目；专设销售机构人员的薪酬，记入“销售费用”科目；从事在建工程人员的薪酬，记入“在建工程”科目。

在计时工资形式下，如果某一生产车间只生产一种产品，生产工人的薪酬费用直接计入该种产品成本；如果生产多种产品，应将发生的生产工人薪酬费用在各产品之间进行分配，然后分别计入各种产品的“直接人工”成本项目。直接人工费用的分配标准一般采用产品的生产工时，它能较客观地反映各种产品职工薪酬费用的耗费，也能将产品所分配的职工薪酬费用与劳动生产率联系起来。产品的生产工时可以按实际，也可以按定额计算。其计算公式如下：

$$\text{直接薪酬费用分配率}=\frac{\text{本期发生的直接薪酬费用}}{\text{各产品生产耗用的实际工时（或定额工时）之和}}$$

$$\text{某种产品应负担的直接薪酬费用}=\text{直接人工费用分配率}\times\text{该产品耗用的实际工时（或定额工时）数}$$

必须指出，职工薪酬费用按上述公式分配计算，实质是按平均小时薪酬率作为分配标准，因此，为了保证职工薪酬费用的分配相对准确，必须按生产车间进行分配，而不能在整个企业范围内按一个平均小时薪酬率进行分配。另外，职工薪酬费用中包括的生产工人非工作时间的工资，从理论上讲，与生产产品没有直接关系，不属于生产产品的费用，应作为期间费用处理。但在实际工作中，为简化职工薪酬费用的归集与分配，一般作为直接职工薪酬费用计入产品成本。

在计件工资形式下，生产工人的标准工资（计件工资）属直接薪酬费用，应直接计入各种产品成本的“直接人工”成本项目；计件工人应得的津贴、补贴、奖金和非工作时间的工资，也应在生产的产品之间进行分配。一般可按产品计件工资费用的比例进行分配。其计算公式如下：

$$\text{分配率}=\frac{\text{本期发生的津贴、补贴、奖金和非工作时间的工资}}{\text{本期发生的计件工资费用}}$$

$$\text{某产品应负担的非计件工资费用}=\text{该种产品发生的计件工资费用}\times\text{分配率}$$

直接薪酬费用分配一般应编制直接薪酬费用分配明细表。该表应按生产车间每月编制一次，其一般格式如表 4-12 所示。

为了汇总反映企业直接薪酬费用的分配情况并进行直接薪酬费用分配的总分类核算，企业应根据各生产车间的直接薪酬费用分配明细表编制企业直接薪酬费用分配汇总表。其一般格式如表 4-13 所示。

表 4-11

职工薪酬费用汇总表

2008 年 8 月

单位:元

车间部门		应付职工工资	职工福利费（按工资总额的 15%计提）	社会保险费（按工资总额的 22%计提）	住房公积金（按工资总额的 12%计提）	工会经费（按工资总额的 2%计提）	职工教育经费（按工资总额的 1.5%计提）	合计
机加车间	生产人员	42 890	6 433.50	9 435.80	5 146.80	857.80	643.35	65 407.25
	管理人员	8 250	1 237.50	1 815.00	990.00	165.00	123.75	12 581.25
装配车间	生产人员	28 220	4 233.00	6 208.40	3 386.40	564.40	423.30	43 035.50
	管理人员	4 520	678.00	994.40	542.40	90.40	67.80	6 893.00
辅助生产车间	生产人员	11 250	1 687.50	2 475.00	1 350.00	225.00	168.75	17 156.25
	管理人员	4 500	675.00	990.00	540.00	90.00	67.50	6 862.50
厂部管理人员		26 880	4 032.00	5 913.60	3 225.60	537.60	403.20	40 992.00
福利部门人员		8 860	1 329.00	1 949.20	1 063.20	177.20	132.90	13 511.50
专设销售机构人员		4 800	720.00	1 056.00	576.00	96.00	72.00	7 320.00
工会人员		3 850	577.50	847.00	462.00	77.00	57.75	5 871.25
合计		144 020	21 603.00	31 684.40	17 282.40	2 880.40	2 160.30	219 630.50

表 4-12　　**直接薪酬费用分配明细表**

生产车间：机加车间　　2008 年 8 月　　单位：元

项目 / 产品	应付职工工资			职工福利费	社会保险费	住房公积金	工会经费	职工教育经费	合计
	生产工人工时（小时）	分配率	应负担的工资	按工资的15%计提	按工资的22%计提	按工资的12%计提	按工资的2%计提	按工资的1.5%计提	
甲产品	5 000	—	26 806.25	4 020.94	5 897.38	3 216.75	536.13	402.09	40 879.54
乙产品	3 000	—	16 083.75	2 412.56	3 538.42	1 930.05	321.67	241.26	24 527.71
合计	8 000	5.361 25	42 890	6 433.50	9 435.80	5 146.80	857.80	643.35	65 407.25

表 4-13　　**直接薪酬费用分配汇总表**

2008 年 8 月　　单位：元

项目 / 产品	应付职工工资			职工福利费	社会保险费	住房公积金	工会经费	职工教育经费	合计
	机加车间	装配车间	小计						
甲产品	26 806.25	18 343	45 149.25	6 772.39	9 932.84	5 417.91	902.99	677.24	68 852.62
乙产品	16 083.75	9 877	25 960.75	3 894.11	5 711.36	3 115.29	519.21	389.41	39 590.13
合计	42 890	28 220	71 110	10 666.50	15 644.20	8 533.20	1 422.20	1 066.65	108 442.75

根据表 4-13 可编制如下会计分录：

借:生产成本——基本生产成本——甲产品	68 852.62
——乙产品	39 590.13
贷:应付职工薪酬——工资	71 110.00
——应付福利费	10 666.50
——社会保险费	15 644.20
——住房公积金	8 533.20
——工会经费	1 422.20
——职工教育经费	1 066.65

第三节　折旧费用的归集与分配

一、折旧费用的计算

(一)影响折旧计算的因素

1.固定资产的原价

即取得固定资产的原始成本，它是企业可提折旧的最大数额。为了统一折旧的计算口径，国家规定企业应以月初可计提折旧的固定资产账面价值为依据，当月新增加的固定资产，当月不提折旧，从下月起开始计提；当月减少的固定资产，当月仍提折旧，从下月起停止计提。

2.固定资产的预计净残值

即假定固定资产预计使用寿命已满并处于使用寿命终了时的预期状态，企业目前从该资产处置中获得的扣除预计处置费用后的金额。固定资产的残值是可收回的价值，不能通过折旧补偿，应当从固定资产的原值中扣除；处置费用也称清理费用，是指固定资产报废时所支出的拆迁费、搬运费等，属于固定资产使用过程中的一种追加耗费，应加入到固定资产的原值，通过折旧得到补偿。企业在计算固定资产应计折旧额时，需要将未来发生的预计净残值折现反映。但是，如果预计净残值金额较小，基于重要性原则，也可按终值反映。其计算公式如下：

$$预计净残值率=\frac{预计净残值}{固定资产原值}\times 100\%$$

根据固定资产原值乘以预计净残值率，即可确定预计净残值。因此，固定资产应计折旧额的计算公式如下：

固定资产应计折旧额＝固定资产原值－预计净残值
＝固定资产原值×(1－预计净残值率)

如果企业预计的残值收入和清理费用相差不大或与固定资产的原始成本相比，比重很小时，也可以忽略不计。

3.固定资产的预计使用寿命

预计固定资产的使用寿命，实质上是预计固定资产的潜在服务能力，根据固定资产在使用中的不同特性，可以以预计期间来表示，如房屋建筑物；也可以以使用固定资产预计期间内所能生产产品或提供劳务的数量来表示，如运输工具以预计行驶(飞行)里程来表示。因此，企业在确定固定资产使用寿命时，应当考虑下列因素：①预计生产能力或实物产量；②预计有形损耗和无形损耗；③法律或者类似规定对资产使用的限制。

(二)折旧的范围

在一定时期内，企业计算的折旧费用取决于应计折旧固定资产账面价值的大小和选用的折旧方法。为此，必须首先确定哪些固定资产应当计提折旧，哪些固定资产不能计提折旧。《企业会计准则第 4 号——固定资产》规定，企业应当对所有固定资产计提折旧。但是，已提足折旧仍继续使用的固定资产和单独计价入账的土地除外。由此可知，固定资产提足折旧后，不论能否继续使用，均不再计提折旧；提前报废的固定资产，也不再补提折旧。提足折旧，是指已经提足该项固定资产的应计折旧额。应计折旧额是指应当计提折旧的固定资产的原价扣除其预计净残值后的金额。已计提减值准备的固定资产，还应当扣除已计提的固定资产减值准备累计金额。

(三)折旧费用的计算方法

1.年限平均法

年限平均法是指按照固定资产的预计使用年限平均计算折旧的一种方法。这种方法假定固定资产的服务潜力随着使用时间而不是随着使用强度逐渐减退，其损耗的价值应在使用期间平均分配，由此计算的各期折旧费用都相等。在以横轴为已使用年限，纵轴为累计折旧金额的直角坐标系上，表示各年累计折旧金额的点的连线呈一条直线，所以年限平均法又称为直线法。其计算公式如下：

$$固定资产年折旧额=\frac{固定资产原价-(预计残值-预计处置费用)}{预计使用寿命(年)}$$

在实际工作中，为了反映固定资产在单位时间内的损耗程度并简化计算，每期的折旧费用是由固定资产原值乘以折旧率计算而得的。固定资产折旧率是指一定时期内固定资产折旧额与固定资产原值的百分比，它反映固定资产的磨损程度，计算公式如下：

$$年折旧率=\frac{年折旧额}{固定资产原价}\times 100\%$$

$$=\frac{固定资产原价-预计净残值}{固定资产原价\times 预计使用寿命(年)}\times 100\%$$

$$=\frac{1-预计净残值率}{预计使用寿命(年)}\times 100\%$$

月折旧率＝年折旧率÷12

年折旧额＝固定资产原值×年折旧率

月折旧额＝固定资产原值×月折旧率

采用年限平均法计算折旧费用的最大优点是简单明了，易于掌握和应用。但这种方法只考虑固定资产的使用时间，忽视了固定资产的利用程度和使用效率，使各期的折旧费用完全相等。如果固定资产的使用效率发生变化，必然使各期的折旧费用与固定资产的实际损耗价值不一致，从而导致单位产品负担的折旧费用存在差异。另外，像机器设备这类固定资产，使用时间越长，磨损程度越严重，维修费用也越高，使用效率却逐渐降低。在各期分摊的折旧费用相等的情况下，势必会使使用后期的折旧费与维修费总额高于使用早期负担的总额，而其产量却可能逐年下降，使各期产品负担的固定资产使用成本不均匀。因此，年限平均法比较适用于各期使用程度和使用效率大致相同、受技术进步因素影响较小或可忽略不计的固定资产，如房屋、建筑物、专用设备等。

根据前述公式分别计算出每项应计折旧固定资产的月折旧额后，逐项相加之和，即为企业每月应计提的固定资产折旧总额。但在实际工作中。因企业拥有的固定资产较多，为了简化计算，除新建企业在开始计提折旧的第一个月必须逐项计算固定资产的折旧额外，以后每个月只需根据固定资产的增减变动情况，确定每月的固定资产折旧额。其计算公式如下：

$$\begin{matrix}本月固定资产\\应计折旧额\end{matrix}=\begin{matrix}上月计提\\的折旧额\end{matrix}+\begin{matrix}上月增加固定资产\\应计提的折旧额\end{matrix}-\begin{matrix}上月减少固定资产\\应计提的折旧额\end{matrix}$$

2. 工作量法

工作量法也称作业量法，是指按照固定资产在其使用年限内预计完成的工作量或工作时数计算折旧费用的一种方法。这种方法强调固定资产的使用程度，它假定固定资产的服务潜力会随着固定资产的使用程度而不是随着使用时间逐渐减退，其损耗的价值应在固定资产完成的各个工作量中平均分摊。这样，固定资产单位工作量分摊的折旧额是相等的，但在各个使用年限内计算的折旧费用会因固定资产实际工作量的不同而存在差异。在以横轴为工作量，纵轴为累计折旧金额的直角坐标系上，表示各年累计折旧金额的点的连线仍为一条直线，所以工作量法仍属于直线法的一种。其计算公式如下：

$$\text{单位工作量应提折旧额}=\frac{\text{固定资产原值}\times(1-\text{预计净残值率})}{\text{预计总工作量}}$$

$$\text{各期折旧额}=\text{单位工作量应提折旧额}\times\text{各期实际完成工作量}$$

采用工作量法计提折旧也具有直线法同样的优点，同时又弥补了直线法只考虑固定资产的使用时间，不考虑使用程度和使用效率的缺陷，使各期计提的折旧额与固定资产的实际损耗价值达到一致，从而使单位工作量负担的固定资产折旧费用相等。但是，这种方法只强调固定资产的使用程度，把固定资产使用中的有形损耗作为计算折旧的唯一因素，没有考虑无形损耗对固定资产的影响，计算的折旧费用不完全合理，并且在实际工作中很难准确预计固定资产在其使用年限内的工作总量。因此，工作量法比较适用于容易估计工作总量的固定资产，如运输设备、筑路机械以及不经常使用的价值较高的大型设备等。

3. 双倍余额递减法

双倍余额递减法是指在先不考虑固定资产净残值的情况下，根据每期期初固定资产的账面净值和双倍的直线法折旧率计算折旧的一种方法。由于固定资产的账面净值逐年减少，以双倍的直线法折旧率乘以递减的账面净值确定的折旧金额也逐年递减，所以这种方法是一种加速折旧法。其计算公式如下：

$$\text{年折旧率}=\frac{2}{\text{预计使用寿命(年)}}\times 100\%$$

$$\text{年折旧额}=\text{年初固定资产账面价值}\times\text{年折旧率}$$

采用双倍余额递减法计算折旧费用时，由于计算折旧率时不考虑净残值因素，而固定资产的账面净值又是逐年递减的，按此连续计算各年折旧额后，会使固定资产在最后折旧年度自动产生一个残值（即固定资产的账面净值），这个残值不可能恰好等于预计的净残值。因此，运用双倍余额递减法时应注意：如果发现在某一折旧年度，按双倍余额递减法计算的折旧额小于按年限平均法计算的折旧额，应从这一年度开始改为年限平均法计算折旧额。采用的判断条件是在某一折旧年度下列关系成立：

$$\text{当年按双倍余额递减法计算的折旧额} < \frac{\text{当年固定资产账面价值}-\text{预计净残值}}{\text{预计使用寿命(年)}}$$

我国规定，采用双倍余额递减法计提折旧时，应当在其固定资产折旧年限到期以前的两年内，将固定资产账面价值扣除预计净残值后的余额平均摊销。这种方法计算简单，无需根据理论上的判断条件判定改变折旧方法的年限。

4.年数总和法

年数总和法是指将固定资产的原值减去预计净残值后的净额乘以一个逐年递减的分数来计算折旧的一种方法。这个递减的分数即为固定资产的折旧率，其分子为某年年初固定资产尚可使用的年数，每年递减；分母为该项固定资产预计使用年数的逐年数字总和，固定不变。所以，年数总和法也称级数递减法。由于折旧率逐年递减，折旧基数固定不变，因此它也是一种加速折旧法。其计算公式如下：

$$\text{年折旧率}=\frac{\text{年初尚可使用年数}}{\text{预计使用寿命的年数总和}}$$

$$\text{或}=\frac{\text{预计使用寿命年数}-\text{已使用年数}}{\text{预计使用寿命年数}\times(1+\text{预计使用寿命年数})\times 1/2}$$

$$\text{某年折旧额}=(\text{固定资产原值}-\text{预计净残值})\times\text{该年折旧率}$$

二、折旧费用的归集与分配

企业所拥有的应计折旧的固定资产，一般都交付各车间和部门使用。由于使用固定资产的单位在企业经营活动中的作用不同，折旧费用的归集也不一样。只有生产单位使用的固定资产，其折旧费用才能计入产品成本，通过“制造费用”科目反映；非生产单位使用的固定资产，应分别用途将其折旧费用计入规定的成本和费用中。具体来讲即为在建工程使用的固定资产，其折旧费用应记入“在建工程”科目；企业管理部门使用的固定资产，其折旧费用应记入“管理费用”科目；经营租出的固定资产，其折旧费用应记入“其他业务成本”科目。

由于企业的各个车间和部门配备的固定资产不同，为了正确归集固定资产各使用单位的折旧费用，以便正确计算有关成本和费用，企业必须按车间和部门归集折旧费用。在会计实务中，折旧费用的归集是通过编制“折旧费用计算表”进行的。其一般格式如表 4-14 所示。

表 4-14　　折旧费用计算表

编制单位:第一车间　　2008 年 10 月　　单位:元

项目 固定资产类别	月折旧率(%)	上月计提折旧		上月增加额		上月减少额		本月计提折旧	
		原值	折旧额	原值	折旧额	原值	折旧额	原值	折旧额
房屋	0.2	800 000	1 600	100 000	200			900 000	1 800
机器设备	0.6	900 000	5 400	200 000	1 200	150 000	900	950 000	5 700
专用工具	0.63	500 000	3 250			100 000	650	400 000	2 600
管理设备	0.8	150 000	1 200					150 000	1 200
合计	—	2 350 000	11 450	300 000	1 400	250 000	1 550	2 000 000	11 300

固定资产折旧费用从其性质来看,是一种基本费用,因此当折旧费用在产品生产成本中占有较大比重时,应单独设置成本项目列示,特别是那些专为某一特定产品生产使用的专用设备,更应单独设置成本项目反映。但是,一般企业的折旧费用在产品成本中所占比重不大,并且大多数企业固定资产的使用与多种产品的生产有关,如房屋、通用设备等。所以,为了简化核算,一般都将折旧费用作为间接费用处理,按它的经济用途和使用地点计入有关的成本费用中。

折旧费用的分配,通常是由企业财会部门根据以各生产车间、部门为单位编制的折旧计算表汇总后的折旧计算汇总表进行的。也就是说,在会计实务中,通常以折旧计算汇总表代替"折旧费用分配表"对折旧费用进行分配。折旧计算汇总表的一般格式如表 4-15 所示。

表 4-15　　折旧计算汇总表

2008 年 10 月　　单位:元

使用车间部门	折旧费用					
	房屋建筑物	机器设备	专用设备	运输设备	管理设备	合计
第一车间	1 800	5 700	2 600		1 200	11 300
第二车间	2 100	6 300	1 500	500	1 500	11 900
辅助车间	1 200	1 800		3 900	400	7 300
管理部门	4 000			1 200	2 510	7 710
合计	9 100	13 800	4 100	5 600	5 610	38 210

根据表 4-15,编制折旧费用分配的会计分录如下:

借:制造费用——第一车间　　11 300

　　　　　——第二车间　　11 900

　生产成本——辅助生产成本　　7 300

　管理费用　　7 710

贷:累计折旧　　38 210

第四节　其他费用的归集与分配

一、动力费用的归集与分配

动力是企业进行生产不可缺少的因素之一。企业耗用的动力主要有电力、热力、风力和蒸汽等。其来源有两个，一部分是由企业的辅助生产车间自行生产的，一部分是由外单位购入的。本节只介绍外购动力费用的核算，至于自制的动力费用将在第五节介绍。

外购动力费用一般是根据电表、气表等计量仪器所显示的计量数据，按一定的计价标准计算确定的，以动力供应单位开列的账单上的数额为准。如果动力供应单位开列账单的起讫日期与会计核算期不一致，为了正确计算当月外购动力费用，企业可以在月末根据计量仪器显示的数据自行计算当月外购动力费用。但应注意：有些企业使用外购动力有规定限额，超过规定限额部分应加价付款，因此企业自行计算动力费用时要考虑运用两种价格。

企业耗用的动力按用途可分为工艺用动力、传动用动力、管理用动力等。动力的用途不同，其费用计入产品成本的方法也有区别。

工艺用动力费用是指用于产品工艺技术过程的动力，如电镀、电焊等工艺上的用电，属于直接费用。如只为生产一种产品耗用的动力费用，可直接计入该产品的成本；如为生产多种产品耗用的动力费用，可按一定标准进行分配后，计入各产品的成本。如果工艺用动力费用在产品生产成本中所占比重比较大时，可在产品成本明细账中单独设置一个成本项目加以列示；如果所占比重不大，也可以并入“直接材料”成本项目内；如果所占比重很小时，可作为间接费用处理，计入“制造费用”科目。

传动用动力费用是指用作机械设备传动的动力，是机器设备使用费的组成部分，如机床等耗用的电力，它也是产品生产的基本费用，按其性质应作为直接费用处理。但传动用动力费用一般在产品生产成本中所占比重很小，且传动用动力费用除专用设备外，一般很难分清各成本计算对象所耗用的数量，因此，它与固定资产折旧费用一样，在会计实务中作为制造费用处理。

管理用动力费用是指企业生产单位或管理部门管理上耗用的动力，如照明、空调等用电，属于一般费用，应在制造费用或管理费用中进行归集，然后并入其他制造费用一同进行分配或作为期间费用。

为了正确归集和分配外购动力费用，企业除了要安装总计量仪器外，还应按动力的不同用途配置分计量仪器。工艺用动力一般可按不同成本计算对象配置分计量仪器;传动用动力、管理用动力可分别各车间和部门配置分计量仪器。如果企业无法按动力的不同用途配置分计量仪器,可选择一定的标准将各不同用途的动力费用在各使用部门之间进行分配,可选择的分配标准有生产工时比例、机器马力时数比例和定额消耗量比例等。

外购动力费用的分配,一般是通过编制“外购动力费用分配表”进行的。其一般格式如表4-16所示。

表4-16　外购动力费用分配表

2008年10月

使用单位	项目	生产工时（小时）	分配率①	耗电度数（度）	分配率②	应负担的动力费用（元）
第一车间（甲产品）	工艺用动力	2 000	0.48			960
（乙产品）	工艺用动力	2 500	0.48			1 200
小计		4 500	0.48	5 400		2 160
辅助生产车间（修理）	动力			850		340
第一车间	传动用动力			600		240
第一车间	管理用动力			400		160
管理部门	管理用动力			1 000		400
合计	—			8 250	0.4	3 300

其中:分配率①＝2 160÷4 500＝0.48(元/小时),分配率②＝3 300÷8 250＝0.4(元/度)。

根据外购动力费用分配表,可编制如下会计分录:

借:生产成本——基本生产成本——甲产品	960
——乙产品	1 200
——辅助生产成本——修理车间	340
制造费用——第一车间	400
管理费用	400
贷:应付账款(或银行存款)	3 300

二、低值易耗品的摊销

低值易耗品是指单位价值在规定限额以下,或使用期限在一年以内的劳动资料。低值易耗品与固定资产一样,能多次使用,并在退出使用报废以前基本上保持其实物形态不变;在使用时也需要维修,报废时可能也有残值;其价值转移也是分次进行的,一般称为低值易耗品摊销。但由于低值易耗品的价值较低,其价值摊入成本费用的方法比固定资产折旧方法简单，目前主要有以下两种。

1.一次转销法

一次转销法是指领用低值易耗品时，将其价值全部作为当期耗费，一次转入产品成本的方法。这种方法计算简便，但对那些可以在较长时间内使用的低值易耗品来说，将其价值一次全部转移不够合理，同时，由于低值易耗品一经领用即从账面上消失，不利于进行实物管理。因此，它适用于价值较低或使用期限较短，而且一次领用数量不多的管理用具和小型工、卡具，以及易于损坏的玻璃器皿、单件小批生产下为制造某批产品所用的专用工具等低值易耗品。

2.五五摊销法

五五摊销法是指将低值易耗品的价值在其领用和报废时各摊销一半的方法。采用这种方法摊销时，在低值易耗品报废之前的账面上一直保留其价值的一半，有利于对实物进行管理，以防止出现大量的账外物资。五五摊销法手续比较简便，但它使产品成本负担不够合理。因此，适用于价值较低、使用期限较短或每月领用和报废的数量比较均衡的低值易耗品。

低值易耗品摊入产品成本的费用称为摊销费用，它也是一种间接费用，应按使用单位、部门进行计算和归集，月末通过编制“低值易耗品摊销分配表”进行分配，分别记入“生产成本——辅助生产成本”、“制造费用”等科目的借方和“低值易耗品——摊销”科目的贷方。低值易耗品摊销分配表的一般格式如表4-17所示。

表4-17　　低值易耗品摊销分配表

2008年10月　　单位：元

使用单位	项目	摊销方法	领用额	报废额	残值	本月摊销额
第一车间	专用工具	一次摊销法	2 520			2 520
第一车间	一般用工具	五五摊销法	20 000	5 000	500	12 000
修理车间	劳动保护用品	一次摊销法	1 500			1 500
管理部门	管理用具	五五摊销法	8 000			4 000
合计	—	—	32 020	5 000	500	20 020

根据表4-17中的数据，可编制如下会计分录：

(1)借：制造费用——第一车间　　2 520

　　低值易耗品——在用　　20 000

　　生产成本——辅助生产成本——修理车间　　1 500

　贷：低值易耗品——在库　　32 020

(2)借：制造费用——第一车间　　10 000

　　管理费用　　4 000

　　贷:低值易耗品——摊销　14 000

(3)借:原材料　500

　　制造费用——第一车间　2 000

　　贷:低值易耗品——摊销　2 500

(4)借:低值易耗品——摊销　5 000

　　贷:低值易耗品——在用　5 000

如果企业对低值易耗品采用计划成本核算,还应按规定方法将计划成本调整为实际成本。采用一次摊销法的企业,应于月终时进行调整;采用五五摊销法的企业,应于报废时进行调整。

三、跨期摊配费用的核算

(一)预付费用

预付费用是指本期已经发生或已经支付,但应由本期和以后各期共同负担,摊销期限在一年以内的费用,如预付租金、预付保险费、预付报刊订阅费以及一次购买印花税票或一次交纳印花税税额较大需分摊的数额等。

预付费用的归集与分配是通过“预付账款”科目进行核算的。发生预付费用时,应根据有关费用分配表或凭证记入“预付账款”科目的借方;按照费用的归属期进行摊销时记入“预付账款”科目的贷方,并根据用途记入“生产成本——辅助生产成本”、“制造费用”、“管理费用”等科目的借方;月末余额表示已经发生或已经支付但尚未摊销的费用。预付费用应按费用的种类设置明细账,以便分别反映各项费用的发生和摊销情况;分配(摊销)时,应编制费用分配表并据以编制会计分录,如预付费用较少时,也可以不编制分配表而直接编制会计分录进行分配。预付费用的分配应按费用项目的受益对象、受益期限分期摊销,摊销期限最长不得超过一年,但可以跨年度摊销。

【例 4-7】某企业 12 月 25 日以银行存款预付下年度的财产保险费共 60 000 元,其中基本生产车间的财产保险费 36 000 元,辅助生产车间的财产保险费18 000 元,管理部门的财产保险费 6 000 元。则有关交易和事项的会计处理如下:

(1)预付财产保险费时,应作会计分录为:

借:预付账款——财产保险费　60 000

　　贷:银行存款　60 000

(2)下年度每月摊销时,应作会计分录为:

借:制造费用　3 000

生产成本——辅助生产成本 1 500

管理费用 500

贷:预付账款——财产保险费 5 000

(二)预计费用

预计费用是指按照规定预先计入产品成本或期间费用,但尚未实际发生的费用,如预计的短期借款利息、预计的租金及其他预计费用等。从发生和计入产品成本、费用的时间来看,这种费用与预付费用相反,它先按预计数计入产品成本或期间费用,再由以后某期实际支付。

预计费用的归集与分配是通过设置"应付利息"和"其他应付款"等科目进行核算的。企业根据估计的数额在受益对象和受益期内进行各项费用预计时,应按费用的用途分别记入"制造费用"、"管理费用"、"财务费用"等科目的借方和"应付利息"和"其他应付款"等科目的贷方;实际支出时,记入"应付利息"和"其他应付款"等科目的借方和"银行存款"等科目的贷方;月末余额表示已经预计但尚未支付的费用。实际支出数与预计数的差额,应计入实际支出期的产品成本或期间费用。如果实际支出数超过已预计数的数额较多时,应视同预付费用,分期摊入成本或费用,并及时调整预计标准。

预计费用也应按费用种类分设明细账进行明细核算。企业应按规定的期限结算预计费用,年末一般不保留预计费用余额。如果跨年度预计,年末需要保留余额的,应在年末会计报告的财务情况说明书中加以说明。

【例 4-8】某企业以经营租赁方式租入一台设备,租期 1 年,每半年支付一次租金,金额为 30 000 元。有关业务及会计处理如下:

(1)每月计算应付租金时,应作会计分录为:

借:制造费用 5 000

贷:其他应付款 5 000

(2)实际支付租金时,应作会计分录为:

借:其他应付款 30 000

贷:银行存款 30 000

第五节 辅助生产费用的归集与分配

制造业企业的生产车间按其性质划分为基本生产车间和辅助生产车间两大部

门。基本生产车间生产各种产品，是企业的主要生产单位；辅助生产车间是为基本生产车间、管理部门等提供各种产品或劳务的服务部门，是企业的辅助生产单位。

辅助生产是企业生产的重要组成部分，它的任务是为基本生产车间、管理部门提供产品或劳务。如为基本生产车间生产的材料、各种工具、模具、夹具；为产品生产活动或管理工作提供的水、电、汽；为企业各部门提供的机器设备的维修及运输服务等。辅助生产车间在提供产品或劳务过程中发生的人力、物力、财力等各种经济资源的耗费，称为辅助生产费用，包括直接材料、直接人工和制造费用。这些费用构成辅助生产产品或劳务的成本，最终将由企业产品成本、费用负担。因此，核算企业的产品成本时，需要首先核算辅助生产产品或劳务的成本，并将其在各受益单位之间进行分配，才能正确计算出基本生产的产品成本。可见，辅助生产产品和劳务成本的高低，直接影响企业产品成本的水平。正确计算辅助生产产品和劳务的成本，合理分配辅助生产费用，对正确计算产品成本具有十分重要的意义。

一、辅助生产费用归集的核算

辅助生产费用的归集和分配是通过设置“生产成本——辅助生产成本”科目进行的。该科目的借方反映为进行辅助生产而发生的各项费用，既包括各辅助生产车间发生的直接费用，也包括辅助生产车间为组织和管理生产活动而发生的各种间接费用；在辅助生产车间相互提供劳务的情况下，各受益辅助生产车间从提供劳务的辅助生产车间分配转入的劳务成本也记入该科目的借方；贷方反映分配转出的劳务成本，以及完工入库的材料、工具、模具、夹具等生产成本的转出数。该科目除了多品种辅助生产车间有在产品结存，期末有余额之外，在单一品种辅助生产的情况下，一般无余额。

由于辅助生产车间都是独立的生产单位，提供的产品、劳务各异，为了正确核算各辅助生产车间的经济效果，应在“生产成本——辅助生产成本”科目下按车间和产品品种设置明细账进行核算。对于只生产一种产品或提供一种劳务的辅助生产车间，其发生的所有费用都是直接费用，都可直接记入辅助生产明细账；对于生产多种产品或提供多种劳务的辅助生产车间，其发生的所有费用都应区分直接费用和间接费用，直接费用可直接记入辅助生产明细账相应的专栏，间接费用先记入制造费用明细账中，月末将归集的制造费用采用一定的方法在各种产品或劳务之间进行分配，然后记入辅助生产明细账的有关专栏。

辅助生产明细账的一般格式如表 4-18 所示。

表 4-18

辅助生产成本明细账

车间:修理　　2008 年 10 月　　单位:元

年		凭证号数	摘要	费用明细项目						合计
月	日			材料	职工薪酬	折旧费	水电费	办公费	其他	
略	略	（略）	领用材料	4 000						4 000
			应付职工薪酬		3 328.80					3 328.80
			计提折旧费			1 500				1 500
			支付水电费				600			600
			报销办公费					1 200		1 200
			其他费用						1 371.20	1 371.20
			合计	4 000	3 328.80	1 500	600	1 200	1 371.20	12 000
			结转分配	4 000	3 328.80	1 500	600	1 200	1 371.20	12 000

需要强调的是：只有辅助生产车间发生的应由多种产品或多种劳务共同负担的间接费用，才通过“制造费用”科目核算；只生产一种产品或提供一种劳务的辅助生产车间，不设“制造费用”科目，发生的所有费用都通过“生产成本——辅助生产成本”科目进行核算。另外，辅助生产车间归集的生产费用，应比照基本生产车间的产品成本计算方法，对辅助生产车间的产品、劳务采用一定的方法计算它们的实际成本。有关基本生产车间产品成本的计算方法，将在第五章介绍。

二、辅助生产费用分配的核算

企业发生的辅助生产费用按辅助生产车间分别进行归集后，月终需采用一定的方法在各受益单位之间进行分配。辅助生产车间提供的产品或劳务，其主要受益对象是基本生产车间和企业管理部门。但在有些企业中，辅助生产车间之间也存在相互提供产品或劳务的情况。如供水车间为供电车间、修理车间提供水，供电车间为供水车间、修理车间提供电，修理车间为供水车间、供电车间提供修理服务等。这样，各辅助生产车间归集的费用实际上还应包括从其他辅助生产车间转入的费用，使得一个辅助生产车间计算产品或劳务的成本时，需要以其他辅助生产车间产品或劳务的成本计算为前提，从而导致各辅助生产车间之间形成一种相互制约的关系。如前述计算水的成本必须确定电和修理服务的成本，而电的成本计算也需要先确定水及修理服务的成本，修理服务的成本计算又需要先确定水及电的成本。

由于辅助生产车间生产的产品和提供的劳务不同，其所发生的费用分配转出的程序和方法也不一样。制造材料、工具、模具等产品发生的费用，应在完工入库时计算其生产成本并转为库存材料、低值易耗品等存货成本，从“生产成本——辅助生产成本”科目的贷方转入“原材料”或“低值易耗品”科目的借方。提供不能入库的产品或劳务，如水、电、汽、运输和修理服务等所发生的辅助生产费用，应按各受益单位耗用的数量，在各受益单位之间进行分配。本节后面介绍的分配方法即是针对不能入库的产品或劳务而言的。

辅助生产车间之间相互提供产品或劳务，增加了辅助生产费用分配的难度。对于这种情况，实务中有两种类型的处理方法。一种类型是要交叉计算辅助生产车间因相互提供产品或劳务而应转入、转出的费用；另一种类型是不考虑辅助生产车间相互提供产品或劳务这一情况，而是把该车间直接发生的费用全部在辅助生产车间以外的受益单位进行分配。常用的分配方法有以下五种。

(一)直接分配法

直接分配法是指将辅助生产车间直接发生的费用,分配给除辅助生产车间之外的各个受益单位,辅助生产车间之间相互提供产品或劳务不分配费用的方法。其计算公式如下:

$$\begin{array}{c}\text{某种辅助生产产品}\\\text{或劳务的分配率}\end{array}=\frac{\text{该辅助生产车间待分配的生产费用总额}}{\text{基本生产车间和其他部门耗用产品或劳务总量}}$$

$$\begin{array}{c}\text{各受益车间、部门}\\\text{应分配的费用}\end{array}=\begin{array}{c}\text{该车间、部门耗用}\\\text{产品或劳务的总量}\end{array}\times\begin{array}{c}\text{该种辅助生产产品}\\\text{或劳务的分配率}\end{array}$$

【例 4-9】某企业有供水、供电、修理三个辅助生产车间,10 月份各辅助生产车间发生的费用及劳务供应情况如表 4-19 所示。

表 4-19　　劳务供应汇总表

受益单位＼供应单位	供水车间供水(吨)	供电车间供电(度)	修理车间修理(小时)
供水车间		2 000	200
供电车间	1 500		300
修理车间	500	6 000	
基本生产车间产品耗用	50 000	21 000	
基本生产车间一般耗用	500	1 000	2 000
企业管理部门耗用	1 500	2 000	500
合计	54 000	32 000	3 000
本月发生费用(元)	4 680	3 600	12 000

根据上述资料,用直接分配法编制“辅助生产费用分配表”如表 4-20 所示。

表 4-20　　辅助生产费用分配表(直接分配法)

2008 年 10 月

辅助生产车间	待分配费用	产品劳务供应量	分配率	基本生产车间				企业管理部门		合计
				生产产品耗用		一般耗用				
				数量	金额(元)	数量	金额(元)	数量	金额(元)	
供水车间	4 680	52 000	0.09	50 000	4 500	500	45	1 500	135	4 680
供电车间	3 600	24 000	0.15	21 000	3 150	1 000	150	2 000	300	3 600
修理车间	12 000	2 500	4.8			2 000	9 600	500	2 400	12 000
合计	20 280			—	7 650	—	9 795	—	2 835	20 280

其中:供水分配率=4 680/52 000=0.09;供电分配率=3 600/24 000=0.15;修理分配率=12 000/2 500=4.8。

根据表 4-20,作如下会计分录:

借:生产成本——基本生产成本　　7 650

　　制造费用　　9 795

　　管理费用　　2 835

　贷:生产成本——辅助生产成本——供水车间　　4 680

　　　　　　　　　　　　　　——供电车间　　3 600

　　　　　　　　　　　　　　——修理车间　　12 000

直接分配法简单易行,但它没有对辅助生产车间之间相互提供的产品或劳务进行分配,使各辅助生产车间的成本计算不够准确,导致分配结果失真。所以,这种方法适用于辅助生产车间之间相互提供的产品或劳务不多的企业。

(二)一次交互分配法

一次交互分配法是指辅助生产车间先进行一次交互分配,然后再将归集的辅助生产费用在辅助生产车间以外的受益单位之间进行直接分配的方法。

采用这种方法时,辅助生产费用的分配应分两步进行。

第一步:将各辅助生产车间直接发生的费用在各辅助生产车间之间进行交互分配,其他受益单位暂不分配。其计算公式如下:

$$\text{交互分配前某项产品或劳务的分配率}=\frac{\text{某辅助生产车间交互分配前的费用总额}}{\text{该辅助生产车间提供的产品或劳务总量}}$$

$$\text{某辅助生产车间应分配的其他辅助生产费用}=\text{该辅助生产车间耗用的产品或劳务数量}\times\text{交互分配前该项产品或劳务的分配率}$$

第二步:将各辅助生产车间交互分配后的费用(即交互分配前归集的辅助生产费用,加上交互分配时从其他辅助生产车间分配转入的数额,减去交互分配时转给其他辅助生产车间的费用),按直接分配法再在辅助生产车间以外的各受益单位进行分配。其计算公式如下:

$$\text{交互分配后某项产品或劳务的分配率}=\frac{\text{某辅助生产车间交互分配后的费用总额}}{\text{辅助生产车间以外的受益单位耗用产品或劳务总量}}$$

$$\text{某辅助生产车间以外的受益单位应分配的费用}=\text{该受益单位耗用的产品或劳务数量}\times\text{交互分配后该项产品或劳务的分配率}$$

【例 4-10】沿用例 4-9 的资料,采用一次交互分配法计算分配的辅助生产费用,如表 4-21 所示。

表 4-21 **辅助生产费用分配表(一次交互分配法)**

2008 年 10 月

项目			交互分配				直接分配			
产品劳务供应单位			供水车间	供电车间	修理车间	金额合计	供水车间	供电车间	修理车间	金额合计
待分配费用			4 680	3 600	12 000	20 280	5 532	4 030	10 718	20 280
应分配产品劳务量			54 000	32 000	3 000	—	52 000	24 000	2 500	—
分配率			0.086 67	0.112 5	4.00	—	0.106 4	0.167 9	4.287 2	—
受益单位及金额	供水车间	数量		2 000	200					
		金额		225	800	1 025				
	供电车间	数量	1 500		300					
		金额	130		1 200	1 330				
	修理车间	数量	500	6 000						
		金额	43	675		718				
	基本车间产品	数量					50 000	21 000		
		金额					5 320	3 526		8 846
	基本车间耗用	数量					500	1 000	2 000	
		金额					53	168	8 574	8 795
	管理部门耗用	数量					1 500	2 000	500	
		金额					159	336	2 144	2 639
	合计		173	900	2 000	3 073	5 532	4 030	10 718	20 280

其中:5 532＝4 680＋1 025－173;4 030＝3 600＋1 330－900;10 718＝12 000＋718－2 000。

根据表4-21,作如下会计处理:

(1)交互分配时,应作会计分录为:

借:生产成本——辅助生产成本——供水车间　1 025

——供电车间　1 330

——修理车间　718

贷:生产成本——辅助生产成本——供水车间　173

——供电车间　900

——修理车间　2 000

(2)直接分配时,应作会计分录为:

借:生产成本——基本生产成本　8 846

制造费用　8 795

管理费用　2 639

贷:生产成本——辅助生产成本——供水车间　5 532

——供电车间　4 030

——修理车间　10 718

一次交互分配法弥补了直接分配法不能反映辅助生产车间相互提供产品和劳务的不足,提高了辅助生产费用分配的准确性;同时,这种方法不很复杂,也便于理解和操作。但由于这种方法在辅助生产车间的交互分配只进行了一次,其二次分配仍采用直接分配法,分配的准确性受到一定影响。另外,它按各个辅助生产车间实际发生的直接费用进行分配,会将辅助生产车间发生费用的节约与超支差异转嫁给基本生产车间和其他受益单位负担,不利于对基本生产车间和其他部门的业绩进行考评。因此,这种方法适用于各个辅助生产车间之间相互提供产品和劳务较多且不平衡的企业。

(三)计划成本分配法

计划成本分配法是指根据辅助生产车间提供的产品和劳务的数量及计划单位成本分配辅助生产费用的方法。采用这种方法也需要分两步进行分配。

第一步:根据各受益单位(包括辅助生产车间)接受产品或劳务的数量和计划单位成本,计算分配给各受益单位的费用数额。

第二步:将各辅助生产车间实际发生的费用(即在计划成本分配之前已归集的费用加上计划成本分配时转入的费用)与各该车间计划成本分配转出的费用之差,对辅助生产车间以外的受益单位进行调整分配。调整分配一般有两种会计处理:一是将差异按辅助生产车间以外各受益单位的受益比例分配;二是将差异全部分配给企业管理部门,这有利于加强对基本生产车间的业绩考评。

【例 4-11】仍然沿用例 4-9 的资料，并假设该企业每吨水的计划成本为 0.08 元，每度电的计划成本为 0.15 元，每一修理工时的计划成本为 4.6 元。根据以上资料采用计划成本分配法编制的辅助生产费用分配表如表 4-22 所示（假定辅助生产成本差异采用第一种处理方法）。

表 4-22 中，各辅助生产车间提供的产品和劳务的实际成本及其与计划成本之间的差异计算如下：

供水车间水的实际成本＝4 680＋1 220＝5 900(元)

供水车间水的成本差异＝5 900－4 320＝1 580(元)

供电车间电的实际成本＝3 600＋1 500＝5 100(元)

供电车间电的成本差异＝5 100－4 800＝300(元)

修理车间的劳务成本＝12 000＋940＝12 940(元)

修理车间的成本差异＝12 940－13 800＝860(元)

上述实际成本由于分配转入的费用 1 220 元、1 500 元和 940 元是按计划单位成本计算的，因而不是“纯粹”的实际成本。

根据辅助生产费用分配表 4-22 作如下会计分录：

借：生产成本——基本生产成本	8 933	
制造费用	8 729	
管理费用	2 618	
生产成本——辅助生产成本——供水车间	1 220	
——供电车间	1 500	
——修理车间	940	
贷：生产成本——辅助生产成本——供水车间		5 900
——供电车间		5 100
——修理车间		12 940

计划成本分配法也考虑了各辅助生产车间之间相互提供产品和劳务的情况。由于各辅助生产车间只需掌握耗用其他辅助生产车间产品和劳务的数量，就能计算出各期实际发生的辅助生产费用，计算简便，核算比较及时。同时，通过实际成本与计划成本的比较，可以了解各辅助生产车间成本计划的执行情况，有利于考核辅助生产车间的经济效益，也便于分清各受益单位的经济责任。但这种方法是以事先确定的单位计划成本为分配基础，要求计划成本必须切合实际，否则会产生较大的成本差异，影响分配结果的准确性。另外，在辅助生产车间内部的交互分配也只进行一次，其分配结果不很准确。因此，它适用于各辅助生产车间产品和劳务的单位计划成本比较准确、稳定的企业。

表 4-22 **辅助生产费用分配表(计划成本分配法)**

2008 年 10 月

产品、劳务供应单位	待分配费用(元)	产品劳务供应单位	计量单位	单位成本(分配率)	受益单位												分配金额合计
					供水车间		供电车间		修理车间		基本生产车间产品		基本生产车间耗用		企业管理部门		
					数量	金额	数量	金额	数量	金额	数量	金额	数量	金额	数量	金额	
计划成本分配：																	
供水车间	4 680	54 000	吨	0.08			1 500	120	500	40	50 000	4 000	500	40	1 500	120	4 320
供电车间	3 600	32 000	度	0.15	2 000	300			6 000	900	21 000	3 150	1 000	150	2 000	300	4 800
修理车间	12 000	3 000	小时	4.6	200	920	300	1 380					2 000	9 200	500	2 300	13 800
小计	20 280	—	—	—	—	1 220	—	1 500	—	940	—	7 150	—	9 390	—	2 720	22 920
调整分配：																	
供水车间	1 580	52 000		0.030 4							50 000	1 520	500	15	1 500	45	1 580
供电车间	300	24 000		0.012 5							21 000	263	1 000	12	2 000	25	300
修理车间	−860	2 500		−0.344									2 000	−688	500	−172	−860
小计	1 020	—	—	—	—	—	—	—	—	—	—	1 783	—	−661	—	−102	1 020
合计	—	—	—	—	—	1 220	—	1 500	—	940	—	8 933	—	8 729	—	2 618	23 940

(四)代数分配法

代数分配法是指运用初等数学中解联立方程的原理进行辅助生产费用分配的一种方法。采用这种方法时,应先设立未知数表示各辅助生产车间产品和劳务的单位成本;然后根据辅助生产车间之间相互提供产品、劳务的关系,以及各辅助生产车间已归集的费用和提供的产品、劳务总量,建立多元一次方程组,通过求解计算出各辅助生产车间产品和劳务的单位成本;最后根据各受益单位(包括辅助生产车间内部和外部的受益单位)耗用产品、劳务的数量和单位成本分配辅助生产费用。

【例4-12】利用例4-9的资料,并设x表示供水车间每吨水的成本,y表示供电车间每度电的成本,z表示修理车间每一修理工时的成本,建立三元一次方程组如下:

$$\begin{cases}4\,680+2\,000y+200z=54\,000x\\3\,600+1\,500x+300z=32\,000y\\12\,000+500x+6\,000y=3\,000z\end{cases}$$

通过求解,得:$x=0.108\,581$

$y=0.158\,387$

$z=4.333$

根据上述计算结果,编制辅助生产费用分配表如表4-23所示。

表4-23　　辅助生产费用分配表(代数分配法)

2008年10月

受益单位	供应单位	供水车间	供电车间	修理车间	合计
	供应数量	54 000(吨)	32 000(度)	3 000(小时)	—
	分配率	0.108 581	0.158 387	4.333	—
供水车间	数量	—	2 000	200	—
	金额	—	316.77	866.60	1 183.37
供电车间	数量	1 500	—	300	—
	金额	162.87	—	1 299.90	1 462.77
修理车间	数量	500	6 000	—	—
	金额	54.29	950.32	—	1 004.61
基本生产产品耗用	数量	50 000	21 000	—	—
	金额	5 429.05	3 326.13	—	8 755.18
基本生产一般耗用	数量	500	1 000	2 000	—
	金额	54.29	158.39	8 666	8 878.68
企业管理部门	数量	1 500	2 000	500	—
	金额	162.87	316.77	2 166.50	2 646.14
分配金额合计		5 863.37	5 068.38	12 999	23 930.75

根据表 4-23 的计算结果，可编制如下会计分录：

借：生产成本——基本生产成本　8 755.18
　制造费用　8 878.68
　管理费用　2 646.14
　生产成本——辅助生产成本——供水车间　1 183.37
　　——供电车间　1 462.77
　　——修理车间　1 004.61
贷：生产成本——辅助生产成本——供水车间　5 863.37
　　——供电车间　5 068.38
　　——修理车间　12 999

采用代数分配法分配的辅助生产费用结果比较准确，可用来检验其他分配方法的准确程度。但在辅助生产车间较多的情况下，解多元联立方程组的工作量非常大。因此，这种方法适用于辅助生产车间较少或已实现会计电算化的企业。

(五)顺序分配法

顺序分配法是指按辅助生产车间相互提供产品和劳务量多少的顺序分配辅助生产费用的一种方法。这种分配方法首先要根据各辅助生产车间相互受益产品、劳务的多少确定排列顺序，即受益少而提供产品、劳务多的辅助生产车间排在前面，受益多而提供产品、劳务少的辅助生产车间排在后面，然后按照前后顺序，将各辅助生产车间发生的费用依次分配给受益单位。分配费用时，先把排在最前面的辅助生产车间直接发生的费用分配给排在它后面的所有受益单位；再把排在第二位的辅助生产车间直接发生的费用加上分配来的费用，分配给排在它后面的所有受益单位。依此类推，直至排在最后的一个辅助生产车间将其发生的直接费用和分配来的费用分配给辅助生产车间以外的各受益单位。其特点是，排在前面的辅助生产车间不承担排在它后面的辅助生产车间的费用。

【例 4-13】沿用例 4-9 的资料，根据例 4-12 代数分配的结果，可将这三个辅助生产车间按修理、供电、供水的顺序排列。采用顺序分配法编制的辅助生产费用分配表如表 4-24 所示。

表 4-24 **辅助生产费用分配表(顺序分配法)**

2008 年 10 月

产品、劳务供应单位	待分配费用(元)	产品劳务供应单位	计量单位	分配率	受益单位									
					供电车间		供水车间		基本生产车间产品		基本生产车间耗用		企业管理部门	
					数量	金额	数量	金额	数量	金额	数量	金额	数量	金额
修理车间	12 000	3 000	小时	4.00	300	1 200	200	800			2 000	8 000	500	2 000
供电车间	4 800	26 000	吨	0.184 6			2 000	369.20	21 000	3 877	1 000	184.60	2 000	369.20
供水车间	5 849.20	52 000	度	0.112 4					50 000	5 620	500	56.20	1 500	173*
合计	22 649.20	—	—	—	—	1 200	—	1 169.20	—	9 497	—	8 240.80	—	2 542.20

注:* 为调整尾差。

其中:供电车间待分配费用=3 600+1 200=4 800;供电车间劳务供应量=32 000-6 000=26 000。

供水车间待分配费用=4 680+800+369.20=5 849.20;供水车间劳务供应量=54 000 - 500 - 1 500=52 000。

根据表 4-24 的分配结果，可编制如下会计分录：

借：生产成本——基本生产成本　　9 497

　　制造费用　　8 240.80

　　管理费用　　2 542.20

　　生产成本——辅助生产成本——供电车间　　1 200

　　　　　　　　　　　　　　——供水车间　　1 169.20

　贷：生产成本——辅助生产成本——修理车间　　12 000

　　　　　　　　　　　　　　　——供电车间　　4 800

　　　　　　　　　　　　　　　——供水车间　　5 849.20

采用顺序分配法分配辅助生产费用，计算简便，并能有重点地反映辅助生产车间交互服务的关系，比直接分配法准确。但由于这种方法使得排在前面的辅助生产车间不负担排在后面辅助生产车间的费用，导致费用归集不全，不能全面反映辅助生产车间之间交互提供产品和劳务的关系，影响了分配结果的准确性。另外，在辅助生产车间较多的情况下，很难准确排定各自的顺序。因此，它适用于各辅助生产车间相互提供产品和劳务的数量有明显顺序的企业，并且分配顺序一经排定，不应经常变化。

第六节　制造费用的归集与分配

一、制造费用的归集

制造费用是指企业各生产单位（分厂、车间）为组织和管理生产而发生的各种费用，一般包括各生产单位为组织和管理生产所发生的生产单位管理人员薪酬、生产单位房屋、建筑物、机器设备等计提的折旧费、租赁费（不包括融资费）、修理费、机物料消耗、低值易耗品摊销、办公费、保险费、设计制图费、试验检验费、劳动保护费、季节性、大修理期间的停工损失以及其他制造费用。

制造费用是在生产过程中发生的不能直接计入生产成本的间接费用，一般分为间接材料、间接人工和其他间接费用。为了归集、汇总和分配企业在生产过程中发生的制造费用，应设置“制造费用”科目。企业发生的制造费用，应按其用途和地点进行归集，根据各种费用分配表及有关费用发生的原始凭证，借记“制造费用”科目，并按费用的项目记入所属的有关明细账中；贷记“原材料”、“应付职工薪酬”、“累计折旧”和“银行存款”等科目。通过“制造费用”科目的借方，即可将企业一定时期发生的制造费用全部归集起来。

制造费用明细账的一般格式如表 4-25 所示。

表 4-25 **制造费用明细账**

第一车间 2008 年 10 月 单位:元

年		凭证号数	摘要	费用明细项目										合计
月	日			职工薪酬	折旧费	修理费	机物料消耗	水电费	运输费	低值易耗品摊销	办公费	差旅费	其他	
略	略	（略）	领用材料				5 000							5 000
			分配职工薪酬	2 280										2 280
			计提折旧费		11 300									11 300
			支付修理费			8 666								8 666
			支付动力费					613						613
			支付运输费						842					842
			低值易耗品摊销							1 970				1 970
			支付办公费								900			900
			支付差旅费									769		769
			合计	2 280	11 300	8 666	5 000	613	842	1 970	900	769		32 340
			结转分配	2 280	11 300	8 666	5 000	613	842	1 970	900	769		32 340

二、制造费用的分配

本期实际发生的制造费用归集汇总后，应于月末将其按一定的标准，分配计入有关的成本计算对象。在生产单一品种产品的车间或分厂，归集的制造费用全部由该种产品负担，即直接计入该种产品的生产成本；在生产多种产品的车间或分厂，因有多个受益对象，其共同发生的制造费用应采用一定的方法，按各成本计算对象受益的比例进行分配。

从理论上讲，为使分配结果公平合理，应根据"受益和引起"的因果比例关系，选择"共有的"分配标准逐项分配制造费用。但这样做会使分配计算工作过于烦琐，而且计算和分配的结果仍是一个估计数字。因此，一般可将性质相似的费用归类合并，选择与该类费用关系密切的标准进行分配，这样既能达到公平合理分配的目的，又可简化分配计算工作。

制造费用的分配方法一般有以下四种：

(一)生产工时比例法

生产工时比例法是指以各种产品的生产工时为分配标准来分配制造费用的一种方法。其计算公式如下：

$$\text{制造费用分配率}=\frac{\text{制造费用总额}}{\text{各种产品生产工时总和}}$$

$$\text{某种产品应负担的制造费用}=\text{该种产品的生产工时数}\times\text{制造费用分配率}$$

这种方法按生产工时比例分配制造费用，可以使各种产品负担的制造费用同劳动生产率结合起来。劳动生产率高提高，单位产品生产工时减少，所负担的制造费用也就降低，因而可以合理反映劳动生产率与产品成本的关系。另外，大多数企业都有完整的工时记录，所需的分配标准资料容易取得，计算手续比较简便，因而被企业广泛采用。但应注意，制造费用中还包含机器设备的使用及维修费，如果制造费用中固定资产折旧费、修理费、租赁费所占比重较大，且各种产品工艺过程的机械化程度不同，以生产工时为分配标准会使机械化程度较低的产品负担过多的机器设备的使用及维修费，致使分配结果与费用的实际发生情况不相符合。因此，这种方法适用于各种产品生产工艺过程机械化程度大致相同的情况。

公式中的生产工时为生产产品的实际工时。有的企业因实际工时记录不够准确，而采用以实际产量定额工时为分配标准。这样做不能体现某种产品由于劳动生产率提高而可以减少负担制造费用的情况，不利于成本分析和寻求降低产品成本的途径。只有在定额工时比较客观的情况下才能采用，否则会影响分配结果。

(二)直接工资比例法

直接工资比例法是指以直接计入各种产品成本中的生产工人工资为分配标准来分配制造费用的一种方法。其计算公式如下：

$$\text{制造费用分配率}=\frac{\text{制造费用总额}}{\text{各种产品生产工人工资总额}}$$

$$\text{某种产品应负担的制造费用}=\text{该种产品的生产工人工资额}\times\text{制造费用分配率}$$

采用这种分配方法，由于直接工资在薪酬费用分配表中有现成的核算资料，分配标准也容易取得，计算手续简便。但一般来说，制造费用发生的多少与直接工资成本没有直接关系，如果各种产品生产工艺过程的机械化程度不同，或者产品加工的技术等级不同，以直接工资为分配标准会使机械化程度低、加工技术等级高的产品负担较多的制造费用，这与实际情况不符，影响产品成本计算的准确性。因为制造费用中有关机器设备的使用及维修费用对于机械化程度低的产品应少负担，而不应多负担；产品加工技术等级的高低只与工资有关，而与制造费用无关。所以，这种方法适用于各产品生产工艺过程的机械化程度和生产工人的技术等级大致相同的情况。

(三)机器工时比例法

机器工时比例法是指以各种产品生产所用的机器设备工时为分配标准的一种分配方法。其计算公式如下：

$$\text{制造费用分配率}=\frac{\text{制造费用总额}}{\text{各种产品耗用机器工时总数}}$$

$$\text{某种产品应负担的制造费用}=\text{该种产品耗用的机器工时数}\times\text{制造费用分配率}$$

产品生产工艺过程高度机械化和自动化的生产单位，制造费用中的折旧费、动力费、修理费等与机器设备的使用关系密切的费用所占比重很大，以机器工时为分配标准结果比较合理。但这种方法的分配标准不是现成的资料，需要花费一定的成本和时间去收集，影响了核算的及时性。另外，制造费用并非全部与机器使用有关，且不同的机器设备单位工作时间的折旧费、修理费也不相同。为了使这种分配方法的结果相对准确，可以对不同机器设备按系数折合成标准工时，并对制造费用进行分类，分别按机器工时和其他标准进行分配。因此，它适用于制造费用的发生与机器设备的使用有密切关系的情况。

（四）计划分配率分配法

计划分配率分配法是指无论各月实际发生的制造费用是多少，每月各种产品中的制造费用都按年度计划确定的计划分配率进行分配的一种方法。年度内如果发现全年制造费用的实际数与按产品的实际产量和计划分配率计算的分配数之间存在较大的差额，应及时调整计划分配率。其计算公式如下：

$$\text{年度计划分配率}=\frac{\text{年度制造费用计划总额}}{\text{年度各种产品计划产量的定额工时总数}}$$

$$\text{某种产品应负担的制造费用}=\text{该月该种产品实际产量的定额工时}\times\text{年度计划分配率}$$

【例 4-14】某车间全年计划制造费用总额为 305 000 元，全年计划产量：甲产品 15 000 件，乙产品 8 000 件；单位产品定额工时：甲产品 4 小时，乙产品 2.5 小时。10 月份甲产品实际产量 1 800 件，乙产品实际产量 800 件。则制造费用的分配计算如下：

$$\text{年度计划分配率}=\frac{305\ 000}{15\ 000\times4+8\ 000\times2.5}=3.812\ 5$$

$$\text{甲产品应负担的制造费用}=1\ 800\times4\times3.812\ 5=27\ 450(\text{元})$$

$$\text{乙产品应负担的制造费用}=800\times2.5\times3.812\ 5=7\ 625(\text{元})$$

采用这种方法分配制造费用，月末“制造费用”科目一般都有余额，可能是借方余额，也可能是贷方余额。对于这项余额，平时不予调整，而是逐月累计，年终时，除余额中属于为第二年生产做准备的部分结转下年外，其余部分按已分配数的比例调整分配，一次计入各产品 12 月份的生产成本。实际数大于已分配数（即有借方余额），用蓝字补足；实际数小于已分配数（即有贷方余额），用红字冲减。调整分配后，“制造费用”科目一般无余额。

【例 4-15】假定前述车间到年末已分配制造费用 305 305 元，其中甲产品已分配 229 055 元，乙产品已分配 76 250 元。全年实际发生制造费用 311 411 元，则对少分配的 6 106 元进行追加分配，计算如下：

$$\text{调整分配率}=6\ 106\div305\ 305=0.02$$

$$\text{甲产品应追加制造费用}=0.02\times229\ 055=4\ 581(\text{元})$$

乙产品应追加制造费用＝0.02×76 250＝1 525(元)

根据调整结果,应作如下调整会计分录：

借:生产成本——基本生产成本——甲产品 4 581

——乙产品 1 525

贷:制造费用 6 106

如果“制造费用”科目的贷方出现余额,年终进行调整分配时,应编制与上述相反的会计分录。

按计划分配率分配制造费用,手续简便,便于及时计算产品成本,并能均衡各期产品负担的制造费用,还可以随时结算已完工产品负担的制造费用,有利于考核和检查制造费用预算的执行情况。它适用于季节性生产的企业或车间,因为在这样的企业或车间,生产淡季和旺季的产量相差悬殊,但每月发生的制造费用大致相同。生产淡季发生的费用与旺季产量存在密切关系,如机器设备的修理往往安排在淡季进行,修理费用应由旺季产品共同负担。如果按照实际分配率进行分配,各月份单位产品成本中的制造费用会相差很大,影响产品成本的准确性,因此,应该运用计划分配率进行分配。但采用这种方法要求企业有较高的计划管理水平,否则计划分配额与实际发生数差异过大,就会影响分配结果的准确性,最终导致产品成本的数据不实。

制造费用的分配是通过编制“制造费用分配表”进行的,其一般格式如表 4-26 所示。

表 4-26 制造费用分配表

第二车间 2008 年 10 月

产品名称	分配标准(直接工资)	分配率	分配进额(元)
A 产品	9 500		51 300
B 产品	3 800		20 520
合计	13 300	5.4	71 280

月末,根据制造费用分配表中的有关数据,作如下会计分录：

借:生产成本——基本生产成本——A 产品 51 300

——B 产品 20 520

贷:制造费用——第二车间 71 820

第七节 损失性费用的核算

以上对生产过程中各项费用的核算,都以这些费用是合格产品的生产耗费为假设前提。在实际生产过程中,由于各种原因会发生各种各样的生产损失。生产损失是指企业在产品生产过程中由于生产原因而造成的损失,如由于生产了不合格产品而发生的损失,由于机器设备发生故障被迫停工而发生的损失,由于对在产品管理不善而发生的在产品盘亏、毁损、变质等损失等。生产损失都是与产品生产直接有关的损失,应该由产品成本承担,是产品生产成本的组成部分。由生产损失引起的各种耗费,称为损失性费用,主要包括废品损失费用和停工损失费用。如果损失性费用在产品成本中所占比重较大,也可在成本计算中以“废品损失”和“停工损失”项目单独列示。

一、废品损失的核算

废品是指不符合规定的质量标准和技术要求,不能按原定用途使用,或者需要加工修复后才能按原定用途使用的在产品、半成品和产成品。废品可能在生产过程中被发现,也可能在入库后、甚至销售后才被发现。无论在生产中被发现,还是在验收入库后被发现,都是生产中的废品。但应注意,如果产品入库时为合格产品,后因保管不善等原因而发生的变质、损坏,不能按原定用途使用,属管理问题,应作为产成品毁损处理,不应包括在废品之中;销售后发现的废品,作为管理费用处理,也不包括在废品之中。

废品按其产生的原因不同,分为工废和料废两种。工废是指由于生产工人操作上的原因造成的废品;料废是指由于原材料或半成品不符合质量要求而造成的废品。工废是加工过程造成的,属于操作工人的责任,应由本生产车间负责;料废是材料供应部门或前道车间的责任造成的;不属于操作工人的责任,不应由本生产车间负责。区分废品产生的原因,是为了明确经济责任和企业贯彻经济责任制,也为了正确计算职工薪酬费用。

废品按其废损情况,分为可修复废品和不可修复废品。可修复废品是指技术上可以修复,而且所需修复费用在经济上是合算的废品;不可修复废品是指在技术上已不可修复,或者所需修复费用在经济上不合算的废品。所谓经济上是否合算,是指修复费用是否超过重新制造同一种产品的支出。区分废品的废损情况,是进行废品损失核算的前提。

这里应当注意,凡质量不符合规定的技术标准,但经检验部门验定,可以不需要返修而降价出售或使用的产品,称为次品。次品的成本与合格品相同,其降价损失直接影响企业的销售收入,不作废品损失处理。实行“三包”(包修、包换、包退)企业发生的修理费、退回或调换产品的运杂费及退回报废产品的净损失等“三包”

损失，从理论上讲应列入废品损失，但在实际工作中，往往通过预计负债进行核算，而不作废品损失处理。

废品不论是在生产过程中被发现还是在入库后被发现，都应由质检部门填制“废品通知单”(格式见第二节)，作为废品损失核算的原始凭证。

在单独核算废品损失的企业，为了全面反映企业一定时期内发生废品损失的情况，加强废品损失的控制，便于产品成本分析，应设置“废品损失”科目进行废品核算。该科目的借方反映可修复废品的修复费用和不可修复废品的已耗成本；贷方反映不可修复废品回收的残值和应向责任人索赔的数额；借、贷方相抵后的差额，即废品的净损失，转入“生产成本——基本生产成本”科目的借方，月末一般无余额。“废品损失”也应按生产车间和废品设置明细账，进行明细核算。

废品损失的核算分为不可修复废品损失的核算和可修复废品损失的核算。

(一)不可修复废品损失的核算

不可修复废品损失是指不可修复废品的生产成本扣除废品残值和赔偿款后的净损失。核算时需要计算不可修复废品截止报废时已经发生的生产成本，它是成本计算的关键。完工后发现的废品，其成本均为废品费用；完工前发现的废品，由于废品成本包含在合格品成本中，因此，还应根据已加工程度，计算其应负担的费用。废品成本确定后，再扣除废品残料价值和应由过失人承担的赔偿部分，就是不可修复废品的损失。

在实务中，计算废品成本可以采用的方法主要有以下两种：

1. 按实际成本计算

即根据合格产品和不可修复废品实际耗用的总成本，按一定标准进行分配计算。如果废品是在完工后发现的，其应负担的费用与合格品完全相同，可按废品数量和合格品产量作为标准分配各项生产费用。其计算公式如下：

$$\text{某项费用分配率}=\frac{\text{某项生产费用}}{\text{合格品数量}+\text{废品数量}}$$

$$\text{废品应负担该项费用}=\text{废品数量}\times\text{该项费用分配率}$$

如果废品是在加工过程中发现的，由于不可修复废品应负担的各项费用受其加工程度的影响与合格品有所区别，故需分别计算。一般情况下，原材料为一次投入，则废品应负担的直接材料可以产量作为分配标准；而直接人工和制造费用与完工程度直接相关，废品应负担的这两项费用可按生产工时作为分配标准。其计算公式如下：

$$\text{废品应负担的直接材料费用}=\frac{\text{某种产品直接材料成本总额}}{\text{合格品数量}+\text{废品数量}}\times\text{废品数量}$$

$$\text{废品应负担的直接人工费用}=\frac{\text{某种产品直接人工成本总额}}{\text{合格品生产工时}+\text{废品生产工时}}\times\text{废品生产工时}$$

$$\text{废品应负担的制造费用}=\frac{\text{某种产品制造费用总额}}{\text{合格品生产工时}+\text{废品生产工时}}\times\text{废品生产工时}$$

【例 4-16】某企业第二车间本月生产甲产品 1 000 件，其中合格品 960 件，在生产过程中发现不可修复废品 40 件，废品残值为 80 元。合格品与废品的全部生产工时为 8 000 小时，其中废品生产工时为 500 小时。该种产品的成本资料如下：

直接材料（一次投料）	5 500
直接人工	4 200
制造费用	6 400
合计	16 100

根据所给资料，编制“废品损失计算表”如表 4-27 所示。

表 4-27　　废品损失计算表

第二车间（甲产品）　　2008 年 10 月

	数量（件）	生产工时（小时）	直接材料（元）	直接人工（元）	制造费用（元）	合计（元）
合格品和废品合计	1 000	8 000	5 500	4 200	6 400	16 100
费用分配率			5.5	0.525	0.8	
废品生产成本	40	500	220	262.5	400	882.5
减：废品残值			80			80
废品损失			140	262.5	400	802.5

根据表 4-27 的计算结果，进行会计处理：

(1)结转不可修复废品成本时，应作会计分录为：

借：废品损失——甲产品　　882.5

　贷：生产成本——基本生产成本——甲产品　　882.5

(2)回收废品残料时，应作会计分录为：

借：原材料　　80

　贷：废品损失——甲产品　　80

(3)结转废品净损失时，应作会计分录为：

借:生产成本——基本生产成本——甲产品　　802.5

贷:废品损失——甲产品　　802.5

按照废品的实际成本计算和分配废品损失,符合实际情况,但核算的工作量较大,而且必须等到"生产成本——基本生产成本"科目的实际生产费用汇总以后,才能计算和结转废品的实际成本,影响成本核算的及时性。

2.按定额成本计算

即根据单位产品的定额成本和发生的废品数量及已完工程度计算废品成本。也就是说,废品只负担定额费用,定额费用与实际费用的差额全部由合格品负担。其计算公式如下:

$$\text{废品定额成本}=\text{废品数量}\times\text{直接材料费用定额}+\sum\left(\text{废品实际生产工时}\times\text{各项费用定额分配率}\right)$$

废品损失＝废品定额成本－回收残值－过失人赔偿

【例 4-17】假定上例甲产品每件定额材料费用为 5 元,每生产工时工资定额为 0.5 元,制造费用定额为 1 元,则废品损失计算如下:

废品应负担的直接材料＝40×5＝200(元)

废品应负担的直接人工＝0.5×500＝250(元)

废品应负担的制造费用＝1×500＝500(元)

废品成本＝200＋250＋500＝950(元)

废品损失＝950－80＝830(元)

按照定额成本计算废品成本,核算简便,计算及时,而且确定的废品成本不受实际费用水平高低的影响,有利于进行分析和考核。因此,凡是具备较为齐全和准确的费用定额资料的企业,都应采用这种方法计算废品成本。

(二)可修复废品损失的核算

可修复废品损失是指废品在修复过程中发生的修复费用。因此,废品返修前发生的费用不是废品损失,应保留在"生产成本——基本生产成本"科目中,不转入"废品损失"科目。返修时发生的修复费用,应根据前述材料、职工薪酬、制造费用等分配表及有关凭证,记入"废品损失"科目及其明细账的专栏。如有回收残料或赔偿款,应从修复费用中扣除,然后将废品的净损失从"废品损失"科目的贷方转入"生产成本——基本生产成本"科目的借方。

在废品损失较少的企业,为简化核算工作,可以不设"废品损失"科目,废品损失包含在当月合格品成本中,不单独反映。另外,废品损失由产成品负担,在产品和自制半成品不分配废品损失，这样可以避免将本期生产与管理中的问题延至后期，有利于分清成本责任。

二、停工损失的核算

停工损失是指企业的生产车间或班组在停工期内发生的各种费用，主要包括停工期内发生的直接人工和应负担的制造费用。

企业发生停工的原因很多，归纳起来有季节性停工、大修理停工、机械设备故障停工、停电和待料停工、发生非常灾害以及计划压缩产量停工等。发生停工时，有关部门应填列“停工单”(格式见第二节)，并在考勤记录中进行登记。会计部门的车间核算人员应对停工单所列的停工范围、时间、原因及过失单位进行审核。经审核的停工单可以作为停工损失的核算依据。

单独核算停工损失的企业应设置“停工损失”科目，以核算停工期间应计的各项费用。该账户的借方根据各种费用汇总表和分配表归集应列入本月停工损失的直接工资和应负担的制造费用等；贷方记录应由过失人或过失单位和保险公司赔偿的款项及分配结转的停工损失；月末除跨月继续停工，其停工损失不予结转外，该科目一般无余额。“停工损失”科目应分别按车间设置明细账，进行明细核算。

由于企业停工的时间长短不同，停工的原因多种多样，因此，对发生的停工损失，应按不同情况进行不同处理：

(1)对于季节性生产而发生的停工损失，在“制造费用”科目进行核算，不单独核算停工损失。借记“制造费用”科目，贷记“原材料”、“应付职工薪酬”、“银行存款”等科目。

(2)对于非常灾害造成的停工损失和由于计划压缩产量、原材料供应不足、设备发生故障等原因而使企业主要生产车间连续停产一个月以上或整个企业连续停产十天以上所造成的停工损失，按规定由营业外支出列支，应从“停工损失”科目的贷方转入“营业外支出”科目的借方。

(3)对于计划压缩产量而使企业主要生产车间连续停产不满一个月，而下个月准备继续停工的损失，本月可以不予结转，待到下月根据实际情况进行结转。

(4)除以上停工损失之外的其余停工损失，都应计入产品成本，从“停工损失”科目的贷方转入“生产成本——基本生产成本”科目的借方，并按一定的分配标准，分配记入各种产品成本中的“停工损失”项目。

根据停工损失的不同处理方法，可将停工损失的总分类核算程序表示如图 4-1所示。

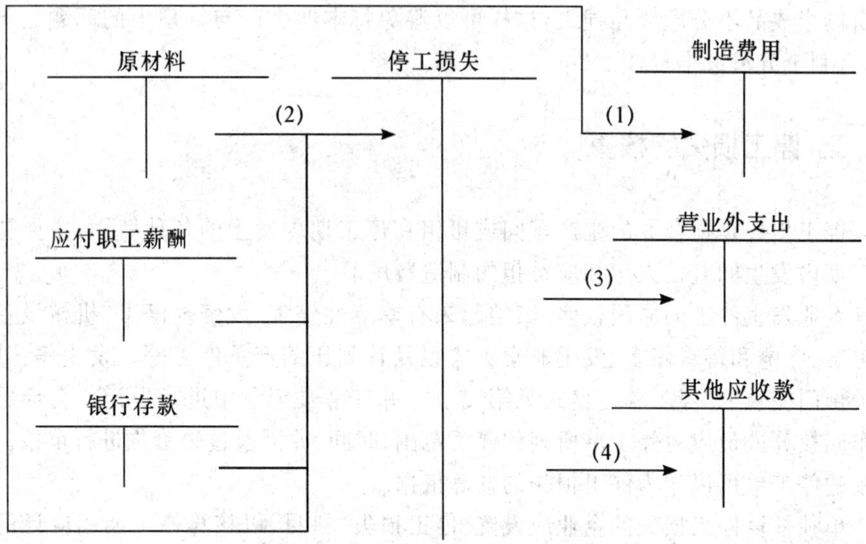

图 4-1 停工损失总分类核算程序图

图 4-1 中的基本核算程序为:①季节性停工期间实际发生的费用;②非正常停工发生的费用;③结转非正常的停工损失;④结转应由过失人或过失单位和保险公司赔偿的停工损失。

第八节 生产费用在完工产品与在产品之间的分配

一、基本生产成本的汇总

(一)基本生产成本汇总的原则

(1)凡是可以直接计入产品生产成本的生产耗费,应尽可能直接记入"生产成本——基本生产成本"科目及其产品成本明细账中;凡是不能直接计入产品生产成本的生产耗费,应先根据耗费发生的用途和地点进行归集,月末再选择一定的分配方法,按照其受益对象进行分配后计入产品生产成本,以保证产品生产成本计算的准确。

(2)基本生产成本的汇总程序必须与企业的生产特点相适应。因为在不同的生产特点情况下,其基本生产成本的汇总程序是不一样的。只有同企业生产特点相适应,才能科学地汇总基本生产成本,正确计算产品生产成本。

(3)基本生产成本汇总必须同企业管理的要求相一致。因为会计要想为企业生产经营决策提供有用、正确的信息，必须使自己的核算内容满足管理上的需要，否则即失去了意义。如管理上需要了解废品损失的信息，会计就必须对废品损失单独进行核算，在基本生产成本汇总时必须单独归集废品损失。

(4)基本生产成本的汇总应便于产品生产成本的计算，不能过于繁琐，也不能过于简单，否则会影响成本计算的及时性或准确性。

另外，为保证产品生产成本计算的正确，在汇总基本生产成本时还应正确划分生产成本和期间费用的界限、本期生产耗费与前期生产耗费的界限及各成本计算对象的界限。

(二)基本生产成本汇总的程序

尽管基本生产成本汇总的程序与企业的生产特点和管理要求密切相关，但从大多数企业来看，基本生产成本汇总的一般核算程序大致是相同的，总分类核算程序如图 3-1 所示，明细分类核算程序如图 4-2 所示。

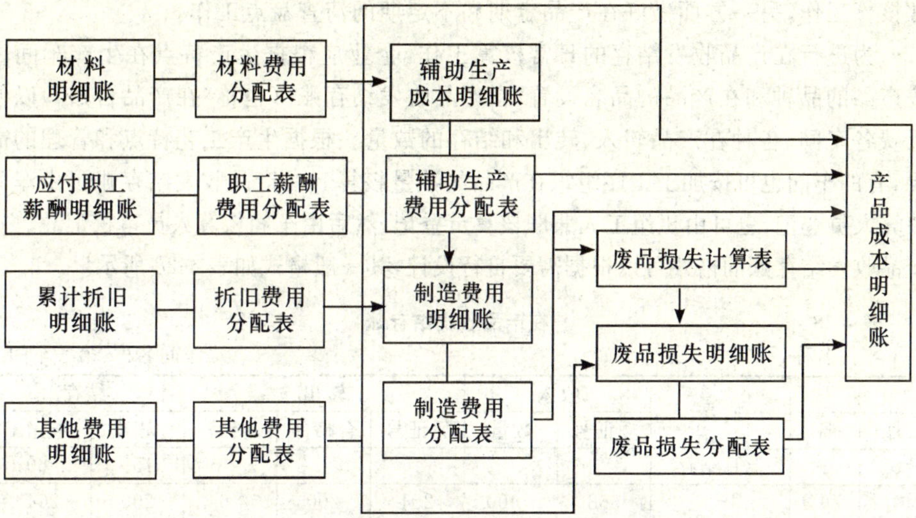

图 4-2 基本生产成本汇总的明细分类核算程序图

二、在产品数量的核算

(一)完工产品与在产品的含义

完工产品与在产品是两个不同的概念，按其包含内容的范围不同，它们都有狭义和广义之分。

狭义完工产品是指已经完成全部生产过程，随时可供销售的产品，即产成品；广义完工产品不仅包括产成品，而且还包括完成部分生产阶段，已由生产车间半成品仓库验收，但尚未完成全部生产过程，有待在本企业内进一步加工制造的自制半成品。狭义在产品是从某个车间的角度而言，指正在某一生产车间或某一生产步骤进行加工的零件、部件和半成品，以及正在生产车间返修的废品；广义在产品是从整个企业的角度而言，指没有完成全部生产过程，不能对外销售的产品，包括正在生产车间加工的在产品和已经完成一个或几个加工步骤，但还需继续加工的半成品。对外销售的自制半成品，属于商品，验收入库后应按产成品管理和核算，不列入在产品之内。本节后面所说的完工产品与在产品，是指广义完工产品与狭义在产品。

(二)在产品数量的核算

在产品数量的核算，主要包括两方面内容：即一方面做好在产品收发结存的日常核算工作，另一方面做好在产品定期和不定期的清查盘点工作。

为进行在产品收发结存的日常核算工作，企业应根据生产特点在生产车间内按产品的品种和在产品的品名设置“在产品收发结存账”(也称“在产品台账”)以便反映各车间、各种在产品转入、转出和结存的数量。根据生产工艺特点和管理的需要，有的车间也可按加工工序组织在产品的数量核算。在产品收发结存账可由车间核算人员登记，也可由班组工人兼职核算员登记，然后由车间核算人员审核汇总。在产品收发结存账的格式可以根据需要自行设计，其一般格式如表4-28所示。

表4-28 在产品收发结存账

零件名称： 车间名称：第一车间

年		摘要	收入		转出			结存	
月	日		凭证号	数量	凭证号	合格品	废品	完工	未完工
10	1	上月结存						150	60
	6		368	400	254	200	6	200	204
* * *	* * *	* * *	* * *	* * *	* * *	* * *	* * *	* * *	* * *
	31	合计		1 000		800	20	200	190

为了核实在产品的数量，保证在产品的账实相符，必须对在产品进行定期或不定期的清查盘点。每月末各车间班组必须清查一次在产品，以取得在产品的实际结存资料，用于计算产品成本。清查结果应编制“在产品盘点表”，并以实存数与账存数相核对。如果账实不符，应查明原因并提出处理意见，成本核算人员认真审核

后，根据清查结果进行账务处理。

在产品盘盈时，应按盘盈的在产品成本成本借记“生产成本——基本生产成本”科目，贷记“待处理财产损溢”科目。经审核批准后，借记“待处理财产损溢”科目，贷记“制造费用”科目。

在产品盘亏时，应按盘亏在产品的成本借记“待处理财产损溢”科目，贷记“生产成本——基本生产成本”科目；对于报废和毁损的在产品，还要登记残值，记入“原材料”科目的借方。经过审批处理按规定程序转销时，应根据不同原因分别将其从“待处理财产损溢”科目的贷方转入各有关科目的借方。如果盘亏是由于自然灾害等非正常原因造成的，应转入“营业外支出”科目；如果属于定额内损耗，即属于生产经营性损失的，应转入“制造费用”科目；如果发生的在产品盘亏应向责任人索赔的，应转入“其他应收款”科目。

对于以上在产品盘盈、盘亏和毁损的数量，应根据有关凭证及时登记调整在产品收发结存账。如果在产品的盘亏是由于没有办理领用手续，或某种产品的零部件被另一种产品挪用，则应补办手续，及时转账更正。

三、生产费用在完工产品与在产品之间的分配

各项生产费用经过归集、分配、再归集、再分配及汇总后，应计入本月产品成本的各项费用已归集在“生产成本——基本生产成本”科目及其所属的明细账户中，并按成本项目予以反映。如果产品在月末已经全部完工，各“生产成本——基本生产成本”明细账中归集的全部费用就是该种完工产品的总成本；如果月末一部分产品已经完工，而另一部分产品没有完工，“生产成本——基本生产成本”明细账中归集的费用之和在完工产品与在产品之间进行分配。本月生产费用、本月完工产品成本和月初、月末在产品成本之间的关系，可用下列公式表示：

$$\text{月初在产品成本} + \text{本月发生的生产费用} = \text{本月完工产品成本} + \text{月末在产品成本}$$

从以上公式可以看出，等式左边两项是已知数，那么就要将这两项费用之和在等式右边的完工产品与月末在产品之间进行分配。其分配方式从在产品成本确定的先后顺序上看，主要有两大类型：①先确定月末在产品成本，然后确定完工产品成本。这种方法是采用一定的办法对月末在产品进行计价，然后将汇总的基本生产成本减去月末在产品成本，便可计算出完工产品的总成本。②同时确定完工产品成本与月末在产品成本。这种方法是先选择一种分配标准，将完工产品成本与月末在产品成

本按此分配标准比例进行分配,不分先后顺序计算完工产品成本和在产品成本。

生产费用在完工产品与在产品之间的分配主要有以下几种方法:

(一)在产品不计算成本法

在产品不计算成本法是指虽然月末有在产品,但月末在产品数量很少,价值很低,而对月末在产品成本忽略不计的一种方法。采用这种方法是因为月初与月末在产品成本很小,二者的差额更小,是否计算在产品成本对完工产品成本的影响很小,甚至无影响。为了简化成本核算工作,可以不计算月末在产品成本,即本月生产某种产品所发生的全部费用,就是本月该种完工产品的总成本。它适用于在产品数量很少,或者无在产品的企业,如自来水生产企业、采掘企业等。

(二)按固定成本计算在产品成本法

即指对各月月末在产品成本按年初在产品成本计算的一种方法。采用这种方法是因为月末在产品数量较少,但价值较大,或者在产品数量较多,若不计算在产品成本,会使成本计算不准确,而且会造成较大的账外资产,使会计核算失实。另外,在各月在产品成本月初和月末差额较小的情况下,其对完工产品成本的影响不大。为了简化产品成本的计算工作,也不便采用后面介绍的比较复杂的方法,因此,可以对各月在产品成本固定按年初数计算。这样做,各月月初、月末的在产品成本都是年初数,某种产品当月发生的生产费用,全部作为当月完工产品的总成本。到年终时,应根据实际盘点的在产品数量,重新计算在产品成本,并调整年初数,以免在产品的账面成本与实际成本相差过大,影响成本计算的正确性。它适用于在产品数量较少,但价值较大;或者数量较多,但各月在产品数量变化不大的企业,如炼铁、化工企业。

【例 4-18】某产品按固定成本计算在产品成本。年初在产品成本为:直接材料 4 200 元,直接人工 2 500 元,制造费用 3 800 元。本月费用及本月完工产品成本见表 4-29。

表 4-29 **产品成本计算单**

2008 年 10 月

单位:元

项目	直接材料	直接人工	制造费用	合计
月初在产品成本	4 200	2 500	3 800	10 500
本月发生费用	13 200	9 500	10 400	33 100
本月完工成本	13 200	9 500	10 400	33 100
月末在产品成本	4 200	2 500	3 800	10 500

(三)按所耗原材料费用计算在产品成本法

即指在产品成本只计算直接材料费用,其他费用全部由本月完工产品负担的方法。如果在产品所耗用的直接材料费用在全部成本中占有较大比重,为了简化核算工作,月末在产品成本可以只计算直接材料费用,加工费用因相对较少,可全部由当月完工产品成本负担,而不会影响成本计算的合理性。这样,全部生产费用减去只按直接材料费用计算的在产品成本后的余额,即为完工产品成本。它适用于各月在产品数量较大且比较均衡,同时直接材料费用占其成本的比重较大的企业,如纺织、造纸、酿酒等企业。

【例 4-19】某车间生产的甲产品月初直接材料为 5 380 元,本月耗用的直接材料为 12 820 元,本月完工 2 000 件,月末在产品 500 件,材料在生产开始时一次投入,材料费用按完工产品产量和月末在产品实际数量作为标准进行分配。本月发生的直接人工为 1 500 元,制造费用为 1 200 元。则计算过程如下:

材料费用分配率=(5 380+12 820)/(2 000+500)=7.28(元/件)

月末在产品成本=500×7.28=3 640(元)

本月完工甲产品成本=(5 380+12 820+1 500+1 200)-3 640=17 260(元)

(四)约当产量计算法

即指按完工产品数量和在产品约当产量的比例将归集的生产费用在完工产品和在产品之间进行分配的一种方法。所谓约当产量,是指将月末在产品数量按其完工程度或投料程度折合为相当于完工产品的数量。其计算公式如下:

月末在产品约当产量=月末在产品数量×在产品完工(投料)百分比

$$费用分配率=\frac{期初在产品成本+本月发生费用}{完工产品产量+月末在产品约当产量}$$

完工产品成本=完工产品产量×费用分配率

月末在产品成本=月末在产品约当产量×费用分配率

采用约当产量法时,由于月末在产品的投料情况和完工程度可能不一致,因此直接材料、直接人工和制造费用的投入程度也可能不同,应分别按成本项目计算月末在产品的约当产量。直接材料项目应根据月末在产品所耗直接材料的投入程度计算约当产量。如果原材料是在生产开始时一次投入的,不论在产品完工程度如何,在产品的约当产量与结存数量一致;如果原材料是在生产过程中陆续投入的,应按其投料程度计算约当产量。直接人工和制造费用项目应根据月末在产品的加工程度计算约当产量。另外,还应按成本项目计算分配率及完工产品成本和在产品成本。

【例 4-20】某企业生产乙产品，月初在产品成本中直接材料为 2 100 元，直接人工为 1 200 元，制造费用为 1 600 元；本月发生的直接材料为 39 700 元，直接人工为 58 960 元，制造费用为 75 200 元。本月完工产品共 240 件，月末在产品 200 件，原材料在生产开始时一次投入，在产品的完工程度为 80%。用约当产量法计算的本月完工产品成本和月末在产品成本如下：

(1)直接材料的分配。

在产品直接材料的约当产量＝200×100%＝200(件)

直接材料分配率＝(2 100＋39 700)/(240＋200)＝95(元/件)

完工产品应负担的直接材料＝240×95＝22 800(元)

在产品应负担的直接材料＝200×95＝19 000(元)

(2)直接人工的分配。

在产品直接人工的约当产量＝200×80%＝160(件)

直接人工分配率＝(1 200＋58 960)/(240＋160)＝150.4(元/件)

完工产品应负担的直接人工＝240×150.4＝36 096(元)

在产品应负担的直接人工＝160×150.4＝24 064(元)

(3)制造费用的分配。

在产品制造费用的约当产量＝200×80%＝160(件)

制造费用分配率＝(1 600＋75 200)/(240＋160)＝192(元/件)

完工产品应负担的制造费用＝240×192＝46 080(元)

在产品应负担的制造费用＝160×192＝30 720(元)

(4)汇总计算完工产品成本和在产品成本。

完工产品总成本＝22 800＋36 096＋46 080＝104 976(元)

在产品成本＝19 000＋24 064＋30 720＝73 784(元)

如果乙产品所耗材料是在生产过程中分两次投入的，比如第一次是在产品生产开始时投入 80%，第二次是在产品加工达到 90%时投入 20%。则直接材料的分配如下：

在产品直接材料的约当产量＝200×80%＝160(件)

直接材料分配率＝(2 100＋39 700)/(240＋160)＝104.5(元/件)

完工产品应负担的直接材料＝240×104.5＝25 080(元)

在产品应负担的直接材料＝160×104.5＝16 720(元)

由以上计算结果可知，按约当产量法计算完工产品成本和在产品成本的关键问题是确定在产品的完工程度。各种在产品的完工程度一般预先确定，每月末根据在产品实际结存数量和预定的完工程度计算约当产量。

用于分配直接人工和制造费用等加工费用时，完工程度即为在产品的加工程度，应按加工时间计算确定。各种在产品需分别按其累计工时定额与完工产品工时定额相除，计算确定加工程度。其计算公式如下：

$$\text{某种在产品加工程度}=\frac{\text{该种在产品累计工时定额}}{\text{完工产品工时定额}}\times 100\%$$

如果某种产品需经过几道工序进行加工，若生产进度比较均衡，各道工序在产品加工数量相差不大时，可以把全部在产品的加工程度估计为50%。否则，各道工序在产品的加工程度应按工序分别测定。其计算公式如下：

$$\text{某道工序上的在产品加工程度}=\frac{\text{前面各道工序的累计工时定额}+\text{本道工序工时定额}\times 50\%}{\text{完工产品工时定额}}\times 100\%$$

公式中“前面各道工序的累计工时定额”以100%计入，“本道工序工时定额”因其加工程度不同也存在差别，但一般不逐个确定，而以本道工序工时定额的50%计入。

【例4-21】企业某产品工时定额为75小时，经三道工序加工制成。第一道工序工时定额30小时，第二道工序工时定额30小时，第三道工序工时定额15小时。其各工序的加工程度计算如下：

第一道工序在产品的加工程度＝(30×50%)/75×100%＝20%

第二道工序在产品的加工程度＝(30＋30×50%)/75×100%＝60%

第三道工序在产品的加工程度＝(30＋30＋15×50%)/75×100%＝90%

用于分配直接材料费用时，完工程度应按原材料投料程度确定。产品生产过程中，原材料的投入方式不同，其在产品投料程度的确定方法也不同。如果原材料在生产开始时一次投足，其在产品的投料程度为100%；如果原材料是在生产过程中陆续、均衡投入的，在产品的投料程度也可估计为50%；如果原材料是分次投入，并在各工序开始时一次投入，则在每一工序原材料的投入程度都是相同的，按该工序在产品的累计原材料费用定额除以完工产品原材料费用定额计算确定。其计算公式如下：

$$\text{某道工序上的在产品投料程度}=\frac{\text{到本道工序为止的累计原材料消耗定额}}{\text{完工产品原材料消耗定额}}\times 100\%$$

【例4-22】某企业丙产品的生产由三道工序加工而成，其原材料分三次在每道工序开始时一次投入。第一道工序的原材料消耗定额为120元，第二道工序的原材料消耗定额为 180 元，第三道工序的原材料消耗定额为 300 元。本月完工产品 1 650 台，结存在各个工序的在产品数量分别为 1 000 台、300 台和 500 台，月初在产品直接材料和本月发生的直接材料累计为 1 475 000 元，则各工序的投料程度和直接材料的分配计算如下：

第一道工序在产品的投料程度＝120/600×100％＝20％

第二道工序在产品的投料程度＝(120＋180)/600×100％＝50％

第三道工序在产品的投料程度＝(120＋180＋300)/600×100％＝100％

在产品的约当产量＝1 000×20％＋300×50％＋500×100％＝850(台)

直接材料分配率＝1 475 000/(1 650＋850)＝590(元/台)

完工产品应负担的直接材料＝1 650×590＝973 500(元)

在产品应负担的直接材料＝850×590＝501 500(元)

按约当产量法计算完工产品成本和在产品成本，需以正确统计月末在产品数量和正确估计月末在产品完工程度为前提条件。只要企业具备上述条件，即可比较客观地确定完工产品成本和在产品成本。因此，约当产量法的适用范围比较广泛，特别适用于各月末在产品数量较多，而且变化较大，但产品成本中各成本项目所占比重相差不多的企业。

(五)按完工产品成本计算法

即指对各月月末在产品成本按完工产品成本计算的一种方法。这种方法与约当产量计算法基本相同，只是在产品的完工程度按 100％来计算，即生产费用可以按完工产品产量和在产品实际数量的比例进行分配。它适用于月末在产品已经接近完工，或者产品已经加工完毕，但尚未验收入库的情况。

(六)按定额成本计算法

即指根据各月月末在产品实际结存的数量和单位在产品定额成本计算在产品成本的一种方法。采用这种方法时，月初在产品定额成本加上本月生产费用，再减去月末在产品定额成本，即为完工产品成本。其计算公式如下：

$$\text{在产品的直接材料定额成本}=\text{在产品实际数量}\times\text{单位在产品材料消耗定额}\times\text{材料计划单价}$$

$$\text{在产品的直接人工定额成本}=\text{在产品实际数量}\times\text{单位在产品工时定额}\times\text{计划小时人工费用率}$$

$$\text{在产品的制造费用定额成本}=\text{在产品实际数量}\times\text{单位在产品工时定额}\times\text{计划小时费用率}$$

$$\text{月末在产品定额成本}=\text{在产品的直接材料定额成本}\times\text{在产品的直接人工定额成本}\times\text{在产品的制造费用定额成本}$$

公式中的"单位在产品工时定额"应按该工序累计单位工时定额确定。但在实际工作中，如果各工序的在产品单位工时定额比较均衡，也可采用简化的方法确定，即按单位产品工时定额的50%计算。

【例4-23】某企业第一车间10月末A在产品的实际数量为150件，每件材料消耗定额20千克，每千克计划单价5元；单位在产品工时定额为30小时，每定额工时直接人工计划数为1.5元，每定额工时制造费用计划数为1.2元。则按定额成本计算的月末在产品成本如下：

直接材料＝150×20×5＝15 000(元)
直接人工＝150×30×1.5＝6 750(元)
制造费用＝150×30×1.2＝5 400(元)
月末在产品定额成本＝15 000＋6 750＋5 400＝27 150(元)

按定额成本计算在产品成本时，由于月末在产品成本不负担生产费用脱离定额的差异(超支或节约)，而是全部由完工产品成本负担，如果本月生产费用脱离定额差异的数额较大，必然会影响产品成本计算的正确性。因此，它适用于各月末在产品数量较多，但数量变化不大，且定额管理基础工作比较扎实，各项消耗定额比较准确、稳定的企业。

(七)定额比例法

定额比例法是指按照完工产品与月末在产品的定额耗用量(或定额成本)比例来分配生产费用，确定完工产品成本和月末在产品成本的方法。采用这种方法时，必须分别成本项目进行分配。对于直接材料成本项目，如果产品只耗用一种材料，可按直接材料的定额耗用量比例进行分配；如果产品耗用的材料为两种或两种以上，则应按其定额成本比例进行分配。对于直接人工和制造费用成本项目，因计划人工费用率和计划制造费用分配率只有一个，可按定额耗用量(工时)和定额成本比例进行分配，但由于定额耗用量资料容易取得，一般均按定额耗用量比例进行分配。其计算公式如下：

$$\text{直接材料分配率}=\frac{\text{月初在产品直接材料实际成本}+\text{本月发生直接材料实际成本}}{\text{完工产品直接材料定额耗用量(成本)}+\text{月末在产品直接材料定额耗用量(成本)}}$$

$$\text{完工产品直接材料实际成本}=\text{完工产品直接材料定额耗用量(成本)}\times\text{直接材料分配率}$$

$$\text{月末在产品直接材料实际成本}=\text{月末在产品直接材料定额耗用量(成本)}\times\text{直接材料分配率}$$

$$\text{直接人工(制造费用)分配率}=\frac{\text{月初在产品直接人工(制造费用)实际成本}+\text{本月发生直接人工(制造费用)实际成本}}{\text{完工产品定额工时}+\text{月末在产品定额工时}}$$

$$\text{完工产品直接人工(制造费用)实际成本}=\text{完工产品定额工时}\times\text{直接人工(制造费用)分配率}$$

$$\text{月末在产品直接人工(制造费用)实际成本}=\text{月末在产品定额工时}\times\text{直接人工(制造费用)分配率}$$

【例 4-24】某企业生产 B 产品，单位产品直接材料定额成本为 150 元，单位产品工时定额为 20 小时。10 月份，该企业生产完工 B 产品 1 000 件，月末实际结存在产品 100 件；原材料为生产开始时一次投入，加工程度为 50%。B 产品 10 月初在产品成本和本月发生的实际耗费如表 4-30 所示。

表 4-30 **产品成本计算单** 单位：元

	直接材料	直接人工	制造费用	合计
月初在产品成本	28 000	8 800	12 400	49 200
本月生产耗费	153 500	22 700	25 400	201 600

根据以上资料，按定额比例法计算的完工产品成本和在产品成本的结果如表 4-31所示。

表 4-31 **生产费用分配表(定额比例法)**

2008 年 10 月 单位：元

成本项目	月初在产品实际成本	本月生产费用	生产费用合计	费用分配率	完工产品		月末在产品	
					分配标准	成本	分配标准	成本
①	②	③	④=②+③	⑤=④/(⑥+⑧)	⑥	⑦=⑤×⑥	⑧	⑨=⑤×⑧
直接材料	28 000	153 500	181 500	1.1	150 000	165 000	15 000	16 500
直接人工	8 800	22 700	31 500	1.5	20 000	30 000	1 000	1 500
制造费用	12 400	25 400	37 800	1.8	20 000	36 000	1 000	1 800
合计	49 200	201 600	250 800	—	—	231 000	—	19 800

表 4-31 中分配标准的计算如下。

直接材料成本项目：

$$\text{完工产品定额成本}=1\,000\times150=150\,000(\text{元})$$

在产品定额成本＝100×150＝15 000(元)

直接人工和制造费用成本项目：

完工产品定额工时＝1 000×20＝20 000(小时)

在产品定额工时＝100×20×50％＝1 000(小时)

按定额比例法计算完工产品成本和月末在产品成本，既可提供完工产品和月末在产品的实际成本资料，也可提供实际消耗量的资料，有利于分析和考核各项消耗定额的执行情况。同时，它避免了按定额成本计算在产品成本不负担实际成本脱离定额成本差异的缺陷。但是，如果生产产品消耗的原材料品种较多，要分别计算各种材料的耗用量及其定额成本，核算工作量大，若消耗定额不稳定，经常修订调整消耗定额，必然会进一步加大核算工作量。因此，这种方法适用于定额管理基础好，各项消耗定额比较准确、稳定，月末在产品数量变化较大的企业。

企业按前述方法计算出完工产品成本和月末在产品成本后，应将完工产品成本从“生产成本——基本生产成本”科目的贷方转出，而月末在产品成本仍保留在“生产成本——基本生产成本”科目的借方。其中完工入库的产成品成本转入“库存商品”科目的借方；完工自制材料成本转入“原材料”科目的借方；完工自制工具、模具等低值易耗品的成本转入“低值易耗品”科目的借方。其账务处理如下：

借：库存商品

原材料

低值易耗品

贷：生产成本——基本生产成本

思 考 题

1. 材料费用的组成项目有哪些？

2. 在按照实际成本进行材料日常核算时，发出材料的金额可以采用哪些方法计算？各种方法的优缺点是什么？

3. 材料费用的分配有哪几种方法？如何选择分配方法？

4. 职工薪酬费用的原始记录有哪几种？它们各有哪些作用？

5. 计时工资的计算有几种方法？各有什么特点？

6. 计件工资如何计算？计件单价怎样确定？

7. 如何进行职工薪酬费用的分配？

8. 动力费用如何计入产品成本？

9. 低值易耗品摊销有哪些方法？各种方法对产品成本有什么影响？

10. 什么是辅助生产费用？它与基本生产成本有什么关系？

11.辅助生产费用交互分配有几种方法？各自的优缺点和适用范围如何？

12.制造费用包括哪些内容？其分配方法一般有几种？

13.什么是生产损失？它包括哪些内容？

14.废品可分为哪些类别？这样分类有什么意义？

15.废品损失包括哪些内容？其各自的含义是什么？在归集方法上有什么区别？

16.什么是停工损失？它包括哪些内容？如何进行会计处理？

17.什么是在产品？什么是完工产品？其广义的含义与狭义的含义有何区别与联系？

18.在完工产品与月末在产品之间分配生产费用的方法有哪几种？各自的适用范围如何？

19.什么是约当产量计算法？如何计算在产品的约当产量？

20.按定额成本计算法和定额比例法计算在产品成本有什么区别？各有什么优点？

练 习 题

习题一

1.目的:练习材料费用分配的核算。

2.资料：

(1)某企业11月份发料情况如下。

发料日期	材料类别	发料数量	计划单价（元）	计划金额（元）	用途
11月3日	原料及主要材料	40吨	50.00		A产品生产用
4日	原料及主要材料	30吨	60.00		B产品生产用
7日	辅助材料	200千克	5.00		基本生产车间一般用
9日	修理用备件	20只	15.00		基本生产车间修理用
10日	辅助材料	50吨	45.00		辅助生产车间领用
12日	辅助材料	60千克	5.00		企业管理部门领用
15日	原料及主要材料	20吨	50.00		A产品生产用
16日	原料及主要材料	40吨	60.00		B产品生产用
18日	辅助材料	800千克	10.00		在建工程
20日	原料及主要材料	30吨	50.00		A产品生产用
22日	辅助材料	200千克	5.00		基本生产车间一般用
24日	辅助材料	20吨	45.00		辅助生产车间领用
25日	辅助材料	100千克	5.00		企业管理部门领用
28日	修理用备件	10只	15.00		基本生产车间修理用

(2)在 A 产品生产领用的原料及主要材料中有 10 吨尚未投入生产，月末办理了假退料手续。

3. 要求：

(1)根据上列资料编制材料费用分配汇总表(假设“原材料”中原料及主要材料成本差异率为－1%，辅助材料成本差异率为＋1%，修理用备件成本差异率为－2%)。

(2)编制材料费用分配的会计分录。

习题二

1. 目的：练习多种产品共同耗用材料费用分配的核算。

2. 资料：

(1)某企业生产甲、乙、丙三种产品，原料及主要材料耗用情况如下。

材料类别	计量单位	单位成本(元)	甲产品	乙产品	丙产品
A 材料	千克	50.00	2 300		1 200
B 材料	千克	25.00	1 500	52 000	
C 材料	千克	10.40	84 000		

(2)产量和单位产品定额耗用量资料如下：

产品名称	单位产品定额耗用量			产量(件)
	A 材料	B 材料	C 材料	
甲产品	3.5	2.8	50	500
乙产品	4.5	30	10	600
丙产品	5	20	2	1 000

(3)A、B 材料按定额耗用量比例分配，C 材料按产品产量比例分配。

3. 要求：根据上列资料，编制直接材料费用分配表和材料费用分配的会计分录。

习题三

1. 目的：练习应付工资的计算。

2. 资料：某企业采用计时工资制度，日标准工资按 21 天计算。2008 年 10 月份的日历天数为 31 天，其中国庆节假日 3 天，公休日 8 天。第一生产车间的生产工人刘华实际出勤 18 天，病假 1 天，事假 1 天；张伟实际出勤 19 天，病假 1 天；高强当月全勤。刘华、张伟的病假扣款率分别为 20%和 10%，刘华、张伟、高强的月标准工资分别为 900 元、950 元、1 000 元。

3. 要求：根据以上资料，按月薪制计算企业10月份应付给这三名工人的工资。

习题四

1. 目的：练习直接薪酬费用的汇总和分配。

2. 资料：

(1)某企业生产车间的职工薪酬费用汇总表如下。

职工薪酬费用汇总表

2008年11月 单位：元

车间部门	应付职工工资	职工福利费（按工资总额的14%计提）	社会保险费（按工资总额的25%计提）	住房公积金（按工资总额的12%计提）	工会经费（按工资总额的2%计提）	职工教育经费（按工资总额的1.5%计提）	合计
第一车间生产人员	81 600						
第一车间管理人员	15 675						
第二车间生产人员	68 475						
第二车间管理人员	12 700						
合计							

(2)该企业直接薪酬费用分配以生产工人工时为分配标准，第一生产车间甲产品工时为5 000小时，乙产品工时为3 000小时；第二生产车间甲产品工时为2 000小时，乙产品工时为1 000小时。

3. 要求：

(1)编制直接薪酬费用分配明细表和直接薪酬费用分配汇总表。

(2)编制直接薪酬费用分配的会计分录。

习题五

1. 目的：练习辅助生产费用的核算。

2. 资料：某企业某辅助生产车间10月份共发生生产费用83 500元。其中：原材料费用65 000元，机物料费用2 680元，应付生产工人薪酬5 928元，应付管理人员薪酬2 850元，应提折旧3 450元，以现金支票支付其他各项费用共计3 592元。月末完工一批工具，其计划成本为3 500元，实际成本为3 360元。该月为各单位提供的劳务费用为：为基本生产车间提供动力 52 000 元，提供一般劳务 6 340 元，为企业管理部门提供劳务 3 250 元，为在建工程提供动力 18 550 元。

3. 要求：

(1)编制辅助生产费用归集的会计分录(辅助生产的制造费用分为不通过和通过“制造费用”科目核算两种情况)。

(2)编制辅助生产费用分配的会计分录。

习题六

1. 目的：练习辅助生产费用的分配。

2. 资料：某企业设有供电、运输、机修三个辅助生产单位。2008 年 11 月份各辅助生产单位提供的劳务和发生的费用情况如下。

项目 \ 供应单位		供电车间(度)	运输车队(公里)	机修车间(小时)
本月发生费用(元)		5 720	6 450	4 200
供应劳务数量		35 750	8 200	1 600
计划单位成本		0.145	0.8	2.6
劳务耗用数量	第一基本生产车间	21 000	3 300	500
	第二基本生产车间	8 000	1 200	700
	企业管理部门	3 000	3 000	200
	供电车间		600	150
	运输车队	800		50
	修理车间	2 950	100	

3. 要求：根据以上资料，分别采用直接分配法、一次交互分配法、计划成本法、代数分配法和顺序分配法分配辅助生产费用，并编制辅助生产费用分配表和相应的会计分录(分配率保留五位小数)。

习题七

1. 目的：练习制造费用归集与分配的核算。

2. 资料：某企业的一个基本生产车间生产 A、B、C 三种产品。生产工时共计 22 000 小时，其中 A 产品 7 500 小时，B 产品 8 500 小时，C 产品 6 000 小时。本月发生的各种生产费用如下：

(1)领用原材料 30 000 元，用于产品生产；领用一般消耗材料 850 元；

(2)应付职工薪酬 10 830 元，其中生产工人薪酬 8 208 元，管理人员薪酬2 622元；

(3)计提固定资产折旧 3 520 元;

(4)以现金支付固定资产修理费 350 元;

(5)以银行存款支付办公费、劳动保护费等共计 2 908 元;

(6)辅助生产车间转入 8 200 元。

3. 要求:根据以上资料,编制各项费用发生和分配的会计分录。

习题八

1. 目的:练习制造费用分配的核算。

2. 资料:某企业只有一个基本生产车间,全年制造费用计划 243 900 元,全年各种产品的计划产量为:甲产品 6 000 件,乙产品 3 800 件,丙产品 4 200 件。单位产品的工时定额为:甲产品 3 小时,乙产品 4 小时,丙产品 5 小时。本月实际产量为:甲产品 560 件,乙产品 200 件,丙产品 220 件,实际发生制造费用 25 110 元。

3. 要求:按计划分配率分配法分配该月的制造费用,并编制相应的会计分录。

习题九

1. 目的:练习废品损失的核算。

2. 资料:某企业生产甲产品,2008 年 10 月份发生的生产耗费如下。

单位:元

项目	直接材料	直接人工	制造费用
甲产品	85 000	24 000	32 000
可修复废品的修复费用	180	120	160

10 月份投产甲产品 1 000 件,完工合格产品 950 件,发现可修复废品 30 件,不可修复废品 20 件。其中可修复废品是在完工之后发现的;不可修复废品是在加工过程中发现的,回收残料价值 148 元,应向责任人索赔 120 元。本月份无期初、期末在产品,原材料是在生产开始时一次投入的,生产工时记录为:完工产品 8 760 小时,废品 240 小时。

3. 要求:根据以上资料,编制废品损失计算表和相应的会计分录。

习题十

1. 目的:练习不可修复废品损失的核算。

2. 资料:某生产车间本月份生产 A 产品,在生产过程中发现不可修复废品 30 件,按所耗定额费用计算不可修复废品的生产成本。单件产品原材料费用定额为 50 元,已完成的定额工时共计 160 小时,每小时的直接人工费用为 3.5 元,制造费用为2元。另外,不可修复废品的残料作价400元,应由过失人赔款80元。

3.要求:根据以上资料,计算A产品不可修复废品的生产成本及废品损失,并编制相应的会计分录。

习题十一

1.目的:练习生产费用在完工产品和在产品之间的分配。

2.资料:某企业生产甲产品,需经过三道工序连续加工完成,原材料在第一道工序开始时全部投入。月末完工产品5 000件,在产品2 000件,其他有关资料如下。

(1)工时定额和月末在产品数量:

工序	工时定额(小时)	在产品数量(件)
1	30	600
2	40	700
3	50	700
合计	120	200

(2)成本资料:

单位:元

项目	直接材料	直接人工	制造费用	合计
月初在产品成本	18 000	7 400	6 700	32 100
本月发生费用	100 000	32 600	23 300	155 900
合计	118 000	40 000	30 000	188 000

3.要求:

(1)计算各工序的完工率和月末在产品的约当产量。

(2)用约当产量法计算完工产品成本与月末在产品成本。

(3)根据计算结果,编制结转完工产品成本的会计分录。

习题十二

1.目的:练习完工产品与月末在产品成本的计算。

2.资料:某产品月初在产品成本为:直接材料1 400元,直接薪酬1 000元,制造费用600元。本月生产费用为:直接材料8 200元,直接人工6 200元,制造费用3 000元。本月完工产品4 000件,直接材料费用定额8 000元,工时定额5 000小时;月末在产品1 000件,直接材料费用定额2 000元,工时定额1 000小时。

3.要求:采用定额比例法计算完工产品成本与月末在产品成本。

第五章

产品成本计算

本章导读

- 生产类型与产品成本计算
- 品种法
- 分批法
- 分步法
- 其他计算方法

第一节　生产类型与产品成本计算

一、生产类型的分类

生产类型是企业或车间按产品的工艺过程特点和生产组织特点所进行的分类。生产类型不同，其成本计算的过程也不同。

(一)产品生产按工艺技术过程的特点，可以分为单步骤生产和多步骤生产

1. 单步骤生产

单步骤生产又称简单生产，是指工艺技术过程不能间断，或者不便于分散在不同地点进行的生产。其特点是，生产周期较短，没有自制半成品，一般由一个企业整体进行，而不能由几个企业协作进行。例如自来水厂自来水的生产、面粉厂面的生产、发电厂电的生产等都属于这种类型。

2. 多步骤生产

多步骤生产又称复杂生产，是指生产工艺过程可以间断，或可以分散在不同地

点进行的生产。其特点是生产可以在不同的时间、地点进行;可以由一个企业单独进行,也可以由几个企业协作进行。多步骤生产按其产品加工的方式不同和各个生产步骤的内在联系,可以分为连续式生产和装配式生产两种类型。

(1)连续式多步骤生产。是指原材料投入生产后,要依次经过各生产步骤的连续加工才能形成产成品的生产。例如冶金、纺织、造纸等生产。这类生产的各个生产步骤(或车间)具有先后顺序的依存关系,即上一步骤完工的半成品要转入下一步骤作为加工对象继续加工,这样依次转移,直到最后步骤才生产出产成品。

(2)装配式多步骤生产。是指先将各种原材料平行地投入到各个生产车间,制成零件或部件,然后再将各种零件和部件装配为产成品的生产。例如,自行车、钟表、船舶等生产。这类生产的各个生产步骤具有相对的独立性。

(二)产品生产按其生产组织特点,可分为大量生产、成批生产和单件生产

生产组织是指企业保证生产过程各个环节、各项因素相互协调的产品生产方式,它体现着企业生产专业化和生产过程重复程度的高低。

1.大量生产

大量生产是指企业不断地重复制造相同产品的生产。在这种生产的企业或车间中,产品的品种较少,每种产品的数量很大而且生产比较稳定,重复性高,例如采煤、冶金、纺织、化肥、酿酒等生产。

2.成批生产

成批生产是指按照事先规定的产品批别和数量成批重复进行的生产。在这种生产企业或车间中,产品的品种较多,而且具有一定的重复性。例如服装、机床等工业的生产都是成批生产。成批生产按产品批量的大小又可分为大批生产和小批生产。大批生产,由于产品批量大,通常在几个月内不断地重复生产一种或几种产品,与大量生产类似;小批生产,由于产品批量小,一批产品一般可以同时完工,因此接近于单件生产。

3.单件生产

单件生产是指根据购买单位定单所要求的特定规格和数量的产品而组织进行的生产。由于不同客户对产品有不同的规格要求,所以产品的品种多,而且生产完成后,该规格产品一般就不再重复生产。例如造船、重型机械及专用设备生产等均属这种生产组织类型。这类生产的主要特点是产品品种多,产量少(一件或几件),一般不重复,专业化程度不高,通常采用通用设备进行加工。

综上所述,将生产工艺特点与生产组织特点相结合,可以形成四种基本的生产类型。其中,单步骤生产和连续式多步骤生产,一般都是大量大批生产,可称为大

量大批单步骤生产和大量大批连续式多步骤生产；装配式多步骤生产，可以是大量生产、成批生产或单件生产，可称为大量大批装配式多步骤生产和单件小批装配式多步骤生产。

二、生产类型和管理要求对产品成本计算方法的影响

产品成本计算方法，是指把生产费用在企业生产的各种产品之间、产成品和在产品之间进行分配的方法。产品成本计算方法的组成要素包括成本计算对象、成本计算期和生产费用在完工产品与在产品之间的分配。生产类型和管理要求对产品成本计算方法的各个组成要素均有影响。

生产类型和管理要求对产品成本计算方法的影响具体表现在三个方面，即如何确定成本计算对象，如何确定成本计算期，是否需要将生产费用在完工产品与产品之间分配。

（一）成本计算对象的确定

1. 不同的生产工艺技术过程，决定不同的成本计算对象

(1)在单步骤生产企业，由于工艺过程不能间断，具有高度的连续性和重复性，所以其成本计算对象只能是最后生产出的产品，即以产品品种作为成本计算对象。

(2)在连续式多步骤生产企业，由于产品生产过程可以间断，可以分散在不同地点进行，客观上具备了按各生产步骤计算半成品成本的条件，所以其成本计算对象是各加工步骤的半成品和最终生产的各种产成品；在装配式多步骤生产企业，在工艺技术过程上都是先平行加工零部件，然后再组装为最终产品，由于零部件各步骤（半成品）没有独立的经济意义，因此不需要按步骤计算半成品成本，而以最终的各种产品作为成本计算对象。但对于可为各种产品所共同使用的自制的“通用件”和“标准件”，往往也作为成本计算对象单独计算其成本。

2. 不同的生产组织特点，对成本计算对象的影响

(1)在大量生产情况下，一种或多种产品连续不断重复生产，由于同样的原材料投入，不断产出相同的产品，只能按产品品种作为成本计算对象。

(2)大批生产，往往集中投料，生产一批零部件供几批产品耗用，在这种情况下，零部件生产的批别和数量与产品生产的批别和所需零、部件的数量往往不一致，就不能按产品批别计算成本，只能按产品品种作为成本计算对象。

(3)单件、小批生产企业，由于产品生产是按定单或批别组织的，这就要求计算每张定单或每批产品的成本，所以按产品定单或批别作为成本计算对象。

3.管理要求对成本计算对象的影响

产品生产特点客观上决定着成本计算对象，但成本计算对象的确定还要考虑管理的要求，为管理提供所需要的成本资料。如在多步骤生产企业，管理上要求分步骤计算成本的，以各步骤的半成品和最终产品作为成本计算对象；如果管理上不要求分步骤计算成本，则以产品品种作为成本计算对象。

(二)成本计算期的确定

成本计算期的确定主要取决于生产组织的特点。在大量大批生产企业，由于生产是连续不断地进行，不断地生产出产品，不可能在产品生产完工时立即计算成本，而是定期于月末计算本月所生产的产品成本。成本计算期与会计报告期一致，而与生产周期不一致。在单件、小批生产企业，一般要等到一张定单所列产品或一批产品全部完工之后才能计算其成本。因此，通常以产品的生产周期作为成本计算期。各张定单或各批产品的生产周期各不相同，因而单件、小批生产企业的产品成本计算具有不定期性，与会计报告期不一致。

这里需要说明的是，产品成本计算期与成本计算的日常工作不能混淆。无论成本计算期是否固定，日常成本计算工作都应经常地、及时地进行，并按月定期结账，以便及时反映成本、费用的发生情况，并对其进行定期分析和考核。

(三)生产费用在完工产品与在产品之间的分配

不同的生产类型也影响各月末是否计算在产品成本，即是否需要将生产成本明细账中归集的生产费用在完工产品与在产品之间进行分配。

在大量大批单步骤生产企业，由于产品生产不分步骤，而且生产周期短，一般没有在产品或在产品数量很少，因此生产成本明细账中归集的生产费用一般不需要在完工产品与在产品之间进行分配，即全部计入完工产品成本。

在大量大批多步骤生产企业，生产工艺可以分步骤间断进行，月末时，一般既有完工产品又有在产品，因此，计算成本时需要将生产费用在完工产品与在产品之间采用适当的方法进行分配。

在单件、小批生产企业，由于以生产周期作为成本计算期，因此，在每件或每批产品完工前，汇集在生产成本明细账中的费用就是在产品成本，完工后则构成完工产品成本。所以计算成本时，一般不存在生产费用在完工产品与在产品之间的分配问题。

生产类型和管理要求对成本计算方法的各因素影响，主要表现在对成本计算对象的确定上，它制约和影响成本计算期和在产品成本的计算。成本计算对象是成本计算方法的核心要素，是构成成本计算方法的主要标志。以产品品种为成本计算对象的成本计算方法称为品种法；以产品批别为成本计算对象的成本计算方法称为分批法；以产品生产步骤为成本计算对象的成本计算方法称为分步法。此外，还有与品种法相联系，从品种法中延伸出来、用于简化产品成本计算的分类法；用于成本计算和控制，通过定额成本揭示差异的方法来求得实际成本的定额法等。以上所述的各种成本计算方法，将在以后各章节中阐述。

综上所述，以成本计算对象为主要标志的成本计算方法及其与生产类型和管理要求的关系，可用表 5-1 表示。

表 5-1　　成本计算方法及其与生产类型和管理要求的关系

<table>
<tr><th rowspan="2">成本计算对象</th><th rowspan="2">成本计算方法</th><th colspan="2">生产类型</th><th rowspan="2">成本管理要求</th></tr>
<tr><th>生产组织特点</th><th>生产工艺特点</th></tr>
<tr><td rowspan="2">产品品种</td><td rowspan="2">品种法</td><td rowspan="2">大量大批生产</td><td>单步骤生产</td><td rowspan="2">不要求分步计算成本</td></tr>
<tr><td>多步骤生产</td></tr>
<tr><td rowspan="2">产品批别</td><td rowspan="2">分批法</td><td rowspan="2">单件小批生产</td><td>单步骤生产</td><td rowspan="2">要求分步计算成本</td></tr>
<tr><td>多步骤生产</td></tr>
<tr><td>生产步骤</td><td>分步法</td><td>大量大批生产</td><td>多步骤生产</td><td>要求分步计算各步骤半成品成本</td></tr>
</table>

第二节 品 种 法

一、品种法的特点和适用范围

(一)品种法的特点

产品成本计算的品种法，是以产品品种为成本计算对象归集生产费用，计算产品成本的一种方法。在制造业企业中，根据生产特点和管理要求采用不同的成本计算方法，主要是为了正确提供成本核算资料以加强成本管理。但不论哪种生产类型，采用哪种成本计算方法，最终都必须按照产品品种算出产品成本。因此，按照产品品种计算成本，是产品成本计算的最基本要求，品种法是最基本的产品成本计算方法。

品种法按照产品的生产类型及成本计算的繁简程度，可分为单一品种的品种法和多品种的品种法。单一品种的品种法是指企业最终产品是单一品种，生产过程中发生的应计入产品成本的费用，只需要根据有关原始凭证及费用汇总表登记产品成本明细账，月末将产品成本明细账中归集的费用作为完工产品的总成本，再除以总产量即可算出产品的单位成本。这种方法成本计算过程最简单，所以又称简单法，是品种法的简化形式，适用于产品品种单一、生产周期短的大量大批单步骤生产。由于生产产品品种单一，成本计算对象只有一个，所以全部生产费用都是直接费用，不存在各种产品之间分配费用问题；产品生产周期短，月末一般无在产品，因而不需要将生产成本明细账中归集的费用在完工产品与月末在产品之间分配。多品种的品种法简称品种法，适用于生产两种或两种以上产品的大量大批单步骤生产或管理上不要求分步计算成本的多步骤生产企业。凡是生产过程中发生的应计入成本的间接费用，均要在各种产品之间分配。月末，如果在产品数量较多，还需要将生产费用在完工产品与在产品之间分配。

综上所述，品种法的特点主要表现在以下3个方面。

(1)以产品品种作为成本计算对象。如果企业(或车间)只生产一种产品，成本计算对象就是该种产品。计算产品成本时，只需为该产品开设一本产品明细账，按成本项目设置专栏。在这种情况下，发生的生产费用全部是直接费用，可以直接计入产品成本明细账，而不需要在各成本计算对象之间分配费用。如果企业生产两种或两种以上的产品，就需要按照产品的品种分别开设产品成本明细账，发生的直接费用应直接计入各产品成本明细账。凡是无法直接计入某一种产品的间接费用，都要采用适当的分配方法，分配计入各产品成本明细账。

(2)成本计算按日历月份进行，与会计报告期一致。

(3)月末产品成本明细账中各项费用的处理视情况而定。月末计算产品成本时，如果没有在产品或在产品数量很少时，就不需要计算月末在产品成本。产品成本明细账中归集的全部生产费用均作为完工产品成本。如果有在产品且数量较多，还需将产品成本明细账中归集的生产费用采用适当的方法在完工产品与在产品之间进行分配，以便计算完工产品成本和月末在产品成本。

(二)品种法的适用范围

品种法主要适用于大量大批的单步骤生产，如发电、采煤等。在大量大批多步骤生产中，如果生产规模小，或者车间是封闭式的(即从投入原材料到产出产品的全部生产过程，都在一个车间内进行)，或者管理上不要求按照生产步骤计算产品成本，也可以采用品种法计算产品成本，例如糖果厂、小型水泥厂、制砖厂等。此外，企业的辅助生产(供水、供气、供电等)车间计算其提供水、气、电等劳务的成本也采用品种法。

二、品种法计算程序及运用

(一)品种法的基本程序

采用品种法计算产品成本,一般按照如下顺序进行:

(1)按产品品种开设基本生产成本明细账。如果一个企业只生产一种产品,则只需设置一个基本生产成本明细账;如果企业生产两种或两种以上产品,则应为不同的产品分别设置明细账,同时,开设辅助生产成本明细账和制造费用明细账(按车间设置)。

(2)根据各项生产费用发生的原始凭证和其他有关资料,分配各种要素费用,编制要素费用分配表。凡是某种产品直接发生的费用,直接计入其基本生产成本明细账;凡是几种产品共同发生的费用,采用适当的方法分配后计入各种产品的基本生产成本明细账。根据要素费用分配结果,登记各种明细账。

(3)根据辅助生产成本明细账所归集的全月费用,编制辅助生产费用分配表,并根据分配结果,登记有关明细账。

(4)根据制造费用明细账归集的全月费用,编制制造费用分配表,并根据分配结果,登记各种基本生产成本明细账。

(5)将基本生产成本明细账中所归集的全部费用(包括月初在产品成本及本月生产费用),在完工产品与月末在产品之间进行分配,计算出完工产品成本及月末在产品成本。品种法的成本计算程序可用图 5-1 表示。

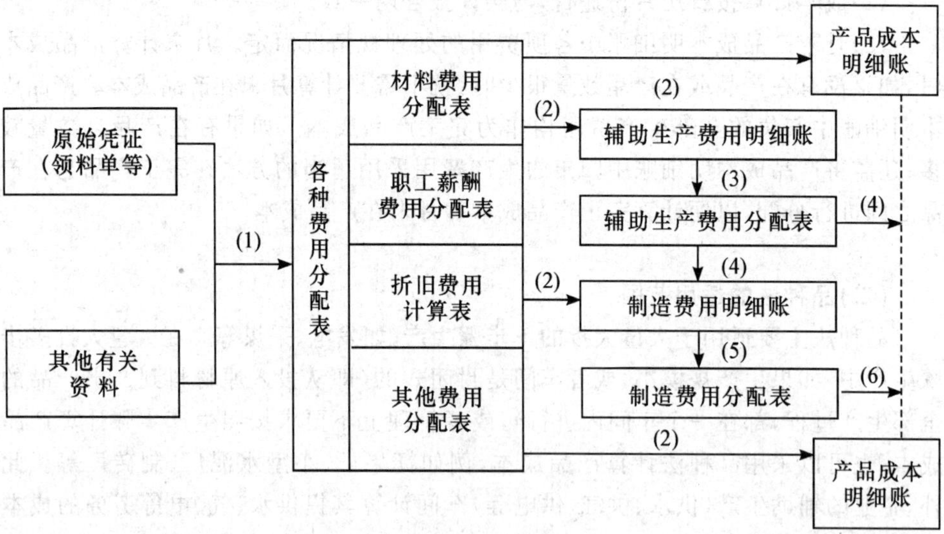

图 5-1 品种法成本计算程序

(二)品种法的运用

【例 5-1】假定某企业有一个基本生产车间,大量生产甲、乙两种产品,其工艺过程均属单步骤生产。该厂 2008 年 10 月份有关成本计算资料如下:

1. 产量资料

产量资料见表 5-2。

表 5-2　　产量记录表　　单位:件

产品名称	月初在产品	本月投产	本月完工	月末在产品
甲	75	1 050	750	375
乙	105	870	825	150

2. 月初在产品成本资料

月初在产品成本资料见表 5-3。

表 5-3　　月初在产品成本汇总表　　单位:元

产品名称	直接材料	直接人工	制造费用	合计
甲	1 500	600	600	2 700
乙	1 350	1 050	450	2 850

3. 本月发生的生产费用

(1)材料费用:生产甲产品耗用生铁 6 000 元,生产乙产品耗用生铁 7 500 元,甲乙产品共同耗用焦炭 31 500 元,生产车间一般消耗机物料 7 500 元。

(2)职工薪酬费用:生产工人薪酬共计 29 412 元,车间管理人员薪酬 3 420 元。

(3)其他费用:生产车间机器设备、厂房的折旧费为 1 500 元,生产车间的办公费及水电费分别为 6 000 元和 1 350 元。

4. 工时记录

甲产品耗用实际工时 6 000 小时,乙产品耗用实际工时 6 900 小时。

5. 甲产品生产消耗的定额资料

甲产品生产消耗的定额资料见表 5-4。

表 5-4　　甲产品生产消耗定额表

项目	材料定额成本(元)	定额工时(小时)
产成品	11 250	8 250
在产品	7 500	3 750

6. 该厂有关费用分配的要求

(1)甲、乙产品共同的材料按定额耗用量比例分配。其中,甲产品消耗焦炭的定额耗用量为 1 500 千克，乙产品消耗焦炭的定额耗用量为 1 650 千克。

(2)生产工人薪酬按甲、乙产品的实际工时比例分配。

(3)制造费用按甲、乙产品的实际工时比例分配。

(4)甲产品按定额比例法将生产费用在完工产品与在产品之间分配；乙产品按约当产量法将生产费用在完工与在产品之间分配，月末在产品完工程度为 50%，原材料在生产开始时一次投入。根据以上资料，采用品种法计算甲、乙产品成本。

7. 编制材料费用分配汇总表

编制材料费用分配汇总表见表 5-5。

表 5-5 材料费用分配汇总表

2008 年 10 月 单位：元

分配对象	共耗分配部分(焦炭)			直接耗用部分		合计
	定额耗用量(千克)	分配率	分配额	生铁	机物料	
甲产品	1 500	10	15 000	6 000	—	21 000
乙产品	1 650	10	16 500	7 500	—	24 000
车间一般消耗	—	—	—	—	7 500	7 500
合计	3 150	—	31 500	13 500	7 500	52 500

根据材料费用汇总分配表，编制会计分录如下：

借：生产成本——基本生产成本——甲产品 21 000

生产成本——基本生产成本——乙产品 24 000

制造费用 7 500

贷：原材料 52 500

8. 编制职工薪酬费用分配表

编制职工薪酬费用分配表见表 5-6。

表 5-6 职工薪酬费用分配表

2008 年 10 月 单位：元

分配对象	实际工时	薪酬费用	
		分配率	金额
甲产品	6 000		13 680
乙产品	6 900		15 732
小计	12 900	2.28	29 412
车间管理人员			3 420
合计			32 832

根据职工薪酬费用分配表，编制会计分录如下：

借：生产成本——基本生产成本——甲产品 13 680

生产成本——基本生产成本——乙产品 15 732

制造费用 3 420

贷:应付职工薪酬 32 832

9.编制制造费用明细表

根据本月发生的费用及上述分配结果,登记制造费用明细账,并编制制造费用分配表,见表5-7、表5-8。

表5-7 **制造费用明细账**

车间名称:基本生产车间 2008年10月 单位:元

日期	摘　要	材　料	职工薪酬费用	折旧费	办公费	水电费	合　计
31	材料费用分配表	7 500					7 500
	职工薪酬费用分配表		3 420				3 420
	折旧计算表			1 500			1 500
	办公费				6 000		6 000
	水电费					1 350	1 350
	合计	7 500	3 420	1 500	6 000	1 350	19 770
	分配转出	−7 500	−3 420	−1 500	−6 000	−1 350	−19 770

表5-8 **制造费用分配表**

产品名称	生产工时(小时)	分配率	分配金额(元)
甲	6 000	1.532 56	9 195
乙	6 900	1.532 56	10 575
合　计	12 900		19 770

根据制造费用分配表,编制会计分录如下:

借:生产成本——基本生产成本——甲产品 9 195

生产成本——基本生产成本——乙产品 10 575

贷:制造费用 19 770

10.登记生产成本明细账

根据以上各种费用分配表,登记生产成本明细账,并计算产品成本。见表5-9、表5-10。

表5-9 **产品成本明细账**

产品名称:甲 2008年10月 完工产品:750件

月末在产品:375件 单位:元

项目	直接材料	直接人工	制造费用	合计
期初在产品成本	1 500	600	600	2 700
本月生产费用	21 000	13 680	9 195	43 875
合计	22 500	14 280	9 795	46 575

续表 5-9

项目	直接材料	直接人工	制造费用	合计
完工产品成本	13 500	9 817.50	6 734.06	30 051.56
单位成本	18	13.09	8.98	40.07
月末在产品成本	9 000	4 462.50	3 060.94	16 523.44

表 5-9 中,各项费用采用定额比例法在完工产品与月末在产品之间分配。分配率计算如下:

$$直接材料分配率=\frac{22\,500}{11\,250+7\,500}=1.2$$

$$直接人工分配率=\frac{14\,280}{8\,250+3\,750}=1.19$$

$$制造费用分配率=\frac{9\,795}{8\,250+3\,750}=0.816\,25$$

用完工产品的定额成本(或定额工时)分别去乘分配率,即可求得完工产品总成本,除以完工产品产量,即可求得其单位成本。月末在产品成本可采用倒扣的方法确定。

表 5-10 **产品成本明细账**

产品名称:乙 2008 年 10 月 完工产品:825 件

月末在产品:150 件 单位:元

项目	直接材料	直接人工	制造费用	合计
期初在产品成本	1 350	1 050	450	2 850
本月生产费用	24 000	15 732	10 575	50 307
合计	25 350	16 782	11 025	53 157
完工产品成本	21 450	15 386.25	10 106.25	46 942.50
单位成本	26	18.65	12.25	56.90
月末在产品成本	3 900	1 395.75	918.75	6 214.50

表 5-10 中,各项费用采用约当产量法在完工产品与月末在产品之间分配,其分配率为:

$$直接材料分配率=\frac{25\,350}{825+150}=26$$

$$直接人工分配率=\frac{16\,782}{825+150\times 50\%}=18.65$$

$$制造费用分配率=\frac{11\,025}{825+150\times 50\%}=12.25$$

根据表 5-9、表 5-10 计算的结果，编制结转完工产品成本的会计分录为：

借：库存商品——甲产品 30 051.56

库存商品——乙产品 46 942.50

贷：生产成本——基本生产成本——甲产品 30 051.56

生产成本——基本生产成本——乙产品 46 942.50

第三节 分 批 法

一、分批法的适用范围和特点

产品成本计算的分批法是按照产品的批别或定单归集生产费用，计算产品成本的一种方法，又称定单法。主要适用于单件、小批生产的企业，如船舶制造、重型机械制造等类型的企业。此外，企业的新产品试制、工具模具的制造以及工业性修理作业等，也可采用这种方法计算成本。这些企业的共同特点是一批产品通常不重复生产，即使重复，也是不定期的。企业生产计划的编制及日常检查、核算工作都以购货者定单为根据，或以企业事先规定的批量为依据。

单件、小批生产企业，销售部门根据与客户签订的购销合同，确定客户所需产品的品种、规格、数量以及交货日期。销售部门将与客户签订的合同通知生产计划部门，生产计划部门根据定单制定生产计划，并向生产车间下达生产通知单（也称工作命令单、开工通知单或内部定单）。由于客户对产品的品种、规格、数量以及交货时间等都有特殊的要求，所以生产车间只有接到生产计划部门下达的生产通知单后，才能组织产品的生产，并保证按时完工交货。在生产通知单中应对该批生产任务进行编号，称为产品批号（或批别）。

分批法的特点，主要表现在以下三个方面：

1. 成本计算对象的确定

采用分批法计算产品成本，成本计算对象是客户的定单或企业规定的产品批别。如果企业下达的生产通知单与客户定单一致，则可直接按定单开设产品成本明细账，归集生产费用。归集生产费用的方法是：凡是能按定单或批次划分的直接费用，要在费用原始凭证上注明定单号码或产品批次，并据以直接计入各该产品成本明细账；凡是不能按定单或批次划分的间接费用，则应按一定标准分配计入有关定单的成本内。

2.成本计算期的确定

在分批法下,产成品成本要在定单完工后才计算,所以成本计算是非定期的。其成本计算期与生产周期一致,而和会计核算的报告期不一致。即成本计算期与生产通知单的签发和结束密切配合,协调一致,以保证各批产品成本计算的正确性。

3.月末产品成本明细账中已归集费用的处理

在单件、小批生产企业,由于成本计算期按生产周期进行,所以一般不存在完工产品与在产品之间分配费用问题。即一批产品完工以前,产品成本明细账中归集的费用都是在产品成本,该批产品完工时,产品成本明细账中归集的费用就是完工产品成本。

在分批法下,常有一些定单,在其产品没有全部完工之前,先有一部分产品完工,并发售给订货人,一般称为一张定单的分批出货,即批内产品跨月陆续完工。在这种情况下,月末需要将产品成本明细账中归集的费用在完工产品与在产品之间分配,计算出完工产品与月末在产品成本。如果跨月陆续完工的情况不多,为了简化成本计算工作,可以按计划单位成本、定额单位成本或最近一期相同产品的实际单位成本计算完工产品成本,产品成本明细账中归集的累计生产费用减去完工产品成本后,即可得到在产品成本。在该批产品全部完工时,还应计算该批产品的实际总成本和实际单位成本,以正确分析和考核该批产品成本计划的执行情况。对已经转账的完工产品成本不作账面调整。如果分批出货的情况较多,月末批内完工产品的数量占全部批量的比重较大,为了提高成本计算的正确性,应该根据具体情况,采用第四章所介绍的适当的分配方法,将产品成本明细账中归集的费用在完工产品与月末在产品之间进行分配,计算完工产品成本和月末在产品成本。

为了减少分批出货分配费用的工作量,在合理组织生产的前提下,可以适当缩小产品批量,尽量使同一批产品能够在同一个月完成,避免跨月陆续完工的情况。但是,缩小产品批量应有一定的限度。如果批量过小,不仅会使生产组织不经济、不合理,反而会使设立的产品成本明细账过多,进而加大核算工作量。

二、分批法成本计算程序

分批法的成本计算程序可概括为如下三个步骤:

1.开设产品成本明细账

在每批或每件产品投产时,根据生产通知单的批号,按产品批别设置产品成本明细账，用以汇集各批产品的各项生产费用。

2. 登记产品成本明细账

分成本项目将各批产品应负担的生产费用汇集在各该批产品成本明细账上。直接费用应根据直接材料、直接人工的发生额，直接计入各批产品的成本明细账，间接费用则先在"制造费用"账户核算，月末再按一定的分配标准，分配计入各批产品的成本明细账。

3. 月末，结算各批产品发生的生产费用

已经完工的各批产品，产品成本明细账上所归集的累计生产费用，就是完工产品总成本；未完工的各批产品，成本计算单上所归集的累计生产费用，就是月末在产品成本，仍保留在产品成本明细账上。如果同批产品跨月陆续完工交货，应采用一定的方法在完工产品与在产品之间分配费用，计算当月完工产品成本和月末在产品成本。分批法的成本计算程序可用图 5-2 表示。

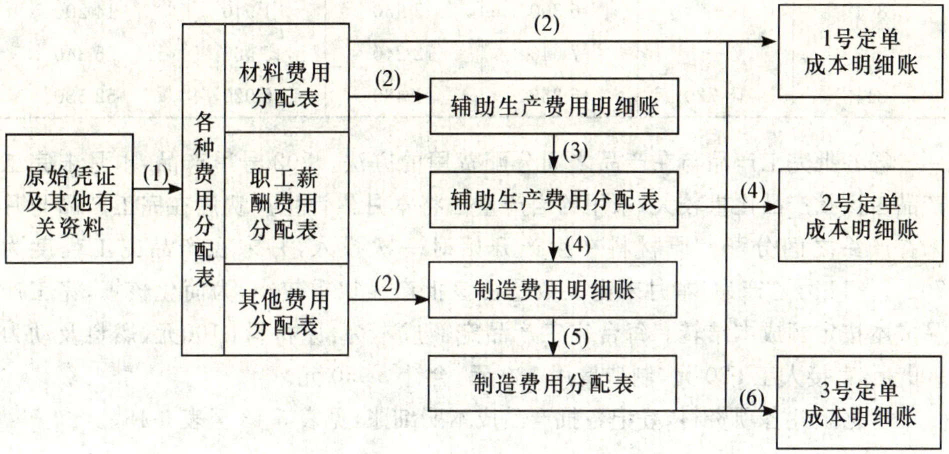

图 5-2　分批法成本计算程序

可见，分批法与品种法成本计算程序基本相同，只是在分批法下，产品成本明细账按定单或批别设置，以此为成本计算对象进行费用的归集和分配。现以进行小批生产的某制造业企业产品成本计算为例，说明分批法的成本计算程序及方法。

【例 5-2】某制造业企业根据客户定单小批生产甲、乙两种产品，采用分批法计算产品成本。2008 年 8 月份生产情况及生产费用发生情况资料如下：

(1)本月份生产产品的批号。801 号甲产品 8 台，6 月份投产，本月全部完工；802 号甲产品 20 台，7 月份投产，本月完工 12 台，未完工 8 台；811 号乙产品 16

台,本月投产,计划9月完工,本月提前完工2台。

(2)本月份的成本资料如下。

①各批产品的月初在产品成本见表5-11。

表5-11 月初在产品成本汇总表 单位:元

批号	原材料	燃料及动力	直接人工	制造费用	合计
801	13 120	14 400	7 280	3 560	38 360
802	25 720	20 560	11 740	7 780	65 800

②根据各种费用分配表,汇总各批产品本月发生的生产费用,见表5-12。

表5-12 本月发生的生产费用汇总表 单位:元

批号	原材料	燃料及动力	直接人工	制造费用	合计
801	—	6 300	5 960	1 940	14 200
802	—	7 640	12 240	5 460	25 340
811	18 720	16 360	11 480	6 020	52 580

③各批完工产品与在产品之间分配费用的方法。802号甲产品,本月末完工产品占该批产品比重较大,采用约当产量法将本月累计生产费用在完工产品与月末在产品之间分配。原材料在生产开始时一次投入,月末在产品完工程度为70%。811号乙产品,本月末完工数量占该批产品比重较小,为简化核算,完工产品成本按定额成本结转。每台完工产品定额成本为:原材料1 100元,燃料及动力900元,直接人工620元,制造费用330元,合计2 950元。

根据上述各项资料,登记各批产品成本明细账,见表5-13至表5-15。

表5-13 产品成本明细账

产品批号:801 投产批量:8台 投产日期:6月份

产品名称:甲 本月完工批量:8台 完工日期:8月 单位:元

项目	原材料	燃料及动力	直接人工	制造费用	合计
月初在产品成本	13 120	14 400	7 280	3 560	38 360
本月生产费用		6 300	5 960	1 940	14 200
累计	13 120	20 700	13 240	5 500	52 560
结转完工产品成本	−13 120	−20 700	−13 240	−5 500	−52 560
单位成本	1 640	2 587.5	1 655	687.5	6 570

表 5-14　产品成本明细账

产品批号:802　投产批量:20 台　投产日期:7 月份

产品名称:甲　本月完工批量:12 台　完工日期:　单位:元

项目	原材料	燃料及动力	直接人工	制造费用	合计
月初在产品成本	25 720	20 560	11 740	7 780	65 800
本月生产费用		7 640	12 240	5 460	25 340
累计	25 720	28 200	23 980	13 240	91 140
结转完工产品成本	－15 432	－19 227.24	－16 350	－9 027.24	－60 036.48
单位成本	1 286	1 602.27	1 362.50	752.27	5 003.04
月末在产品成本	10 288	8 972.76	7 630	4 212.76	31 103.52

表 5-15　产品成本明细账

产品批号:811　投产批量:16 台　投产日期:8 月份

产品名称:乙　本月完工批量:2 台　完工日期:　单位:元

项目	原材料	燃料及动力	直接人工	制造费用	合计
本月生产费用	18 720	16 360	11 480	6 020	52 580
单台定额成本	1 100	900	620	330	2 950
完工 2 台产品成本	2 200	1 800	1 240	660	5 900
月末在产品成本	16 520	14 560	10 240	5 360	46 680

表 5-14 中,完工产品单位成本(费用分配率)的计算如下:

$$原材料费用分配率=\frac{25\,720}{12+8}=1\,286$$

$$燃料及动力分配率=\frac{28\,200}{12+8\times 70\%}=1\,602.27$$

$$直接人工分配率=\frac{23\,980}{12+8\times 70\%}=1\,362.50$$

$$制造费用分配率=\frac{13\,240}{12+8\times 70\%}=752.27$$

完工产品成本用完产量乘以各成本项目的分配率求得,月末在产品成本可采用倒扣的方法计算确定。

三、简化分批法

在单件、小批生产的企业或车间中,如果同一月份内投产的产品批数很多,并且月末未完工批数也较多，为了简化核算工作，可以采用简化的分批法，即不分批计算在产品成本的分批法。

采用简化分批法，仍按产品批别设立产品成本明细账，但各该批产品完工以前，产品成本明细账内只需按月登记直接费用以及生产工时，而不必按月分配登记间接费用。只有在某批产品完工时才分配间接费用，计算各该批完工产品成本。在简化分批法下，需另设生产成本二级账，分成本项目登记各批全部产品的累计直接费用和间接费用以及累计的工时，该二级账与按产品批别设立的产品成本明细账平行登记。月终，将二级账内的生产工时、直接费用与产品成本明细账进行核对。在有完工产品的月份，根据基本生产成本二级账的记录资料，计算间接费用累计分配率，确定完工产品应负担的间接费用，并将其计入按产品批别设置的产品成本明细账。其计算公式如下：

$$\text{间接费用分配率}=\frac{\text{全部产品该项累计间接费用}}{\text{全部产品累计生产工时}}\times 100\%$$

$$\begin{array}{c}\text{某批完工产品应}\\\text{分配的间接费用}\end{array}=\text{该批完工产品的累计生产工时}\times\text{间接费用分配率}$$

将计算出的已完工各批的完工产品总成本计入生产成本二级账，并计算出各批产品总的月末在产品成本。

这种方法与一般分批法的不同之处在于：各批产品之间分配间接费用的工作（横向分配）以及完工产品与月末在产品之间分配费用的工作（纵向分配）是利用累计间接费用分配率，到产品完工时合并在一起进行。所以简化分批法又称为累计间接费用分配法。

【例 5-3】 假定某工业企业属小批生产，产品批数多，为了简化核算，采用简化分批法计算成本。该厂 2008 年 10 月份的产品批号有以下几种。

98826 批：A 产品 15 件，8 月份投产，本月完工；

98902 批：B 产品 30 件，9 月份投产，本月完工 21 件（该批产品原材料在生产开始时一次投入，本月末在产品定额工时为 11 580 小时）；

98929 批：C 产品 27 件，9 月份投产，本月尚未完工；

981005 批：D 产品 12 件，10 月份投产，尚未完工。

该厂 10 月份的月初在产品成本和本月生产费用以及实耗工时已归集在“生产成本二级账”和各批产品成本明细账内，具体资料见表 5-16 至表 5-20。

表 5-16 生产成本二级账

2008 年 10 月 单位:元

2008 年 月	日	摘要	生产工时	直接材料	直接人工	制造费用	合计
10	1	月初在产品成本	92 280	600 150	150 540	208 920	959 610
	31	本月生产费用	90 810	186 240	311 253	421 107	1 518 750
		累计	183 090	786 390	311 253	421 107	1 518 750
		累计间费用分配率				2.3	
		本月完工转出	−117 810	−551 508	−200 277	−270 963	−1 022 748
		月末在产品成本	65 280	234 882	110 976	150 144	496 002

表 5-16 中,累计制造费用分配率=421 107/183 090=2.3。本月完工转出中的生产工时、直接材料、直接人工根据产品成本明细账中有关合计数确定。制造费用=117 810×2.3=270 963(元)。月末在产品成本倒扣求得,也可根据有关产品成本明细账汇总登记。

表 5-17 产品成本明细账

批号:98826 开工日期:8 月份

产品名称:A 产量:15 件 完工日期:10 月份 单位:元

2008 年 月	日	摘要	生产工时	直接材料	直接人工	制造费用	合计
8	31	本月发生	29 460	196 140	50 082		
9	30	本月发生	18 960	106 470	32 232		
10	31	本月发生	29 520	77 160	50 184		
		累计	77 940	379 770	132 498		
		累计间费用分配率				2.3	
		本月完工转出	−77 940	−379 770	−132 498	−179 262	−691 530
		单位成本		25 318	8 833.20	11 950.80	46 102

表 5-17 中,间接费用分配率根据生产成本二级账填列;完工转出中的制造费用项目=77 940×2.3=17 962(元)。

表 5-18 产品成本明细账

批号:98902 开工日期:9 月份

产品名称:B 产量:30 件 完工日期:10 月份 完工 21 件 单位:元

2008 年 月	日	摘要	生产工时	直接材料	直接人工	制造费用	合计
9	30	本月发生	22 170	225 930	37 689		
10	31	本月发生	29 280	19 410	49 776		

续表 5-18

2008 年		摘要	生产工时	直接材料	直接人工	制造费用	合计
月	日						
		累计	51 450	245 340	87 465		
		累计间费用分配率		8 178	1.7	2.3	
		完工转出(21 件)	39 870	171 738	67 779	91 701	331 218
		单位成本	1 899	8 178	3 227.57	4 366.71	15 772.28
		月末在产品成本	11 580	73 602	19 686		

表 5-18 中，月末在产品的工时 11 580 小时为定额工时(已知)，则完工产品生产工时倒扣可得；因该批产品的原材料在生产开始时一次投入，则直接材料费用按完工产量与在产品数量之和的比例分配；直接人工费用按生产工时比例分配，月末各成本项目余额可以采用倒扣方法计算确定。其中：

$$直接材料分配率=\frac{245\ 340}{30}=8\ 178$$

$$完工产品直接材料费用=21\times 8\ 178=171\ 738(元)$$

$$直接人工分配率=\frac{87\ 465}{51\ 450}=1.7$$

$$完工产品直接人工费用=39\ 870\times 1.7=67\ 779(元)$$

表 5-19　　产品成本明细账

批号：98929　　开工日期：9 月份

产品名称：C　产量：27 件　　完工日期：　单位：元

2008 年		摘要	生产工时	直接材料	直接人工	制造费用	合计
月	日						
9	30	本月发生	21 690	71 610	36 873		
10	31	本月发生	12 870	26 130	21 879		

表 5-20　　产品成本明细账

批号：981005　　开工日期：10 月份

产品名称：D　产量：12 件　　完工日期：　单位：元

2008 年		摘要	生产工时	直接材料	直接人工	制造费用	合计
月	日						
10	31	本月发生	19 140	63 540	32 538		

各批产品成本明细账登记完毕，其中完工产品的“生产工时”、“直接材料”、“直接人工”应分别汇总记入生产成本二级账，并据以计算、登记各批全部完工产品的

总成本。

采用简化分批法，由于间接费用的横向分配与纵向分配工作，到产品完工时合并一次完成，因而大大简化了生产费用的分配和产品成本明细账的登记工作。未完工批数越多，核算就越简化。但是，各未完工批别的产品成本明细账不能完整地反映各批在产品的成本。并且如果各月的间接费用水平相差很大，还会影响各月产品成本的正确性。比如前几个月的间接费用水平高，本月间接费用水平低，而某批产品本月投产当月完工，则该批产品就会负担较高的间接费用。另外，如果投产产品批别较多，月末未完工产品批数不多，也不能达到简化成本核算的目的，还会影响成本计算的正确性，所以，这种情况下不宜采用此法。

第四节　分　步　法

一、分步法的适用范围和特点

产品成本计算的分步法，是按照产品的生产步骤和产品品种归集生产费用，计算产品成本的一种方法。它主要适用于大量大批的多步骤生产，例如冶金、纺织、造纸以及大量大批生产的机械制造等。企业为了加强成本管理，不仅要求按照产品品种归集生产费用，计算各种产品成本，而且还要求按照生产步骤归集生产费用，以便为考核和分析各种产品及其各生产步骤的成本计划执行情况提供资料。成本计算分步法的特点，主要表现在以下三个方面。

1.成本计算对象的确定

多步骤生产每经过一个步骤加工，便会产出不同的半成品，它们是后面有关步骤的加工对象，也可装配成不同的产成品。因此，采用分步法计算成本时，成本计算对象是各个加工步骤的各种或各类产品，按每个加工步骤的各种或各类产品设置产品成本明细账。如果企业只生产一种产品，成本计算对象就是该种产品及其所经过的各生产步骤，产品成本明细账应按照产品的生产步骤开立。如果企业生产多种产品，成本计算对象则应是各种产成品及其所经过的各生产步骤，按每种产品的各个步骤开设产品成本明细账。需要注意的是，成本计算划分的步骤与实际的生产步骤不一定完全一致，它根据实际加工步骤结合管理要求加以确定。

2.成本计算期的确定

在大量大批多步骤生产的条件下，原材料连续投入，产品不断地往下移动，生产过程中始终有一定数量的在产品，成本计算只能在每月月底进行，所以成本计算是定期的，成本计算期与生产周期不一致，而与会计报告期一致。

3.月末产品成本明细账中归集费用的处理

由于分步法适用于大量大批多步骤生产，成本计算按月进行，而多步骤生产下产品须经若干步骤加工才能完工，月末通常都有较大数量的在产品。因此，按加工步骤归集在产品成本明细账中的生产费用，大多要采用适当的分配方法在完工产品与月末在产品之间进行分配，计算各该产品、各该生产步骤的完工产品成本和月末在产品成本，然后按照产品品种结转各步骤的完工产品成本，计算每种产品的产成品成本。

由于生产费用按各加工步骤进行归集，然后再汇总计算产成品成本，因此，需要将各步骤费用按一定方式进行结转，结转方式可采用逐步结转和平行结转，分步法也就分成了逐步结转分步法和平行结转分步法两种。

二、逐步法转分步法

(一)逐步结转分步法的特点

逐步结转分步法是指按加工步骤归集生产费用，计算各步骤半成品成本，并且半成品成本按产品加工顺序随实物逐步结转，直到最后一步累积计算出产成品成本的一种成本计算方法。逐步结转分步法是为了分步计算半成品成本而采用的一种方法，所以又称为计算半成品成本法或顺序结转分步法。

逐步结转分步法的特点，主要表现在以下方面：

(1)成本计算对象是各步骤的半成品和最后步骤的产成品。在最后生产步骤前的每一步骤都会有半成品入库或直接结转下一步骤作为加工对象，到最后生产步骤生产出的就是经过全部生产步骤的最终产成品。因此，最后步骤要按产品设置生产成本明细账，其前面的各步骤则按半成品设置生产成本明细账。

(2)半成品成本随实物转移同步结转。半成品的实物转移方式有两种：一种是上一步骤完工的半成品，直接转入下一步骤继续加工，这时，半成品成本就在各步骤的产品成本明细账之间直接结转，结转时不必编制会计分录；另一种是半成品完工后，不为下一步骤直接领用，而要通过半成品仓库收发，这时，应设置“自制半成品”明细账，通过它结转完工入库和生产领用的半成品成本。上一步骤入库半成品入库时，会计分录为借记“自制半成品”，贷记“生产成本——基本生产成本——××半成品”，在下一步骤领用时，再编制相反的会计分录。

(3)各步骤产品成本明细账中的期末余额是狭义在产品成本，即在产品成本按实物所在地集中。

(二)逐步结转分步法的成本计算程序

在逐步结转分步法下，产品成本计算的程序是：先计算第一步骤半成品成本，然后加上第二步骤加工费用(如职工薪酬费用、制造费用等)，求得第二步骤半成品成本。随着加工步骤顺序累计结转，直到最后一个步骤计算出产成品成本。逐步结转分步法成本计算程序如图 5-3 所示。

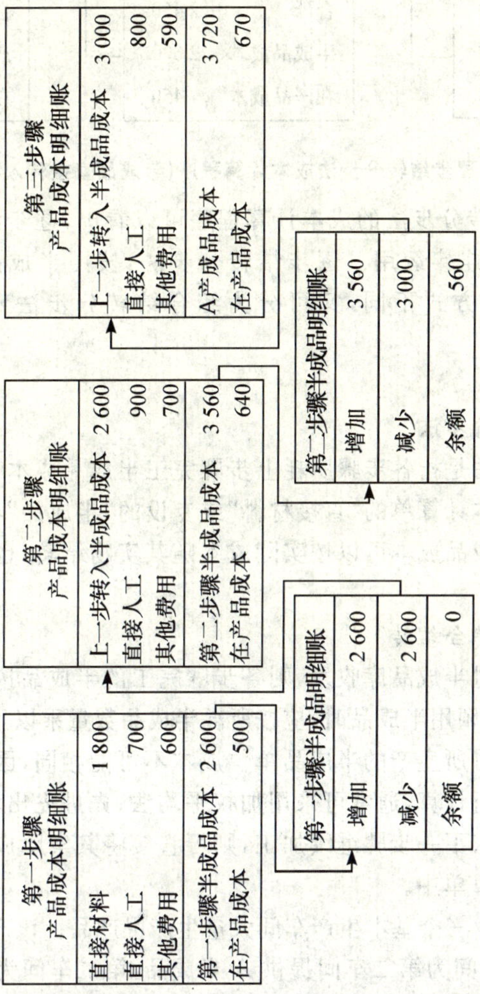

图 5-3 逐步结转分步法成本计算程序(半成品经仓库收发)

如果各步骤半成品完工后直接转入下一步骤加工，不经过半成品仓库，其成本计算程序如图 5-4 所示。

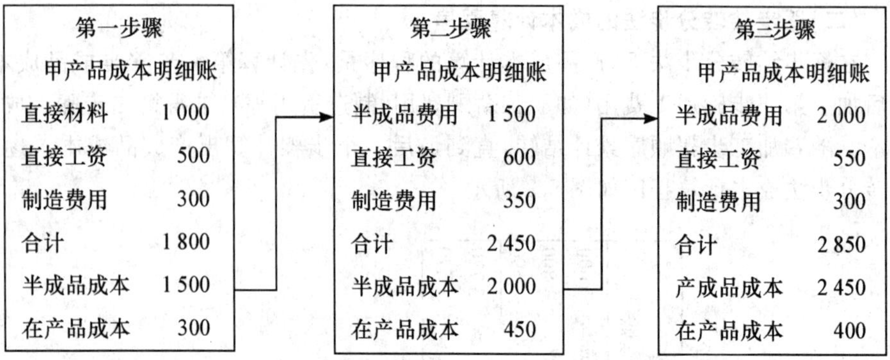

图 5-4 逐步结转分步法成本计算程序(半成品直接转入下一步)

由上述逐步结转分步法的成本计算程序可以看出,逐步结转分步法实质上就是品种法的多次连接运用。逐步结转分步法,按照半成品转入下一步骤成本明细账中的反映方式不同,又可分为综合结转分步法和分项结转分步法两种。

(三)综合结转分步法

综合结转分步法是指各步骤所耗上步骤完工半成品成本,将各成本项目的合计数记入该步骤成本计算单的“直接材料”或专设的“半成品”项目中,进行综合反映的一种方式。半成品成本可以按实际成本随其实物结转,也可以按计划成本或定额成本结转。

1. 按实际成本综合结转

如果半成品通过半成品库收发,则各步骤完工的半成品按实际成本计入半成品明细账,下一步骤领用半成品时,应按所耗半成品数量乘以半成品实际单位成本进行计算。由于各月所生产的半成品单位成本不可能相同,因而需要对所耗半成品实际单位成本进行计算,通常可采用加权平均法、先进先出法等方法计算确定。如果半成品直接转入下一步骤继续加工,则可直接将其实际成本合计数随实物转入下一步骤成本计算单中。

【例 5-4】某企业三个基本生产车间大量生产甲产品。该产品顺序经过一、二、三加工步骤,第一车间为第二车间提供 A 半成品,第二车间为第三车间提供 B 半成品。假设该企业生产车间与生产步骤的划分一致,一车间半成品通过半成品仓库收发,发出半成品按加权平均法计价,二车间半成品直接转入三车间加工。企业采用逐步结转分步法(综合结转法)计算产品成本。原材料在生产开始时一次投入,各车间在产品按定额成本计算。该企业 2008 年 10 月份有关成本计算资料如下：

(1)产量记录：见表 5-21。

表 5-21　产量记录表　单位：件

项目	一车间	二车间	三车间
月初在产品	60	36	96
本月投入	360	300	228
本月完工	288	240	300
月末在产品	132	96	24

(2)月末单位在产品定额成本：见表 5-22。

表 5-22　月末单位在产品定额成本汇总表　单位：元

项目	直接材料	半成品	直接人工	制造费用	合计
一车间	90		11	19	120
二车间		148	23.5	25	196.5
三车间		240	55	45	340

(3)月初在产品成本：见表 5-23。

表 5-23　月初在产品成本汇总表　单位：元

项目	直接材料	半成品	直接人工	制造费用	合计
一车间	5 400		660	1 140	7 200
二车间		5 328	846	900	7 074
三车间		23 040	5 280	4 320	32 640

(4)本月发生的生产费用：见表 5-24。

表 5-24　本月生产费用汇总表　单位：元

项目	直接材料	直接人工	制造费用	合计
一车间	33 600	6 960	11 772	52 332
二车间		13 020	12 744	25 764
三车间		25 800	23 340	49 140
合计	33 600	45 780	47 856	127 236

(5)A 半成品仓库月初结存 72 件，实际成本 10 440 元。

根据上列资料，登记各车间产品成本明细账，并进行成本计算。

一车间产品成本明细账见表 5-25。

表 5-25 一车间产品成本明细账

产品名称:A 半成品 2008 年 10 月 单位:元

项目	直接材料	直接人工	制造费用	合计
期初在产品成本	5 400	660	1 140	7 200
本月生产费用	33 600	6 960	11 772	52 332
合计	39 000	7 620	12 912	59 532
完工半成品成本	27 120	6 168	10 404	43 692
期末在产品成本	11 880	1 452	2 508	15 840

表 5-25 中,月末在产品成本用月末在产品数量乘以单位在产品定额成本计算,完工半成品成本采用倒扣的方法确定。

根据一车间半成品交库单和二车间领用半成品领用单,登记 A 半成品明细账见表 5-26。

表 5-26 半成品明细账

产品名称:A 半成品 2008 年 10 月 数量:件 金额:元

项目	收入			发出			结存		
	数量	单价	金额	数量	单价	金额	数量	单价	金额
期初余额							72	145	10 440
一车间交库	288	151.71	43 692						
二车间领用				300	150.367	45 110	60	150.367	9 022

根据一车间半成品交库单,编制如下会计分录:

借:生产成本——自制半成品——A 半成品 43 692

贷:生产成本——基本生产成本——A 半成品 43 692

根据二车间半成品领用单,编制如下会计分录:

借:生产成本——基本生产成本——B 半成品 45 110

贷:生产成本——自制半成品——A 半成品 45 110

二车间产品成本明细账见表 5-27。

表 5-27 二车间产品成本明细账

产品名称:B 半成品 2008 年 10 月 单位:元

项目	半成品	直接人工	制造费用	合计
期初在产品成本	5 328	846	900	7 074
本月生产费用	45 110	13 020	12 744	70 874
合计	50 438	13 866	13 644	77 948
完工半成品成本	36 230	11 610	11 244	59 084
期末在产品成本	14 208	2 256	2 400	18 864

三车间产品成本明细账见表 5-28。

表 5-28　　三车间产品成本明细账

产品名称:甲产品　　2008 年 10 月　　单位:元

项目	半成品	直接人工	制造费用	合计
期初在产品成本	23 040	5 280	4 320	32 640
本月生产费用	59 084	25 800	23 340	108 224
合计	82 124	31 080	27 660	140 864
完工半成品成本	76 364	29 760	26 580	132 704
期末在产品成本	5 760	1 320	1 080	8 160

根据产成品交库单,编制如下会计分录:

借:库存商品——甲产品　　132 704

　贷:生产成本——基本生产成本——甲产品　　132 704

2.综合结转的成本还原

在综合结转分步法下,各步骤所耗上一步骤半成品的成本,是以"半成品"或"直接材料"项目综合反映的,这样计算出来的产成品成本,反映的只是最后一个生产步骤所耗半成品的费用及本步骤的加工费用,其中绝大部分是半成品成本,这显然不符合产品成本构成的实际情况。如果管理上要求从整个企业角度分析和考核产品成本的构成,应将综合结转分步法计算的产成品成本进行成本还原。

所谓成本还原,是指将产品中的"半成品"综合成本项目进行分解还原,求得按原始成本项目反映的产成品成本资料。成本还原的程序与成本计算顺序相反,即自后向前进行。成本还原的方法,包括项目比重还原法和还原分配率法。

(1)项目比重还原法。项目比重还原法是从最后步骤起,按上一生产步骤完工半成品的成本结构比例,将本步骤耗用上一步骤的半成品成本分解还原,然后再将各步骤相同成本项目的金额相加,计算出按原始成本项目反映的产品成本。

【例 5-5】仍以例 5-4 甲产品成本计算资料为例,说明项目比重还原法的程序及运用。

①计算一、二车间半成品成本结构比重,见表 5-29。

表 5-29　　一、二车间半成品成本比重计算表

产品名称：甲产品　　单位：元

成本项目	一车间		二车间	
	实际成本	各项目比重(%)	实际成本	各项目比重(%)
直接材料	27 120	62		
半成品			36 230	61
直接人工	6 168	14	11 610	20
制造费用	10 404	24	11 244	19
合计	43 692	100	59 084	100

②根据半成品成本各项目比重，自后向前对各步骤成本中的“半成品”项目进行分解还原，编制产品成本还原计算表，见表 5-30。

表 5-30　　产品成本还原计算表(项目比重还原法)

产品名称：甲产品　　完工产量：300 件　　单位：元

行次	成本项目	三车间(还原前产成品成本)	二车间		一车间		还原后产成品成本	
			各项目比重(%)	金额	各项目比重(%)	金额	总成本	单位成本
		①	②	③	④	⑤	⑥	⑦
1	直接材料				62	28 880.86	28 880.86	96.27
2	半成品	76 364	61	46 582.04				
3	直接人工	29 760	20	15 272.80	14	6 521.49	51 554.29	171.85
4	制造费用	26 580	19	14 509.16	24	11 179.69	52 268.85	174.23
5	合计	132 704	100	76 364.00	100	46 582.04	132 704	442.35

表 5-30 中，第①栏数字是三车间产品成本明细账中完工产成品成本；第③栏的“合计”是第一步还原的对象，即三车间产成品中的“半成品”项目金额，用该合计数分别去乘二车间各成本项目的比重，即可得到第③栏 2、3、4 行的金额数；同理，第⑤栏的“合计”数是第二步还原的对象，即经过第一步还原后仍然存在的半成品成本，用此数分别去乘一车间各项目比重，即得第⑤栏 1、3、4 行数字；将还原前后相同成本项目金额相加即得第⑥栏还原后的总成本，其合计数与还原前总成本应相等，均为 132 704 元。

项目比重还原法计算较为复杂，为了简化计算工作，可采用还原分配率法进行成本还原。

(2)还原分配率法。还原分配率是根据本月产品所耗用上一步骤半成品的综

合成本与本月所产该种半成品总成本的比例系数，分别乘以该半成品的各个成本项目金额进行还原，自后向前，直至还原为原始成本项目为止。还原时，要先计算成本还原分配率，然后再进行分解还原。其计算公式是：

$$成本还原分配率=\frac{待还原的半成品成本}{本月所产该种半成品成本合计}\times 100\%$$

其中："待还原的半成品成本"是指本月完工产品所耗上一步骤半成品成本合计。

【例 5-6】 仍以例 5-4 资料为例，采用还原分配率法编制产品成本还原计算表，见表 5-31。

表 5-31　　产品成本还原计算表(还原分配率法)

产品名称：甲产品　　2008 年 10 月　　产量：300 件　　单位：元

行次	项目	还原分配率	B 半成品(第二车间)	A 半成品(第一车间)	直接材料	直接人工	制造费用	合计
1	还原前产成品成本		76 364			29 760	26 580	132 704
2	本月第二步骤所产半成品成本			36 230		11 610	11 244	59 084
3	第一次成本还原	76 364/59 084 =1.292 5	－76 364	46 827		15 006	14 531	0
4	本月第一步骤所产半成品成本				27 120	6 168	10 404	43 692
5	第二次成本还原	46 827/43 692 =1.071 8		－46 827	29 067	6 611	11 149	0
6	还原后产成品总成本				29 067	51 377	52 260	132 704
7	单位成本				96.86	171.25	174.24	442.35

表 5-31 中，第③行、第⑤行还原分配率保留四位小数，金额保留整数。第一次成本还原，用还原分配率分别乘以本月第二步骤所产 B 半成品成本中各个项目金额。第二次成本还原与第一次成本还原方法类似。还原后产成品成本＝第①行＋第③行＋第⑤行(相同成本项目金额相加)。第③行、第⑤行、第⑦行的制造费用金额均采用倒扣方法确定。

采用综合结转分步法，可以在各生产步骤的产品成本明细账中反映各该步骤完工产品所耗半成品费用的水平和本步骤发生的加工费用，有利于进行各生产步骤的成本分析。但是,为了从整个企业角度反映产品成本的构成,必须进行成本还原,从而增加核算工作量。因此,这种方法一般适用于管理上要求计算各步骤完工产品所耗半成品费用,但不要求进行成本还原的情况。

3.按计划成本综合结转

采用计划成本综合结转法,半成品的日常收发均按计划成本核算;在半成品实际成本算出以后,再计算半成品的成本差异率,调整所耗半成品的成本差异。按计划成本综合结转半成品成本的核算原理,与材料按计划成本进行日常核算的原理相同。这种方法的特点主要表现在所使用的账表上,在自制半成品明细账中,不仅要反映半成品收、发、结存的数量和实际成本,而且还要反映其相应的计划成本、成本差异额和成本差异率。在产品成本明细账中,对于所耗半成品,可以按照调整成本差异后的实际成本登记;为了便于分析上一步骤半成品成本差异对本步骤成本的影响,也可以按照所耗半成品的计划成本和成本差异分别登记,此时,产品成本明细账中的"半成品"(或"直接材料")项目,要分设"计划成本"、"成本差异"和"实际成本"三栏。

仍以上例资料列示在采用计划成本综合结转时自制半成品明细账的格式,如表 5-32 所示。

表 5-32　　自制半成品明细账

半成品名称:A　　计划单位成本 148 元　　单位:元

月份	月初余额			本月增加			合计					本月减少		
	数量(件)	计划成本	实际成本	数量(件)	计划成本	实际成本	数量(件)	计划成本	实际成本	成本差异	差异率	数量(件)	计划成本	实际成本
6	72	10 656	10 440	288	42 624	43 692	360	53 280	54 132	852	1.6%	300	44 400	45 110
7	60	8 880	9 022											

按计划成本综合结转,可以简化半成品收发的凭证计价和记账工作;如果按半成品的类别而不按半成品品种计算其成本差异率,可以省去大量的计算工作;如果月初半成品结存量较大,本月耗用的半成品大部分甚至全部是以前月份生产的,这时,本月所耗半成品成本差异可根据月初半成品成本差异率计算。这样,各生产步骤都可以根据本步骤所耗上一步骤半成品计划成本乘以月初半成品成本差异率,同时计算所耗半成品的成本差异和实际费用。因此,按计划成本综合结转半成品成本,可以简化和加速成本核算工作。此外,这种方法还可以剔除上一生产步骤半成品实际成本变动因素对本步骤成本的影响,便于对各步骤进行成本的考核和分析。

(四)分项结转分步法

分项结转分步法，是指各步骤所耗上一步骤完工半成品成本，分成本项目记入该步骤产品成本计算单的相同项目之中进行分项反映的一种方法。分项结转可以按照半成品的实际单位成本结转；也可以按照半成品的计划单位成本结转，然后按成本项目分项调整成本差异。后一种做法计算工作量较大，一般采用按实际成本分项结转的方法。

采用分项结转法结转半成品成本，可以直接提供按原始成本项目反映的产品成本资料，便于从整个企业的角度考核和分析各项目成本计划的执行情况，不需要进行成本还原。但是，成本结转工作比较复杂，特别是通过半成品仓库进行核算时，半成品明细账也必须按成本项目分别进行登记，使记账工作繁重。而且，在各步骤完工产品成本中看不出所耗上一步骤半成品成本是多少，本步骤发生的加工费用是多少，不便于进行各步骤完工产品的成本分析。因此，分项结转分步法适用于产品品种较少，生产步骤不多或成本管理要求按原始成本项目提供成本资料的企业。

(五)逐步结转分步法的优缺点及适用范围

1.逐步结转分步法的优点

(1)按产品的加工步骤计算各步骤半成品和产成品的成本，能够提供各个生产步骤的半成品成本资料，为确定半成品的销售价格提供了依据。有利于分析和考核企业产品成本计划和各生产步骤半成品成本计划的执行情况。

(2)半成品的成本随实物的转移而同步结转，各生产步骤产品成本明细账中的生产费用余额，反映着留存在各个生产步骤的在产品成本。因而，能够为半成品和在产品的实物管理和资金管理提供资料。

2.逐步结转分步法的缺陷

(1)产品成本的计算按加工顺序逐步进行，影响成本计算的及时性。

(2)后面步骤的半成品(或产成品)成本包括以前步骤成本，各步骤成本受到以前步骤成本水平波动的影响，不利于考核各加工步骤的成本管理工作，也不便于进行成本分析。

(3)成本核算工作量大。如果采用综合结转法进行成本计算，成本还原的工作量大，也不能确切地反映成本结构的实际情况；如果半成品按计划成本结转，还要计算和调整半成品成本差异；如果采用分项结转法，各步骤成本结转工作量大。

3.逐步结转分步法适用范围

逐步结转分步法适用于大量大批多步骤生产企业。具体包括：

(1)半成品可直接对外销售,或虽不对外销售但必须进行比较考核,管理上要求提供半成品成本的企业。如冶金企业的生铁、钢锭、铝锭,化肥企业的合成氨等半成品均属此类。

(2)可以同时转作几种产成品原料的半成品。如造纸企业生产的纸浆即属这种情况。

另外,在企业实行厂内经济核算的情况下,也需要提供各生产步骤的半成品成本,以考核内部各生产单位的生产状况。

三、平行结转分步法

(一)平行结转分步法的特点

平行结转分步法,又称为"不计算半成品成本法"。是先计算各步骤发生的生产费用中应计入完工产品成本的"份额",然后,将各步骤应计入完工产品成本的"份额"进行平行汇总,形成企业最终产品成本的一种方法。在多步骤生产中,如果可以不考虑各步骤之间在成本计算上的相互牵制,管理上不要求提供各步骤半成品成本资料,则可以采用平行结转分步法计算产品成本。各生产步骤分别与完工产品直接联系,本步骤只提供在产品成本和应计入最终产品成本的份额,这样,各步骤可以平行独立地、互不影响地进行成本计算。与逐步结转分步法相比,平行结转分步法的特点主要表现在:

(1)成本计算对象是最终完工产品。在平行结转分步法中,各生产步骤的半成品均不作为成本计算对象,各步骤的成本计算都是为了算出最终产品的成本。因此,从各步骤产品成本明细账中转出的只是该步骤应计入最终产成品成本的费用(份额),各步骤产品成本明细账不能提供其产出半成品的成本资料。

(2)半成品成本不随实物转移而结转。在平行结转分步法下,由于各步骤不计算半成品成本,只归集本步骤发生的生产费用,计算结转应计入产成品成本的份额,因此,各步骤半成品的成本资料只保留在该步骤的成本明细账中,并不随半成品实物的转移而结转,即半成品的成本资料与实物相分离。

(3)由于各加工步骤不计算半成品成本,所以不论半成品是通过仓库收发,还是在各加工步骤间直接转移,都不通过"自制半成品"账户进行价值核算,只需进行自制半成品的数量核算。

(4)月末,生产费用要在产成品与广义在产品之间分配。在平行结转分步法下,每一生产步骤的生产费用也要选择适当的方法在完工产品与月末在产品之间分配,常用的是约当产量法和定额比例法。但这里的完工产品,是指企业最终的产成品而并非各步骤的完工半成品；某步骤完工产品费用实际上是该步骤生产费用中应计入产成品成本的份额。与此相联系的在产品是广义在产品，包括尚在本步骤加工中的在产品，也包括本步骤已经完工转入半成品库的半成品，以及从半成品库转移到以后步骤进一步加工尚未最后完工的在产品。

（二）平行结转分步法的计算程序

（1）按生产步骤和产品品种开设生产成本明细账，各步骤成本明细账按成本项目归集本步骤发生的生产费用（不包括耗用上一步骤半成品的成本）。

（2）月终，将各步骤归集的生产费用在产成品与广义在产品之间进行分配，计算各步骤应计入产成品成本中的费用份额。

（3）将各步骤生产费用总额减去本步骤应计入产成品成本的费用份额，即为本步骤期末在产品成本，计算公式为：

$$\begin{matrix}\text{某步骤月末}\\\text{在产成品成本}\end{matrix}=\begin{matrix}\text{该步骤月初}\\\text{在产品费用}\end{matrix}+\begin{matrix}\text{该步骤}\\\text{本月生产费用}\end{matrix}-\begin{matrix}\text{该步骤应计入}\\\text{产成品成本的份额}\end{matrix}$$

（4）将各步骤应计入产成品成本的费用份额平行相加汇总后，就得到产成品总成本，除以完工产品数量，即为单位成本。

平行结转分步法的成本计算程序，见图5-5。

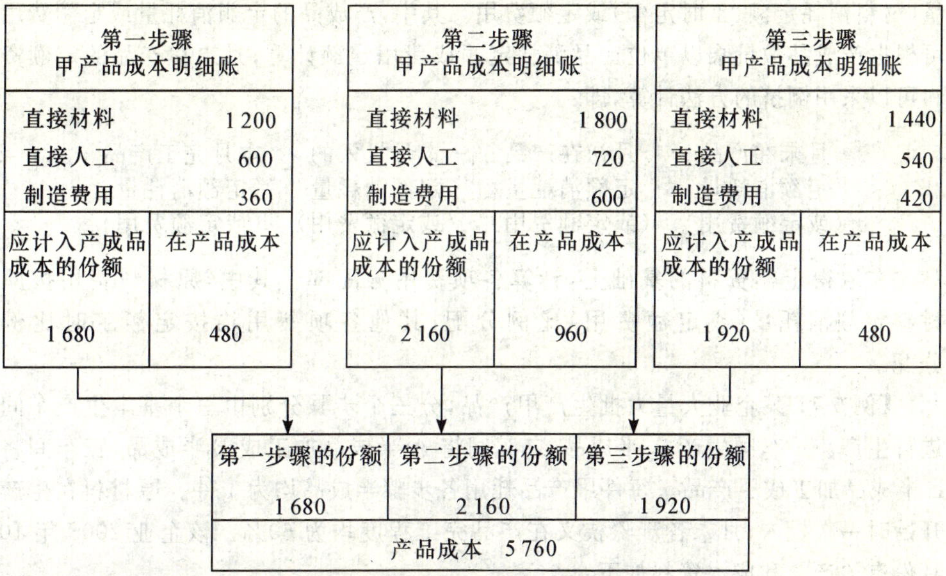

图5-5　平行结转分步法成本计算程序

(三)各步骤应计入产成品成本"份额"的计算

采用平行结转分步法计算产品成本时,月末各步骤需要将本月累计的生产费用在最终的产成品与广义在产品之间进行分配,从而确定出本步骤费用中应计入产成品成本的份额。常用的分配方法有约当产量法和定额比例法。

1. 约当产量法

采用约当产量法时,各步骤应计入产成品成本的份额计算公式如下:

$$\text{某步骤应计入产成品成本的份额}=\text{产成品数量}\times\text{单位产成品耗用该步骤半成品数量}\times\text{该步骤单位半成品费用}$$

其中:

$$\text{该步骤单位半成品费用}=\frac{\text{该步骤月初在产品费用}+\text{该步骤本月生产费用}}{\text{该步骤约当产量}}$$

$$\text{某步骤约当产量}=\text{最终完工产品数量}+\text{广义在产品约当产量}$$

$$=\text{最终完工产品数量}\times\text{本步骤月末在产品约当产量}+\text{本步骤以后各步期末在产品数量}$$

2. 定额比例法

采用定额比例法时,应先取得有关定额资料,包括产成品和在产品的定额消耗量(材料消耗定额、工时定额)或定额费用。其中,产成品的定额消耗量或定额费用可根据产成品数量乘以单位产品消耗定额或费用定额计算;月末在产品的定额资料可以采用倒挤的方法计算,即:

$$\text{月末在产品定额消耗量(或定额费用)}=\text{月初在产品定额消耗量(或定额费用)}+\text{本月投入的定额消耗量(或定额费用)}-\text{本月完工产品定额消耗量(或定额费用)}$$

在取得定额资料的基础上,计算各项费用分配率。其中,原材料费用按原材料定额消耗量(或定额费用)比例分配;其他各项费用均按定额工时比例分配。

【例 5-7】某企业大量大批生产甲产品,分三个步骤分别由三个基本生产车间进行生产。一车间生产 A 半成品,二车间将 A 半成品加工成 B 半成品,三车间将 B 半成品加工成甲产品。每件甲产品耗用各步骤半成品均为 1 件。原材料在生产开始时一次投入,月末各步骤狭义在产品完工程度均为 60%。该企业 2008 年 10 月份有关产量和成本资料如下:

(1)产量记录:见表 5-33。

表 5-33 **产量记录表** 单位:件

项目	一车间	二车间	三车间
月初在产品	72	18	36
本月投入	360	396	360
本月完工	396	360	378
月末在产品	36	54	18

(2)月初在产品成本:见表 5-34。

表 5-34 **月初在产品成本汇总表** 单位:元

项目	直接材料	直接人工	制造费用	合计
一车间	1 260	288	432	1 980
二车间		270	216	486
三车间		180	144	324

(3)本月生产费用资料:见表 5-35。

表 5-35 **本月生产费用汇总表** 单位:元

项目	直接材料	直接人工	制造费用	合计
一车间	3 600	810	1 260	5 670
二车间		5 760	5 040	10 800
三车间		3 240	2 700	5 940

根据以上资料,采用平行结转分步法计算产品成本。各车间产品成本明细账见表 5-36 至表 5-38。

表 5-36 **一车间产品成本明细账**

产品名称:A 半成品 单位:元

项目	直接材料	直接人工	制造费用	合计
期初在产品成本	1 260	288	432	1 980
本月生产费用	3 600	810	1 260	5 670
合计	4 860	1 098	1 692	7 650
应计入产成品成本的份额	3 780	880	1 356	6 016
月末在产品成本	1 080	218	336	1 634

表 5-36 中,“应计入产成品成本的份额”,应用前述计算公式计算。

$$\text{直接材料应计入产成品成本的份额}=\frac{4\,860}{378+54+18+36}\times378=3\,780(\text{元})$$

$$\text{直接人工应计入产成品成本的份额}=\frac{1\,098}{378+54+18+36\times60\%}\times378=880(\text{元})$$

$$\text{制造费用应计入产成品成本的份额}=\frac{1\,692}{378+54+18+36\times60\%}\times378=1\,356(\text{元})$$

月末在产品成本采用倒扣的方法确定。

表 5-37 二车间产品成本明细账

产品名称：B半成品 单位：元

项目	直接材料	直接人工	制造费用	合计
期初在产品成本		270	216	486
本月生产费用		5 760	5 040	10 800
合计		6 030	5 256	11 286
应计入产成品成本的份额		5 321	4 638	9 959
月末在产品成本		709	618	1 327

表 5-37 中，应计入产成品成本的份额分别计算如下：

$$\text{直接人工应计入产成品成本的份额}=\frac{6\,030}{378+18+54\times 60\%}\times 378=5\,321(\text{元})$$

$$\text{制造费用应计入产成品成本的份额}=\frac{5\,256}{378+18+54\times 60\%}\times 378=4\,638(\text{元})$$

表 5-38 三车间产品成本明细账

产品名称：甲产品 单位：元

项目	直接材料	直接人工	制造费用	合计
期初在产品成本		180	144	324
本月生产费用		3 240	2 700	5 940
合计		3 420	2 844	6 264
应计入产成品成本的份额		3 325	2 765	6 090
月末在产品成本		95	79	174

表 5-38 中应计入产成品成本的份额分别计算如下：

$$\text{直接人工应计入产成品成本的份额}=\frac{3\,420}{378+18\times 60\%}\times 378=3\,325(\text{元})$$

$$\text{制造费用应计入产成品成本的份额}=\frac{2\,844}{378+18\times 60\%}\times 378=2\,765(\text{元})$$

根据上述计算结果，将各步骤应计入产成品成本的份额平行汇总，计算产成品成本，编制产成品成本汇总计算表，见表 5-39。

表 5-39 产成品成本汇总计算表

产品名称：甲产品 2008 年 10 月 产量：378 件 单位：元

项目	直接材料	直接人工	制造费用	合计
一车间	3 780	880	1 356	6 016
二车间		5 321	4 638	9 959

续表 5-39

项目	直接材料	直接人工	制造费用	合计
三车间		3 325	2 765	6 090
总成本	3 780	9 526	8 759	22 065
单位成本	10	25.20	23.17	58.37

【例 5-8】某企业一、二两个基本生产车间生产甲产品，原材料在生产开始时一次投入。生产费用在完工产品与在产品之间采用定额比例法分配，其中原材料费用按定额原材料费用比例分配；其他各项费用均按定额工时比例分配。其有关成本核算资料如下：

(1)产品定额资料：见表 5-40。

表 5-40　　**产品定额资料明细表**　　单位：元

车间份额	月初在产品		本月投入		本月产成品				
	定额原材料费用	定额工时（小时）	定额原材料费用	定额工时（小时）	单件定额		产量（件）	定额原材料费用	定额工时（小时）
					原材料费用	工时（小时）			
第一车间份额	19 008	878	11 520	5 040	50	30	360	18 000	10 800
第二车间份额		468		12 438		40	360		14 400
合计	19 008	1 346	11 520	17 478	50	70	360	18 000	25 200

(2)月初在产品及本月生产费用见表 5-41 和表 5-42。

表 5-41　　**一车间实际成本资料表**　　单位：元

项目	直接材料	直接人工	制造费用	合计
月初在产品成本	20 178	9 036	17 658	46 872
本月生产费用	13 402.80	7 552.80	11 372.40	32 328
合计	33 580.80	16 588.80	29 030.40	79 200

表 5-42　　**二车间实际成本资料表**　　单位：元

项目	直接材料	直接人工	制造费用	合计
月初在产品成本		5 328	8 766	14 004
本月生产费用		13 591.80	13 487.40	27 079.20
合计		18 829.80	22 253.40	41 083.20

根据上列资料，采用平行结转分步法计算甲产品成本。

首先，登记第二车间产品成本明细账见表 5-43 和表 5-44。

表 5-43　　产品成本明细账

第一车间:甲产品　　产成品产量:360 件　　单位:元

项目	直接材料		定额工时	直接人工	制造费用	合计
	定额	实际				
期初在产品成本	19 008	20 178	8 784	9 036	17 658	46 872
本月生产费用	11 520	13 402.8	5 040	7 552.8	11 372.4	32 328
合计	30 528	33 580.8	13 824	16 588.8	29 030.4	79 200
费用分配率		1.1		1.2	2.1	
应计入产成品成本的份额	18 000	19 800	10 800	12 960	22 680	55 440
月末在产品成本	12 528	13 780.8	3 024	3 628.8	6 350.4	23 760

表 5-43 中,费用分配率的计算如下:

$$原材料费用分配率=\frac{33\,580.8}{30\,528}=1.1$$

$$直接人工分配率=\frac{16\,588.8}{13\,824}=1.2$$

$$制造费用分配率=\frac{29\,030.4}{13\,824}=2.1$$

各项费用中应计入产成品成本的份额计算如下:

原材料费用应计入产成品的份额=18 000×1.1=19 800(元)

直接人工应计入产成品的份额=10 800×1.2=12 960(元)

制造费用应计入产成品的份额=18 000×2.1=22 680(元)

(其中 10 800 小时为产成品的定额工时,属已知条件)

月末在产品成本采用倒扣的方法确定,可以先计算出月末在产品定额原材料费用或定额工时,然后再乘以分配率计算;也可以直接用费用合计数扣除应计入产成品的份额计算。

表 5-44　　产品成本明细账

第二车间:甲产品　　产成品产量:360 件　　单位:元

项目	直接材料		定额工时	直接人工	制造费用	合计
	定额	实际				
期初在产品成本			4 680	5 238	8 766	14 004
本月生产费用			12 438	13 591.8	13 487.4	27 079.2
合计			17 118	18 829.8	22 253.4	41 083.2
费用分配率				1.1	1.3	
应计入产成品成本的份额			14 400	15 840	18 720	34 560
月末在产品成本			2 718	2 989.8	3 533.4	6 523.2

表5-44中，费用分配率、应计入产成品成本的份额及月末在产品成本的计算与表5-43中相应各项目的计算方法相同。

然后，将第一、第二车间产品成本明细账中应计入产成品成本的份额平行汇总，计算产成品成本，编制产成品成本汇总表见表5-45。

表5-45 产成品成本汇总表

产品名称：甲产品 产成品产量：360件 单位：元

项目	直接材料	直接人工	制造费用	合计
第一车间份额	19 800	12 960	22 680	55 440
第二车间份额		15 840	18 720	34 560
合计	19 800	28 800	41 400	90 000
产成品单位成本	55	80	115	250

（四）平行结转法的优缺点及适用范围

1. 平行结转法的优点

在平行结转分步法下，各步骤可以同时计算产品成本，将各步骤应计入产成品成本的份额平行汇总计入产成品成本，能够直接提供按原始成本项目反映的产品成本资料，不存在成本还原问题；半成品成本不随实物转移而结转，各步骤只计算本步骤发生的费用，各步骤之间不必逐步结转半成品成本，各步骤可以同时结算成本，不需等待上步骤的成本结算。因此，平行结转分步法能够简化和加速成本计算工作。

2. 平行结转分步法的缺陷

(1)由于各步骤不计算半成品成本，不能提供各步骤半成品成本资料，不便于分析、考核半成品成本计划完成情况。

(2)由于各步骤半成品成本不随半成品实物转移而结转，使各步骤在产品成本与实物不符，不便于各生产步骤在产品的实物管理和资金管理，也不能反映各生产步骤半成品的生产耗费水平，不利于企业加强成本管理。

3. 平行结转法的适用范围

平行结转分步法一般只宜在半成品种类较多，逐步结转半成品成本的工作量较大，管理上又不要求提供各步骤半成品成本资料的情况下采用；而且在采用时，应加强各步骤在产品收发结存的数量核算，以便为在产品的实物管理和资金管理提供资料。随着我国市场经济的发展和完善，企业内部责权利的实施在很大程度上依赖于各车间的成本指标考核，必然要求各车间要计算半成品成本。因此，平行结转分步法的运用范围将大大缩小，而更多采用逐步结转分步法。

第五节　其他计算方法

如前所述，产品成本计算方法主要包括品种法、分批法、分步法、分类法和定额法。其中，品种法、分批法、分步法是适应各种类型的生产特点和管理要求，计算产品实际成本必不可少的方法，因此，是产品成本计算的基本方法。分类法和定额法与生产类型没有直接关系，是在前三种基本方法的基础上，为了简化成本计算工作和加强成本管理而采用的。从计算产品实际成本的角度讲，分类法和定额法不是必不可少的，因此，可以称为辅助方法。但是，辅助方法并非次要，如定额法对于控制生产费用，降低产品成本有着重要的作用。

一、分类法

(一)分类法的特点

产品成本计算的分类法，是将企业生产的产品分为若干类别以各产品类别作为成本计算对象，归集生产费用，先计算产品类别成本，然后再按一定的方法在类内各种产品之间进行分配，以计算出各种产品成本的一种方法。在一些企业中，生产的产品品种、规格繁多，如果按照产品的品种、规格归集费用，计算成本，计算工作就极为繁重。在这种情况下，如果不同品种规格的产品可以按照一定标准进行分类，为了简化计算工作，可以采用分类法计算产品成本。

分类法的特点主要表现在：

(1)在分类法下，成本计算对象是各类产品，产品成本明细账按产品类别设置。

(2)成本计算期为日历月份，定期在月末进行成本计算。

(3)月末归集在产品成本明细账中的费用，要在该类完工产品与在产品之间分配，计算出各类完工产品成本及在产品成本；然后采用适当的方法，分配计算类内各种产品总成本及单位成本。

(二)分类法的成本计算程序

(1)划分产品类别。根据产品结构、使用原材料及工艺过程基本相同的原则，恰当划分产品类别，使成本计算既简化，又相对正确。一般将使用原材料、生产工艺过程和结构基本相同或相近的产品归为一类。类距确定要恰当，如果类别划分过细，产品成本计算对象仍然很多，起不到简化成本计算的作用。如果为了简化核算,类别划分过粗,将不同性质、结构、所耗原材料及工艺过程不同的产品归为一类,就会影响产品成本计算的正确性。

(2)以产品类别作为成本计算对象,开设产品成本明细账,按成本项目归集费用,计算各类产品总成本。可以把类别视作品种,采用品种法的原理和方法计算某类产品成本。在按类别分配、归集生产费用时,能按照类别划分的直接计入费用,应直接计入按类别开设的产品成本明细账;不同类别的产品共同耗用的间接计入费用,应采用适当方法计算分配后,分别计入各类产品成本明细账。

(3)采用适当的分配标准和方法将各类完工产品总成本在类内各种产品之间进行分配,计算出各种完工产品的总成本及单位成本。

在计算类内各种产品成本时,应根据各类产品的生产特点和管理要求,尽可能选择与产品成本高低有密切的相关关系,而且又简便易行的分配标准。一般采用的分配标准有:①产品的经济价值指标,如计划成本、定额成本、销售价格等;②产品的技术性指标,如重量、长度、体积等;③产品生产的各种定额消耗指标,如定额工时、定额耗用量等。对于不同的成本项目,可以采用相同的分配标准,也可按照各成本项目的性质不同,采用不同的分配标准,以使分配结果更为合理。分配标准一经确定,不应随意变更,以保持核算方法与指标口径的一致性。

正确划分产品类别和选择适当分配标准,分配计算类内各种产品成本是分类法的关键。

实际上,分类法就是把产品类别作为品种,按品种法算出类别产品成本后,再按照一定的方法,把每类产品的总成本在类内各种产品之间进行分配,求出各种产品成本。按品种法计算类别产品总成本的原理和方法与前述品种法相同。这里重点说明类别总成本求得后,怎样在类内各种产品之间进行分配,以计算各种产品成本。

(三)计算类内各种产品成本的方法

常用系数法将某类产品成本分配到的类内各种产品。系数法是指计算出各类产品总成本后,在类内各种产品之间按照系数分配成本的一种方法。所谓系数,是指类内各种规格产品之间的比例关系。采用系数法分配费用的基本程序是:

1. 确定系数

产品系数有综合系数和单项系数两种。综合系数是指产品各成本项目用同一系数分配,例如,将以产品的定额成本、售价等为分配标准计算的系数用于分配各个项目的费用;单项系数是指产品各成本项目采用不同的分配标准计算的系数。如分配材料费用时,用材料费用定额作为分配标准确定系数,分配职工薪酬费用及制造费用时用工资(或制造费用)定额等作为分配标准确定系数。企业可根据核算要求选择使用。在确定系数时,一般在同类产品中选择一种产量较大、生产较稳定或规格适中的产品作为标准产品。产品系数计算公式为:

$$某种产品单位系数=\frac{该种产品的分配标准(如售价、定额成本等)}{标准产品的分配标准(如售价、定额成本等)}$$

$$某种完工产品总系数=该种产品实际完工产量\times 单位系数$$

2. 确定分配率

$$某产品某费用分配率=\frac{该类完工产品该项费用总额}{类内各种产品总系数合计}$$

3. 计算某种产品成本

$$类内某种完工产品总成本=该种完工产品总系数\times 分配率$$

$$类内某种完工产品单位成本=\frac{该种完工产品总成本}{该种完工产品实际产量}$$

【例 5-9】某工厂产品品种较多。按生产工艺及结构将产品划为甲、乙两类。其中甲类包括 A、B、C 三种产品。B 产品为标准产品。有关产量及成本资料见表 5-46和表 5-47。

表 5-46　产量记录与定额资料

甲类　2008 年 10 月

产品	本月完工产品产量(件)	原材料费用定额(元/件)	工时定额(小时)
A	300	40	72
B	400	50	80
C	220	35	60

表 5-47　产品成本明细账

甲类　2008 年 10 月　单位:元

项目	原材料	直接人工	制造费用	合计
月初在产品成本(定额成本)	41 910	13 530	44 550	99 990
本月费用	53 340	18 500	60 090	131 930
合计	95 250	32 030	104 640	231 920
完工产品成本	64 770	19 320	62 790	146 880
月末在产品成本(定额成本)	30 480	12 710	41 850	85 040

根据以上资料,采用系数法计算类内各种产品成本。原材料项目以原材料费

用定额为分配标准，其他费用项目以工时定额为分配标准。

(1)编制产品系数计算表，见表5-48。

表5-48　　产品系数计算表

2008年10月

产品	产量	原材料费用定额	原材料费用		工时定额	其他费用系数	
			单位系数	总系数		单位系数	总系数
A	300	40	0.8	240	72	0.9	270
B	400	50	1	400	80	1	400
C	220	35	0.7	154	60	0.75	165

(2)编制类内各种产品成本计算表，见表5-49。

表5-49　　类内各种产品成本计算表（系数法）

2008年10月　　单位：元

产品名称	产量（件）	分配标准		完工产品总成本				单位成本
		直接材料总系数	其他费用总系数	原材料	直接人工	制造费用	合计	
A	300	240	270	19 576.8	6 247.8	20 304	46 128.6	153.76
B	400	400	400	32 628	9 256	30 080	71 964	179.91
C	220	154	165	12 565.2	3 816.2	12 406	28 787.4	130.85
合计	—	794	835	64 770	19 320	62 790	146 880	—

注：表5-49中，直接材料分配率＝64 770/794＝81.57；直接人工分配率＝19 320/835＝23.14；制造费用分配率＝62 790/ 835＝75.20。

(四)分类法的适用范围、应用条件及优缺点

综上所述，凡是品种、规格繁多，而且可以按照一定标准分类的产品，均可以采用分类法计算成本。分类法与产品的生产类型没有直接关系，因而可以在各种类型的生产中使用。例如，食品厂各种糖果、饼干、面包的生产，针织厂各种不同品种和规格的针织品的生产，制鞋厂各种不同规格的鞋、无线电企业各种不同类别和规格的无线电元件的生产，以及钢铁厂各种牌号和规格的生铁、钢锭和钢材的生产，等等。它们的生产类型虽然不同，但都可以采用分类法计算其产品成本。

采用分类法计算产品成本，每类产品内各种产品的生产费用，不论是间接计入费用还是直接计入费用，都采用分配方法分配计算，产品成本明细账按产品类别设定，从而简化成本计算工作；而且还能够在产品品种、规格繁多的情况下，分类掌握产品成本的水平。但由于同类产品内各种产品的成本都是按照一定比例分配计算的，计算结果就有一定的假定性。因此，产品的分类及分配标准确定得

是否适当，是采用分类法时能否做到既简化成本计算工作，又使成本计算相对准确的关键。

二、定额法

（一）定额法的特点

前面我们介绍了产品成本计算的品种法、分批法、分步法、分类法，在这些计算方法下，生产费用的日常核算，产品的实际成本，都是按生产过程中实际发生的生产费用进行归集分配计算的，生产产品的实际成本与定额的差异及其发生的原因，只有在月末时通过实际资料与定额资料的对比、分析，才能得到反映，这样，不利于及时对产品成本进行控制和管理。产品成本计算的定额法，就是为了及时地反映和监督生产费用和产品成本脱离定额的差异，加强定额管理和成本控制而采用的一种成本计算与成本管理相结合的方法。

定额法是指以产品的定额成本为基础，加减脱离定额差异、定额变动差异等计算产品实际成本的一种方法。定额法与生产类型没有直接联系，适用于定额管理制度比较健全，定额管理工作基础比较好，产品的生产已经定型，各项消耗定额比较准确、稳定的企业，主要是大量大批生产企业。定额法的特点主要表现在：①事前要制定出产品的各项消耗定额、费用定额和定额成本，作为控制生产费用，降低产品成本的目标。②在生产费用发生的当时，就将符合定额的费用和脱离定额的差异分别核算，以加强对成本差异的日常核算、分析和控制。③月末，在定额成本的基础上加减各种成本差异，计算产品的实际成本，为成本的定期考核和分析提供数据。定额法不仅是一种产品成本计算方法，更重要的还是一种对产品成本进行控制和管理的方法。

（二）定额法计算产品成本的基本程序

①制定产品的定额成本，以此作为计算产品实际成本的基础。②计算构成产品成本的各成本项目的实际费用与定额费用之间的差额，即计算脱离定额的差异。③采用定额法计算成本的企业里，为了考核材料消耗定额的执行情况，核算和监督发生的定额差异，材料的日常核算都是按计划成本进行的，所以，月末应根据本月的材料成本差异率，计算材料成本差异。④调整定额时，还要计算定额变动差异；⑤在定额成本基础上，加减各种成本差异，计算产品实际成本。即

$$\text{产品实际成本} = \text{产品定额成本} \pm \text{脱离定额差异} \pm \text{材料成本差异} \pm \text{定额变动差异}$$

(三)定额法的优缺点及应用条件

1.定额法的优点

①能够在生产费用发生的当时,反映和监督脱离定额的差异,从而有利于加强成本控制,及时、有效地降低生产消耗。②由于产品实际成本是按定额成本的和定额差异分别反映的,因而便于企业进行产品成本的定期分析,进一步挖掘降低成本的潜力。③通过实际脱离定额的差异和定额变动差异的核算,有利于企业提高成本计划工作和定额管理工作的水平。④由于有现成的定额成本资料,因而能较合理和简便地解决生产费用在完工产品和月末在产品之间的分配问题。

2.定额法的缺点

由于采用定额法要在定额成本的基础上通过调整各种差异计算产品实际成本,企业必须事先制定出各项消耗定额及定额成本;成本计算过程中要分别核算定额成本、脱离定额差异及材料成本差异,在定额变动时还要修订定额成本,计算定额变动差异,因此,核算工作量大。

3.定额法的应用条件

为了充分发挥定额法的作用,并且尽量简化计算工作,采用定额法必须具备以下两个条件:①企业的定额管理制度比较健全,定额管理工作的基础比较好。②产品的生产已经定型,各项消耗定额都比较准确、稳定。如果定额成本计算不准确,定额制定得不合理,会影响产品实际成本的准确性。如果定额不稳定,经常修订定额,会使得成本核算的工作更加繁重且复杂。

三、各种成本计算方法的实际应用特征

在实际工作中,由于情况错综复杂,各个企业实际采用的成本计算方法往往不只是某一种方法。一个企业的各个车间,一个车间的各种产品,由于其生产特点及管理要求并不一定相同,因而在一个企业或车间中,就有可能同时应用几种不同的产品成本计算方法。即使是一种产品,在其各个生产步骤,各种半成品或者各个成本项目之间,它们的生产类型和管理要求也不尽相同,因而计算一种产品成本时,也可能将几种成本计算方法结合起来应用。

(一)几种产品成本计算方法同时应用

在一个企业或车间中,同时采用几种成本计算方法的情况很多,归纳起来,主要包括以下几类:

(1)一个企业的各个生产车间的生产类型不同,可以采用不同的成本计算方法。工业企业一般都有基本生产车间和辅助生产车间,基本生产车间和辅助生产车间的生产类型往往不同。例如,纺织厂的纺纱和织布等基本生产车间,属于大量大批多步骤生产,应该采用分步法计算产品成本,而厂内供电、锅炉等辅助生产车间则属于大量大批单步骤生产,应该采用品种法计算成本。即使同为基本生产车间,由于生产类型不同,也可以采用不同的成本计算方法。

(2)一个企业的各个生产车间的生产类型相同,但管理要求不同,可以采用不同的成本计算方法。例如企业一、二两个基本生产车间分别大量大批多步骤生产甲、乙两种产品。甲产品各步的半成品不直接出售,乙产品各步的半成品可以直接出售,所以管理上求分步骤计算乙产品成本,而不要求甲产品分步骤计算成本。因此,为了简化成本计算工作,甲产品可以采用品种法或平行结转分步法计算成本,而乙产品的成本计算则要采用逐步结转分步法。

(3)一个车间同时生产多种产品,由于各种产品的生产类型与管理要求不同,可以采用不同的成本计算方法。例如某机械制造厂一基本生产车间生产甲、乙两种产品。其中甲产品是大量大批多步骤生产的定型产品,采用分步法进行成本计算,而乙产品是小批试制的非定型产品,采用分批法计算成本。又如玻璃制品厂所产日用玻璃和玻璃仪器,前者是利用原料直接熔制而成,属于单步骤生产;后者是先将原料熔制成各种毛坯,再加工、装配成为仪器,属于多步骤生产。前者采用品种法,而后者采用分步法(如果管理上不要求提供半成品成本,为了简化计算,也可以采用品种法)计算成本。

(二)几种产品成本计算方法结合应用

企业在计算一种产品成本时,可以根据不同的生产特点及管理要求,结合使用几种不同的成本计算方法。

(1)一种产品的不同生产步骤生产特点管理要求不同,可以采用不同的成本计算方法。例如:单件小批生产的机械厂,最终产品要经过铸造、机械加工、装配等相互关联的生产阶段完成。从其产品生产的各阶段来看,铸造车间可以采用品种法计算铸件的成本;加工、装配车间则可采用分批法计算各批产品成本,而铸造和加工车间之间,则可采用逐步结转分步法结转铸件成本;如果在加工和装配车间之间要求分步骤计算成本,但加工车间所产半成品种类较多,又不对外销售,那么在加工和装配车间之间则可采用平行结转分步法结转成本。这样,该厂就在分批法的基础上,结合采用了品种法和分步法。

(2)一种产品各个成本项目之间,可以采用不同的成本计算法。例如:钢铁厂产品的原料费用，在产品成本中占的比重较大，又是直接费用，应该采用分步法，按照产品的品种和生产步骤开设产品成本计算单计算成本；其他成本项目则可结合采用分类法，按照产品类别开立成本计算单归集费用，然后按一定的系数分配计算各种产品的成本。

综上所述，实际情况错综复杂，所采用的成本计算方法也是多种多样。因此，应熟练掌握几种典型成本计算方法的基本原理，结合不同的生产特点和管理要求，并考虑到企业规模和管理水平具体情况，从实际出发加以灵活运用，而不能机械搬用某种成本计算方法。

思 考 题

1. 生产特点和管理要求对产品成本计算方法有哪些影响？
2. 什么是产品成本计算的品种法？它有哪些特点？适用于什么类型的企业？
3. 什么是产品成本计算的分批法？它有哪些特点？适用于什么类型的企业？
4. 简化分批法有哪些特点？适用于什么情况？
5. 什么是产品成本计算的分步法？它有哪些特点？
6. 简述逐步结转分步法及其特点。
7. 什么是成本还原？为什么要进行成本还原？还原方法有哪些？
8. 简述平行结转分步法及其特点。
9. 逐步结转分步法与平行结转分步法有何区别与联系？
10. 什么是产品成本计算的分类法？它有哪些特点？适用于什么情况？
11. 试说明分类法的成本计算程序。
12. 采用分类法时如何划分产品类别？为什么？
13. 什么是定额法？它有哪些特点？有何应用条件？
14. 什么情况下可以将几种成本计算方法结合应用？什么情况下几种成本计算方法可以同时应用？为什么？

练 习 题

习题一

1. 目的：练习产品成本计算的分批法。

2. 资料：某制衣有限公司按客户订单组织产品生产，采用分批法计算产品成本。该公司10月有关成本计算资料如下。

(1)接受订单及完工情况：

批号	产品名称	批量(件)	投产时间	完工时间
901	牛仔裤	1 000	9月2日	10月24日
1001	西裤	500	10月5日	尚未完工

(2)本月发生费用:901批产品领用布料及辅料7 000元,1001批领用布料及辅料15 000元;车间生产工人工资3 000元;本月共发生制造费用3 600元。

(3)本月耗用工时:901批产品本月耗用生产工时5 000小时,1001批产品本月耗用生产工时3 000小时。

(4)901批产品9月份发生的费用:直接材料9 000元,直接人工4 000元,制造费用4 600元,共计17 600元。

3.要求:

(1)按生产工时比例分配直接工资和制造费用。

(2)编制各批产品成本计算单,计算完工产品及月末在产品成本。

习题二

1.目的:练习产品成本计算的简化分批法。

2.资料:某工业企业生产组织属于小批生产,产品批数多而且月末未完工批号多,因此采用简化分批法计算产品成本。

(1)8月份生产批号:8420号,甲产品5件,7月份投产,8月20日全部完工;8421号,乙产品10件,7月份投产,8月份完工6件;8422号,丙产品5件,7月份投产,尚未完工;8423号,丁产品6件,8月份投产,尚未完工。

(2)各批产品8月末累计生产费用及生产工时(原材料在生产开始时一次投入):

产品批号	累计原材料费用(元)	累计生产工时(小时)	直接人工	制造费用
8420	18 000	9 020		
8421	24 000	21 500		
8422	15 800	8 300		
8423	11 080	8 220		
合计	68 880	47 040	18 816	28 224

(3)8月末,完工产品工时23 020小时,其中,乙产品14 000小时。

3.要求:

(1)登记基本生产成本二级账和各批产品成本明细账。

(2)计算并登记累计间接费用分配率。

(3)计算各批完工产品成本。

习题三

1. 目的:练习产品成本计算的逐步结转分步法(综合结转法)。

2. 资料:某产品生产分两个步骤,分别由两个车间进行,其有关成本资料如下:

第一车间　　**产品成本明细账**　　单位:元

项目	直接材料	直接人工	制造费用	合计
期初在产品成本	6 000	1 800	4 200	12 000
本月生产费用	15 000	2 700	9 300	27 000
合计				
完工半成品成本				
期末在产品成本	9 000	1 500	6 000	16 500

第二车间　　**产品成本明细账**　　单位:元

项目	直接材料	直接人工	制造费用	合计
期初在产品成本	4 500	2 250	750	7 500
本月生产费用		12 000	4 500	
合计		14 250	5 250	
完工半成品成本				
期末在产品成本	6 750	2 400	900	10 050

3. 要求:

(1)采用综合结转分步法计算第一、二车间完工半成品及完工产成品成本。

(2)分别采用项目比重还原法和还原分配率法进行成本还原。

(3)编制结转完工产品成本的会计分录。

习题四

1. 目的:练习产品成本计算的平行结转分步法。

2. 资料:盛发制造有限公司大量生产A产品,该产品顺序经过三个车间练续加工,最后形成产成品。所需原材料在生产开始时一次投入。为简化核算,该公司采用平行结转分步法计算A产品成本,各车间计入产成品成本的份额和广义在产品成本按约当产量法计算。该公司5月份有关产量及成本资料如下。

(1)产量记录:

单位:件

项目	一车间	二车间	三车间
月初在产品	50	20	70
本月投产	300	250	200
本月完工	250	200	250
月末在产品(狭义)	100	70	20
在产品完工率(%)	50	50	50

(2)月初在产品成本:

单位:元

项目	直接材料	直接人工	制造费用	合计
一车间	11 600	1 700	3 050	16 350
二车间		1 400	4 672	6 072
三车间		5 100	1 560	6 660

(3)本月生产费用:

单位:元

项目	直接材料	直接人工	制造费用	合计
一车间	28 000	6 100	10 600	44 700
二车间		10 800	11 700	22 500
三车间		23 500	21 450	44 950

3.要求:

(1)登记各车间产品成本明细账。

(2)采用平行结转分步法计算甲产品总成本和单位成本,编制甲产品成本汇总表。

习题五

1.目的:练习产品成本计算的平行结转分步法。

2.资料:某企业生产丙产品,生产费用在完工产品与在产品之间采用定额比例法分配,其有关成本核算资料如下。

(1)定额资料:

单位:元

车间份额	月初在产品		本月投入		本月产成品				
	定额原材料费用	定额工时（小时）	定额原材料费用	定额工时（小时）	单件定额		产量（件）	定额原材料费用	定额工时（小时）
					原材料费用	工时（小时）			
第一车间份额	61 700	61 000	53 000	51 000	14.98	14.4	5 000	74 900	72 000
第二车间份额		4 200		75 800		14.0	5 000		70 000
合计	61 700	65 200	53 000	126 800	14.98	28.4	5 000	74 900	142 000

(2)月初在产品成本：

单位:元

项目	直接材料	直接人工	制造费用	合计
一车间	54 230	27 580	34 960	116 770
二车间		1 220	2 200	3 420

(3)本月生产费用：

单位:元

项目	直接材料	直接人工	制造费用	合计
一车间	49 000	24 500	30 000	103 500
二车间		21 980	33 000	54 980

3.要求：

(1)登记各车间产品成本明细账。

(2)采用平行结转分步法计算丙产品成本,编制产品成本汇总表。

习题六

1.目的:练习产品成本计算的分类法。

2.资料：

(1)某企业生产甲、乙、丙三种电子元件,各种产品所耗用的原材料品种相同,生产工艺过程基本相同,归为A类采用分类法计算产品成本,甲产品为标准产品。类内各种费用的分配标准为:原材料按各种产品的原材料费用系数分配,其他费用按定额工时比例分配。

(2)各种产品本月完工产量及定额资料。

产品名称	实际产量(件)	单位产成品材料消耗定额(元)	单位产成品工时消耗定额(小时)
甲产品	1 200	10	20
乙产品	900	9	16
丙产品	1 000	12	22

(3)本月 A 类产品成本计算单。

单位:元

项目	直接材料	直接人工	制造费用	合计
月初在产品成本	15 000	6 000	3 000	24 000
本月生产费用	55 000	24 000	23 000	102 000
合计	70 000	30 000	26 000	126 000
完工产品成本	64 200	28 690	24 160	117 050
月末在产品成本	5 800	1 310	1 840	8 950

3.要求:

(1)编制原材料费用系数计算表。

(2)采用分类法计算甲、乙、丙产品的成本。

第六章

其他行业的成本核算

本章导读

- 商品流通企业的成本核算
- 施工企业的成本核算
- 运输企业的成本核算
- 房地产开发企业的成本核算
- 金融企业的成本核算

第一节 商品流通企业的成本核算

在我国，商品流通企业是指各种经济性质和组织形式的商业、粮食、物资供销、对外贸易、医药、图书发行等以及从事商品流通活动为主的其他企业，这些企业通过商品的购、销、存等经营业务组织商品流转。

商品流通企业可分为批发企业和零售企业，其商品流转主要表现为采购和销售两大环节，以商品的购进开始，以商品的售出结束，没有产品的生产过程，与此相适应，商品流通企业的成本核算包括商品采购成本的核算与商品销售成本的核算两部分。

一、商品采购成本的核算

(一)商品采购成本的确定

商品采购成本是指因采购商品而发生的相关支出，包括购进商品的实际进价、应当计入商品成本的税金以及运输费、装卸费、保险费等其他可直接归属于商品采购成本的进货费用等。

按照我国现行准则的规定，商品流通企业的进货费用有三种处理方法：应当计入存货采购成本；也可以先进行归集，期末根据所购商品的存销情况进行分摊，对于已售商品的进货费用，计入主营业务成本，对于未售商品的进货费用，计入期末存货成本；进货费用金额较小的，可以在发生时直接计入当期销售费用。

另外，企业购进商品发生的购货退回及购进商品发生的经确认的索赔收入应冲减商品进价成本，现金折扣则冲减企业的财务费用。购入商品在运输途中发生的毁损、短缺，应根据有关的索赔凭证，冲减购入商品的采购成本，但遭受意外灾害发生的损失和尚待查明原因的途中损耗，先计入“待处理财产损溢”科目核算，并应查明原因分别按不同情况进行处理。

(二)商品采购成本核算的科目设置

(1)“在途物资”科目。本科目核算企业购入商品的采购成本，应按供应单位、商品品种等进行明细核算。

(2)“库存商品”科目。本科目核算企业库存的各种商品的进价或售价，包括库存外购商品、存放在门市部准备出售的商品、寄存在外的商品、发出展览的商品等。委托其他单位加工商品、委托代销商品、受托代销商品以及出租的商品，不在本科目核算。本科目应按商品种类、品种和规格等进行明细核算。

(3)“商品进销差价”科目。本科目核算企业采用售价核算的商品售价与进价之间的差额。该科目的贷方登记售价与进价之间的差额，借方登记月末分摊已销商品的进销差价，期末余额反映库存商品的进销差价。本科目应按商品类别或实物负责人等进行明细核算。

(4)“销售费用”科目。本科目核算企业在购、销、存环节发生的不能计入商品采购成本的各项费用，包括进货运杂费、装卸费、整理费、包装费、保险费、展览费、仓储保管费、检验费、广告费、商品损耗、进出口商品累计佣金、经营人员的工资薪酬等。

下面举例说明商品采购成本的账务处理。

【例 6-1】2008 年 11 月 10 日，某商场向外地某企业采购 M 型号电视机 100 台，收到的增值税专用发票上注明的价款 200 000 元，增值税税额为 34 000 元，供货单位转来代垫运费发票为 5 000 元，可抵扣增值税 350 元。货款已经支付，商品尚未运达。应作会计分录为：

借：在途物资	204 650
应交税费——应交增值税(进项税额)	34 350

　　贷:银行存款　239 000

【例 6-2】上述电视机已如期到货,经验收合格入库。每台电视机的售价为2 700元。

若采用进价核算方式,会计处理为:

借:库存商品　204 650

　　贷:在途物资　204 650

若采用售价核算方式,会计处理为:

借:库存商品　270 000

　　贷:在途物资　204 650

　　　　商品进销差价　65 350

二、商品销售成本的核算

库存商品的核算可采用数量进价金额核算法和售价金额核算法等与企业经营相适应的其他方法。数量进价金额核算法以实物指标和商品进价成本核算库存商品,并按商品的编号、品名、规格分户,记载商品增减变动及结存的数量和金额。这种方法一般适用于批发企业。售价金额核算法以商品售价核算库存商品,并按商品柜组进行明细核算。这种方法适用于零售企业。

(一)批发商品销售成本的核算

批发企业采用数量进价金额核算库存商品时,用商品销售数量乘以进货单价即可求得商品销售成本。确定进货单价的方法不同,便构成了计算商品销售成本的不同方法。

1. 先进先出法

先进先出法是以先入库的商品先发出去为假定前提,按商品购入的先后顺序依次计算每次发出商品及结存商品实际成本的一种方法。

2. 加权平均法

加权平均法是以数量为权数计算各种商品的平均单位成本,从而确定销售商品实际成本的一种方法。它可分为全月一次加权平均法和移动加权平均法。

(1)全月一次加权平均法。是指在每月末以本月全部收入商品数量与月初结存商品数量之和为权数,一次汇总计算出全月商品的加权平均单价,并据以计算本月全部发出商品和月末结存商品成本的一种加权平均法。其计算公式如下:

$$加权平均单价=\frac{月初结存商品金额+本月收入商品金额}{月初结存商品数量+本月收入商品数量}$$

本月商品销售成本＝本月商品销售数量×加权平均单价

(2)移动加权平均法。该方法是根据购入商品的批次，计算商品的单位成本。计算公式如下：

$$移动加权平均单价=\frac{上批结存商品金额+本批购进商品金额}{上批结存商品数量+本批购进商品数量}$$

本批商品销售成本＝本批商品销售数量×移动加权平均单价

3.毛利率法

毛利率法是以本月实际销售额和上季实际毛利率(或本季计划毛利率)为根据，计算本月销售毛利，再倒挤出本月商品销售成本的一种计算方法。其计算公式如下：

本月销售毛利＝本月销售收入×上季实际或计划毛利率

本月商品销售成本＝本月销售收入－本月销售毛利

【例 6-3】某批发公司第一季度末实际毛利率为 10％，4 月份商品销售收入为 80 000 元，则：

本月销售毛利＝80 000×10％＝8 000(元)

本月商品销售成本＝80 000－8 000＝72 000(元)

确认本月的商品销售成本，应作会计分录如下：

借:主营业务成本	72 000	
贷:库存商品		72 000

企业应根据自身的经营情况选择成本计算方法，但计算方法一经确定，不得随意变更，以保持计算口径的一致性。

(二)零售商品销售成本的核算

企业对零售商品采用售价金额核算时，库存商品按售价登记，售价与进价之间的差额，平时不随商品的销售计算和结转，而是在“商品进销差价”科目进行归集。销售商品后，先以售价金额结转商品销售成本，然后在期末采用一定方法计算已销商品应负担的进销差价，并从商品销售成本中转出，以求得已销商品的实际成本。

已销商品应分摊的进销差价可按以下公式计算：

$$商品进销差价率=\frac{期末分摊前“商品进销差价”科目余额}{“库存商品、委托代销商品、发出商品”等科目期末余额+本期“主营业务收入”科目贷方发生额}\times 100\%$$

$$\text{本期销售商品应分摊的商品进销差价}=\text{本期“主营业务收入”科目贷方发生额}\times\text{商品进销差价率}$$

计算分摊已销商品进销差价时，可以按照全部商品的销售及库存比例计算分摊，也可以按照各大类商品或各营业柜组的销售及库存比例计算分摊，前者称为综合差价率法，后者称为分类(柜组)差价率法。综合差价率法计算简便，但由于不同种类的商品进销差价不同，各种商品销售比重不同，使得按同一差价率计算的成本结果不够准确。分类(柜组)差价率法按商品类别或不同的营业柜组计算差价率，手续较为繁琐，但它缩小了计算范围，在一定程度上能够弥补综合差价率法的不足，提高了计算结果的准确性。

下面以分类(柜组)差价率法为例，计算已销商品应分摊的进销差价。需要说明的是，采用此方法时，“主营业务收入”、“库存商品”、“商品进销差价”等账户应按商品大类或营业柜组设置明细账进行明细核算。

【例6-4】某零售企业经营A、B、C三大类商品，10月末有关账户的明细余额如表6-1所示。

表6-1　有关明细科目余额　单位：元

商品类别	“商品进销差价”月末余额	“主营业务收入”本期发生额	“库存商品”月末余额
A类商品	59 000	121 000	174 000
B类商品	26 400	85 000	135 000
C类商品	33 000	146 000	74 000
合计	118 400	352 000	383 000

则：$\text{A类商品差价率}=\dfrac{59\ 000}{121\ 000+174\ 000}\times100\%=20\%$

$\text{B类商品差价率}=\dfrac{26\ 400}{85\ 000+135\ 000}\times100\%=12\%$

$\text{C类商品差价率}=\dfrac{33\ 000}{146\ 000+74\ 000}\times100\%=15\%$

各类已销商品应分摊的进销差价为：

A类商品：121 000×20%＝24 200(元)

B类商品：85 000×12%＝10 200(元)

C类商品：146 000×15%＝21 900(元)

计算出各类已销商品应分摊的进销差价数额之后，作会计分录如下：

借：商品进销差价——A类商品　24 200

——B类商品 10 200

——C类商品 21 900

贷:主营业务成本——A类商品 24 200

——B类商品 10 200

——C类商品 21 900

第二节 施工企业的成本核算

一、施工企业的产品及其特点

施工企业是指专门从事建筑工程和安装工程施工的生产单位,其基本经济活动是生产建筑安装产品。

施工企业所承担的生产任务,可以是一座厂房、住宅等全部工程,也可以是该项工程的某一特定部位或特定工序的施工,因而施工企业的建筑安装产品就不像制造业企业的产品那样,必须完成规定的工作程序和步骤才称其为完成了产品的生产过程,对施工企业来说,只要完成了合同规定的施工内容并验收合格,即视为完成了建筑安装产品的生产过程,就可办理工程价款的结算。

建筑安装产品同制造业产品相比较,具有以下几个方面的特点:

1.产品品种复杂多样

建筑安装产品是按照使用单位的特定要求而生产的,每种产品在规模、形式、结构、功能上各不相同,这就使得建筑安装产品品种繁多、式样独特,不可能进行大批量、重复生产。

2.产品生产周期较长

建筑安装产品是各种各样的房屋、建筑物等,体积较大、结构复杂,生产所需的工期较长,资金占用较多。

3.产品生产地点流动多变

建筑安装产品的生产地点是事先根据使用单位的要求而确定的,位置固定不变,这就使得建筑安装产品的生产不可能在固定的厂房中进行,而必须要随着施工企业所承包工程的建设地点而不断流动,生产过程受到自然条件的影响。

4.产品销售具有特殊性

在产品生产之前,其购买者已经是固定和明确的,因此,在产品生产过程中,即可按约定的结算方法确认产品销售，而不必等产品全部完工。同时，建筑安装产品的销售不会出现实物形态的商品转移和商品所有权的转移，这一点也和制造业产品的销售有很大差异。

二、施工企业合同成本核算对象

施工企业在生产过程中要发生各种各样的生产耗费，将一定时期内的生产耗费用货币表现即为施工费用，将施工费用按对象划分到各个合同中去即构成合同成本。至于企业在生产过程中发生的、不能归属于合同成本的其他耗费，可作为期间费用处理。

计算合同成本，首先要确定成本核算对象。企业与客户签订的建造合同有其多样性，通常，建造一项资产要签订一个合同，有时，建造数项资产只签订一个合同，或者为建造一项或数项资产而同时签订一组合同。合同成本核算对象应与施工图预算相适应，并结合合同内容、合同特点等加以确定。

1. 单项合同

通常情况下，企业应以单项合同为成本核算对象。若资产的建造在形式上属于一项合同，所建造的各项资产在设计施工、工程造价等方面不能分离，则该合同无论是形式上还是实质上都属于单项合同。

2. 合同分立

如果数项资产建造只签订了一项合同，但每项资产均有独立的建造计划，与客户就每项资产单独进行谈判，而双方能够接受或拒绝与每项资产有关的合同条款，并且每项资产的收入和成本可以单独辨认，则该合同实质上属于多项合同，应当将多项合同分立为多个单项合同后，以各个单项合同作为成本核算对象。

3. 合同合并

如果数项资产建造签订了多项合同，但各项资产在设计、技术、功能、最终用途上密不可分，实质上是一项合同的，应当将多项合同合并为一个单项合同，以合并后的单项合同作为成本核算对象。

4. 追加资产的建造

客户追加建造资产时，建造承包商需要判断所追加资产的建造与原合同的关系，从而确定合同成本的核算对象。追加资产的建造满足规定条件的，应当与原合同分立而成一个单项合同，否则，就应当与原合同合并为一个单项合同，以分立或合并后单项合同作为成本核算对象。《企业会计准则第 15 号——建造合同》规定，追加资产的建造满足下列条件之一的，应当作为单项合同：①该追加资产在设计、技术或功能上与原合同包括的一项或数项资产存在重大差异。②议定该追加资产的造价时，不需要考虑原合同价款。

合同成本核算对象一经确定，不可随意变换。财会部门可根据所确定的成本核算对象，开设成本计算单或成本计算明细账，汇集各成本核算对象发生的施工费用，计算合同成本。

三、施工企业合同成本计算期

建筑安装产品的生产周期较长，施工过程连续不断，因而其成本计算期与生产周期往往不一致。一般来说，施工企业应根据施工合同确定的工程价款结算办法，在期末（月、季）确定已完合同和未完合同，将归集的施工费用在二者之间进行分配，按月（或按季）结算已完合同成本。

四、施工企业合同成本的组成

合同成本是指为建造某项合同而发生的相关费用，包括从合同签订开始至合同完成止所发生的、与执行合同有关的直接费用和间接费用。

直接费用是指为完成合同所发生的、可以直接计入合同成本核算对象的各项费用支出。间接费用是指为完成合同所发生的、不宜直接归属于合同成本核算对象而应分配计入有关合同成本核算对象的各项费用支出。

（一）直接费用的组成

（1）人工费。指企业直接从事建筑安装工程的施工人员的工资、奖金、职工福利费、工资性质的津贴，以及按照规定提取的工会经费、职工教育经费、社会保险费等。

（2）材料费。指施工过程中耗用的构成工程实体或有助于形成工程实体的原材料、辅助材料、结构件、零配件、半成品的成本和周转材料摊销及租赁费用等。

（3）机械使用费。指施工过程中使用自有施工机械发生的机械使用费和租用外单位施工机械发生的租赁费，以及施工机械安装、拆卸和进出场费。

（4）其他直接费。指在施工过程中发生的除上述三项直接费用以外的其他可以直接计入合同成本核算对象的费用。主要包括有关的设计和技术援助费用、施工现场材料的二次搬运费、生产工具和用具使用费、检验试验费、工程定位复测费、工程点交费、场地清理费等。

(二)间接费用的组成

间接费用主要包括临时设施摊销费用和企业下属的各施工单位(如施工队、工区等)为组织和管理施工活动所发生的费用,包括施工单位管理人员薪酬、劳动保护费、固定资产折旧费、物料消耗、低值易耗品摊销、取暖费、水电费、办公费、差旅费、财产保险费、检验试验费、工程保修费、排污费和其他费用。

施工企业在施工生产过程中发生的、不能归入工程成本的费用,如企业行政管理部门(如公司)为组织和管理生产经营活动而发生的管理费用,以及不符合资本化条件的借款费用等,作为期间费用计入当期损益。

五、施工企业合同成本核算应设置的会计科目

企业为了总括地反映合同成本核算的全貌,一般应设置下列科目:

(1)"工程施工"科目。本科目主要用以核算企业进行建筑工程实际发生的合同成本和合同毛利。本科目可按建造合同等成本核算对象,分别按"合同成本"、"间接费用"、"合同毛利"进行明细核算。

(2)"工程结算"科目。本科目核算企业根据建造合同约定向客户办理结算的累计金额,可按建造合同进行明细核算。

(3)"机械作业"科目。本科目核算企业及其内部独立核算的施工单位、机械站和运输队使用自有施工机械和运输设备进行机械作业所发生的各项费用。企业及其内部独立核算的施工单位,从外单位或本企业其他内部独立核算的机械站租入施工机械发生的机械租赁费,在"工程施工——合同成本(机械使用费)"科目核算。

六、施工企业合同成本的核算方法

(一)人工费用的核算

计入合同成本的人工费用的核算方法,取决于企业实行的工资核算制度。对于建筑安装工人和辅助工人的计件工资,一般在发生时能够分清受益对象,可根据工程任务书和工资结算凭证,直接计入各有关成本核算对象的合同成本中。对于计时工资,则应根据考勤记录和工资结算凭证,计算出工资分配率,以各个合同实用工日数为标准进行分配,然后计入各个合同成本中去。其计算公式如下:

$$\text{计时工资分配率}=\frac{\text{计时工资总额}}{\text{当期各合同实际工日数}}$$

$$\begin{matrix}\text{某项合同应分配}\\\text{的计时工资}\end{matrix}=\begin{matrix}\text{计时工资}\\\text{分配率}\end{matrix}\times\begin{matrix}\text{该项合同实际}\\\text{耗用工日数}\end{matrix}$$

人工费的核算，一般应根据成本核算对象编制人工费分配表，并将此表作为财会部门进行账务处理的依据。

【例 6-5】某施工队 11 月份同时承担甲、乙两项合同的施工任务。本月施工队计件工资总额为 73 000 元(其中甲合同为 33 000 元，乙合同为 40 000 元)，计时工资总额为 60 000 元，工资性津贴为 15 000 元，综合奖 9 000 元，两项合同实际工日数为 6 000 个工日(其中甲合同实际工日数 2 200 个，乙合同实际工日数为 3 800 个)，则该施工队人工费分配如表 6-2 所示。

表 6-2 **人工费分配表**

施工单位： 2008 年 11 月 30 日 单位：元

成本核算对象	计件工资	工日	计时工资		其他工资及奖金		应分配工资合计
			分配率	分配额	分配率	分配额	
甲合同	33 000	2 200	10	22 000	4	8 800	63 800
乙合同	40 000	3 800	10	38 000	4	15 200	93 200
合计	73 000	6 000		60 000		24 000	157 000

根据表 6-2 作会计分录如下：

借：工程施工——合同成本——甲合同(人工费) 63 800

——乙合同(人工费) 93 200

贷：应付职工薪酬——工资 157 000

(二)材料费用的核算

对于材料费用的核算，是由财会部门根据材料保管部门定期提供的“领料单”、“定额领料单”等凭证进行审核，区分不同的成本核算对象进行归集，编制“材料费用分配表”进行分配。

【例 6-6】某施工单位本期同时承接甲、乙两项合同施工任务，根据本月“领料单”、“定额领料单”等凭证，编制“材料费用分配表”如表 6-3 所示。

表 6-3 **材料费用分配表**

施工单位： 2008 年 11 月 30 日 单位：元

材料类别 / 计入方式 / 合同名称	主要材料				结构件	周转材料	合计
	直接计入	分配计入			直接计入	摊销	
		定额成本	分配率	分配额			
甲合同	180 000	15 000	0.90	13 500	21 000	1 800	216 300
乙合同	240 000	25 000	0.90	22 500	28 000	2 600	293 100
合计	420 000	40 000		36 000	49 000	4 400	509 400

财会部门根据“材料费用分配表”作会计分录如下：

借：工程施工——合同成本——甲合同(材料费) 214 500
——乙合同(材料费) 290 500
贷：原材料——主要材料 456 000
——结构件 49 000

借：工程施工——合同成本——甲合同(材料费) 1 800
——乙合同(材料费) 2 600
贷：周转材料——摊销 4 400

(三)机械使用费的核算

合同成本中的机械使用费是为完成建筑安装工程所使用的各种机械发生的费用，施工机械的来源不同，其所发生费用的核算方法也不同。

1. 租用施工机械使用费

对于从其他单位或内部实行独立核算的机械站租入的施工机械，其使用过程中各种费用的耗费是由出租单位组织核算的，施工单位只需按合同规定的台班单价、各种机械实际完成的台班数或完成的工程量支付租赁费，并将支付的租赁费直接计入合同成本中，不通过“机械作业”科目进行核算。

【例 6-7】某施工单位租入装载机一台，其有关原始凭证显示为甲合同工作 20 个台班，为乙合同工作 30 个台班，台班单价为 100 元。财会部门根据以上凭证支付款项后，作如下会计分录：

借：工程施工——合同成本——甲合同(机械使用费) 2 000
——乙合同(机械使用费) 3 000
贷：银行存款 5 000

2. 自有施工机械使用费

自有施工机械一般是由施工单位自行管理的，它在施工过程中所发生的各项费用应与施工过程中发生的其他费用区分开，通过“机械作业”科目单独归集，期末时按一定方法分配计入各受益对象的成本中。

【例 6-8】某施工队使用自有挖掘机对甲、乙合同的土建工程施工，根据有关资料显示，本月发生以下费用：分配机上人员薪酬 2 000 元，分配燃料费用 3 000 元，支付修理费用 500 元，提取折旧 1 200 元，分配机械管理人员薪酬 300 元，支付养路费 800 元。会计人员根据上述业务作如下会计分录：

借：机械作业——挖掘机——人工费 2 000
——燃料及动力费 3 000

——折旧及修理费 1 700

——其他直接费 800

——间接费用 300

贷:应付职工薪酬 2 300

原材料 3 000

银行存款 1 300

累计折旧 1 200

自有施工机械使用费的分配可采用单位成本分配法和定额成本分配法。

(1)单位成本分配法。

$$\text{台班单价}=\frac{\text{该种机械发生的费用总额}}{\text{该种机械实际工作台班总数}}$$

则:

$$\text{某项合同应分配的机械使用费}=\text{台班单价}\times\text{该项合同实际使用台班数}$$

(2)定额成本法。如果对机械使用费的核算不是按单机或机械类别进行,而是反映机械使用费的总额时,应采用定额成本法。

$$\text{分配率}=\frac{\text{本期实际发生的机械使用费总额}}{\text{各项工程机械使用费定额成本}}$$

$$\text{某项合同应分配的机械使用费}=\text{该项工程机械使用费定额成本}\times\text{分配率}$$

在实际工作中,按上述方法对自有施工机械使用费的分配可通过编制“机械使用费分配表”进行,其格式见表 6-4。

表 6-4 **机械使用费分配表**

2008 年 11 月 30 日 单位:元

合同名称	挖掘机			混凝土搅拌机			其他机械			合计
	台班	单价	金额	工程量	单价	金额	定额成本	分配率	金额	
甲合同	10		2 600	800		11 200	1 100		990	14 790
乙合同	20		5 200	1 200		16 800	1 400		1 260	23 260
合计	30	260	7 800	2 000	14	28 000	2 500	0.90	2 250	38 050

财会部门根据表 6-4 编制如下会计分录:

借:工程施工——合同成本——甲合同(机械使用费) 14 790

——乙合同(机械使用费) 23 260

贷:机械作业　38 050

3.施工机械安装、拆卸和进出场费

施工机械在运达施工现场、运离施工现场和在施工现场范围内进行转移,都或多或少发生搬运、安装、拆卸等费用。对这些费用的处理原则是:若费用的数额不大,可在发生或支付时直接记入“机械作业”科目。若费用的数额较大,应于发生时记入“预付账款”科目,并在机械租赁期(指租入机械)和该现场机械使用期(自有机械)内平均分摊,记入“机械作业”科目。

(四)其他直接费用的核算

合同成本中的其他直接费,是指施工过程中发生的但又不包括在上述人工费、材料费、机械使用费项目中的其他可以直接计入合同成本核算对象的费用,如施工现场耗用的水、电、风、气等费用,材料二次搬运费、生产工具和用具使用费、检验试验费、工程定位复测费、工程点交费、场地清理费等。其他直接费应根据实际情况,采用不同的方法计入各有关合同成本。

其他直接费中所包含的风、水、电、气是指不包括在建筑安装工程材料费预算成本内而单独发生的,它可由外部单位提供,也可由企业内部不实行独立核算的辅助生产部门提供。在由外部提供的情况下,企业应根据水、电、风、气的实际耗用量和规定的价格同提供者办理价款结算,然后确定受益的对象,并采用一定方法进行分配。

在由本单位所属不实行独立核算的辅助生产部门提供的情况下,为施工现场提供的水、电、风、气的费用,应先通过“辅助生产”科目归集,月末按一定方法将费用分配结转到合同成本和管理费用。在对辅助生产进行分配时,可采用本书前文提及的直接分配法、一次交互分配法、顺序分配法等。

【例 6-9】某施工单位甲、乙两项合同工程所耗水、电均由施工单位内部提供,财会部门将发生的辅助生产费用分配如表 6-5 所示。

表 6-5　辅助生产费用分配表(直接分配法)

2008 年 11 月 30 日　单位:元

单位	计量单位	劳务供应量	待分配费用	分配率	分配金额					
					甲合同		乙合同		管理部门	
					数量	金额	数量	金额	数量	金额
供水站	吨	5 000	4 500	0.90	2 000	1 800	2 700	2 430	300	270
供电站	度	3 000	1 200	0.40	1 200	480	1 700	680	100	40
合计			5 700			2 280		3 110		310

根据表 6-5 编制会计分录如下：

借：工程施工——合同成本——甲合同(其他直接费) 2 280
——乙合同(其他直接费) 3 110
管理费用 310
贷：辅助生产成本——供水站 4 500
——供电站 1 200

企业发生的其他各项直接费用，也应按一定方法直接或分配计入各有关合同成本中。

(五)间接费用的核算

间接费用虽然也构成了合同成本的组成内容，但间接费用发生时一般不宜直接归属于受益对象，而应在资产负债表日按照系统、合理的方法分摊计入合同成本。

1. 间接费用的归集

企业可设置“工程施工——间接费用”科目，对施工单位发生的各项间接费用进行归集。

【例 6-10】某施工单位同时承担甲、乙两项合同工程，本期发生下列各项间接费用：

分配本月管理人员的薪酬 5 000 元。作会计分录如下：

借：工程施工——间接费用 5 000
贷：应付职工薪酬 5 000

以银行存款支付差旅费 4 000 元，办公费 1 800 元。作会计分录如下：

借：工程施工——间接费用 5 800
贷：银行存款 5 800

本月在用临时设施的摊销额 12 200 元。作会计分录如下：

借：工程施工——间接费用 12 200
贷：累计折旧 12 200

计提本月施工单位行政管理用固定资产折旧 10 000 元。作会计分录如下：

借：工程施工——间接费用 10 000
贷：累计折旧 10 000

本月低值易耗品摊销额 5 000 元。作会计分录如下：

借：工程施工——间接费用 5 000
贷：低值易耗品——摊销 5 000

2.间接费用的分配

间接费用的分配方法主要有人工费用比例法、直接费用比例法等。

(1)人工费用比例法。人工费用比例法是以各合同实际发生的人工费为基数分配间接费用的方法。计算公式如下：

$$间接费用分配率=\frac{当期实际发生的全部间接费用}{当期各合同实际发生的人工费之和}$$

$$\begin{array}{c}某合同应当\\负担的间接费用\end{array}=\begin{array}{c}该合同当期实际\\发生的人工费用\end{array}\times 分配率$$

(2)直接费用比例法。直接费用比例法是以各合同实际发生的直接费用为基数分配间接费用的方法。计算公式如下：

$$间接费用分配率=\frac{当期实际发生的全部间接费用}{当期各合同实际发生的直接费用之和}$$

$$\begin{array}{c}某合同应当\\负担的间接费用\end{array}=\begin{array}{c}该合同当期实际\\发生的直接费用\end{array}\times 分配率$$

【例 6-11】沿用例 6-5 至例 6-10 资料，采用直接费用比例法对施工单位本期发生的间接费用进行分配，如表 6-6 所示。

表 6-6　间接费用分配表

2008 年 11 月 30 日　单位：元

合同名称	待分配的间接费用	实际发生的直接费用	分配率	分配金额
甲合同		299 170		15 915.84
乙合同		415 670		22 084.16
合计	38 000	714 840	5.32	38 000

甲合同当期实际

发生的直接费用＝63 800(人工费)＋216 300(材料费)＋16 790(机械使用费)＋2 280(其他直接费)＝299 170(元)

乙合同当期实际

发生的直接费用＝93 200(人工费)＋293 100(材料费)＋26 260(机械使用费)＋3 110(其他直接费)＝415 670(元)

根据表 6-6 作会计分录如下：

借：工程施工——合同成本——甲合同(间接费用)　15 915.84

——乙合同(间接费用)　22 084.16

贷:工程施工——间接费用 38 000

(六)与合同成本核算相关的其他事项的处理

1.与建造合同相关的借款费用的处理

企业为客户建造资产,通常是客户筹集资金,并根据合同约定定期向企业支付工程进度款。但是,企业也可能在合同建造过程中因资金周转等原因向银行借入款项,发生借款费用。企业在合同建造期间发生的借款费用,符合《企业会计准则第17号——借款费用》规定的资本化条件的,应当计入合同成本。合同完成后发生的借款费用,应计入当期损益,不再计入合同成本。

2.零星收益的处理

与合同有关的零星收益,是指在合同执行过程中取得的,但不计入合同收入而应冲减合同成本的非经常性的收益,如合同完成后处置残余物资取得的收益等,应将处置这些残余物资取得的收益冲减合同成本。

七、已完合同和未完合同实际成本的计算

通过对施工费用的归集和分配,各成本核算对象应负担的费用均已记入相应的合同成本明细账中。但由于已完合同和未完合同的存在,记入合同成本明细账中的各项费用,还应在已完合同和未完合同之间进行分配,以便确定已完合同成本。对于已完合同和未完合同的划分,应同施工企业的工程价款结算方式相联系。

采用竣工后一次结算工程价款方式的合同,其已完合同即是竣工工程,只要未办理竣工结算,合同成本明细账归集的全部费用均是未完合同成本。

采用分段结算工程价款方式的合同,其已完合同是指已完成合同规定的分段工程,每一个工程段落完工时即可作为已完合同办理工程价款结算。对于这种合同,核算时一般是按分段工程设置合同成本明细账的,因而归集在合同成本明细账上的施工费用,在分段工程未办理工程价款结算时为未完合同成本,待办理工程价款结算后,即为已完合同成本。

采用按月结算工程价款方式的合同,其已完合同是指本月已结算工程价款的已完分部分项工程。由于这种工程需要按月结算已完合同的实际成本,因此,必须在月末时将发生的费用在已完合同和未完合同之间进行分配。已完合同成本的计算可采用以下公式:

$$\text{已完合同成本}=\text{期初未完合同成本}+\text{本期发生的施工费用}-\text{期末未完合同成本}$$

在该公式中，期初未完合同成本、本期发生的施工费用是已知的，关键是期末未完合同成本的确定。期末未完合同成本的确定可采用以下方法：

(1)如果期末未完合同数量极少，可不考虑未完合同成本，即将发生的施工费用全部作为已完合同成本。

(2)将未完合同的预算成本作为实际成本。在确定未完合同预算成本时，可按以下步骤进行：通过实地盘点确定期末未完合同的实物量，填列“未完合同盘点单”，列示各项未完分部分项工程名称、已完工序及数量；按约当产量法将未完合同折合为已完合同的工作量，然后再乘以该分部分项工程预算单价，即可求得未完合同的预算成本。

第三节 运输企业的成本核算

一、运输企业的经营活动及成本核算特点

(一)运输企业的经营活动特点

运输企业是指运用交通运输工具及其设备(如各种汽车、轮船、火车、飞机)等劳动工具，从事旅客和货物运输等活动的生产组织，它包括公路运输、铁路运输、水路运输和航空运输等企业。

运输企业是社会生产过程中的重要组成部分，是生产过程在流通过程内的继续，是物质资料生产部门中的一个特殊行业，与其他物质生产部门相比，其经营活动具有以下明显的特点：

(1)生产过程比较特殊。在运输生产过程中，既不能消耗劳动对象(即旅客、货物)，也不能改变劳动对象的属性和形态，更不能生产出新的产品，只是实现旅客和货物空间位置的转移。

(2)生产过程和销售过程同时进行。运输业的运输过程既是生产过程，同时也是销售过程，当运输过程结束、满足了运输对象和托运单位的要求，也就完成了销售过程，实现了营业收入。

(3)生产过程具有流动性和分散性。运输业的运输过程始终在一个广阔的空间内不断流动，且流动方向分散，营运点多、面广。

(二)运输企业成本核算的特点

(1)成本计算对象多种多样。由于运输企业不生产具有实物形态的产品，因而

其成本计算对象主要是无形的运输业务，包括货物运输业务、旅客运输业务和客货综合运输业务。但企业出于满足成本管理和经营决策的需要，还可能按照使用的运输工具如客车、货车、客轮、货轮等作为成本计算对象，或按运输工具运行情况如运输线路、运输航次等来确定成本计算对象。

(2)成本计算采用复合计算单位。运输企业采用将运输数量与运输距离相结合的周转量作为成本计算单位，主要有吨公里(海里)、人公里(海里)、换算吨公里(海里)等。

(3)成本计算期一般采用月份制。大多数运输企业的运输周期相对较短，期末没有或很少有未完成的运输工作量，一般按月计算成本。但对于从事远洋运输业务的船舶运输企业，由于其航行距离、运输时间较长，活动范围较广，则应以航次时间作为成本计算期。

(4)成本结构中没有构成产品实体的原材料支出。运输企业不生产具有实物形态的新产品，所以，成本构成中没有形成产品实体的原材料和主要材料，而只有与运输、装卸工具的使用有关的费用。

(5)成本计算过程相对简单。运输企业一般没有在产品，也没有储存待销的产成品，因而不需要将运输过程中发生的营运费用在完工产品和在产品之间进行分配，也没有必要区分生产成本和销售成本，在运输过程中发生的可计入各成本计算对象的各种耗费就直接构成了运输企业的营运成本。

二、运输企业营运成本的核算内容及科目设置

运输企业应比照制造成本法计算各种运输成本，但运输企业的“制造成本”称为营运成本。这样，企业在营运过程发生的各种耗费可划分为营运成本和期间费用两部分。在计算营运成本时，只汇集和分配与营运生产直接有关的各项支出，能直接计入各成本项目的费用，记入“主营业务成本”科目，不能直接计入的，应先在“劳务成本”科目归集，月份终了按一定标准分配记入“主营业务成本”科目中。管理费用、财务费用等与营运业务没有直接联系的支出作为期间费用，直接计入当期损益。

(一)营运成本的核算内容

企业在营运过程中实际发生的与运输、装卸和其他业务等营运生产直接有关的各项支出计入营运成本。包括：

(1)材料费。指企业在营运生产过程中实际消耗的各种燃料、材料、润料、备品

配件、航空高价周转件、垫隔材料、轮胎、专用工器具、动力照明、低值易耗品等支出。

(2)人工费。指企业直接从事营运生产活动人员的薪酬。

(3)其他费用。指企业在营运生产过程中实际发生的固定资产折旧费、修理费、租赁费、取暖费、水电费、办公费、差旅费、保险费、设计制图费、试验检验费、劳动保护费、季节性及修理期间的停工损失、事故净损失等支出。

(二)科目设置

(1)“主营业务成本——运输支出”科目。本科目核算沿海、内河、远洋、铁路和汽车运输企业经营旅客、货物运输业务所发生的各项费用支出。企业在营运过程中发生的各项费用,应按成本核算对象和规定的成本项目予以归集,能直接计入各成本项目的费用,借记该科目;不能直接计入的,应先在“劳务成本”科目归集,月份终了按一定标准分配记入该科目。

(2)“主营业务成本——装卸支出”科目。本科目核算海、河港口企业和汽车运输企业因经营装卸业务所发生的费用。企业发生的各项装卸费用的具体核算同运输支出。

(3)“主营业务成本——堆存支出”科目。本科目核算企业因经营仓库和堆场业务所发生的费用。企业发生的各项经营堆存费用的具体核算同运输支出。

(4)“主营业务成本——代理业务支出”科目。本科目核算企业经营各种代理业务所发生的各项费用,包括职工薪酬、材料、低值易耗品摊销、折旧费、水电费、修理费、租赁费、差旅费、业务票据费、取暖费、劳动保护费等。企业发生的各项代理业务费用的具体核算同运输支出。

(5)“主营业务成本——港务管理支出”科目。本科目核算海、河港口企业所发生的各项港务管理支出。发生各种港务管理支出时,借记“主营业务成本——港务管理支出”科目,贷记有关科目。

(6)“其他业务成本”科目。本科目核算企业除营运业务以外的其他业务所发生的各项支出,包括相关的成本、费用等。企业发生的各项其他经营业务费用的具体核算同运输支出。

(7)“生产成本——辅助营运费用”科目。本科目核算运输、港口企业发生的辅助船舶费用(包括由轮驳公司等部门集中管理的拖轮、驳船、浮吊、燃物料、供应船、交通船等所发生的辅助船舶费用)和企业辅助生产部门生产产品、供应劳务(如制造工具、备件、修理车、船、装卸机械,供应水、电、汽等)所发生的辅助生产费用。发生的辅助营运费用,借记本科目,贷记有关科目。月终,按照规定的分配标准由各项业务负担时,借记有关科目,贷记本科目。月末余额反映尚未完工的辅助营运费用。

(8)“劳务成本——营运间接费用”科目。本科目核算企业营运过程中发生的不能直接计入成本核算对象的各种间接费用(不包括企业行政管理部门的管理费用)。

(9)“劳务成本——船舶固定费用”科目。本科目核算计算航次成本的海洋运输企业为保持船舶适航状态所发生的费用。

(10)“劳务成本——船舶维护费用”科目。本科目核算有封冻、枯水等非通航期的内河运输企业所发生的、应由通航期成本负担的船舶维护费用。企业在非通航期从事其他业务所发生的费用,应记入“其他业务成本”等科目,不通过本科目核算。

(11)“劳务成本——集装箱固定费用”科目。本科目核算运输企业所发生的集装箱固定费用,包括集装箱的保管费、折旧费、修理费、保险费、租赁费、底盘车费用以及其他费用。集装箱货物费(包括集装箱装卸、绑扎、拆箱、换装、整理等)应直接在“主营业务成本——运输支出”科目核算,不通过本科目。

三、运输企业的成本核算

不同类型运输企业的成本核算方法和程序,既有相同之处,也有一定的差别。现以公路运输企业为例,说明运输企业的成本核算。

(一)成本计算对象

公路运输企业的成本计算对象是客车和货车的运输业务,即按客车运输、货车运输分别计算分类运输成本。此外,企业出于管理的需要,还可以以车型作为成本计算对象,计算各种车型的运输成本。在运输中拖带的挂车不单独计算成本,其所发生的费用,随主车计入各分类运输成本。

(二)成本计算单位

公路运输成本计算采用复合计量单位。客车运输成本计算单位为人公里,用元/千人公里表示;货车运输成本计算单位为吨公里,用元/千吨公里表示。当客车附带载运行李或货物时,应将其换算为旅客周转量;当货车临时载客时,应将其完成的周转量换算为货物周转量。货物周转量和旅客周转量的换算比率为:1吨公里=10人公里。客货车综合业务的成本计算单位为元/千换算吨公里。换算吨公里可根据下列公式计算：

换算吨公里＝[货运量(吨)＋客运量(人)×换算比率]×运输里程(公里)

＝吨公里＋人公里×换算比率

公式中的换算比率是人公里折算成吨公里的比率，企业可参照运输成本自行确定。

(三)成本计算期

公路运输企业以月、季、年为成本计算期。

(四)运输费用的归集和分配

公路运输企业的运输费用是指企业经营旅客、货物运输业务所发生的各项费用，包括车辆费用和站、队费用，但不包括企业的行政管理费用。

公路运输企业的运输费用，按其经济用途可划分为以下各成本项目：

(1)职工薪酬。指直接从事营运生产活动人员(司机和助手等)的工资、奖金、行车津贴等各种工资性津贴，以及按规定计提的福利费、工会经费、职工教育经费、社会保险费、住房公积金等。

(2)材料费。指营运车辆运行中所耗用的各种消耗性材料。

(3)燃料费。指营运车辆运行中所耗用的各种燃料，如汽油、柴油等。

(4)轮胎费用。指营运车辆耗用的外胎、内胎、垫带、轮胎翻修费等。

(5)修理费。指营运车辆进行各级保养和修理所发生的工料费用、修复旧件费用和引车用机油。采用总成互换修理法的企业，领用周转总成和卸下总成的修理费用也包括在内。

(6)折旧费。指营运车辆按规定计提的折旧费。

(7)其他费用。指营运车辆在运行过程中发生的杂项支出。

(8)营运间接费用。指需要分摊计入各成本计算对象的营运费用，如办公费、水电费、差旅费及车队、车站费用等。

公路运输企业发生的凡是能直接计入成本项目的直接营运费用，可直接计入“主营业务成本——运输支出”的借方，不能直接计入的间接营运费用，应先将其汇集在“劳务成本——营运间接费用”的借方，月末时按照规定的标准进行分配。

(五)营运成本计算

企业的运输费用经过归集和分配后，已计入各成本计算对象的成本项目中，从而可以计算出客车营运总成本、货车营运总成本及客货车营运总成本，用这些公路营运总成本除以运输周转量，即可求得各类汽车营运单位成本。其计算公式如下：

$$\begin{matrix}\text{客车营运单位成本}\\ \text{(元/千人公里)}\end{matrix}=\frac{\text{客车营运总成本(元)}}{\text{客车运输周转量(千人公里)}}$$

$$\begin{matrix}\text{货车营运单位成本}\\ \text{(元/千吨公里)}\end{matrix}=\frac{\text{货车营运总成本(元)}}{\text{货车运输周转量(千吨公里)}}$$

$$\begin{matrix}\text{客货车营运单位成本}\\ \text{(元/千换算吨公里)}\end{matrix}=\frac{\text{客货车营运总成本(元)}}{\text{客货车运输换算周转量(千换算吨公里)}}$$

【例 6-12】某汽车运输公司下设两个车队，均同时经营客、货两类运输业务，企业还设有一个修理辅助生产车间。5 月份营运汽车 200 辆，其中客车 80 辆，货车 120 辆。本月客车营运总量为 40 000 千人公里，货车营运总量为 2 800 千吨公里。本月发生的各项营运费用如下：

1. 职工薪酬费用

职工薪酬费用见表 6-7。

表 6-7 **职工薪酬费用表** 单位：元

部门及人员	工资	福利费	工会经费	职工教育经费	社会保险费	合计
客车司机及助手	200 000	28 000	4 000	3 000	50 000	285 000
货车司机及助手	180 000	25 200	3 600	2 700	45 000	256 500
修理车间工人及管理人员	40 000	5 600	800	600	10 000	57 000
车队管理人员	60 000	8 400	1 200	900	15 000	85 500
运输公司管理人员	24 000	3 360	480	360	6 000	34 200
合计	504 000	70 560	10 080	7 560	126 000	718 200

根据表 6-7 作如下会计分录：

借：主营业务成本——运输支出——客车（职工薪酬）	285 000	
——运输支出——货车（职工薪酬）	256 500	
生产成本——辅助营运费用（职工薪酬）	57 000	
劳务成本——营运间接费用（职工薪酬）	85 500	
管理费用	34 200	
贷：应付职工薪酬——工资		504 000
——职工福利		70 560
——工会经费		10 080
——职工教育经费		7 560
——社会保险费		126 000

2. 材料、燃料及轮胎费用

材料、燃料及轮胎费用见表 6-8。

表 6-8 其他材料、燃料、轮胎消耗分配表 单位:元

项目	燃料	轮胎费用		其他材料
		摊提费	内胎、垫带	
客车消耗	130 000	10 000	7 000	13 000
货车消耗	100 000	6 000	8 000	10 000
车间消耗	20 000			4 000
车队共同消耗	10 000			2 000
合计	260 000	16 000	15 000	29 000

根据表 6-8 作如下会计分录:

借:主营业务成本——运输支出——客车(燃料费) 130 000
　　　　　　　——运输支出——货车(燃料费) 100 000
　　生产成本——辅助营运费用(燃料费) 20 000
　　劳务成本——营运间接费用(燃料费) 10 000
　贷:原材料——燃料 260 000

借:主营业务成本——运输支出——客车(轮胎费) 17 000
　　　　　　　——运输支出——货车(轮胎费) 14 000
　贷:原材料——轮胎 15 000
　　　其他应付款 16 000

借:主营业务成本——运输支出——客车(材料费) 13 000
　　　　　　　——运输支出——货车(材料费) 10 000
　　生产成本——辅助营运费用(材料费) 4 000
　　劳务成本——营运间接费用(材料费) 2 000
　贷:原材料——其他材料 29 000

3. 支付修理费、计提折旧费

支付修理费、计提折旧费见表 6-9。

表 6-9 修理费、折旧费计算汇总表 单位:元

项目	修理费	折旧费
客车	157 000	200 000
货车	159 500	180 000
车间	13 000	40 000
车队	10 000	20 000
合计	339 500	440 000

根据表6-9作如下会计分录：

借：主营业务成本——运输支出——客车（修理费） 157 000
——运输支出——货车（修理费） 159 500
生产成本——辅助营运费用（修理费） 13 000
劳务成本——营运间接费用（修理费） 10 000
贷：银行存款 339 500

借：主营业务成本——运输支出——客车（折旧费） 200 000
——运输支出——货车（折旧费） 180 000
生产成本——辅助营运费用（折旧费） 40 000
劳务成本——营运间接费用（折旧费） 20 000
贷：累计折旧 440 000

4. 将辅助生产部门发生的各项费用按修理工时进行分配

将辅助生产部门发生的各项费用按修理工时进行分配见表6-10。

表6-10 **生产成本——辅助营运费用分配表** 单位：元

项目	待分配辅助营运费用	修理工时（小时）	分配率	分配金额
客车		26 000		52 520
货车		33 500		67 670
车队		1 800		3 810
合计	124 000	61 300	2.02	124 000

根据表6-10作如下会计分录：

借：主营业务成本——运输支出——客车（修理费） 52 520
——运输支出——货车（修理费） 67 670
劳务成本——营运间接费用（修理费） 3 810
贷：生产成本——辅助营运费用 124 000

5. 将本月发生的营运间接费用按客、货车的工资比例进行分配

将本月发生的营运间接费用按客、货车的工资比例进行分配见表6-11。

表6-11 **劳务成本——营运间接费用分配表** 单位：元

项目	待分配营运间接费用	工资	分配率	分配金额
客车		200 000		62 000
货车		180 000		54 310
合计	116 310	380 000	0.31	116 310

根据表6-11作如下会计分录：

借:主营业务成本——运输支出——客车(营运间接费用)　62 000
——运输支出——货车(营运间接费用)　54 310
贷:劳务成本——营运间接费用　116 310

6.登记"主营业务成本——运输支出"明细账,并结转本期主营业务成本

借:本年利润　1 758 500
贷:主营业务成本——运输支出——客车　916 520
——运输支出——货车　841 980

7.计算营运成本

计算营运成本见表6-12。

表6-12　汽车运输营运成本计算单　单位:元

项目	客车	货车	合计
一、营运成本项目			
职工薪酬	285 000	256 500	541 500
燃料费	130 000	100 000	230 000
材料费	13 000	10 000	23 000
轮胎费用	17 000	14 000	31 000
修理费	209 520	227 170	436 690
折旧费	200 000	180 000	380 000
营运间接费用	62 000	54 310	116 310
二、营运总成本	916 520	841 980	1 758 500
三、周转量(人公里、吨公里、换算吨公里)	40 000 000	2 800 000	6 800 000
四、营运单位成本	22.91元/千人公里	300.71元/千吨公里	258.60元/千换算吨公里

第四节　房地产开发企业的成本核算

一、房地产开发企业的经营业务及其特点

房地产开发是指根据国民经济计划、土地利用计划和城市建设总体规划,对所开发区域的土地和地上建筑物、构筑物进行开发建设和经营管理,为城市的未来发展提供有效的物质技术基础的一项综合性社会经济活动。

我国自1998年开始实行住房商品化以来,房地产开发行业取得了空前的发

展，已经成为当前我国经济发展的主要增长点。房地产开发企业作为从事房地产开发和经营企业，既是房地产产品的生产者，又是房地产商品的经营者，其经营业务主要包括：土地的开发与经营、房屋的开发与经营、城市基础设施和公共配套设施的开发、代建工程的开发等。

与施工企业相比，房地产开发企业的经营特点主要是：

(1)开发经营的计划性。房地产经营都是根据城市总体规划进行的，企业征用的土地、建设的房屋、基础设施与公共配套设施都严格控制在国家计划之内。

(2)开发产品的商品性。房地产开发企业的产品大部分都作为商品进入流通领域，按照供需双方合同、协议规定的价格或市场价格作价销售。

(3)开发经营业务的复杂性。房地产开发企业除了进行土地和房屋建筑物的开发外，还要建设相应的基础设施和公共配套设施，经营业务涵盖了从征地、拆迁、勘察、设计、施工、销售到售后服务等复杂的业务内容，涉及农民、城镇居民以及规划、设计、土地、供水、供电、供暖、城建等多个部门。

(4)开发建设周期长、投资数额大。房地产开发企业的开发产品，要经过规划设计、征地补偿、拆迁安置、建筑安装工程、配套设施工程、绿化环卫工程等建设阶段，建设周期较长，而且产品的造价较高，需要大量的资金投入。

(5)经营风险大。房地产开发企业的开发产品单位价值较高，占用资金时间较长，企业一般多为高负债经营，深受国家宏观调控影响，不确定因素较多，面临的经营风险较大。

二、房地产开发产品成本的构成

房地产开发企业的开发产品主要是地产和房产，在产品的开发过程中，要发生征地费、建筑安装费、广告宣传费、利息支出等许多费用，这些费用中，有的作为直接开发费用，可以直接计入开发产品成本；有的作为间接开发费用，需要采用合理方法分配计入开发产品成本；而有的只能作为期间费用，直接计入当期损益。

应计入开发产品成本的费用按用途划分为以下七个成本项目：

(1)土地征用及拆迁补偿费。是指房地产开发企业按照城市建设总体规划进行土地开发而发生的各项费用，包括土地出让金、土地补偿费、耕地占用税、劳动力安置费、青苗补偿费，以及有关地上、地下附着物拆迁补偿的净支出、安置动迁用房支出等。

(2)前期工程费。是指开发项目前期工程所发生的各项费用，包括规划、设计、项目可行性研究、水文、地质、勘察、测绘、“三通一平”等支出。

(3)基础设施费。是指项目开发过程中发生的各项基础设施支出,包括开发小区内道路、供水、供电、供气、排污、排洪、通讯、照明、环卫、绿化等工程支出。

(4)建筑安装工程费。是指开发项目在开发过程中发生的各种建筑安装工程费。如果企业以出包方式进行项目建设,建筑安装工程费就是企业支付给承包单位的工程价款;如果以自营方式进行,建筑安装工程费则是企业为该建设项目所发生的直接人工、直接材料、机械使用费、其他直接费和间接费用的总和。

(5)公共配套设施费。是指开发项目内发生的独立的不能进行有偿转让的公共配套设施支出,包括居委会、派出所、幼儿园、消防、锅炉房、水塔、自行车棚、公共厕所等设施支出。

(6)开发间接费用。是指房地产开发企业所属的二级管理机构直接组织和管理开发项目所发生的费用,包括管理人员的薪酬、折旧费、修理费、办公费、水电费、劳动保护费、周转房摊销等。

(7)其他开发费用。是指应计入开发产品成本的上述项目以外的支出,如符合资本化条件的借款费用等。

房地产开发企业的开发产品成本,按其开发项目种类可分为以下四类:

(1)土地开发成本。指房地产开发企业开发土地(建设场地)所发生的各项费用支出。

(2)房屋开发成本。指房地产开发企业开发各种房屋(包括商品房、出租房、周转房、代建房等)所发生的各项费用支出。

(3)配套设施开发成本。指房地产开发企业开发能够有偿转让的配套设施及不能有偿转让、不能直接计入开发产品成本的公共配套设施所发生的各项费用支出。

(4)代建工程开发成本。指房地产开发企业接受委托单位的委托,代为开发除土地、房屋以外其他工程如市政工程等所发生的各项费用支出。

房地产开发企业对于这四类开发产品成本,应依据上述成本项目设置原则,结合开发项目的具体情况,选择相应的成本项目。

三、房地产开发产品成本核算对象的确定

由于房地产开发企业与施工企业作用的对象相同,所以,其成本核算对象的确定可以比照施工企业成本核算对象的确定原则和方法进行。

成本核算对象一经确定,不得任意变更,企业财会部门应按每一成本核算对象分别设置成本明细账,并按成本项目分设专栏。

四、房地产开发产品成本核算的科目设置

为了总括核算和监督房地产开发建设过程中各项开发建设费用的发生、归集和分配情况，正确计算开发产品成本，房地产开发企业应设置下列会计科目：

(1)“开发成本”科目。本科目核算企业在土地、房屋、配套设施和代建工程的开发过程中所发生的能计入开发产品成本的各项费用，应按开发成本的种类，如“土地开发成本”、“房屋开发成本”、“配套设施开发成本”和“代建工程开发成本”等设置明细账组织明细核算。

(2)“开发间接费用”科目。本科目核算企业内部独立核算单位为开发产品而发生的各项间接费用，应按企业内部不同的单位、部门(分公司)进行明细核算。企业行政管理部门(总部)为组织和管理生产经营活动而发生的管理费用，应作为期间费用，不在本科目核算。

五、房地产开发产品成本的核算

房地产开发产品成本的核算，应按照开发成本的种类分别进行。

(一)土地开发成本的核算

土地开发也称建设场地开发，按其用途可分为两种：一种是为了转让、出租而开发的商品性土地，一种是为了建造商品房、出租房等建筑物开发的自用土地。二者的核算要求不同。

商品性土地是企业的最终产品，应单独核算并承担其土地开发成本。自用土地作为企业的中间产品，其发生的土地开发费用能直接计入商品房、出租房等建筑物成本的，应直接计入；不能直接计入的，应先作为土地开发成本单独核算，然后按一定标准分配计入有关项目的开发成本中。

1.土地开发成本核算对象的确定

对需要单独核算土地开发成本的开发项目，可按下列原则确定土地开发成本的核算对象：①对于开发面积不大、开发工期较短的土地，可以每块独立的开发项目作为土地开发成本核算对象；②对于开发面积较大、开发工期较长、分区域开发的土地，可以一定区域作为土地开发成本核算对象。

2.土地开发成本的核算

商品性土地发生的各项费用，均应通过“开发成本——土地开发成本”科目归

集。开发完成后，将全部已完开发成本，从“开发成本——土地开发成本”科目转入“开发产品——土地”科目。

自用土地发生的各项费用，事先能够明确土地使用对象的，可直接计入“开发成本——房屋开发成本”科目进行归集，不需要通过“开发成本——土地开发成本”科目；如事先不明确使用对象或开发项目涉及两个或两个以上成本核算对象时，其发生的自用土地开发费用，应通过“开发成本——土地开发成本”科目归集。土地开发完成后，再按一定标准分摊计入有关的成本核算对象。

开发的综合性土地，既有出售或有偿转让的商品性土地部分，又有企业自用土地部分，但作为一个成本核算对象，其开发费用应通过“开发成本——土地开发成本”科目归集，并据此计算其总成本和单位成本。开发完成后，将其实际发生的开发费用从“开发成本——土地开发成本”科目转入“开发产品——土地”科目。待企业使用或转让时，按实际使用或转让的数量和实际单位开发成本计算，将自用或转让土地的开发成本，从“开发产品——土地”科目转入“开发成本——房屋开发成本”科目或“主营业务成本”科目。

【例 6-13】2007 年初，神达房地产开发公司通过投标的方式，从市国有土地储备中心获得一块土地，土地面积为 50 000 平方米，地处市中心地带，需要对原有的居民进行补偿和拆迁。计划开发完成后，30 000 平方米作为自用土地，用于本公司 1＃商品房的建设，其余的 20 000 平方米对外转让。神达公司以银行存款支付土地出让金、耕地占用税、拆迁补偿费等 13 000 万元 。应作会计分录为：

借：开发成本——土地开发成本（土地征用及拆迁补偿费）　130 000 000
　贷：银行存款　130 000 000

【例 6-14】神达公司以银行存款支付勘察设计费 15 万元。应作会计分录为：

借：开发成本——土地开发成本（前期工程费）　150 000
　贷：银行存款　150 000

【例 6-15】由一家建筑公司承包的土地开发基础设施工程竣工，结算应付工程款 85.30 万元。应作会计分录为：

借：开发成本——土地开发成本（基础设施费）　853 000
　贷：应付账款——应付工程款　853 000

【例 6-16】神达公司以银行存款支付土石方费用 800 万元。应作会计分录为：

借：开发成本——土地开发成本（前期工程费）　8 000 000
　贷：银行存款　8 000 000

【例 6-17】 期末分配结转土地开发应负担的开发间接费用 4.5 万元。应作会计分录为：

借：开发成本——土地开发成本(开发间接费用)　　45 000
　贷：开发间接费用　　45 000

【例 6-18】 土地开发完成竣工验收，其中的 60%直接投入本公司 1＃商品房的建设，其余的 40%转让给鸿发公司。

土地开发总成本＝130 000 000＋150 000＋853 000＋8 000 000
＋45 000＝139 048 000(元)

对外转让部分应负担的成本＝139 048 000×40%＝55 619 200(元)

开发商品房部分应负担的成本＝139 048 000×60%＝83 428 800(元)

借：开发产品——土地　　55 619 200
　开发成本——房屋开发成本——1＃商品房(土地征用及拆迁补偿费)
　　78 000 000
　——1＃商品房(前期工程费)　4 890 000
　——1＃商品房(基础设施费)　511 800
　——1＃商品房(开发间接费用)　27 000
　贷：开发成本——土地开发成本　　139 048 000

(二)房屋开发成本的核算

房地产开发企业开发的房屋，按其用途可分为如下几类：一是为销售而开发的商品房；二是为出租经营而开发的出租房；三是为安置被拆迁居民周转使用而开发的周转房；四是企业接受其他单位委托代为开发建造的代建房。这些房屋，虽然用途不同，但其所发生的开发费用的性质和用途都大致相同，在成本核算上可以采用相同的方法。

1. 房屋开发成本核算对象的确定

房屋开发的成本核算对象，应结合开发地点、用途、结构、装修、层高、施工队伍等因素加以确定：

一般的建设项目，以每一独立编制设计概(预)算或每一个独立的施工图预算所列的单项工程或单位工程为一个成本核算对象。

同一施工地点、结构类型相同、开竣工时间接近，而且又由同一施工队伍施工的群体开发项目，在开发建设过程中，可以合并为一个成本核算对象。

规模较大、工期较长的开发项目，可按工程部位划分成本核算对象。

2.房屋开发成本的核算

为了总括反映企业各类房屋开发所发生的支出，便于计算开发成本，应设置“开发成本——房屋开发成本”科目，并按开发房屋的性质和用途，分别设置商品房、出租房、周转房、代建房等科目进行明细核算。

(1)土地征用及拆迁补偿费、前期工程费、基础设施费的核算。房屋开发过程中发生的土地征用及拆迁补偿费、前期工程费、基础设施费等，能够预先确定使用对象的，可直接计入有关房屋开发成本，借记“开发成本——房屋开发成本”科目，贷记“银行存款”或“应付账款”等科目。这些费用发生时尚未明确使用对象或由两个或两个以上房屋开发建设项目使用时，应通过“开发成本——土地开发成本”科目归集，待土地开发完成后，再按一定标准分配计入有关房屋开发成本，借记“开发成本——房屋开发成本”科目，贷记“开发成本——土地开发成本”科目。

(2)建筑安装工程费的核算。房屋开发建设过程中的建筑安装工程，其施工方式有出包和自营两种。

采用出包方式的企业，其建筑安装工程费用，应根据承包单位定期提出的“已完工程月报”、“工程价款结算单”等凭证，结算出工程价款，借记“开发成本——房屋开发成本(建筑安装工程费)”科目，贷记“应付账款”等科目。采用自营方式的开发企业，可将施工中实际发生的人工费、材料费、机械使用费等，直接计入房屋开发成本，借记“开发成本——房屋开发成本(建筑安装工程费)”科目，贷记“银行存款”、“原材料”等科目。如果开发企业自行施工的工程项目比较大，也可设置“工程施工”科目，归集发生的建筑安装工程成本，定期结转到房屋开发成本，借记“开发成本——房屋开发成本(建筑安装工程费)”科目，贷记“工程施工”科目。

(3)公共配套设施费的核算。房屋开发过程中发生的公共配套设施支出，有的能够计入所开发房屋的成本，有的则不能计入。

计入房屋开发成本的公共配套设施，仅限于房屋开发项目内的一部分非营业性、不能有偿转让的公共配套设施，如居委会、派出所、水塔、锅炉房、公厕等。不计入房屋开发成本的配套设施包括：为居民服务的供水、排水、供电、供暖、供气的增容、增压和交通道路；营业性配套设施，如商店、邮局、银行等；部分非营业性配套设施，如中小学、文化馆(站)、医院等。

房屋开发成本中的公共配套设施费，可按下列方法进行核算：

配套设施与房屋同步开发。发生的公共配套设施费，能够分清受益对象的，可直接计入有关房屋开发成本，借记“开发成本——房屋开发成本(公共配套设施费)”科目，贷记“应付账款”等科目。如果发生的配套设施费不能够分清受益对象的，或应由两个或两个以上成本核算对象负担的，应先在“开发成本——配套设施开发成本”科目进行汇集，待配套设施完工时，再按一定标准分配计入有关房屋开发成本，借记“开发成本——房屋开发成本(公共配套设施费)”科目，贷记“开发成本——配套设施开发成本”科目。

配套设施与房屋非同步开发。即指先开发房屋后建配套设施，或房屋已开发完成，而配套设施尚在建设之中。房屋开发完成后，与之相关的公共配套设施支出尚未发生或尚未全部发生，导致房屋开发成本无法得以完整计算。为及时计算、结转完工房屋的开发成本，对房屋开发应负担的配套设施费，可采取预提的办法预先计入房屋开发成本，待配套设施完成后再进行调整。

(4)开发间接费用的核算。企业内部各独立核算单位为组织和管理开发建设项目而发生的各项费用，可以先在“开发间接费用”科目归集，月末按一定标准分配计入有关开发项目成本。费用发生时，借记“开发间接费用”科目，贷记“银行存款”等科目，费用分配时，借记“开发成本——房屋开发成本(开发间接费用)”科目，贷记“开发间接费用”科目。

(5)其他开发费用的核算。企业在房屋开发过程中，要发生巨额资金占用，这些资金在很大程度上要依靠银行贷款解决，因此产生大量的借款费用。对于符合资本化条件的借款费用，能够分清受益对象的，可以直接计入房屋开发成本，借记“开发成本——房屋开发成本(其他开发费用)”科目，贷记“银行存款”、“长期借款——应计利息”等科目。不能够分清受益对象的，应采用一定的方法分配计入房屋开发成本。

【例 6-19】神达公司将开发完成的 30 000 平方米土地，直接用于本公司 1＃商品房的建设。公司用银行存款支付设计费、勘察费 30 万元。应作会计分录为：

借：开发成本——房屋开发成本——1＃商品房(前期工程费)　　300 000

　贷：银行存款　　300 000

【例 6-20】分配水塔等公共配套设施费 55 万元。应作会计分录为：

借：开发成本——房屋开发成本——1＃商品房(公共配套设施费)

　　550 000

　贷：开发成本——配套设施开发成本　　550 000

【例 6-21】神达公司将 1＃商品房开发工程出包给市建筑第一公司。工程已全部完工，市建筑第一公司提交的“工程价款结算单”总计 3 000 万元，已预付 1 500 万元，余款以银行存款支付。应作会计分录为：

借：开发成本——房屋开发成本——1＃商品房(建筑安装工程费)

　　30 000 000

　贷：银行存款　　15 000 000

预付账款　15 000 000

【例 6-22】期末分配结转房屋开发应负担的开发间接费用 15 万元。应作会计分录为：

借：开发成本——房屋开发成本——1＃商品房（开发间接费用）　150 000

贷：开发间接费用　150 000

【例 6-23】1＃商品房已竣工验收，予以工程决算，结转已完工程成本。应作会计分录为：

借：开发产品——1＃商品房　114 428 800

贷：开发成本——房屋开发成本——1＃商品房　114 428 800

(三)配套设施开发成本的核算

前已述及，房地产开发企业建设的公共配套设施，分为非营业性、不能有偿转让的公共配套设施和能有偿转让的公共配套设施两大类，第一类支出可以计入房屋开发成本，第二类支出一般不得计入，但当第二类支出是由房地产开发公司出资建设的也可以计入开发成本。

1. 配套设施开发成本核算对象的确定

对于非营业性、不能有偿转让的公共配套设施，若支出发生时能分清受益对象的，可直接计入有关房屋开发成本，无需将其作为一个成本核算对象。

对于非营业性、不能有偿转让的公共配套设施，若支出发生时不能分清受益对象的，可以各配套设施项目作为成本核算对象，待配套设施建设完成后，按一定标准分配计入各受益对象的成本。

对于能有偿转让的公共配套设施项目，应以各配套设施项目作为成本核算对象，以正确计算各设施的开发成本。

2. 配套设施开发成本的核算

对于配套设施开发成本，可按下列方法进行核算：

(1)对于能分清受益对象的第一类配套设施支出，可直接计入有关房屋及其他产品开发成本，借记“开发成本——房屋开发成本（公共配套设施费）”等科目，贷记“银行存款”、“应付账款”等科目。

(2)对于不能分清受益对象的第一类配套设施，在支出发生时，借记“开发成本——配套设施开发成本”科目，贷记“银行存款”、“应付账款”等科目。配套设施开发完成后，按一定标准分配计入有关房屋及其他产品开发成本，借记“开发成本——房屋开发成本（公共配套设施费）”等科目，贷记“开发成本——配套设施开发成本”科目。

(3)对于开发建造第二类配套设施的支出，能够分清受益对象的，可直接计入有关配套设施开发成本,借记“开发成本——配套设施开发成本”科目,贷记“应付账款”等科目。如果发生的配套设施支出不能够分清受益对象的,或应由两个或两个以上成本核算对象负担的,应按一定的标准分配计入有关配套设施开发成本。配套设施开发完成后,借记“开发产品——配套设施”科目,贷记“开发成本——配套设施开发成本”科目。

(四)代建工程开发成本的核算

代建工程是指开发企业接受政府或其他单位的委托代为开发的各种工程,包括土地、房屋、市政工程等。企业代为开发的土地、房屋,其建设内容和特点与企业自行开发的土地、房屋基本相同,可以比照土地开发成本和房屋开发成本的核算方法进行核算。除土地、房屋以外的其他代建工程,则需要设置专门的“开发成本——代建工程开发成本”科目对代建工程的开发成本进行核算。

开发企业发生或分配的各项代建工程支出,借记“开发成本——代建工程开发成本”科目,贷记“银行存款”、“应付账款”等科目。代建工程开发完成验收合格,应按其实际成本予以结转,借记“开发产品——代建工程”科目,贷记“开发成本——代建工程开发成本”科目。

第五节　金融企业的成本核算

一、金融企业的经营业务及其特点

金融企业是从事各种金融活动并且以营利为目标的组织,它以筹集资金、融通资金和创造货币的特殊功能,为国民经济各部门服务,支持商品生产和商品流通的顺利运转,是社会再生产过程中不可或缺的重要环节。我国的金融企业主要包括商业银行(含信用社)和非银行金融机构,具体由商业银行(信用社)、保险公司、证券公司、信托投资公司、期货公司、基金管理公司、租赁公司和财务公司等金融机构组成。金融企业主要从事货币的发行与回笼、吸收存款与发放贷款、外汇买卖、信托、租赁、保险、国际国内汇兑结算等业务。

金融企业是国民经济中经营货币信用业务的特殊企业,与从事商品生产和流通的工商企业有很大不同,主要表现在:

1. 经营业务内容具有广泛的社会性

金融企业的经营活动与社会经济各部门密切相关,其各项日常活动都是金融企业在处理国民经济各部门、各企业、各单位以及广大储户、保户、股民、期货投资者、基金持有者等发生的经济业务时引起的，因而具有广泛的社会性。

2. 经营对象具有特殊性

金融企业是经营货币资金的特殊行业，其各项业务活动主要表现为货币流，很少涉及实物流，从发生到完成都不改变资金的货币形态。

3. 经营业务具有较强的政策性

我国对金融企业是通过分业立法进行管理的，由国家法律、部门规章等法律法规对金融企业的经济业务的合法性进行规范，金融企业经营的业务本身具有较强的政策性。

4. 经营活动与会计核算同步进行

金融企业的业务活动主要表现为货币流，而一切货币资金的收付都需要通过会计具体办理核算，经营业务活动的发生过程也是会计核算过程，会计核算与其业务处理同步进行、不可分离。

金融企业的这些经营特点，决定了金融企业成本核算也有其不同于其他企业之处。虽然商业银行和非银行金融机构都从事金融活动，但具体活动内容却有较大差异，会计核算的基本方法也有区别。由于金融企业会计核算内容繁杂，本节主要以商业银行为例说明金融企业的成本核算。

二、金融企业成本核算的特点

1. 成本费用与其收入难以配比

金融企业与其他服务业不同，其各项业务的成本费用难以与其业务收入相配比，这是由于金融企业的业务综合性强、各项业务之间难以相互独立存在，同时，由于各项资金的发放与资金筹集并不是一一对应的关系，因而资金投放取得的收益与资金筹集所支付的成本也不能相互对应。

2. 成本与费用的界限难以划分

金融企业的成本费用没有严格的划分标准，只是按内容将企业的各项支出划分为利息支出、手续费支出、业务及管理费等分别进行核算，如业务及管理费虽然名义上属于期间费用，但其中却包含一线员工的薪酬等本应归属于成本的支出。

3. 不必确定成本核算对象

由于金融企业很难将经营中发生的成本支出对象划到某一产品或某项业务上，从而与该产品或业务的收入相配比，所以，金融企业的成本核算没有成本计算对象的确定问题。

金融企业成本核算的特点,使金融企业的成本核算较为简单,即金融企业发生的成本费用不需要严格划分其界限,不需要对发生的经营费用进行归集和分配,不需要按成本计算对象核算成本,只是对企业发生的各项成本费用的内容进行核算。

金融企业的成本费用,是指金融企业在经营活动过程中发生的与经营有关的支出,包括利息支出、手续费及佣金支出、营业税金及附加、汇兑损失、资产减值损失、业务及管理费等。

三、金融企业成本费用核算的科目设置

1."利息支出"科目

本科目核算商业银行发生的利息支出,包括吸收的各种存款(单位存款、个人存款、信用卡存款、特种存款、转贷款资金等)、与其他金融机构(中央银行、同业等)之间发生资金往来业务、卖出回购金融资产等产生的利息支出。资产负债表日,企业应按摊余成本和实际利率计算确定的利息费用金额,借记"利息支出"科目,按合同利率计算确定的应付未付利息,贷记"应付利息"科目,按其差额,借记或贷记"吸收存款——利息调整"等科目。实际利率与合同利率差异较小的,也可以采用合同利率计算确定利息费用。

2."手续费及佣金支出"科目

本科目核算商业银行发生的与其经营活动相关的各项手续费、佣金支出,如储蓄代办手续费支出、结算手续费支出以及其他手续费支出。

3."业务及管理费"科目

本科目核算商业银行在业务经营和管理过程中所发生的各项费用,包括折旧费、业务宣传费、业务招待费、电子设备运转费、钞币运送费、安全防范费、邮电费、劳动保护费、外事费、印刷费、低值易耗品摊销、职工工资及福利费、差旅费、水电费、职工教育经费、工会经费、会议费、诉讼费、公证费、咨询费、无形资产摊销、长期待摊费用摊销、取暖降温费、聘请中介机构费、技术转让费、绿化费、董事会费、财产保险费、劳动保险费、待业保险费、住房公积金、物业管理费、研究费用、提取保险保障基金等。

4."汇兑损益"科目

本科目核算金融企业发生的外币交易因汇率变动而产生的汇兑损益。

采用统账制核算的,各外币货币性项目的外币期(月)末余额,应当按照期(月)末汇率折算为记账本位币金额。按照期(月)末汇率折算的记账本位币金额与原账

面记账本位币金额之间的差额，如为汇兑收益，借记有关科目，贷记“汇兑损益”科目；如为汇兑损失，借记“汇兑损益”科目，贷记有关科目。

采用分账制核算的，期(月)末将所有以外币表示的“货币兑换”科目余额按期(月)末汇率折算为记账本位币金额，折算后的记账本位币金额与“货币兑换——记账本位币”科目余额进行比较，为贷方差额的，借记“货币兑换——记账本位币”科目，贷记“汇兑损益”科目；为借方差额的，借记“汇兑损益”科目，贷记“货币兑换——记账本位币”科目。

5.“营业税金及附加”科目

本科目核算商业银行根据税法的规定，按适用的税率和费率计算交纳的各种税金和附加费，包括营业税、城市维护建设税、教育费附加等。

6.“资产减值损失”科目

本科目核算商业银行根据资产减值等准则确定的资产减值，按应减记的金额，借记“资产减值损失”科目，贷记“坏账准备”、“贷款损失准备”、“抵债资产跌价准备”等科目。

思　考　题

1. 商品流通企业成本核算的特点是什么？
2. 商品采购成本如何确定？
3. 施工企业成本核算的特点是什么？
4. 施工企业成本计算对象如何确定？
5. 试述施工企业成本核算的一般程序。
6. 运输企业成本核算的特点是什么？
7. 汽车运输企业的成本计算对象是什么？如何进行其成本核算？
8. 房地产开发企业与施工企业的成本核算有何差别？
9. 为何金融企业的成本核算不需要确定成本核算对象？

练　习　题

习题一

1. 目的：练习施工企业成本计算。

2. 资料：某施工单位 2007 年 4 月份同时承包甲、乙两项土建工程。甲工程已于当年 10 月份开工，将于本月(2008 年 4 月)竣工；乙工程本月开工，年末竣工。

(1)甲工程期初未完工程成本如下表。

单位:元

人工费	材料费	机械使用费	其他直接费	间接费用	合计
3 200	41 080	2 175	1 100	4 300	51 855

(2)本期发生如下费用:

①工资及奖金。

A. 计时工资,如下表。

单位:元

人员类别	计时工资	其他工资及奖金
施工生产工人	57 833	12 464
机械操作工人	8 345	1 876
施工管理人员	18 673	6 942
合计	84 851	21 282

B. 计件工资与生产工日,如下表。

单位:元

工程类别	计件工资	生产工日
甲工程	31 200	2 948
乙工程	29 800	2 670
合计	61 000	5 618

②耗用各种材料的实际成本,如下表。

单位:元

材料类别	甲工程	乙工程	施工机械	施工管理	合计
主要材料	24 160	106 240			130 400
结构件	61 200	85 890			147 090
机械配件			29 800		29 800
其他材料			13 400	21 000	34 400
周转材料摊销	12 000	14 500			26 500
合计	97 360	206 630	43 200	21 000	368 190

③支付的修理费、计提的固定资产折旧费,如下表。

单位:元

部门	折旧费	大修理费用
施工机械	16 500	8 340
管理部门	10 320	5 010
合计	26 820	13 350

④支付水电费,如下表。

单位:元

项目	甲工程	乙工程	施工机械	施工管理	合计
水费	2 410	3 280	610	1 800	8 100
电费	1 500	2 100	600	2 000	6 200
合计	3 910	5 380	1 210	3 800	14 300

⑤施工机械工作台班,如下表。

单位:元

甲工程	乙工程	合计
630(台班)	250(台班)	880(台班)

⑥工程间接费用按各工程直接费比例在甲、乙工程之间进行分配。

⑦月末,对乙工程未完工程进行盘点,如下表。

单位:元

名称	工作量	折合率	分部分项工程预算单价			
			合计	人工费	材料费	机械使用费
基础工程	800 m^2	55%	100	15	25	60

3. 要求:根据以上资料计算本月已完工程的实际成本。

习题二

1. 目的:练习汽车运输企业成本计算。

2. 资料:某汽车运输公司经营客、货两类运输业务,下设一个修理辅助生产车间。本月营运车辆 180 辆,其中客车 100 辆,货车 80 辆,本月客车营运总量为35 000千人公里,货车营运总量为 4 000 千吨公里。本月发生如下营运费用:

(1)工资薪酬,如下表。

单位:元

部门及人员	工资	福利费	工会经费	职工教育经费	社会保险费	合计
客车司机及助手	240 000	33 600	4 800	3 600	60 000	342 000
货车司机及助手	100 000	14 000	2 000	1 500	20 000	137 500
修理车间工人及管理人员	30 000	4 200	600	450	7 500	42 250
车队管理人员	28 000	3 920	560	420	7 000	39 900
运输公司管理人员	20 000	2 800	400	300	5 000	28 500
合计	418 000	58 520	8 360	6 270	99 500	590 650

(2)原材料、燃料及轮胎费用,如下表。

单位:元

项目	燃料	轮胎费用		原材料
		摊提费	内胎、垫带	
客车消耗	110 000	13 000	9 200	21 000
货车消耗	82 100	8 500	6 400	16 700
车间消耗	18 000			23 500
车队共同消耗	9 300			14 200
合计	219 400	21 500	15 600	75 400

(3)支付修理费、计提折旧费,如下表。

单位:元

项目	修理费	折旧费
客车	105 000	120 000
货车	62 000	90 000
车间	11 000	20 000
车队	6 000	13 000
合计	184 000	243 000

(4)辅助生产部门的修理工时,如下表。

客车	货车	合地
4 800	3 900	8 700

(5)将本月发生的营运间接费用按客、货车的工资比例进行分配。

3.要求:根据以上资料,计算客、货车运输总成本和单位成本。

习题三

1. 目的:练习商品流通企业成本计算。

2. 资料:某服装批发中心采用进价金额法核算库存商品,本月发生的女式全毛毛衣购销业务如下:

业务内容	数量(件)	单价(元)	金额(元)
上月结存	100	70	7 000
2 日购入	200	68	13 600
5 日销售	120		
14 日购入	150	71	10 650
20 日销售	260		
25 日购入	200	70	14 000
30 日销售	150		
本月结存	120		

3. 要求:根据以上资料,分别采用先进先出法、加权平均法、移动加权平均法、毛利率法计算本月女式毛衣的销售成本(女式毛衣每件售价 100 元,上季实际毛利率为 28%)。

第三篇　管理决策

第七章

本量利分析与变动成本法

本章导读

- 成本性态分析
- 本量利分析
- 变动成本法

第一节　成本性态分析

一、成本性态概述

(一)成本性态的定义

成本性态又称成本习性，是指成本总额与业务量之间的依存关系。这里的业务量(以下用 x 表示)是指企业在一定的生产经营期内投入或完成的经营工作量的总称。在一般条件下，业务量通常是指生产量或销售量。这里的成本总额(以下用 y 表示)主要是指为取得营业收入而发生的营业成本费用。如果将业务量视为自变量，成本视为因变量，则这种联系在数量方面可表现为函数关系 $y=f(x)$。对成本与业务量之间依存关系的分析，是企业进行经营决策分析的出发点，也是管理会计的基础。

(二)成本性态分类

对全部成本按其性态分类可以分为固定成本、变动成本和混合成本三大类。

1. 固定成本

固定成本是指在一定时期和一定业务量范围内，总额保持不变的成本。但单位固定成本(即每一单位业务量负担的固定成本)则随着业务量的增加而减少。例如,按直线法计提的厂房折旧费。

固定成本有两个重要特性如下：

(1)固定成本总额(用 a 表示)的不变性。这一特点在直角坐标图上表示,固定成本就是一条平行于 x 轴的直线,其总成本模型为 $y=a$,如图 7-1 所示。

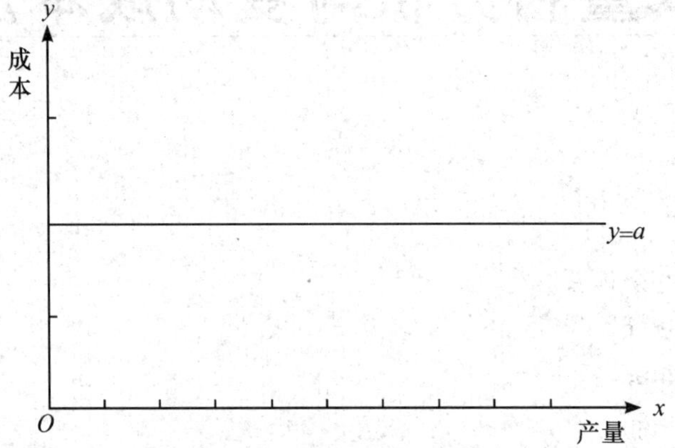

图 7-1 固定成本总额模型

(2)单位固定成本(用 a/x 表示)的反比例变动性。单位固定成本随着业务量的增加而逐渐减少,其单位成本模型为 $y=a/x$,反映在坐标图上是一条反比例曲线如图 7-2 所示。

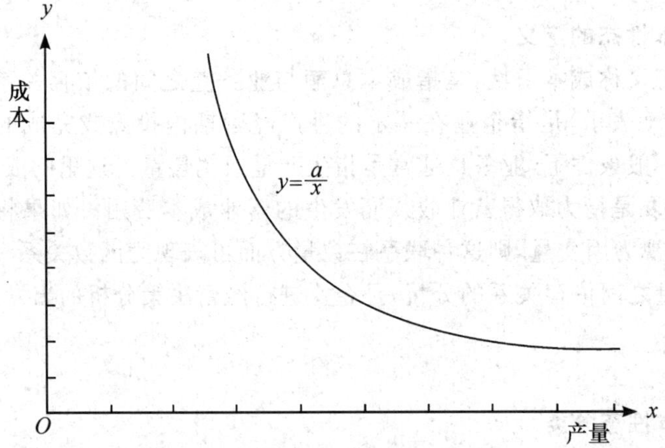

图 7-2 单位固定成本模型

2. 变动成本

变动成本是指在一定时期和一定业务量范围内,总额随着业务量变动而成正比例变动的成本。例如，构成产品实体的各种原材料、生产工人计件工资、按产量法或工作量法计提的固定资产折旧费等。变动成本有两个重要特性如下：

(1)变动成本总额(用 bx 表示)的正比例变动性。在平面直角坐标图上表现为一条以单位变动成本为斜率的直线，其总成本模型为 $y=bx$，如图 7-3 所示。

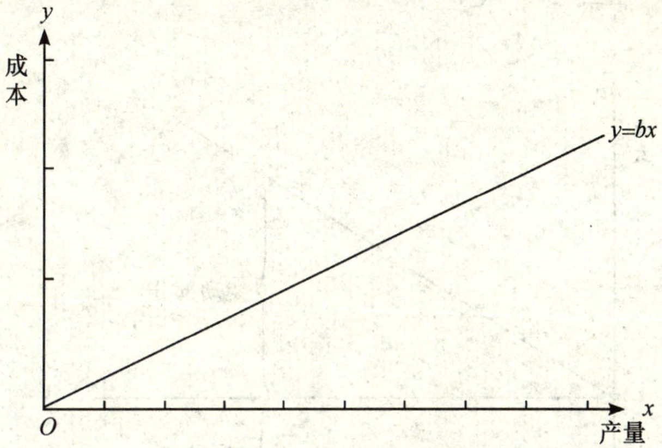

图 7-3　变动成本总额模型

(2)单位变动成本(用 b 表示)的不变性。在坐标图上，单位变动成本是一条平行于横轴的直线，其成本模型为 $y=b$，如图 7-4 所示。

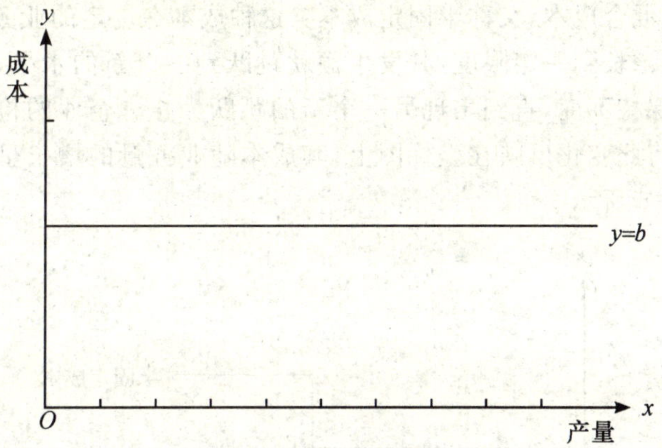

图 7-4　单位变动成本模型

3. 混合成本

混合成本是指在一定条件下，总额随着业务量变动但不成正比变动的成本。按照混合成本与业务量变动趋势的不同，混合成本又可以分为如下四种。

(1)基数型混合成本，又称半变动成本或标准型混合成本。这种成本通常有一个基数,与业务量的变化无关,即业务量为零时,这部分成本照样发生,相当于固定成本;在此基础上的其余部分成本,随着业务量的增加成正比例增加,相当于变动成本。例如,企业发生的设备维修费,在企业没有生产时,也要发生基本的设备保养支出,但随业务量的增加,维修保养费用又会相应地增加。基数型混合成本如图 7-5 所示。

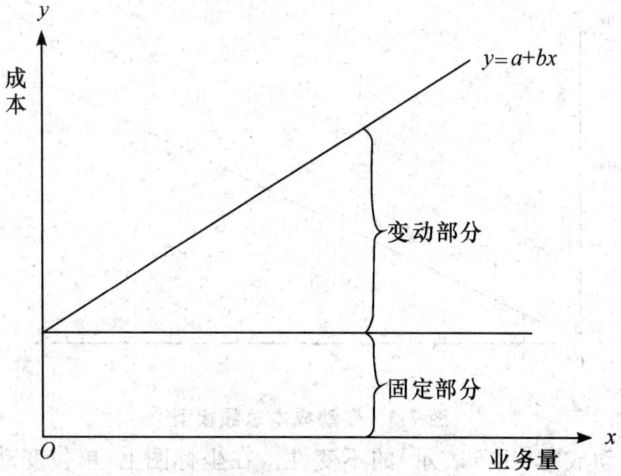

图 7-5 基数型混合成本习性图

(2)阶梯型混合成本,又称半固定成本。这种成本在一定的业务量范围内是固定的,当业务量增长到一定限度,其发生额就跳跃到一个新的水平,并在一个新的业务量范围内保持不变,直到出现另一个新的跳跃为止。企业的检验员工资等具有这种性质。将此变化反映在坐标图上,其成本随业务量的增长呈现出阶梯状增长趋势,如图 7-6 所示。

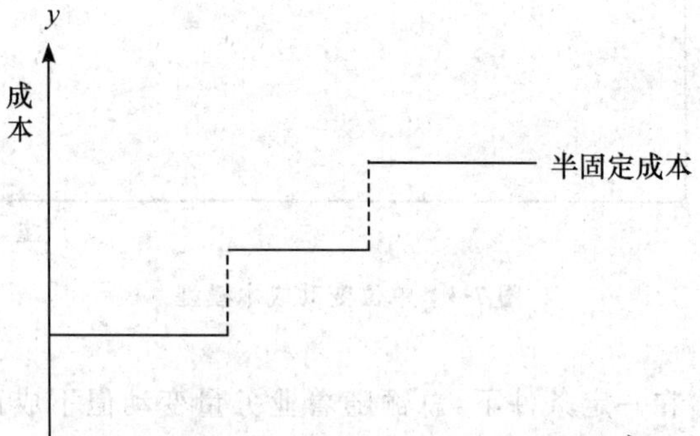

图 7-6 阶梯型混合成本习性图

(3)低坡型混合成本,又称延期变动成本。这种成本在一定的业务量范围内保持总额固定不变,当业务量增长超出了这个范围,成本就与业务量的增长成正比例变动。如职工的超额计奖工资,职工在未超过正常工作定额之前,只能得到基本工资;超过了正常工作定额之后,还会得到按照超额部分和计件单价计算的超额奖励工资。低坡型混合成本见图 7-7。

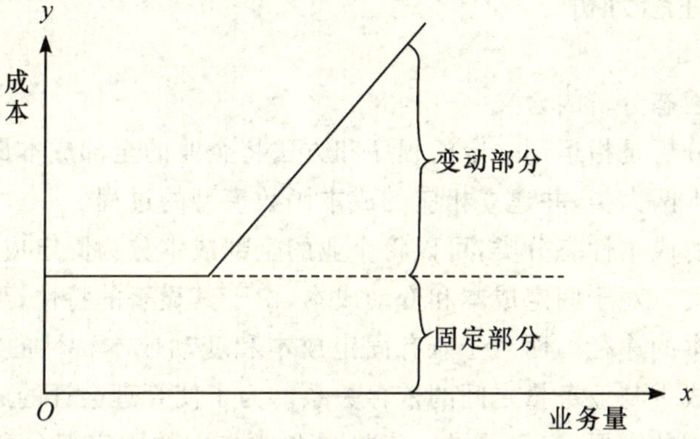

图 7-7　低坡型混合成本习性图

(4)曲线型混合成本。这种成本随业务量的增长而呈曲线增长,它与业务量的依存关系不是一种直线关系,而是非线性关系。

以上 4 种混合成本还不能概括所有的混合成本。但为了研究方便,无论哪一种混合成本都可以直接或间接地用统一的直线方程近似地代替它,即 $y=a+bx$。其中,a 为混合成本中的固定部分;bx 为混合成本中的变动部分;b 为单位变动成本;y 为混合成本。这为以后的成本性态分析提供了数学依据。

(三)相关范围

相关范围是指使固定成本和变动成本的性态保持不变的有关期间和业务量的特定范围。超出这个范围,固定成本总额不变和单位变动成本不变的性态将不能保持,所有成本都将呈现混合成本的特性。例如,固定资产折旧费在设备数量确定,折旧费选用直线法的情况下是固定成本,如果业务量扩大,超出现有设备的生产能力,需要增加设备,固定资产的折旧费就会提高。又如,单位材料成本和人工成本在一定范围内是稳定不变的,但在产品投产初期,由于工人劳动熟练程度差,生产率低,单位材料成本和人工成本是较高的,不稳定的;当业务量增加到一定程度后,各项消耗稳定在一定水平,有关单位成本不再变化,变动成本总额表现为一个正比例直线方程,这才成为真正意义上的变动成本。当业务量突破这一相关范围继续增长时，又会出现新的不经济因素，如加班加点、废品率上升等，单位成本又会上升。

通常情况下，相关范围的时间限度确定为一年，业务量限度确定为现有设备的设计生产能力。

二、成本性态分析

（一）成本性态分析的含义

成本性态分析是指运用一定的程序和方法将企业的全部成本最终分解为固定成本和变动成本两大类，并建立相应的成本函数模型的过程。

通过前述的成本性态分类，可以将企业的全部成本分为固定成本、变动成本和混合成本三大类。对于固定成本和变动成本，由于其显著的特性，可以清楚地看出降低这两类成本的途径。而对于兼有固定成本和变动成本特性的混合成本，则无法准确地把握成本与业务量之间的依存关系。为了使管理会计的成本资料更能满足企业经营管理的需要，有必要进一步将混合成本中的固定部分和变动部分分解出来，分别纳入固定成本和变动成本中去，从而为应用变动成本法、开展本量利分析、进行短期决策和预测分析、全面预算、标准成本系统的控制及落实责任会计奠定基础。

（二）成本性态分析的方法

1.个别确认法

个别确认法指在掌握有关项目成本性态的基础上，对每项费用的具体内容和开支标准进行分析，逐项分解，使其分别归属于固定成本和变动成本的一种方法。这种方法简便易行，但实际分析的工作量太大，不适合于规模较大企业的成本性态分析。

2.技术测定法

技术测定法是指根据工程项目在正常生产过程中投入产出的关系，分析确定在实际业务量基础上其固定成本和变动成本的水平，并揭示其变动规律的一种方法。例如，在进行工程项目的可行性分析时，工程设计能力中规定了在一定条件下材料、燃料、动力及机器小时等的消耗标准，这些标准较为准确地反映了正常生产条件下的投入产出规律，可以此作为成本性态分析的依据，进行成本性态分析。但技术测定法只适合于投入产出关系比较稳定的企业，若企业已发生较大的技术改革，或生产能力发生重大变动，则不适合采用这种方法。

3. 合同确认法

合同确认法是根据经济合同的数额或有关收费单位的具体规定来确认费用性态的方法。如电话费、保险费，水、电、气费等均可以按照与供应单位的约定来确定费用的性态。例如电话费，电信局每月向用户收取的基本费用，可以看作是固定费用，另外按照用户的通话次数计算的费用则是变动费用。

上述三种方法都是直接根据费用的性质来分析判断其成本性态的。下面介绍三种根据历史数据，并运用一定的数学方法进行相应的数学处理来分析成本性态的方法。

4. 高低点法

高低点法是根据一定时期内业务量和成本的最高最低点并运用直线方程原理进行成本性态分析的一种方法，又叫两点法。该方法是通过观察一定相关范围内各期业务量和成本所构成的全部坐标点，从中选出高低两点坐标，根据两点连成一线的直线方程原理，求解出反应成本变动规律的成本模型 $y=a+bx$。

该法的关键是根据高低点的坐标值求出单位变动成本 b 和固定成本 a。

$$\text{单位变动成本 } b=\frac{\text{最高业务量的成本}-\text{最低业务量的成本}}{\text{最高业务量}-\text{最低业务量}}$$

$$\text{固定成本 } a=\text{最高业务量成本}-\text{单位变动成本}\times\text{最高业务量}$$

或，$$\text{固定成本 } a=\text{最低业务量成本}-\text{单位变动成本}\times\text{最低业务量}$$

【例 7-1】甲企业产品成本（混合成本）及业务量的历史数据如表 7-1 所示，要求用高低点法进行成本性态分析。

表 7-1　　产品成本与业务量数据统计表

月份	业务量（吨）	产品成本（万元）
1	285	685
2	315	755
3	345	700
4	400	800
5	380	800
6	375	760
合计	2 100	4 500

[解] 表 7-1 的资料中，最高点是 4 月份，最低点是 1 月份。可按上述公式计算如下：

$$b=\frac{800-685}{400-285}=1\ (\text{万元/吨})$$

$$a=800-1\times400=400(\text{万元})$$

或
$$a=685-1\times285=400(\text{万元})$$

反应产品成本变动趋势的直线方程为：$y=400+x$

需要注意的是，选择高低点的坐标应以自变量业务量的高低为准，而不是按因变量成本的高低来选择。高低点法分解成本简便易行。但只以诸多历史数据中的高点和低点两个极端情况来确定一条直线，并以该直线代表所有历史数据，其结果将是不太准确的。因此，这种方法只适合于历史各期成本变化趋势比较稳定的企业使用。

5. 散布图法

散布图法又称布点图法，是指将若干期业务量和成本的历史数据标注在用业务量和成本构成的坐标图上，形成若干个散布点，然后通过目测画一条尽可能经过所有坐标点的直线，并据此来推测固定成本和变动成本的一种成本性态分析法。此法又称目测画线法。

利用散布图法分解成本，综合考虑了一系列观测点上业务量与成本的依存关系，因此，分解的结果较高低点法准确。但目测的成本直线因人而异，有时误差也比较大。

6. 回归直线法

回归直线法也称“最小二乘法”，是根据过去一定期间业务量(x)和混合成本(y)的历史资料，运用最小平方法原理确定混合成本中固定成本与变动成本的方法。回归直线法的基本原理是将业务量 x 和混合成本 y 的历史数据，在直角坐标系中逐一描点，形成散布图，在图中，人为配合一条直线 $y=a+bx$，使该直线上各点的成本数据与该点的实际成本之间误差的平方和达到最小值，满足这个条件的直线是唯一的而且是最合理的。

回归直线 $y=a+bx$ 中，a 和 b 的计算公式如下：

$$b=\frac{n\sum xy-\sum x\sum y}{n\sum x^2-(\sum x)^2} \qquad a=\frac{\sum y-b\sum x}{n}$$

在利用这种方法之前，必须先确定 x 与 y 之间有无线性关系，即 x 与 y 之间是否相关。若 x 与 y 相关性较强，则可进行分解；若相关性较弱，则无需进行分解。相关性系数 r 的绝对值大小说明 x 与 y 这两个变量相关程度的密切与否，其计算公式如下：

$$r=\frac{n\sum xy-\sum x\sum y}{\sqrt{[n\sum x^2-(\sum x)^2][n\sum y^2-(\sum y)^2]}}$$

相关系数 r 的取值范围一般在 -1 与 $+1$ 之间。当 $r=0$ 时，说明 x 与 y 完全不相关；当 $r=1$ 时，说明 x 与 y 完全正相关；当 $r=-1$ 时，说明 x 与 y 完全负相关。

【例 7-2】仍然以例 7-1 中的数据为例，用回归直线法进行成本性态分析。

［解］为了便于进行有关计算，现将有关数据列于表 7-2 中。

表 7-2　　　　回归直线法数据工作底稿

月份	x_i	y_i	x_iy_i	x_i^2	y_i^2
1	285	685	195 225	81 225	469 225
2	315	755	237 825	99 225	570 025
3	345	700	241 500	119 025	490 000
4	400	800	320 000	160 000	640 000
5	380	800	304 000	144 400	640 000
6	375	760	285 000	140 625	577 600
$n=6$	2 100	4 500	1 583 550	744 500	3 386 850

首先计算相关系数：

$$r=\frac{6\times 1\,583\,550-2\,100\times 4\,500}{\sqrt{[6\times 744\,500-(2\,100)^2][6\times 3\,386\,850-(4\,500)^2]}}$$

$$=\frac{51\,300}{\sqrt{57\,000\times 71\,100}}$$

$$=\frac{51\,300}{63\,661}$$

$$=0.81$$

$r=0.81$，接近于 1，说明 x 与 y 之间具有较密切的相关性，存在线性关系，可以用直线方程 $y=a+bx$ 描述其变动趋势。

其次，将有关数据代入 a 和 b 的计算公式，可得：

$$b=\frac{6\times 1\,583\,550-2\,100\times 4\,500}{6\times 744\,500-(2\,100)^2}$$

$$=\frac{51\,300}{57\,000}=0.9(\text{元/吨})$$

$$a=\frac{4\,500-0.9\times 2\,100}{6}=435(\text{元})$$

则可得成本模型：$y=435+0.9x$

回归直线法计算结果较其他方法更为精确，但计算过程繁杂，工作量大，该方法适用于计算机操作。

第二节　本量利分析

一、本量利分析概述

(一)本量利分析的基本含义及其公式

本量利分析是指在一定条件下，以数学化的会计模式和图形对成本、业务量、利润三者之间的依存关系进行分析，旨在为企业的预测、决策和规划提供必要的财务信息。

在本量利分析中，需要考虑如下几项相关因素：固定成本 a、单位变动成本 b、销售量 x、单位售价 s、税前净利 p 等，这些变量之间的关系可以用下式进行反映：

税前净利润＝销售收入－(变动成本＋固定成本)

即
$$P=sx-(bx+a)$$
或
$$P=sx-bx-a$$

本量利分析的各种数学模型便是在上述公式的基础上建立起来的，故上述公式可称为本量利分析的基本公式。

(二)本量利分析的前提

要运用上述本量利分析的基本公式进行分析，必须明确以下前提：

(1)成本性态分析前提。本量利分析必须在成本性态分析已经完成的基础上进行，即假定成本已经被区分为固定成本和变动成本两大类，并且有关的成本性态模型已经形成。

(2)相关范围及线性假设前提。假定在一定时期和一定的业务量范围内，成本总额、单位变动成本和单价保持不变，即总成本线和总收入线均为直线。

(3)产销平衡和品种结构稳定前提。假定产品的生产量等于销售量；对于生产多品种的企业，假定总收入中各产品所占的销售比重稳定不变。这种假定可使分析人员将注意力集中于价格、成本以及业务量对利润的影响。

(4)变动成本法前提。假定产品成本是按变动成本法计算的，即产品成本只包含变动生产成本，而将固定性制造费用作为期间成本处理，并按贡献式损益确定程序，确定税前利润。

(5)息税前利润假设前提。本量利分析基本公式中的利润，通常是指“息税前利润”，即扣除利息费用和所得税费用之前的利润数额。

(三)边际贡献

边际贡献是指产品销售收入减去相应变动成本后的余额，又称贡献毛益或创利额。

边际贡献通常有以下三种表现形式：单位边际贡献 cm，边际贡献总额 Tcm，边际贡献率 cmR。公式如下：

单位边际贡献(cm)＝单位售价(s)－单位变动成本(b)

边际贡献总额(Tcm)＝销售收入(sx)－变动成本(bx)

$$=(s-b)x=cmx$$

$$\text{边际贡献率 } cmR=\frac{\text{单位边际贡献}}{\text{单位售价}}\times 100\% = \frac{cm}{s}\times 100\%$$

$$=\frac{\text{边际贡献总额}}{\text{销售收入}}\times 100\% = \frac{Tcm}{sx}\times 100\% = \frac{sx-bx}{sx}\times 100\%$$

$$=1-\frac{b}{s}\times 100\%$$

式中，$b/s\times 100\%$即单位变动成本与单位售价的比率称为“变动成本率”，以 bR 表示。则边际贡献率和变动成本率的关系如下：

$$cmR=1-bR,\quad bR=1-cmR$$

根据本量利分析的基本公式，边际贡献、固定成本和税前净利之间的关系如下：

$$P=Tcm-a$$

当 $Tcm>a$，$P>0$，企业有利润；$Tcm=a$，$P=0$，企业处于不盈不亏状态；$Tcm<a$，$P<0$，企业发生亏损。

【例 7-3】某公司生产一种甲产品 800 件，销售单价每件 200 元。甲产品的成本资料如下：直接材料 28 000 元；直接人工 16 000 元；制造费用 28 000 元，其中，变动制造费用 4 000 元，固定制造费用 24 000 元；推销及管理费用 27 600 元，其中，变动费用 4 400 元，固定费用 23 200 元。

要求：计算该产品边际贡献总额、单位边际贡献、边际贡献率、变动成本率、税前利润。

[**解**](1)边际贡献总额＝$sx-bx$

$=(200\times 800)-(28\,000+16\,000+4\,000+4\,400)$

$=160\,000-52\,400=107\,600$(元)

(2)单位边际贡献$=Tcm/x=107\,600/800=134.5$(元)

(3)边际贡献率$=cm/s=134.5/200=67.25\%$

(4)变动成本率$=1-cmR=1-67.25\%=32.75\%$

(5)税前利润 $P=Tcm-a=107\,600-(24\,000+23\,200)=60\,400$(元)

二、保本条件下的本量利分析——盈亏临界点分析

(一)盈亏临界点

1.盈亏临界点的概念

盈亏临界点是指企业处于不盈不亏状态时的业务量。企业的业务量如果等于盈亏临界点,边际贡献总额刚好等于固定成本总额,企业利润为零;如果业务量小于该点,就发生亏损;如果业务量大于该点,则取得盈利。

2.单一品种条件下的盈亏临界点计算

当企业只生产一种产品时,盈亏临界点有两种表现形式:盈亏临界点销售量 x_0 和盈亏临界点销售额 y_0,其计算公式分别如下:

$$\text{盈亏临界销量 } x_0=\frac{\text{固定成本}}{\text{单位售价}-\text{单位变动成本}}=\frac{\text{固定成本}}{\text{单位边际贡献}}$$

$$=\frac{a}{s-b}=\frac{a}{cm}$$

$$\text{盈亏临界点销售额 } y_0=\text{盈亏临界点销售量}\times\text{单位售价}$$

$$=\frac{\text{固定成本}}{\text{单位边际贡献}}\times\text{单位售价}$$

$$=\frac{\text{固定成本}}{\text{边际贡献率}}=\frac{a}{cmR}$$

【例 7-4】某企业只生产一种产品乙,其售价 20 元,单位变动成本 12 元,企业固定成本总额为 30 000 元。要求计算盈亏临界点销售量(件)和销售额。

[解] (1)盈亏临界点销售量 $x_0=\frac{30\,000}{20-12}=3\,750$(件)

(2)盈亏临界点销售额 $y_0=30\,000\div\left(1-\frac{12}{20}\right)$

$=30\,000\div 40\%=75\,000$(元)

以上计算表明,企业只有生产并销售 3 750 件乙产品,其边际贡献为 30 000

(8×3 750)，才能恰好补偿固定成本，使企业保本。

3. 多品种条件下的盈亏临界点计算

当企业同时生产多种产品时，每种产品具有不同的边际贡献和不同的计量单位，因此，企业的综合盈亏临界点无法用实物量来计算和表示，而只能用金额表示，即计算综合盈亏临界点销售额。

(1)综合边际贡献率法。这种方法是将各种产品的边际贡献和销售收入分别汇总，计算综合边际贡献率，然后据此测算综合盈亏临界点销售额。

$$综合边际贡献率=\frac{各种产品边际贡献之和}{各种产品销售收入之和}\times100\%$$

$$综合盈亏临界点销售额=\frac{固定成本}{综合边际贡献率}$$

【例 7-5】某厂计划期内同时生产甲、乙、丙三种产品，计划期内固定成本总额为 27 300 元，其他有关资料如表 7-3 所示。

表 7-3　某企业产品有关资料一览表　单位：元

品种	销量(件)	单价	单位变动成本	销售收入	边际贡献
	①	②	③	④=①×②	⑤=①×(②－③)
甲	2 000	80	56	160 000	48 000
乙	6 000	20	12	120 000	48 000
丙	3 000	40	20	120 000	60 000
合计				400 000	156 000

要求：计算综合盈亏临界点销售额。

[解] ①综合边际贡献率$=\frac{156\ 000}{400\ 000}\times100\%=39\%$

②综合盈亏临界点销售额$=\frac{27\ 300}{39\%}=70\ 000$（元）

(2)加权边际贡献率法。这种方法是先计算各种产品的边际贡献率，并以各产品的销售比重为权数计算加权边际贡献率，然后根据加权边际贡献率计算综合盈亏临界点销售额，最后再分别计算各种产品的盈亏临界点销售额。计算公式如下：

$$加权边际贡献率=\sum(各种产品边际贡献率\times该产品销售比重)$$

$$综合盈亏临界点销售额=\frac{固定成本}{加权边际贡献率}$$

$$各产品的销售比重=\frac{某产品销售收入}{全厂销售收入总额}\times100\%$$

$$各产品盈亏临界点=该产品销售比重\times综合盈亏临界点销售额$$

【例 7-6】 仍以例 7-5 资料为准，用加权边际贡献率法计算综合盈亏临界点销售额和各产品的盈亏临界点销售额。

[解] 甲产品边际贡献率＝(80－56)÷80×100％＝30％

乙产品边际贡献率＝(20－12)÷20×100％＝40％

丙产品边际贡献率＝(40－20)÷40×100％＝50％

甲产品销售比重＝160 000÷400 000×100％＝40％

乙产品销售比重＝120 000÷400 000×100％＝30％

丙产品销售比重＝120 000÷400 000×100％＝30％

加权边际贡献率＝30％×40％＋40％×30％＋50％×30％＝39％

$$综合盈亏临界点销售额＝\frac{27\,300}{39\%}＝70\,000\ (元)$$

甲产品盈亏临界点销售额＝40％×70 000＝28 000(元)

乙产品盈亏临界点销售额＝30％×70 000＝21 000(元)

丙产品盈亏临界点销售额＝30％×70 000＝21 000(元)

上述两种方法其实质是一样的，只是它们分别适用于掌握资料详略程度的不同情况。综合边际贡献法可以只需要掌握或预计全厂总的销售收入和边际贡献水平，就可以计算综合盈亏临界点销售额，而不必了解每种产品的资料，因此，比较简单。加权边际贡献率法则需要了解各种产品的详细资料，同时它也能提供各种产品的盈亏临界点销售额，因而，相对来说，该法更为具体更为有用。

(二)盈亏临界图

盈亏临界图是利用平面直角坐标系，将有关因素对盈亏临界点的影响集中在一张图上直观而形象地反映出来。利用盈亏临界图，不仅可以研究有关因素对盈亏临界点的影响，还可以清楚地看出有关因素的变动对边际贡献及利润的影响。因此，也有人将其称为本量利分析图，其基本图的绘制方法如下：

(1)以横轴表示销售量或销售额。

(2)以纵轴表示收入或成本。

(3)在纵轴上，以固定成本总额为纵截距，画一水平线，为固定成本($y=a$)线。

(4)以固定成本线为基础，以单位变动成本 b 为斜率，画出总成本($y=a+bx$)线。

(5)从 0 点出发，以单价 s 为斜率，画出总收入($y=sx$)线。

(6)总销售收入线和总成本线的交点就是盈亏临界点。

以例 7-4 的数据，绘制用实物量表示的盈亏临界图，如图 7-8 所示。

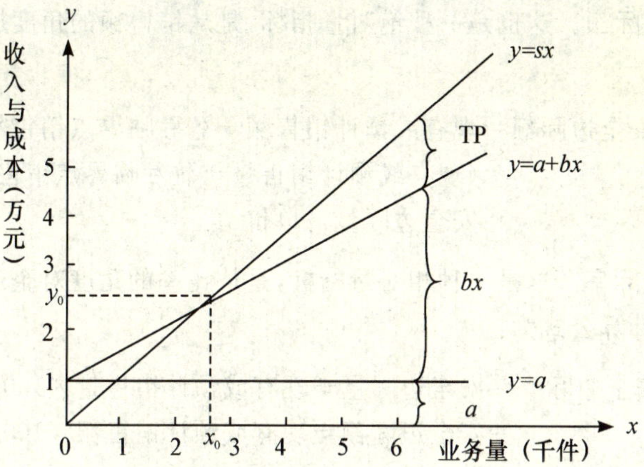

图 7-8 盈亏临界图

从图 7-8 中,可以发现以下规律:

(1)在盈亏临界点不变的情况下,凡是销售量超过盈亏临界点一个单位的业务量,就可获得一个单位的边际贡献的盈利;销售量越大,能实现的盈利额就越多。反之,若销售量低于盈亏临界点,就发生亏损,销售量越小,亏损额就越大。

(2)在销售量不变的情况下,盈亏临界点越低,利润区的三角形面积就有所扩大,亏损区的三角形面积就有所缩小,能实现的利润就越多或发生的亏损越小;盈亏临界点越高,利润区的三角形面积缩小,亏损区的三角形面积扩大,能实现的利润就越少或发生的亏损越多。

(3)在销售量既定的情况下,盈亏临界点的高低取决于固定成本、单位变动成本和单位售价的多少。固定成本和单位变动成本越多,盈亏临界点越高,利润越少;反之,盈亏临界点越低,利润越多。单位售价的高低使得盈亏临界点呈反方向变化。

(三)安全边际与保本作业率

1. 安全边际

安全边际是指企业现有或预计的销售量(额)超过盈亏临界点销售量(额)的差额,表示企业现有或预计销售量(额)与盈亏临界点的距离。它反映了企业实际经营的安全程度。具体表现形式有以下三种:

(1)安全边际量。这是一种绝对量指标,是从业务量的角度反映企业经营的安全程度。计算公式如下:

$$安全边际量=现有或预计销售量-盈亏临界点销售量$$

(2)安全边际额。这也是一种绝对量指标,是从销售额的角度加以反映。计算公式如下:

安全边际额=现有或预计销售额-盈亏临界点销售额
=(现有或预计销售量-盈亏临界点销售量)×单价
=安全边际量×单价

(3)安全边际率。这是一种相对量指标,是从比率的角度对企业的经营安全程度加以揭示。计算公式为:

安全边际率=安全边际量÷现有或预计销售量×100%
=安全边际额÷现有或预计销售额×100%

由于盈亏临界点销售量已补偿了企业全部固定成本,因此,盈亏临界点以上的销售量即安全边际部分只需补偿其变动成本,其边际贡献就是企业的利润。所以,安全边际与税前利润之间具有如下关系:

税前利润=安全边际量×单位边际贡献
=安全边际额×边际贡献率
销售利润率=安全边际率×边际贡献率

2.保本作业率

保本作业率又叫"达到盈亏临界点(保本点)的作业率",是指盈亏临界点销售量(额)与企业正常销售量(额)或应达到的销售量(额)的比率。计算公式如下:

保本作业率=盈亏临界点销售量(额)÷正常销售量(额)×100%

该项比率表明盈亏临界点占正常业务量的比重,比率越低,企业越安全,越有利。如果企业生产经营正常,则保本作业率与安全边际率具有如下关系:

安全边际率+保本作业率=1

【例7-7】某企业盈亏临界点销售额为52 000元,现有销售额80 000元,正常销售额80 000元。

要求:(1)计算安全边际额;(2)计算安全边际率和保本作业率;(3)若企业销售利润率为20%,计算边际贡献总额。

[**解**] (1)安全边际额=80 000-52 000=28 000(元)

(2)安全边际率=28 000÷80 000×100%=35%

保本作业率=52 000÷80 000×100%=65%

或=1-35%=65%

(3)边际贡献率＝销售利润率÷安全边际率×100%
＝20%÷35%×100%＝57%

边际贡献总额＝销售额×边际贡献率＝80 000×57%
＝45 600(元)

(四)有关因素单独变动对盈亏临界点和安全边际的影响

1.有关因素单独变动对盈亏临界点的影响

对单一产品而言,影响盈亏临界点的因素有三个:固定成本 a、单位变动成本 b 和单位售价 s。

(1)固定成本单独变动对盈亏临界点的影响。固定成本是盈亏临界点计算公式的分子,固定成本的变动会使盈亏临界点呈同方向变动,即固定成本升高,盈亏临界点也会提高。

(2)单位变动成本单独变动对盈亏临界点的影响。单位变动成本单独变动使得单位边际贡献或边际贡献率向相反方向变动,从而会改变盈亏临界点计算公式的分母,单位变动成本降低,边际贡献扩大,盈亏临界点降低;单位变动成本升高,边际贡献减少,盈亏临界点提高。因此,单位变动成本与固定成本一样,都会使盈亏临界点同方向变动。

(3)单价单独变动对盈亏临界点的影响。单价单独变动会引起单位边际贡献或边际贡献率相同方向变动,因而会改变盈亏临界点计算公式的分母。当单价上升时,边际贡献上升,盈亏临界点下降;单价下降时,盈亏临界点上升。因此,单价变动会使盈亏临界点呈反方向变动。

企业生产多品种产品时,产品品种结构变化及销售比重发生变化,将影响到加权边际贡献率,进而影响到盈亏临界点。

2.有关因素单独变动对安全边际的影响

一般而言,影响安全边际的因素有四个:固定成本 a、单位变动成本 b、单价 s 和现有或预计销售量 x。

(1)固定成本单独变动时的影响。由于固定成本单独变动会使盈亏临界点向同方向变动,因此,在现有或预计销售量不变时,固定成本升高,盈亏临界点提高,安全边际会减少。

(2)单位变动成本单独变动的影响。单位变动成本对安全边际的影响与固定成本相同,也将使安全边际与之呈反方向变动。

(3)单价单独变动的影响。单价单独变动会导致盈亏临界点呈反方向变动,因此,在现有或预计销售量不变时,单价变动将使安全边际向同方向变动。

(4)现有或预计销售量单独变动的影响。在固定成本、单位变动成本、单价等因素不变时,盈亏临界点也将不变,此时,若现有或预计销售量上升,安全边际也将扩大;反之,现有或预计销售量下降,安全边际也将下降。即安全边际与现有或预计销售量呈同方向变化。

三、盈利条件下的本量利分析

(一)实现目标利润有关因素的计算

企业经营的主要目的之一就是要实现目标利润,只有考虑了利润的本量利分析过程才是完整的本量利分析。本量利分析的基本公式如下:

$$P=sx-bx-a \tag{1}$$

公式中的字母含义同前。

1.实现目标利润业务量的计算

实现目标利润(简计作 TP)的业务量是指在单价和成本水平既定的前提下,为确保事先确定的目标利润的实现,而应当达到的销售量和销售额。根据公式(1),可得下列计算公式:

$$\text{实现目标利润的销售量}=\frac{\text{固定成本}+\text{目标利润}}{\text{单价}-\text{单位变动成本}}$$

$$=\frac{a+TP}{s-b}=\frac{a+TP}{cm}$$

$$\text{实现目标利润的销售额}=\text{单价}\times\text{实现目标利润的销售量}$$

$$=\frac{\text{固定成本}+\text{目标利润}}{\text{边际贡献率}}$$

$$=\frac{a+TP}{cmR}$$

【例 7-8】根据例 7-4 的资料,假定企业计划年度的目标利润 TP 为 30 000 元。要求计算实现目标利润的业务量。

[解] $\text{实现目标利润的销售量}=\frac{a+TP}{s-b}=\frac{30\ 000+30\ 000}{20-12}$

$$=7\ 500(\text{件})$$

$$\text{实现目标利润的销售额}=\frac{a+TP}{cmR}=\frac{30\ 000+30\ 000}{40\%}$$

$$=150\ 000(\text{元})$$

2. 实现目标利润的成本计算

在其他因素既定的条件下，成本水平应该达到多少才能实现目标利润。根据公式(1)，可得出下列公式：

$$实现目标利润的单位变动成本=\frac{销售额-固定成本-目标利润}{销售量}$$

$$=\frac{sx-a-TP}{x}=s-\frac{a+TP}{x}$$

$$=s-\frac{Tcm}{x}=s-cm$$

实现目标利润的固定成本＝销售额－变动成本－目标利润

$=sx-bx-TP=$ 边际贡献－目标利润

$=Tcm-TP=$ 销售额×边际贡献率－目标利润

$=sx\times cmR-TP$

【例 7-9】根据例 7-4 的资料，假定预计销售量为 8 000 件。要求计算在其他因素不变的情况下，单位变动成本应如何变化，才能实现目标利润 30 000 元？

[解] 实现目标利润的单位变动成本＝(20×8 000－30 000－30 000)÷8 000＝12.5(元)

即单位变动成本要从原来的 12 元上升到 12.5 元，才能实现目标利润。

【例 7-10】某企业生产一种产品，预计销售量 20 000 件，单位变动成本 15 元，边际贡献率 40%，目标利润 50 000 元。

要求：计算实现目标利润的固定成本。

[解] $bR=1-cmR=1-40\%=60\%$

$s=b\div bR=15\div 60\%=25$(元)

$a=25\times 20\,000-15\times 20\,000-50\,000=150\,000$(元)

或 $a=25\times 20\,000\times 40\%-50\,000=150\,000$(元)

3. 实现目标利润的单价计算

在其他条件已知的情况下，实现目标利润的单价可以用下式计算：

$$单价=\frac{变动成本+固定成本+目标利润}{销售量}$$

$$=单位变动成本+\frac{固定成本+目标利润}{销售量}$$

$$=单位变动成本+\frac{边际贡献总额}{销售量}$$

=单位变动成本+单位边际贡献

【例 7-11】某企业生产一种产品，固定成本 30 000 元，目标利润 25 000 元，销售量 10 000 件，变动成本率 60%。

要求：计算实现目标利润的单价。

[解] $cmR=1-bR=1-60\%=40\%$

$Tcm=a+TP=30\,000+25\,000=55\,000$（元）

$cm=Tcm\div x=55\,000\div 10\,000=5.5$（元）

$s=cm\div cmR=5.5\div 40\%=13.75$（元）

(二)经营杠杆系数

1. 经营杠杆系数的计算

在其他因素不变的情况下，产销量的变动一般不会改变固定成本总额，但会降低单位产品固定成本，产销量增加，能提高单位产品利润。这样，由于固定成本这种习性，会使利润的增长率大于销量的增长率，反之会使利润的下降率大于产销量的下降率。由于固定成本的影响而出现的利润变动率大于产销量变动率的现象，被称为经营杠杆。经营杠杆的大小一般用经营杠杆系数（*DOL*）表示，其理论公式为：

$$经营杠杆系数=利润变动率\div 产销业务量变动率$$

设在其他因素不变时业务量变动率为 x'，变动前的业务量为 x_0，变动后的业务量为 $x_l=x_0(1+x')$，利润变动率为 P'，变动前利润为 $P_0=cm_0x_0-a_0$，变动后的利润为 $P_l=cm_0x_l-a_0$。

$$\begin{aligned}P'&=(P_l-P_0)\div P_0=(cm_0x_l-cm_0x_0)\div P_0\\&=[cm_0x_0(1+x')-cm_0x_0]/P_0=cm_0x_0\cdot x'/P_0\end{aligned}$$

$$\begin{aligned}则经营杠杆系数\ DOL&=P'/x'=(cm_0x_0\cdot x'/P_0)/x'\\&=cm_0x_0/P_0\\&=\frac{基期边际贡献总额}{基期利润总额}\end{aligned}$$

【例 7-12】设某公司拟生产和销售甲产品 2 000 件，单价 100 元，单位变动成本 60 元，固定成本总额 20 000 元。预测下一年度的经营杠杆系数。

[解] 下一年度的经营杠杆系数

$$P_0=100\times 2\,000-60\times 2\,000-20\,000=60\,000（元）$$

$DOL = cm_0 x_0 / P_0 = (100-60) \times 2\,000 / 60\,000 = 1.33$

即利润的变动率是业务量变动率的 1.33 倍。

2. 经营杠杆系数的变动规律

(1)只要固定成本不等于零，经营杠杆系数恒大于 1。

因为 $a>0$ 时，$cmx-a=P$，

则 $cmx>P$，所以 $DOL>1$。

同理，当固定成本等于零时，经营杠杆系数等于 1。

(2)在其他因素不变的情况下，业务量上升，经营杠杆系数下降；业务量减少，经营杠杆系数增大。因为经营杠杆系数还可以表示为下式：

$$DOL = 1/(1-a/cmx)$$

从该式中可以看出，DOL 与 x 是反向变化的。

(3)在其他因素不变的情况下，固定成本上升，经营杠杆系数上升，二者的变动方向是相同的。经营杠杆系数与固定成本的关系可用下式表示：

$$DOL = 1 + a/P$$

(4)在其他因素不变的情况下，单价上升，经营杠杆系数下降，二者的变化方向相反。经营杠杆系数与单价的关系可用下式表示：

$$DOL = 1/[1-a/(s-b)x]$$

(5)当业务量变动的幅度一定时，经营杠杆系数越大，利润的变动幅度就越大，因而风险也就越大。

(6)经营杠杆系数与安全边际率是互为倒数的关系。因为

安全边际率＝安全边际÷销售收入

＝(销售收入－盈亏临界点销售额)÷销售收入

＝1－盈亏临界点销售额÷销售收入

$= 1-[a/(s-b)] \times s \div sx = 1-a/(s-b)x$

$= 1-a/cmx = P/cmx$

经营杠杆系数＝ cmx/P

所以，经营杠杆系数与安全边际率是互为倒数的关系。

3. 经营杠杆系数在利润预测中的应用

(1)预测业务量变动对利润的影响。

【例 7-13】已知某企业基期的边际贡献总额为 200 000 元，基期实现的利润为

100 000 元,若预测预算期销售量将提高 20%。

要求:计算预算期利润的变动率和利润预测额。

[解] DOL=200 000÷100 000=2

利润变动率=2×20%=40%

利润预测额=100 000×(1+40%)=140 000(元)

(2)预测保证利润实现的销售量变动率。

【例 7-14】 假定某企业基期实现的利润为 600 000 元,预测下年的目标利润为 720 000 元,企业下年经营杠杆系数为 2。

要求:测算保证目标利润实现的销售量变动率。

[解] 利润变动率=(720 000-600 000)/600 000×100%=20%

销售量变动率=20%÷2=10%

第三节 变动成本法

一、变动成本法及其与完全成本法的比较

分析成本性态,将成本分为固定成本和变动成本,这是管理会计的着手点。在此基础上,进行变动成本计算,能为企业的管理经营提供诸多重要的经济信息。

(一)变动成本法的含义及理论依据

变动成本法又被称为“直接成本法”(direct costing),或“边际成本法”(marginal costing),是指在组织常规的产品成本计算过程中,以成本性态分析为前提,只将变动生产成本作为产品成本的构成内容,而将固定生产成本及非生产成本作为期间成本,按贡献式损益确定程序计量损益的一种成本计算模式。

在变动成本法模式下,产品成本和期间成本的构成内容如图 7-9 所示。

- 成本
  - 变动成本
    - 变动生产成本(产品成本)
      - 直接材料
      - 直接人工
      - 变动性制造费用
    - 变动非生产成本(期间成本)
      - 变动性管理费用
      - 变动性销售费用等
  - 固定成本
    - 固定生产成本——固定性制造费用(期间成本)
    - 固定非生产成本(期间成本)
      - 固定性管理费用
      - 固定性销售费用等

图 7-9 变动成本法的成本构成

变动成本法产生以后，人们就把传统的成本计算模式称为“完全成本法”(full costing)。即在产品成本计算时，把直接材料、直接人工、变动性制造费用与固定性制造费用全部计入产品成本和存货成本，期间成本只包括非生产成本。由于将固定性制造费用也计入产品成本和存货成本，所以，这种成本计算模式又被称为“吸收成本法”(absorption costing)(又译为“归纳成本计算”)。

在完全成本法模式下，产品成本和期间成本的构成如图 7-10 所示。

- 成本
  - 生产成本（产品成本）
    - 直接材料
    - 直接人工
    - 制造费用
      - 变动性制造费
      - 固定性制造费用
  - 非生产成本（期间成本）
    - 管理费用
    - 销售费用等

图 7-10　完全成本法的成本构成

需要说明的是，西方的完全成本法与我国以前计算产品成本所使用的完全成本法是不一样的，西方的完全成本法就是我国现在的制造成本法，即产品成本只包括制造成本，而以前的完全成本法，除了包括制造成本外，还包括管理费用、财务费用等期间成本。

(二)运用举例

【例 7-15】大华公司 2008 年全年只生产一种甲产品，当年产量为 4 000 件，产品全部完工。期初没有存货，本期共销售产品 3 600 件，单价 200 元。甲产品的实际成本资料如下：

生产成本：360 000 元

　包括：直接材料 140 000 元

　　　　直接人工 80 000 元

　　　　制造费用 140 000 元

　　　　　其中：变动性制造费用 20 000 元

　　　　　　　　固定性制造费用 120 000 元

非生产成本：138 000 元

　包括：管理费用 38 000 元

　　　　其中：变动部分 2 000 元

　　　　　　　固定部分 36 000 元

　　　　销售费用 100 000 元

　　　　　其中：变动部分 20 000 元

固定部分 80 000 元

要求:分别按变动成本法和完全成本法确定产品成本,存货成本以及该年的营业净利润。

[解] (1)变动成本法下:

产品总成本＝变动生产成本＝140 000＋80 000＋20 000
＝240 000(元)

单位产品成本＝240 000/4 000＝60(元)

销货成本＝60×3 600＝216 000(元)

期末存货成本＝240 000－216 000＝24 000(元)

或期末存货成本＝(4 000－3 600)×60＝24 000(元)

营业净利润＝3 600×200－216 000－(120 000＋38 000＋100 000)
＝246 000(元)

(2)完全成本法下:

产品总成本＝140 000＋80 000＋140 000
＝360 000(元)

单位产品成本＝360 000/4 000＝90(元)

期末存货成本＝(4 000－3 600)×90＝36 000(元)

销货成本＝360 000－36 000＝324 000(元)

营业净利润＝3 600×200－324 000－(38 000＋100 000)
＝258 000(元)

(三)两种成本计算方法的比较

为了更深入地了解变动成本法的特点,现将其与传统的完全成本法加以分析比较。

1.应用的前提条件及产品成本和期间成本构成内容的比较

变动成本法是以成本性态分析为基础,将全部成本划分为变动成本和固定成本两大部分。完全成本法首先要求把全部成本按其经济用途分为生产成本和非生产成本。凡在生产环节为生产产品发生的成本就归属于生产成本,最终计入产品成本;发生在流通领域和服务领域由于组织日常销售或进行日常行政管理而发生的成本则归属于非生产成本,作为期间成本处理。

两种成本计算方法对固定性制造费用的处理是不同的。变动成本法将其与销售费用和管理费用等非生产成本一起作为期间成本来处理，产品成本只包含生产成本中的变动部分；而完全成本法则是把固定性制造费用与变动生产成本一道作为产品成本的构成内容，仅把销售费用及管理费用等非生产成本作为期间成本处理。

2. 销货成本和存货成本的计价比较

采用完全成本法时，无论是销货成本还是存货成本中均包含固定性制造费用，而采用变动成本法时，固定性制造费用被作为期间成本直接计入损益表，无须再转化为销货成本和存货成本，销货成本和存货成本中只包括变动生产成本。由此可见，完全成本法所确定的存货成本和销货成本均大于变动成本法所确定的水平。

3. 损益确定程序上的比较

两种成本计算方法在成本的计算内容上有区别，因此也会影响到营业净利润的计算。变动成本法以成本性态分类为前提，销售收入首先用来补偿变动成本，计算出边际贡献，然后再用以补偿固定成本，从而确定出营业净利润，我们将其称为“贡献式”损益确定程序。而完全成本法以成本按经济用途分类为前提，首先用销售收入扣减已销产品的销货成本，计算出销售毛利，然后用销售毛利减去非生产成本，从而确定出营业净利润。我们称其为“传统式”损益确定程序。

两种成本计算方法下不同的损益确定程序计算的分期损益及其所提供的信息有所不同，我们作一分析比较。

【例 7-16】仍以例 7-15 所列资料为依据。

要求：分别按两种成本计算方法编制损益表。

结果见表 7-4。

表 7-4　　**两种成本计算方法下的损益表**　　单位：元

传统式损益表	
销售收入(200×3 600)	720 000
销货成本	
期初存货成本	0
本期产品成本	360 000
期末存货成本	36 000
小计	324 000
销售毛利	396 000
非生产成本	
管理费用	38 000
销售费用	100 000
小计	138 000
营业净利润	258 000

续表 7-4

贡献式损益表	
销售收入(200×3 600)	720 000
变动成本	
销货成本(60×3 600)	216 000
变动销售费用	2 000
变动管理费用	20 000
小计	238 000
边际贡献	482 000
固定成本	
固定性制造费用	120 000
固定性管理费用	80 000
固定性销售费用	36 000
小计	236 000
营业净利润	246 000

从表 7-6 中我们可以发现,两种成本计算方法编制的损益表除了格式不同,他们所提供的信息指标也有所不同。按完全成本法所编制的传统式损益表提供了销售毛利以及各成本项目的资料。而按变动成本法编制的贡献式损益表则提供了边际贡献以及变动成本和固定成本等用于企业内部管理的信息资料。

二、两种成本计算法下分期营业净利润差额的简算法

(一)两种成本计算法下分期营业净利润差额分析举例

下面举例说明两种成本计算法下分期营业净利润之间差额的关系。

【例 7-17】表 7-5 是京华公司连续三年的有关产销业务量、成本以及售价等资料。

要求:根据资料,分别按两种成本计算方法确定各期营业净利润。

表 7-5　　京华公司三年业务量、成本以及售价资料汇总表

业务量(件)	第 1 年	第 2 年	第 3 年	合计
期初存货量	0	0	2 000	0
当年生产量	8 000	8 000	8 000	24 000
当年销售量	8 000	6 000	10 000	24 000
期末存货量	0	2 000	0	0

续表 7-5

售价、成本资料(元)		单位产品成本(元)			
		完全成本法		变动成本法	
每件售价	40	变动生产成本	20	变动生产成本	20
生产成本		固定生产成本	5.0		
单位变动成本	20				
固定成本总额	40 000				
销售及管理费用					
单位变动成本	0.6				
固定成本总额	16 400	单位产品成本	25.0	单位产品成本	20

几项假定：

(1)每期生产量指当期投产且全部完工产量(即各期期末均无在产品)

(2)每期销售量中不存在销售退回、折让和折扣问题

(3)各期成本水平不变(单位变动成本和固定成本总额均不变)

(4)各期售价不变(产品质量与市场销路不变)

(5)存货计价按照先进先出法

[解]按两种成本计算方法确定的营业净利润见表 7-6 所示。

表 7-6 **损益表** 单位:元

项目	第 1 年	第 2 年	第 3 年	合计
完全成本法				
销售收入	320 000	240 000	400 000	960 000
销售成本				
期初存货成本	0	0	50 000	0
本期生产成本	200 000	200 000	200 000	600 000
期末存货成本	0	50 000	0	0
小计	200 000	150 000	250 000	600 000
销售毛利	120 000	90 000	150 000	360 000
非生产成本				
销售及管理费用	21 200	20 000	22 400	63 600
营业净利润	98 800	70 000	127 600	296 400
变动成本法				
销售收入	320 000	240 000	400 000	960 000
销货成本	160 000	120 000	200 000	480 000
制造边际贡献	160 000	120 000	200 000	480 000
期间成本				
固定性制造费用	40 000	40 000	40 000	120 000
销售及管理费用	21 200	20 000	22 400	63 600
小计	61 200	60 000	62 400	183 600
营业净利润	98 800	60 000	137 600	296 400

比较两种成本计算方法编制的损益表及营业净利润数据，可以发现：

第1年，两种成本计算方法所求的营业净利润是相等的。这是由于期初期末存货量都是零，这种情况下，采用完全成本法时，随期初存货转入当期，或随期末存货转至下期的固定性制造费用都为零。所以从结果来看，两种成本计算方法的营业净利润相等。

第2年，按完全成本法计算的营业净利润比变动成本法计算的结果多10 000元(70 000－60 000)。这是由于该年期末存货量增加了2 000件，而完全成本法下单位产品负担的固定性制造费用为5元。因此，按完全成本法就要把期末存货2 000件中包含的固定性制造费用10 000元转入下一年度，本期已销产品只负担了30 000元的固定性制造费用，而变动成本法将该期的固定性制造费用40 000元全部计入当期损益。因此，按完全成本法确定的营业净利润会比变动成本法的结果多10 000元。

第3年，按完全成本法计算的营业净利润比变动成本法的结果少10 000元(127 600－137 600)。这是由于该年的期末存货量为0，而期初存货量为2 000件，采用完全成本法把上年转来的期初存货2 000件所释放的固定性制造费用10 000元(5×2 000)转为本期的销货成本，而本期期末存货为0，也即期末未吸收固定性制造费用至下期。由此，按完全成本法计入本期销货成本的固定性制造费用为50 000元，较按变动成本法的40 000元多出10 000元。所以造成了完全成本法确定的营业净利润较变动成本法少10 000元。

从长期来看，企业的产销应该趋于一致，无论按完全成本法计入销货成本中的固定性制造费用，还是按变动成本法直接计入各期损益的固定性制造费用，其总额也趋于相同，因而两种成本计算方法所确定的营业净利润应该趋于一致。

(二)两种成本计算法下分期营业净利润出现差额的根本原因

通过对两种成本计算方法中成本的流程以及营业净利润的计算公式比较分析，可以发现：

第一，销售收入在两种成本计算方法中，计算及结果完全相同，不会导致两者之间营业净利润出现差异。

第二，尽管两种成本计算方法对非生产成本计入损益表的位置和补偿途径不同，但实质都是将其作为期间成本，在当期收入中全部扣除，因而也不会导致两种成本计算方法营业净利润之间出现差额。

第三，变动生产成本在两种成本计算方法中均为构成产品成本的内容，随产品成本的流转而流转，因而也不会使分期营业净利润出现差异。

第四，只有固定性制造费用在两种成本计算方法中处理方式不同，这是两种成本计算方法的直接区别。完全成本法将固定性制造费用分配计入产品成本，随产品实体的流转而流转；而变动成本法将其作为期间成本的一部分，直接计入当期损益，这将导致两种成本方法计算的分期营业净利润可能出现差别。

两种成本计算方法确定的分期营业净利润出现差额的根本原因在于两种成本计算方法计入当期损益的固定性制造费用水平不同。因为在变动成本法中，计入当期损益的是当期发生的全部固定性制造费用；而在完全成本法中，计入当期损益表的固定性制造费用数额，不仅受到当期发生的全部固定性制造费用水平的影响，而且要受到期初存货和期末存货的影响，所以，两种成本计算方法确定的分期营业净利润之间出现的差额，又具体表现为完全成本法下的期末存货吸收的固定性制造费用与期初存货释放的固定性制造费用之间的差异。

在其他条件不变的情况下，只要某期完全成本法中期末存货吸收的固定性制造费用与期初存货释放的固定性制造费用的水平不同，就意味着两种成本计算方法计入当期损益表的固定性制造费用的数额不同，结果必然会使两种成本计算方法确定的当期营业净利润不相等。如果某期完全成本法中期末存货吸收的固定性制造费用与期初存货释放的固定性制造费用的数额相等，就意味着两种成本计算方法计入当期损益表的固定性制造费用数额相同，两种成本计算方法下的当期营业净利润必然相等。

上述关系可由下列公式证明：

完全成本法计入当期损益表的固定性制造费用 = 期初存货释放的固定性制造费用 + 本期发生的固定性制造费用 − 期末存货吸收的固定性制造费用　　(1)

变动成本法计入当期损益表的固定性制造费用 = 本期发生的固定性制造费用　　(2)

两种成本计算计入当期损益表的固定性制造费用差额 = (1) − (2) = 完全成本法期初存货释放的固定性制造费用 − 完全成本法期末存货吸收的固定性制造费用　　(3)

在其他因素（销售收入、变动成本、非生产成本）相同的情况下，则下式成立：

完全成本法与变动成本法确定的当期营业净利润差额 = −(3) = 完全成本法期末存货吸收的固定性制造费用 − 完全成本法期初存货释放的固定性制造费用　　(4)

通过表 7-6 反映的两种成本计算方法确定的分期营业净利润差额，来验证(4)式。

第 1 年，完全成本法与变动成本法确定的分期营业净利润差额＝98 800－98 800＝0－0＝0。

第 2 年，完全成本法与变动成本法确定的分期营业净利润差额＝70 000－60 000＝2 000×5－0＝10 000(元)。

第 3 年，完全成本法与变动成本法确定的分期营业净利润差额＝127 600－137 600＝0－2 000×5＝－10 000(元)。

用(4)式不仅能准确揭示两种成本计算方法下分期营业净利润出现差额的原因，也有助于简化两种成本计算方法下分期营业净利润差额的计算过程。

(三)两种成本计算方法下分期营业净利润差额的简算法

我们已经发现两种成本计算的分期营业净利润不相等的根本原因是完全成本法下期末存货吸收的固定性制造费用与期初存货释放的固定性制造费用数额不相等。由此也可总结出两种成本计算方法下分期营业净利润差额的一般变化规律：

(1)若完全成本法期末存货吸收的固定性制造费用等于期初存货释放的固定性制造费用，则两种成本计算方法确定的营业净利润必然相等，其差额等于零。

(2)若完全成本法期末存货吸收的固定性制造费用大于期初存货释放的固定性制造费用，则两种成本计算方法确定的营业净利润差额必然大于零，即按完全成本法确定的营业净利润一定大于按变动成本法确定的营业净利润。

(3)若完全成本法期末存货吸收的固定性制造费用小于期初存货释放的固定性制造费用，则两种成本计算方法确定的营业净利润差额必然小于零，即按完全成本法确定的营业净利润一定小于按变动成本法确定的营业净利润。

对上面反映两种成本计算方法下分期营业净利润出现差额根本原因的公式(4)进行整理，即可得到下式：

$$\text{两种成本计算方法当期营业净利润差额}=\text{完全成本法期末存货的单位固定性制造费}\times\text{期末存货量}-\text{完全成本法期初存货的单位固定性制造费用}\times\text{期初存货量}$$

用完全成本法期末及期初存货量以及它们各自单位产品所包含的固定性制造费用这四项因素，来计算两种成本计算方法下分期营业净利润的差额，就是差额的简算法。

三、两种成本计算方法的优缺点及配合使用

(一)两种成本计算方法的优缺点

1. 变动成本法的优缺点

(1)变动成本法的优点。

第一,充分体现了"费用与收入相配比"这一公认的会计原则。变动成本法将生产成本按成本性态分为变动成本和固定成本。固定生产成本同产品生产没有直接联系,是为保持生产能力并使它处于准备状态而引起的,只是随着时间的推移而消失,故应将其与非生产成本一同列作期间费用。这与"权责发生制"是相吻合的。

第二,能提供有效的管理信息,强化企业的经营管理。变动成本法所提供的变动生产成本和边际贡献资料,对企业的经营管理最为有用。因为它们揭示了业务量与成本、利润变化的内在规律,提供了各种产品盈利能力等重要信息。有利于企业的经营管理者深入地进行本量利分析,有利于进行短期经营决策。

第三,便于分清各部门的经济责任,有利于进行成本控制与业绩评价。变动成本是以成本性态分析为基础,它所提供的成本资料,对于加强成本控制和科学地进行成本分析有以下几方面的优越性:①可以把由产量变动所引起的成本升降同由于成本控制工作的好坏而造成的成本升降清楚地区别开来;②便于成本责任的归属和业绩评价。

第四,促使管理当局重视销售环节,防止盲目生产。采用变动成本法,不但可以排除产量变动对单位产品成本的影响,同样也便于分析企业的利润指标。在销售单价、单位变动成本、销售结构(多品种生产)不变的情况下,采用变动成本法,不管产量变动与否,如何变动,营业净利润与销售量是保持同向变动,避免了完全成本法下的反常现象,这样就可以促使管理当局特别重视销售环节,注意研究市场动态,搞好市场预测,做到以销定产。

第五,可以简化产品成本计算。采用变动成本法,把固定性制造费用列作期间成本,从边际贡献中扣除,这样就使产品成本计算中的费用分摊工作大大简化,且可以减少成本计算中的主观随意性。这一优点在生产多品种的企业中尤为突出。

正是由于变动成本法具有上述优点,因而美国会计学会(AAA)、美国会计人员联合会(NAA)的许多会员以及一些大企业的经理和管理会计学家们都认为变动成本法不仅适用于内部管理,也适用于外部报告。但由于种原因,目前在对外报告方面,仍沿用完全成本法。

(2)变动成本法的局限性。

第一,变动成本法不符合传统成本概念的要求。由于变动成本法计算的产品成本只包括变动生产成本,而不包括固定生产成本,因此产品成本不能反映产品生产的全部耗费,这与传统成本概念不符。

第二,变动成本法不能适应长期决策的需要。长期决策要解决的是增加或减少生产能力,以及扩大或缩小经营规模的问题。从长远来看,固定成本不可能不发生变动,单位变动成本也会由于技术进步和通货膨胀等因素的影响而发生变动。因此,变动成本法所提供的信息资料,一般不能适应长期决策的需要。

第三,变动成本法不便于定价决策。在进行产品定价决策时,既应考虑变动成本,也应考虑固定成本,它们都应该得到补偿。但由于变动成本法所确定的产品成本只包括变动生产成本,不包括固定性制造费用,使产品成本不能反映产品生产的全部消耗,不能直接进行定价决策。

第四,采用变动成本法时会影响有关方面的利益。由完全成本法改为变动成本法时,一般要降低期末存货的计价,因而也就会减少企业当期的利润,从而会暂时减少国家的税收收入和投资者的股利收益,影响有关方面及时获得收益。

第五,变动成本与固定成本的划分比较困难。将成本划分为固定成本和变动成本是应用变动成本法的前提,但在固定成本与变动成本的划分上有一定的假定性,而且有些还需要复杂的数学计算。

2.完全成本法的优缺点

(1)完全成本法的优点。

完全成本法符合人们对产品成本的传统看法:产品成本"是为了获得某些产品或劳务而作出的一切价值牺牲",因此,不论变动生产成本还是固定生产成本都应作为产品成本的构成要素。

按完全成本法计算产品成本,随着产量增加,单位产品分摊的固定性制造费用减少,从而使单位产品成本降低,能够刺激生产的积极性,有助于扩大生产规模。

(2)完全成本法的缺点。

第一,完全成本法下的单位产品成本不仅不能反映生产部门的真实业绩,而且也会掩盖或扩大其生产实绩。

第二,采用完全成本法所确定的分期损益,其结果往往难于为管理部门所理解,甚至会鼓励企业片面追求产量,盲目生产,造成积压和浪费。

第三,采用完全成本法必然有固定性制造费用的分摊工作,工作量大而且有很大主观随意性。

第四,完全成本法所提供的信息,不能满足企业预测、决策的需要,不利于企业优化管理。

(二)两种成本计算方法的配合使用

虽然按变动成本法计算的产品成本和期间利润更容易为管理层所接受,但目前的会计准则仍然要求对外提供的会计报表以完全成本法为基础编制。在这种情况下,就产生了两种成本计算方法结合运用的问题。由于变动成本法有显著优点,而对外财务报表只是定期提供,因此,比较现实可行的办法是在日常按变动成本法组织核算,随时提供能够满足企业内部需要的管理信息,然后定期将变动成本法确定的成本与利润信息调整为按完全成本法模式反映的信息资源,以满足企业外部信息利用者的需要。下面具体说明单轨制下两种成本计算方法的配合使用。

1.账务处理

按照单轨制的原则,平时的成本计算按变动成本法进行,然后定期调整为完全成本法模式反映的信息资料。因此,我们可在日常核算时,设置"生产成本"、"库存商品"等科目,且只核算直接材料、直接人工和变动性制造费用;同时,设置暂记科目,如"固定性制造费用"和"存货中的固定性制造费用"科目。

定期调整为按完全成本法反映的信息资料时,可将本期已销产品应负担固定性制造费用转入"本年利润"科目,将变动成本法下的分期营业净利润调整为按完全成本法反映的结果。同时,将"存货中的固定性制造费用"科目的余额,并入"生产成本"和"库存商品"科目,以便在资产负债表中按完全成本法反映存货价值。

需要指出的是,在单轨制下,必须运用两种成本计算方法下营业净利润差额的简算法。

2.简算法的运用

在单轨制下,日常按变动成本核算进行,定期需要调整为对外报告需求的信息时,可按营业净利润差额简算法公式进行,先计算出完全成本法下期末存货应当吸收的固定性制造费用,进而计算出一定时期内两种成本计算方法下的营业净利润差额,最后把按变动成本法确定的营业净利润调整为完全成本法的结果。调整公式如下:

$$\text{完全成本法下的营业净利润额}=\text{变动成本法下的营业净利润}+\text{按简算法计算的营业净利润差额}$$

两种成本计算方法下的当期营业净利润差额简算法前已述及,公式即为:

$$\text{完全成本法与变动成本法下的当期营业净利润差额}=\text{完全成本法下期末存货的单位固定性制造费用}\times\text{期末存货量}-\text{完全成本法下期初存货的单位固定性制造费用}\times\text{期初存货量}$$

同时，应将日常按变动成本法确定的存货成本调整为完全成本法的数额，即：

$$\text{完全成本法下的期末存货成本} = \text{变动成本法下的期末存货成本} + \text{期末存货应吸收的固定性制造费用}$$

【例 7-18】某企业只生产一种产品，期初没有存货，本年生产量为 40 000 件，全年销售量为 36 000 件，存货计价采用先进先出法。甲产品单价 10 元，生产成本中，每件变动成本为 6 元(其中：直接材料 3.6 元，直接人工 2 元，变动性制造费用 0.4 元)，固定性制造费用全年发生额 20 000 元，变动性销售及管理费用为销售收入的 10%，固定性销售及管理费用全年共 10 000 元，产品已全部完工入库。

要求：按单轨制原则，进行完全成本法与变动成本法核算。

[**解**] 按照单轨制原则，日常可按变动成本法进行核算，如图 7-11 所示。

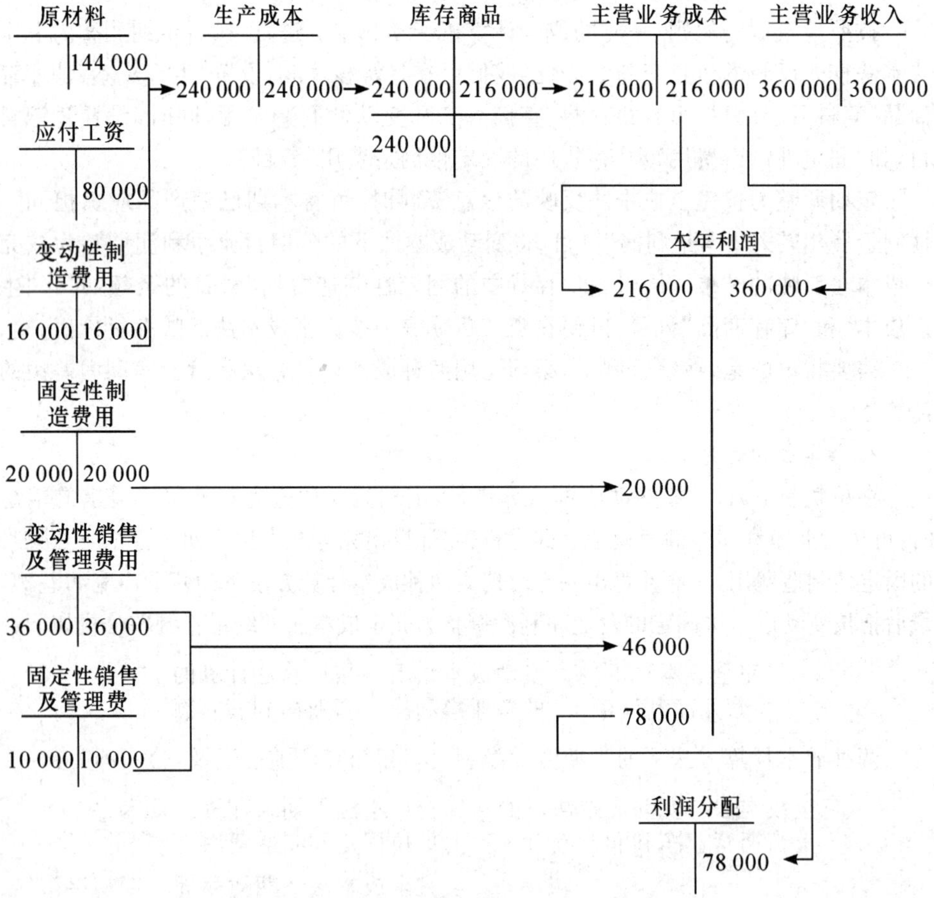

图 7-11 按变动成本法进行的日常核算

定期对外提供会计报表时，需要对按变动成本法的结果进行如下调整：

完全成本法下期末存货吸收的固定性制造费用 $= \frac{20\,000}{40\,000} \times (40\,000 - 36\,000) = 2\,000$(元)

完全成本法与变动成本法下的营业利润差额 $= 2\,000 - 0 = 2\,000$(元)

完本成本法下的营业净利润 $= 78\,000 + 2\,000 = 80\,000$(元)

完全成本法下的期末产成品存货成本 $= 24\,000 + 2\,000 = 26\,000$(元)

思　考　题

1.什么是成本性态？成本性态分类有何意义？可以分为几类？

2.什么是相关范围？相关范围对成本性态有何影响？

3.什么是边际贡献？有何表现形式与特性？

4.什么是盈亏临界点？如何测算？

5.什么是安全边际？它有哪些形式？如何计算？与利润有何关系？

6.什么是经营杠杆系数？如何计算？

7.变动成本法与完全成本法对直接材料、直接人工、变动性制造费用、固定性制造费用、变动性销售及管理费用、固定性销售及管理费用这些项目的处理有何异同？

8.采用变动成本法与完全成本法编制的损益表有何不同？

9.如何运用差额简算法计算完全成本法与变动成本法营业净利润差额？

练　习　题

习题一

1.目的：理解成本性态的含义。

2.资料：以下是甲公司的几项成本：

(1)组成产品实体的原材料。

(2)生产产品的工人计件工资。

(3)车间主任的工资。

(4)车间水电费。

(5)按工作量法计提的生产设备折旧费。

(6)公司广告费。

(7)各项办公费。

(8)按直线法计提的固定资产折旧费。

3.要求:请判断它们分别属于何种成本性态。

习题二

1.目的:练习成本性态分析方法。

2.资料:某公司销售量和销售成本资料如下表:

月份	销售量(千件)	销售成本(千元)
1	3	5
2	4	6
3	2	4
4	6	7

3.要求:

(1)用高低点法建立成本模型。

(2)用回归直线法建立成本模型。

(3)预测销售量为7千件时的总成本。

习题三

1.目的:练习本量利分析方法。

2.资料:某企业生产经营甲产品,单位变动成本为30元,预计销售600件,固定成本8 000元,目标利润4 000元。

3.要求:测算实现目标利润的产品单价。

习题四

1.目的:练习特殊情况下的本量利分析方法。

2.资料:某企业生产的产品有关资料如下表:

(1)单一产品。

企业	单价(元)	销售量(件)	变动成本(元)	固定成本(元)	单位边际贡献(元)	税前利润(元)
甲		600	18 000		20	2 000
乙	60			12 000	30	9 000
丙	40	500	5 000	16 000		

(2)多种产品。

企业	销售额	变动成本	边际贡献率	固定成本	税前利润
甲	40 000		20%		2 000
乙		28 000		12 000	30 000
丙	56 000	39 200		6 800	

3. 要求：计算表中的未知数。

习题五

1. 目的：练习特殊情况下的本量利分析方法。

2. 资料：某企业经营一种产品，正常销售量为 8 000 件，实际销售量为 7 000 件。单价 50 元，单位变动成本 30 元，固定成本 120 000 元。

3. 要求：

(1)计算保本作业率、安全边际和销售利润率；

(2)如果其他条件不变，要求销售利润率达到 16%，销售量应为多少？

习题六

1. 目的：练习特殊情况下的本量利分析方法。

2. 资料：某企业生产经营一种产品，基期单价为 60 元，单位变动成本为 36 元，销售量为 1 000 件，固定成本为 20 000 元。

3. 要求：

(1)计算基期盈亏临界点销售额和税前利润；

(2)计算各因素的利润敏感性系数；

(3)如果计划期的目标利润预计为 6 000 元，测算在其他因素不变的情况下，各有关因素应如何变动才能实现目标利润。

习题七

1. 目的：练习变动成本法和完全成本法的应用。

2. 资料：假定黄河公司 2005 年和 2006 年只产销一种产品，其产量、售价、成本等有关资料如下。

直接材料：每件 5 元

直接人工：每件 8 元

该产品的最终边际贡献率：50%

制造费用：

单位变动制造费用:7 元

固定性制造费用总额:60 000 元

销售及管理费用:

单位变动销售及管理费用:5 元

固定销售及管理费用总额:48 000 元

	2005 年	2006 年
生产量(件)	10 000	8 000
销售量(件)	8 000	9 000
期初存货(件)	0	2 000

3. 要求:

(1)采用两种成本法确定 2005 年和 2006 年的期末存货成本;

(2)采用两种成本法编制两年的损益表;

(3)说明两种成本法计算的营业净利润为何不同,并采用简算法验证。

习题八

1. 目的:练习两种成本法的综合应用。

2. 资料:永安公司过去对外公开的损益表,一贯采用完全成本法编制,其连续三年的简明资料如下表:

摘要	2005 年	2006 年	2007 年
销售收入	80 000	48 000	96 000
销售成本	50 000	30 000	60 000
销售毛利	30 000	18 000	36 000
销售及管理费用	15 000	15 000	15 000
营业净利润	15 000	3 000	21 000

假定该公司产品的单位变动生产成本为 3 元,其固定生产成本系按每件 2 元的基础分摊于产品。该公司最近三年的产销情况如下:

摘要	2005 年	2006 年	2007 年
生产量(件)	10 000	10 000	10 000
销售量(件)	10 000	6 000	12 000

3. 要求回答:不用按变动成本法编制损益表的方法,可否知道两种成本法所确定的营业净利润是否相等?如不相等,按变动成本法计算的结果是多少?

第八章

短期经营决策

本章导读

- 决策及短期经营决策概述
- 定价决策
- 生产决策
- 存货决策

第一节 决策及短期经营决策概述

一、决策的意义和分类

(一)决策的意义

所谓决策,是指人们为了实现一定的目标,借助于科学的理论和方法,进行必要的计算、分析和判断,进而从可供选择的诸方案中,选取最优方案的过程。决策是一种创造性的管理活动。就决策的一般意义来讲,它涉及到政治、经济、军事、文化、教育、科学、技术等各个领域。本书所指的决策显然仅限于企事业单位经济管理方面的决策。换言之,本书所讨论的决策问题特指"经济决策"。决策分析是指为做出正确决策而对各种备选方案进行比较分析、权衡利弊、从中选优或决定取舍的整个过程。决策分析具有目的性、科学性、可选择性和决断性等特点。决策分析的重要意义在于:它具有"媒介"作用,连接着目标与实际结果;它具有"导航"作用,表现为避免盲目性,减少风险性;它具有"工具"作用,借助于它,可以实现决策科学化。

(二)决策的分类

决策涉及面较广,需要解决的问题也较多,这决定了决策的多样化。不同种类的决策所需要的信息,考虑的重点及其采用的方法有所不同。因此,决策可以按照不同的标准进行分类。

1.按照决策规划时期的长短分类,可分为短期决策和长期决策两类

短期决策通常是指那些决策产生的结果只涉及一年以内的经营业务,并只对该期间内企业的生产经营活动产生影响的决策问题。其主要特点是:①投资额较小,涉及时间较短;②一般不考虑货币的时间价值和投资的风险价值;③其侧重点在于资源的使用效益,即有效地组织企业现有的生产经营活动,合理利用经济资源。在企业中诸如生产问题决策就属于短期决策。

长期决策通常是指那些决策产生的结果涉及一年以上,并将在较长的期间内对企业的生产经营活动产生重要影响的决策问题,也称资本投资决策。其主要特点是:①一般需要投入大量的资金,并将在相当长的时间内对企业生产经营产生重要影响;②由于投资额大,涉及的时间较长,因此,需要考虑货币的时间价值和投资的风险价值;③其侧重点在于资源的配置效益,并力求使得资源配置效益与使用效益得到统一。在企业中诸如固定资产的购建与更新改造决策等就属于长期决策。

2.按照决策条件的肯定程度分类,可分为确定型决策、风险型决策和不确定型决策三类

确定型决策是指与决策相关的客观条件或自然状态是确定的,决策者事先可以确知决策结果的各种决策。例如,将钱存入银行,可确知一年后的利息收入。

风险型决策是指决策者事先可以知道决策的可能结果及其出现各种结果的可能性即概率的各种决策。例如,投硬币出现正反两面的可能性均为50%。

不确定型决策是指决策者事先不知道决策可能出现的结果,或者虽然知道决策的可能结果但不知道出现各种结果的概率的各种决策。例如,进行股票投资,投资人事先无法确知未来能达到的投资报酬率。

3.按照决策方案之间的关系分类,可分为采纳与否决策、互斥选择决策和优化组合决策三类

采纳与否决策是指对各自独立存在,不受企业任何方案影响的不同方案的决策。独立方案只需判断方案本身的可行性,不必择优。企业中诸如亏损产品应否停产的决策就属此类。

互斥选择决策是指对不能同时选取,选取某个方案必须以排除其他方案的选取为条件的各种方案的决策。互斥方案决策不仅要判断方案本身的可行性,而且

还要对可行方案择优。企业中零部件外购还是自制就属于互斥选择决策。

优化组合决策是指若干方案可以同时并存,但在资源约束的条件下,如何将这些方案进行优化组合,使其综合经济效益达到最优化的决策。企业中诸如在生产能力约束的条件下,生产不同产品的最优组合决策,或在资本总额约束条件下,不同投资项目的最优组合决策就属于优化组合决策。

4.决策的其他分类

决策还可以按其他标准进行分类。按照决策本身的重要程度,可分为战略决策和战术决策;按照决策层次的高低,可分为高层决策、中层决策和基层决策;按照相同决策出现的重复程度,可分为程序性决策和非程序性决策等。

二、决策的原则和程序

(一)决策的原则

为保证决策结果的科学、合理,决策应坚持以下几个原则:

(1)"四结合"原则。即在决策分析过程中力求做到内部条件分析与外部环境分析相结合,定性分析与定量分析相结合,短期利益分析与长期利益分析相结合以及局部效益分析和整体效益分析相结合。

(2)信息可靠原则。即决策过程中收集的信息必须做到全面、准确、可信度高,这是保证决策结果正确的必要前提。

(3)方案可行原则。这要求拟定的备选方案在技术上、经济上都切实可行,否则,决策分析就会失去其现实意义,决策结果也难以落实。

(4)效益满意原则。指经济效益和社会效益两方面都必须达到"满意"程度。这里的"满意"较之理论上的"最优"更具实际意义。两利相权取其重,两弊相衡取其轻,都可视为"满意"。

(二)决策的程序

决策是一个提出问题、分析问题和解决问题的系统分析过程,一般程序如下:

(1)提出决策问题,确定决策目标。决策目标通常具有三个方面的特性:即成果的可计量性(数量性)、时间的确定性和责任的明确性。

(2)广泛收集资料,拟定备选方案。围绕决策目标,广泛收集各种资料,包括数量资料和非数量资料,考虑各种可能性,拟定各种可能方案,以备选择。

(3)评价备选方案,选定最佳方案。在备选方案中,通过定量、定性分析比较,全面权衡,确定出最优行动方案或决定某特定方案的取舍。

(4)组织实施方案,跟踪监督反馈。在方案实施过程中,要建立信息反馈系统。决策者要根据反馈信息,采取各种相应的措施。

三、短期经营决策的方法

短期经营决策是指决策结果只会影响或决定企业近期(一年或一个经营周期)经营实践的方向、方法和策略,侧重于从资金、成本、利润等方面对如何充分利用企业现有的资源和经营环境,以取得尽可能大的经济效益而实施的决策。在短期经营决策中,需要通过比较不同备选方案经济效益的大小进行最优化选择。

企业的短期经营决策涉及的问题很多,不同的决策问题必然要采用不同的决策分析方法。这里主要介绍确定型生产经营决策常用的基本方法。

(一)差量分析法

所谓差量分析法,就是根据两个备选方案的差量收入与差量成本的比较来确定哪个方案较优的方法。其中,差量收入是指两个备选方案的预期收入的差异数;而差量成本则是两个备选方案的预期成本的差异数。如果差量收入大于差量成本,则前一个方案较优;反之,若差量收入小于差量成本,则后一个方案较优。应该注意的是:计算差量收入和差量成本的方案排列顺序必须保持一致。采用差量分析法的关键在于进行决策时,只考虑那些对备选方案的预期收入和预期成本会发生影响的项目;至于那些不相关的因素,则一概予以剔除。另外,这个方案所做出的结论,只是从两个备选方案中选择一个较好的,如果有两个以上的备选方案,可分别两个、两个地进行比较分析,最终再以能提供最大经济效益和社会效益的方案作为最优方案。企业生产哪种产品的决策,是否接受追加订货的决策,半成品进一步加工还是出售的决策等都常采用差量分析法。

(二)边际贡献分析法

边际贡献分析法就是通过对比各备选方案所提供的边际贡献总额的大小来确定最优方案的决策方法。其基本程序是:先计算各备选方案的边际贡献总额,其中最大值相应的方案为最优方案。其理论前提是在生产经营决策中,一般不改变生产能力,固定成本总额通常不变。以利润作为价值标准进行决策时,只需要比较各方案能够提供的边际贡献总额。边际贡献分析法的应用条件是:各备选方案的固定成本相同,无专属固定成本发生。如有专属固定成本发生,则应从计算出的边际贡献总额中扣除。此种方法主要适用于不改变生产能力和经营规模条件下有关经营问题的决策。

(三)本量利分析法

本量利分析法是根据各备选方案的成本、业务量、利润三者之间的依存关系来确定在什么情况下哪个方案较优的方法。在短期经营决策中,应用本量利分析法的关键在于确定成本平衡点。成本平衡点是指两个备选方案的预期成本相等时的业务量。确定了成本平衡点,就可根据备选方案成本、业务量和利润之间的依存关系来确定不同业务量范围内的较优选择。之所以能依据成本平衡点来衡量有关方案的优劣,是由于不同的备选方案,其预期固定成本总额可能不同,预期单位变动成本也可能不同,但在某一特定的业务量点上,不同备选方案的预期总成本却可能相等。如果不同备选方案的单位收入相同,那么这个特定的业务量点上,不同备选方案的预期利润也相等。在以成本平衡点为分界点的不同业务量范围段上,预期总成本较低的备选方案也就是预期利润较高的方案,其应是相应业务量范围内的最优方案。如外购条件发生变化时零部件的取得方式决策、产品的生产工艺选择等都可采用该法。

(四)线性规划法

线性规划法是专门用来对具有线性联系的极值问题进行求解的一种数学方法,它能使管理者在若干约束条件下,对人、财、物等有限资源的使用做出合理安排,从而以最低化的成本获得最大的经济效益。

属于线性规划的问题,首先必须明确一个目标函数,也就是通过函数形式表现的在一定条件下可能达到的结果;其次是必须有若干约束条件,即在追求目标函数值最优时,要遵守这些条件的约束;再次是目标函数及约束条件,必须具有线性关系。在企业的经营决策中,许多问题就属于在一定约束条件下,进行最优化决策的问题。如企业在现有生产条件下,产品的最优生产组合,就需要采用该法解决。

第二节　定价决策

定价决策是指选择最适当的销售价格水平以便提供较大效益的一种短期经营决策。一般说来,产品销售价格与销售数量、单位成本和销售利润的大小均有直接联系。定价是否合理,直接影响着销售数量,而销售数量的多少又决定着生产数量的高低,并影响产品成本的水平和盈利的多寡。因此,定价决策的适当与否直接关系着企业的生存和发展。企业管理当局必须作出合理的定价决策,以保证企业的长远利益和最佳经济效益的实现。

一、定价决策应考虑的因素

(一)商品的价值

价格是商品价值的货币表现,商品价值是形成价格的基础,也是价格波动的中心,因此,定价决策首先应考虑商品的价值及价值规律的要求。

(二)成本的约束

成本既是补偿生产耗费的尺度,同时,也是定价的主要依据之一。因为,企业生产并销售产品,在主观上总是期望产品的价格必须足以回收产品的生产和销售成本并为投资者提供足够的利润,因此,产品成本客观上成了定价时重要的约束因素。

(三)商品的质量

"优质优价"是价值规律在市场上的直观体现,所以,定价时必须考虑商品的质量因素,以便针对不同的质量等级确定不同的价格策略。从某种程度上讲,商品的质量是商品价格的决定因素之一。

(四)供求关系

市场上某种商品的供求关系影响该种商品的价格,商品价格又对供求关系产生影响,二者互相制约。价格提高,需求减少,价格回落,需求增加;供大于求,价格回落,供小于求,价格上升,这是价值规律的客观反映。因此,确定商品价格时,必须考虑并尽力反映当时的供求关系。

价值规律主要是通过价格的波动来表现的。价格下降,使生产规模缩小,从而供不应求又使价格上升;价格上升,又使生产规模扩大,从而供过于求又使价格下降。当供求平衡时所对应的市场价格及商品供应量称为"供求平衡点"。上述供求价格关系如图 8-1 所示。

图 8-1 中,S 表示供应曲线,D 表示需求曲线,二者交于 F 点,即"供求平衡点",此时的供应量与需求量相等,约为 6 万件,对应的价格为 3 元/件。从图中可以看出,如果价格提高到 8 元,供应量将上升到 10 万件,而需求量下降到 2 万件;反之,若价格下降,供应量会随之下降,而需求量却会急剧上升。很显然,F 点不是

固定不变的，它将随着供求量和价格的变化而不断变动。

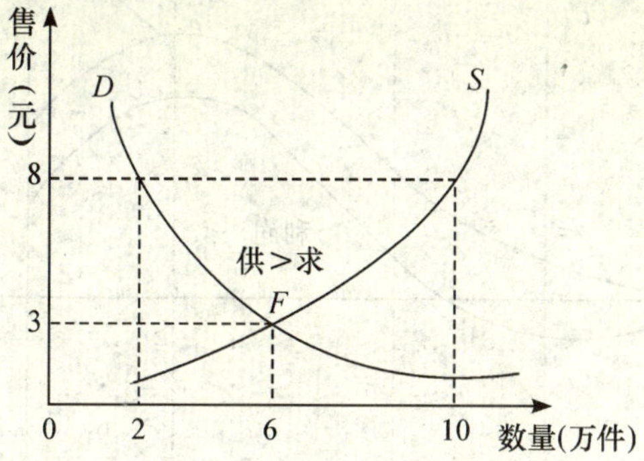

图 8-1 供求关系图

(五)价格弹性

价格弹性是指价格变化所引起的产品需求量改变的程度，一般用价格需求弹性系数(简称弹性系数)来反映。设 P_0 和 Q_0 分别为初始售价和初始需求量，P_1 和 Q_1 分别为新售价和新需求量，则"弹性系数"可由下式取得：

$$E=\frac{(Q_1-Q_0)/Q_0}{(P_1-P_0)/P_0}$$

即：需求弹性系数等于需求量变动率与售价变动率之商。

由于价格和需求变动的方向相反，所以，一般用 E 值的绝对值来进行比较。数值越大，说明价格稍有变动，需求量就会变动很大，如高价耐用消费品就属于这种情况；数值越小，说明价格虽有较大变动，需求量却变动很小，如由于生理因素决定的日常生活必需品就是如此。明确价格弹性原理，对定价决策分析有重要指导意义，对于价格弹性不同的产品应该分别采用不同的定价策略。

(六)产品生命周期

产品从进入市场开始到完全退出市场为止所经历的全部时间称为产品生命周期。一般把产品生命周期划分为进入期、成长期、成熟期(饱和期)和衰退期四个阶段，如图 8-2 所示。不同产品的生命周期及各阶段时间长短不尽相同。产品处于不同阶段，其需求变化规律也不同。了解产品生命周期，对于定价决策的意义就在于：根据产品在不同阶段的需求变化规律，采取与之相适应的定价策略，确定产品的适当价格。

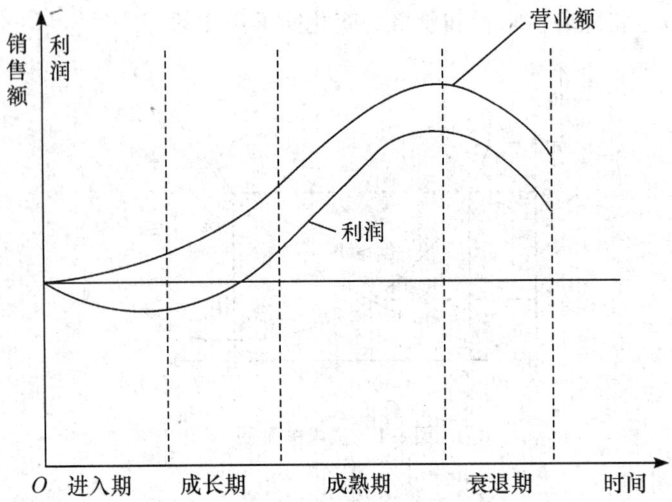

图 8-2 产品生命周期图

(七)其他因素

产品定价，除考虑以上主要因素外，还需要考虑其他一些相关因素，如竞争目标、竞争对手的实力、潜在购买者的购买力和购买心理、企业当时的生产能力是否饱和以及供求关系的不确定性等。

二、定价决策的方法

(一)成本加成定价法

成本加成定价法就是先求成本基数，再在这一基数上加上预计的百分率，即为目标售价。成本加成定价法中的成本，即为产品计算之成本，由于完全成本计算法与变动成本计算法求出的单位产品成本的内涵各不相同，所以加成的内容也各有差异。

1. 完全成本加成定价法

完全成本加成定价法又称全额成本加成定价法，就是在产品完全成本的基础上，加上预计的百分率来制定产品价格的一种方法。加成的内容包括非制造成本和目标利润。其计算公式如下：

$$目标售价=\frac{产品完全成本总额}{产量}\times(1+加成比例)$$

【例 8-1】某公司生产甲产品，预计全年产量 20 000 件，直接材料 560 000 元，直接人工 160 000 元，制造费用 480 000 元，销售与管理费用 200 000 元，预计的加成比例为 80%，则该产品的基本售价可确定为

$$\frac{560\,000+160\,000+480\,000}{20\,000}\times(1+80\%)=108(\text{元})$$

可以看出，上述目标售价 108 元中包括 60 元的制造成本和 48 元的加成，而 48 元的加成，实质上不只是目标利润，而且包括非制造成本 10 元在内。

值得指出的是，这里的 108 元是"基本售价"，而不一定是最佳售价。因为，产品销售量同产品单价存在着此消彼长的关系，同时，不同的产销量也会使产品的单位成本不同。具体来讲，产量越大，单位产品中所分摊的固定成本就越少，从而，在完全成本加成定价法下又会影响产品的基本售价。因此，企业在实际定价时，应该围绕上述的"基本售价"设想出多种价格水平（其中有高于"基本售价"的，也有低于"基本售价"的），并预计出各种价格水平下相应的销量，然后再进行比较分析，以便确定出能获取最大利润的"最佳售价"。

2. 变动成本加成定价法

变动成本加成定价法是以产品的单位变动成本为加成基础定价的一种方法，加成的内容包括全部固定成本和目标利润。这种方法既可用于产品的正常定价，也可用于产品特别订货时的定价。其中：特别订货是指企业在产销量达到盈亏平衡点以后，固定成本已补偿完毕，仍有剩余生产能力的前提下，另行接受的追加订货。此时，只要产品单位边际贡献大于零，即所定价格大于单位变动成本，企业便有利可图，因此，加成比例的下限为零，也即：

特别订货最低限价＝产品单位变动成本

然而，除了极特殊的情况以外，人们总希望特别定价也能带来一个正常生产任务内的利润水平，因此，特别订货的期望价格可依下式确定：

特别订货期望价格＝产品单位变动成本＋单位产品正常利润

变动成本加成定价法用于产品的正常定价时，与完全成本加成定价法相比，不同之处仅在于，由于"加成"的基础不一致，要求"加成"的比例更高一些，以保证"加成"部分既能弥补单位产品应负担的固定成本，又能确保一定水平的正常利润。此时，基本定价可依下式确定：

产品正常基本定价＝单位产品变动成本×(1＋加成比例)

假定某企业单位产品变动成本为 100 元，规定的加成比例为 120%，则该产品

的基本定价可确定为：

$$100\times(1+120\%)=220(\text{元})$$

变动成本加成定价法较之完全成本加成定价法，更能使产品价格具有竞争能力，但带有一定的风险，应谨慎使用。如果企业所处的是正常市场而不是临近饱和状态的特殊市场，按变动成本加成定价法确定的产品价格就有可能降低企业净利润。

综上可见，成本加成定价法中的所谓“加成”，不论是采用完全成本法还是变动成本法，均包含有一部分成本项目在内。因此，在制定加成百分率时，必须审慎从事，务必使它能为企业提供预期的目标利润以外，还需包括一切应该补偿的所有成本项目。

此外还应注意：采用成本加成定价法制定产品的目标售价，其主要缺点在于没有考虑价格与销售量的关系。为了使成本加成定价法能切合实际，一般可采用以下两项补救措施：一是用公式计算出来的目标售价根据市场竞争形势的变化，由企业管理当局作出上下浮动的决定。二是每个企业需根据市场上对各种产品需求的不同情况，各地区的习惯，同行业的惯例，分别制定不同产品的加成百分比。

(二)需求弹性定价法

需求弹性定价法就是根据产品的价格需求弹性来定价。定价的原则是：凡价格弹性较大，即对价格变动反应非常灵敏的产品，可采用低价，实行“薄利多销”；反之，则宜采用较高的定价方案，以便在有限的销量内争取厚利。作为定量的分析方法，其基本公式为：

$$S=K\times Q^{-\frac{1}{E}}$$

式中：S 为某商品的单价；K 为一常数；Q 为与 S 对应的需求量；E 为该商品的价格弹性系数。

常数 K 可以根据某商品原有的单价与需求量求得。公式为：

$$K=S_0\times Q_0^{\frac{1}{E}}$$

式中：S_0为商品原售价，Q_0为原需求量。

【例 8-2】某产品根据以往资料，价格弹性系数为 3，单价为 1 000 元时，每月可销售 8 000 件。现有 64 000 件存货，若要当月销售完，单价应为多少？

［**解**］首先计算常数 K

$$K=S_0\times Q_0^{\frac{1}{E}}=1\,000\times 8\,000^{\frac{1}{3}}=1\,000\times 20=20\,000$$

则销售量为 64 000 件时，

$$S=K\times Q^{-\frac{1}{E}}=20\,000\times 64\,000^{-\frac{1}{3}}=500(\text{元})$$

即若当月销售 64 000 件，单价应定为 500 元。

仍以上例，若单价定为 400 元，问可增销多少件？

根据前述公式：$S=K\times Q^{-\frac{1}{E}}$，则有 $Q=\left(\frac{K}{S}\right)^E$

将上述有关数据代入，得

$$Q=\left(\frac{K}{S}\right)^E=\left(\frac{20\,000}{400}\right)^3=125\,000(\text{件})$$

即价格降至 400 元，还可增加销售 61 000 件。

（三）最优价格定价法

如前所述，产品售价提高，则销量一般降低；反之，销量会增加，所以，人们常说要“薄利多销”。但当产销量增长超过一定水平时，单位变动成本和固定成本总额又都可能有所提高，所以，产品定价过高或过低，盲目地提价或降价都不利于企业获得最大的经济效益。这就要求结合市场趋势和企业的成本数据并考虑产品的质量等因素，综合分析，制定出能使企业获得最大经济效益的“最佳售价点”。西方管理会计学家认为：在边际收入等于边际成本（即边际利润净增加额等于零）的地方就是产品的“最佳售价点”。其中，“边际收入”是指产销量增加一个单位销量所增加的销售收入；边际利润是指产销量增加一个单位所引起的利润变动，还可以等于边际收入减去边际成本。依据“最佳售价点”定价的方法称为最优价格定价法。对产品的“最佳售价点”，可以用下面的实例来说明。

【例 8-3】某公司乙产品的售价及相应的预计销量和成本资料如表 8-1 所示，要求据此做出能使企业获得最高利润的最佳售价决策分析。

表 8-1　　乙产品售价及相应预计销量和成本资料

销售单价（元）	预计销量（台）	单位变动成本（元）	固定成本总额（元）
42	200	20	1 000
41	250	20	1 000

续表 8-1

销售单价(元)	预计销量(台)	单位变动成本(元)	固定成本总额(元)
40	300	20	1 000
39	350	20	1 000
38	400	20	1 000
37	450	21	1 000
36	500	21	1 500
35	550	22	1 500

[**解**] 根据上述资料,可编制出分析计算表,如表 8-2 所示。

表 8-2 售价利润分析计算表

销售单价(元)	预计销量(台)	销售收入(元)	边际收入(元)	销售成本(元)			边际成本(元)	边际利润净增额(边际收入－边际成本)(元)	销售利润(元)
				固定成本总额	变动成本总额	成本总额			
42	200	8 400	—	1 000	4 000	5 000	—	—	3 400
41	250	10 250	1 850	1 000	5 000	6 000	1 000	850	4 250
40	300	12 000	1 750	1 000	6 000	7 000	1 000	750	5 000
39	350	13 650	1 650	1 000	7 000	8 000	1 000	650	5 650
38	400	15 200	1 550	1 000	8 000	9 000	1 000	550	6 200
37	450	16 650	1 450	1 000	9 450	10 450	1 450	0	6 200
36	500	18 000	1 350	1 500	10 500	12 000	1 550	－200	6 000
35	550	19 250	1 250	1 500	12 100	13 600	1 600	－350	5 650

由上述计算分析表可以看出,在边际收入大于边际成本时,降价可以增加销售利润;当边际收入小于边际成本时,降价则会减少销售利润。当边际收入等于边际利润,也即边际利润净增加额等于零时,表明再降价便无实际意义,此时的售价即为最佳售价。如表 8-2 中,当售价为 38 元或 37 元时,销售利润保持 6 200 元,再降价反而会减少利润,因此,38 元或 37 元的单价即为"最佳售价点",即大于或等于零的边际利润中的最小值所对应的售价。

三、定价的策略

(一)新产品定价策略

新产品的定价一般都具有较强的不确定性,因为,定价所需的有关信息量常常是捉摸不定的。例如:现行市场对某种新产品的需求量到底有多大以及这种新产品的需求弹性等因素都是很难确定的。此外,该产品在打入市场的初期所需花费的宣传、推销成本也是难以估计的。因此,对新产品的定价,多通过"试销"的办法来逐步确定下来。具体地讲,就是在某几个特别选定的地区分别采用不同的价格推销其新产品,以期摸清新产品可能遇到的竞争情况、潜在的销量以及售价与销量之间的关系等,然后再据以确定出能使企业获得最大利润的合理价格。

在试销阶段,对新产品的定价可根据不同情况,分别采用以下两种基本策略:

1. 撇油性策略

在没有竞争对手、容易开辟市场的情况下,试销初期以较高的价格投放新产品,以后待市场扩大,产品趋于成长或成熟阶段时,再把价格逐步降低,此时,企业已经获取了足够的利润。很显然,新产品在试销初期获取巨额利润,必然会迅速招致竞争,高价很难维持。因此,从某种程度上可以说,这是一种短期化的定价策略。

2. 渗透性策略

在试销初期以低价广为招揽顾客,为新产品开路,待该产品在市场上赢得好评,站稳脚跟后再逐步提价。这种策略试图以试销初期的部分利润牺牲来排除其他企业的竞争,以求在市场上建立长期的领先地位。对于市场上需求量较大,试制投产期较长的新产品定价,采用上述策略较为合适。

(二)系列产品定价策略

系列产品定价,也称"分级定价"、"商品线定价"和"分档定价",是指企业规格型号较多的某类商品划分为几个级别,为每级商品定一个价格,而不是为每一种商品分别定价的策略。这种定价策略主要依据消费者"一分钱一分货"的心理,同时考虑到消费者一般只注意价格之间的较大差异而忽略较小差异的习惯而定的。例如,服装店可以将从不同地区、不同渠道购进的男衬衫分为四个档次,分别定价为90元、130元、180元和230元,形成一个男衬衫的价格系列。这种定价策略的主要优点在于:第一,照顾到消费者预定的价格档次目标,较好地满足了不同层次消费者的需求;第二,简化了进货、储存、登记入账等工作,提高了效率;第三,避免了顾客挑选商品的困难,缩短了交易时间,便利了购货双方。

采用系列产品定价策略,应注意两点:其一,同类商品的档次划分不必太多,以免淡化系列产品定价的优势;其二,要慎重确定各档次商品的差价幅度。幅度太小,达不到吸引不同目标消费者的目的。幅度太大,又会失去购买中间价商品的顾客。

(三)心理定价策略

要认真分析判断购买者的购买欲望及其经济实力等因素，并区别所购产品的种类，随机应变而为之。例如：对于经济实力较强，在价格方面不会斤斤计较的购买者来说，定价可略高一些；反之，则应略低一些；又如，若本企业的产品为购买者所急需，而市场上又缺乏其他替代资源，则可制定较高的售价。

(四)根据生产能力定价策略

若企业生产能力已充分利用，任务相当饱满，如果再有新的定单，不妨制定出高于正常利润水平的售价；反之，若企业现有生产能力有较大剩余而又暂无其他更为有利的生产任务时，则应采用低价策略，积极接受订货，只要对方出价略高于单位变动成本，原则上就可考虑成交。

(五)根据产品质量定价策略

如果产品质量具有明显优势，同类产品望尘莫及，则可制定高价；反之，若产品质量一般，同行竞争者又多，则宜采用低价策略。

(六)竞争性定价策略

若在市场上的主要竞争对手较弱，可先采用较低价倾销的办法，将其逐出市场，然后进行提价；若竞争十分激烈，则宜紧紧追随，在保本微利前提下，你提价，我提价；你降价，我也降价，以免被逐出市场；如果与竞争对手势均力敌，则可考虑与对方在价格方面订立“君子协定”，共同遵守，以免两败俱伤。此外，还可在售后维修服务及零、备件的供应等方面改进工作，以增强竞争能力。

第三节 生产决策

一、生产决策的意义

生产决策是在企业经营目标的总体要求下，为实现经济资源的合理利用和经济效益的不断提高，对未来一定期间的产品生产活动进行科学筹划的过程。生产决策是围绕产品生产而展开的，其内容涉及企业生产经营的许多重要方面，它是企业经营决策中极为重要的组成部分。能否搞好生产决策，对企业目前的存在和未来的发展关系极大。具体而言，生产决策的意义主要有以下几个方面：

1. 生产决策是企业短期经营决策的基点

任何企业为了开展正常的生产经营活动，以其产品满足社会需要，都应首先解决产品生产问题，制定关于生产什么、怎样生产、生产多少等一系列决策。产品生产决策的制定和实施，不仅同财务决策、存货决策、定价决策，以至经营方针和战略决策等有着广泛的联系，而且还可以为这些决策的制定和实施提供科学依据，使整个企业的经营决策得以全面、正确地展开。

2. 生产决策是决定企业兴衰成败的关键

一个企业能否在错综复杂的环境下求得生存和发展，关键在于它能否根据多变的市场和激烈竞争的要求，向社会提供竞争能力强、盈利水平高的产品。通过制定生产决策，既可准确把握企业外部环境的急剧变化，又可全面实现企业内部资源的充分利用。因此，在综合考虑产品品种、数量、价格、质量等问题的基础上，企业就能不断地开发和生产出适销对路的、极富生命力的产品，为求得企业未来生产经营的兴旺发达提高可靠的物质保证。

3. 生产决策是提高企业经济效益的杠杆

企业从事生产经营活动，必须讲求经济效益，努力争取以尽可能少的劳动耗费，生产出尽可能多的符合社会需要的产品。在为提高经济效益而采取的各种措施中，首先必须采取的措施是：一方面扩大产品品种、增加产品数量、提高产品质量，另一方面节约费用开支、降低产品成本、提高盈利水平。上述目标的最后实现，固然有赖于各项管理工作的全面开展，但能够制定正确的生产决策却是至关重要的。

二、生产决策的内容

生产决策作为短期经营决策的组成部分，其主要特点是：内容丰富，方法灵活多样，一般只研究如何利用现有生产能力而不涉及新的投资决策；决策分析时，基本不考虑货币时间价值因素而非常重视产品成本形成规律、企业生产能力限制及利用程度等因素。

生产决策是企业生产管理的一项重要内容，这类决策问题十分广泛，归纳起来，可分为三大类问题：其一，生产什么？其二，生产多少？其三，如何去生产？其中，每大类问题又包括相互联系的若干个小问题。其共同点在于：如何更有效地利用现有的生产能力，为企业带来最大的经济效益。这里所述及的生产决策的内容主要包括：

(1)产品品种决策。在生产能力一定的前提下，生产哪种产品可以为企业带来最大利益，即品种选择问题。

(2)产品产量最优组合决策。企业产品生产一般都表现为多种产品生产，那么，在各种产品的需求量及各生产部门的生产能力都有限制的情况下，每种产品生产多少便是产量最优组合问题。

(3)亏损产品停产或转产决策。这类问题旨在回答：目前会计信息反映出的亏损产品应否停产？应否转产？转产为何产品？

(4)半成品深加工决策。某些企业的半成品既可马上投放市场销售，又可继续深加工，直至设计的最后工序。深加工增加成本支出，但产成品相应的售价也比较高，于是就产生了半成品上市销售还是继续加工的选择。

(5)加工工艺的选择。同一种产品往往可以采用不同的工艺、不同的设备进行加工，其各自的生产效率和费用发生特点都不相同，如何根据特定的生产批量来选择最经济的加工工艺和设备便是此类决策所要解决的问题。

(6)零部件自制或外购决策。企业产品生产所需的某些零部件，既可自制，又可外购，如何选择呢？除考虑自制成本形成规律、外购价格因素外，还必须考虑零部件需用量等因素，在综合对以上各项进行成本比较的基础上，最终决定是自制，还是外购。

(7)特殊订货决策。企业有时会面临这样的选择：购买者的求购价格不足以抵补目前产品的成本，是接受这种特殊订货？还是拒绝？对此，不可简单从事，应进行必要的分析计算方可决策。

三、生产决策方法的应用

上节已经介绍了短期经营决策方法，本节对生产决策具体内容的分析，将按短期经营决策方法逐一展开。

(一)边际贡献分析法在生产决策中的应用

1. 开发何种新产品的决策

【例 8-4】某企业的新产品开发计划中有三种备选方案，有关资料如表 8-3 所示。

表 8-3　　某企业拟开发的新产品资料表

指　标	甲	乙	丙	备注
单件定额机器工时	20	5	2	企业用于新品开发的剩余机器工时最多为 2 000，其他因素无限制
预计新产品单价(元/件)	60	82	44	
单位变动成本(元/件)	50	70	38	
固定成本总额(元)		1 400		

请据以确定应生产何种新产品。

[解] 由于本例中只有机器工时总数这一限制因素，因此，决策的实质就在于如何使 2 000 工时的有限资源能够获得最大的利润。又因为生产三种产品的固定成本总额为 1 400 元，所以，欲使利润最大，只需边际贡献总额最大。因此，可采用边际贡献法编制分析计算表，见表 8-4。

表 8-4　　甲、乙、丙三种产品边际贡献法计算表

指　标	甲	乙	丙
最大产量(件)	2 000÷20＝100	2 000÷5＝400	2 000÷2＝1 000
销售单价(元/件)	60	82	44
单位变动成本(元/件)	50	70	38
单位边际贡献(元/件)	10	12	6
边际贡献总额(元)	10×100＝1 000	12×400＝4 800	6×1 000＝6 000

表 8-4 中的分析计算结果表明，在既定条件下，以生产丙产品为优，可使企业获净利润 4 600 元。若生产甲产品，则亏损 400 元；若生产乙产品，获净利润 3 200 元，均低于丙产品的盈利水平。

本例也可以通过比较甲、乙、丙三种产品单位机时所提供的边际贡献来分析、择优。

仍以上例资料，现假定生产新产品乙或丙，分别需支付专属固定成本 600 元和 2 700 元，则决策分析的结果又该怎样呢？

由于专属固定成本属相关成本，故应在决策分析过程中予以考虑，在此前提下，生产乙、丙产品的净利润将分别减少至 2 600 元和 1 900 元，显然应该生产乙产品。

2. 亏损产品是否停转的决策

【例 8-5】某企业生产 A、B、C 三种产品，有关资料如表 8-5 所示。年终结算时，A、C 两产品分别获利 5 000 元和 1 000 元，B 产品则亏损 2 000 元。要求：做出 B 产品是否停产或转产的决策分析。

[解] 本例中固定成本总额为 18 000 元，在决策分析时属非相关成本。因为，无论 B 产品是否停产或转产，它总是要发生的。分析的重点是看亏损的 B 产品是否提供边际贡献，若有边际贡献就不应该停产，因为它还可以负担一部分固定成本。

表 8-5　　A、B、C 三种产品资料表

产品 项目	A	B	C
销售量(件)	1 000	500	400
销售单价(元/件)	20	60	25
单位变动成本(元/件)	9	46	15
固定成本总额(元)	18 000(按各种产品的销售金额比例分配)		

根据上表中的资料分别计算出 A、B、C 各产品的盈亏情况，结果见表 8-6。

表 8-6　**A、B、C三种产品盈亏计算表**　单位：元

产品名称	A	B	C	合计
销售收入总额	20 000	30 000	10 000	60 000
变动成本总额	9 000	23 000	6 000	38 000
边际贡献总额	11 000	7 000	4 000	22 000
固定成本总额	18 000×2/6=6 000	18 000×3/6=9 000	18 000×1/6=3 000	18 000
净利润(净亏损)	5 000	−2 000	1 000	4 000

从上述计算结果可以看出，生产B产品亏损2 000元，似乎应该停产。但应注意到，无论是否停产B产品，固定成本总额18 000元都照样发生，因此，若停产B产品，它所负担的9 000元的固定成本就将转由A、C两种产品负担，结果如表8-7所示。

表 8-7　**A、C产品盈亏计算表**　单位：元

产品名称	A	C	合计
销售收入总额	20 000	10 000	30 000
变动成本总额	9 000	6 000	15 000
边际贡献总额	11 000	4 000	15 000
固定成本总额	18 000×2/3=12 000	18 000×1/3=6 000	18 000
净利润(净亏损)	−1 000	−2 000	−3 000

计算结果表明，停产B产品失去了7 000元的边际贡献而固定成本总额不变，从而使企业由盈利4 000元变为亏损3 000元，因此，B产品不宜停产。

3.产品产量最优组合的决策

为适应市场对不同产品的需要，并考虑企业生产设备、技术水平及原材料等因素，多数企业都同时生产几个品种的产品，不同产品的成本结构及盈利水平都不尽相同，因此，各种产品在产量上的不同组合，就会影响企业总的盈利水平。产品产量组合的决策就是要在各种限制条件允许的范围内，对企业现有资源在各种产品之间做出合理分配，以获取最大的收益。约束条件较多的产品产量最优组合的确定，需借助于最优数学模型法来解决，而应用边际贡献法，仅可解决一些限制因素较少的简单的产量组合问题。

【例8-6】某企业本年度拟生产A、B两种产品，其中A产品在市场上的销量不成问题，而B产品的销量最多可达到2 000件，该企业拥有的生产能力为100 000机时，其他有关资料如表8-8所示。要求：据以做出A、B产品的产量组合的决策分析。

表 8-8　　A、B 产品资料表

项目＼产品	A	B
单价(元/件)	100	50
单位变动成本(元/件)	60	20
单位定额机器小时	20	10
固定成本总额(元)	100 000	

[**解**] 根据上述资料，可求出 A、B 产品的单位机器小时的边际贡献分别为 $2\left(\frac{100-60}{20}\right)$元和 $3\left(\frac{50-20}{10}\right)$元。可见，B 产品的创利水平较高，在生产能力有限的情况下，应尽可能地多安排生产 B 产品。然而，B 产品的最大销量为 2 000 件，超过这个产量，就势必形成积压，难以实现预期利润总额。因此，可按 2 000 件的最大销量优先安排 B 产品的生产，其剩余生产能力则全部用于 A 产品的生产。从而 A、B 产品的产量组合可确定为：

A 产品：$\frac{100\,000-2\,000\times10}{20}=4\,000$（件）

B 产品：2 000(件)

此时，该企业可获得的最大利润总额为：

$$4\,000\times(100-60)+2\,000\times(50-20)-100\,000=120\,000\text{(元)}$$

4. 是否接受特殊订货的决策

应用边际贡献法解决此类决策问题的前提是：利用企业的剩余生产能力来完成特殊订货任务，不涉及追加固定成本问题。

【例 8-7】 某企业生产甲产品，年生产能力为 5 000 件，目前的生产能力利用率只有 75%，其单位成本为 70 元，其中，单位变动成本为 60 元。该产品的正常售价为 80 元。现有一客户，拟以 65 元的价格要求订货 1 000 件。要求：据以做出是否接受订货的决策。

[**解**] 把接受订货和拒绝订货看作两个备选方案来计算和比较其边际贡献总额，即可做出相应的决策。

如果接受订货，该企业的边际贡献总额为：

$$5\,000\times75\%\times(80-60)+1\,000\times(65-60)=80\,000\text{(元)}$$

如果拒绝订货，该企业的边际贡献总额为：

$$5\,000\times75\%\times(80-60)=75\,000\text{(元)}$$

显然,应接受此项订货。

由本例得出的结论是:当企业生产能力未能得到充分利用,不需追加固定成本时,只要客户出价高于产品的单位变动成本,就可以增加企业的边际贡献总额,也就可以考虑接受订货。

(二)差量分析法在生产决策中的应用

管理会计中把不同备选方案有关指标间的差额称为“差量”。除“差量收入”、“差量成本”外,还派生出“差量边际贡献”、“差量损益”等指标。其中,“差量成本”根据不同情况又有“差量变动成本”、“差量固定成本”和“差量总成本”等具体形式。以上有关指标间的关系如下:

差量总成本=差量变动成本+差量固定成本

差量边际贡献=差量收入-差量变动成本

差量损益=差量收入-差量总成本

=差量边际贡献-差量固定成本

假定A、B两个备选方案的预期相关收入分别为R_A,R_B,其相关成本分别为C_A,C_B,“差量收入”和“差量成本”分别为D_R,D_C,则“差量分析法”的基本原理可描述如下:

差量收入:$D_R=R_A-R_B$

差量成本:$D_C=C_A-C_B$

如果$D_R>D_C$,则方案A为优;如果$D_C>D_R$,则方案B为优。

作为差量分析法的特例,如果两个备选方案的预期相关收入相等,或不涉及收入,则只需比较其相关成本,并注意尽量省去发生额相同而不影响“差量”的部分,以便简化计算。此时,差量分析法可简化为:

差量成本:$D_C=C_A-C_B$

如果$D_C>0$,即$C_A>C_B$,则B方案为优;如果$D_C<0$即$C_A<C_B$,则A方案为优。

现举简例说明差量分析法的基本原理。

假定某种生产设备既可用于生产甲产品,又可用于生产乙产品,其预计销量分别为1 000件和500件,预计单价分别为10元/件和25元/件,单位变动成本分别为8元/件和20元/件。要求据以做出应生产哪种产品的决策。对此,可用差量分析法进行如下分析:

$$差量收入=R_{乙}-R_{甲}=500\times25-1\,000\times10=2\,500(元)$$

$$差量成本=C_{乙}-C_{甲}=500\times20-1\,000\times8=2\,000(元)$$

因为差量收入大于差量成本,所以生产乙产品的方案为优,生产乙产品比生产甲产品增加净损益 500(2 500−2 000)元。

差量分析法依据的主要观念是在进行决策分析时,只考虑受方案选择影响的那些收入和成本,而对其他所有不相关的因素均不予考虑。简而言之,差量分析中起作用的只是能引起方案总收入和总成本增减变动的那些因素。

1. 半成品深加工与否的决策

在某些制造业企业里,经过一定加工的半成品或联产品,常常是既可以出售,又可以进一步加工后再行出售。因此,就需要做出对半成品是否进一步加工的决策。例如,纺织厂既可以出售棉纱,又可将其继续加工出售坯布;某些加工装配企业,既可以出售零部件,又可进一步加工后出售整机……。一般来讲,继续加工的产品售价要比半产品售价高,但相应也要追加一部分变动成本,还可能追加一定量的专属固定成本。因此,是否对产品进一步加工的决策分析,关键是比较继续加工后所增加的收入是否超过其追加成本。若前者大于后者,则以进一步加工方案为优;反之,若前者小于后者,则以出售半成品的方案为优。

【例 8-8】某企业生产半成品 A,按每件 10 元的价格直接出售,年产销量为 10 000件。其单位变动生产成本为 6 元/件,其中直接材料 3 元/件,直接人工 2 元/件,变动性制造费用 1 元/件,单位变动性销售费用为 0.25 元/件,固定性制造费用和销售费用分别为 15 000 元和 5 000 元。现有另一种生产方案可供选择,即将半成品 A 继续加工成产成品 B,按每件 14 元的价格售出,产销量不变,为此需追加以下成本和费用,如表 8-9 所示。

表 8-9　某企业需追加成本和费用情况表　单位:元

成本与费用项目	单位产品(元/件)	总额(元)
直接人工	1.25	12 500
变动性制造费用	0.25	2 500
变动性销售费用	0.50	5 000
固定性制造费用		5 000
固定性销售费用		4 000
合 计		29 000

要求:据以作出企业应直接出售半成品还是应该进一步加工的决策分析。

[**解**] 分析解决此类问题要注意到在将半成品进一步加工成产成品前所发生

的成本，在决策分析中属于非相关成本，无论其资料多么详细，都无需考虑。因为是否对半成品继续加工都会发生这部分改变不了的成本，差量成本直接表现为追加部分的成本。本例采用差量分析法分析如下：

差量收入＝R(B)－R(A)＝10 000×14－100 00×10＝40 000(元)

差量成本＝C(B)－C(A)＝29 000(元)

差量损益＝40 000－29 000＝11 000(元)

可见，应将半成品 A 继续加工成为产成品 B 后再出售。

2. 零部件自制与外购的决策

【例 8-9】某企业为生产甲产品，每年需用 A 零件 500 件。如自制，需为此购置一台专用设备，发生固定成本 2 000 元，自制单位变动成本（直接材料、直接人工和变动性制造费用）为 4 元；如果外购，则可按 6 元/件的价格购入。要求：作出自制或外购的决策。

[解] 本例中不涉及收入，只需比较差量成本。自制发生的专属固定成本与决策相关，应予考虑。

自制相关成本＝500×4＋2 000＝4 000(元)

外购相关成本＝500×6＝3 000(元)

差量成本＝3 000－4 000＝－1 000(元)

即外购比自制方案的成本低 1 000 元，应该外购。

【例 8-10】某企业需用 A 零件 10 000 件，既可外购，也可自制。自制时可利用富余的生产能力，不需追加固定成本。自制成本预算如下：单位直接材料成本为 1 元/件，单位直接人工成本为 1.5 元/件，变动性制造费用总额为 4 000 元，应分摊的固定性制造费用为 3 500 元，外购单价为 3 元/件。请据以做出该零件自制或外购的决策。

[解] 如果按照财务会计的观点计算自制零件的全部成本，则单位零件的自制成本为：

1＋1.5＋4 000/10 000＋3 500/10 000＝3.25(元/件)

据此，可做出应外购而不宜自制的决策。因为，外购单价仅为 3 元/件。然而，这个决策是错误的，原因在于：自制零件分摊的固定性制造费用 3 500 元并不因零件的自制与外购而改变，属于非相关成本，应予剔除。

自制零件单位相关成本＝1.5＋1＋(4 000/10 000)＝2.9(元/件)

显然，应该自制而非外购。

如果本例中的富余生产能力有机会加以利用，假定可将多余设备出租取得租金 2 000 元，则自制零件相关成本应包括 2 000 元的机会成本，此时：

自制零件单位相关成本＝1.5＋1＋4 000/10 000＋2 000/10 000＝3.1(元/件)

显然，应做出外购而非自制的决策。由此可以看出，机会成本在决策分析中是相当重要的。

3. 亏损产品停转与否的决策

按照传统的财务会计口径计算的所谓"亏损"产品，是否应该停产或转产是比较复杂的问题，必须结合企业的实际情况和长远规划作出具体分析，不可简单地认为，既然是亏损产品，就应该转产或停产。

【例 8-11】仍以例 8-5 的资料为例加以说明。例 8-5 中的计算结果表明，停产 B 产品失去了 7 000 元的边际贡献而固定成本总额不变，从而使企业由盈利 4 000 元变为亏损 3 000 元，因此，B 产品不宜停产。

如果采用差量分析法解决这个问题，没有必要计算最终损益，现将不停产与停产作为两个比较方案，只需进行简单的差量分析即可：

差量收入＝30 000(元)

差量成本＝23 000(元)

差量损益(边际贡献)＝7 000(元)

显然，差量分析法的结果也表明企业应该继续生产 B 产品。

通过上述分析，可以得出如下结论：在相关范围内，只要"亏损"产品的边际贡献是正数，就不应停产该产品。至于"亏损"产品应否转产其他产品的决策分析，也可采用与上述相类似的方法。若转产的产品无需增加固定成本，那么，只要它所能够提供的边际贡献大于原来亏损产品的边际贡献，这项转产方案在经济上便是可行的。

【例 8-12】上例中，假定拟停产 B 产品，腾出生产能力生产 D 产品，D 产品的预计销量为 600 件，单价 50 元，单位变动成本为 30 元，请据以分析企业应否转产 D 产品。

[**解**] 将转产与不转产视作两个比较方案，采用差量分析法进行分析：

差量收入＝50×600－30 000＝0(元)

差量成本＝30×600－23 000＝－5 000(元)

差量损益＝5 000(元)

由于本例中不涉及固定成本的变动，所以实际上比较的是经营 B、D 产品所提供的边际贡献的大小。差量损益为 5 000 元，也即转产 D 产品比继续经营 B 产品可为企业多提供 5 000 元的边际贡献，从而使企业的净利润由原来的 4 000 元提高到 9 000 元。因此，停产 B 产品而转产 D 产品是可行的。

4. 是否接受特殊订货的决策

企业有时会面临这样的问题，即有客户要求追加订货，但出价低于正常销售价格甚至低于产品的完全成本。在这种情况下，应否接受这一特殊订货，不能按传统会计的观点简单地否定，而是应该结合企业当时生产能力的利用情况以及对方的出价等认真分析，再作决策。

【例 8-13】某企业甲产品的生产能力为 20 000 件，目前正常销售量是 12 000 件，单价 10 元，单位成本 8 元，其中：单位变动成本为 6 元，单位固定成本为 2 元(24 000/12 000)。现有一客户要求追加订货 8 000 件，报价只有 7.5 元，且因对产品包装有特殊要求需购买一项专用设备，为此需追加固定成本 8 000 元。请据以作出应否接受这项特殊订货的决策。

[**解**] 按传统会计的观点判断，显然不应该接受此项订货，因为对方出价只有 7.5 元，低于单位成本 8 元，同时还需追加专属固定成本 8 000 元似乎就更不合算。但从经营决策的观念来分析，此项订货是利用剩余生产能力进行的，除追加的专属固定成本和产品单位变动成本外，原有的固定成本与决策问题无关，无需计入。现将接受订货和拒绝订货作为两个决策方案进行差量分析：

差量收入＝8 000×7.5＝60 000(元)

差量成本＝8 000×6＋8 000＝56 000(元)

差量损益＝4 000(元)

差量收入大于差量成本，表明可以接受此项订货，预期企业利润将增加 4 000元。

可见，如果产量不超出企业的剩余生产能力，客户的产品报价只要高于其单位变动成本且能超额补偿专属固定成本，那么就可以接受此项特殊订货。如果企业没有剩余生产能力，或者追加的订货数量超过了剩余生产能力，接受订货就意味着需要扩大生产能力或者压缩正常的销售量，为此而追加的固定成本以及压缩正常销售所造成的损失(失去的边际贡献应视作接受订货的机会成本)都应作为相关成本在决策分析中加以考虑。

【例 8-14】某企业乙产品的生产能力为 10 000 件，正常产销量为 8 000 件，售价为每件 10 元，单位变动成本为每件 6 元，年固定成本总额为 12 000 元。现有一客户要求以每件 7 元的价格追加订货 3 000 件，为此需压缩正常销量 1 000 件，问应否接受此项特殊订货。

[**解**] 进行差量分析如下：

差量收入＝3 000×7＝21 000(元)

差量成本＝3 000×6＋1 000×(10－6)＝22 000(元)

差量收入小于差量成本，表明不宜接受此项特殊订货。上式中，计算差量成本时，考虑了压缩正常销量造成的净损失(每件 4 元)，以其作为接受订货的机会成本。

本例还可以做如下差量分析：

差量收入＝(3 000×7＋7 000×10)－8 000×10＝11 000(元)

差量成本＝10 000×6－8 000×6＝12 000(元)

分析结果表明，不宜接受此项特殊订货，否则，企业将会减少净损益 1 000 元。

(三)本量利分析法在生产决策中的应用

1. 零部件自制与外购的决策

【例 8-15】假定某企业所需的甲零件，既可自制，又可外购。若外购，可以每件 20 元的价格购入；若自制，其单位变动成本为 10 元，并需为此追加固定成本每年 20 000 元。请据以分析，该零件的年需要量为多少时，宜于自制？

[解] 本例需要通过计算“成本平衡点”来解决。设该企业外购与自制方案的“成本平衡点”的年需用量为 x 件，则：

$$20x=10x+20\,000$$

解之得，x＝2 000(件)

成本平衡点如图 8-3 所示。

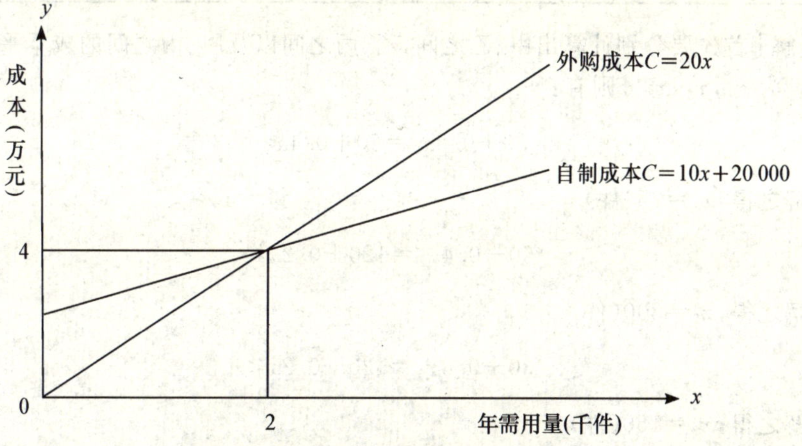

图 8-3　零部件自制与外购的成本平衡点图

从图 8-3 中可以看出,当甲零件的年需用量超过 2 000 件时,自制总成本低于外购总成本,应该自制。若年需用量在 2 000 件以内,则以外购为宜。

2. 生产工艺方案(设备)选择的决策

制造业企业生产的同一种产品或零件,用不同的生产工艺(设备)进行加工生产,其成本往往相差很多。一般来讲,采用先进的工艺方案,需要使用加工效率较高的某些专用设备,其单位变动成本可能会较低,而固定成本则较高;比较落后的工艺方案,往往只需用普通的简易设备,单位变动成本可能会较高,而其固定成本则较低。由于单位产品负担的固定成本是与产量成反比例的,因此,当产量较大时,采用先进工艺较为有利。反之,若产量较小,则落后工艺较为适宜。所以,解决此类问题必须和产品的加工批量联系起来分析。具体来说,应该注意以下两点:第一,应找到不同工艺方案之间的成本平衡点;第二,只需考虑各备选方案之间不同的单位成本项目(如加工费,工艺装备费等),而各备选方案共有的变动(如直接材料)和共有的固定成本(如管理人员薪酬及办公费)则无需考虑。

【例 8-16】假定某工厂在生产一种零件时,使用甲、乙、丙三种生产设备均可对其进行加工,三种设备加工时所需的成本资料如表 8-10 所示,请据以作出不同批量下选用不同加工设备的决策分析。

表 8-10　　使用甲、乙、丙三种生产设备下的成本资料　　单位:元

设备名称	单位变动成本(加工费)	固定成本总额(一次调整准备费)
甲	0.8	30
乙	0.4	60
丙	0.2	120

[**解**] 首先要分别计算出甲、乙之间,乙、丙之间以及甲、丙之间的成本平衡点,分别设为 x_1, x_2, x_3。则有:

$$30+0.8x_1=60+0.4x_1$$

解之得,$x_1=75$(件)

$$60+0.4x_2=120+0.2x_2$$

解之得,$x_2=300$(件)

$$30+0.8x_3=120+0.2x_3$$

解之得,$x_3=150$(件)

上述三种设备下的成本平衡点,如图 8-4 所示。

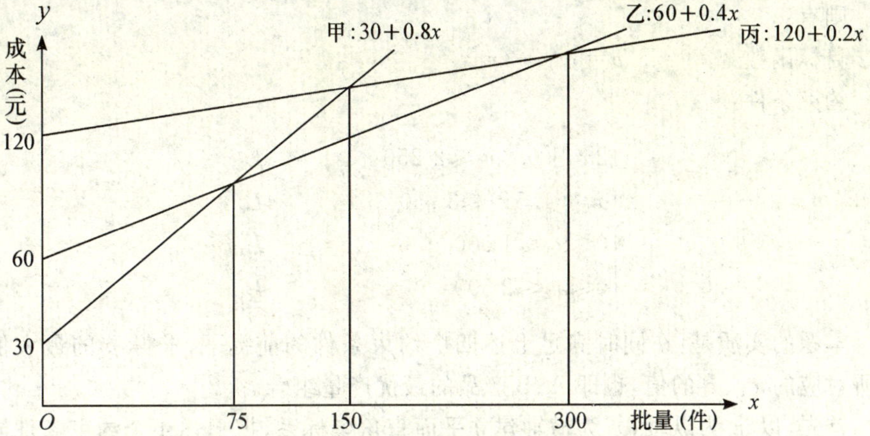

图 8-4　不同的生产设备加工的成本平衡点图

由图 8-4 可以看出:当该批零件批量小于 75 件时,采用甲种生产设备成本较低;当批量在 75 件到 300 件之间时,采用乙种设备较为有利;当批量超过 300 件时,则应采用丙种生产设备成本较低;如果乙种设备因为某些原因不能加工该批零件时,若批量在 150 件之内时,应采用甲种设备,当批量超过 150 件时,则应采用丙种生产设备进行加工。

(四)线性规划法在生产决策中的应用

前面介绍的边际贡献法应用在简单条件下的产量组合决策,线性规划方法主要用于复杂条件下产品产量的最优组合。线性规划问题的求解方法很多,如图解法、单纯形法等,这里只介绍图解法。

【例 8-17】某企业生产 A、B 两种产品,其市场最大订货量分别为 1 000 件和 2 500 件,单位边际贡献分别为 5 元和 3 元。A、B 两种产品均需要经过一、二两个车间加工才能完成。一、二车间的最大生产能力分别为 2 250 工时和 3 750工时。单位产品所需工时如表 8-11 所示,要求根据以上条件确定企业的最优产品组合。

表 8-11　**某企业单位产品工时资料**　单位:小时

车间	A 产品	B 产品
一车间	2	0.5
二车间	1	1.5

[解] 设 x_1 为 A 产品的产量,x_2 为 B 产品的产量,p 为可提供的边际贡献总

额。则有：

目标函数： $p=5x_1+3x_2$

约束条件：

$$\begin{cases}2x_1+0.5x_2\leqslant 2\,250 & L_1\\ x_1+1.5x_2\leqslant 3\,750 & L_2\\ 0\leqslant x_1\leqslant 1\,000 & L_3\\ 0\leqslant x_2\leqslant 2\,500 & L_4\end{cases}$$

本题的实质是：在同时满足上述四个约束条件的前提下，求得 p 的最大值及其所对应的 x_1、x_2 的值，也即 A、B 产品的最优产量组合。

首先，以 x_1 为纵轴，x_2 为横轴建立平面直角坐标系，把上述 4 个约束条件同时反映在坐标图中（分别为直线 L_1，L_2，L_3，L_4），如图 8-5 所示。

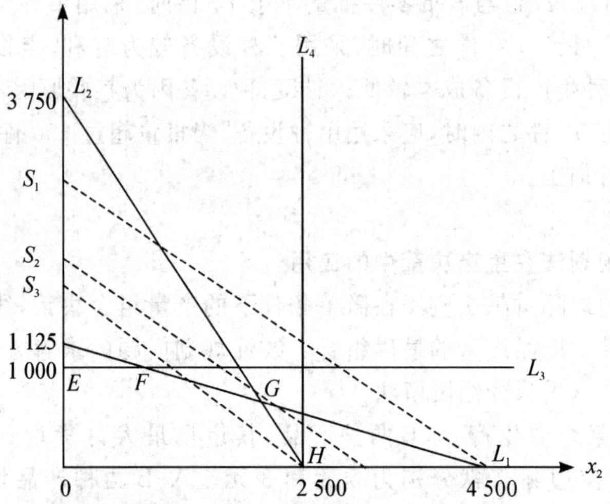

图 8-5 最优产量组合的图解法

其次，确定可行解区域。同时满足上述 4 个约束条件的变量取值范围称为可行解区域，如图中 $EFGH$ 与坐标轴包围的区域所示。

最后，确定能使目标函数最大的最优解。最优解的确定方法是：将目标函数 $p=5x_1+3x_2$ 变形为：$x_1=-\frac{3}{5}x_2+\frac{p}{5}$。它显然表示斜率为 $-\frac{3}{5}$，纵截距不等的一组平行线，称为“等利润线”（如图中 S_1，S_2，S_3 所示）。因为直线上任意一点的产量组合都能保证边际贡献为某一特定的常数 p，那么，在可行解区域内寻找一点，使经过该点的等利润线的纵截距最长，则该点坐标即为产品产量的最优组合。图8-5中直线L_1与L_2的交点$G(2\,100,600)$即符合上述条件，也即：A、B产品分别生产600件和2 100件时，企业可获得最大的边际贡献总额，其数值为：

$$p=5\times600+3\times2\,100=9\,300(\text{元})$$

四、不确定条件下的生产决策

不确定条件下的生产决策是指决策者在进行某项决策时，对影响这类决策相关因素的未来情况不仅不能完全确定，而且连出现诸种可能结果的概率也无法确切地进行预计的决策。在不确定性决策中，常用的分析方法有：大中取小法、小中取大法、大中取大法和概率分析法等。

(一)大中取小法

大中取小法，也称最小的最大后悔值法，它是以各种自然状态下后悔值最小为决策标准的一种方法，也即从最大后悔值中选取最小的一个并把其对应的方案作为最佳方案。其中，后悔值是指当出现某随机事件时，各方案中的最大收益值超过各状态收益值的差额，它表示选错方案将会受到的损失额。大中取小法的决策包括三步：第一步，分别计算各方案各种自然状态下的后悔值；第二步，分别确定各方案的最大后悔值；第三步，从最大后悔值中选取最小者，把它对应的方案作为最优方案。

【例8-18】某厂为适应消费者需要，在某产品开发过程中存在三种生产方案，主要体现在设计生产能力，即产量水平的不同，有关资料如表8-12所示，要求按大中取小法决定产量水平。

表8-12 三种生产方案的有关资料 单位：万元

市场需求状态 边际贡献 方案	高	中	低
Ⅰ(100吨)	90	50	－20
Ⅱ(80吨)	60	40	－12
Ⅲ(50吨)	30	16	4

[解] 据表8-12的资料，可计算各方案各种状态下的后悔值，如表8-13所示。

表 8-13 三种生产方案的后悔值计算表 单位:万元

方案	最大收益	各状态下后悔值			最大后悔值
		高	中	低	
Ⅰ(100 吨)	90	0	40	110	110
Ⅱ(80 吨)	60	0	20	72	72
Ⅲ(50 吨)	30	0	14	26	26

在表 8-13 中可以看出,最大后悔值一栏中,最小值为 26,故应选择它所对应的第Ⅲ方案,即产量水平按 50 吨设计。

(二)小中取大法

采用这种方法,是假定最不利的自然状态出现并从中选取收益值最大的方案为最优方案。显然,这种方法最为稳健,但难免过于悲观,故也称为“悲观法”。

仍以表 8-12 中的有关资料为例,如以小中取大法为决策标准,应选择Ⅲ方案为最优方案。因为,在市场需求很差的情况下,该方案较之其他两个方案,受益最大。

(三)大中取大法

采用这种方法,是假定最佳的或最有利的自然状态出现并从中选取收益最大的方案为最优方案。显然,这种方法最富于冒险精神,过于乐观,故也称为“乐观法”。

仍以表 8-12 中的有关资料为例,如以大中取大法为决策标准,应选择Ⅰ方案为最优方案。因为,在市场需求高的情况下,该方案较之其他两个方案,受益最大。

由上看出,决策标准不同,决策结果也不相同,故对于不确定条件下的生产决策问题,必须在综合分析的基础上,先行确定决策标准。

(四)概率分析法

概率分析法是利用概率把决策所涉及的随机变量与条件价值联系起来选择最优方案的决策方法。概率分析法用于各种不确定型成本决策,其基本程序是:①确定决策可能出现的几种情况,并为每一可能发生的情况估计一个概率;②根据各种事件的条件价值分别乘以它的概率,求得每一事件的预期成本价值;③从各种情况的预期成本价值中选择最低者作为最优方案。

【例 8-19】A 企业为加工甲产品,拟有三种备选方案:一是租用 B 企业机器一台,每月租金 1 500 元,使用时间不限;二是租用 C 企业机器一台,每月租金 400 元,而且每使用 1 小时需加附保养费 5 元;三是委托 D 企业加工,每小时支付委托加工费 10 元。假设甲产品的月加工时间可能为 180 小时,150 小时,100 小时和

50 小时；估计它们出现的概率分别为 0.3，0.4，0.2 和 0.1。那么，采用哪种方案能使营运成本最低？

［解］根据上述资料，可以编制预期成本价值分析表，见表 8-14 所示。

表 8-14　预期成本价值分析表　单位：元

方案	事件(使用小时数)	概率	条件价值	预期成本价值
向 B 企业租用机器一台，每月付租金 1 500 元	使用时间不限	1.0	1 500	1 500
向 C 企业租用机器一台，每月付租金 400 元，另外加附使用保养费 5 元/小时	180	0.3	1 300	390
	150	0.4	1 150	460
	100	0.2	900	180
	50	0.1	650	65
	小　计			1 095
委托 D 企业加工，每小时支付委托加工费 10 元	180	0.3	1 800	540
	150	0.4	1 500	600
	100	0.2	1 000	200
	50	0.1	500	50
	小　计			1 390

由表 8-14 所示的概率分析结果可知，该企业应向 C 企业租用机器一台，因为采用此方案，每月的营业成本最低为 1 095 元。

第四节　存货决策

一、存货决策的意义

存货是企业进行生产经营所必备的资源条件，是保证供应、生产和销售得以顺利进行的物质基础。企业持有充足的存货，不仅有利于生产过程的顺利进行，节约采购费用与生产时间，而且能够迅速地满足客户各种订货的需要，从而为企业的生产与销售提供较大的机动性，避免因存货不足带来的机会损失。然而，存货的增加必然要占用更多的资金，将使企业付出更大的持有成本(即存货的机会成本)，而且存货的储存与管理费用也会相应增加，影响企业获利能力的提高。因此，如何在存货的成本与收益(包括对企业的机动性影响)之间进行利弊权衡，做出正确决策，对提高企业经济效益具有重要意义。

二、存货的功能与成本

(一)存货的功能

存货的功能是指存货在企业生产经营过程中所具有的作用,主要表现在以下几个方面:

(1)防止停工待料。适量的存货能有效防止停工待料事件的发生,维持生产的连续性。

(2)适应市场变化。存货储备能增强企业在生产和销售方面的机动性以及适应市场变化的能力。

(3)降低进货成本。企业采取批量集中进货,既可获得较多的商业折扣,又可降低采购费用支出。

(4)维持均衡生产。企业在生产过程中,会因为各种原因导致生产水平的高低变化,拥有合理的存货可以缓冲这种变化对企业生产活动及获利能力的影响。

(二)储存存货的有关成本

为充分发挥存货的固有功能,企业必须储备一定的存货,但也会由此而发生各项支出,这就是存货成本。具体包括以下内容:

1. 取得成本

取得成本是指为取得某种存货而支出的成本,包括采购成本和订货成本。采购成本是指存货本身的价值,等于采购单价与采购数量的乘积。在一定时期进货总量既定的条件下,无论企业采购次数如何变动,存货的采购成本通常是保持相对稳定的(假设物价不变且无采购数量折扣),因而属于决策无关成本。订货成本是指企业为组织进货而开支的费用,如与材料采购有关的办公费、差旅费、邮资、电话电报费、运输费、检验费、入库搬运费等支出。订货费用有一部分与订货次数有关,如差旅费、邮资、电报电话费等费用与订货次数成正比例变动,这类变动性订货成本属于决策的相关成本;另一部分与订货次数无关,如专设采购机构的基本开支等,这类固定性订货成本则属于决策的无关成本。

2. 储存成本

储存成本是指为持有存货而发生的费用,主要包括存货资金占用费(以贷款购买存货的利息成本)或机会成本(以现金购买存货而同时损失的投资收益等)、仓储费用、保险费用、存货残损霉变损失等。与订货成本一样,储存成本可以按照与储存数额的关系分为变动性储存成本和固定性储存成本两类。固定性储存成本与存货储存数额的多少没有直接的联系，如仓库折旧费、仓库职工的固定月工资等，这类成本属于决策的无关成本；而变动性储存成本则随着存货储存数额的增减成正比例变动关系，如存货资金的应计利息、存货残损和变质损失、存货的保险费用等，这类成本属于决策的相关成本。

3. 缺货成本

缺货成本是因存货不足而给企业造成的损失，包括由于材料供应中断造成的停工损失、成品供应中断导致无法获得信誉的损失及丧失销售机会的损失等。如果生产企业能够以替代材料解决库存材料供应中断之急的话，缺货成本便表现为替代材料紧急采购的额外开支。缺货成本能否作为决策相关成本，应视企业是否允许出现存货短缺的不同情形而定。若允许缺货，则缺货成本便与存货数量反向相关，即属于决策相关成本；反之，若企业不允许发生缺货情形，此时缺货成本为零，也就无需加以考虑。

三、存货经济批量模型

(一)存货经济批量的含义

经济进货批量是指能够使一定时期存货的相关总成本达到最低点的进货数量。通过上述对存货成本分析可知，决定存货经济进货批量的成本因素主要包括变动性订货成本、变动性储存成本以及允许缺货时的缺货成本。不同的成本项目与进货批量呈现着不同的变动关系。减少进货批量，增加进货次数，在影响变动性储存成本降低的同时，也会导致变动性订货成本与缺货成本的提高；相反，增加进货批量，减少进货次数，尽管有利于降低变动性订货成本与缺货成本，但同时会影响变动性储存成本的提高。因此，如何协调各项成本间的关系，使其总和保持最低水平，是企业组织进货过程需解决的主要问题。

(二)经济进货批量基本模型

经济进货批量基本模型以如下假设为前提：①单价不变，没有数量折扣；②不允许缺货，即无缺货成本；③需求量稳定、均匀，即需求量为已知常量，每次订货数量相同；④需要订货时，能立即一次到货；⑤单位变动订货成本不变；⑥单位变动储存成本不变；⑦可用于存货的资金没有限制。

经济进货批量的基本模型只涉及两项相关成本，即变动性订货成本和变动性储存成本。

设存货年需要量为 A，每次订货的变动性订货成本为 P，全年的订货次数为 N，每次订货量为 Q，变动订货成本为 TC_o，单位变动储存成本为 C，变动储存成本为 TC_h，存货相关总成本为 TC，则：

$$\begin{aligned} TC &= P \times N + C \times Q/2 \\ &= P \times A/Q + C \times Q/2 \end{aligned} \tag{1}$$

显然，每次订货量大，则储存成本大，但可使订货次数减少，导致订货成本降低；反之，每次订货量小，则储存成本小，但必然导致订货次数增加，引起订货成本增加。订货成本和储存成本是互为消长的，它们与总成本 TC 的关系可用图 8-6 表示。

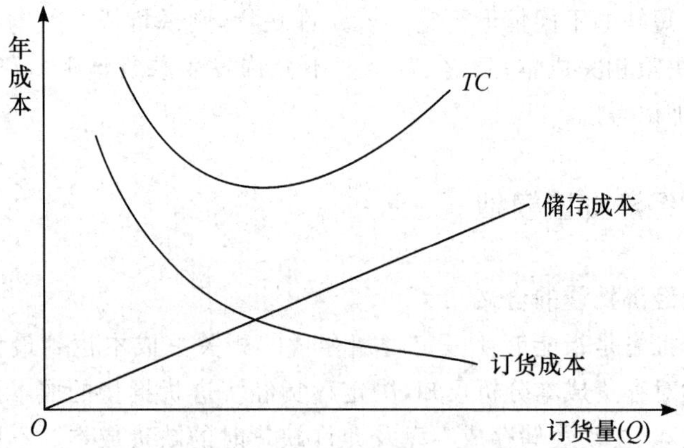

图 8-6 订货成本和储存成本与总成本的关系图

从图 8-6 可以看出，TC(年成本)是一条凹形曲线，当一阶导数为零时，其值最低。因此，要找出最佳订货点，只需对 TC 求导即可。

由(1)式，将 TC 对 Q 求导：

$$TC' = -(PA)/Q^2 + C/2$$

令 $TC' = 0$，得 $Q^* = \sqrt{\dfrac{2PA}{C}}$ (2)

因为 $TC'' = (2PA)/Q^3 > 0$

所以 Q^* 处 TC 出现最小值。

将(2)式代入(1)式，得 $TC^* = \sqrt{2PAC}$ (3)

(2)式与(3)式就是存货基本经济批量模型的最优解，即每次订货量为 Q^* 时能使存货的年相关总成本达到最小值 TC^*。

【例 8-20】某企业全年需要乙零件 1 200 件，每订购一次的订货成本为 400 元，每件年储存成本为 6 元，要求计算乙零件的经济批量及全年最小相关总成本。

［解］已知 $A=1\,200$ 件，$P=400$ 元，$C=6$ 元

$$乙零件的经济批量\ Q^*=\sqrt{\frac{2PA}{C}}=\sqrt{\frac{2\times400\times1\,200}{6}}=400(件)$$

$$全年最小相关总成本\ TC^*=\sqrt{2PAC}=\sqrt{2\times400\times1\,200\times6}=2\,400(元)$$

乙零件的最优经济批量为 400 件，年相关最低成本为 2 400 元。

应当指出，在确定经济订货量时，全年需要量、每次订货费用都是预测数字，很难准确估计，因此，在计算出经济订货量后，还必须根据当时的实际情况，对原定的经济订货量适当适时进行调整。

经济批量法也可应用于最优生产批量的决策。当企业已决定批量生产产品之后，每一批生产多少可以通过类似上述确定外购存货经济订货量的方法来确定，所不同的是，确定经济订货量时的相关成本是订货成本和储存成本，而在确定最优生产批量时，所要考虑的是储存成本和调整准备成本。调整准备成本是指在每批产品投产前，需进行一些调整工作(如调整机器、准备工卡模具、布置生产线等)而发生的成本。虽然它与每批数量没有直接联系，却与投产批数成正比，决策中应当考虑。

(三)经济进货批量扩展模型

上述存货经济进货批量的分析是建立在若干假设条件上的，但在实际工作中，上述的假设条件不可能全部满足，当一些假设条件不能被满足时，就需要对上述经济批量模型进行适当调整，以满足决策需要。

1. 销售折扣条件下的经济订货量

许多企业在销售时都有数量折扣，对大批量采购在价格上给予一定的优惠。比如：购买量达到 1 000 件时给予 8%的优惠，供应商通过这种数量折扣，可以鼓励客户一次购买更多的商品。在这种情况下，采购的单位成本已发生了变化，因此，除了考虑订货成本和储存成本外，还应考虑采购成本。

【例 8-21】假设例 8-20 中每件价格为 10 元，但如果一次订购超过 600 件，可给予 2%的销售折扣，问是否应以大批量订货？

此时如果确定最优订购批量，就要按以下两种情况分别计算三种成本的合计数：

(1)按经济批量采购，不取得数量折扣，此时按经济批量采购时的总成本合计应为：

总成本＝年订货成本＋年储存成本＋年采购成本

＝(1 200/400)×400＋(400/2)×6＋1 200×10＝14 400(元)

(2)不按经济批量采购，取得数量折扣。如果想取得数量折扣，必须按 600 件来采购，此时三种成本合计为：

总成本＝年订货成本＋年储存成本＋年采购成本

＝(1 200/600)×400＋(600/2)×6＋1 200×10×(1－2%)＝14 360(元)

将以上两种情况下的总成本进行对比可知，订购量为 600 件时的成本较低。所以，应该以 600 件作为订货量。

2. 陆续到货条件下的经济订货量

企业正常经营中，经常存在一次订货边进库边使用的情况。比如在制造业企业的生产过程中，在产品的转移和半成品、产成品的入库，都是陆续进行的。在陆续到货并使用的情况下，一般是到货速度大于耗用速度。在一次订货全部入库之前，库存量不断增加；在订货全部入库时，库存量最大；随后库存量逐渐下降，直到下一批订货又陆续到货。

假设存货订货是一次订货，陆续到达，每天入库量为 m，m 为常数且大于日消耗量 n，其他条件同基本经济订货量的相同。

每一批存货全部入库的时间为 Q/m；

入库期间，存货耗用数量为 nQ/m；

一批订货全部入库时库存量为 $Q-nQ/m$；

平均库存量为 $(1-n/m)Q/2$；

与订货批次有关的存货成本为：

$$T=(A/Q)P+(1-n/m)Q/2C$$

对 T 求导并令其为零，可得

$$Q^{*}=\sqrt{\frac{2PA}{C}\times\frac{m}{m-n}}$$

该模型不仅可用于确定材料采购的经济订货量，也可用于产品生产的经济生产量决策。

【例 8-22】企业生产的丙产品日销量为 10 件，生产阶段产品开始入库后平均每天完工 40 件，全年计划生产量为 3 650 件。生产中每次生产准备成本为 90 元，而每件产品储存成本为 0.72 元。试确定最佳生产批量。

［解］根据上式有：

$$Q^{*}=\sqrt{\frac{2\times 90\times 3\,650}{0.72}\times\frac{40}{40-10}}=1\,103(\text{件/批})$$

将 1 103 件代入存货相关总成本的计算公式，得

$$T=(A/Q)F+(1-n/m)Q/2C\approx 595(\text{元})$$

即丙产品每批应投产 1 103 件，此时与生产批次相关的成本为 595 元。

3. 存在缺货条件下的经济订货量

基本经济订货量下不会有缺货现象，但实际工作中常因供应、运输等因素的影响而导致缺货情况发生，因此，需要在基本经济订货模型的基础上，建立有缺货时的经济订货量模型。

假定每批订货到达仓库之前，都发生了缺货，订货量为 Q，缺货量为 Q_1。在订货到达后，先弥补缺货 Q_1——即由于缺货的存在，允许延期交货且都延期交货。其他假设与基本订货量下的假设条件相同。

设 M 为单位缺货一年的缺货成本。那么，存货相关总成本中除订货变动成本和储存成本之外，还包括缺货变动成本(缺货成本均为变动成本)。

缺货条件下经济订货量的模型为(有关推导从略)：

$$Q^{*}=\sqrt{\frac{2PA}{C}\times\frac{C+M}{M}}$$

【例 8-23】假设某企业生产乙产品，全年需用 A 材料 9 000 千克，允许缺货，每次订购成本 40 元，每千克 A 材料年储存成本为 0.5 元，其缺货成本为 2 元。为尽可能降低缺货条件下的存货成本，该企业应如何确定所需 A 材料的经济订货量。

[**解**] 将本例中有关数据代入上式，得

$$Q^{*}=\sqrt{\frac{2\times 9\,000\times 40}{0.5}\times\frac{0.5+2}{2}}=1\,342(\text{千克})$$

结果表明，该企业 A 材料的经济订货批量应为 1 342 千克。

四、存货的 ABC 控制法

(一)ABC 分类法的基本原理

所谓 ABC 分类法，又称重点管理法，是指将库存物资按某种物资占库存物资总数量的百分比和该种物资金额占库存物资总金额的百分比的大小为标准，划分为 A、B、C 三类并分别采用不同的方法进行控制和管理的一种方法。ABC 分类法

的基本原理是：

将企业的全部存货分为 A、B、C 三类。

属于 A 类的是少数价值高的、最重要的项目，这些存货品种少，而单位价值却较大，实务中，这类存货的品种数只占全部存货总品种数的 10%左右，而从一定期间出库的金额看，这类存货出库的金额要占到全部存货出库总金额的 70%左右。

属于 C 类的是为数众多的低值项目，其特点是，从品种数量来看，这类存货的品种数要占到全部存货总品种数的 70%左右，而从一定期间出库的金额看，这类存货出库的金额只占全部存货出库总金额的 10%左右。

B 类存货则介于这两者之间，从品种数和出库金额看，都只占全部存货总数的 20%左右。管理时，对金额高的 A 类存货，作为重点加强管理与控制；B 类存货按照通常的方法进行管理和控制；C 类存货品种数量繁多，但价值不大，可以采用最简便的方法加以管理和控制。

(二)ABC 分类法的计算程序

(1)把各种存货物资全年平均耗用量分别乘以它的单价，计算出各种物资耗用总量及总金额。

(2)按各品种物资耗费金额的大小顺序重新排序，并分别计算各种物资占领用总数量和总金额的比重。

(3)把耗费金额适当分段，计算各段中各项物资领用数占总领用数百分比，分段累计耗费金额占总金额的百分比，并根据一定标准将它们划分为 A、B、C 三类。

【例 8-24】某企业生产一种乙产品，共使用 8 种存货项目，如果所有存货均系外购，其单价及全年平均领用量等有关资料如表 8-15 所示。

表 8-15　　各种存货单价及领用情况一览表

存货编号	单价(元/件)	年平均领用量(件)	总成本(元)
1	4.00	2 750	11 000
2	80.00	750	60 000
3	0.10	7 500	750
4	320.00	250	80 000
5	16.00	1 000	16 000
6	5.00	1 500	7 500
7	5.00	2 000	10 000
8	0.50	9 000	4 500
合　计	—	24 750	189 750

要求：用ABC法将存货分类。

[解] 首先，将表8-15中各项存货按年平均耗费的总成本额的大小依次排列，并分别计算各项存货所占领用总数量和总金额的百分比，如表8-16所示。

表8-16 各项存货占领用成本、领用总量的百分比

存货编号	总成本(元)	占总领用成本的百分比(%)	领用总量(件)	占领用总量百分比(%)
4	80 000	42	250	1
2	60 000	32	750	3
5	16 000	8	1 000	4
1	11 000	6	2 750	11
7	10 000	5	2 000	8
6	7 500	4	1 500	6
8	4 500	3	9 000	37
3	750	0	7 500	30
合计	189 750	100	24 750	100

其次，根据分类的一般标准和有关资料编制表8-17。

表8-17 各类存货占领用总量和领用总成本的百分比

类别	领用数量(件)		总成本(元)	
	领用总数量	百分比(%)	领用总成本	百分比(%)
A	1 000	4	140 000	74
B	5 750	23	37 000	19
C	18 000	73	12 750	7

从表8-17中所计算的资料，可以看出A类存货虽占领用总量4%，但其金额占总成本的74%，是属于量少而价高的最重要存货；C类存货领用量虽占领用总量的73%，但其金额只占总成本的7%，是属于量多而价低的存货；B类存货则在A、C类之间。

(三)ABC分类法的控制方法

(1)对A类存货的控制，要计算每个项目的经济订货量和订货点，尽可能适当增加订购次数，减少库存量；同时，还可为该类存货分别设置永续盘存卡片，以加强日常控制。

(2)对B类存货的控制，也要事先为每个项目计算经济订货量和订货点，同时也要分项设置永续盘存卡片反映库存动态，但不如A类要求那样严格，只要定期

进行概括性的检查便可以。

(3)对C类存货的控制，由于它们为数众多，而且单价又很低，存货成本也较低，因此，可适当增加每次订货数量，减少全年的订货次数，对这类存货日常的控制，可以采用较为简化的方法，常用的是“双箱法”。所谓“双箱法”，就是将某项库存物资分装两个货箱，第一箱的库存量是达到订货点的耗用量，当第一箱用完时，就意味着必须马上提出订货申请，以补充生产中已经领用和即将领用的部分。

思考题

1. 什么是决策？决策怎样按照不同的标准进行分类？并具体说明各类的特点。
2. 决策的一般程序怎样？
3. 举例说明在短期经营决策分析中，为什么要考虑机会成本？
4. 简要说明产品定价应考虑的因素及最优价格定价法的基本含义。
5. 常用的产品定价策略有哪些？
6. 不确定条件下的生产决策有何特点？应注意什么？
7. 什么是经济订货量？试述其同存货成本之间的内在关联。
8. 什么是ABC分类法？说明其基本原理和计算程序。

练习题

习题一

1. 目的：练习产品定价方法。

2. 资料：某公司生产甲产品，甲产品产量为500件时的有关成本费用资料如下：直接材料20 000元，直接人工11 000元，变动性制造费用12 000元，固定性制造费用10 000元，销售及管理费用1 800元。已知该公司计划实现30 000元的目标利润。

3. 要求：分别按完全成本法和变动成本法下的成本加成定价法确定目标售价。

习题二

1. 目的：练习生产决策方法。

2. 资料：某企业每年生产1 000件甲半成品，其单位完全成本为18元(其中单位固定性制造费用为2元)，直接出售的价格为20元。企业目前已具备将80%的甲半成品深加工为乙产品的能力，但每深加工一件甲半成品需要追加5元变动性加工成本。乙产品的单价为30元，假定其废品率为1%。

3. 要求：

(1)如果深加工能力无法转移，作出是否深加工的决策。

(2)深加工能力可用来承揽零星加工业务，预计可获得贡献边际 4 000 元，作出是否深加工的决策。

习题三

1. 目的：练习生产决策方法。

2. 资料：某企业只生产一种产品，全年最大生产能力为 1 200 件。年初已按 100 元/件的价格接受正常任务 1 000 件，该产品的单位完全生产成本为 80 元/件(其中单位固定生产成本为 25 元)。现有一客户要求以 70 元/件的价格追加订货。

3. 要求：请考虑以下不相关情况，用差别损益分析法为企业作出是否接受低价追加订货的决策，并说明理由。

(1)剩余能力无法转移，追加订货量为 200 件，不追加专属成本。

(2)剩余能力无法转移，追加订货量为 200 件，但因有特殊要求，企业需追加 1 000元专属成本。

(3)同(1)，但剩余能力可用于对外出租，可获租金收入 5 000 元。

(4)剩余能力无法转移，追加订货量为 300 件；因有特殊要求，企业需追加 900 元专属成本。

习题四

1. 目的：练习生产决策方法。

2. 资料：某企业每年需用 A 零件 2 000 件，原由金工车间组织生产，年总成本为 19 000 元，其中，固定生产成本为 7 000 元。如果改从市场上采购，单价为 8 元，同时将剩余生产能力用于加工 B 零件，可节约外购成本 2 000 元。

3. 要求：为企业作出自制或外购 A 零件的决策，并说明理由。

第九章

资本投资决策

本章导读

- 资本投资决策概述
- 资本投资决策的数量基础
- 资本投资决策的评价方法
- 资本投资决策的分析

第一节　资本投资决策概述

一、资本投资决策的概念

企业的基本经济活动可归纳为筹资、投资和经营活动，其中投资活动是企业的一项重要经济活动。企业会计准则中的投资是指企业为了获得收益或实现资本增值向被投资单位投放资金的经济行为，强调的是对外投资，如交易性投资、可供出售投资、持有至到期投资、长期股权投资等；成本管理会计中的投资是指企业为了提高自身的生产经营能力和获利能力而对企业内部进行的投资，强调的是对内投资，如厂房新建、扩建、改建，设备的购置、更新，资源的开发、利用等。

资本投资即是指投入资金量大，获取报酬或收益的持续期间较长，并在较长时间内影响企业经营获利能力的投资，如固定资产投资、无形资产投资等。其特点是投入资金的金额大，对企业今后的影响大，通常不能由当年的营业收入来补偿，在会计中被称为资本性支出。与资本性支出相对应的概念是收益性支出，它是指在日常经营中发生的，其效益仅限于本期并由本期收入补偿的各项支出。进行资本投资决策必须首先区分收益性支出与资本性支出。

资本投资决策是指在拟定资本投资方案的基础上，运用科学的方法对各方案进行分析、评价，从中选取最佳投资方案的过程。资本投资决策是涉及企业生产经营全面性和战略性问题的决策，其最终目的是为了提高企业总体经营能力和获利能力。因而，正确的资本投资决策，有助于企业生产经营长远规划的实现，这些长远规划从总体上确定了企业将来的经营方向、规模大小、资本总量及其运用，以及企业要求达到的经营目标等。资本投资决策一旦做出，就要编制资本预算，对资本投资决策已选定的方案进行系统化、表格化地集中和概括，列示有关投资方案分年度的用款额度和企业各年需投入的资金总量。因此，资本投资决策又称为资本支出决策或资本预算。

二、资本投资决策的特点

资本投资是企业生产经营活动中极为重要的资本支出活动，它直接关系到企业未来物质技术基础的正常形成和经济资源的合理配置，直接影响到企业未来生产经营的持续性发展和经济效益的长远性提高。能否正确地制定和实施资本投资决策，不仅在很大层面上制约着企业目前各项生产经营活动的顺利进行，而且在很大程度上决定着企业未来的发展前途和命运。与经营决策相比，资本投资决策具有以下一些特点：

(1)投资金额大。资本投资决策实际上是为规划企业未来的生产经营而进行的巨额资金运用抉择。既需要巨额资金投入已形成投资项目的主体，又要有相当的资金保证建设期和建成后投入运营期间与投资项目相联系的支出。

(2)持续时间长。资本投资决策实际上是为追求企业长远利益、实现企业未来持续发展而进行的长期资金支出抉择。在通常情况下，任何资本投资项目都将在较长的期间内连续发挥效用，直接影响到企业目前和未来的现金流出和现金流入。

(3)面临风险大。资本投资决策实际上是在利弊共生、安危并存的条件下，为了获得期望的投资报酬而进行的风险性资金投入抉择。从总体上看，任何资本投资项目都是在错综复杂的环境中选定的，不可避免地会受到某种非稳定状态或某些不确定因素的影响，因而有关资本投资决策极有可能存在着两种或两种以上的结果，使某一决策行动方案的实际资金运用效益同其预期的资金运用效益发生背离，给企业带来一定的经济损失。

第二节　资本投资决策的数量基础

进行资本投资决策，首先必须树立两个价值观念，即货币时间价值和投资风险价值，其次要明确三个重要的概念：资本成本、现金流量、效用期间。这五个要素是资本投资决策的数量基础，必须予以充分考虑，以确保资本投资决策的正确评价分析。

一、货币时间价值

由于资本投资的投入资金多、持续时间长，因此，为了正确地对资本投资各备选方案进行评价，必须考虑资金的时间价值。

在利润平均化规律的影响下，等量资本在相同时间内应获得等量利润。因此，货币时间价值的一般表现形式，从相对量来看，就是在不考虑风险和通货膨胀条件下的社会平均资本利润率，在一定条件下可视同银行存款利率；从绝对量来看，就是使用货币资本的机会成本或假计成本，即利息。但是，时间价值和利息或利率并不完全一致，在具有风险或通货膨胀条件下进行投资时，投资报酬率或利率不仅包括货币时间价值，还包括风险价值和通货膨胀的因素。为了便于理解，除了指明要考虑风险价值和通货膨胀因素外，其他情况均假定没有风险和通货膨胀，那么利息、利率或贴现率等便可以从不同角度反映或代表货币的时间价值。

货币时间价值的计量通常是采用利息的形式，按复利法进行计算，主要包括复利终值、复利现值、年金终值、年金现值。

(一)复利终值与现值的计算

复利终值与现值依据收付款业务发生的频率，可以分为一次性收付款复利终值与现值、系列收付款复利终值与现值。终值是指若干期以后的未来价值，包括本金和利息，又叫"本利和"；现值是指现在收款或付款的价值，又叫"本金"。一次性收付款是指在某一特定时点上发生的某项一次性收款或付款业务，经过一段时间再发生相应的一次性收款或付款业务。系列收付款是指在 n 期内多次发生的收付款业务，形成多时点收付款数列。

1. 一次性收付款复利终值的计算

假设本金或现值为 P，利率为 i，期数为 n，终值为 F，每期复利一次。则 n 期末的复利终值计算公式为：

$$F=P(1+i)^n$$

上式中的$(1+i)^n$为复利终值系数，记作$(F/P,i,n)$。

【例 9-1】假设本金为 1 500 元，利率为 9%，期数为 5 年时。要求：依据上述数据计算复利终值。

[解] $F=1\,500\times(1+9\%)^5$

从附表中可以查出 $i=9\%$，$n=5$ 时，复利终值系数为 1.538，则：

$$F=1\,500\times1.538=2\,307(\text{元})$$

2. 一次性收付款复利现值的计算

已知未来某一时点的值（终值或本利和），求其现在时点的价值（现值或本金），这个过程也叫折现或贴现，所使用的利率又称为折现率或贴现率。一次性收付款复利现值的计算为一次性收付款复利终值的逆计算，其计算公式为：

$$P=F(1+i)^{-n}$$

上式中的$(1+i)^{-n}$为复利现值系数，记作$(P/F,i,n)$。

【例 9-2】2 年后要得到 50 000 元，存款利率为 6%。要求：计算现在一次性应向银行存入的金额。

[解] $P=50\,000\times(1+6\%)^{-2}$

从附表中可以查出 $i=6\%$，$n=2$ 时，复利现值系数为 0.890，则：

$$P=50\,000\times0.890=44\,500(\text{元})$$

3. 系列收付款复利终值的计算

系列收付款复利终值等于每次收付款复利终值之和。假设 t 表示系列收付款发生的时点，R_t 表示 n 期内的系列收付款，F_R 表示系列收付款复利终值，每次收付款复利终值分别为 $F_0,F_1,F_2,\cdots,F_n$，则系列收付款复利终值的计算公式为：

$$\begin{aligned}F_R&=F_0+F_1+F_2+\cdots+F_n\\&=\sum_{t=0}^{n}R_t(1+i)^{n-t}\end{aligned}$$

【例 9-3】第 1 年初向银行存款 200 元，第 2 年末向银行存款 300 元，第 3 年末向银行存款 100 元，银行存款利率为 8%。要求：计算第 4 年末一共能得到多少元？

[解] $F_R=200\times(1+8\%)^4+300\times(1+8\%)^2+100\times(1+8\%)$

$=200\times1.360+300\times1.166+100\times1.080$

$=729.8$(元)

4.系列收付款复利现值的计算

系列收付款复利现值等于每次收付款复利现值之和。假设 t 表示系列收付款发生的时点，R_t 表示 n 期内的系列收付款，P_R 表示系列收付款复利现值，每次收付款复利现值分别为 P_0，P_1，P_2，…，P_n，则系列收付款复利现值的计算公式为：

$$P_R=P_0+P_1+P_2+\cdots+P_n$$
$$=\sum_{t=0}^{n}R_t(1+i)^{-1}$$

【例 9-4】当银行存款利率为 8%时，第 1 年末需用 500 元，第 3 年末需用 600 元，第 4 年末需用 700 元。要求：计算现在应该向银行存入的金额。

［**解**］$P_R=500\times(1+8\%)^{-1}+600\times(1+8\%)^{-3}+700\times(1+8\%)^{-4}$

$=500\times0.926+600\times0.794+700\times0.735$

$=1\,453.9$(元)

(二)年金终值与现值的计算

年金是系列收付款的特殊形式，是指一定时期内间隔相同时间连续发生数额相等的系列收付款。年金按其收付款的情况又分为四种形式：普通年金、即付年金、递延年金和永续年金。其中普通年金的应用最广泛，其他几种年金的终值和现值计算可在普通年金计算的基础上推算出来。

1.普通年金终值与现值的计算

收付款发生在每期期末的年金为普通年金，普通年金终值是一定时期内各期期末等额系列收付款的复利终值之和。依据系列收付款复利终值的计算公式，因每期系列收付款等额，则普通年金终值的计算公式为：

$$F=R\sum_{t=1}^{n}(1+i)^{n-t}=R\,\frac{(1+i)^n-1}{i}$$

上式中的 $\frac{(1+i)^n-1}{i}$ 为年金终值系数，记作$(F/R,i,n)$。

【例 9-5】当银行存款利率为 8%时，企业连续 5 年于每年年末存款10 000元。要求：计算第 5 年年末的本利和。

［**解**］$F=10\,000\times(F/R,8\%,5)$

从附表中可以查出 $i=8\%$，$n=5$ 时，年金终值系数为 5.867，则：

$$F=10\,000\times 5.867=58\,670(\text{元})$$

如果已知年金终值 F，求年金 R，这个过程称为偿债基金的计算。根据普通年金终值的计算公式进行逆计算，则偿债基金的计算公式为：

$$R=F\frac{i}{(1+i)^n-1}$$

上式中的 $\frac{i}{(1+i)^n-1}$ 为偿债基金系数，记作 $(R/F,i,n)$。

【例 9-6】 当银行存款利率为 6%时，有一笔 6 年后要到期的长期借款 900 000 元，企业拟在 6 年内每年末存入一笔资金以备偿还。要求：计算每年年末应等额存入银行的金额。

[**解**] $R=900\,000\div(F/R,6\%,6)$

从附表中可以查出 $i=6\%$，$n=6$ 时，年金终值系数为 6.975，则：

$$R=900\,000\div 6.975=129\,000(\text{元})$$

普通年金现值是一定时期内各期期末等额系列收付款的复利现值之和。依据系列收付款复利现值的计算公式，因每期系列收付款等额，则普通年金现值的计算公式为：

$$P=R\sum_{t=1}^{n}(1+i)^{-t}=R\frac{1-(1+i)^{-n}}{i}$$

上式中的 $\frac{1-(1+i)^{-n}}{i}$ 为年金现值系数，记作 $(P/R,i,n)$。

【例 9-7】 当银行存款利率为 10%时，企业租入一台生产设备，每年年末需付租金 3 000 元，租期 5 年。要求：为保证租金的按时支付，计算现在应存入银行的金额。

[**解**] $P=3\,000\times(P/R,10\%,5)$

从附表中可以查出 $i=10\%$，$n=5$ 时，年金现值系数为 3.791，则：

$$P=3\,000\times 3.791=11\,373(\text{元})$$

如果已知年金现值 P，求年金 R，这个过程称为资本回收的计算。根据普通年金现值的计算公式进行逆计算，则资本回收的计算公式为：

$$R=P\frac{i}{1-(1+i)^{-n}}$$

上式中的$\frac{i}{1-(1+i)^{-n}}$为资本回收系数，记作$(R/P,i,n)$。

【例 9-8】企业拟投资 100 000 元建设一个预计寿命期 6 年的项目，企业期望的投资报酬率为 10%。要求：计算企业每年年末可获得的投资报酬。

[解] $R=100\ 000\div(P/R,10\%,5)$

附表中可以查出 $i=10\%$，$n=6$ 时，年金现值系数为 4.355，则：

$$R=100\ 000\div 4.355=22\ 962(\text{元})$$

2. 即付年金终值与现值的计算

收付款发生在每期期初的年金为即付年金，即付年金终值是一定时期内各期期初等额系列收付款的复利终值之和。依据普通年金终值的计算，n 期即付年金终值与 $n+1$ 期普通年金终值相比，前者少一个不需用时间价值换算的 R，则即付年金终值的计算公式为：

$$\begin{aligned}F&=R[(F/R,i,n+1)-1]\\&=R(F/R,i,n)(1+i)\end{aligned}$$

【例 9-9】企业决定连续 10 年每年年初存入 100 000 元作为住房基金，银行存款利率为 10%。要求：计算企业在第 10 年末住房基金的本利和。

[解] $F=100\ 000\times[(F/R,10\%,10+1)-1]$
$=100\ 000\times(18.531-1)$
$=1\ 753\ 100(\text{元})$

即付年金现值是一定时期内各期期初等额系列收付款的复利现值之和。依据普通年金现值的计算，n 期即付年金现值与 $n-1$ 期普通年金现值相比，前者多一个不需用时间价值换算的 R，则即付年金现值的计算公式为：

$$\begin{aligned}P&=R[(P/R,i,n-1)+1]\\&=R(P/R,i,n)(1+i)\end{aligned}$$

【例 9-10】当银行存款利率为 10%时，企业租入一台机器设备，每年年初需付租金 3 000 元，租期 5 年。

要求：计算机器设备租金的现值。

[解] $P=3\ 000\times[(P/R,10,5-1)+1]$
$=3\ 000\times(3.170+1)$
$=12\ 510(\text{元})$

3. 递延年金终值与现值的计算

递延年金是指在一段时期（如 $m+n$ 期）内，从第 1 期期初开始，隔了 m 期

($m \geqslant 1$)以后，才于后 n 期的每期期末发生系列等额收付款的年金形式。递延年金终值的计算方法与普通年金终值相同。

递延年金现值是指在前 m 期没有收付款时，后 n 期的普通年金贴现到 m 期的第 1 期期初的现值。$m+n$ 期递延年金现值比 $m+n$ 期普通年金现值要少 m 期的普通年金现值，其计算公式可表示为：

$$\begin{aligned} P &= R[(P/R,i,m+n)-(P/R,i,m)] \\ &= R(P/R,i,n)(1+i)^{-m} \end{aligned}$$

【例 9-11】有一种保险单要求现在一次支付保险费，第 16 年年初至第 20 年初，每年可领取保险金 1 500 元，期望利率 8%。要求：计算购买该保险单需要支付多少元?

[解] $P = 1\,500 \times [(P/R,8\%,19)-(P/R,8\%,14)]$

$= 1\,500 \times (9.604 - 8.244)$

$= 2\,040$(元)

4. 永续年金现值的计算

永续年金是指无限期的等额系列收付款的特种年金，也就是当期限 $n \to +\infty$ 时的普通年金。依据普通年金现值计算公式，因 $n \to +\infty$，年金现值系数中的 $(1+i)^{-n}=0$，则永续年金现值的计算公式可表示为：

$$P = R/i$$

【例 9-12】当银行存款利率为 10%时，企业拟设立一项科技奖励基金，估计每年年末科技奖金为 20 000 元。要求：计算该企业需一次性拨出多少款项来建立该项基金?

[解] $P = 20\,000 \div 10\%$

$= 200\,000$(元)

二、投资风险价值

投资风险价值是指投资者承担一定的风险而进行某项投资所获得的、超过平均投资报酬或货币时间价值的那一部分额外报酬。正因如此，投资风险价值也可称之为投资风险收益或投资风险报酬。投资风险价值通常有两种表现形式：一种是绝对数——风险报酬（收益）额，指的是由于承担风险而进行投资所取得的额外报酬；另一种是相对数——风险报酬（收益）率，指的是额外报酬占投资总额的百分率。有风险的投资报酬率，应是货币时间价值和投资风险价值之和。一般而言，风险越大，投资报酬率要求就越高；反之，风险越小，投资报酬率要求就越低。

由于风险具有不确定性,因而投资的风险价值只能利用概率论的数学方法,按未来年度的预期收益的平均偏离程度来估量。一般包括以下步骤:

(1)确定某项投资方案各种预计收益 X_i 及其可能出现的各种概率 P_i,并计算它们的期望值 $\overline{EV}$。

$$\overline{EV} = \sum_{i=1}^{n} X_i P_i$$

(2)计算标准离差率,用以衡量该项投资方案所冒风险的程度,其公式为:

$$\text{标准离差}(a) = \sqrt{\sum_{i=1}^{n}(X_i - \overline{EV})^2 P_i}$$

$$\text{标准离差率}(R) = \frac{a}{\overline{EV}}$$

(3)确定风险系数(F)。一般有两种方法用来确定 F,一种是采用一个经验数据,另一种是从 0 到 1 之间选择一个作为主观概率,但这个主观概率不是任意的,而应以无风险价值(货币的时间价值)为基础,并在其上下浮动。就某一国家、某一地区、某一行业来说,应根据具体情况确定。

(4)导入风险系数,计算出该投资方案通过冒风险预期得到的风险报酬率和风险报酬额。其计算公式为:

$$\begin{aligned}\text{预期的风险报酬率}(RP_r) &= \text{风险系数} \times \text{标准离差率} \\ &= FR\end{aligned}$$

$$\begin{aligned}\text{预期的风险报酬额}(RP) &= \text{收益的期望值} \times [\text{风险报酬率} \div \\ &\quad (\text{货币的时间价值} + \text{风险报酬率})] \\ &= \overline{EV}\frac{RP_r}{i + RP_r}\end{aligned}$$

投资的风险价值求出以后,可以根据要求的投资报酬率,求出该方案要求的风险价值,然后与预期的风险价值进行比较。若预期的风险价值小于要求的风险价值,说明该投资方案冒的风险小,得到的报酬率大,方案可行;反之,如预期的风险价值大于要求的风险价值,则该方案所冒的风险大,得到的报酬率小,方案不可取。要求的风险价值的计算公式是:

$$\begin{aligned}\text{要求的风险报酬率}(ERP_r) &= \text{要求的投资报酬率} - \text{货币时间价值} \\ &= \text{收益的预期价值} \div \text{投资额} - \text{货币时间价值}\end{aligned}$$

要求的风险报酬额(ERP)＝收益的预期价值×[要求的风险报酬率÷(货币时间价值＋要求的风险报酬率)]

【例 9-13】某企业准备以 5 000 万元投资创办一个加工厂，主要生产电子产品。根据市场预测，预计可获得的年收益及其概率分别为：900 万元(0.2)、500 万元(0.5)、300 万元(0.3)。若电子产品的风险系数为 7%，计划年度的货币时间价值为 6%。

要求：计算该项投资方案的风险价值，并评价该项投资方案是否可行。

[**解**] ①计算该项投资未来收益的预期价值。

$$\overline{EV} = \sum_{i=1}^{n} X_i P_i = 900 \times 0.2 + 500 \times 0.5 + 300 \times 0.3 = 520(\text{万元})$$

②计算该项投资的标准离差率。

$$\begin{aligned} a &= \sqrt{\sum_{i=1}^{n} (X_i - \overline{EV})^2 P_i} \\ &= \sqrt{(900-520)^2 \times 0.2 + (500-520)^2 \times 0.5 + (300-520)^2 \times 0.3} \\ &= 208.81 \end{aligned}$$

$$R = \frac{a}{\overline{EV}} = 208.81 \div 520 = 40.2\%$$

③导入风险系数，计算该方案预期的风险价值。

预期的风险报酬率(RP_r)＝FR＝7%×40.2%＝2.81%

预期的风险报酬额(RP)＝$\overline{EV}\dfrac{RP_r}{i+RP_r}$

＝520×[2.81%÷(6%＋2.81%)]＝165.86(万元)

④计算该方案要求的风险价值。

要求的风险报酬率(ERP_r)＝520÷5 000－6%＝4.40%

要求的风险报酬额(ERP)＝520×[4.40%÷(6%＋4.40%)]＝220(万元)

⑤对该投资方案进行评价。

因为预期的风险报酬率为 2.81%，小于要求的风险报酬率 4.40%；预期的风险报酬额为 165.86 万元，小于要求的风险报酬额 220 万元，所以该项投资方案的风险小，方案可行。

从以上投资风险价值计算结果可知，投资项目的标准离差是反映其风险程度的绝对数指标，而标准离差率则为体现其风险程度的相对数指标。这两项指标越小，意味着投资项目未来收益偏离期望值的幅度越小，即未来收益比较确定，因而该投资项目的风险程度较低；反之，则表示未来收益不太确定，风险程度较高。至于就不同投资项目而言，通常是根据各项目标准离差率的大小进行分析、评价，以标准离差率最小者为最优。

三、资本成本

资本成本也称资金成本，是以百分率表示的企业取得并使用资本所负担的成本，是企业资本结构中各种长期资金使用代价的综合。资本成本的计算在企业进行筹资决策、资本投放决策、营运资本管理和业绩评价等方面，都有着重要的意义。

资本成本是资本投资决策中非常重要的一个概念，是评价一个投资方案是否可行的重要依据，是投资项目能否接受的最低报酬率，因此，资本成本也称“极限利率”。即在判断投资项目是否可行时，要以该项目的未来收益率和资本成本去比较，如果未来收益率小于资本成本，则该项目将被放弃；如果未来收益率大于资本成本，则该项目是可行的。因此，资本成本也被形象地称作“取舍利率”。

在企业的资本结构中，长期资金可分为债务资本和权益资本两大类，其中债务资本可分为长期借款和应付债券，权益资本则可分为普通股、优先股和留存收益三种。资本成本的确定，主要由资本来源渠道决定。如果是借入资本，资本成本就是借款利率；如果资本是自有的，资本成本就是预期的投资报酬率，即货币时间价值与投资风险报酬率之和；如果资本是发行债券筹集来的，资本成本就是债券利息、手续费等；如果资本是发行股票所取得的，资本就是注册费、手续费、股息等。不同来源的资本，由于其承担风险不同，因而资本成本也各不相同。企业总的资本成本，是以各类资本在总资本中所占比重为权数计算的加权平均资本成本，其计算公式为：

$$K_0 = \sum W_i K_i$$

式中：K_0——加权平均资本成本；

W_i——第 i 种资本来源所占的比重；

K_i——第 i 种资本来源的资本成本。

【例 9-14】某企业几种主要资本来源的数额及资本成本资料如表 9-1 所示。

表 9-1 资本来源及成本资料 单位：元

资本来源	金额	资本成本(%)	比重(%)
债券	100 000	4	10
优先股	300 000	10	30
普通股	600 000	12	60
合计	1 000 000	—	100

要求：计算该企业的综合资本成本。

［解］$K_0 = \sum W_i K_i = 4\% \times 10\% + 10\% \times 30\% + 12\% \times 60\% = 10.6\%$

四、现金流量

资本投资决策是建立在现金流量分析基础上的，因为现金流量可以序时动态地反映投资的流向与回收的投入产出关系，有利于体现货币时间价值因素，便于完整、全面地评价投资的效益。现金流量是指投资项目从筹建、正式投产使用直至报废为止的整个寿命周期内形成的现金流入与现金流出的数量。

(一)现金流量的内容

按整个投资项目的范围确定现金流量的内容时，一般假定项目所需的资金全部为自有资金。一个投资项目的现金流量包括现金流入量和现金流出量。导致现金流入量增加的有资本、负债的增加及非现金资产的减少，导致现金流出量增加的有资本、负债的减少及非现金资产的增加。具体内容包括：

1. *初始现金流量*

初始现金流量是指开始投资时所发生的现金流量，一般包括固定资产投资、流动资产投资和投产前费用。初始投资中多为现金流出量，有时也涉及现金流入量，如固定资产更新时原有固定资产的变价收入。

(1)建设投资(含更新改造投资)。指在建设期内按一定生产经营规模和建设内容进行的固定资产、无形资产和开办费等项目投资的总和，含基建投资和更新改造投资。

(2)垫支流动资金。指项目投产前后分次或一次投放于流动资产项目的投资增加额。垫支流动资金的投资行为既可能发生在建设期内，又可能发生在经营期内，而不像建设投资大多集中在建设期发生。各年垫支的流动资金投资额的合计应等于在终结点一次回收的流动资金。

(3)固定资产的变价收入。在固定资产更新改造投资中常涉及此项现金流入。

2.营业现金流量

营业现金流量是指项目投产后，在其效用期内正常的生产经营活动所引起的现金流量，包括营业现金收入和营业现金支出。在销售收入等于营业现金收入时，营业现金流量等于税后净利加折旧或等于营业收入减去付现成本和所得税。

(1)营业收入。指项目投产后每年实现的全部销售收入或业务收入。作为经营期现金流入项目，应当按当期现销收入额与回收以前应收账款的合计数确认，但为简化核算，可假设正常经营年度内每期发生的赊销额与回收的应收账款大体相等。

(2)经营成本。即付现成本，是生产经营阶段上最主要的现金流出项目。某年经营成本等于当年的总成本费用(含期间费用)扣除该年折旧额、无形资产摊销额等项目后的差额。这是因为总成本费用中包含了一部分非现金流出的内容，这些项目大多与固定资产、无形资产和长期待摊费用等长期资产的价值转移有关，不需要动用现实货币资金支出。

(3)各项税费。指项目投产后依法缴纳的、单独列示的各项税费，包括营业税、消费税、所得税等。

(4)其他现金流出。指不包括在以上内容中的现金流出项目(如营业外净支出等)。

3.终结现金流量

终结现金流量是指项目终结时发生的现金流量，如固定资产变价收入或残值收入、流动资金的回收等，其多表现为现金流入量。

(1)回收固定资产余值。指投资项目的固定资产在终结点报废清理或中途变价转让处理时所回收的价值，即处理固定资产净收益。更新改造项目中，旧设备的余值是在建设起点回收的，而新设备的余值在终结点回收。

(2)回收流动资金。主要指项目计算期完全终止时因不再发生新的替代投资而回收的原先垫付的全部流动资金投资额。

(二)现金流量的计算

净现金流量又称现金净流量，是指在项目的计算期(包括建设期和经营期)内现金流入量与现金流出量的差额。净现金流量是长期决策评价指标计算的重要依据。计算公式如下：

某年净现金流量＝该年现金流入量－该年现金流出量

由于现金流入流出在项目计算期内的不同阶段上的不同内容，采用上述公式计算就使得各阶段上的净现金流量表现出不同的特点：如在建设期内，净现金流量一般小于或等于零；在经营期内，净现金流量多为正值。

净现金流量也可以按照项目计算期的不同阶段分别计算。

1. 建设期净现金流量的计算公式

建设期某年净现金流量＝－该年发生的投资额

当建设期不为零时，建设期各年净现金流量的数量特征取决于其投资方式是分次投资还是一次投资。

2. 经营期净现金流量的计算公式

经营期某年净现金流量＝该年现金流入量－该年现金流出量
＝该年营业收入－该年经营成本－该年税费
＝该年营业收入－(该年总成本－该年折旧－该年摊销额)－该年税费
＝该年税后净利＋该年折旧＋该年摊销额

3. 终结点净现金流量的计算公式

终结点的净现金流量既有项目经营期最后一年的经营净现金流量，又有终结点回收的固定资产的余值和垫支的流动资金的回收额。

终结点现金流量＝经营期最后一年净现金流量＋该年回收固定资产余值＋该年回收流动资金

【例 9-15】某公司拟投资新项目，有关数据资料为：新项目需要固定资产投资 800 000 元，并分别于第一年初和第二年初各投资 400 000 元，两年建成投产，投产后一年达到正常生产能力；该固定资产可使用 5 年，按直线法计提折旧，期末残值为 80 000 元，年折旧额为 144 000 元；投产前(第二年末)需垫支流动资金 100 000 元；根据市场调查和预测，投产第一年(第三年末)的产品销售收入为 200 000 元，以后四年每年为 850 000 元(假设均于当年收到现金)，第一年的付现成本为 100 000 元，以后各年为 55 0000 元；企业所得税率为 40％。

要求：根据以上资料，计算该项目的现金流量。

[解] 首先计算营业现金流量。为了简化计算，假设每年的营业现金流量是在各年年末一次发生的，计算过程如表 9-2 所示。

表 9-2 营业现金流量计算表 单位:元

项　目	年　份				
	3	4	5	6	7
销售收入	200 000	850 000	850 000	850 000	850 000
付现成本	100 000	550 000	550 000	550 000	550 000
折旧	144 000	144 000	144 000	144 000	144 000
税前净利	－44 000	156 000	156 000	156 000	156 000
所得税	0	62 400	62 400	62 400	62 400
税后净利	－44 000	93 600	93 600	93 600	93 600
营业现金流量	100 000	237 600	237 600	237 600	237 600

计算出项目每年的营业现金流量后，结合项目的初始现金流量和终结现金流量，计算该项目的全部现金流量，过程如表 9-3 所示。表中第 0 年代表第一年初，第一年代表第一年末，依此类推。固定资产是分两次投入的，流动资本是在第二年垫支的。

表 9-3 现金流量计算表 单位:元

项　目	年　份							
	0	1	2	3	4	5	6	7
固定资产	－400 000	－400 000						
流动资金			－100 000					
营业现金流量				100 000	237 600	237 600	237 600	237 600
固定资产残值								80 000
流动资金回收								100 000
现金流量合计	－400 000	－400 000	－100 000	100 000	237 600	237 600	237 600	417 600

五、效用期间

效用期间是指投资项目发挥效益所能持续的时间。由于投资的发生往往同厂房建造和设备购置相联系，因而一般将固定资产预计使用年限作为某项投资的效用期，有时也可以将投资项目所涉及的某种产品的预计寿命周期作为效用期。

效用期间在资本投资项目的经济评价中具有特别重要的意义，因为资本投资项目持续时间长，直接影响到企业未来的现金流量。只有对每个投资项目在其全过程内形成的现金流出量、流入量进行科学的预测，掌握每个项目现金流入和流出的数量和时间以及它们在数量和时间上的差别，然后按照货币时间价值统一换算为同一时点的数值——终值、现值或年金，才能使有关项目投资效益的分析、评价建立在全面、客观而可比的基础上。

第三节 资本投资决策的评价方法

评价各种资本投资方案是否可行，首先要考虑预期的投资报酬率是否高于企业的资金成本，并运用资金时间价值来比较各方案的现金流量，计算出各个方案的经济效益，从中选择最佳投资方案。资本投资决策评价的方法按照是否考虑货币时间价值，可以分为非贴现现金流量法和贴现现金流量法两种。

一、非贴现现金流量法

非贴现现金流量法是指在决策分析过程中不考虑货币时间价值因素，把不同时期的货币看成是等效的，主要有回收期法、会计收益率法等。

(一)回收期法

回收期(payback period，PP)是指以投资项目经营净现金流量抵偿原始投资额所需要的全部时间，也即回收原始投资额所需要的全部时间，一般以年为单位。投资回收期法是以投资回收期的长短来进行投资决策的方法。显然，回收期越短，表明有关方案回收投资的速度越快，其投资风险越小；反之，投资风险越大。因此，在各可行方案中投资回收期最短的方案为最优方案。

假设第 t 年的净现金流入量为 I_t，第 t 年净现金流出量(或分期投资额)为 O_t，投资回收期为 PP，则投资回收期的计算公式如下：

$$\sum_{t=1}^{PP} I_t = \sum_{t=1}^{PP} O_t$$

当原始投资为一次性支出，每年现金净流入量相等时，投资回收期可按下列公式直接计算。

$$\text{回收期}(PP)=\text{原始投资额}\div\text{每年现金净流入量}$$

【例 9-16】某企业现有 A、B、C 三个投资方案，各自所需的投资额均为 10 000元，并为一次性投入，各方案所能提供的净收益及净现金流量如表 9-4 所示。

表 9-4　　各方案净收益及净现金流量表　　单位:元

期间	方案 A		方案 B		方案 C	
	净收益	净现金流量	净收益	净现金流量	净收益	净现金流量
1	3 000	5 500	3 000	8 000	1 500	4 000
2	2 500	5 000	3 000	8 000	2 000	4 500
3	2 000	4 500			2 500	5 000
4	1 500	4 000			3 000	5 500
合计	9 000	19 000	6 000	16 000	9 000	19 000

要求:分别计算 A、B、C 三个方案的投资回收期并进行评价。

[解] $PP(A)=1+(10\,000-5\,500)\div 5\,000=1.9$(年)

$$PP(B)=10\,000\div 8\,000=1.25\text{(年)}$$

$$PP(C)=2+(10\,000-4\,000-4\,500)\div 5\,000=2.3\text{(年)}$$

计算结果表明,在 A、B、C 三个方案中,方案 B(1.25 年)的投资回收期最短,回收速度最快;方案 A(1.9 年)次之;方案 C(2.3 年)的投资回收期最长,回收速度最慢。用投资回收期法来评价,方案 B 为投资最优方案。

投资回收期法使用不考虑资金时间价值的回收期作为衡量方案投资效果的标准,计算简便,容易为决策者正确理解。但该方法也存在不足之处:仅考虑投资收回的时间,而没有考虑投资收回后的收益情况,无法反映方案的投资盈利程度。事实上,有战略意义的资本投资往往早期收益较低,而中后期收益较高。这种方法优先考虑急功近利的项目,可能导致放弃长期效益的方案。因此,在实际工作中,常将投资回收期法与其他分析方法结合使用。

(二)会计收益率法

会计收益率(accountng rate of return ,ARR)是投资方案的年平均净收益与原始投资额的比值。会计收益率越高,获利能力越强;反之,则说明投资的获利能力越弱。其计算公式如下:

$$\text{会计收益率}=\text{年平均净收益}\div\text{初始投资额}$$

【例 9-17】 某企业现有 A、B、C 三个投资方案,各自所需的投资额均为 10 000 元,各方案所能提供的净收益及净现金流量如表 9-4 所示。

要求:分别计算 A、B、C 三个方案的会计收益率并进行评价。

[解] 各方案的会计收益率计算如下:

$ARR(A)=[(3\,000+2\,500+2\,000+1\,500)\div 4]\div 10\,000=23\%$

$ARR(B)=[(3\,000+3\,000)\div 2]\div 10\,000=30\%$

$ARR(C)=[(1\,500+2\,000+2\,500+3\,000)\div 4]\div 10\,000=23\%$

计算结果表明，方案B(30%)的会计收益率最高，为最优方案；方案A(23%)和方案C(23%)的投资报酬率相同，为次优方案。

会计收益率法借鉴一般会计核算的收益和成本观念，在计算时使用财务报表中的数据。其优点是比较简单、易于理解，且不受建设期的长短和投资方式等条件的影响。但由于没有考虑货币的时间价值，不能准确反映投资项目的经济效益，一般不能将其作为独立的方法使用。

二、贴现现金流量法

贴现现金流量法(discounted cash flow method)是指在决策分析过程中考虑货币时间价值因素，将不同时期的现金流量换算统一到相同的时点上，然后再进行对比分析评价的方法。主要方法有净现值法、现值指数法、内含报酬率法等。

(一)净现值法

净现值(net present value，NPV)是投资项目未来现金流入量现值与现金流出量现值的差额。它表明项目在整个寿命周期内考虑到货币时间价值后，以现值表现的净收益。

对于一项资本投资，投资者总希望未来获得的报酬多于最初的投资额，但由于未来获取的报酬与原始投资额不发生在同一时期，不能直接进行对比，因此必须运用货币时间价值的概念将这两项现金流量统一在同一个时点上，才能进行比较。净现值法就是将这两项现金流量都折现后进行对比，若前者大于后者，即净现值为正数，说明该项目的投资报酬率大于期望的投资报酬率，是可行的；反之，若后者大于前者，净现值为负数，则不可行。

在使用净现值法进行项目评价时，正确地选择贴现率是至关重要的，因为它直接影响着项目评价的结论。一般情况下，可以采用两种选择方法：一种方法是根据资金成本率来确定；另一种方法是根据企业要求的最低投资报酬率来确定。以净现值法进行决策分析时，一般是按照下列步骤进行：首先是预测投资方案中每年的净现金流量；其次是根据预期报酬率将各期净现金流量和该方案的投资额均折算为现值，并计算二者的差额求出投资方案的净现值；最后是根据净现值的正负及大小来判断方案的可行性及优劣。

净现值是指投资方案未来的现金流入量的现值与投资额的现值比较得出的差额。其计算公式如下：

$$NPV=\sum_{t=1}^{n}\frac{I_t}{(1+i)^t}-\sum_{t=1}^{n}\frac{O_t}{(1+i)^t}$$

式中：I_t——第 t 年净现金流入量；

O_t——第 t 年净现金流出量(分期投资额)；

i——预期报酬率；

n——项目从投资开始到项目终结时的年数。

【例 9-18】某企业现有 A、B、C 三个投资方案，各自所需的投资额均为 10 000 元，企业期望的报酬率即贴现率为 10%，各方案所能提供的净收益及净现金流量见表 9-4。

要求：分别计算 A、B、C 三个方案的净现值并进行评价。

［解］$NPV(\text{A})=5\,500\times0.909+5\,000\times0.826+4\,500\times0.751+4\,000\times0.683-10\,000=5\,242$(元)

$NPV(\text{B})=8\,000\times(P/R,10\%,2)-10\,000=8\,000\times1.736-10\,000=3\,888$(元)

$NPV(\text{C})=4\,000\times0.909+4\,500\times0.826+5\,000\times0.751+5\,000\times0.683-10\,000=4\,865$(元)

计算结果表明，三个方案的净现值均大于零，说明各投资方案的报酬率大于期望报酬率，都在 10% 以上，均为可行方案。三个方案中，方案 A 的净现值最大(5 242元)，为最优方案；其次为方案 C(4 865 元)；再次是方案 B(3 888 元)。

当投资额于建设初期一次性投入时，其投资额现值为初始投资额；当投资额分期投入时，其投资额现值为各期投入资本现值之和。

【例 9-19】某企业现有 A、B、C 三个投资方案，各自所需的投资额均为第一年 8 000元、第二年 2 000 元，企业期望的报酬率即贴现率为 10%，各方案所能提供的净收益及净现金流量见表 9-4。

要求：分别计算 A、B、C 三个方案的净现值并进行评价。

［解］方案 A、B、C 折现的净现金流出量及其累计数如表 9-5 所示。

表 9-5 **净现金流出量及现值计算表** 单位：元

期间	净现金流量	折现系数	净现金流量现值	累计净现金流量现值
1	8 000	1	8 000	8 000
2	2 000	0.909	1 818	9 818

$NPV(A)=5\,500\times0.909+5\,000\times0.826+4\,500\times0.751$
$+4\,000\times0.683-9\,818=5\,424$(元)

$NPV(B)=8\,000\times(P/R,10\%,2)$
$-9\,818=4\,070$(元)

$NPV(C)=4\,000\times0.909+4\,500\times0.826+5\,000\times0.751+5\,000$
$\times0.683-9\,818=5\,047$(元)

计算结果表明,三个方案的净现值均大于零,说明各投资方案的报酬率大于期望报酬率,都在10%以上,均为可行方案。三个方案中,方案A的净现值最大(5 424元),为最优方案;其次为方案C(5 047元);再次是方案B(4 070元)。

净现值法具有广泛的适用性,在理论上也比其他方法更完善。净现值的主要优点表现在三个方面:一是考虑了资金的时间价值,使方案的现金流入与现金流出具有可比性,增强了投资经济性的评价;二是考虑了项目计算期的全部净现金流量,体现了流动性与收益性的统一;三是考虑了投资风险性,因为贴现率的大小与风险大小有关,风险越大,贴现率就越高。净现值法的主要缺点表现在:它只考虑了方案未来不同时期净现金流量在价值上的差别,而没有考虑不同方案原始投资在量上的差别。即它只侧重于按净现值这一绝对数的大小来解析评价方案的优劣,在各方案原始投资额不同时,单纯看净现值的绝对量并不能做出正确的评价,因为在这种情况下,不同方案的净现值实际上是不可比的。

(二)现值指数法

现值指数(present value index,PVI)是投资项目未来现金流入量现值与现金流出量现值的比率。它反映每1元投资额可以获得的现时净收益。其计算公式为:

$$PVI=\sum_{t=1}^{n}\frac{I_t}{(1+i)^t}\div\sum_{t=1}^{n}\frac{O_t}{(1+i)^t}$$

在进行投资决策时,当现值指数大于1时,说明方案可行;现值指数越大,方案的经济效益越好;如果现值指数小于1,则拒绝该方案。若同时有数个方案的现值指数均大于1,应选择现值指数最大的投资方案。

【例9-20】某企业现有A、B、C三个投资方案,各自所需的投资额均为10 000元,企业期望的报酬率即贴现率为10%,各方案所能提供的净收益及净现金流量如表9-4所示。

要求:分别计算A、B、C三个方案的现值指数并进行评价。

[解]$PVI(\text{A})=(5\,500\times 0.909+5\,000\times 0.826+4\,500\times 0.751+4\,000\times 0.683)\div 10\,000=1.54$

$PVI(\text{B})=8\,000\times (P/R,10\%,2)\div 10\,000=13\,888\div 10\,000=1.40$

$PVI(\text{C})=(4\,000\times 0.909+4\,500\times 0.826+5\,000\times 0.751+5\,000\times 0.683)\div 10\,000=1.49$

计算结果表明，三个方案的现值指数均大于1，说明各投资方案的报酬率大于贴现率，均为可行方案。方案A(1.54)的现值指数最大，为最优方案；其次为方案C(1.49)；再次是方案B(1.40)。

由例9-19和例9-20可知，当投资额相等时，净现值法和现值指数法能得出相同的结论，两者之间的内在联系表现为：$NPV=0$，$PVI=1$；$NPV>0$，$PVI>1$；$NPV<0$，$PVI<1$。当投资额不相等时，净现值法和现值指数法的评价结论不一定相同，净现值法用的是各期现金净流量的现值减去原始投资的现值，以绝对数表示，这样，有时不便于在不同投资额的方案之间进行比较；而现值指数法则是用现金净流量的现值除以原始投资的现值，以相对数表示，便于在不同投资额的方案之间比较。

在实际工作中，对于净现值法和现值指数法的使用，一般应根据具体情况采用不同的方法，也可将两种方法结合起来运用。如果备选的方案是互斥的，而且没有其他投资机会，此时应运用净现值法进行决策分析，选取净现值最大的方案，因为此时最高的净现值符合企业的最大利益。如果一个企业可以同时投资于几个项目，此时应运用现值指数法进行决策分析，选择现值指数较高的几个投资方案，这样可以获得最高的整体获利水平，使现值总和最大。

现值指数法的主要优点是可以进行独立投资项目获利能力的比较。现值指数是一个相对数指标，反映投资的效率；而净现值是绝对数指标，反映投资的效益。

(三)内含报酬率法

内含报酬率(internal rate of return，IRR)是投资项目未来现金流入量现值与现金流出量现值相等时的投资报酬率，即投资方案净现值为零的投资报酬率。净现值法和现值指数法虽然都考虑了货币时间价值，但却并不能据以了解各个投资方案本身可能达到的实际报酬率是多少。内含报酬率法是根据方案本身内含报酬率的大小来评价方案优劣的一种方法，其计算公式如下：

$$\sum_{t=1}^{n}\frac{I_t}{(1+IRR)^t}=\sum_{t=1}^{n}\frac{O_t}{(1+IRR)^t}$$

内含报酬率是根据方案的现金流量计算出的，是方案本身的投资报酬率。运用内含报酬率法进行方案决策评价时，如果是单一方案的可行性评价，则只需比较方案的内部收益率与企业的预期报酬率或资本成本。前者大于后者，则方案可行；否则，不可行。如果是多方案决策评价，内含报酬率最高的方案为最优方案。

计算内含报酬率的过程，实际上就是寻找使净现值为零的贴现率的过程，可以按以下两种情况进行计算：

1. 若每期的现金净流量不相等

当每期的现金净流量不相等时，使用逐步测试法计算。首先估计一个贴现率，用其计算方案的净现值。如果净现值为正数，说明方案本身的报酬率超过估计的贴现率，应提高贴现率后进一步测试；如果净现值为负数，说明方案本身的报酬率低于估计的贴现率，应降低贴现率后进一步测试。通过逐次测试，可逐步向投资方案的内部收益率逼近。最后，根据由正到负两个最相邻的贴现率，运用插值法计算出近似的内含报酬率。

【例 9-21】某企业现有 A、C 两个投资方案，各自所需的投资额均为 10 000 元，企业期望的报酬率即贴现率为 10%，各方案所能提供的净收益及净现金流量如表 9-4 所示。

要求：分别计算 A、C 两个方案的内含报酬率并进行评价。

[解] 方案 A 的内含报酬率计算如下：

设 $i_1=10\%$，利用例 9-18 的计算结果可知：

$$\begin{aligned}NPV_1=&5\,500\times0.909+5\,000\times0.826+4\,500\times0.751+4\,000\\&\times0.683-10\,000=5\,242(\text{元})\end{aligned}$$

由于 $NPV_1>0$，说明 $i_1<IRR$，应进一步测试；

设 $i_2=35\%$，

$$\begin{aligned}NPV_2=&5\,500\times0.741+5\,000\times0.549+4\,500\times0.406\\&+4\,000\times0.301-10\,000=-148.5(\text{元})\end{aligned}$$

由于 $NPV_2<0$，说明 $i_1<IRR<i_2$，运用插值法的计算原理求出实际的内含报酬率如下：

$$\frac{IRR-10\%}{35\%-10\%}=\frac{0-5\,242}{-148.5-5\,242}$$

$$IRR(\text{A})=34.31\%$$

以同样的方法进行计算，可以确定 $IRR(\text{C})=29.69\%$。

方案 A、C 的内含报酬率均大于期望报酬率 10%，因此都是可行方案；方案 A

的内含报酬率大于方案C,方案A较优。

2. 若每期的现金净流量相等

首先,计算投资方案的年金现值系数。然后查年金现值系数表,找出与年金现值系数相等的贴现率,即为所求的内含报酬率。若找不到与年金现值系数相等的贴现率,则需找到与年金现值系数相近的两个贴现率,最后再运用插值法求解方案的内含报酬率。

【例9-22】 某企业现有投资方案B,所需的投资额为10 000元,企业期望的报酬率即贴现率为10%,该方案所能提供的净收益及净现金流量如表9-4所示。

要求:计算方案B的内含报酬率并进行评价。

[**解**] 方案B的内含报酬率计算如下:

方案B属于年金形式,先计算年金现值系数。

$$8\,000\times(P/R,i,2)=10\,000$$

$$(P/R,i,2)=1.25$$

查年金现值系数表,可知:$i=35\%$时,年金现值系数为1.289;$i=40\%$时,年金现值系数为1.224。则内含报酬率在35%与40%之间,运用插值法的计算原理求出实际的内含报酬率如下:

$$\frac{IRR-35\%}{40\%-35\%}=\frac{0-1.289}{1.224-1.289}$$

$$IRR(B)=38\%$$

方案B的内含报酬率均大于期望报酬率10%,因此是可行方案。

由例9-20和例9-21可以看出,内含报酬率与净现值之间的内在联系为:$NPV=0$,$IRR=$期望报酬率;$NPV>0$,$IRR>$期望报酬率;$NPV<0$,$IRR<$期望报酬率。在多数情况下,使用净现值法与内含报酬率法进行决策,所得出的结论是相同的;但有时也会产生差异。当原始投资额不同,一个项目的投资额大于另一个项目的投资额时,或两个项目现金流入的时间不同,一个在前几年流入较多,而另一个在后几年流入较多时,这两种方法的决策结果会产生差异。但引起差异的原因是一致的,即两种方法对于中期产生的现金流量进行再投资假定时,采用了不同的报酬率。净现值法假定产生的现金流入量重新投资会产生与企业资金成本率相等的报酬率;而内含报酬率法却假定现金流入量重新投资产生的利润率与该方案特定的内含报酬率相同。

在实际决策中,一般认为内含报酬率法有一定的优势,即它非常注重资金的时间价值,能从动态的角度直接反映投资方案的实际收益水平,并且不受采用的贴现率的影响，比较客观。但它也具有一些弱点，该指标的计算过程十分麻烦，当经营期间大量追加投资时，又有可能导致多个内含报酬率的出现，或偏高，或偏低，缺乏实际意义。因此，总体来看，净现值法还是优于内含报酬率法。

第四节 资本投资决策的分析

正确的资本投资决策是在利率、效用期间、净现金流量等相关因素科学预测的前提下做出的。鉴于资本投资的特性，相关因素预测值的准确性会不同程度地受到各种不确定的主客观条件变化的影响和约束。因此，单纯地根据评价指标值进行投资方案的选择往往是不够的，还必须充分剖析各方案中相关数据对评价指标的敏感程度，综合考虑通货膨胀因素、风险因素、期权因素等对投资方案的影响。

一、资本投资决策的敏感性分析

敏感性是指某一相关因素的变动，对反映项目投资效果的评价指标（净现值、现值指数、内含报酬率等）的影响程度。通过敏感性分析，一方面可以预见预期的相关因素的变动幅度，对原定方案的影响程度；另一方面可以预见预期的相关因素在多大范围内变动，不至于影响原定方案的有效性。所以，有必要对资本投资方案的主要评价指标进行敏感性分析，以掌握各项预期参数值变动对评价指标的影响程度，避免对原有评价指标的预期值作绝对化的理解，以便事先考虑好较为灵活的对策和措施。

（一）投资决策指标受相关因素影响的变动幅度分析

在相关因素（如项目效用期间、净现金流量、利率等）变动且变动幅度相同的情况下，测算投资决策评价指标（如净现值、内含报酬率等）受其影响而发生变动的幅度，以评价有关因素的敏感性。

【例 9-23】某企业有一固定资产原始投资额 900 000 元，当年投产，有效期 15 年，按直线法折旧，期末无残值。该项目投产后每年可生产新产品 10 000 件，销售价格 50 元，单位成本 32 元（其中单位变动成本 20 元），所得税率 33%，预期投资报酬率 9%。据此计算的该项目每年税后净现金流量为 180 600 元，净现值为

555 816.6元。

要求：计算销售价格、销售量、效用期间、付现成本、原始投资额、预期报酬率六项因素分别向不利方向以10%的幅度变动后，对净现值的敏感系数。

[解]（1）销售价格降低10%，年净现金流量计算如下：

年净现金流量＝[50×(1－10%)－32]×10 000×(1－33%)
＋900 000÷15＝147 100(元)

NPV＝147 100×(P/R,9%,15)
－900 000＝285 773.1(元)

NPV的变动幅度＝(555 816.6－285 773.1)
÷555 816.6×100%＝48.6%

销售价格对NPV的敏感系数＝48.6%÷10%＝4.86

（2）销售量下降10%，年净现金流量计算如下：

年净现金流量＝[(50－20)×10 000×(1－10%)－120 000]
×(1－33%)＋900 000÷15＝160 500(元)

NPV＝160 500×(P/R,9%,15)－900 000
＝393 790.5(元)

NPV的变动幅度＝(555 816.6－393 790.5)
÷555 816.6×100%＝29.15%

销售量对NPV的敏感系数＝29.15%÷10%＝2.92

（3）效用期间缩短10%，年净现金流量计算如下：

效用期间＝15×(1－10%)＝ 13.5 ≈13(年)

NPV＝180 600×(P/R,9%,13)－900 000
＝452 152.2(元)

NPV的变动幅度＝(555 816.6－452 152.20)÷555 816.6×100%＝18.7%

效用期间对NPV的敏感系数＝18.7%÷10%＝1.87

（4）付现成本上升10%，年净现金流量计算如下：

年净现金流量＝[50－(32×10 000－60 000)×(1＋10%)－60 000]
×10 000×(1－33%)＋900 000÷15＝163 180(元)

NPV＝163 180×(P/R,9%,15)－900 000
＝415 393.98(元)

NPV的变动幅度＝(555 816.6－415 393.98)÷555 816.6×100%＝25.3%

付现成本对 NPV 的敏感系数＝25.3％÷10％＝2.53

(5)原始投资额上升 10％，年净现金流量计算如下：

年折旧额＝900 000×(1＋10％)÷15＝66 000(元)

年净现金流量＝[(50－32)×10 000＋60 000－66 000]×(1－33％)＋990 000÷15＝182 580(元)

NPV＝182 580×(P/R，9％，15)－900 000＝481 777.38(元)

NPV 的变动幅度＝(555 816.6－481 777.38)÷555 816.6×100％＝13.3％

原始投资额对 NPV 的敏感系数＝13.3％÷10％＝1.33

(6)预期投资报酬率上升 10％，年净现金流量计算如下：

投资报酬率＝9％ ×(1＋10％)≈ 10％

NPV＝180 600(P/R，10％，15)－900 000＝473 643.6(元)

NPV 的变动幅度＝(555 816.6－473 643.6)÷555 816.6×100％＝14.8％

预期投资报酬率对 NPV 的敏感系数＝14.8％÷10％＝1.48

从上述计算结果来看，依据敏感系数由大到小排列各因素的顺序为：销售价格(4.82)、销售量(2.92)、付现成本(2.53)、效用期间(1.87)、预期投资报酬率(1.48)、原始投资额(1.33)，各因素对净现值的影响程度也由强到弱。

(二)投资决策的相关因素变动极限分析

【例 9-24】某方案 A 如上例有关资料所示，其净现值为 555 816.6 元；方案 B 的净现值为 500 000 元，根据方案 A、B 净现值的大小，方案 A 被确定为最优方案，方案 B 次之。

要求：(1)计算方案 A 每年净现金流量的下限值为多少时，方案 A 的最优地位可以保持？

(2)计算方案 A 每年净现金流量为多少时，其可行性可以保持？

(3)方案 A 项目有效期的下限值为多少时，能保证其最优地位？

[解](1)方案 A 与方案 B 相比，要保证方案 A 的最优性，其净现值必须大于或等于方案 B 的净现值。假设方案 A 每年净现金流量为 X，则：

X(P/R，9％，15)－900 000≥500 000

X≥173 675.72(元)

要保证方案 A 有最优性，其每年净现金流量应大于或等于 173 675.72 元。

(2)若要保证方案 A 的可行性，只要满足其净现值大于或等于 0 即可，则：

$$X(P/R,9\%,15)-900\ 000\geqslant 0$$

$$X\geqslant 111\ 648.68(\text{元})$$

每年净现金流量至少大于或等于 111 648.68 元才能保证方案 A 可行。

(3)设有效期下限值为 Y，则要保证方案 A 的最优性，则：

$$180\ 600\times(P/R,\ 9\%,Y)-900\ 000\geqslant 500\ 000$$

$$(P/R,9\%,Y)\geqslant 7.752$$

运用插值法求解，可得 Y≥13.9(年)。

即有效期最低不能低于 13.9 年，才能保证方案 A 的最优地位。

二、资本投资决策的通货膨胀分析

通货膨胀一般是用物价指数的增长百分比来表示的，即一年后购买相同货物所需的货币量比现在需要的货币量所增加的百分比数。在实际经济工作中，通货膨胀因素与货币时间价值的影响往往同时存在，它们共同影响着货币的价值。为了真实地反映货币的实际价值，就必须对这两个因素的综合影响进行研究。

如果在将来可预见的一定时期内，通货膨胀率保持在同一水平上，通货膨胀与货币时间价值对货币价值的共同影响，可以用下列公式表示：

$$1+m=(1+i)(1+f)$$

式中：m——两个因素的共同影响率；

i——货币时间价值的贴现率；

f——通货膨胀率。

【例 9-25】设某投资方案 A 的现金流量表如表 9-6 所示，通货膨胀率为 4%，贴现率为 8%。

要求：用净现值法判断能否采用此方案。

表 9-6　　A 方案的现金流量表　　单位：万元

年　度	0	1	2	3	4	5
净现金流量	−750	200	200	200	200	200

[解] 在不考虑通货膨胀因素的情况下，方案A的净现值计算如下：

$$NPV(1)=200\times(P/A,8\%,5)-750=48.60(\text{万元})$$

由于方案A的净现值大于零，故方案A是可行的。

但是在考虑通货膨胀因素的影响后，方案A的净现值计算如下：

$$m=(1+8\%)(1+4\%)-1\approx 12\%$$
$$NPV(2)=200\times(P/A,12\%,5)-750=-29(\text{万元})$$

此时方案A的净现值为负数，所以必须放弃此方案，否则将无利可得。从计算中可以发现，由于每年的通货膨胀率相同，通货膨胀对货币价值的影响与货币时间价值的计算方法相同。从两种情况下的净现值结果可以看出，由于有了通货膨胀的影响，有时一个本来可行的投资项目将变得不可行了。所以在投资决策中，不能不对此问题予以重视。

在现实经济生活中，每年的通货膨胀率往往是不一样的。如果在未来的一定时期内，通货膨胀率并不是一个定值(即每一年的通货膨胀率都可能不同)，在这种情况下，显然就不能再用一个通货膨胀率去考虑问题了，而是应当按照每年的具体情况，逐年分析计算初始年至该年的实际累计通货膨胀率，并按照该通货膨胀率计算出每一年度货币的实际购买力，最后再将各年的数据折算成现值。各年通货膨胀率的计算公式如下：

$$1+F_n=(1+f_1)(1+f_2)\cdots(1+f_n)$$

假设第1至第3年的通货膨胀率分别为5%、6%、5%，则第3年的累计通货膨胀率为：

$$\begin{aligned}F_3&=(1+f_1)(1+f_2)(1+f_3)-1\\&=(1+5\%)(1+6\%)(1+5\%)-1=16.87\%\end{aligned}$$

三、资本投资决策的风险分析

前面所述的内容均为确定情况下的投资决策问题，即假定现金流量是确定的，便可得知现金收支的金额及其发生时间。但实际上，投资活动充满了不确定性。当这种不确定性比较小时，可以将其忽略；当决策面临的不确定性和风险比较大，足以影响方案的选择时，就应对它们进行计量并在决策时加以考虑。投资风险分析的常用方法有风险调整贴现率法和肯定当量法。

(一)风险调整贴现率法

风险调整贴现率法是投资风险分析最常用的方法。其基本思路是:对于高风险的项目,采用较高的贴现率去计算净现值,然后根据净现值法的判断标准来选择方案。问题的关键是根据风险的大小确定包括风险因素的贴现率,即风险调整贴现率。风险调整贴现率是在无风险的贴现率之上加进了风险因素,其计算公式如下:

$$k=i+bQ$$

式中:k——风险调整贴现率;

i——无风险贴现率;

b——风险报酬斜率;

Q——风险程度。

【例 9-26】某公司资本投资的最低报酬率为 8%,现有三个投资方案,有关数据如表 9-7 所示。

表 9-7　　投资方案现金流量资料　　单位:元

方案 \ 流量	第 0 年		第 1 年		第 2 年		第 3 年	
	现金流量	概率	现金流量	概率	现金流量	概率	现金流量	概率
方案 A	(10 000)	1	6 000 4 000 2 000	0.25 0.5 0.25	8 000 6 000 4 000	0.2 0.6 0.2	5 000 4 000 3 000	0.3 0.4 0.3
方案 B	(4 000)						3 000 8 000 13 000	0.2 0.6 0.2
方案 C	(6 000)						6 000 8 000 10 000	0.1 0.8 0.1

要求:采用风险调整贴现率法评价三个投资方案。

[解] (1)风险程度的计算。全面反映风险程度的指标是标准离差与期望值的比,称为变化系数或标准离差率。下面先用期望值来描述 A 方案现金流入的集中趋势:

$$E_1=6\,000\times0.25+4\,000\times0.5+2\,000\times0.25=4\,000(\text{元})$$

$$E_2=8\,000\times0.2+6\,000\times0.6+4\,000\times0.2=6\,000(\text{元})$$

$$E_3=5\,000\times0.3+4\,000\times0.4+3\,000\times0.3=4\,000(\text{元})$$

再用标准差 d 来描述 A 方案现金流入的离散趋势:

$$d_1 = \sqrt{(6\,000-4\,000)^2 \times 0.25+(4\,000-4\,000)^2 \times 0.5+(2\,000-4\,000)^2 \times 0.25}$$
$$=1\,414.21(\text{元})$$

$$d_2 = \sqrt{(8\,000-6\,000)^2 \times 0.2+(6\,000-6\,000)^2 \times 0.6+(4\,000-6\,000)^2 \times 0.2}$$
$$=1\,264.91(\text{元})$$

$$d_3 = \sqrt{(5\,000-4\,000)^2 \times 0.3+(4\,000-4\,000)^2 \times 0.4+(3\,000-4\,000)^2 \times 0.3}$$
$$=774.60(\text{元})$$

三年现金流入总的离散程度，即综合标准差：

$$D_A = \sqrt{\sum_{t=1}^{n} \frac{d_t^2}{(1+i)^{2t}}} = \sqrt{\frac{1\,414.21^2}{(1+8\%)^2}+\frac{1\,264.91^2}{(1+8\%)^2}+\frac{774.60^2}{(1+8\%)^2}}=1\,897.58(\text{元})$$

现金流入预期现值$(EPV_A)=\frac{4\,000}{(1+8\%)}+\frac{6\,000}{(1+8\%)^2}+\frac{4\,000}{(1+8\%)^3}=12\,006.51$(元)

风险程度$(Q_A)=D_A \div EPV_A=1\,897.58 \div 12\,006.51=0.158$

(2)确定风险报酬率。风险报酬率的高低反映风险程度变化对风险调整最低报酬率影响的大小。它是个经验数据，可根据历史资料估计或用直线回归法求出。一般而言，愿意承担风险追求高利润的投资决策者，对风险报酬系数的估计总是小一些；反之，不愿承担风险的投资者，对风险报酬系数的估计总是大一些。

假设中等风险程度的项目变化系数为 0.6，通常要求含风险报酬的最低报酬率为 12%，无风险的最低报酬率为 6%，则：

$$b=(12\%-6\%)\div 0.6 = 0.1$$

所以，得出适用于 A 方案的风险调整贴现率为：

$$K_A=8\%+0.1\times 0.158=9.58\%$$

同样，可以计算出：

$$E_B=3\,000\times 0.2+8\,000\times 0.6+13\,000\times 0.2=8\,000(\text{元})$$

$$E_C=6\,000\times 0.1+8\,000\times 0.8+10\,000\times 0.1=8\,000(\text{元})$$

$$D_B = \sqrt{(3\,000-8\,000)^2 \times 0.2+(8\,000-8\,000)^2 \times 0.6+(13\,000-8\,000)^2 \times 0.2}$$
$$=3\,162.28(\text{元})$$

$$D_C = \sqrt{(6\,000-8\,000)^2 \times 0.1+(8\,000-8\,000)^2 \times 0.8+(10\,000-8\,000)^2 \times 0.1}$$
$$=894.43(\text{元})$$

$$Q_B=3\,162.28\div 8\,000=0.40$$

$$Q_C=894.28\div 8\,000=0.11$$

$$K_B = 8\% + 0.1 \times 0.40 = 12\%$$

$$K_C = 8\% + 0.1 \times 0.11 = 9.1\%$$

根据不同的风险调整贴现率计算净现值：

$$NPV(A) = \frac{4\,000}{(1+9.58\%)} + \frac{6\,000}{(1+9.58\%)^2} + \frac{4\,000}{(1+9.58\%)^3} - 10\,000$$

$$= 1\,686.93(元)$$

$$NPV(B) = \frac{8\,000}{(1+12\%)^3} - 4\,000 = 1\,694.35(元)$$

$$NPV(C) = \frac{8\,000}{(1+9.1\%)^3} - 6\,000 = 160.48(元)$$

从而得到方案的优先次序为方案 B(1 694.35 元)、方案 A(1 686.93 元)、方案 C(160.48 元)。

风险调整贴现率法符合逻辑，应用广泛。但是，其操作过程把时间价值和风险价值混在一起，并据此对现金流量进行贴现，意味着风险随时间的推移而加大，这有时与事实不符。

(二)肯定当量法

肯定当量法是人们为了克服风险调整贴现率法的缺点而提出来的。其基本思路是：先用一个系数将有风险的现金收支调整为无风险的现金收支，然后用无风险的贴现率去计算净现值或内含报酬率，从而达到判断投资方案的优劣程度的办法。

在肯定当量法的使用过程中，要用到肯定当量系数。肯定当量系数是指不肯定的 1 元现金流量期望值相当于使投资者满意的肯定金额的系数，它可以把各年不肯定的现金流量换算成肯定的现金流量。其计算公式为：

肯定当量系数(a_t)＝肯定的现金流量÷不肯定的现金流量期望值

肯定当量系数可以由经验丰富的分析人员凭主观判断确定，也可以根据变化系数与肯定当量系数的经验关系，由变化系数推知肯定当量系数。变化系数与肯定当量系数的对照关系并没有一致公认的标准，与公司管理人员对风险的好恶有关。

【例 9-27】依据例 9-26 计算所得的数据，评价三方案的优劣。假设变化系数与肯定当量系数的经验关系如表 9-8 所示。

表 9-8 变化系数与肯定当量系数的经验关系

变化系数	0.00～0.07	0.08～0.15	0.16～0.23	0.24～0.32	0.33～0.42	0.43～0.54	0.55～0.70
当量系数	1	0.9	0.8	0.7	0.6	0.5	0.4

要求:采用肯定当量法评价三个投资方案

[解] 根据例 9-14 计算 A 方案各年现金流入的变化系数:

$$Q_1 = d_1 \div E_1 = 1\ 414.21 \div 4\ 000 = 0.35$$

$$Q_2 = d_2 \div E_2 = 1\ 264.91 \div 6\ 000 = 0.21$$

$$Q_3 = d_3 \div E_3 = 774.60 \div 4\ 000 = 0.19$$

查表 9-8 可得:$a_1 = 0.6, a_2 = 0.8, a_3 = 0.8$

计算 A 方案的净现值:

$$NPV(\mathrm{A}) = \frac{0.6 \times 4\ 000}{(1+8\%)} + \frac{0.8 \times 6\ 000}{(1+8\%)^2} + \frac{0.8 \times 4\ 000}{(1+8\%)^3} - 10\ 000 = -1\ 122.26(\text{元})$$

用同样的方法可知 $Q_{\mathrm{B}} = 0.40, Q_{\mathrm{C}} = 0.11$。查表 9-8 可得 $a_{\mathrm{B}} = 0.6, a_{\mathrm{C}} = 0.9$

$$NPV(\mathrm{B}) = \frac{0.6 \times 8\ 000}{(1+8\%)^3} - 4\ 000 = -189.57(\text{元})$$

$$NPV(\mathrm{C}) = \frac{0.9 \times 8\ 000}{(1+8\%)^3} - 6\ 000 = -284.35(\text{元})$$

由计算结果可知,三个方案的净现值都小于 0,故都不可取。其中 A 方案最差。

由此可以看出,肯定当量法和风险调整贴现率法计算出的结果有很大差异。这两种方法的重要区别在于:肯定当量法是用调整净现值公式中的分子的方法来考虑风险,而风险调整贴现率法是用调整净现值公式分母的办法来考虑风险。肯定当量法克服了风险调整贴现率法夸大远期风险的缺点,可以根据各年不同的风险程度,分别采用不同的肯定当量系数,但如何确定肯定当量系数是个困难的问题。

四、资本投资决策的期权分析

期权的研究始于金融期权(financial option)领域。金融期权是一种金融交易产品的选择权,它赋予金融期权持有者在特定期限内按约定的价格买入(或卖出)某种标的资产的权利,但没有义务必须执行交易。项目期权是金融期权理论在企业投资决策中的运用，是金融期权理论在非金融资产期权上的扩展，它把企业对未来不确定性的柔性把握（即决策者视经营环境的变化，调整投资规模、投资时机、目标领域等的灵活性）看做期权的持有或创造，使企业在潜在可能性确定之前，处于既不承担全部投资，又有可能利用远期现金流量的有利地位。

投资项目期权包括增长期权、延迟期权、放弃期权等。增长期权也就是后继项目投资选择权，反映当前项目投资所创造的新的后续投资机会的价值。一个项目的投资价值并不仅限于自己产生的现金流量，而在于可通过投资活动为企业发展创造机会。投资机会的不对称性，即有权利而非义务继续投资，使企业可能获得的收益和可能遭受的损失相比差距很大，这种投资机会本身具有的价值就是增长期权的价值。延迟期权是指项目投资时机的选择权。当企业拥有一个可延缓的投资机会时，决策者能够在项目所容许的可延缓期限内，等待对投资决策有重大影响的信息，选择最佳的投资时点。放弃期权产生于建设期较长、风险较大的项目中，由于实际的资本投资是由一系列投资组成的，在任何一个投资阶段，当出现不利情况，如项目投资不能继续提供期望的必要经济效益、项目放弃价值大于项目后续未来现金流量的现值或者现在放弃该项目比未来某个时刻放弃它更好时，投资者就应放弃继续投资。

常规投资项目的净现值评价方法认为无论其他方面的情况如何，只要两个投资项目的净现值相等，两者的价值就是相等的。但如果考虑项目期权，则项目的投资价值计算公式为：

项目投资价值＝净现值＋项目期权价值

【例 9-28】某公司拟以初始投资 52 000 万元引进一条汽车生产线，假定可永续实现年均销售量 5 万辆；每辆汽车期望每年产生 1 000 元的现金净流量。该投资成功与失败的概率分别为 60％和 40％，如果失败，则设备在第 1 年内出售可得残值 10 000 万元，折现率为 10％。

要求：在考虑项目期权的情况下，依据净现值对该项目进行分析。

[解] 常规的净现值＝5×1 000÷10％－52 000＝－2 000(万元)

项目期权价值(终值)＝10 000×40％＝4 000(万元)

项目期权现值＝4 000÷(1＋10％)＝3 636(万元)

考虑项目期权的净现值＝－2 000＋3 636＝1 636(万元)

由于常规情况下的 *NPV* 值为－2 000 万元，该公司可能会拒绝该投资项目；但如果考虑项目期权，净现值为 1 656 万元，表明该投资项目是可行的。

思　考　题

1.什么是资本投资决策？有什么特点？

2.资本投资决策的数量基础包括哪些？

3.为什么要以现金流量而不以会计利润作为评价投资项目的数据基础？

4.资本投资决策的主要评价指标包括哪些？如何计算？

5.净现值、现值指数、内含报酬率之间有何数量关系？

6.资本投资决策中的通货膨胀分析的含义是什么？如何计算？

7.资本投资决策敏感性分析的内容是什么？主要目的是什么？

8.资本投资决策风险分析的常用方法有哪两种？它们的基本思路是什么？

9.资本投资决策为什么要考虑项目期权？

练　习　题

习题一

1.目的:练习货币时间价值的计算。

2.资料及要求：

(1)银行存款利率为 8%，现在一次存入 20 000 元，存多长时间可以达到 50 000元？

(2)年利率为 8%，半年复利一次，10 年后的 1 000 元，其复利现值是多少？

(3)年利率为 6%，第 1 年初存款 100 元，第 1 年末存款 110 元，第 3 年末存款 150 元，第 3 年末的复利终值是多少？

(4)年利率为 10%，第 2 年末需用 100 元，第 4 年末需用 200 元，第 5 年末需用 300 元，为保证这些用款之需，现在应向银行至少存入多少元？

(5)每年末存入银行 80 元，年利率为 6%，第 10 年末的年金终值是多少？

(6)5 年内每年末向银行存入多少折旧基金存款才能保证以下用款之需：第 5 年末需要更新一台设备，旧设备残值为 200 元，清理费用为 328.50 元；新设备的买价 6 000 元，运杂费 100 元，安装费 200 元，银行存款利率为 7%。

(7)为了以后 20 年中每年末得到保险金 3 000 元，年利率为 10%，现在应付多少保险费才能购买一张保险单？

(8)5 年前发行的一种第 20 年末一次还本 100 元的债券，票面利率为 6%，每年末付息一次，第 5 次利息刚付过，又有券面利率为 8%的新债券发行。问这种旧债券目前市价多少？

(9)某公司有一批公寓房待出售,顾客若当即付款,每套价值300 000元。若分期付款,可以用银行借款弥补推迟收款的现金空缺。银行借款利率为10%,若规定顾客在买房时先付100 000元,其余部分在以后15年每过1年付款一次。那么每次作等额付款应为多少?

(10)某机器买价为800元,可用10年。若租用,每年初需付租金100元。若年利率为6%,购买与租用,何者为优?

(11)某种保险单要求现在一次支付保险费,第11~20年每年初可领取保险金400元,年利率为7%,最多应支付多少保险费去购买这张保险单?

(12)设立一笔奖学金,以便无限期地于今后每年末取出利息9 000元,作为年度奖金。若年利率为6%,那么应于年初存入银行多少?

习题二

1. 目的:练习现金流量的计算方法。

2. 资料:华强公司拟购入一台设备以扩充生产能力,现有A、B两个方案可供选择,相关资料如下:

(1)A方案需要投资10 000元,使用寿命5年,采用直线法计提折旧,5年后设备无残值。预计5年内每年的销售收入为6 000元,每年的付现成本为2 000元。

(2)B方案需要投资12 000元,使用寿命5年,采用直线法计提折旧,5年后设备残值收入2 000元。预计5年内每年的销售收入为8 000元,付现成本第1年为3 000元,以后每年递增400元,另需垫支流动资金3 000元。

(3)华晨公司适用的所得税税率为25%。

3. 要求:分别计算A、B两个方案的现金流量。

习题三

1. 目的:练习资本投资决策的非贴现和贴现现金流量法。

2. 资料:华立公司面临A、B两个投资方案的选择,最低投资报酬率为12%。相关资料如下:

(1)A方案需一次性投资120 000元,项目寿命6年,每年净现金流量分别是30 000元、40 000元、50 000元、42 000元、55 000元和60 000元。

(2)B方案第1年初投资100 000元,第2年初再投资50 000元,项目寿命6年,从第1年末起,每年末净现金流量都是40 000元。

3. 要求:分别计算两个方案的会计收益率、回收期、净现值、现值指数和内含报酬率，并对其做出评价。

习题四

1. 目的：练习资本投资决策的有关方法。

2. 资料：华发公司拟在现有经营状况下投产 A 产品，需要一次性设备投资 52 000元，项目寿命 5 年，期末残值 2 000 元。预计 5 年内因此而增加的付现成本（含变动成本和固定成本）分别是 10 000 元、11 000 元、12 000 元、13 000 元和 14 000元；预计 A 产品应负担的固定费用（不含折旧）分别是 5 000 元、6 000 元、7 000元、8 000 元和 9 000 元；预计新增加的销售收入分别是 40 000 元、42 000 元、44 000 元、46 000 元和 50 000 元。所得税率为 25%，行业最低报酬率 12%。企业在 5 年内不投资其他新项目。

3. 要求：分别用净现值、现值指数、内含报酬率评价此方案。

习题五

1. 目的：练习资本投资决策的有关方法。

2. 资料：华伟公司现有 A、B 两个投资项目可供选择，期望的投资报酬率为 14%。相关资料如下：

(1)A 项目初始投资为 110 000 元，第 1、2、3 年的净现金流量均为 50 000 元。

(2)B 项目初始投资为 10 000 元，第 1、2、3 年的净现金流量均为 5 050 元。

3. 要求：采用净现值和内含报酬率对 A、B 方案进行评价。

习题六

1. 目的：练习资本投资决策的风险分析方法。

2. 资料：华晨公司拟进行一项固定资产投资，期望的最低投资报酬率为 10%。该投资项目各年的现金流量和概率如下：

(1)第 0 年，现金流量－24 000 元，概率 1.00。

(2)第 1 年，现金流量 12 000 元，概率 0.25；现金流量 9 000 元，概率 0.50；现金流量 6 000 元，概率 0.25。

(3)第 2 年，现金流量 15 000 元，概率 0.20；现金流量 12 000 元，概率 0.60；现金流量 9 000 元，概率 0.20。

(4)第 3 年，现金流量 11 000 元，概率 0.30；现金流量 9 000 元，概率 0.40；现金流量 7 000 元，概率 0.30。

3. 要求：分别采用风险调整贴现率法和肯定当量法计算该投资项目的净现值。

第四篇　成本战略

第十章

作业成本

本章导读

- 作业成本法概述
- 作业成本法在制造成本中的应用
- 作业成本法在非制造成本中的应用

第一节　作业成本法概述

一、作业成本法的产生

(一)作业成本法的由来

作业成本会计(activity-based costing,简称 ABC)的思想在 20 世纪 30 年代末 40 年代初起源于美国会计学家埃里科·科勒,他在 1938—1941 年担任田纳西河谷管理局的主计长和内部审计师期间,根据水力发电的行业和成本构成的特点,形成了早期作业成本会计的基本思想。1952 年,科勒编著了《会计师词典》,在该部词典里对"作业账户"作了这样的解释:"作业账户是指某交易事项的收入或费用账户,该交易事项的作业主管人应履行职责,施行控制。交易事项包括材料和各种服务,但属于他人责任范围的费用及其他事项不在该账户范围之内。"在设计作业成本会计制度时,科勒认为:"每项作业都设置一个账户。"这也就是说,账户的设置应从最低层预算单位开始,一层一层地设置到最高层,从而使作业成本会计应用于企业的每一层次,并实现预算与会计制度的协调一致。对于"作业"这一名词,科勒在《会计论坛》上发表的一篇文章中指出:"作业就是一个组织单位对一项工程,一个大型建设项目,一个规划以及一项重要经营的各个具体活动所做出的贡献。"

第二位研究作业成本会计的是美国的乔治·斯托布斯教授,他自20世纪50年代起开始研究有关作业成本会计的理论问题。他的最大特点是坚持认为:①会计是一个信息系统,作业成本会计是一种决策有用性目标相联系的会计。研究作业成本会计应首先明确三个概念,即"作业"、"成本"、"会计目标一决策有用性"。②要揭示收益的本质,首先就必须揭示报告的目标,这个目标表示托管责任或受托责任,主要是为投资者的决策提供信息;作业成本计算中的"成本"不是一种存量,而是一种流出量。③若要较好地解决成本分配问题,成本计算的对象就应是作业,而不是完工产品,成本不应硬性分为直接材料、直接人工和间接费用,而是应该根据资源投入量,计算利用每种资源的完全成本。

尽管科勒和斯托布斯对作业成本会计进行了较系统的研究,但是直到20世纪80年代中期之前,作业成本会计并未得到西方会计界的广泛关注和深入研究。但此后,由美国哈佛大学罗宾·库伯和罗伯特·卡普兰两位教授撰写了一系列案例、论文和著作才引起西方会计界的普遍重视,1986年库伯在杂志上发表了《一论作业基础成本计算的突起:什么是作业基础成本系统?》,他认为,产品成本就是制造和运送产品所需全部成本总和,成本计算的最基本对象是作业。ABC所赖以存在的基础是作业耗用资源、产品耗用作业。同年库伯又在杂志中连续两次发表论ABC的文章,题目分别是《二论ABC的兴起:何时需要ABC系统?》,《三论ABC的兴起:需要多少成本动因并如何选择之?》。1989年春,库伯又写了《四论ABC的兴起》。这四篇论文基本上对ABC的现实需要、运行程序、成本动因的选择、成本库的建立等做了全方位的分析,库伯还与卡普兰合作在《哈佛商业评论》上发表了《计算成本的正确性:制订正确的决策》论文。这些论文成为研究作业成本会计必须参考的重要文献,库伯和卡普兰也因此被西方会计界普遍认为从理论和应用上是最为系统、深入地研究作业基础成本计算的会计学家,是作业成本计算的首创者或奠基人。

继库伯和卡普兰之后,以美、英等国家为代表的西方会计界开始对ABC的理论与实践产生了广泛的研究兴趣,许多会计学者发表和出版了大量研究探讨ABC的论文和专著,ABC会计已成为人们广泛接受的一个概念和术语。ABC的理论亦日趋完善,并已在西方国家的一些企业中得到了推广应用,取得了较好的应用效果。

(二)作业成本法产生的背景分析

1. 适时制生产系统的实施,为作业成本会计的产生创造了重要的应用条件

所谓适时制,是指以必要的劳动,确保在必要的时间内按必要的数量生产必要

的产品,亦即以需求带动生产和采购,以期达到杜绝浪费、降低成本、提高企业经营效益的目的。在这种情况下,企业生产的各个环节都能紧密协调配合,使得企业在产、供、销各个环节实现"零存货"成为可能。

适时制使传统的"交易基础成本计算"或"数量基础成本计算"受到强烈冲击,并直接导致作业成本会计的形成和发展。从适时制与生产成本形成的关系来看,适时制试图确定与生产成本有关的成本动因,一旦确定了成本动因,工作的重点应放在如何改进设计和过程上,而不是如何增加成本要素,以便降低成本。这也正是作业成本会计的本质所在。适时制功能发挥的大小取决于企业管理成本的能力,取决于能否确定不增值的作业,如果用一句话来概括适时制对成本会计的影响,那就是适时制把生产成本视作"增值作业"和"不增值作业"的函数,适时制下的成本改革时时刻刻都与"作业"概念相关。作业成本会计应适时制的产生而产生,又因适时制的发展而发展。

2.在高新技术条件下,传统的成本计算方法导致产品成本信息的严重失真

20 世纪 70 年代以后,以计算机技术为代表的高科技,使制造业的生产环境、技术工艺发生了重大变化,因而在西方国家的许多企业中,直接人工成本的比重日益降低,各种间接费用则大幅度增加。高科技条件下企业制造环境的重大变化,对传统成本计算系统形成了严峻的挑战。

传统的成本计算系统要求将包括直接成本与间接成本在内的全部成本追溯到有关产品中去。由于直接成本的归属对象明确,可以做到相对准确,而间接成本的各种分配标准和方法大多掺杂着人们的主观随意性,很难提供准确的成本信息,因此,产品成本信息失真的主要问题出在间接成本上,间接成本在各产品中的分配方法开始成为人们关注的焦点。1988 年,一份英国管理会计的调查报告和美国会计师协会的另一份调查报告都表明:目前最流行的成本计算系统是两步成本分配系统。即第一步,将所有成本分配到各个成本中心;第二步,再将各成本中心的成本分配到各产品中。而在第二步分配中最常用的间接费用分配标准是与数量相关的直接人工工时或直接人工工资。如果在人工成本是产品成本结构中主要组成部分的条件下,这种间接费用的分配方法可能还较为接近企业的实际情况。但是,在现代制造技术环境下,特别是在技术密集型的企业中,人工成本只占企业全部产品成本中的很小一部分,人工作业量已不再成为企业整体生产经营作业量的主体,间接费用的发生多少与企业产品的生产量并无直接联系,而是受企业产品生产的多样化、生产管理复杂化的直接影响,如果企业仍以日益减少的直接人工工时为基础来分配这些比例逐渐增大的间接费用,其结果往往是高产量产品的成本会被多计,而低产量产品成本会被少计,从而造成产品成本信息的严重扭曲,经营者或投资者则

会误以为高产量的产品利润率低,低产量的产品利润率高,从而容易引起决策失误。

3.电子计算机及通讯信息技术的应用与发展为作业成本法奠定了坚实的技术基础

作业成本法的基本思想形成于20世纪三四十年代,但直到40年后才引起世人的关注。究其原因,主要是因为一种新的理论和方法的产生与发展,不仅要有其本身内在的新因素的成长,而且还要有邻近学科的配合及其赖以生存的社会环境和技术基础。作业成本计算法与传统成本计算法的不同之处,主要在于采用多元化的间接费用分配标准。如果没有现代计算机技术的参与设计和辅助计算,多元化间接费用分配标准所带来的庞大的计算工作量,就会成为作业成本计算方法实施的瓶颈。由此可见,电子计算机的发展和应用以及通讯信息技术的产生和成长,为实行多元化间接费用分配标准的作业成本法提供了坚实的技术支持。

正是由于存在上述各项客观条件和为了克服传统成本计算系统的缺陷,西方会计界许多人认为必须对传统成本计算系统做出最为彻底的变革,而改革的焦点在于改革间接费用的分配基础。经过一些尝试,西方会计界广泛认为能够对传统成本计算系统做出最为彻底变革的是将分配间接费用的数量基础改为作业基础,而与此相适应的方法就是作业成本计算。所以作业成本会计的出现,并非偶然。

二、作业成本法的基本概念

作业成本会计之所以能够提供及时、准确、相关的成本信息,根本在于它有一套科学的理论作指导,这套理论由以下基本概念构成。

(一)作业和作业链

在专业文献中,有关作业成本会计的称谓颇多,例如:作业基础成本计算(activity-based costing,简称 ABC),作业基础产品成本计算(activity-based product costing,简称 ABPC),作业基础成本计算系统(activity-based costing system,简称ARCS)。不管它们的名称有多么不同,但都是以“作业”为基础,所以,“作业”就成为建立作业成本会计的最基本概念。按照斯托布斯的解释,作业是企业为提供一定量的产品或劳务所消耗的人力、技术、原材料、方法和环境的集合体。常见的可分为以下四类:

(1)单位作业。即使单位产品受益的作业,此类作业是重复性的,每生产一单位产品即需要作业一次,所耗成本将随产品数量而变动,与产品产量成比例变动,例如，直接材料、直接人工等。

(2)批别作业。即使一批产品受益的作业。例如，对每批产品的检验、机器准备、原材料处理、订单处理等。这些作业的成本与产品的批数成比例变动。

(3)产品作业。即使某种产品的每个单位都受益的作业，如对每一种产品编制数控规划、材料清单。这种作业的成本与产品产量及批数无关，但与产品项目成比例变动。

(4)维持性作业。即使某个机构或某个部门受益的作业，它与产品的种类和某种产品的多少无关。

通过上述分析，可以发现，现代企业实际上就是一个为了满足顾客需要而建立的一系列前后有序的作业集合体，这个有序的集合体，被专家们称为"作业链"。

(二)价值链

与"作业"和"作业链"相关的概念是"价值链"概念。价值链是分析企业竞争优势的根本，它与服务于顾客需求的"作业链"紧密相连。按照作业成本会计的原理，产品消耗作业，作业消耗资源，于是就有下述关系：每完成一项作业就消耗一定量的资源，同时又有一定价值量和产出转移到下一个作业，照此逐步结转下去，直至最后一个步骤将产品提供给顾客。作业的转移同时伴随着价值的转移，最终产品是全部作业的集合，同时也表示了全部作业的价值集合。因此可以说：作业链的形成过程，也就是价值链的形成过程。在作业成本会计中，依据是否会增加顾客价值，人们将作业分为增值作业和不增值作业，前者是指会增加顾客价值的作业，也就是说这种作业的增减变动会导致顾客价值的增减变动；后者指不会增加顾客价值的作业，也就是说，这种作业增加或减少并不影响顾客价值的大小，所以，有人也称这种作业为浪费。传统会计并不计量不增值作业，而现代西方的许多大公司在这方面已取得重大进展。

"价值链"作业分析和会计分类极少一致。例如一项价值链分析可能需要对市场和采购部门的作业进行分类，以评估它们各自的贡献，而不是像会计分类那样，将费用分为直接费用和间接费用。这种不一致恰是作业管理的要害。正如约翰逊所说的，作业管理着重于"价值链"分析，而不是财务与会计分析，它的目标是：①发现和消除对"价值链"无所贡献的作业(例如，根据适时制安排生产和采购计划，消除存货积压)。②提高其他部门的工作成效(如改善顾客服务质量，提高反馈速度等)。

(三)作业成本习性分析

成本习性是指成本总额与业务量总数的关系，传统管理会计将所有成本分为变动成本和固定成本两大类。当产品成本中直接成本的含量较高时，传统的成本习性分析是比较有效的，但在高新技术生产条件下，当间接费用的含量较高时，这种传统的成本习性分析就掩盖了间接费用的可变性，既不利于成本控制也不利于全面把握投入与产出之间的本质联系，据此进行变动成本计算还有可能误导经营决策。

作业成本会计的出现，主要是为了改进间接费用的分配方法。为了弄清间接费用产生的原因，必须对成本习性进行深入分析。作业成本会计认为，在高新技术条件下，大多数间接费用与产量多少无关，而与作业量相关，被各种成本动因所驱动，因而成本应分为短期变动成本、长期变动成本和固定成本。

短期变动成本是指传统意义上的变动成本，如直接材料、直接人工，对此应采用数量相关的成本动因，即以产量为基础，并与产品产量成比例变动。

长期变动成本是指在较长时期内，不与产品产量成比例变动，而是与作业量成比例变动的变动成本，对此类变动成本应采用非数量相关的成本动因，即应用与作业量相关的成本动因，并以其作为成本分配的基础。例如，在大量生产的企业中，决定“生产调度成本”高低的并不是产量的多少(数量基础)，而是需要调度的生产批次或批数(作业量基础)。这里必须指出，作业量的变动同长期变动成本的增减，并非同步进行，两者之间往往存在一个“时间差”。也就是说，本期作业量的增减，并不一定会立即引起本期长期变动成本的相应变化，其影响可能要递延到下期或更长时期后才能显示出来。正如上例所述的已经发生的生产调度成本，即使企业决定减少本期的生产批数(批次)，它也不会是马上相应减少，仍需分摊到本期各产品批数(批次)中去，这一点正是长期变动成本和短期变动成本之间的区别所在。由于长期变动成本具有这项特点，因此在传统的管理会计系统中，通常将它视为固定成本。

固定成本是指在一个既定时期内，不随任何作业量变动而变动的成本，这类固定成本在全部制造成本中占较小的比例。

作业成本会计对企业的全部制造成本进行上述分类是依据“所有成本均是变动的”这样一种假设。这一假设可以从两个方面来理解：首先，固定成本从短期来看或许是固定的，因为在短期内产量是较稳定的，但从长期来看则是变动的，因为生产规模的变化必然引起“固定”成本的涨落；其次，虽然在短期内固定成本不受产量变动的影响，但是这些成本却与作业量呈比例变化。正是依据上述假设，作业成本会计将成本动因分为两类：一类与数量相关，一类与作业量相关。

(四)成本动因

成本动因(cost drive)亦称成本驱动因素，是指决定成本发生的那些重要的活动或事项，它可以是一个事项、一项活动或作业。成本动因支配着成本行为，决定着成本的产生，并可作为分配成本的标准。由于它远离生产等原因，所以不易被人发现。

作业成本会计根据制造企业生产经营活动的特点，将成本动因分为两类：①与数量相关的成本动因。亦称数量基础成本动因，它们导致了短期变动成本的发生，是短期变动成本分配的依据。它包括直接人工工时、机器工时、直接人工成本、直接材料成本等。短期变动成本的产生都可以追溯到相应的成本动因，例如，对动力费用的产生，可以追溯到产品耗用的机器工时，因为是机器工时驱动了动力消耗。如果产品消耗不同的几种短期变动成本，则可能要使用至少一种以上的成本动因。②与作业量相关的成本动因：亦称作业量（交易）基础成本动因。它们导致了长期变动成本的发生，是长期变动成本分配的依据。该成本动因多种多样，它们与企业内部各有关部门的作业直接相关，其主要类别可列举如表 10-1 所示。

表 10-1　　作业量基本成本动因类别及所驱动的成本类型

作业量基础成本动因的类别	驱动发生成本的类别（可追溯成本）
生产批次（批数）	生产调度部门发生的相关成本
订单数量	材料采购部门发生的相关成本
验收次数	收货部门验收货物发生的相关成本
维修次数	维修部门发生的相关成本
检验次数	质量管理部门发生的相关成本
调整准备次数	生产部门发生的相关成本

在作业成本会计中，具有相同性质的成本动因则组成若干个成本库（cost pools，亦称作业中心），并要求应以同质的成本库来归集费用和单独分配费用，一个成本库所汇集的成本可以按其具有代表性的成本动因进行分配，使之归属于各有关产品。

（五）作业成本会计方法

作业成本会计的实施有两种方法：成本分配法和过程分析法。

成本分配法的成本计算表现为两步：第一，将成本追踪到作业中心；第二，将作业中心的成本分配到产品中去。成本分配法包括从分类账中获得主要成本项目（预算项目）。通过与负责费用开支的经理会谈了解、确定应该分摊成本的作业，之后，以产出数量（成本动因）的消耗为基础，把作业成本分摊到产品或劳务中去。成本动因可能是组装线上耗用的零部件数量，也可能是医院的床位数。典型的成本分配法包括收集大量的数据，它是一种对历史成本费用进行分析的方法。这本身意味着这种方法的财务成分大于业务成分，或者说这是一种以财务为导向的方法。再者，这种方法非常繁琐复杂。

在过程分析法下，企业经营过程和作业是通过分析实物流动以及它们与数量化、非财务形式和产品或劳务的关系来进行的。就程序而言，它要首先确定实物的耗用量；其次是确定企业的多个活动过程耗用了什么资源。显然只有耗用资源才发生成本。因此，一旦确定了消耗性态，成本计算就成为直接地追踪资源耗用到作业的过程。过程分析法承认多层次作业。例如，材料计划员使用办公设备，也接受人力资源和信息系统的服务，而后两者都要使用办公设备和场地，信息工作人员也要接受人力资源服务。所以，这里有一个重叠式资源成本流。成本的追踪是以计量作业或资源（作业动因）的实物产量为基础，从每一个作业中心开始的。该技术还包括制作过程流程图，以便于分析和工程控制工作。采用过程分析法的好处是，它能够有效地支持经营过程的完善，确定不增值作业。它有利于企业过程的不断完善和全面质量控制计划的实施。过程分析法既强调在一个过程中"作业"的相对独立性，又强调"作业"的相互联系性。

（六）作业的函数—顾客价值

作业成本会计把成本看成是"增值作业"和"不增值作业"的函数，并以"顾客价值"作为衡量增值与否的最高标准。在这里，作业成本会计要关注那些导致成本增加和使成本复杂化的因素，揭示在产品之间分配间接成本的不合理、不均衡所产生的后果。

三、作业成本法的特性及优缺点

不论传统成本计算方法还是作业成本法，对产品直接成本的处理方式是一致的，即直接追溯至特定产品，但对间接成本的分摊在分摊方式和分摊范围上与传统成本法有所不同。

（一）作业成本法与传统成本计算制度的区别

（1）作业成本法将每一类作业活动视为一个成本库，每个成本库都有其各自的成本动因，分别作为各项作业活动成本的分摊基础；而传统的成本计算方法则通常以部门作为成本库，选择单一的基础分配部门成本。

（2）作业成本法在管理各项作业活动时，所采用的分摊基础并不限于财务性因素，还包括测试时间、采购次数等非财务性因素，重点在分摊基础和作业活动间必须有极高的因果关系；传统成本计算制度通常以财务性因素如直接材料或直接人工等作为分摊基础，即使用到非财务性因素，也是诸如机器工时、生产数量等，因此分摊基础和作业活动间不一定有很强的因果关系。

(3)作业成本法更注重间接费用的分配，设置多样化的成本库和成本动因，从而提高成本的可归属性。因此在实务中，可与传统方法配合使用，只是在制造费用的分摊上，应当将归集对象改为更细的作业活动，选择更合适的分配基础。

(二)作业成本法的优点

1.有助于进一步提高成本计算的精确性和完整性

在作业成本法下，将间接成本按作业活动分为各种成本库，各自选择适当的成本动因作为分摊作业成本的基础，计算产品成本，这样能够反映生产所耗用的资源，从而使成本的计算更为精确。而且企业的作业活动不限于生产，因此按作业活动分摊及归集的成本。因为涵盖了与产品有关的所有成本，使成本信息更为完整，并与定价、生产、销售等决策相关性更强，从而有利于企业做出最优决策。

2.有助于更有效地进行成本的规划与控制

通过分析作业及其相关成本，管理人员可以了解公司资源运用的情况，以及各项作业成本的多少，从而有助于妥善地规划资源，并尽量选择成本较低的作业以满足顾客的需求。

同时，在作业成本法下，成本动因是真正引发作业活动成本发生的原因，因此人们可以通过对成本动因的管理而有效地控制成本。而通过各项成本按作业归集，管理人员可以找出无附加价值的活动，并尽可能减少或消除此类活动。例如：工厂中因厂区、设备规划不当而造成零件、原料及半成品在各工序间的搬运，导致成本的发生，但却无助于产品价值的增加，此类作业活动就应减少或消除，以节省不必要的支出。

此外，作业成本法的实施还可以使责任归属更加明确，使管理上的问题更易发现而得到及时的改进。企业可以比照分批成本法下制造费用预计分摊率的确定，由相关人员共同协商制定各作业活动成本的预计分摊率。以各项作业的实际成本与预计成本比较，就可以发现发生问题的作业及其责任人或责任单位，因此从成本控制和绩效考评的角度讲，作业成本法都比传统成本制度更有效。

(三)作业成本法的缺点

1.不易划分作业活动

如果将公司整体的经营活动仔细地划分为不同的作业，往往要花费巨大的费用，但是将作业分类合并，又常常会因为成本动因的不同而造成分类、计算上的麻烦。因此，如何适当地将企业活动划分为适量的作业中心，需要管理者仔细考虑。

2.不易确认成本动因

有一些作业活动的成本动因不容易确认，必须依赖人为的主观判断，尤其是与全厂生产有关的作业活动，常常使用面积、员工人数等主观选定的基础分摊成本，从而降低了成本的精确性，这也是作业成本法受到批评的原因。

3.信息资料的获取存在困难

企业推行作业成本法，很大的动机是为提供比传统成本制度下更为精确和详尽的成本资料，因此各项作业成本及成本动因信息获取的难易，对推行作业成本法的成败有很大的影响。比如说，公司在分析后发现，对于原料搬运作业来说，搬运次数是最适当的成本动因，但是公司在实际经营时并没有经济可行的方法来记录原料的搬运次数，这时就必须找出合理的估计方式，或改为采用其他的成本动因。但如果因此导致成本计算及分摊上产生较大的偏差，那么将影响推行作业成本法的效果。

4.实施的效益未必高于成本

对于作业项目繁杂或产品种类多样的公司来说，实施作业成本法所耗费的作业度量成本、账务处理成本等，很可能超过其效益，这时就需要评估实施作业成本法的可行性，或尽可能将作业活动合并，以简化处理节省成本。

四、作业成本法的适用范围

作业成本计算方法在一定程度上弥补了传统成本计算方法的不足，并且在国内外的一些企业中运用，取得了一定的效果，但是这种方法在一段时间内并不能完全适用于我国所有的企业。作业成本法的使用和推行应具备一定的条件，主要包括以下几个方面：

1.间接费用较高

如果企业技术水平不高，很少采用高新技术设备，在产品成本构成当中，材料费用、工资费用水平较高，而间接费用水平相对较低，在这种情况下，采用作业成本法意义不大。随着现代企业制度的建立，企业采用高新技术，特别是计算机系统的广泛运用，使得间接费用水平大幅度地上升，这时采用作业成本法可以提高成本信息的质量。

2.产品种类较多

如果企业产品种类单一，产品的品种较少，那么大部分费用都属于直接费用，可以直接计入到各种产品的成本当中，而不需要在各种产品当中进行分配。如果产品种类较多，则间接费用在各种产品中进行分配的情况就较多，为了保证成本信息的准确性，可采用作业成本法。

3.各产品需要技术服务的程度不同

尽管企业产品种类较多，但同一企业的各种产品技术层次不一定有很大的差距。若产品所需要的技术程度不高，则各种间接费用金额不会很大，因此，可不采取作业成本法；若产品所需要的技术服务程度较高，间接费用的金额较大，采用作业成本法就比较合适。

4.产品生产工艺复杂多变，经常发生调整准备成本

有些企业产品的生产工艺过程复杂，而且经常需对生产设备进行调整，要发生一些调整费用。在这种情况下，所发生的间接费用就较多，调整费用应计入那些进行调整设备所生产的产品成本中，作业成本法就可以解决这一问题。

5.管理层对传统成本计算方法提供的信息准确程度不满意

采用传统的成本计算方法所计算出来的产品成本，由于没有考虑高新技术条件下间接费用较高的实际情况，而仍沿用原来的方法进行间接费用的分配，因而，计算出来的成本指标没有反映出产品的真实成本，据此所进行的决策经常发生失误，导致管理层对传统成本计算方法的不信任，要求进行改革。而作业成本法由于考虑了高新技术对企业成本计算的影响，计算出来的成本指标相对准确、可信，因而受到管理层的欢迎。

6.有现代化的计算机技术

采用作业成本法进行成本计算时，由于需要进行作业的划分、费用的分配等诸多环节，其计算分配工作较为复杂。如果全部采用手工操作比较麻烦，有时也难以做到。而在成本计算工作中采用计算机处理时，则可免去这些不必要的麻烦，提高了成本计算工作的效率和准确性。

7.有素质较高的成本会计人员

目前我国会计人员的队伍素质普遍不高，对传统成本计算方法的不尽人意之处也十分清楚或不满，但要对其进行改革，却热情不高。而要进行作业成本计算法的推广，应对会计人员进行培训，使他们了解作业成本法的基本内容、计算方法、操作程序等。

综上所述，企业在推行作业成本法的初期，应当尽早让所有相关人员熟悉作业成本法的含义，了解实施后能够获得的效益，并共同参与实施过程、共同推动，这样才能促进企业整体的全面改变，也才能使这种新制度真正发挥成效。

第二节 作业成本法在制造成本中的应用

传统成本计算制度在分摊产品的间接成本时，通常以产量或与产量有密切关系的变量(如直接人工小时等)作为分摊的基础。但是，产量并非所有成本项目的唯一动因，这就导致了成本分摊的不够精确。作业成本法则对成本做了详细的分类，对每类成本选取不同的成本动因，以期使间接成本的分摊更为细致，产品成本的计算更为精确。本节将说明在作业成本法下计算产品制造成本的详细步骤：①划分作业建立成本库；②确认成本动因；③计算各作业成本的预计分摊率(或计算各作业成本动因的单位成本)；④汇总产品的直接成本与间接成本。

一、划分作业建立成本库

采用作业成本法计算产品成本的第一步，是找出消耗资源的作业中心并决定其成本。由于生产经营的范围扩大、复杂性提高，构成产品生产、服务程序的作业也大量增加，为每项作业单独设置成本库往往并不可行。于是，我们可以将有共同资源动因的作业确认为同质作业，将同质作业引发的成本归集到同质作业成本库中以合并分配。通常按照作业活动的成本与成本动因间因果关系决定的难易程度，可以将生产过程中各项作业活动的成本分为四个不同的层次：

1. 产出数量层次的作业活动

这类活动是指成本的总数与产出的数量成正比的作业活动，例如间接原材料的耗用、产品的质量检验、上漆磨光及内包装等，由于其成本与成本动因间的关系较为明确，在成本分摊一般不会有太大的争议。需要指出的是，因为传统成本制度也是将所有间接制造成本以产出数量或其相关变量为分摊依据，因此，此层次的作业活动越少的公司，采用作业成本法的效果将越显著。

2. 批次层次的作业活动

这类作业活动成本的发生与处理的批数有关，而不受各批次的数量或总数量多少的影响。例如订单处理的成本，取决于处理订单的次数；处理次数越多成本越高，而每次的订购量和总订购量则与订单处理成本无直接关系。

3. 产品层次的作业活动

此类作业活动与特定产品有关，其作用是支持该产品的生产，而与其他产品无关。例如新产品的设计、样品的制作等均属于产品层次的作业活动,其成本的发生与生产数量及生产次数无关,而与特定的产品有关。

4. 产能层次的作业活动

有些成本的发生,与整个工厂的生产作业有关,而无法追溯至特定的产品或批次,例如厂房的折旧、房产税、维修保险等成本,工人的培训及福利等都属于产能层次的作业活动。这类作业活动的成本与成本动因间的因果关系较难确认,需要主观地采用诸如使用面积、员工人数等作为分配成本的基础。

以上所述每一层次各项作业活动所发生的成本,可视为一个成本库,也可以根据成本发生性质的不同再细分为若干成本库,每一成本库内的作业活动同质性越高准确性就越好。

二、确认成本动因

在成本库确定之后,必须确认导致各成本库成本发生的主要因素,作为该成本库成本分摊的基础。一般而言,选择成本动因的最理想依据为因果关系,如果因果关系不明确,我们可以再考虑其他因素如受益程度、合理性或公平性等作为确定的依据。表 10-2 列举了上述四个层次的作业活动可能再细分的作业活动、成本库及可能的成本动因。

表 10-2　　生产中常见的作业、成本库及成本动因

项　目	作业活动	成本库	成本动因
产出数量层次的作业	原料处理	验收、仓储等	原料数量
	机器运转	机器折旧、维修等	机器小时
	质量检验	检验的人工成本等	产出数量
批次层次的作业	采购订单处理	处理的人工成本等	采购次数
	机器调整	调整的人工成本等	调整次数
产品层次的作业	产品设计	设计人员的薪酬等	人工小时
	样品制作	人工、原料等成本	样品件数
	质量检验	检验的人工成本	检验件数
产能层次的作业	厂房使用	厂房的折旧、保险等	使用面积
	员工培训	培训的人员、场地等费用	培训次数
	其他费用	电话费、水电费等	直接人工小时

三、分摊作业成本

将各个作业中心的成本分配到最终产出(产品、劳务),将汇集于成本库的制造费用按成本库分配率分配到各项产品,本步骤的目的在于计算各作业应分摊的成本。如果是将作业成本法与标准成本法配合使用,则必须先估计每种作业的总成本及成本动因的数量,以计算各作业成本的预计分摊率,其公式为:

某成本库分配率=该成本库归集的可追溯成本÷该库成本动因耗用总数

某产品应分配的间接成本=成本库分配率×该项产品所耗用成本动因数量

以质量检验作业为例,其成本库包括与检验相关的各项成本,成本动因为检验件数(或次数),则应先估计某段期间(例如一年)质量检验相关成本的金额及检验个(次)数,计算质量检验作业成本的预计分摊率,再将某批产品的实际检验个(次)数乘以预计分摊率,即得该批产品应分摊的质检成本。以上过程与传统分批成本制下制造费用预计分摊率的计算与制造费用的分摊于产品,意义完全相同。其差别在于分摊的范围较小,仅限于制造费用的某一部分(某类作业活动的相关成本),因此需要作多次分摊才能将全部制造费用追溯至产品,虽然比较烦琐但成本的计算结果也更为精确。

作业成本法如果是与实际成本制度配合使用,则将上述计算预计分配率的公式改为以实际成本除以实际成本动因数而得成本动因的单位成本,再按某产品实际耗用的成本动因数计算应分摊的作业活动成本即可。

四、归集产品的直接与间接制造成本

在作业成本法下,产品直接成本的处理仍与传统成本法相同,都是直接追溯至产品,只是间接制造成本的分配过程不同。经过上述间接制造成本的分配过程,就可以将各批或各类产品的直接成本,与其应分摊的作业成本加以汇总,得出各产品的总成本及单位成本。

作业成本计算的过程如图 10-1 所示。

【例 10-1】 L 公司生产三种产品,分别是甲产品、乙产品和丙产品。甲产品是三种产品中工艺最简单的一种,公司每年销售 20 000 件;乙产品工艺相对复杂一些,公司每年销售 40 000 件,在三种产品中销量最大;丙产品工艺最复杂,公司每年销售 8 000 件。

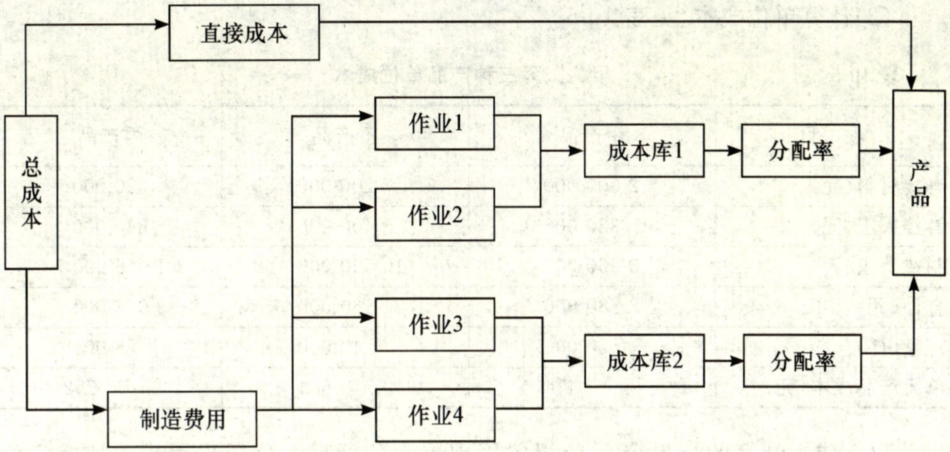

图 10-1 作业成本计算的过程图

公司设有一个生产车间，主要工序包括零部件排序准备、自动插件、手工插件、压焊、技术冲洗及烘干、质量检测和包装。原材料和零部件均外购，L公司一直采用传统成本计算法计算产品成本。

公司有关的成本资料如表10-3所示。

表 10-3 甲、乙、丙产品的相关成本资料

项目	甲产品	乙产品	丙产品	合计
产量(件)	20 000	40 000	8 000	——
直接材料(元)	2 000 000	7 200 000	320 000	9 520 000
直接人工(元)	2 320 000	6 400 000	640 000	9 360 000
制造费用(元)				15 576 000
年直接人工工时(小时)	60 000	160 000	16 000	236 000

请按传统成本法以直接人工小时作为制造费用的分摊基础，计算甲、乙、丙三种产品应分摊的制造费用金额及单位产品成本。

(1)分配制造费用，见表10-4。

表 10-4 甲、乙、丙三种产品应分摊的制造费用

项目	甲产品	乙产品	丙产品	合计
年直接人工工时	60 000	160 000	16 000	236 000
分配率	15 576 000/236 000=66			
制造费用(元)	3 960 000	10 560 000	1 056 000	15 576 000

(2)计算单位成本,见表10-5。

表10-5 甲、乙、丙三种产品单位成本

项目	甲产品	乙产品	丙产品
直接材料(元)	2 000 000	7 200 000	320 000
直接人工(元)	2 320 000	6 400 000	640 000
制造费用(元)	3 960 000	10 560 000	1 056 000
合计(元)	8 280 000	24 160 000	2 016 000
产量(件)	20 000	40 000	8 000
单元产品成本(元)	414	604	252

以上成本计算的结果令L公司的管理层十分疑惑。公司采用成本加成定价法作为定价策略,按照产品成本的125%设定目标售价。甲产品按照目标售价正常出售,但市场上与乙产品类似的商品,每单位售价仅680元,如果公司的乙产品也按此价格出售,每单位毛利仅76元,将无法弥补各项销售及管理费用的支出而产生亏损,但如果定价高于680元,又无法与其他公司生产的类似产品竞争。丙产品的售价定为315元时,公司收到的订单的数量非常多,超过其生产能力,因此公司将丙产品的售价提高到420元。即使在420元这一价格下,公司收到订单依然很多,其他公司在丙产品的市场上无力与公司竞争。乙产品的困境和丙产品的反常促使L公司决定对成本的计算采用更精确的方法,以便决定乙产品与丙产品的生产与销售。

【例10-2】沿用例10-1中的数据,L公司在对制造费用作详细分析后,将生产过程中的各项作业分为8个作业中心(即将全部制造费用划分为8个成本库),各作业中心全年的作业成本如表10-6所示。

表10-6 制造费用在8个作业中心的分摊

作业	作业成本(元)	作业	作业成本(元)
装配	4 850 400	产品包装	1 000 000
材料采购	800 000	工程处理	2 800 000
物料处理	2 400 000	管理	2 029 600
启动准备	12 000		
质量控制	1 684 000	合计	15 576 000

管理人员认定各作业成本库的成本动因如表10-7所示。

表 10-7 各作业成本库的成本动因

作 业	成本动因	作业量			
		甲产品	乙产品	丙产品	合 计
装配	机器小时(小时)	20 000	50 000	16 000	86 000
材料采购	订单数量(张)	2 400	9 600	28 000	40 000
物料处理	材料移动(次数)	1 400	6 000	12 600	20 000
启动准备	准备次数(次数)	2 000	8 000	20 000	30 000
质量控制	检验小时(小时)	8 000	16 000	16 000	40 000
产品包装	包装次数(次数)	800	6 000	13 200	20 000
工程处理	工程处理时间(小时)	20 000	36 000	24 000	80 000
管理	直接人工(小时)	60 000	160 000	16 000	236 000

请按作业成本法分别计算甲、乙、丙三种产品应分摊的制造费用金额及其单位成本。

(1)计算单位作业成本,见表 10-8。

表 10-8 单位作业成本

作业	成本动因	年制造费用(元)	年作业量(件)	单位作业成本(元)
装配	机器小时(小时)	4 850 400	86 000	56.4
材料采购	订单数量(张)	800 000	40 000	20
物料处理	材料移动(次数)	2 400 000	20 000	120
启动准备	准备次数(次数)	12 000	30 000	0.4
质量控制	检验小时(小时)	1 684 000	40 000	42.1
产品包装	包装次数(次数)	1 000 000	20 000	50
工程处理	工程处理时间(小时)	2 800 000	80 000	35
管理	直接人工(小时)	2 029 600	236 000	8.6

(2)将作业成本库的制造费用按单位作业成本分摊到各产品,见表 10-9。

表 10-9 作业成本库的制造费用按单位作业成本对甲、乙、丙产品的分摊表

作 业	单位作业成本	甲产品		乙产品		丙产品	
		作业量(件)	作业成本(元)	作业量(件)	作业成本(元)	作业量(件)	作业成本(元)
装配	56.4	20 000	1 128 000	50 000	2 820 000	16 000	902 400
材料采购	20	2 400	48 000	9 600	192 000	28 000	560 000
物料处理	120	1 400	168 000	6 000	720 000	12 600	1 512 000
启动准备	0.4	2 000	800	8 000	3 200	20 000	8 000
质量控制	42.1	8 000	336 800	16 000	673 600	16 000	673 600
产品包装	50	800	40 000	6 000	300 000	13 200	660 000
工程处理	35	20 000	700 000	36 000	1 260 000	24 000	840 000
管理	8.6	60 000	516 000	160 000	1 376 000	16 000	137 600
合计	—	—	2 937 600	—	7 344 800	—	5 293 600

(3)计算单位产品成本,见表10-10。

表10-10 甲、乙、丙产品单位成本计算 单位:元

项　目	甲产品	乙产品	丙产品
直接材料	2 000 000	7 200 000	320 000
直接人工	2 320 000	6 400 000	640 000
装配	1 128 000	2 820 000	902 400
材料采购	48 000	192 000	560 000
物料处理	168 000	720 000	1 512 000
启动准备	800	3 200	8 000
质量控制	336 800	673 600	673 600
产品包装	40 000	300 000	660 000
工程处理	700 000	1 260 000	840 000
管理	516 000	1 376 000	137 600
合计	7 257 600	20 944 800	46 253 600
产量	20 000	40 000	8 000
单位产品成本	362.88	523.62	781.7

甲产品和乙产品在作业成本法下的产品成本都远远低于传统成本计算方法下的产品成本,这为公司目前在乙产品方面遇到的困境提供了良好的解释。根据作业成本法计算的产品成本,乙产品的目标售价应是654.53(523.62×125%)元,公司原定755(604×125%)元的目标售价显然是不合理的。甲产品的实际售价517.5(414×125%)元高于重新确定的目标售价453.6(362.88×125%)元,是一种高盈利的产品。丙产品在传统成本法下的产品成本显然低估了,公司制定的目标售价过低,导致实际售价420元低于作业成本计算得到的产品成本781.7元。如果售价不能提高或产品成本不能降低,公司应考虑放弃生产丙产品。

比较例1传统成本法与例2作业成本法的结果我们发现,在作业成本法下丙产品的单位成本比传统成本法下高出很多,而甲、乙产品的单位成本则较低,究其原因在于:在传统成本法下全部制造费用均按直接人工小时分摊,即甲、乙、丙三产品分摊制造费用的比例为3∶8∶0.8;但事实上并非所有制造费用的成本动因均为直接人工小时,而且特殊化且少量生产的丙产品,在材料采购、物料处理等方面成本较高,这就造成作业成本法下丙产品所分摊的制造费用大幅提高。传统成本法下,乙产品分摊的制造费用为丙产品的10倍,而发生以大量生产的标准化产品补贴少量生产的定制产品的现象,这样将可能对公司造成下列不利的结果:

(1)对于标准化产品而言,可能不是因为定价太高而滞销,就是公司接受市场价格并认为该产品的利润过低而做出减产或停产的决定。但事实上如果成本分配正确,乙产品售价654.53元,成本523.62元,其盈利能力并不差,减产或停产将使公司丧失乙产品的利润。

(2)对于少量生产的特殊产品而言,传统的成本计算方式将使丙产品制造费用分摊过少而低估成本,如果因为丙产品在市场上无类似产品的价格可供参考,而以低估的成本为基础制定销售价格,则可能会因为定价过低而未能赚取应得的利润。

从以上例子的比较中我们可以发现,间接制造成本若分摊不当,不但会影响期末存货的评估与销售成本的确定,还可能导致决策错误、资源的使用规划不当,从而对企业的利润造成重大的影响。作业成本法相对传统成本计算方法而言,更能精确地把握成本与成本动因间的关系,从而对间接成本做出较精密的分摊,因此比传统成本制度更受青睐。

第三节 作业成本法在非制造成本中的应用

如果计算产品成本只是为了确定对外报表上期末存货及销售成本的金额,那么上节所述的作业成本法就能够满足要求了。但事实上,确定存货与销售成本并非计算产品成本的唯一目的,因为在许多情况下产品成本已不限于制造成本,而应包含部分销售及管理费用。与间接制造成本的分摊相同,销售及管理费用分摊方式是否适当,将决定成本信息的有用性。

一、销售及管理费用分摊的必要性

根据会计原则,产品成本仅包括制造(或进货)成本,销售及管理费用通常视为期间成本于发生当期列为费用,一次性从当期收入中扣除,因此销售及管理费用不产生分摊的问题。但在存货计价以外的其他情况,为达到特定的目的,销售及管理费用的分摊也存在其必要性。

1.为编制公司内部的地区、部门报告

随着经济的发展,越来越多的公司实现了多元化、跨国化的经营,而利益相关者也希望这类公司能够提供按行业或地区等划分的部门信息,其中的部门利润是以部门销售收入减去部门销售成本及各项销售及管理费用得出的,因此企业的一部分销售及管理费用仍应适当分摊至各部门。

2.为评估不同产品、行业或地区的经营绩效

公司在评估各产品、行业或地区的经营绩效，以决定是否要做出调整时，也应当考虑销售及管理费用。例如相同产品的出口价格可能高于内销，虽然其毛利较高，但出口也会发生相对较高的销售及管理费用，如市场开发、运费、订单处理等成本，因此只考虑产品的制造成本而计算的利润将可能导致错误的决策。

3.为一般产品定价

产品的价格必须能回收全部成本（包括制造与销售及管理费用），如果企业没有对销售及管理费用加以适当的分摊而只以制造成本加成的方式定价，就很可能导致有些产品定价过高而滞销，而另外一些产品则定价过低而未赚得应有的利润，最终公司整体的经营将受影响。因此，销售及管理费用的适当分摊应有助于产品价格的确定。

4.为确定成本加成合同的价格及公用事业的价格

对于某些公用事业或特许行业，政府会保障其投资报酬率或净利率，因此通常以产品或服务的总成本加上一定的利润后计算其价格，此时的总成本应当包括制造成本及一切应分摊的销售及管理费用后的成本。

5.为确定特殊产品的成本与价格

对特殊产品而言，产品成本不应限于制造成本，例如生命周期较短的产品，可能耗费了大量的研发与设成本，但产品在出售一季度或一年后便可能被其他产品取代，退出市场。此时全部产品研发及设计成本就应当都包含在产品成本中，又比如销售渠道较为特殊的产品，它发生的营销、配送与售后服务成本也均应计入产品成本中。

二、销售及管理费用分摊的方法

销售及管理费用归集至产品，可以比照制造成本归属的原则。即如果可确认为某产品的销售及管理费用就直接追溯至该产品，不可确认的则以分摊的方式归集至产品。理论上讲，销售及管理费用的分摊所采用的方法可能因目的不同而有所差异，但在过去，大多数公司仍以单一的分摊基础分摊销售及管理费用。

（一）传统的分摊方法

销售及管理费用的项目很多，各项目发生的原因也不一样，而且费用与发生费用的原因间的因果关系通常也不明确，因此过去许多公司在必须分摊销售及管理

费用时，通常以较为主观的方式选择其分摊基础。例如，销售收入就常被用作分摊销售及管理费用的依据。理论上，间接成本的分摊，以因果关系作为分摊基础是最为适当的，以受益程度作为分摊依据也可以接受，但是，以销售收入作为分摊基础时，事实上是以负担能力的高低作为分摊的依据，这种分摊方式将可能导致分摊结果与事实产生重大差异，不但无法提供正确的成本信息，还可能影响决策的制定。

【例 10-3】 L 公司生产销售甲、乙、丙三种产品，所有销售人员、销售渠道及广告等均由三种产品共用，过去按各产品销售收入比例分摊销售及管理费用，各产品的售价是按制造成本加 60%确定。2007 年初乙产品因市面上有类似产品出现，竞争激烈，销售情况不理想，设计部门曾经改变产品设计以吸引消费者，但没有成功；销售人员在乙产品的推销与服务等方面也花费了很大的工夫，但收效甚微。反之，丙产品是独家开发的产品，几乎没有竞争的压力，推广容易，销量增长也很快。销售部门人员向管理层反映了上述情况，管理人员经过分析认为乙产品还有利可图，因此没有做出调整。2007 年共发生销售及管理费用 656 000 元，甲、乙、丙三种产品的销售收入分别为 600 000 元、280 000 元及 2 400 000 元，试按 L 公司现行的分摊销售及管理费用的方式编制各产品及公司整体 2007 年的损益表，并说明其可能存在的问题。

L 公司 2007 年各产品及公司的损益表如表 10-11 所示。

表 10-11　　L 公司 2007 年分产品的损益表　　单位：元

项　目	甲产品	乙产品	丙产品	总计
营业收入	600 000	280 000	2 400 000	3 280 000
营业成本	375 000	175 000	1 500 000	2 050 000
毛利	225 000	105 000	900 000	1 230 000
销售及管理费用	120 000	56 000	480 000	656 000
净利润	105 000	49 000	420 000	574 000

注：①销售成本×(1+60%)＝销售收入；
②销售及管理费用分配率＝656 000÷3 280 000＝0.2，各产品应分摊的销售费用＝0.2×销售收入。

在表 10-11 中，销售及管理费用是以销售收入作为分摊基础的，因此，乙产品因为销售收入所占比例较低而分摊较少的销售及管理费用。但在本例中，销售收入既与销售及管理费用无因果关系，也不代表各产品的受益程度，事实上销售收入最少的乙产品享受的销售及管理服务可能反而是最多的，因此，表 10-11 的计算结果并不能发现乙产品的问题，成本信息的有用性几乎为零。

(二)作业成本法下的分摊方法

传统的销售及管理费用分摊方法之所以无效，在于分摊基础的选择不恰当，以及单一的分摊基础不能反映销售及管理费用中各不同项目的成本动因，因此较好的分摊方式应当是按导致销售及管理费用发生的作业活动的不同，将销售及管理费用分成若干成本库，分别选择其适当的分摊基础，将成本库内的销售及管理费用按各产品使用分摊基础的数量比例分摊到各产品上，这就是作业成本法下销售及管理费用的分摊方法。

通常，企业可通过研究开发、产品设计、生产、营销、配送和服务等活动以增加其产品或服务的价值。开展每一项活动均会发生成本，其中除生产活动所发生的成本计入产品成本成为存货成本或销售成本外，其他各项活动的成本均列入销售及管理费用中。因此采用作业成本法分摊销售及管理费用时，可以先将销售及管理费用按上述企业功能价值链中除生产外的五类作业分为五个成本库，并分别选择适当的成本动因，作为分摊各成本库销售及管理费用的依据。

【例 10-4】续例 10-3，假设 L 公司 2007 年各作业活动的实际成本、成本动因及甲、乙、丙三种产品各使用的成本动因数量分别如表 10-12 所示，请用作业成本法分摊 L 公司的销售及管理费用，并编制各产品及公司整体 2007 年度的损益表。

表 10-12　L 公司 2007 年各作业活动的实际成本、成本动因及成本动因数量

作 业	实际成本(元)	成本动因	成本动因数量			
			甲产品	乙产品	丙产品	总计
研究开发	98 000	销售收入(元)	600 000	280 000	2 400 000	3 280 000
产品设计	105 000	设计小时	20 小时	180 小时	10 小时	210 小时
营销	240 000	营销次数	150 次	600 次	50 次	800 次
配送	125 000	配送次数	80 次	120 次	50 次	250 次
售后服务	87 600	服务次数	50 次	125 次	25 次	200 次

(1)计算各作业的销售及管理费用分配率，见表 10-13。

表 10-13　各作业的销售及管理费用分配率

作 业	销售及管理费用分配率
研究开发	98 000÷3 280 000＝0.03
产品设计	105 000÷210＝500
营销	240 000÷800＝300
配送	125 000÷250＝500
售后服务	87 600÷200＝438

(2)计算各产品应分摊的销售及管理费用，见表 10-14。

表 10-14　　各产品应分摊的销售及管理费用

作　业	销售及管理费用分配率	甲产品		乙产品		丙产品	
		成本动因数量	应分摊的销售及管理费用(元)	成本动因数量	应分摊的销售及管理费用(元)	成本动因数量	应分摊的销售管理费用(元)
研究开发	0.03	600 000	18 000	280 000	8 400	2 400 000	72 000
产品设计	500	20	10 000	180	90 000	10	5 000
营　销	300	150	45 000	600	180 000	50	15 000
配　送	500	80	40 000	120	60 000	50	25 000
售后服务	438	50	21 900	125	547 500	25	10 950
合　计	—	—	134 900	—	393 150	—	127 950

(3)分产品编制损益表,见表 10-15。

表 10-15　　L 公司 2007 年分产品的损益表　　单位:元

项　目	甲产品	乙产品	丙产品	合计
销售收入	600 000	280 000	2 400 000	3 280 000
销售成本	375 000	175 000	1 500 000	2 050 000
毛利	225 000	105 000	900 000	1 230 000
销售及管理费用	134 900	393 150	127 950	656 000
净利润	90 100	－288 150	772 050	574 000

乙产品因为竞争激烈而需要大量的推销、改变产品设计、甚至送货上门,使得该产品应分摊大部分产品设计、营销与配送三类活动的销售及管理费用,因而导致其产生亏损。当然乙产品是否应停止生产及销售,还取决于销售及管理费用中固定成本的比例及销售及管理产能是否可以转移到其他产品等因素,但由表 10-15 中至少可看出乙产品的潜在危机,从而可以使公司管理层进一步做深入研究。

销售及管理费用分摊的对象并不限于产品,也可以将顾客、地区或部门等作为分摊归集的对象,方法类似上述例题,这里不再举例赘述。这样通过分摊归集后,再进一步分析不同顾客、地区或行业的真实盈利能力会使我们发现,仅仅考虑制造成本可能会导致我们做出不合理甚至是错误的决策,而把销售及管理费用考虑进去,并采用作业成本法进行分摊归集,会使我们所做的决策更加正确合理。

思　考　题

1. 什么是作业成本法?
2. 什么是成本动因? 有哪些基本类型?
3. 作业成本法与传统成本计算方法有什么区别?

4.作业成本法的使用和推行应具备哪些条件?

练 习 题

习题一

1.目的:练习作业成本法的计算。

2.资料:某公司生产A产品,生产流程主要可分为五项作业:

作业项目	成本动因	预计分摊率
原料处理	原料磅数	6
机器运转	机器小时	300
产品装配	装配次数	100
产品检验	检验产品数	24
产品包装	包装批次	200

假设已经完工50件产品,每件需要60磅原料及2个机器小时,每件产品的直接材料成本为4 000,50件产品共装配10次,包装的批次为5批,产品检验数量为完工产品数量。

3.要求:计算该产品的单位成本。

习题二

1.目的:练习作业成本法的计算。

2.资料:某公司生产激光打印机,现将工厂间接费用的成本动因列表如下:

作　业	成本动因	间接成本预算额	成本动因作业预算额	成本动因率
质量控制	检查次数	100 000	2 000	50
机器设置	设置次数	200 000	2 000	100
账款登记	发票数	1 300	50	26
其他间接成本	直接工时	60 000	6 000	10

该公司接下一个1 000台激光打印机的定单,以下是定单生产要求:

检查次数	设置次数	发票数	直接工时
50	400	500	600

3.要求：

(1)在作业成本法下，每台打印机负担的工厂间接费是多少？

(2)如果公司用直接工时(预算工时 6 000)来分配间接费用，每台打印机负担的工厂间接费是多少？

第十一章

战略成本

本章导读

- 成本管理与战略定位
- 成本管理与价值链分析
- 战略成本动因
- 战略成本分析与管理是战略管理会计的重要内容，其基本要求就是明确企业的战略定位并制定相应的成本管理策略，开展价值链分析和成本分析，分析战略成本动因，揭示影响成本的结构性动因和执行性动因，从战略上寻求降低成本的途径，使企业获得持久的竞争优势

第一节　成本管理与战略定位

战略考虑的是组织发展的长期方向，对企业会产生长期影响。与运营管理相比，战略管理涉及企业的全局和整体，强调与外部的竞争与合作。战略的目的是在竞争中获取优势，相应地，战略成本管理目标服从于战略管理获取竞争优势的目标。一直以来，定位(positioning)是战略的核心，战略定位主要涉及到企业战略的选择。选择不同的战略对成本分析与管理控制将会产生极其重要的影响。

一、经营战略的选择

(一)产品的生命周期

美国哈佛大学费农教授1966年提出产品的生命周期理论，认为产品和人的生

命一样，也要经历形成、成长、成熟、衰退这样的周期，以产品而言，都要经过引入阶段、成长阶段、成熟阶段和衰退阶段。产品生命周期的阶段划分以产品销售额增长曲线(图 11-1)的拐点为标志。在引入期，新产品新上市，买主迟疑，增长平缓，通常利润偏低或为负数，此时没有或只有极少的竞争者；产品经过一段时间已有相当知名度，买主会大量涌入，开始进入成长期，销售快速增长，利润也显著增加，容易吸引更多的竞争者；当购买力与市场供应基本平衡后，增长放慢，进入成熟期，产品已被大多数潜在购买者所接受，利润在达到顶点后逐渐走下坡路，此时市场竞争激烈，公司为保持产品地位需投入大量的营销费用；当新的代用品出现以后，产品逐步衰退，利润大幅度滑落，直至完全退出市场。

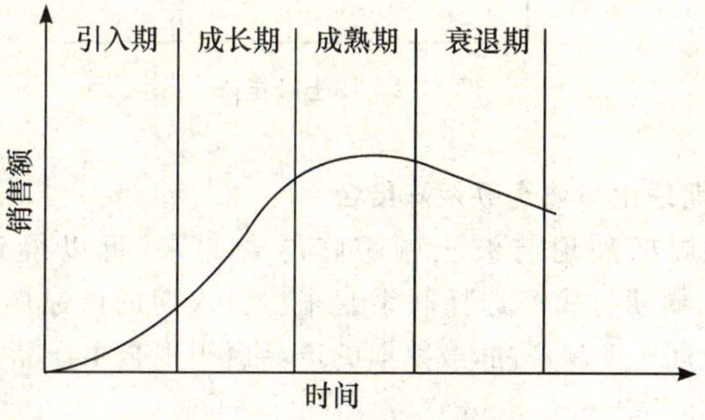

图 11-1 产品生命周期曲线

(二)波士顿矩阵

波士顿矩阵，也称市场增长率/占有率矩阵，是由美国波士顿咨询公司 1960 年首创、用来分析多种产品的组合战略。

根据产品的市场增长率和相对市场占有率(市场份额)两个指标，可以将企业的产品分成明星产品、现金牛产品、幼童(问号)产品和瘦狗产品四种类型(图 11-2)。市场增长率可以反映产品的市场发展前景是否广阔，相对市场占有率则能够反映产品在市场上的竞争优势及其盈利能力。一个企业的所有产品，都可以归入这四种类型，并且应依据其所处的地位采取不同的战略：

(1)对于幼童(问号)产品，由于其市场增长率较高而市场占有率较低，首选战略应是扩大市场占有率，大力投资使其转变为明星产品。如果失去转变的希望，则应及时退出。

(2)对于明星产品，其市场增长率和企业市场占有率都比较高，首选战略应以保持目前市场份额和竞争地位为目标。

(3)对于现金牛产品,其市场增长率较低而市场占有率较高,会创造大量的净现金流入,首选的战略是巩固市场份额,尽量延长获取大量现金流入的时间。

(4)对于瘦狗产品,其市场增长率和占有率都比较低,通常应以撤退为目标。

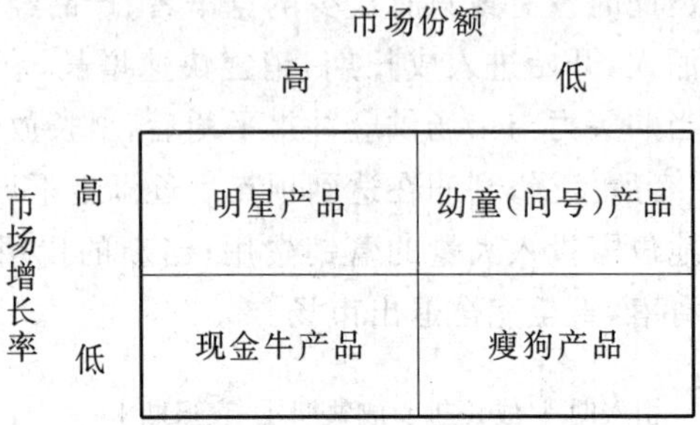

图 11-2 波士顿矩阵

(三)生命周期理论与波士顿矩阵结合

如果把生命周期理论与波士顿矩阵结合起来,可以得到一个新的矩阵(图 11-3),使生命周期与战略选择联系起来。引入期的产品属于幼童(问号)产品,成长期的产品属于明星产品,成熟期的产品属于现金牛产品,衰退期的产品属于瘦狗产品。

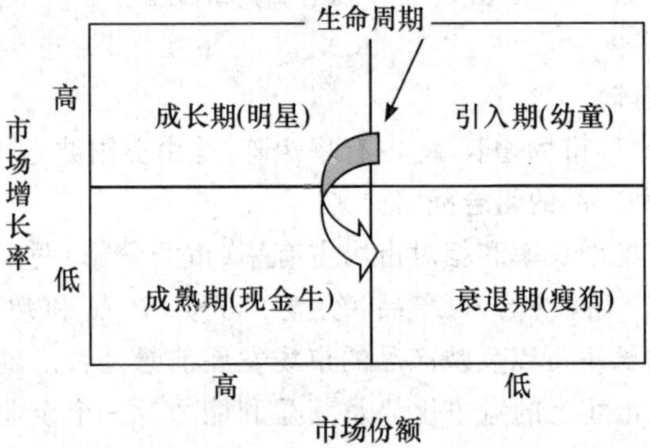

图 11-3 产品生命周期与波士顿矩阵的组合

在产品生命周期的不同阶段,市场环境和竞争能力是不同的,产品生命周期和波士顿矩阵的结合首先明确了每个生命周期阶段产品组合的类型,进而依据波士顿矩阵的基本原理采取恰当的经营战略,以有效避免经营风险,帮助企业健康发展。

二、竞争战略的选择

(一)基本竞争战略

竞争战略是企业战略的一部分,是战略中的“怎样(how)”,决定了企业如何在市场竞争中建立优势。竞争战略是由美国哈佛商学院战略管理学家迈克尔·波特在1980年提出的。根据波特的观点,竞争战略可以划分为三种基本的类型,即成本领先战略、差异化战略和集中化战略(图11-4)。

竞争范围 \ 竞争优势	低成本	差异化
整个产业	成本领先	差异化
细分市场	集中成本领先	集中差异化

图11-4　竞争战略示意图

1.成本领先战略

成本领先战略是指企业针对大规模市场,通过对内部成本的严格控制,以低成本获取竞争优势。成本领先战略强调以低单位产品价格为对价格较为敏感的用户生产标准化产品。

2.差异化战略

差异化战略是指企业针对大规模市场,能够提供与竞争者存在差异的、独特的产品或服务,以获取竞争优势。这种差异性可以来自设计、品牌形象、技术、性能、营销渠道或客户服务等各个方面。差异化战略有可能获得比成本领先战略更高的利润率。

3.集中化战略

集中化战略是指针对某一特定购买群、产品细分市场或区域市场,采用成本领先或差异化以获取竞争优势的战略。集中化战略是由成本领先战略和差异化战略派生而出的,一般是中小企业采用的战略,它又可分为集中成本领先战略和集中差异化战略两种。

(二)不同基本竞争战略的实施条件和弱点

企业应当根据自身条件和市场环境,选择适合的基本竞争战略。不同的基本竞争战略适合不同的实施条件，不同的基本竞争战略也有各自的弱点。

1.成本领先战略的实施条件和弱点

实施成本领先战略的企业应具备的资源和技能有：①为扩大规模而具有良好的投融资能力；②流程再造能力；③严格的劳动监督；④产品易于制造；⑤低成本的配送系统。

成本领先战略主要适用于以下一些情形：①市场中存在大量的价格敏感用户；②产品难以实现差异化；③购买者不太关注品牌；④消费者的转换成本较低。如果上述条件满足，企业应力求通过低成本，使得产品价格低于竞争者，以提高市场份额。

成本领先战略的弱点主要包括：①竞争者可能模仿，使得整个产业的盈利水平降低；②技术变化导致原有的成本优势丧失；③购买者开始关注价格以外的产品特征；④与竞争对手的产品产生了较大差异；⑤采用成本集中战略者可能在细分市场取得成本优势。

2.差异化战略的实施条件和弱点

实施差异化战略的企业应具备的资源和技能有：①强大的研发能力；②较强的产品设计能力；③富有创造性；④很强的市场营销能力；⑤企业在质量和技术领先方面享有盛誉；⑥能够获得销售商的有力支持。

差异化战略主要适用于以下一些情形：①产品能够充分实现差异化，且为顾客所认可；②顾客的需求是多样化的；③企业所在产业技术变革较快，创新成为竞争的焦点。

差异化战略的弱点主要包括：①竞争者可能模仿，使得差异消失；②产品或服务差异对消费者来说失去了重要意义；③与竞争对手的成本差距过大；④采用差异化集中战略者能够在细分市场实现更大的差异化。成功的差异化战略能够吸引品牌忠诚度高且对价格不敏感的顾客，从而获得超过行业平均水平的收益。

3.集中化战略的实施条件和弱点

采用集中化战略的企业，由于受自身资源和能力的限制，无法在整个产业实现成本领先或者差异化，故而将资源和能力集中于目标细分市场，实现成本领先或差异化。集中化战略主要适用于以下情形：①企业资源和能力有限，难以在整个产业实现成本领先或差异化，只能选定个别细分市场；②目标市场具有较大的需求空间或增长潜力；③目标市场的竞争对手尚未采用统一战略。

实施集中化战略的弱点主要包括：①竞争者可能模仿；②目标市场由于技术创新、替代品出现等原因导致需求下降；③由于目标细分市场与其他细分市场的差异过小，大量竞争者涌入细分市场；④新进入者重新细分市场。

三、不同战略选择对成本与管理会计方面的要求①

不同的企业战略定位对管理控制过程的影响是不同的，企业的管理控制方法应与企业选择的战略相适应。

(一)不同经营战略对成本分析与管理控制的要求

企业对于不同的产品类型会选择不同的经营战略，成本分析与管理控制应服从企业经营战略目标。譬如，幼童(问号)产品和现金牛产品对成本分析与管理控制的要求就存在较大差异(表 11-1)，而明星类产品的特点介于上述两类产品之间。

表 11-1　　不同经营战略的成本分析与管理控制

产品类型	幼童(问号)	现金牛
主要经营战略目标	扩大市场份额	最大限度获取利润
短期利润	不重要	重要
弹性预算的重要性	低	高
产品成本在定价决策中的作用	小	大
标准成本在业绩评价中的作用	不太重要	重要
非财务指标在业绩评价中的作用	大	小

(二)不同基本竞争战略对成本分析与管理控制的要求

不同的基本竞争战略，对成本分析与管理控制也有不同的要求。譬如，企业采用了成本领先战略，就需要密切关注目标成本，而采用差异化战略的企业对成本的细致关注的重要性就要低得多。不同基本竞争战略对成本分析与管理控制的不同要求见表 11-2。

表 11-2　　基本竞争战略的成本分析与管理控制

基本竞争战略	成本领先战略	差异化战略
对竞争对手成本的分析	极为重要	不很重要
用于控制制造成本的弹性预算的重要性	很高	较低
产品成本在定价决策中的作用	大	小
标准成本在业绩评价中的作用	很重要	不很重要
进行营销成本分析	通常不进行正式分析	至关重要
预算目标实现的重要性	较高	较低

①该部分改编自王立彦，刘志远.成本管理会计.北京：经济科学出版社，2000：291－292.

总之,即使是同一个企业,由于企业内外部环境的特点决定了企业对于不同类型的产品会选择不完全相同的经营战略,同时会选择不同的基本竞争战略来获取竞争优势。在进行成本分析与管理控制的过程中,必须考虑企业所选择的战略模式所带来的影响,将成本管理与企业战略结合起来,才能最大限度地获取竞争优势。

四、战略定位分析举例①

几乎从任何一个方面来看,西南航空公司都是美国最成功的航空公司之一。赫伯·凯勒和他的伙伴们从起步时仅有56万美元,经营达拉斯、休斯敦和圣安东尼奥的短程航运业务的小公司成长为自1973年以来,航空业唯一一家年年盈利的公司。1991年,西南航空公司的营业收入达到13亿美元,虽然并不居于行业最前列,但它很多年的净利润在航空业里都是最高的。20年里,在美国公开上市公司中,它的股票回报也是最高的。西南航空公司也因其奉行的战略以及它所建立的支持战略的组织,而从竞争对手之中脱颖而出。

西南航空公司从一开始就确定了低成本、低价格、高频率、多班次的战略,绝不多花一分钱、多浪费一分钟、多雇一个员工。公司选用了最省油的波音737,挑选回报率最高的航线,每架飞机每天起落10次以上,航班停歇时间控制在15分钟以内(达到了世界最短纪录)。

在选定的航线上,西南航空公司为顾客提供低成本、便捷的服务,主要在短程航线上为经常性乘客和商务旅行者服务。从休斯敦到圣安东尼奥、从圣何塞到橘子郡都是它服务的典型航线。不像其他大航空公司那样把服务建立在轴心——轮辐式的航线设计之上,西南航空公司提供的是无停留的、点对点的飞行服务。轴心——轮辐式系统是指从许多不同地点出发的飞机大致在同一时间会合于同一个"轴心"机场,使乘客可以换乘飞机,再飞往不同的目的地。这种系统的一大优点是可以增加每一航班的载客数量,因而与不停留地从出发点到目的地运送乘客的航班相比,具有更大的成本效率。

与这种趋势相反,西南航空公司在自己的航线上达到了甚至更低的成本水平。其成本优势的一个来源就是飞机的高利用率,即每天每架飞机在空中的小时数。因为它的航班不通过共同的轴心与其他航班建立网络联系,所以任何一架特定航

---

①本案例改编自加斯·塞隆纳(Garth Saloner),安德里·谢帕德(Andrea Shepard),等,战略管理. 王迎军,汪建新,译. 北京:机械工业出版社,2004.

线上的飞机不需要等待其他飞机的到达,其停机时间必然会减少。这就使西南航空公司可以自由地减少两架航班间的机场停留时间。西南航空公司因为始终达到了大约15分钟的周转时间而在业界备受尊敬。结果,西南航空公司能够把飞机利用率提高到每天11个小时,而行业的平均水平只是每天8小时。

西南航空公司航班快速周转的秘密,部分在于它追求简化的持续努力,以及成功地"培训"顾客适应它的系统。比如,与竞争对手不同,西南航空公司不使用机票,不设特等舱,只提供花生而不提供餐点,并且只使用一种型号的飞机。除了能够快速周转之外,这些与传统产业相背离的做法也直接有助于实现较低的成本。花生比较差的餐点也还要便宜,使用单一型号的飞机降低了维修和培训的成本。尽管西南航空公司实行"无修饰"的服务政策,但是它却获得了非常高的顾客满意水平。在某个特定月份里,它是唯一一家在三个关键领域都获得最佳纪录的美国运输公司:最佳行李搬运,最少顾客投诉和最佳正点率。截止到1998年,它已经赢得了24次这个让人羡慕的"三重皇冠"奖。

西南航空公司的成本比产业平均成本低的另一个原因是员工成本比产业平均的员工成本低。比如,西南航空公司的飞行员每月的飞行时间要比其他公司的飞行员多40%,但他们的工资却经常只是其他公司飞行员的一半。尽管工资较低,但西南航空公司却因其高昂的员工士气和较低的员工流动率而闻名于产业之中。航线结构、简约的服务和低成本劳动力,使西南航空公司相对于竞争对手来说具有显著的成本优势:在20世纪90年代早期,西南航空公司宣称自己的成本是每英里7.1美分,而其他较大的竞争对手却是10美分或更多。较低的成本转换成了较低的价格,西南航空公司控制了它所服务的市场;在西南航空公司所服务的绝大部分的无中转飞行市场中,它占有60%或者更多的市场份额。

西南航空公司的成功可以部分地归因于不规则的市场定位和出色的低成本战略,但我们不应忽视它独特的组织,以及组织与竞争优势之间的紧密配合。比如,该公司的航班迅速周转能力以及在服务过程中保持顾客满意的能力,关键在于公司为每一条航线指派的跨功能团队。许多航空公司对地勤人员、班机服务员和飞行员的自主决定权有严格的限制,严格规定了被赋予职责的员工哪些能做、哪些不能做。相反,西南航空公司鼓励跨功能团队自主决策来顺利完成工作。西南航空公司允许团队界定成员的职责,并在适当的地方跨越这些职责的边界。比如,常常可以看到班机服务员和飞行员在装载行李。西南航空公司也对管理者进行交叉培训,从而使他们能够从事多样化的任务和全面了解组织的情况。这一信息使员工能够了解他们所做决定的细微之处,并允许他们与组织里所有小组进行交流。

第二节 成本管理与价值链分析

企业的竞争优势来自设计、供应、生产、营销、售后等各项价值活动，对各项价值活动分别进行分析有利于认识企业的价值形成过程以及价值(成本、利润)变动原因，发现企业竞争优势的来源，进而有利于分析和确定成本费用的控制重点，加强和改进企业内部成本费用管理。

一、价值链的概念与价值链活动

作为战略成本管理框架中基本的成本分析工具——价值链分析方法，是取得竞争优势的基本分析方法。价值链的概念是由美国哈佛商学院著名战略管理学家波特提出来的。他认为企业每项生产经营活动都是其创造价值的经济活动，企业所有的互不相同但又相互联系的生产经营活动，便构成了创造价值的一个动态过程，即价值链。企业战略成本分析中，以价值链作为分析工具，可以使企业在经营活动中抓住关键的价值增值活动，这些价值增值活动能以比竞争者更低的成本进行。

运用价值链分析法确定与成本管理有关的企业价值活动可以分为五种主要活动和四种辅助活动。五种主要活动是指生产经营的实质性活动，包括：①原料供应，如原料验收、储存、整理及存货控制等相关活动；②生产作业，有关将投入转化为最终产品的相关活动，如机器制造、包装、设备维修测试等；③成品储运，如产成品的运输、储存、客户联系、定单处理等；④市场营销，旨在让顾客了解和购买商品，如广告、促销、销售机构的费用等；⑤服务活动，包括培训、修理、维护保养、部件更新等，旨在提高产品的附加值。四种辅助性活动是指用以支持主体活动而且内部之间又相互支持的活动，包括：①采购活动，指购买用于企业价值链所有投入的活动，如购买原料、用品，购建固定资产等；②技术开发活动，所有价值活动都涉及技术成分，如新产品研制、技术改造、商标、专利、专门技术、软件开发等；③人力资源管理活动，包括员工的招聘、培训、发展、激励等；④企业基础管理，该类活动包括企业总体战略的形成、建立以及政策、法律、行政、财务、会计、质量管理等各项职能活动。基础管理与其他活动不同，前者主要通过整个价值链而不是单个活动起到辅助作用。

二、价值链分析的方法与内容

价值链分析是一种策略性的分析工具，用来找出可以增加价值或降低成本的活动，进而获得竞争优势。价值链分析与传统成本分析的主要区别见表11-3。

表11-3 价值链分析与传统成本分析的区别

内容	传统成本分析	价值链分析
分析重点	内部	外部
采用观点	增值观点	从原料到最后消费者的价值链观点
成本动因	成本动因单调，成本只是产量的函数	● 结构性成本动因 ● 执行性成本动因
成本遏制	通过责任中心和产品成本问题达到成本的减少	● 成本遏制是管制价值作业成本动因的函数 ● 利用与供应商的价值链 ● 利用与顾客的价值链 ● 利用公司内部的加工链
战略决策	无明显的战略决策意图	最有力的战略成本分析工具

（一）价值链分析步骤

运用价值链方法进行战略成本分析的步骤如下：

1. 识别价值链

识别企业价值链的主要内容是划分企业的主要价值活动。在对企业各项价值活动进行划分时，通常应遵循以下原则，即如果有关价值活动具有以下特征之一，则应将有关活动划分为一项单独的价值活动：①在成本中所占比重较大；②该活动的成本动因与其他活动有显著差异；③对于创造差别化具有较大潜力；④竞争对手在该项价值活动上具有不同表现。此外，还要考虑企业的具体情况，如企业所选择战略、行业的特点、对行业及主要竞争对手有关信息的了解程度等，从而对企业价值活动作出合理的划分。

在对企业自身的价值链进行识别后，还应根据企业经营具体情况，看是否将企业价值链进行延伸进而扩展到行业价值链。

2. 把成本、收入和资产分配给价值作业

在对企业价值链作出识别后，应对价值链中各项有关价值活动分配相应成本、收入和资产。因为每项价值活动会发生成本、产生收入，同时占用一定的资产，为了能够分别计算各项价值活动所获得的资产报酬率，需要确定相应价值活动发生的成本、产生的收入及其所占用的资产。

3.识别成本动因

成本动因能够解释每项价值活动成本差异的原因。通过成本动因分析，可以挖掘从根本上降低成本水平的途径。在传统成本分析中，成本动因只有一个，即业务量，但在价值链分析中，业务量只能对成本行为给出较弱的解释；相反，多种成本动因发挥作用。

4.分析主要竞争对手的价值链及成本动因

在进行自身价值链识别及成本动因分析后，企业的整体经营过程已被分解。因为一个企业的竞争力取决于相对于其竞争对手的价值链的合理程度，还需要将企业的价值链、成本动因与竞争对手的价值链和成本动因进行比较，以说明哪一方拥有竞争优势以及哪些价值链或成本动因导致此情形的出现。

5.获取竞争优势

确定是比竞争对手更好地控制价值链还是通过重构价值链来获得竞争优势。为获得竞争优势，企业可以从以下两个方面入手：

(1)有效控制价值链。将企业的价值链和成本动因与主要竞争对手进行对比后，找出有效控制企业自身价值链中有关价值活动所需采取的行动。为了有效控制价值链，企业一般应从以下三个方面入手：在不降低价值(收入)的前提下降低价值活动成本；在不提高成本的前提下提高价值(收入)；在不降低价值和不提高成本的前提下减少一项价值活动所占用的资产。

(2)重构价值链。在不断做出努力控制企业自身价值链的同时，企业还要寻求重新定义价值链。通过价值链的重构获得更加显著的竞争优势。

自从波特提出价值链这一概念之后，理论界和企业界对价值链的认识不断深化，一个获得基本共识的看法是，在一个企业众多的“价值活动”中，并不是每一个环节都创造价值，企业价值链中的某些特定的价值活动决定了企业所创造的价值，这些真正创造价值的战略活动就是企业价值链的“战略环节”。企业在竞争中能够保持长期的优势，应该归功于企业在价值链某些特定的战略环节上的优势。在一个完整的价值链中，企业可以各自选取最能给自己带来价值增加的环节，几家或多家就可以共同完成价值链的全过程，从而实现更高的增值效益。

(二)企业内部价值链分析①

内部价值链分析是对企业内部设计、开发、生产、销售及服务等互相影响的价值活动进行分析，寻找企业成本发生动因和价值增值的分布情况。在具体的分析

①本部分主要参考余海宗.战略管理会计论.成都：西南财经大学出版社，2004：68-69.

过程中，引入作业成本法，对作业链上的每项作业进行分析，将作业区分为增值作业和不增值作业，通过消除不增值作业或内部价值链重组来实现内部价值链的最大增值。

企业内部价值链分析可以分为内部成本分析和内部差异价值分析，具体内容如下：

1. 价值链成本分析

首先找出企业价值产生的主要作业活动，再对每一主要作业活动进行成本动因分析，最后进行竞争优势分析。

主要作业活动一般包括原料供应、生产作业、成品储运及销售与顾客服务活动等。由于产品或业务特点不同，每个公司根据自身竞争优势采用的价值链并不一定包括上述所有活动。不同的价值活动受到不同成本动因的影响，成本动因的详细内容将在本章第三节中予以讨论。进行竞争优势分析是为了寻找各种降低成本的可能途径，比如：福特汽车公司通过改进产品设计与工程程序来降低生产及顾客服务成本；IBM公司利用较小及精密的磁碟机和主机板使其运费降低一半。

2. 内部差异价值分析

首先找出产生顾客价值的主要作业活动，接着评估增加顾客价值的各种差异化战略，最后决定最佳的差异化战略。增加顾客价值的差异化战略主要有五种方式：①优良的产品品质；②顺畅的营销通路；③强化消费者服务；④品牌或优良形象策略；⑤价格差异化策略。

（三）产业价值链分析

影响企业产品成本的因素不仅局限于企业内部，更重要的是企业与供应商、客户，以及供应商的供应商、客户的客户之间的关系都会影响到企业的成本。为寻求竞争优势，企业必须从更广的角度——产业角度来展开价值链分析。产业价值链分析的目的在于确定和认识企业在产业价值链中的位置，以便寻求利用上、下游价值链管理成本的可能性。譬如，通过对供应商价值链的分析可以帮助企业通过谈判，从供应商那里获得更有利的价格，降低采购成本；或者通过管理供应商与企业价值链之间的联系，消除不增值的作业，使双方达到“双赢”；如供货的及时，使双方都获得成本降低；通过管理企业价值链与购买商价值链之间的联系，来消除不增值作业，以寻找降低成本的“双赢”机会；通过行业价值链的分析，可以确定如何将价值链向前向后整合，寻求降低成本的有效途径。下面以造纸业为例分析产业价值链（图11-5）①。

①参见 John. K. Shank and Vi jay. Govindara jan，Strategic Cost Management. The Free Press，1993.

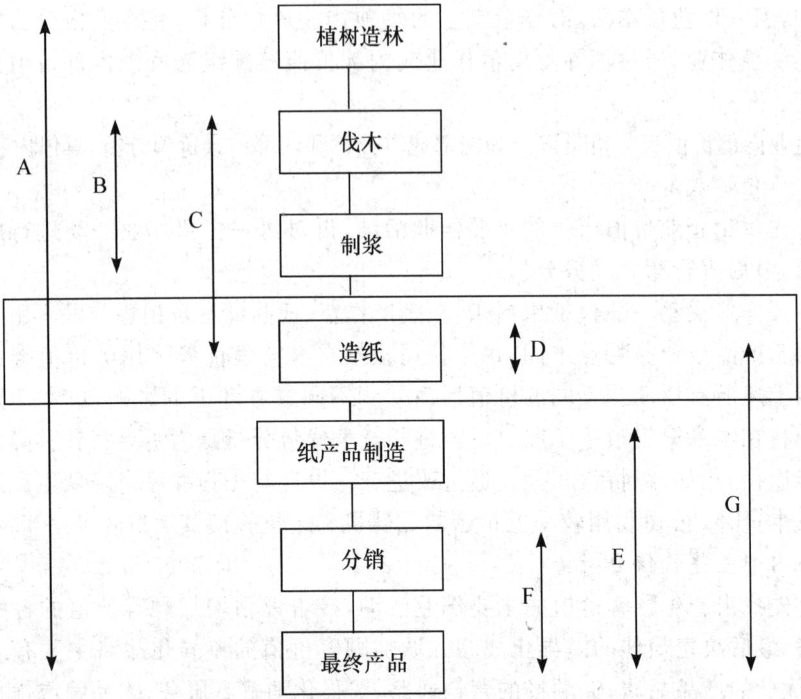

图 11-5　造纸业价值链

在图 11-5 中，企业 A 的生产过程包括整个产业价值链，经营范围最广。如果 A 企业对价值链中的每个阶段按该阶段市场价格计算收入，进而计算相应的资产报酬率，就可以作出自制还是外购的战略决策。比如，大多数公司愿意直接购买原木，并使用独立的伐木工替他们伐木，运送到加工厂，因为这样比公司自己植树、伐木更经济。A 公司为了优化价值链，提高资产报酬率，可以把自身的价值链缩短至"制浆——最终产品"。除了可以像 A 企业那样缩短价值链以外，其他企业也可以根据自身的战略需要，沿价值链向前或向后进行整合。比如，B 企业可以将价值链向后延伸到造纸，或纸产品制造，甚至最终产品。而 C、D、E、F、G 同样可以根据需要，决定其往上游或下游的并购策略，形成独特的价值链。

（四）竞争对手分析

通过对竞争对手价值链的分析，测算竞争对手的成本和市场份额情况，借此评价其与竞争对手相比的成本态势，明确自身优势和劣势，从而制定取得竞争优势的竞争战略。

竞争对手分析的主要内容包括:①企业眼前的和潜在的竞争对手是谁,明确和谁竞争;②识别竞争对手的价值链,分析其成本动因,运用成本动因的性态估算与竞争对手的差别;③竞争对手的目标是什么,依据其目标判断竞争对手可能采取的竞争战略;④竞争对手采取何种竞争战略,功效如何;⑤分析竞争对手的优势和劣势;⑥竞争对手面对外部进攻,做出何种反应。

总之,价值链分析拓宽了传统成本管理的对象。首先,它通过分析企业的价值活动,并通过对企业作业链的分解强化增值环节,抛弃不增值环节。其次,通过产业链分析,分析内部活动同供应商、销售渠道、用户的活动间的联系,分析所有的联系与竞争优势之间的关系。再次,通过对竞争对手进行分析,比较相对成本状况、明确优劣之处、分析获取竞争优势的竞争战略,从而拓宽了成本管理的视野,始终站在战略高度进行成本管理。

第三节 战略成本动因

价值链分析是战略成本分析的核心工具。成本动因概念是理解价值链中每项价值活动成本行为的工具。在价值链中,不同的价值活动通常受到不同成本动因的影响,不同的成本动因又需要运用不同的成本分析框架。成本动因分析是寻求获取竞争优势的重要手段。

一、成本动因的两个层次

成本动因是成本发生和变动的原因,是作业成本计算法的核心内容。成本动因可分为两个层次:一是微观层面上的生产经营成本动因,该动因与企业具体生产作业相关,普遍存在于企业生产经营过程,如生产批数、订单数量、产品产量、货物搬运距离等;二是战略层面上的成本动因,即战略成本动因。战略成本动因与生产经营成本动因不同,它是从企业整体的、长远的宏观战略高度出发所考虑的成本动因,与价值链中的价值活动相联系。从战略的角度看,影响企业成本态势的动因主要来自企业经济结构和企业执行作业程序,因此,战略成本动因又可分为结构性成本动因和执行性成本动因。两类成本动因的划分,从不同的战略角度影响企业的成本态势,为改变其成本地位提供了能动的选择,为企业成本管理与控制和战略成本决策开辟了思路。

二、战略成本动因分析

(一)结构性成本动因

结构性成本动因是与企业的战略定位和经济结构密切相关的成本因素。使用结构性成本动因分析有助于企业改进其竞争定位。结构性成本动因主要包括以下五项:

(1)规模。在生产、研究和市场开发等方面注入了多少资金。企业规模扩大,在不超过临界点时,可使单位成本下降,形成规模经济。但随着企业规模增加的同时,一些负面影响也会发生,诸如生产复杂性也会随之提高,管理层次和管理幅度的增加,沟通和协调成本上升,以及投资成本的加大等,会导致总成本增加。

(2)范围。企业垂直一体化的程度,即企业跨越产业价值链的长度。企业整合分为垂直整合和水平整合,前者与业务范围相关,后者则更多地与规模相关。企业的业务范围扩张适度,可降低成本,带来整合效益;如果业务范围扩张过度,则可能带来成本提高,效益下滑。

(3)经验。指是否有生产某产品的经验,或者生产过多长时间。经验是影响成本的综合性基础因素,经验积累,即熟练程度的提高,不仅带来效率提高,人力成本下降,同时还可降低物耗、减少损失。经验积累程度越高,操作越熟练,成本降低的机会就越多,经验的不断积累和发挥是获得“经验—成本”曲线效果、形成持久竞争优势的动因。

(4)技术。是指企业价值链的每一个环节中运用的处理技术,它体现企业生产工艺技术的水平和能力。不断进行技术创新是企业在激烈的市场竞争中保持竞争优势的重要前提。借助先进的技术手段对企业的产品设计、生产流程、管理方式等进行改造,可以有效地持续降低成本,而且还可改变和影响其他成本动因从而间接影响成本。技术领先或技术追随的策略选择,应视条件而定。能形成独特的持久领先技术,或获得独占稀有资源优势,可以采取技术领先策略;否则,应予放弃。

(5)厂址选择。厂址选择对企业的成本有重要的影响。比如,所处位置的气候、文化、观念等人文环境对成本带来影响;地形、交通、能源及相关基础设施对企业的产、供、销带来影响。厂址一旦选定,许多成本具有沉没成本的性质,因此,厂址选择也是一项重要的结构性成本动因,在企业进行战略决策时必须给予足够重视。

结构性成本动因通常经过较长时期才得以形成,一经确定往往很难变动,对企业成本带来的影响也是持久和深远的。

(二)执行性成本动因

执行性成本动因是在企业按照选择的战略定位和经济结构进行生产经营过程中,成功控制与企业作业程序有关的动因,引导成本管理的方向和重点,也是决定企业成本水平的重要因素。执行性成本动因是在结构性成本动因决定以后才建立的,多属非量化的成本动因。执行性成本动因主要有:

(1)员工参与。指员工对参与持续改善的责任感。人是执行各项作业活动的主体,人的思想和行为是企业成本降低改善的重要因素。企业取得成本优势而采取的组织措施,包括人力资源的开发管理,都可能因为员工的积极参与而带来成本降低。

(2)全面质量管理。指员工对产品及工艺质量的信念及其达成。全面质量管理强调质量管理的范围应是全过程的质量控制,企业的每一名员工都要承担质量责任。

(3)能力利用。在企业规模既定的前提下,工人能力、机器能力以及管理能力是否得到充分发挥,各能力之间的组合是否最优,都将成为执行性的一个成本动因。如进行技术改造,采用先进的生产管理方法,都会使能力得到充分发挥,从而带来降低成本的机会。

(4)工厂布局效率。按照目前的标准,该布局效率如何。各种价值活动之间,以及工厂与供应商、客户之间的地理位置,对企业经营效率有重要影响。工厂布局合理化能为企业获得竞争优势奠定良好基础。如果现有工厂布局不合理,可以通过作业分析来获得改善的方案。

(5)产品设计是否合理并容易制造。产品设计是否合理是获取成本优势的重要环节。例如每个产品中的零部件数量、不同品种间零部件的通用性以及零部件加工的难易程度都会影响到企业的成本。

(6)通过价值链开发企业与供应商及客户之间的联系。对价值链各环节的开发应立足于组织内部并延伸至企业的外部,这是集组织与生产实施于一体的空间过程的控制。通过这种价值链的纵向延伸,有助于提高上下游合作企业的经营效率、降低经营成本,增强抵御市场风险的能力,在市场竞争中获取竞争优势。

三、利用战略成本动因获取竞争优势

上述两类成本动因对企业的扩张战略选择具有不同的意义。通过结构性成本动因分析有利于扩张战略目标的选择，而通过执行性成本动因分析，有利于全面加强管理，以确保战略目标的实现。前者是优化基础资源的战略配置，后者是强化内部管理，完善战略保护体系。执行性成本动因因企业而异，并无固定的因素，而且其形成与改变均需较长时间。一般而言，结构性成本动因并非越多越好，而执行性成本动因则越多越好。为此，企业的策略应该是：

（一）合理选择结构性成本动因

对于结构性成本动因，企业必须作出合理的选择才能为企业获取成本优势奠定基础。为此，企业应做到：通过选择适度投资规模来降低成本，选择适宜的垂直一体化程度，通过积累经验降低成本，重视提高企业的技术水平，选择合适的厂址，企业产品多元化程度要合理化等。

（二）强化各项执行性成本动因

强化执行性成本动因也是取得成本优势的重要途径，企业应该做到：引导员工参与管理，增强员工责任感；大力推进全面质量管理；充分利用现有的生产能力；工厂布局合理化；产品设计合理化；加强与供应商及客户之间的纵向合作，使得企业经营顺利进行。

思　考　题

1. 利用波士顿矩阵分析基本原理，企业的产品及业务可以划分为哪几类？针对各类产品或业务怎样选择经营战略？

2. 企业获取竞争优势的基本战略是什么？每种基本战略对成本管理的要求有何区别？

3. 企业各项价值活动可以划分为哪几类？

4. 价值链分析法的主要步骤是什么？

5. 战略成本动因分为哪两类？各自包括哪些方面？

6. 如何利用战略成本动因分析来获取竞争优势？

练　习　题

习题一

1. 目的：掌握价值链分析方法。

2. 资料：两家美国公司运用价值链观念所作的成本分析比较分别如下表所示。

表 11-4 成本资料

价值活动	人民捷运	联合航空
广告与促销	$1 000	$1 300
机票订购	$9 000	$13 200
机票柜台服务		
登机服务		
行李搬运		
飞机使用	$4 900	$6 700
飞机运营	$11 600	$15 600
机上服务	$1 500	$4 700
合 计	$28 000	$41 500

表 11-5 成本资料

价值链中有关价值活动	人民航运每座位每 10 万英里低于联合航空成本	策略差异	
		人民捷运	联合航空
广告与促销	$300	大力促销低价普通服务	大力促销全方位服务
机票订购	$3 200	未设售票处 未设立独立电脑订票系统 使用次级机场及客站 机上购票或通过机器购票 不出售连线机票 票价种类较少 先到者先安置座位 登记时不检票 提供休闲空间 有偿提供行李搬运服务 不提供连线运送行李	在各商业区设立售票处 广泛的电脑订票系统 全方位服务 免费运送行李
飞机使用成本	$1 800	二手飞机	新飞机
飞机运营成本	$4 000	座位紧密 非工会驾驶员 乘务员较少，日飞行时间较长 机组人员薪水较低	工会驾驶员 机组人员较多 机组人员薪水较高
舱内服务成本	$3 200	非工会乘务员，薪水较低 不设头等舱 不提供膳食 有偿提供小吃和饮料	全方位服务

3. 要求：

(1)分析上述两个公司分别采取何种方式获取竞争优势？

(2)分析上述两个公司的价值链有何区别?

习题二

1.目的:理解和掌握不同成本战略在经济实践中的应用。

2.资料甲公司是一家中等规模的服装制造企业。该公司目前在服装产业中处于不利的竞争地位。该公司的管理人员通过调查后得到如下信息:

(1)该公司在产品成本方面明显高于主要竞争对手。其原因主要有以下几个方面:①尽管规模小是该公司产品成本高于主要竞争对手的一项原因,但毕竟规模因素对产品成本的影响作用不十分显著;②由于该公司知名度低、产品进货批量小等原因,使得原材料进货成本显著高于竞争对手的进货成本;③该公司的总体管理水平不高,与同行业相比还存在许多需要改善的地方。

(2)该公司在产品差别化方面状况:①该公司所生产的服装种类款式多于主要竞争对手;②该公司所生产的服装在款式更新速度方面快于主要竞争对手;③由于该公司的设备、技术方面的原因,使得该公司所生产的服装在质量方面逊色于其主要竞争对手。

由于服装业的市场竞争日趋激烈,该公司在市场中的地位受到严重威胁。为能在服装业长期生存和发展,该公司必须实施成本战略。

3.要求:

(1)阐述上述公司实施低成本战略的可能性。

(2)阐述上述公司实施产品差别化战略的可能性。

习题三

1.目的:利用成本动因理论分析和解决实际问题。

2.资料:某企业产品在市场竞争中,价格是最为关键因素。由于该企业产品成本明显高于竞争对手,市场份额逐级萎缩。为了降低成本,企业采取了以下多项措施降低成本:①厉行节约,反对浪费;②提高工人的操作熟练程度;③严格职工考勤及工作纪律;④严惩各种违纪行为等。尽管如此,收效甚微。

3.要求:利用战略成本动因分析理论指出该企业无法有效降低成本的几项可能原因。

第五篇
成本管理与控制

第十二章

全面预算

本章导读

- 全面预算概述
- 全面预算编制的方法
- 全面预算的编制

第一节　全面预算概述

一、全面预算的含义

预算(budget)是企业未来一定期间内经营计划的数量表现形式，即用实物量和价值量等更为具体的数量化、表格化形式把计划的内容表现出来，并以此作为计划实施、控制与评价的依据和标准。预算既是计划工作的成果，又是控制经营活动的依据和评价经营活动的标准。企业通过预算来监控战略目标、经营计划的实施进度，不但可以控制成本，预测企业的现金流量与目标利润，还能够使企业的资源获得最佳生产率和获利率。

全面预算(master budget)是企业实施的集计划、控制为一体的全员、全过程、全方位的预算管理过程。全员预算是指企业全体人员，包括企业负责人、生产车间以及部门负责人、各岗位职员、财务人员等所有人员，都必须参与到预算中去，它强调的是所有人员全体参与，而非仅仅是财务人员、经理人员的责任；全过程预算是指企业的各项经营活动，无论是在事前、事中还是事后都要纳入到全面预算，强调的是过程控制和结果控制的均衡性；全方位预算是指企业一切经营活动必须全部纳入到全面预算，包括销售、研发、采购、生产、质量控制、物流、财务、人力资源等，强调的是预算的整体性。

全面预算依据战略目标、经营计划，以重点控制指标为预算起点，具体、系统地对供应、生产、销售及现金收支等各个方面进行预算，并编制出预计资产负债表、预计利润表、预计现金流量表等财务报表，以反映企业在未来一定时期的预计财务状况、经营成果和现金流量。全面预算虽然在某些形式方面与财务报表十分类似，但其本质上不是一项会计技术，而是一套符合逻辑程序而且有系统发展的整体规划和动态控制的管理方法。全面预算的基本理念是通过对企业内外各变量的调节和控制，进行有效的资源配置，以支持企业的中长期战略规划。全面预算不是脱离一般管理方法而独立存在的，而是将许多管理方法做适当的结合和运用，例如销售预测、现金流量分析、投资报酬分析、标准成本管理、目标管理、例外管理、生产控制、存货控制、作业成本控制、平衡计分卡、经济增加值等都是全面预算中经常运用的技术和方法。

二、全面预算的内容体系

任何企业都有基于特定环境的战略规划，而战略规划的落实需要各种管理控制体系作保障。全面预算与战略管理并不是对立的两种不同的管理思想体系，而是一体化的整合系统。也就是说，战略规划是先导，战略规划决定年度经营计划，而年度经营计划的财务表达及控制，即为全面预算。全面预算的范围涉及企业的整个经营活动，按照所反映的经济内容不同可以将全面预算划分为经营预算、投资预算和财务预算。全面预算的内容体系如图 12-1 所示。

(一)经营预算

经营预算是对企业日常的经营活动所编制的预算。日常的经营活动就是企业日常的供应、生产、销售活动。经营预算包括销售收入预算、存货预算、物料需求预算、采购预算、生产成本预算、销售费用预算、管理费用预算、财务费用预算等。由于供应、生产、销售活动是企业最基本、最经常的活动，所以经营预算又称为营业预算或业务预算。

经营预算通常以 1 年为期，然后可再划分为较短的季或月。简明的经营预算可编制 2 年、3 年甚至 5 年预算，然而因受到企业经营内外环境等诸多不确定因素的影响，期间越长预算越不准确，但中、长期预算能以财务方式表达企业经营目标，如 5 年之后的营业收入、利润总额等，对管理层而言，仍具有参考价值。

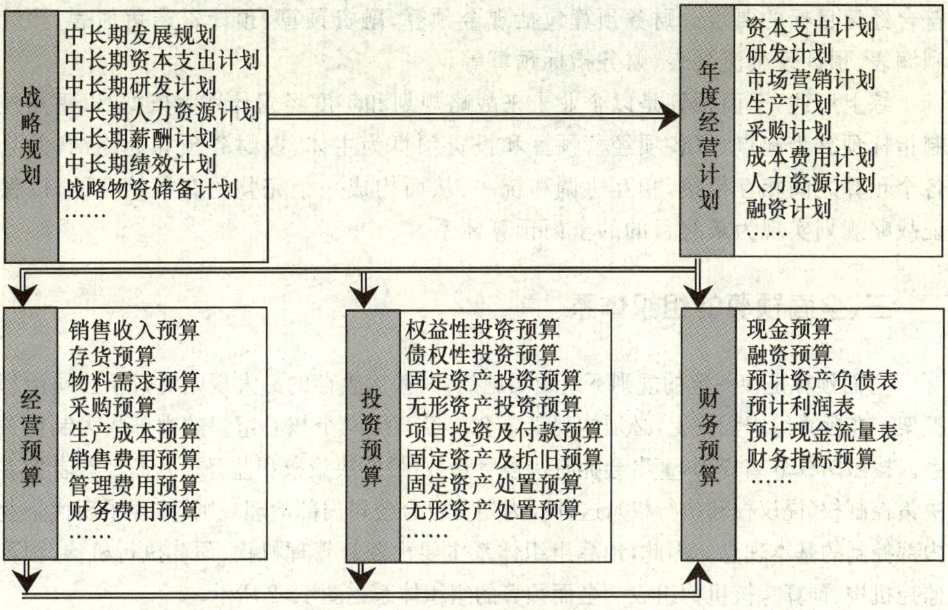

图 12-1　全面预算的内容体系

(二)投资预算

投资预算是根据有关企业扩大、更新或改善生产资源及销售渠道等长期的重大投资决策项目所编制的资本支出预算。由于投资活动往往涉及企业长期资本支出,而且又不是经常性的,所以投资预算的效用期较长,所需资金量大,不确定因素较多。投资预算包括权益性投资预算、债权性投资预算、固定资产投资预算、无形资产投资预算、项目投资及付款预算、固定资产及折旧预算、固定资产处置预算、无形资产处置预算等。

投资预算涵盖时期较长,最长可达 10 年以上,实践中一般以 1～3 年为限,基本上随企业性质的不同而有所差异。一般而言,投资报酬回收越慢的企业,所编制的投资预算涵盖的期间就越长,如汽车制造业、钢铁冶炼业等;反之,投资报酬回收越快的企业,所编制的投资预算涵盖的期间就较短,如餐饮、旅游等服务行业。

(三)财务预算

财务预算是根据经营预算和投资预算所涉及的有关现金收支、财务成果和财务状况等变动所编制的预算。现金可以认为是企业生产经营活动的“血液”,任何单位、部门所从事的任何经营活动无不需要现金的支持。企业经营活动结果最终都要以财务成果表现出来,不仅表明经营的盈亏,在预算中还可表明预算编制是否符合经营目标的要求。财务预算包括现金预算、融资预算、预计资产负债表、预计利润表、预计现金流量表、财务指标预算等。

综上所述,全面预算是以企业未来战略规划和年度经营计划为依据,以重点控制指标预算为起点,以各项经营预算和投资预算为主体,以财务预算为终结,并且各个预算之间相互衔接,相互协调和统一,从而构成一个完整的有机结合的、以保证战略规划实现为最终目的的全面预算体系。

三、全面预算的组织体系

全面预算是在一定的规则下组织实施的,其赖以生存的最大规则莫过于公司治理框架。在预算组织设置上,必须体现董事会与经营层两个核心组织的内部权力制衡关系。按照两权分离规则,董事会拥有决策管理权(最终决策权和监督权),而经营者拥有决策控制权(提议权和执行权),这种权力划分符合公司内部治理规则,体现了现代企业内部控制的基本理念。因此,预算组织体系主要由预算管理机构、预算执行机构、预算监控机构、预算考核机构组成。全面预算的组织体系如图 12-2 所示。

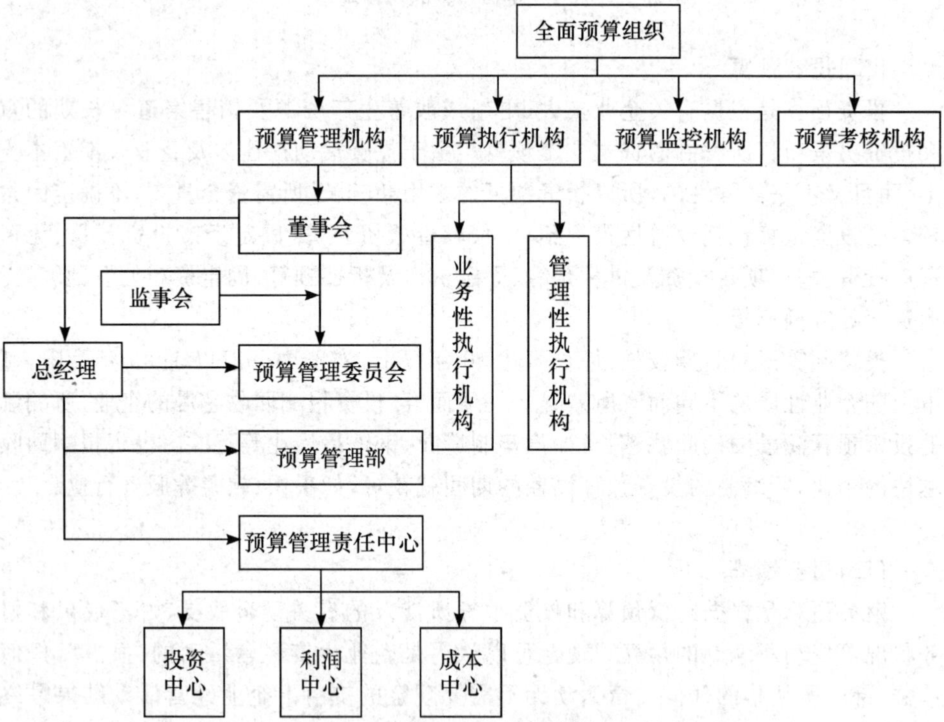

图 12-2 全面预算的组织体系

(一)预算管理机构

预算管理机构是指负责企业预算编制、审定、监督、协调、控制与信息反馈、业绩考核的组织,其中居于主导地位的是董事会及预算管理委员会。其基本组织体系及权责划分如下:

1. 董事会

董事会作为企业内部最高决策机构,拥有对企业预算的决策权,如资本性投资预算、年度整体经营目标、年度全面预算方案、年度财务决算、整体预算考评与奖惩方案等决策权。同时,对企业全面预算的日常执行情况与执行结果拥有监督与检查权。

2. 预算管理委员会

预算管理委员会在预算组织体系中居于核心领导地位,类似于董事会下的战略委员会、投资委员会、薪酬委员会和审计委员会。预算管理委员会的成员由高层管理者组成,如首席执行官(CEO)、财务总监(CFO)、首席运营官(COO)、人力资源总监(HRD)等。预算管理委员会能够对全面预算进行统一规划、统一部署、统一实施、统一决策;能够综合平衡各方利益,确保企业整体利益最大化;能够打破企业或部门之间的壁垒,加强沟通协调,削弱本位主义;能够加强专业化管理,推进预算管理标准化进程;能够提高预算管理方案整合与系统整合能力,提高管理效率。预算管理委员会一般是根据企业的战略规划,制订企业年度经营计划和主要经营指标,组织有关人员对预算目标进行预测、审核、研究、协调等,同时,在经营期间对预算调整等重大事项做出决策。

3. 预算管理部

预算管理部主要是处理与预算相关的日常事务,并对各部门提供的预算草案进行必要的初步审查、协调与综合平衡,是预算管理的日常管理机构,负责全面预算的组织管理工作和预算控制系统中信息的流动。预算管理部的主要工作包括:①公布预算编制的工具或者模板;②每年调整并公布作为预算编制基础的基本假设,如对外经济状况的假设、内部经营条件假设等;③制定预算编制的流程图、表单和时间管理;④制定预算编制的指南或者手册,如预算科目、各种明细的编制方法等;⑤传达预算的编制方针、程序,具体指导子公司、分公司和各级部门预算草案的编制,起协助和指导作用;⑥根据预算编制方针,对子公司、分公司和各级部门编制的预算草案进行初步审查,提出建议,加以协调和平衡,汇总后编制企业集团的预算草案,并报预算管理委员会审查;⑦在预算执行过程中,监督、控制子公司、分公司和各级部门的预算执行情况,协助预算管理委员会协调、处理预算执行过程中出现的问题;⑧负责一个财务年度之内的预算调整,当遇到特殊情况时,向预算管理委员会提出预算特别修正建议;⑨协调较低层级部门的预算管理工作;⑩每期预算执行完毕,及时形成预算执行报告和预算差异分析报告,并做出解释,提供信息,提交预算管理委员会审议;⑪全面预算相关的培训和解释工作。

(二)预算执行机构

预算执行机构是以企业的组织结构为基础,本着高效、经济、权责分明的原则建立的,是预算的责任主体,也是企业主要经营活动发生的业务单元。预算执行机构包括企业的所有子公司、分公司和各级部门。作为预算执行机构,是预算目标执行的责任主体或责任中心。企业因其战略不同而设有不同的组织结构,不同组织结构因其责任不同,而设有不同的机构目标和预算责任。但总体而言,预算执行机构大致有两类:一类是业务性预算执行机构,如从事销售、生产、采购、运输的子公司、分公司和各级部门等;另一类是管理性预算执行机构,如财务、计划、技术、信息、质检、劳动人事以及企业其他必要的管理性的部门。

无论预算执行机构如何设置,统一到预算责任目标上,都存在投资中心、利润中心、成本(费用)中心三个基本层面的预算责任体系。投资中心居于机构中的塔尖,其预算目标即为企业整体目标。它不仅是其他各层级的预算责任目标与预算体系的综合,同时更发挥着整体统驭作用。利润中心处于中间层,是各个具体的业务单元或经营单位,这些机构不具备投资决策权,而主要是从收入、成本、利润角度对"投资中心"的预算目标发挥支持作用,同时在企业中还发挥着行业性或区域性市场经营管理的职能,最根本的任务是解决产品与市场的组合问题。成本(费用)中心是各种作业中心或者费用支出单位,它需要对成本费用控制负责。投资中心、利润中心和成本(费用)中心的目标、责任与权利彼此对称,层层制约又层层支持,构成了一个完整的预算责任体系。

(三)预算监控机构

负责企业预算监控任务的组织,大体包括两大类:一是预算执行机构自身,它们既是执行部门,也是负责对部门内部的预算执行情况进行分析、控制的组织,尤其是部门责任预算再细分到岗位预算时,预算执行单位的第一责任人,要完全负责对下属岗位预算的执行监督;二是企业财务、审计部门,以及负责部门和岗位业绩考核的人力资源管理部门。其中,企业财务部门(尤其是预算管理部)要负责预算执行的过程监控;审计部门要负责预算执行的结果审核与监控;人力资源管理部门要负责对各个岗位、各部门的预算责任落实情况的评估,从而为激励计划设计提供基础。

(四)预算考核机构

预算考核机构是对各责任中心或者部门的预算执行结果进行评价，通常与业绩考评挂钩，是绩效考评中的重要内容。预算考核机构主要负责预算考核制度的制定和预算执行结果的考核与评价等。

四、全面预算的管理体系

全面预算的管理体系包括预算编制、预算审核批准、预算执行与控制、预算调整、预算评估与报告等方面，其基本架构体系如图 12-3 所示。

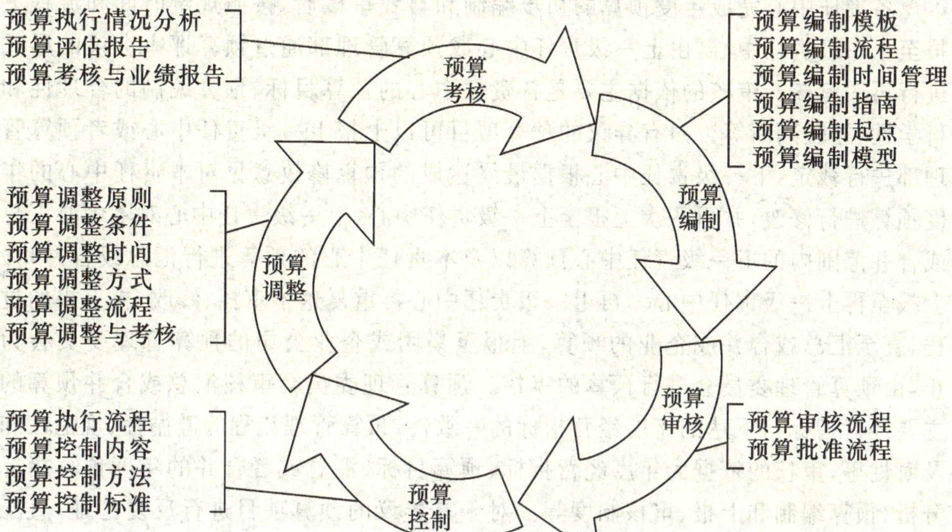

图 12-3　全面预算的管理体系

(一)预算编制

首先，企业依据年度经营计划确定年度预算重点控制指标，以年度预算重点控制指标作为预算编制起点，将预算指标依次分解至下一级责任中心，直至最基层的业务单元。其次，各责任中心根据确认的经营计划、预算指标、工作范围等，利用统一的预算编制模板进行年度预算的编制。再次，各责任中心年度预算初步编制完成后，需要报预算管理部审核，对有差异的预算项目进行初步评审，直至达成一致意见。最后，各责任中心对达成一致意见的初步审核后的年度预算上报至上一级责任中心，由上一级责任中心进行审核。

在各级责任中心预算编制完成后，需要按照预算层级（上一级责任中心汇总或合并下一级责任中心）进行预算的汇总或合并。在对预算进行汇总和合并时，所涉及的内容以及内部关联交易和口径是不同的。汇总仅仅是为了统计需要，按照责任中心层级进行简单的累计加总；而合并是按照责任中心层级，抵消内部关联交易，需要根据重要性原则和统一规则，编制抵消分录，合并而成，如销售与采购、应收与应付、预收与预付、借款与拨付、投资与股本等预算科目。当然，有些预算项目既可以做简单的预算汇总，也可以进行抵消后的预算合并。

（二）预算审核

各责任中心完成年度预算的初步编制和自我审核后，按照规定时间和流程上报至上一级责任中心，由上一级责任中心或预算管理部通过预算评审会议的形式进行再次审核。审核的依据主要是各责任中心的预算目标、预算编制的合理性和科学性、经验判断等。对有异议的预算项目可以上报上一级责任中心或者预算管理部进行裁定，下一级责任中心根据最终达成的预算修改意见对本责任中心的年度预算进行修改，并再一次上报至上一级责任中心，上一级责任中心对本中心汇总或合并范围内的下一级责任中心预算以及本责任中心的预算进行汇总或合并，并上报至再上一级责任中心。再上一级责任中心再重复这个审核、修改、再上报的过程，直至汇总或合并成企业的预算，上报至集团或企业公司的预算管理委员会为止，由预算管理委员会进行预算的审核。预算管理委员会审核汇总或合并预算的主要经营指标与下达的年度经营指标的一致性，预算管理流程的遵循性、规范性和及时性等，审核的依据为年度经营指标、预算目标、汇总或者合并的年度预算指标分析、预算编制和上报、审核制度等。对于有异议的预算项目进行反复论证，直至达成最终意见。各级责任中心必须依据达成的意见进行预算的修改，并重新上报，直至最终形成预算管理委员会确定的年度预算目标。年度预算一旦确定，就由预算管理委员会签发，并下达至各责任中心，在下一年度执行。

（三）预算控制

经预算管理委员会签发的年度预算，在次年便进入预算执行和控制阶段。企业业务运行中发生的各种实际数据在进入预算控制系统时，会与预算数据进行实时比较，涉及预算执行的预警控制手段。对于与预算数据比较出现的严重超预算事项，应及时出台相应的财务控制措施。预算执行应针对不同的预算项目进行如下预警：①预算内事项预警。对于在预算内的事项，会计核算过程中对实际发生额（可控的费用）与预算额度进行实时比较，在临近预算预警线时出具预警信息提示。

②超预算事项预警。在预算执行中，某些预算事项已经纳入预算方案，但在实际业务运行中，实际发生数超出预算额度，此时，可根据预算管理的重点和方向，分别进行个项和总额控制。如对于费用来说，经常性和重点费用可以进行个项控制，而对于其他非重点费用可以进行“打包”似的总额控制，并根据超支的比例进行预警。③预算外事项预警。对在期初的年度预算中没有设定而在实际业务执行中确有发生的事项进行处理，即为预算外事项。对于预算外事项一律按照追加预算处理，并严格进行预警和控制。④反常事项预警。在预算执行过程中，针对业务运行过程中出现的预算指标异常事项、反常经济现象、超出安全范围的指标等，要及时发出预警信息，以便相关经理人作出决策。

（四）预算调整

预算执行以刚性为主要特征。没有刚性约束，任何管理行为都不会达到预期效果。但是，预算刚性并不等于预算管理的固化。企业外部经营环境的不可控制性，必然要求全面预算要保持适度的弹性，从而产生预算执行过程中的预算调整行为。预算调整是指当企业内外环境发生变化，预算出现较大偏差，原有预算不再适宜时，由各责任中心提出预算调整申请，经预算管理部门审批后，对预算目标进行的重新修订。由于企业外部经营环境和内部资源条件的变化，预算调整是预算实施过程中的必然问题和基本环节。当有下列情况之一并且严重影响预算执行时，可按规定程序申请预算调整：①企业体制改革、重组、合并、购并等情况发生；②董事会调整企业发展战略，重新制订企业经营计划，业务经营范围发生变化；③客观环境发生重大变化，如市场需求、行业发展、竞争对手和国家政策等方面，需要调整有关预算指标；④企业内部条件，如机构、部门、人员等发生重大变化；⑤发生不可抗力的事件，如自然灾害的发生等；⑥董事会或预算管理委员会认为必须调整的其他事项。

（五）预算考核

预算考核是预算约束的方法之一，是保障预算执行力的重要手段。没有预算考核，就会出现预算编制和预算执行“两张皮”的现象，预算的执行力就难以保障。因此，通过预算考核，可以激励预算目标的实现，实现业绩管理的目标。同时，预算考核也是对各责任中心执行预算情况的评价，并据以形成综合的业绩管理评价以进行奖惩，促进企业整体业绩目标的实现。最后，通过预算考核，可以体现预算的权威性和严肃性，加强对预算编制的重视，提高预算编制的水平，使预算管理工具成为企业经营管理的有效工具之一，整体提高企业经营管理水准。

预算考核是对主要经营指标完成情况的考核，针对不同的责任中心确定不同的考核指标。如投资中心主要考核投资回报率等指标；利润中心主要考核收入、成本、毛利、利润、应收账款周转率、资产报酬率等指标；成本中心主要考核成本、质量、生产率等指标。预算考核是绩效考核中财务指标的考核内容，一般是根据平衡计分卡原理进行分解的，常常使用基于SMART原则的KPI指标来进行考核。

第二节 全面预算编制的方法

一、全面预算编制的起点

预算目标是一个体系，它由一系列重点控制指标构成。全面预算常用的控制指标是利润预算，即全面预算编制的起点通常为利润预算。但是，市场环境的不同、企业规模的大小、企业产品生命周期的差异，都会使企业战略管理的重点截然不同，而导致全面预算编制的起点有较大的差异。一般而言，依据产品生命周期理论，企业产品周期具体分为开发期、增长期、成熟期和衰退期四个阶段，这四个阶段对应的预算编制起点分别为资本预算、销售预算、成本预算、现金预算。

(一)产品开发期的预算编制起点——资本预算

在企业初创期，由于初始投资大、投资风险高、产品研发不确定，面临着极大的经营风险，这种较高的风险来自两个方面：一是大量资本支出与现金流出，使得企业净现金流量为较大负数；二是新产品开发的成败及未来现金流量的大小具有较大的不确定性，投资风险大。

投资的高风险性，使得新产品开发及其相关资本投入需要慎重决策，此时的全面预算管理以资本预算为重点。这里的资本预算包括：①投资项目的总预算，即从资本需要量方面对拟投资项目的总支出进行规划；②项目的可行性分析与决策过程，即从决策理性角度对项目的优劣进行取舍，从而确定哪些项目上、哪些项目不上，它需要借助于未来预期现金流预算及规划，属于项目预算；③在时间序列上考虑多项目资本支出的时间安排，即从时间维度上进行资本支出的现金流出量规划；④在考虑总预算、项目预算及时间序列后，结合企业的筹资方式进行项目筹资预算，以保证以上项目的资本支出需要；⑤从机制与制度设计上确定资本预算的程序与预算方式，包括：由谁来对项目可行性进行最终决策；由谁来编制项目预算、总预算、各时间序列下资本支出预算及最终的筹资预算；由谁来评审预算本身的合理性与可操作性；由谁负责资本预算的执行并由谁对其资本支出过程进行必需的监督；最终由谁对资本预算进行全面评价、对全部结果负最终责任。

(二)产品增长期的预算编制起点——销售预算

随着产品的生产并逐渐为市场所接受，市场需求总量直线上升，产品发展进入市场的增长期。尽管对产品生产技术的把握程度较为确定，但这一时期企业仍然面临较高的风险。一方面来自于产品能否为市场所完全接受、能在多大的价格上接受，从而表现为经营风险；另一方面来自于现金流的负值及由此而产生的财务风险，即由于大量的市场营销费用投入、各种有利于客户的信用条件和信用政策的制定而需要补充大量的流动资产，此时，现金净流量仍然维持在负数或较低水平。产品增长期的战略重点在于通过市场营销来开发市场潜力和提高市场占有率，并在此基础上理顺内部组织的管理关系，因此，以销售为起点的全面预算，应该而且能够为企业营销战略实施、并持续提高其竞争力提供全方位的管理支持。其预算编制的基本思想是：以市场为依托，基于销售预测而编制销售预算；以"以销定产"为原则，编制生产、费用等各职能预算；以各职能预算为基础，编制综合预算。

从全面预算机制角度，全面预算以营销管理为中心。具体而言，销售预测需由营销等职能部门全面参与，在市场预测的基础上规定各营销网络的销售预算，上报企业预算管理委员会，由预算管理委员会结合企业发展战略及区域定位来调整各网络的销售预算，并下达各网络的销售指令，从而形成对各网络的硬预算约束；同时，对于非销售的其他辅助管理部门，它们在本质上都属于销售预算的支持与辅助部门，预算管理委员会要通过测定调整各职能预算，确定并下达各职能部门的预算责任。

(三)产品成熟期的预算编制起点——成本预算

在产品成熟期，市场环境与企业应变能力都有不同程度的改善，一方面，市场增长减慢但企业却占有相对较高、较稳定的份额，市场价格也趋于稳定；另一方面，从企业角度，由于大量销售和较低的资本支出，现金净流量为正数，且保持较高的稳定性。企业经营风险相对较低，但潜在的压力则非常大，这种压力体现在两方面：一是成熟期长短变化所导致的持续经营压力与风险；二是成本下降压力与风险。前者是不可控风险，后者是可控风险。也就是说，在既定产品价格的前提下，企业收益能力大小完全取决于成本这一相对可控因素。因此，成本控制成为这阶段财务管理乃至企业管理的核心。以成本为控制点，以成本为预算起点的成本管理也就理所当然地成为这一阶段企业全面预算的主导。其基本逻辑在于:既然市场价格基本稳定,企业要实现期望收益必须在成本上进行挖潜。对于成熟期产品而言,利润实现高低完全不取决于定价策略,而是取决于成本管理策略。可见,以市场为导向、以企业成本预算为起点的全面预算,对于大多数处于成熟期企业,具有重要的指导意义。

以成本预算为起点的全面预算,强调成本管理是企业管理的核心。成本预算以企业期望收益为依据、以市场价格为已知变量来规划企业总预算成本,以预算总成本为基础,分解到涉及成本发生的所有部门或单位,形成约束各预算单位行为的分预算成本。需要注意的是,不论是总预算成本还是分预算成本,都不是传统意义上的标准成本。

(四)产品衰退期的预算编制起点——现金预算

衰退期的生产经营特征是原有产品已经被市场所抛弃或者被其他产品所取代,因此市场趋于萎缩。此时,企业需要更新技术,确定新的产品发展方向,为新产品开发及新投资储备充足的资本,在必要时进行企业的重组和并购。由于在成熟期组织结构的大量增加,机关人员迅速膨胀,需要在当前转型时进行责权利的重新划分,全面提升内部管理体系。从财务的角度来讲需要严格控制费用和成本,加强预算的控制;从销售的角度来讲,销售收入呈负增长,需要及时追缴应收账款;在其他应收款方面,需要防止闲置资金被个人利用。同时,这一时期的财务特征主要是大量应收账款收回,潜在的投资项目尚未确定,因此产生大量的现金流量。如何针对经营特点做到监控现金有效收回和收回现金的有效利用等,成为企业管理的重点。以现金流量为起点的全面预算,以现金流入和流出控制为核心,是这一阶段的生产经营特征决定的,需要重点关注现金流量预算。

以现金流量为起点的预算管理模式,必须借助于现金预算,它旨在解释企业及其各部门的现金是从哪里得来的;又用到何处去了;在某一时点上能被用以周转使用的余额是多少;企业将来何时需要现金;如何筹资以用于到期的现金支付;现金支出的合理程度有多大;如何通过预算方式避免不合理的现金支出;如何通过现金预算来抑制自由现金流量被滥用;与预算管理相对应的,企业应采用何种现金管理模式,是现金收支两条线,还是采用备用金制度;是采用现金内部结算周转信用制度还是采用集团内的财务公开制度,等等。所有这些问题都与现金预算相关,离开了全面预算,企业财务管理就失去了管理的依据和管理重心。

(五)产品生命期的常用预算编制起点——利润预算

无论产品处于生命周期的何种阶段,利润指标都是大多数企业在进行全面预算控制时必须强调的核心指标。在市场经济条件下,企业必须适应市场的需求,实行以销定产,才能在激烈的市场竞争中求得生存,获得最大的经济效益。因此,在市场经济中以利润最大化为经营目标的企业,首先应根据战略规划和年度经营计划,确定目标利润预算,也就是说,利润预算为大多数企业编制全面预算的起点和全面预算控制的重点。

在具体编制全面预算时,首先应根据已确定的目标利润,了解市场的需求状况,预测目标销售量以及对产品品种、质量和价格的要求,编制出科学合理的销售预算,这是全面预算能否成功的关键。然后生产部门根据确定的预计销售量以及产品的期初期末存货量,计算出预计生产量,以满足市场需求。而后采购部门据预计生产量和期初期末存货量,确定需要购进的物料数量,保证产品生产的需要。人事部门根据预计的生产任务,配备相应的工人和技术力量。其他职能管理部门也要预测出相应的费用。最后,由财务部门根据上述各业务部门的经济活动需要确定用于购置固定资产、支付职工薪酬及其他费用的货币资金,并在此基础上编制预计资产负债表、预计利润表和预计现金流量表。

二、全面预算编制的组织程序

预算编制的组织程序因企业规模与产业跨度不同而不同,一般概括为自上而下式、自下而上式和上下结合式三种组织程序。

(一)自上而下的预算编制组织程序

在这种程序下,预算由企业总部按照战略管理需要,结合收益预期及企业所处行业的市场环境而提出,预算是全面而详细的,下属各预算责任单位都只是预算执行主体,预算决策权力在总部。在自上而下式的编制程序里,总部预算由预算管理委员会和董事会负责。总部根据自身提出的预算目标,直接分解预算目标给各下属单位,并要求其执行。各下属单位根据总部下达的预算目标,按照自身的条件和潜力,具体提出适应于其自身的各项预算指标,并结合组织结构和责任体系,在组织框架下设定责任中心,具体分解落实各责任中心的预算目标。

自上而下式的编制程序,其最大的好处在于能保证总部利益实现,但最大的不足在于权力高度集中,从而不能发挥各下属单位的主动性和创造性。

(二)自下而上式预算编制组织程序

在这种程序中,企业总部主要起到管理中心的作用,将全面预算作为各下属单位落实其经营责任的管理手段,并认为预算的主动性来自于各下属单位,总部只对预算负有最终审批权。总部的管理责任是确定财务目标(如目标资本报酬率等),各下属单位的管理责任是如何实现这一目标,为此,各下属单位编制并上报的预算在总部看来只是对总部财务目标实现的一种行动承诺。总部审批下级上报预算的目的,只是出于对这一行为承诺的可靠性进行的核实。极端自下而上式的编制程序运用于资本型(财务型)控股集团,它由集团母公司提出责任目标,由子公司确认预算责任。

这种方式的优点在于提高各下属单位的主动性,将预算权作为分权管理的一部分下放给各下属单位;同时将各下属单位置于市场前沿,提高各下属单位独立作战的能力。其不足主要表现为:第一,可能引发管理失控,如总部可能只强调结果控制而忽略过程控制,一旦结果既成事实,没有弥补过失的余地;第二,宽打窄用,导致资源浪费,如为争夺母公司的资本资源而多报或少报预算;第三,不利于各下属单位盈利潜能的最大限度发挥;如各下属单位的经理人员为保持对本单位的长期控制权,年度利润预算编制只在上年度基础上"适当"增长,从而保持利润逐年增长而没有发挥应有的潜能。

(三)上下结合式预算编制组织程序

这种预算编制方式是现代预算管理最为可取的一种方式,这一方面是因为通过上下结合达到预算意识的沟通和总部预算目标的完全执行;另一方面是通过上下结合,避免单纯"自上而下"和"自下而上"极端模式的各种不足。

在具体预算编制过程中,一般遵循以下思路:①下达目标。董事会根据企业发展战略和预算期经济形势的初步预测,一般于每年9月底以前提出下一年度企业预算目标,并确定预算编制的政策,由预算管理委员会下达给预算执行单位。②编制上报。各预算执行单位按照预算管理委员会下达的预算目标和政策,结合自身特点以及预测的执行条件,提出详细的本单位预算方案,于10月底前上报预算管理部。③审查平衡。预算管理部对各预算执行单位上报的预算方案进行审查、汇总,提出综合平衡的建议,对发现的问题提出初步调整的意见,并反馈给有关预算执行单位予以修正。④审议批准。在有关预算执行单位修正调整的基础上,总部编制出总体预算方案,报预算管理委员会讨论。对于不符合企业发展战略或预算目标的事项,预算管理委员会应当责成有关预算执行单位进一步修订、调整。在讨论、调整的基础上,预算管理部或相关预算执行单位正式编制年度预算草案，提交董事会审议批准。⑤下达执行。预算管理委员会对董事会审议批准的年度总预算，分解成一系列的指标体系，并逐级下达各预算执行单位执行。

以上步骤可概括为“上下结合、分级编制、逐级汇总”的编制程序。上下结合式的预算编制程序本身就是一种管理，上下结合是协调式，多回合的，最终使各级管理层对各级预算目标达成共识。

三、全面预算编制的作业流程

在市场经济条件下，市场的发展和需要，引导和制约着企业经营活动，企业的经营活动必须与市场相适应。而经营活动的全面预算是对预期的生产经营活动进行预先的全面财务规划，因此，在编制预算时，围绕既定的经营目标，首先应制定出适应市场发展需要的，保证目标实现的销售预算，即销售预算是经营活动全面预算的起点。

销售预算中明确了为实现既定经营目标而需要在未来预算期内努力创造并实现的销售收入，以及与之相适应的各种产品或商品的市场销售数量，在此基础上就可结合企业的实际情况合理规划出生产量，同时，还要考虑产销关系所要确定的产成品的库存量，从而形成生产预算。

生产预算确定之后，根据生产预算中所明确的各期生产量，结合为满足完成各期生产任务所需消耗的直接材料、直接人工和制造费用等，编制出直接材料预算、直接人工预算和制造费用预算，并进一步编制出产品成本预算。

从销售预算到产品成本预算，基本上形成了经营预算的框架，而在执行这些预算时，还需要发生如销售费、管理费等，因此，在经营预算中还需要编制相应的销售及管理费预算。

经营预算编制完成以后，在执行时必然涉及到资金筹措，即需要有合理而充足的资金予以保证，这是一项重要的财务活动。因此，必须在同时考虑投资预算的基础上，全面测算预算执行中所需要的现金支出及现金收入来源。如果收入不能满足支出的需要，就应考虑如何筹措现金，从而形成现金收支筹措的预算。以上各种预算编制完成后，就可按照财务会计程序，依据已经形成的各种预算资料，编制成预计损益表、预计资产负债表和预计现金流量表，从而形成完整的财务预算。

上述全面预算编制的作业流程如图 12-4 所示。

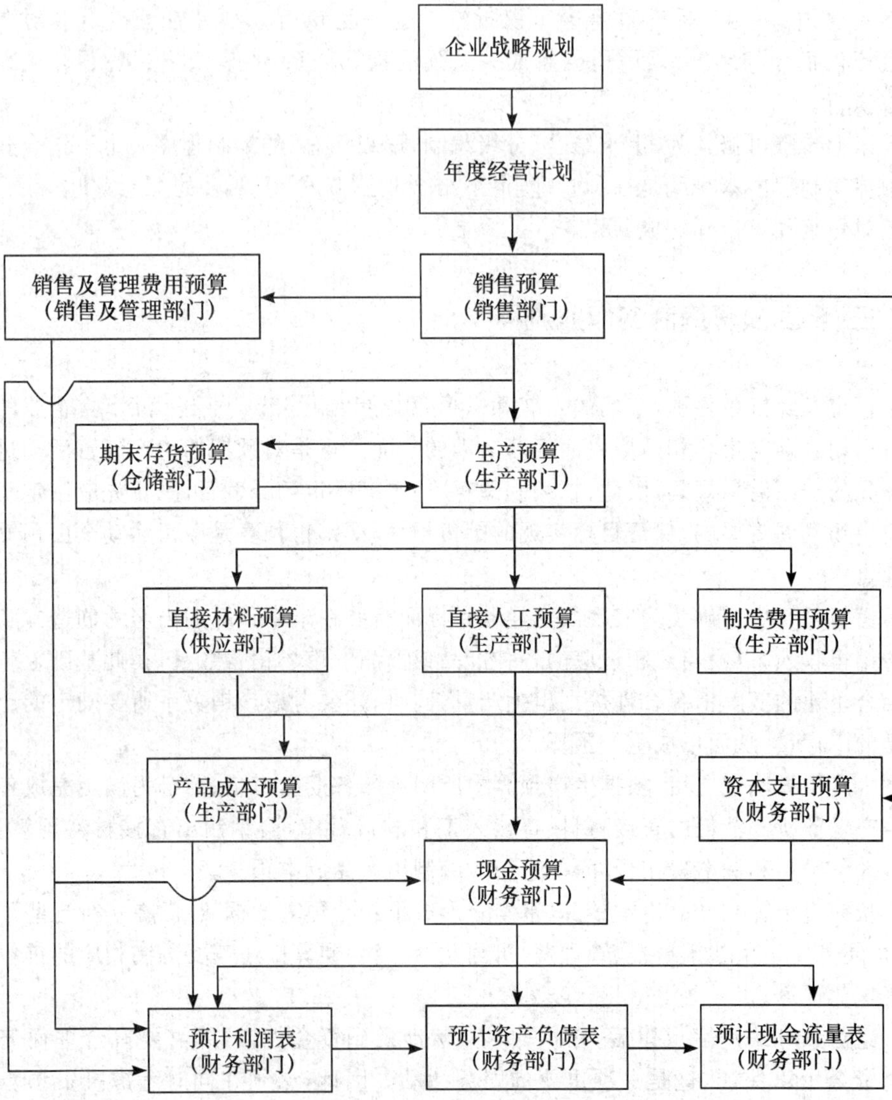

图 12-4　全面预算编制的作业流程

四、全面预算编制的假设

企业的未来是不确定的,计划和预算必须对不确定的未来做出确定性的假设。基于战略规划和年度经营计划的全面预算编制是建立在一系列预算的假设及管理者的经验判断的基础上的，虽然在编制预算的过程中对企业内部或外部的不确定因素做了尽可能周详的考虑，但是，很难对未来做出全面的、正确的、客观的估计和判断。因此，在预算编制的准备阶段，要对预算所依据的关键历史数据、经验比率、基本条件关系等进行假设，也需要对数据之间的勾稽和比例关系进行界定，对经营目标中关键数据及其衍生的数据指标进行确定。在编制预算前，较为常用和关键的假设如下：

(1)财务配合假设。该假设的基本含义是：短期资金运用应与短期资金来源相配合；长期资金运用应与长期资金来源相配合。在编制财务预算时，必须遵循预算与财务计划密切结合。

(2)最低现金持有量假设。该项假设的目的在于应付短期周转之需。

(3)信用政策假设。包括两个具体参数：①赊销比率＝赊销÷销售，比如假设赊销比率为60%，则对应的现销比率为40%；②赊购比率＝赊购÷购货，比如假设赊购比率为50%，则对应的现购比率为50%。此外，通常还需假设赊购产生的应付款何时付清，赊销产生的应收款何时收回。

(4)最低存货量与销售佣金假设。理想的是零存货，但实践中需要苛刻的条件。企业可采用支付销售佣金激励销售人员减少存货。比如假设最低存货量为5万元，销售佣金比率(＝佣金÷销售)为5%。在实务上，最低存货量可根据两种方法确定：①最低存货量＝1÷2×经济订货量＋保险储备量，可根据公式计算得出；②假设最低存货量为下期销售成本的某个百分比，下期销售成本＝销售预算×(1－销售毛利率)。

(5)收账政策假设。收账政策指企业催收欠款的政策。比如假设赊销当月收回20%，余款可于赊销后的下个月内全部收回；或赊销款全部于下个月收回，等等。

(6)资本性支出假设。通常假设购置固定资产支出以企业未来自有收入(收益潜力)承担。这个假设当然与许多企业的实际情况相差很大。其实，无论相差多大，采用这一假设都有一个独特的优势：便于估算"假设用自己的钱筹资的话，外部融资需求量将有多大"。这是财务预算得出的最有价值的信息之一。在确定实际的外部融资需求量时，可以逐步放宽这个假设，最终得出比较合理的外部融资需求量。

(7)财务结构假设。主要包括两个相关的参数：①假设负债/资产比率不变；

②假设资本结构(B/S)不变。

(8)利率或资本成本假设。假设预算期内利率与现行利率相同,例如均为10%。

(9)现金股利假设。现金股利支付对企业价值影响重大。假设将净利的某个比例派发现金股利,公式为:

$$现金股利支付比率=现金股利\div净利润$$

(10)目标报酬率假设。一般需要假设以下两个参数不变:①资产报酬率=净利润÷资产,②销售净利率=净利润/净销售。这两项参数假设旨在维持净利、资产与销售三个因素之间的固定关系:销售每增长1%,资产与净利也增长1%,由此得到增长率为可持续增长率。

五、全面预算编制的方法

全面预算的编制通常以一定的业务量如销售量、生产量等为基础,进而测算其他职能部门的预算额,如生产成本、管理费用、销售费用等。由于全面预算涉及企业的方方面面,而且各预算内容之间的关系又比较复杂,使得全面预算编制工作繁重,因此在编制时需要有科学的方法来指导,并且不同的具体预算内容还可能使用不同的预算编制方法。

(一)固定预算(fixed budget)

固定预算又称静态预算(static budget),是指根据预算期内正常的、可实现的某一业务量(如生产量、销售量)水平作为唯一基础,不考虑预算期内生产活动可能发生的变动而编制预算的方法。即不论预算内容是否具备固定或变动的特征,均以固定数值进行反映而编制预算,预算中只反映一个业务量水平下的预算值。

【例12-1】华强公司的产品销售价格为50元,预计年销售量为1 200件,单位变动成本22.50元,年固定成本总额为7 980元。

要求:采用固定预算法编制华强公司2009年度的利润预算。

[解]根据以上资料,利润计算公式为:

$$p=sx-bx-a$$

编制的利润预算如表 12-1 所示。

表 12-1 **利润固定预算**

编制部门： 2009 年度 金额单位：元

项目	金额
销售量(x)	1 200
销售价格(s)	50
销售收入总额(sx)	60 000
单位变动成本(b)	22.5
变动成本总额(bx)	27 000
边际利润($sx-bx$)	33 000
固定成本(a)	7 980
目标利润预算(p)	25 020

由此可见，固定预算法的优点在于：便于明确全面预算中各组成部分之间的相互关系，并通过这种关系使各个预算相互协调配合，从而形成一个完整而有机结合的预算体系；编制预算的过程也较为简单，且易于直接理解和对比。但这种方法也存在着明显的不足：由于固定预算是根据预算期内某一特定业务量水平编制的，所以一旦实际业务量与预算中所确定的预计业务量相差甚远，就难以将预算指标与实际绩效相比较，从而使预算的控制考核作用大大降低甚至丧失。在实际工作中，由于市场和其他相关因素的变动，实际业务量与预计业务量往往是不一致的，因此，对于具有变动性的预算内容来说，均以固定预算法编制，难免会存在许多局限性。

(二)弹性预算(flexible budget)

弹性预算是根据量、本、利之间的依存关系，按照业务量水平的变动编制的预算。编制弹性预算的前提条件是预算内容与业务量的变化之间有着密切的关系。因此，编制弹性预算时，首先必须确定与预算内容密切相关的业务量，如直接材料预算可以用生产量作为业务量，制造费用预算可以用人工工时作为业务量。其次是确定不同情况下的业务水平范围，一般为正常生产能力的 70%～110%之间，各业务水平的间隔一般为 5%或 10%。最后，用一定的方法确定预算内容与业务量之间的关系，这是编制弹性预算的关键因素，弹性预算的意义就在于可以明确地表示出业务量变化引起的相应预算内容的变化，如果不随业务量的变化而变化的预算内容是不需要进行弹性预算的。

预算内容与业务量之间的关系可以采用列表法、公式法、图解法等方法来表示。列表法是将确定的业务量变化区间划分为若干水平段后，分别依据预算内容与之相关的依存关系估算出各业务量水平下所对应的各种预算值，经汇总后在一张表格中列示的方法。公式法是指将业务量与预算内容的变化关系，用一个能够表达的数学模型做出普遍的公式列示，从而在实际业务量出现后，随时可以利用该模型测算出相应的预算值，以便与实际比较的方法。图解法就是将预算内容与业务量的变化关系，用一个直角坐标图的形式表示出来，以便从图中了解各项预算内容，并用于实际的预算控制的方法。

能够采用弹性预算法编制预算的对象，应是与业务量变化存在内在依存关系的预算内容：如销售预算、直接材料预算、直接人工预算、变动性制造费用预算、变动性销售与管理费用预算等。

【例 12-2】 华强公司的产品销售价格为 50 元，正常年销售量为 1 200 件，单位变动成本 22.50 元，年固定成本总额为 7 980 元。

要求：采用弹性预算法编制华强公司 2009 年度的利润预算。

［**解**］根据以上资料，利润计算公式为：

$$p=sx-bx-a$$

采用列表法编制的利润弹性预算如表 12-2 所示。

表 12-2 **利润弹性预算**

编制部门： 2009 年度 金额单位：元

项目	业务量（销售量 x）水平				
	900	1 000	1 100	1 200	1 300
销售价格（s）	50	50	50	50	50
销售收入总额（sx）	45 000	50 000	55 000	60 000	65 000
单位变动成本（b）	22.50	22.50	22.50	22.50	22.50
变动成本总额（bx）	20 250	22 500	24 750	27 000	29 250
边际利润（$sx-bx$）	24 750	27 500	30 250	33 000	35 750
固定成本（a）	7 980	7 980	7 980	7 980	7 980
目标利润预算（p）	16 770	19 520	22 270	25 020	27 770

弹性预算与根据预算期内某一特定业务量水平而编制的固定预算相比，其主要优点表现在两个方面：一是按不同的业务量水平确定预算值，扩大了预算的使用范围；二是在控制和考评业绩时，以按实际业务量调整计算而确定的预算值为依据，从而使业绩控制和考评建立在更加现实和可比的基础上。

(三)概率预算(probabilistic budget)

弹性预算虽然考虑了预算期内不同的业务量水平,编制出相应变动的多水平预算值,但在变动的项目上也只是考虑了业务量的变动,而在各种不同的业务量水平下所使用的价格、变动成本、固定成本等都是确定的,因此,弹性预算仍然属于定值预算。事实上构成预算的各种变量都是不确定的,因而需要估计它们在一定范围内的变动及其在这个范围内有关变动数值可能出现的概率,然后根据各种可能性的大小加权平均计算,确定有关变量在预算期内的期望值,从而形成概率预算。也就是说,概率预算是对变动的预算值,利用概率论的基本原理,将各种变量数值出现的可能性分别做出概率估计,然后进行概率综合并求出相应的概率预算值而采取的一种预算编制方法。

概率预算应首先在预测分析的基础上,估计各种预算内容的可能值及其出现的概率;其次将各种预算内容出现的各种概率按照预算内容之间的关系进行组合,求出不同条件下的联合概率;最后用这个联合概率来测算其相应预算结果的预算值,并加以汇总后可以求得所需的预算值。

【例 12-3】华强公司的产品销售价格为 50 元,年销售量及其概率分别为 1 100 件(0.3)、1 200 件(0.5)、1 300 件(0.2),单位变动成本及其概率分别为 22 元(0.1)、22.50 元(0.6)、23 元(0.3),年固定成本总额为 7 980 元。

要求:采用概率预算法编制华强公司 2009 年度的利润预算。

[**解**] 根据以上资料,利润计算公式为:

$$p=sx-bx-a$$

其概率预算的编制如表 12-3 所示。

表 12-3　　利润概率预算

编制部门:　　2009 年度　　金额单位:元

项目	业务水平及其概率								
销售量(s)	1 100			1 200			1 300		
概率 1	0.3			0.5			0.2		
销售收入总额(sx)	55 000	55 000	55 000	60 000	60 000	60 000	65 000	65 000	65 000
单位变动成本(b)	22	22.50	23	22	22.50	23	22	22.50	23
概率 2	0.1	0.6	0.3	0.1	0.6	0.3	0.1	0.6	0.3
变动成本总额(bx)	24 200	24 750	25 300	26 400	27 000	27 600	28 600	29 250	29 900
边际利润($sx-bx$)	30 800	30 250	29 700	33 600	33 000	32 400	36 400	35 750	35 100
固定成本(a)	7 980	7 980	7 980	7 980	7 980	7 980	7 980	7 980	7 980
目标利润预算(p)	22 820	22 270	21 720	25 620	25 020	24 420	28 420	27 770	27 120
联合概率	0.03	0.18	0.09	0.05	0.30	0.15	0.02	0.12	0.06
预算值	684.60	4 008.6	1 954.8	1 281	7 506	3 663	568.40	3 332.4	1 627.2
目标利润预算额					24 626				

概率预算在全面预算中引入了概率论，不仅考虑到可能变动的业务量水平范围，而且还考虑到在水平范围内有关变量值可能出现的概率，使预算更加科学合理，减少了预算的盲目性，提高了准确性，使预算值与未来的实际情况更加贴近。但是这种方法计算比较复杂，工作量较大，假如在例 12-3 中，如果进一步考虑销售价格、酌量性固定成本等因素，再将估计的销售价格、酌量性固定成本及其概率加入计算中，将更为复杂；而且往往企业并没有足够的信息来准确地估计预算因素的可能数值及其概率。

（四）零基预算（zero-based budget）

固定预算法、弹性预算法和概率预算法都是在过去实际数值的基础上，结合预算期可能发生变动的有关因素，计算出预算期内应增或应减的数额而编制的预算。这些传统方法简便易行，但是它们是在承认现实合理的基础上来编制预算的，将未来作为现实的延续，没有超脱于过去的框框，将预算编制人员的思维仍然束缚于过去的实际范围内，很难发挥预算编制的创造性和开拓性，从而使预算的结果在先进性上受到很大制约。

零基预算与传统的预算方法不同，其基本思路是：在预算期内，每一个费用项目的开支水平不是基于过去的实际数据而是以零为起点，结合企业现实情况从根本上客观地考虑各个费用项目的必要性及其开支规模。这样就使预算完全摆脱了过去的影响，而建立在一个客观、合理、有效的基础之上。在进行预算的具体工作时，大部分的费用项目都可以使用“成本效益分析法”来进行合理性和先进性的比较。

零基预算对于那些没有直接的业务量对应关系的费用预算具有特别的控制功效，如销售费用预算、管理费用预算和部分制造费用预算等。在编制这些费用的预算时，采用零基预算法一般按照下列步骤进行：第一，先列出预算期内可能发生的费用支出项目及目的，并对各费用项目列示几套不同经营活动方式下的费用开支方案，上报预算管理委员会。第二，预算管理委员会将收到的各种费用开支方案进行汇总后，认真进行分析排序；对于必不可少的约束性费用，在尽量节约的前提下列为第一层次；对于同决策方案相关的酌量性费用，逐一进行成本效益分析，成本效益比（预计收益÷预计费用）大的列为第二层次；次者列为第三层次……依此类推。第三，根据可动用的财力资源，按照各费用项目的层次顺序和轻重缓急进行分配。属于第一层次必须的费用项目金额予以保证；余下的财力资源以成本效益比为权数进行合理分配，成本效益比高者多分，少者少分，当然，此时还应考虑其重要性。第四，按照上述方法分配后编制成汇总费用预算，并进行最终审查，若有不合理则可以进行适当的调整，从而形成最终预算交付执行。

【例 12-4】华强公司在编制 2009 年度的销售及管理费用预算时，结合下年度的企业经营目标和管理任务，经过销售部门及管理部门全体职员的认真讨论，多次协商，提出了预算期内需发生的部分费用项目和预计的开支金额：广告费 1 600 元、培训费 1 800 元、业务招待费 1 400 元、房屋租金 1 000 元、差旅费 600 元、办公费 800 元。另外，假设华强公司在 2009 年度可以用于销售及管理费用的资金只有 5 600 元。

要求：采用零基预算法编制华强公司 2009 年度的销售及管理费用预算。

［解］在上述六个费用项目中，房屋租金、差旅费、办公费属于约束性固定成本，必须全额保证；广告费、培训费、业务招待费属于酌量性固定成本，根据历史资料对其进行成本效益分析可知：每 1 元的广告费投入可以获得 40 元的收益，每 1 元的培训费投入可以获得 50 元的收益，每 1 元的招待费投入可以获得 10 元的收益。将上述六个项目按它们的具体性质和轻重缓急排出其开支层次与顺序如下：

(1)房屋租金、差旅费、办公费都属于约束性固定成本，是必须发生的开支，需要全额得到保证，因此列为第一层次。

(2)培训费、广告费属于酌量性固定成本，可以根据企业 2009 年度的财务能力酌情增减，由于其成本收益大于业务招待费，因此列为第二层次。

(3)业务招待费也属于酌量性固定成本，像培训费、广告费一样可以视企业财力强弱而酌量增减，由于其成本收益率较小，因此列为第三层次。

根据上面层次与顺序，结合可动用的资金，落实下列资金：房屋租金 1 000 元、差旅费 600 元、办公费 800 元，共计 2 400 元，必须全额保证。剩余可动用资金为：3 200 元(5 600 元－2 400 元)，此余额应按成本与效益的比例分配为培训费、广告费、招待费。华强公司 2009 年度的销售及管理费用预算如表 12-4 所示。

表 12-4　　销售及管理费用预算

编制部门：2009 年度　　　　单位：元

项目	比例	金额
房屋租金	100％	1 000
差旅费	100％	600
办公费	100％	800
广告费	3 200×［40÷(40＋50＋10)］	1 280
培训费	3 200×［50÷(40＋50＋10)］	1 600
业务招待费	3 200×［10÷(40＋50＋10)］	320
合计		5 600

零基预算突破了传统预算方法框架的限制，以零为起点编制预算。其优点表现在：零基预算能够使全体职员参与到预算的编制中，从而在预算中能够充分发挥各层次职员的积极性和创造性，使预算更加符合实际情况，更好地起到计划控制的作用。但这种预算方法也有其不足之处，主要是编制时非常分散，统一起来较为困难，评级和分析可能具有不同程度的主观性，易于导致部门之间的矛盾，局部利益与整体利益之间的矛盾，协调难度较大。

（五）作业预算（activity-based budget）

上述预算编制所依据的成本核算系统是以产品数量为基础的单一的成本动因，即根据产品数量采用单一制造费用分配率或部门分配率，将制造费用分配到产品或服务中。而企业以不同数量、规格和不同复杂程度生产多样化的产品组合时，这样的分配比率将导致不准确的产品成本，弱化了成本控制和成本持续降低的功能。作业预算是企业在理解作业和成本动因的基础上，对未来期间的作业量和资源需求量进行预测的一种方法。作业预算从企业战略和顾客需求出发，首先预测未来一定期间生产、销售产品和劳务的需求量，继而预测完成这些产品和劳务需要的作业，并借助已有的标准预测相应的资源需求量，再与企业目前的资源供应量进行比较，寻求资源配置的优化。作业预算的编制过程，就是企业进行价值链分析的过程，通过价值链分析可以更好地考察每一项作业存在的合理性，剔出非增值的作业活动，优化各项作业之间的结构，从而降低成本。

作业预算编制的基本原理是根据“产品消耗作业、作业消耗资源”的作业管理理论，首先确定产品需要消耗的标准作业的种类，并建立作业中心；然后确定每一标准作业需要消耗的各类必要资源；再依据作业所消耗资源的成本动因和成本动因率，计算每种作业需要消耗的各种资源需求量和资源需求价值量；最后将各个作业需要消耗的资源价值量汇总，得出各个作业的作业成本，并汇总得出某类产品的总成本。

【例 12-5】华强公司预计 2009 年度仅生产单一品种 A 产品 200 件，年初年末 A 产品无结余。A 产品的设计、生产作业及成本动因率定额标准如表 12-5 所示。

要求：采用作业预算法编制华强公司 2009 年度 A 产品的作业成本预算。

［解］根据 A 产品的设计、生产作业及成本动因率定额标准，其作业成本预算的编制如表 12-6 所示。

表 12-5 A 产品的作业、资源定额标准一览表

作业中心	作业名称	消耗的资源种类	成本动因	类型	成本动因率	
					数量	单价
设计中心	模型制作	人工	人工工时	单位级	3 小时/件	20 元/小时
		沙料	千克	单位级	60 千克/件	2 元/千克
		模具	次	单位级	1 次/件	400 元/次
加工中心	熔化铁料	铁原料	千克	批别级	220 千克/批	80 元/千克
		人工	人工工时	批别级	20 小时/批	20 元/小时
		熔炉	机器小时	批别级	40 小时/批	24 元/小时
		油料	千克	批别级	10 千克/批	8 元/千克
	车床加工	人工	人工工时	单位级	50 小时/件	20 元/小时
		车床	机器小时	单位级	50 小时/件	36 元/小时
		油料	千克	单位级	4 千克/批	8 元/千克
	刨床加工	人工	人工工时	单位级	20 小时/件	20 元/小时
		刨床	机器小时	单位级	20 小时/件	36 元/小时
		油料	千克	单位级	4 千克/批	8 元/千克
装配中心	装配调试检验	人工	人工工时	单位级	20 小时/件	20 元/小时
		设备Ⅰ	机器小时	单位级	6 小时/件	16 元/小时
		设备Ⅱ	机器小时	单位级	30 分钟/件	80 元/分钟
		动力	度	单位级	40 度/件	2 元/度

注:熔化铁料 2 件/批;车间管理人员薪酬、非机器设备折旧、低值易耗品和公用电力属于年固定费用,154 000 元/年。

(六)滚动预算(rolling budget)

前述几种预算的编制期间都是以会计年度为预算期而编制的定期预算,虽然有利于在会计年度内将实际数与预算数相对比,有利于对预算的执行情况进行分析与评价。但由于预算的编制一般在上一会计年度结束之前进行,以一个会计年度为预算期,形成全年度的预算,在执行过程中,开始几个月份的预算准确度肯定会比以后月份的预算准确度高。因此,越是年度后期,预算的准确度越低,所以预算误差相对较大,而且,当新的情况出现时也难以及时调整,从而使定期编制的预算缺乏一定的指导性、灵活性和连续性。为了克服定期预算的缺点,可采用滚动预算法。

滚动预算的编制不与会计年度对应,而是始终保持 12 个月,即每过 1 个月就在原预算基础上自动延伸 1 个月,从而逐期向后滚动,连续不断地以预算形式规划未来的经营活动。其基本原理是:在初始编制预算时,先形成 1 个月份的年度预

表 12-6

A 产品作业成本预算

编制部门：　　　　2009 年度　　　　金额单位：元

序号	作业中心	作业名称	消耗资源种类	成本动因	类型	成本动因量	成本动因率			资源需求量	资源需求价值量	作业成本
							数量	单价	金额			
1	设计中心	模型制作	人工	人工工时	单位级	200 件	3 小时/件	20 元/小时	60 元/件	600 小时	12 000	76 000
2			沙料	千克	单位级	200 件	60 千克/件	2 元/千克	120 元/件	12 000 千克	24 000	
3			模具	次	单位级	200 件	1 次/件	400 元/次	400 元/件	200 次	4 000	
4	设计中心	熔化铁料	铁原料	千克	批别级	100 批	220 千克/批	80 元/千克	176 00 元/批	22 000 千克	1 760 000	1 904 000
5			人工	人工工时	批别级	100 批	20 小时/批	20 元/小时	400 元/批	2 000 小时	40 000	
6			熔炉	机器小时	批别级	100 批	40 小时/批	24 元/小时	960 元/批	4 000 小时	96 000	
7			油料	千克	批别级	100 批	10 千克/批	8 元/千克	80 元/批	1 000 千克	8 000	
8		车床加工	人工	人工工时	单位级	200 件	50 小时/件	20 元/小时	1 000 元/件	10 000 小时	200 000	566 400
9			车床	机器小时	单位级	200 件	50 小时/件	36 元/小时	1 800 元/件	10 000 小时	360 000	
10			油料	千克	单位级	200 件	4 千克/批	8 元/千克	32 元/件	800 千克	6 400	
11		刨床加工	人工	人工工时	单位级	200 件	20 小时/件	20 元/小时	400 元/件	4 000 小时	80 000	230 400
12			刨床	机器小时	单位级	200 件	20 小时/件	36 元/小时	720 元/件	4 000 小时	144 000	
13			油料	千克	单位级	200 件	4 千克/批	8 元/千克	32 元/件	800 千克	6 400	
14	装配中心	调试检验检验	人工	人工工时	单位级	200 件	20 小时/件	20 元/小时	400 元/件	4 000 小时	80 000	595 200
15			设备Ⅰ	机器小时	单位级	200 件	6 小时/件	16 元/小时	96 元/件	1 200 小时	19 200	
16			设备Ⅱ	机器小时	单位级	200 件	30 分钟/件	80 元/分钟	2 400 元/件	6 000 分钟	480 000	
17			动力	度	单位级	200 件	40 度/件	2 元/度	80 元/件	8 000 度	16 000	
18	车间管理			支持级	固定						154 000	154 000
19	总成本											3 526 000
20	单位成本											17 630

算，并且在各月的预算中，前几个月预算值应力求准确，年度后期的月份预算可不必过于苛求准确，有个粗略的基本估计即可；在预算执行中，每过 1 个月，就应在月份结束之前，针对下月份的各种可能发生的与编制预算时不同的新情况，对下月份预算进行调整和修订；同时在年度后再增补 1 个月的预算，使预算期始终保持 12 个月的期间，如此逐期向后滚动，以连续不断的形式来规划未来的各项经营活动。滚动预算示意图如图 12-5 所示。

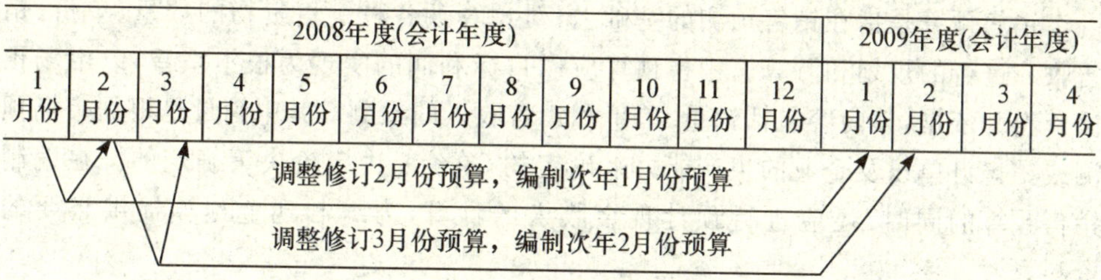

图 12-5　滚动预算示意图

由此可见，滚动预算法与传统的定期编制预算相比较具有以下显著优点：一是滚动预算以动态方式来进行，能保持预算的完整性、连续性，从而有效地克服了传统定期编制预算的缺点，预算的功效大为增强；二是企业处于预算的不断调整、修订和编制过程中，可以促使企业从动态的角度经常关注各种变化，以便及时采取有效措施，控制现在，筹划未来；三是滚动预算将预算编制工作分散在平时，不仅可以克服一次集中编制下一年度全年预算时工作量过大的缺陷，而且还可以使预算编制工作能够持续有条不紊地进行。但是，滚动预算法也有不足之处，主要是由于预算编制工作要经常进行，将会加大预算编制工作量。

第三节　全面预算的编制

依据全面预算的内容体系和作业流程，结合固定预算法的编制原理，以制造业销售预算作为全面预算编制的起点，下面具体了解企业如何编制一套全面预算。

一、经营预算的编制

在经营预算中，首先应编制销售预算，然后依次编制生产预算、直接材料预算、直接人工预算、制造费用预算、产品成本预算、销售及管理费用预算等。由于现金预算在生产经营过程中的特殊作用，各项预算中凡涉及现金收支的内容，均应单独予以反映，以便为现金预算的编制提供资料。

(一)销售预算

根据“以销定产”的原则，销售预算是编制全面预算的起点，是其他预算编制的基础，是决定全面预算正确与否的关键。

销售预算是指在销售预测的基础上，对预算期各种销售货物的数量、单价、销售收入进行的规划和测算。销售预算应以目标利润的实现为根本宗旨，以市场预测资料为依据，其内容包括销量、单价和销售收入的预测。其中销量是根据市场预测或销售订单以及企业的生产能力来确定的；单价是由定价决策确定的。在编制销售预算的同时，还应进行预计现金收入的计算，为编制现金预算提供必要的资料。

【例 12-6】华强公司计划在 2009 年度实现目标利润 25 000 元，目标销售收入为 60 000 元。该公司生产和销售 A 产品，市场价格为 50 元/件。根据销售合同可知，预算期(2009 年度)年产销量为 1 200 件，四个季度的销售量分别为：一季度 200 件、二季度 300 件、三季度 400 件、四季度 300 件。每季度收到的销售款占本季度销售款的 80%，其余 20%在下一季度收讫。年初应收账款余额为 2 000 元，将于第一季度全额收回。

要求：根据以上资料编制华强公司 2009 年度的销售预算。

［解］根据资料编制的销售预算及预计现金收入预算如表 12-7 所示。

表 12-7 销售预算

编制部门： 2009 年度 金额单位：元

项目 \ 季度		一	二	三	四	合计
预计销售量		200	300	400	300	1 200
销售单价		50	50	50	50	50
预计销售收入		10 000	15 000	20 000	15 000	60 000
预计现金收入	年初应收账款余额	2 000				2 000
	第一季度销售收入	8 000	2 000			10 000
	第二季度销售收入		12 000	3 000		15 000
	第三季度销售收入			16 000	4 000	20 000
	第四季度销售收入				12 000	12 000
	现金收入合计	10 000	14 000	19 000	16 000	59 000
应收账款余额		2 000	3 000	4 000	3 000	3 000

（二）生产预算

生产预算是以销售预算为基础，对企业预算期内各产品的生产数量进行的规划和安排，其主要内容是销售量、期初和期末库存量、预计生产量。该预算尽管是以实物量为计量单位，但由于它是生产成本及费用预算的基础，因此，也必须将其列入全面预算的范畴。

生产量预算编制的主要依据是销售预算中的预计销货量，但两者并非等同，还必须充分考虑产品的期初、期末库存量的现实要求。由于种种因素的影响，任何一个企业不可能将库存产品设定为零。为了保证企业随时都有足够的产品供应市场，企业都必须设置必要的产品存货，借以缓冲产销矛盾，并且从成本管理角度讲，降低成本的有效措施之一，就是尽量保持销售、存货、生产的均衡，各期生产量能够相对稳定，也需要靠设置产销缓冲来调节。产销缓冲设置得合理与否，将直接影响着销售、生产的安排及成本费用的降低。因此编制生产预算的基本思路就是：在满足销售的基础上，尽量设置必要的库存量以缓冲产销矛盾，保持生产均衡。解决问题的关键就是期初、期末库存量的合理预计。根据销售量、期初期末库存量与生产量的关系，各期预计生产量可以采用下式进行测算：

$$预计生产量=预计销售量+预计期末库存量-预计期初库存量$$

预计销售量来自各期销售预算，预计期初库存量除了年初数来自预算年度初的实际库存外，其余各期初均来自上期的预计期末库存量；因此，影响预计生产量预算的关键因素是预计期末库存量的确定，测算方法一般是先确定年末库存量，然后倒推计算各期期末的库存量。

【例 12-7】华强公司年初 A 产品的库存量为 20 件，预算期年末的库存量为 10 件，其他各期期末存货量按下期销售量的 10%计算。

要求：根据以上资料编制华强公司 2009 年度的生产预算。

［**解**］根据资料及计算公式编制的生产预算如表 12-8 所示。

表 12-8　　　　**生产预算**

编制部门：　　　　2009 年度　　　　单位：件

季度 项目	一	二	三	四	合计
预计销售量	200	300	400	300	1 200
加：预计期末库存量	30	40	30	10	10
预计需求量合计	230	340	430	310	1 210
减：预计期初库存量	20	30	40	30	20
预计生产量	210	310	390	280	1 190

(三)直接材料预算

直接材料预算是指在生产量预算的基础上,对各期材料耗用量以及所需的材料采购量及采购成本进行的规划和安排。该预算编制的主要依据是:直接材料消耗量、单位产品材料消耗定额、材料期初期末库存量、材料计划单价等。其中最为关键的因素是预计期初期末库存量,即供产缓冲的设置,设置原理如同产销缓冲。利用供产缓冲来平衡材料耗用量、采购量和存货水平三者的关系时,可按下式测算:

预计材料采购量＝预计生产需用量＋预计期末库存量－预计期初库存量

预计生产需用量根据生产量预算中各期预计生产量和单位产品材料消耗定额来确定;预计期初库存量除年初库存量依据预算年初实际库存量外,其余各期均依据上期末库存量来确定。因此,影响直接材料预算的关键因素是预计期末库存量,同样也是在充分考虑最低、最高库存量的基础上,先根据经验估计出预算年末库存量,然后再倒算出预算年度内各期期末库存量。

在编制直接材料预算的同时,还应根据预算期内的预计材料采购金额编制预计现金支出预算。

【例 12-8】华强公司年初年末预计材料库存量分别为 100 千克和 120 千克,其余各期期末材料库存量为下期生产需要量的 20%,单位产品耗用材料为 2 千克/件,计划单价为 3 元/千克,有关生产量见表 12-8。另外,预计各期采购材料的货款当期支付 70%,剩余 30%在下季度付讫;年初应付账款余额为 600 元,在预算年度的第一季度支付。

要求:根据以上资料编制华强公司 2009 年度的直接材料预算。

[解] 根据上述资料及计算公式编制的直接材料预算及预计现金支出预算如表 12-9 所示。

(四)直接人工预算

直接人工预算也是以生产预算为基础编制的,是对各期生产预算中所需的直接人工工时、小时工资率及直接人工成本进行的规划和测算。

直接人工预算是根据生产预算中预计的生产量与单位产品所需直接人工工时,计算出各期的直接人工工时预算;然后依据直接人工工时预算与每小时直接人工成本,计算出人工成本预算。单位产品所需的直接人工小时数,可根据规定的劳动定额或历史资料来确定。在预算编制中,假定期初、期末在产品的数量没有变化,各期需要的直接人工的工种也只有一种。如果生产中直接人工工种不止一种,应先按工种类别分别计算,然后再进行汇总。

表 12-9 直接材料预算

编制部门： 2009 年度 金额单位:元

项目 \ 季度		一	二	三	四	合计
直接材料预算	预计生产量	210	310	390	280	1 190
	单位产品耗用量	2	2	2	2	2
	材料需用量	420	620	780	560	2 380
	加:期末库存量	124	156	112	120	120
	预计材料需用量	544	776	892	680	2 500
	减:期初库存量	100	124	156	112	100
	预计材料采购量	444	652	736	568	2 400
	单位材料价格	3	3	3	3	3
	预计材料采购金额	1 332	1 956	2 208	1 704	7 200
预计现金支出	年初应付账款余额	600				600
	第一季度购料款	932.40	399.60			1 332
	第二季度购料款		1 369.20	586.80		1 956
	第三季度购料款			1 545.60	622.40	2 208
	第四季度购料款				1 192.80	1 192.80
	现金支出合计	1 532.40	1 768.80	2 132.40	1 855.20	7 288.80
应付账款余额		399.60	586.80	662.40	511.20	511.20

由于直接人工成本都在当期付现，所以直接人工成本总额的预算数可直接汇总在现金预算中，无需再单独编制预计现金支出预算。

【例 12-9】华强公司生产 A 产品所需人工工时为 2 小时/件，人工成本 5 元/小时，各期预计产量见表 12-8。

要求：根据以上资料编制华强公司 2009 年度的直接人工预算。

[**解**] 根据上述资料编制的直接人工预算如表 12-10 所示。

表 12-10 直接人工预算

编制部门： 2009 年度 金额单位:元

项目 \ 季度	一	二	三	四	合计
预计生产量/件	210	310	390	280	1 190
单位产品人工工时	2	2	2	2	2
人工总工时	420	620	780	560	2 380
小时工资	5	5	5	5	5
直接人工成本	2 100	3 100	3 900	2 800	11 900

(五)制造费用预算

制造费用预算是指在生产预算的基础上，对各生产部门预计生产规模所需的各种间接费用分别进行规划和预测并汇总而编制的预算，包括生产成本中除了直接材料和直接人工以外的一切费用明细项目。

制造费用按成本习性分为变动性制造费用和固定性制造费用。对于变动性制造费用项目,应该根据预算期内预计的业务量和定额分摊率进行测算;固定性制造费用项目由于与生产量没有直接联系,一般根据基期的实际开支水平,考虑预算期内的变化趋势做出适当调整后进行预计。

制造费用中大部分需要当期付现,也有一些属于非付现项目,如固定资产折旧,因此在编制制造费用预算的过程中还应编制预计现金支出预算。

【例 12-10】华强公司分别按变动性制造费用和固定性制造费用两部分编制其制造费用预算,其中固定性制造费用含折旧费 1 000 元,变动性制造费用预算按预计产量和预计变动费用分配率计算。相关资料见表 12-8、表 12-11。

要求:根据以上资料编制华强公司 2009 年度的制造费用预算。

[**解**] 根据上述资料编制的制造费用预算和预计现金支出预算如表 12-11 和表 12-12 所示。

表 12-11 **制造费用预算**

编制部门: 2009 年度 金额单位:元

变动性制造费用				固定性制造费用	
项目	小时费用分配率	单位产品费用分配额	全年费用	项目	全年费用
间接人工	1	2	2 380	管理人员薪酬	1 200
间接材料	0.5	1	1 190	保险费	180
维修费	0.25	0.5	595	折旧费	1 000
水电费	0.25	0.5	595		
合计	2	4	4 760	合计	2 380

表 12-12 **预计现金支出预算**

编制部门: 2009 年度 金额单位:元

项目 \ 季度		一	二	三	四	合计
变动部分	预计生产量	210	310	390	280	1 190
	预计直接人工工时	420	620	780	560	2 380
	费用分配率	2	2	2	2	2
	小计	840	1 240	1 560	1 120	4 760
固定部分	固定费用	595	595	595	595	2 380
	减:折旧	250	250	250	250	1 000
	小计	345	345	345	345	1 380
合计		1 185	1 585	1 905	1 465	6 140

(六)产品成本预算

产品成本预算是在生产预算、直接材料预算、直接人工预算和制造费用预算的基础上,按照成本计算的要求和方法测算汇总后编制的预算。其内容包括:各产品生产总成本预算、单位成本预算、期末产品库存成本预算等。

【例 12-11】 华强公司 A 产品的销售量、生产量、期末存货量及直接材料、直接人工、制造费用的预算资料分别见表 12-7 至表 12-11。

要求:根据以上资料编制华强公司 2009 年度的产品成本预算。

[解] 根据上述资料编制的产品成本预算如表 12-13 所示。

表 12-13 **产品成本预算**

编制部门: 2009 年度 金额单位:元

项目 \ 季度	一	二	三	四	合计
预计生产量	210	310	390	280	1 190
预计生产成本	4 200	6 200	7 800	5 600	23 800
直接材料	1 260	1 860	2 340	1 680	7 140
直接人工	2 100	3 100	3 900	2 800	11 900
变动性制造费用	840	1 240	1 560	1 120	4 760
预计单位成本	20	20	20	20	20
期末库存量	30	40	30	10	10
期末库存成本	600	800	600	200	200

(七)销售及管理费用预算

销售及管理费用预算是指对企业预算期内产品销售活动和管理活动所发生的各项费用支出的预算。销售费用预算是为了实现销售预算需支付的费用预算,其编制应以销售预算为基础,分析销售收入、销售利润和销售费用的关系,并将其分解为变动性销售费用和固定性销售费用分别编制预算。管理费用预算是对整个企业的经营活动进行组织管理并提供服务而发生的费用所编制的预算,随着企业管理职能的提高,社会交往活动的扩大,互动成本也不断增加,因此对管理费用的控制越来越成为预算管理的一项重要任务。

在编制销售及管理费用预算时要充分考虑生产规模、经营目标及成本控制因素等,可以根据历史资料进行调整测算,也可以采用零基预算的方法进行测算。销售及管理费用通常有沉没成本和不需要当期支付现金的费用项目,因而也应编制预计现金支出预算。

【例 12-12】 华强公司的销售及管理费用的变动部分按销售量分配,以每件产品 2.5 元计算，固定费用每季度均衡发生。

要求：根据以上资料编制华强公司 2009 年度的销售及管理费用预算。

[解] 根据上述资料编制的销售及管理费用预算和预计现金支出预算如表 12-14、表 12-15 所示。

表 12-14 **销售及管理费用预算**

编制部门： 2009 年度 金额单位：元

变动性销售及管理费用			固定性销售及管理费用	
项目	单位分配率	全年费用	项目	全年费用
销售人员薪酬	1	1 200	房屋租金	1 000
运输费	0.8	960	差旅费	600
销售佣金	0.4	480	办公费	800
其他	0.3	360	广告费	1 280
			培训费	1 600
			业务招待费	320
合计	2.5	3 000	合计	5 600

表 12-15 **预计现金支出预算**

编制部门： 2009 年度 金额单位：元

项目＼季度	一	二	三	四	合计
预计销售量	200	300	400	300	1 200
变动性销售及管理费用支出	500	750	1 000	750	3 000
固定性销售及管理费用支出	1 400	1 400	1 400	1 400	5 600
现金支出合计	1 900	2 150	2 400	2 150	8 600

二、投资预算的编制

投资预算是以企业资本支出决策为对象编制的预算，该预算涉及的资金量大，影响时间长，对现金的收支和筹措有重大的影响。资本支出方案不仅要严格测算其自身是否能在将来为企业带来收益，而且还要考虑企业的资金实力和资金筹措能力。之所以将投资预算置于财务预算的前面，就是要将资本支出对企业财务的要求和影响充分地揭示。

【例 12-13】 华强公司计划在预算期内第一季度购置空调一台，价值 4 000 元；第二季度购置设备一台，价值 9 000 元。

要求：根据以上资料编制华强公司 2009 年度的投资预算。

[解] 根据上述资料编制的投资预算如表 12-16 所示。

表 12-16 投资预算

编制部门： 2009 年度 金额单位：元

项目＼季度	一	二	三	四	合计
空调	4 000				4 000
设备		9 000			9 000
合计	4 000	9 000			13 000

三、财务预算的编制

财务预算是指反映企业预算期内预计现金流入、现金支出、经营成果和财务状况的预算，包括现金预算、预计利润表、预计资产负债表、预计现金流量表等，各种经营预算最后都会在财务预算中得到反映，因此，财务预算又称为总预算。

(一) 现金预算

现金预算是全面预算中非常重要的一个环节，是对经营预算和投资预算中涉及现金收支的项目进行汇总后而编制的预算期内现金收支、余缺及筹资融资等情况的预算。现金预算能够加强对预算期内现金流量的控制，能够协助管理者做好资金筹措和配置计划，使企业的现金流量保持稳定的水平和较高的资金效益。

现金预算具体由现金收入、现金支出、现金盈余或短缺、资金融通等四个部分组成。

现金收入主要包括期初现金余额、当期的销售收入以及当期收回的前期应收款项，还有可能出现的现金收入就是长期投资项目所带来的现金流入量。现金流入的数据主要来源于销售预算表。

现金支出包括预算期内可能发生的一切支出，具体有：直接材料采购支出、直接人工支出、制造费用支出、销售及管理费用支出。这些现金支出的数据可以从相应的经营预算表中获得；另外，还有资本支出可以从投资预算表中取得；支付的所得税额一般根据企业的经营目标利润和所得税税率测算；支付的现金股利由董事会根据目标利润确定。

现金盈余或短缺是根据企业现金收入与现金支出计算所得，如果预计的现金收入大于现金支出，其差额即为现金盈余；如果预计的现金收入小于现金支出，其差额即为现金短缺。

资金融通是指企业在现金短缺或现金盈余达不到现金需求标准时，向银行借款或使用其他筹措方法所取得的资金。

【例 12-14】假设华强公司按照税法的要求，该公司的所得税税率为30%，预算期应纳所得税额以经营目标利润为计税依据测算，按季度平均支付；依照董事会决议，股利分配按经营目标利润的10%各期等额支付。该公司年初现金余额为1 000元，各期期末现金最低库存额为1 000元，出现现金短缺时主要以银行借款解决，于每期期初向银行申请贷款；根据公司相关现金预算的情况，预计第一、二季度初分别向银行贷款3 400元、6 000元，第三、四季度末分别归还贷款5 600元、3 800元，贷款利率为10%；利息支付时间为有现金盈余的当期期末。其他相关数据见表12-7、表12-9、表12-10、表12-12、表12-15和表12-16。

要求：根据以上资料编制华强公司2009年度的现金预算。

[解]根据上述资料，结合公司经营的目标利润25 000元，编制的现金预算如表12-17所示。

表 12-17 现金预算

编制部门： 2009年度 金额单位：元

季度 项目	一	二	三	四	合计
期初现金余额	1 000	1 182.60	1 078.80	1 086.40	1 000
加：本期现金收入	10 000	14 000	19 000	16 000	59 000
现金收入合计	11 000	15 182.60	20 078.80	17 086.40	60 000
减：直接材料采购支出	1 532.40	1 768.80	2 132.40	1 855.20	7 288.80
直接人工支出	2 100	3 100	3 900	2 800	11 900
制造费用支出	1 185	1 585	1 905	1 465	6 140
销售及管理费用支出	1 900	2 150	2 400	2 150	8 600
购置固定资产	4 000	9 000			13 000
支付所得税	1 875	1 875	1 875	1 875	7 500
支付股利	625	625	625	625	2 500
现金支出合计	13 217.40	20 103.80	12 837.40	10 770.20	56 928.80
现金盈余(短缺)	(2 217.40)	(4 921.20)	7 241.40	6 316.20	3 071.20
借入现金	3 400	6 000			9 400
减：偿还借款			5 600	3 800	9 400
支付利息			555	95	650
融资合计	3 400	6 000	(6 155)	(3 895)	(650)
期末现金余额	1 182.60	1 078.80	1 086.40	2 421.20	2 421.20

注：第三季度末利息支出额＝3 400×10%/4＋(3 400×10%/4＋6 000×10%/4)＋(3 400×10%/4＋6 000×10%/4)
＝85＋(85＋150)＋(85＋150)＝555(元)。

第四季度末利息支出额＝3800×10%/4＝95(元)。

（二）预计利润表

预计利润表是指对预算期内损益形成的各项目，按利润表的格式和计算方法进行汇总测算而编制的用以反映预算期内财务成果的预算。编制预计利润表的主要依据是销售预算、产品成本预算、制造费用预算、销售及管理费用预算及其他相关资料。

【例 12-15】华强公司有关 A 产品销售收入、成本和费用资料可分别参见表 12-7、表 12-13、表 12-14、表 12-17。

要求：根据以上资料编制华强公司 2009 年度的预计利润表。

［解］根据上述资料编制的预计利润表如表 12-18 所示。

表 12-18 预计利润表

编制部门： 2009 年度 金额单位：元

项目＼季度	一	二	三	四	合计
营业收入	10 000	15 000	20 000	15 000	60 000
减：变动性制造成本	4 000	6 000	8 000	6 000	24 000
变动性销售及管理费用	500	750	1 000	750	3 000
边际利润	5 500	8 250	11 000	8 250	33 000
减：固定性制造费用	595	595	595	595	2 380
固定性销售及管理费用	1 400	1 400	1 400	1 400	5 600
营业利润	3 505	6 255	9 005	6 255	25 020
减：利息支出	85	235	235	95	650
利润总额	3 420	6 020	8 770	6 160	24 370
减：所得税	1 875	1 875	1 875	1 875	7 500
净利润	1 545	4 145	6 895	4 285	16 870

（三）预计资产负债表

预计资产负债表是根据基期的资产负债表和预算期内其他各项预算对资产负债表项目的影响进行汇总而编制的预算期末各资产财务状况的综合预算。

【例 12-16】华强公司 2009 年度初的资产负债表如表 12-19 所示，2009 年度 12 月 31 日的相关项目余额见表 12-7、表 12-9、表 12-11、表 12-13、表 12-16、表 12-18。

要求：根据以上资料编制华强公司 2009 年度的预计资产负债表。

［解］根据上述资料编制的预计资产负债表如表 12-19 所示。

表 12-19 预计资产负债表

编制部门： 2009 年度 金额单位:元

资产	期末余额	年初余额	负债及权益	期末余额	年初余额
流动资产：			流动负债：		
现金	2 421.20	1 000	短期借款		
应收账款	3 000	2 000	应付账款	511.20	600
材料存货	360	300	应交税费		
产成品存货	200	400	负债合计	511.20	600
流动资产合计	5 981.20	3 700			
固定资产：			股东权益：		
固定资产原值	53 000	40 000	股本	39 000	39 000
减:累计折旧	4 700	3 700	留存收益	14 770	400
固定资产合计	48 300	36 300	股东权益合计	53 770	39 400
资产合计	54 281.20	40 000	负债及权益合计	54 281.20	40 000

注:留存收益期末数＝400＋16 870－2 500＝14 770(元)。

思　考　题

1. 如果你是总经理,你会要求员工全面参与预算编制吗？为什么？

2. 如果你是一个小企业的总经理,为实施全面预算,你会单独设置预算管理部吗？为什么？

3. 在全面预算的管理体系中,如何理解从预算编制到预算考核的闭路循环？

4. 如果你是一个集团企业的财务总监,请你为预算管理部设计一张预算合并的表单。

5. 结合你所学的管理知识,应当如何设计预算控制的预警体系？

6. 如果你是总经理,依据你的战略规划,应当如何选择预算编制的起点？

7. 你认为固定预算、概率预算、零基预算、作业预算分别适用于哪些典型预算的编制？为什么？

8. 你认为在全面预算编制的过程中,价值量预算是否需要坚持会计复式记账的原则？

9. 学习完本章内容后,你认为全面预算编制是否为会计科目的预算编制？为什么？

练 习 题

习题一

1. 目的:练习弹性预算的编制。

2. 资料:海晖公司2008年度制造费用相关明细项目如下:

(1)间接人工费:基本工资为120 000元,另加每工时津贴10元。

(2)物料费:每工时负担6元。

(3)折旧费:40 000元。

(4)维护费:当生产能量在60 000～90 000工时范围内,基数为60 000元,另外每工时应附加0.5元。

(5)水电费:基数为20 000元,另外每工时应附加0.6元。

3. 要求:根据上述资料,编制海晖公司2009年度业务量在60 000～90 000工时范围内(间隔10 000工时)的制造费用弹性预算。

习题二

1. 目的:练习概率预算法的应用。

2. 资料:南海公司2009年度预算期内拟生产B产品的有关预测资料如下:

(1)销售量及概率预测分别为:80 000件(0.3);100 000件(0.5);110 000件(0.2)。

(2)售价及概率预测:当销售量为80 000件时的售价及概率分别为:9元(0.3);10元(0.3);11元(0.4)。当销售量为100 000的售价及概率分别为:9元(0.3);10元(0.5); 11元(0.2)。当销售量为110 000件的售价及概率分别为:9元(0.5);10元(0.4);11元(0.1)。

(3)单位变动成本及概率预测分别为:4元(0.3);5元(0.5);6元(0.2)。

3. 要求:根据上述资料,采用概率预算法列表编制南海公司2009年B产品的边际利润预算。

习题三

1. 目的:练习现金预算的编制。

2. 资料:华晨公司为小规模商业企业,2008年第1、2、3月份实际销售额分别为:111 000元、93 000元、107 000元,第4、5月份的预计销售额分别为100 000元、110 000元。

(1)该公司商品售价平均按成本加80%加价,销售货款当月可收回60%,下月可收回20%，剩余20%在商品售出后的第2个月份可收回。

(2)采购商品时当月付款70%，余款在下月份支付，商品需在销售的前1个月购进。

(3)2008年3月末现金余额为4 000元，预计4月份需支付的款项包括：工资14 000元，其他费用12 000元，应付票据款20 000元，预计4月底要保留库存现金7 500元。

3.要求：

(1)编制华晨公司2008年4月份的现金预算。

(2)依据华晨公司2008年4月份的现金预算，作出4月底的筹资决策。

习题四

1.目的：练习预算的编制。

2.资料：华源公司为商业企业，2008年12月份的资产负债表及其有关资料如下：

(1)预计2009年1月份销售某商品10 000件，单位售价为10元，其中现销70%，其余为赊销，30天后收到货款。

(2)该商品的单位进价和存货成本均为每件5元，购入商品时，30%为当月付清，余款次月付清。

(3)假定该公司在2009年1月份的期末存货预计为2 000件。

(4)该公司2009年1月份预计发生的销售费用为：职工薪酬18 000元，办公费4 000元，差旅费6 000元，水电费3 000元，折旧费1 200元。

(5)该公司2009年1月份预计购入空调1台，价值6 000元。

(6)公司规定预算期间的最低库存现金余额为10 000元，差额可向银行借款。

(7)2008年12月末的资产负债表相关账户的余额分别为：现金15 000元，应收账款50 000元，存货25 000元，固定资产100 000元，累计折旧3 500元；应付账款46 500元，短期借款40 000元，股本80 000元，未分配利润20 000元。

3.要求：根据上述资料，编制华源公司2009年1月份的销售预算、采购预算、销售费用预算、现金预算、预计利润表、预计资产负债表。

第十三章

成本控制

本章导读

- 成本控制概述
- 目标成本控制
- 标准成本控制
- 责任成本控制
- 质量成本控制

第一节　成本控制概述

一、成本控制的意义和内容

(一)成本控制的意义

成本控制就是在成本形成过程中,根据事先制定的成本目标,对企业的各项生产经营活动,按照一定的原则,采用科学的方法,进行严格的计算、调节和监督,并及时发现与预定成本目标之间的差异,采取纠正措施,以保证实现或超过规定的成本目标,使企业产品成本不断降低的一项管理活动。

成本控制有广义和狭义之分。广义的成本控制包括事前成本控制、事中成本控制和事后成本控制。事前成本控制是指在产品投产前的设计试制阶段,对影响成本的各有关因素所进行的事前规划、审核和监督,同时建立健全各项成本的管理制度,达到防患于未然的目的;事中成本控制是指在产品生产过程中,按照预定的成本目标,对生产耗费进行严格计量、监督和指导,并对发生的偏差及时分析原因,加以纠正与控制;事后成本控制是指在产品成本形成之后,对成本的差异进行综合分析和研究，找出成本升降的原因及规律性，并提出今后的改进措施。

狭义的成本控制不包括事前成本控制和事后成本控制，只包括事中成本控制，即对产品成本形成过程的控制。我们这里讲的是狭义成本控制。

成本控制在现代成本管理中具有重要的意义：

(1)成本控制是企业生存和发展的基础。因为成本降低了，可以削减售价以扩大销售；销售扩大后经营基础稳固了，才有力量去提高产品质量，创新产品设计，寻求新的发展。只有成本得到了有效的控制，企业的经济效益才能得到有效提高。

(2)成本控制是企业增加盈利的根本途径。增加盈利是企业的目的之一，无论在什么情况下，降低成本都可以增加利润。在收入不变的情况下，降低成本可使利润增加；在收入增加的情况下，降低成本可使利润更快增长；在收入下降的情况下，降低成本可抑制利润的下降。总之，只有成本得到有效控制，利润才能得到切实有效的增加。

(二)成本控制的内容

产品成本的控制是对成本形成的全过程的控制。即成本控制的内容包括：目标成本、设计成本、工艺成本、生产成本、期间成本、使用成本等。

1.目标成本控制

目标成本是保证企业目标利润实现所必须达到的成本水平，它是企业经营目标的重要组成部分。对目标成本进行控制就是根据企业目标利润、预计销售量和销售价格，经过分析比较，来确定目标成本，并以它来控制设计成本、生产成本。

2.设计成本控制

所谓设计成本是指按产品的设计方案测算的产品成本，设计方案不同，其成本的构成水平也是不相同的，因此，选择合理的设计方案对于控制成本的发生、防止浪费有重要作用。设计成本的控制主要是从改进产品结构、合理选择材质、尽量降低加工难度等方面入手，通过功能成本分析，成本对比分析来确定最优的设计方案，以保证设计的产品不仅在技术上先进，而且在经济上也合理，符合目标成本的要求。

3.工艺成本控制

所谓工艺成本是指与工艺方案规定的产品工艺过程有关的各项生产费用，主要包括工艺装备成本和为拟定工艺方案而发生的各项费用。对工艺成本控制就是在保证工艺方案技术上先进性的基础上，使工艺成本最低。其中，对工艺装备成本的控制主要是通过搞好工艺装备设计和合理确定工艺装备水平等方法，来降低工艺装备成本，使工艺装备的使用更为经济合理。对为拟定工艺方案而发生的各种费用,定期由财会部门向工艺部门下达费用预算加以控制。

4. 生产成本控制

生产成本控制是指对产品实体形成的过程中所发生的料、工、费进行控制。主要是通过监督成本的发生,将实际成本与计划成本、定额成本或标准成本等进行比较,及时揭示差异,并将有关信息反馈到各责任部门,以便今后采取更有力的措施控制生产成本。

5. 期间成本控制

期间成本控制是指对产品经营过程中发生的管理费用、财务费用和销售费用进行控制。控制的主要方式是通过编制合理的预算,选择有效的控制方法,力争以最少的费用支出,实现最佳的效益。

6. 使用成本控制

使用成本控制是指对产品在使用过程中因运行、保养、维修所发生的费用进行控制。对使用成本的控制主要从设计制造产品时,要对各个设计方案的经济效果进行认真比较,取最佳的设计和制造方案,使产品质量可靠,功能完善、耐用、方便,节省使用过程中的费用支出。

二、成本控制的原则和程序

(一)成本控制的原则

1. 全面控制的原则

全面控制原则要求实行以下 3 个方面的控制:

(1)全员控制。是指企业必须充分调动每个部门和每个职工控制成本、关心成本的积极性和主动性,做到上下结合、专业控制与群众控制相结合,加强职工成本意识,做到人人承担成本控制的任务,人人有控制指标,建立成本否决制。

(2)全过程控制。要求以产品成本形成的全过程为控制领域,从产品投产前的设计阶段开始,包括试制阶段、生产阶段、销售阶段直至产品售后阶段的所有过程都应当进行成本控制。

(3)全方位控制。是指在实施成本控制的过程中,正确地处理好降低产品成本与增加花色品种及提高产品质量的关系,必须以市场需求为导向,坚决杜绝花色单调、品种单一的现象,更不允许通过以次充好、以假乱真、欺骗消费者和不正当竞争手段来达到压缩成本的目的。

2. 经济效益原则

经济效益原则是指因推行成本控制而发生的成本不应超过因缺少控制而丧失

的收益。它要求：

(1)成本控制要能起到降低成本、纠正偏差的作用，并具有实用性，即成本控制系统应能揭示何处发生了失误，谁应对失误负责，并能确保采取纠正措施。

(2)贯彻重要性原则。即应把注意力集中于重要事项，对成本的细微尾数、数额很小的费用项目和无关大局的事项可以从略。

(3)成本控制系统应具有灵活性。即面对更改的计划和出现的始料未及的情况，控制系统应仍能发挥作用，而不至于在市场变化时成为无用的“装饰品”。

3.因地制宜原则

因地制宜原则是指成本控制方式必须个别设计，以适合特定企业、部门、岗位和成本项目的实际情况，不可完全照搬别人的做法。它要求：

(1)适合特定企业的特点。是指对大型企业和小型企业、老企业和新企业、发展快和相对稳定的企业、这个行业和那个行业的企业，同一企业的不同发展阶段，管理重点、组织结构、管理风格、成本控制方法和奖金形式等都应当有区别。

(2)适合特定部门的要求。是指销售部门、生产部门、技术开发部门、维修部门和管理部门的成本形成过程不同，建立控制标准和实行控制的方法也应有区别。

(3)适合职务与岗位责任要求。是指总经理、厂长、车间主任、班组长需要不同的成本信息，应为他们提供不同的成本控制报告。

(4)适合成本项目的特点。是指材料费用、人工费用、制造费用和管理费用的各明细项目，以及资本支出等，有不同的性质和用途，控制的方法应有区别。

4.例外管理原则

例外管理原则是指在日常实施全面控制的同时，有选择地分配人力、物力和财力，抓住那些重要的、不正常的、不符合常规的关键性成本差异(即例外)。在实务中，确定“例外”的标准通常可考虑如下几项标志：

(1)重要性。一般来说，只有数额较大的差异才应给予足够的重视。这里金额的大小通常以成本差异占标准或预算的百分比来表示。

(2)一贯性。如果有些成本差异虽未达到重要性标准，但却一贯在控制线的上下限附近徘徊，则也应引起管理人员足够重视。因为这种情况可能是由于原标准已过时失效或成本控制不严造成的。

(3)可控制性。凡属管理人员无法控制的成本项目，即使差异达到重要性标准，也不应视为例外，否则会挫伤责任人的积极性。

(4)特殊性。凡对企业的长期获利能力有重要影响的成本项目，即使差异没有达到重要标准，也应视为例外，查明原因。

5. 责权利结合原则

成本控制是加强经济核算，巩固经济责任制的重要手段，因此，实施成本控制必须遵循责权利相结合的原则。成本控制必须首先落实经济责任，并赋予责任者相应的权力，否则责任者就无法履行其分担的义务。同时，只有责任和权力，没有一定的经济利益，责任者就会失去控制成本的动力。因此，成本控制必须明确责任，做到事事有人管；必须赋予权力，做到管而有效；必须结合奖励，做到奖罚分明，调动各责任者在成本控制中的积极性和主动性。

(二)成本控制的程序

要使成本控制达到预期的目标，必须有科学的控制程序，其程序包括以下几个步骤：

1. 制定成本控制标准

所谓标准，就是用来评价和判断工作完成效果和效率的尺度。成本控制标准就是检查、衡量、评价实际成本水平的依据。在成本控制的过程中，首先要制订切实可行的成本控制标准，用来控制实际成本的发生。当出现实际成本高于标准时，就是浪费，实际成本低于标准时则是节约。因此，成本控制标准的确定是关键问题。成本控制的标准可分为理想标准、基本标准和正常标准。

(1)理想标准。是指在目前生产条件下，以现有生产技术和经营管理处于最好状态为基础所制订的标准。这种标准是在假定材料无浪费、设备无事故、产品无废品、工时全有效的基础上制订的，它的要求过高，企业全体职工即使努力，也常常无法达到，因此一般难以采用。

(2)基本标准。是指在一段时间内相对稳定不变的标准，是在一定时期内的一个平均水平。各期实际成本与这一标准相比，就可以反映各期成本升降的幅度，以便考核各期实际成本水平。由于这一标准是在一定时期内的一个平均数，所以随着时间的推移，生产技术和管理水平的提高，就显得过时，难以起到控制的作用，因此在实际工作中也很少采用，只在对比考核分析各期实际成本水平时采用。

(3)正常标准。是指在正常条件下，经过努力可以达到的标准。它是根据企业自身已经达到的生产技术水平和有效经营条件为基础而制订的标准。这种标准的制订把生产经营过程中一般不可避免的损失估计在内，又具有一定的先进性，能够在生产经营过程中发挥控制作用。因此，企业一般以正常标准作为成本控制标准。

2. 控制成本形成过程

在成本形成过程中，要按照已经确定的成本控制标准对形成的实际成本进行控制。成本控制要根据成本形成过程的不同特点来进行。

(1)在产品的设计阶段要根据目标成本控制设计成本。产品成本水平的高低，主要取决于产品设计阶段。设计得先进合理，就可以生产出优质、优价、低成本的产品，并给企业和用户带来最大的经济效益。因此，设计阶段是成本控制的重点。产品设计成本控制包括新产品的研制和原有产品的改进。在产品设计阶段不仅要控制设计成本，而且要控制使用成本，如用户要支付的安装费用，使用过程中要消耗的人力、物力、能源及维修保养费、定期更换零件等费用。对使用成本控制要注意从长远和全面的观点来研究这些费用之间的消长关系。对各个设计方案要在比较其经济效果的基础上进行抉择。

(2)在产品的制造阶段要根据标准成本控制生产成本。产品的制造阶段是产品实体的形成阶段，生产成本控制包括对制造过程中原材料的耗用、生产工人工资及各项费用的控制等。另外，为了谋求企业的良性循环，企业在确定了用户对产品的需要之后，就必须考虑如何以最少的耗费来寻求合适的质量，这就要求企业对产品的质量成本进行积极控制。

3.揭示分析成本差异

利用成本标准与实际发生的各项成本进行比较，就可以揭示两者之间的差异，通过揭示差异，就会发现实际成本是节约还是超支。如果实际成本比标准成本低，即为节约差异，或称有利差异；如果实际成本高于标准成本，即为超支差异，或称不利差异。通过成本差异的分析，可以进一步查找产生差异的各种原因，区分哪些是可控费用，哪些是不可控费用，然后针对有关原因，对部门单位提出建议，进行有效控制。

第二节　目标成本控制

一、目标成本控制的特点

目标成本是保证企业目标利润实现所必须达到的成本水平，它是企业经营目标的重要组成部分。目标成本既是一个目标概念，又是一个成本概念。作为目标概念，它是企业预先确定的在一定时期内所要实现的成本目标，是企业成本管理工作的奋斗目标。作为成本概念，它是企业作为奋斗目标和控制指标而预先制定的产品成本，即用货币表现的费用支出。目标成本控制就是企业为了达到和实现目标成本，促使成本降低所实施的一切方法和措施。目标成本控制作为一种现代成本管理方法，具有以下特点：

(1)目标成本控制是未来型的成本控制。它要求企业的成本控制必须有明确的目标,把成本控制的重点放在企业未来产品成本的降低上,通过对成本发生和费用支出过程的有效控制,保证成本目标的实现。

(2)目标成本控制是超前型的成本控制。它要求企业的成本控制在事先必须进行科学预测和可行性研究,制定正确的成本目标,并依据成本目标进行成本决策和成本计划,制定最优的成本方案和实施措施。

(3)目标成本控制是主动性的成本控制。它要求企业的成本控制必须充分调动广大职工的积极性、主动性、创造性,使他们积极主动地围绕成本目标的实现,采取各种挖掘企业潜力、降低产品成本的措施。

(4)目标成本控制是全面性的成本控制。它要求企业的成本控制必须建立全过程、全方位和全员参加的成本控制网络,从而实现目标成本。

二、目标成本的测定

目标成本的测定,就是依据一定的原则,按照既定的程序,通过用科学的方法进行预测、试算,最后制定出适宜的目标成本。它是目标成本控制的首要环节,是目标成本分解与落实、实施与控制、分析与考核的前提。因此,目标成本测定的合理与否,直接关系到目标成本控制的成效。

目标成本测定是在综合考虑未来一定时期内的有关产品的品种、数量、价格、税金、利润等诸项因素基础上而进行的成本水平的测算。为使产品的目标成本测定合理,就必须广泛地进行市场调查,搜集各种技术和成本资料,为测定目标成本提供各种可靠的数据。市场调查主要是对国内外同类产品的基本情况进行调查。一般来说,主要包括对以下方面的调查:

(1)国内外同类产品的性能、特点、主要技术资料和基本数据。主要包括部件结构及其物理特性(材质、重量、尺寸、外观等)。

(2)国内外同类产品的发展趋势。主要包括新的消费趋势以及新材料、新工艺、现代技术的采用可能对产品产生的影响。

(3)国内外同类产品使用及销售方面的情况。主要包括:用户对产品规格的要求;对性能、可靠性、服务、维修、安全、操作及美观方面的要求;对耐用期限的要求;有关产品使用的实际情况(产品部件的实际寿命、部件更换的实际情况及更换原因、实际销售价格及维修费用);一年内的总需求量等情况;使用上的问题及应改进之处。

(4)国内外同类产品的成本资料。主要包括:材料的消耗定额、零部件的工时定额、小时费用率以及其他成本资料。

(5)本企业情况的调查。为了便于对比分析，改进设计，还必须对本企业产品的基本情况进行调查。调查的主要内容包括：本企业产品的主要技术数据（如部件结构、材质、质量、尺寸、各部件的技术性能），本企业产品成本的历史资料（各种主要消耗定额和工时定额、成本历史最好水平、材料及外购件价格资料、实际费用水平），本企业生产的适应情况（生产能力、设备状况、工艺条件、作业方法、职工文化和技术水平、外协的供应者及外协费用等）。

调查时可成立专业调查机构，比如可在企业科研和设计部门设立情报调查研究组，承包专题调查研究项目。同时，与大专院校、科研部门挂钩。在全国各地建立商情网，广泛交流情报。在企业内部要建立各种产品的技术档案，搜集整理各种技术数据。

经市场调查占有大量技术数据和成本数据之后，就可以根据企业目标利润的要求，采用一定的方法测定产品的目标成本。目前实践中采用比较广泛的测定方法是“倒扣法”。即先确定目标利润，然后从产品的预计价格中减去税金和目标利润，余额就是要努力实现的目标成本。其计算公式如下：

$$目标成本=产品预计价格-应纳税金-目标利润$$

式中产品预计价格，如果是国家统一规定的价格，应采用国家统一价格，如果没有，则应根据国内外同类产品比价资料制定出市场可接受的价格。应纳税金，按照国家规定的税率计算。目标利润可以采用以下不同的方法确定：

(1)用国内外同种或同类产品销售利润率乘以预计销售价格求得；

(2)对于新产品的目标利润，还可以用企业同类老产品的销售利润率乘以预计销售价格求得；

(3)用上级规定的或企业同类老产品的成本利润率乘以目标成本求得。

当产品目标利润按成本利润率来计算时，由于计算目标利润所依据的目标成本在式中也是未知数，故不能直接根据目标成本乘以成本利润率计算求得，而必须通过数学公式进行推导。其计算公式如下：

$$目标成本=产品预计价格\times(1-税率)-目标成本\times成本利润率$$

$$目标成本=\frac{产品预计价格\times(1-税率)}{1+成本利润率}$$

【例 13-1】某企业新产品的预计单位售价 6 000 元，同类老产品的销售利润率为 14%，税率为 6%，则该产品的单位目标成本为：

$$6\,000-6\,000\times6\%-6\,000\times14\%=4\,800(\text{元})$$

假设上例同类老产品的成本利润率为 17.5%，则该新产品的单位目标成本为：

$$\frac{6\,000\times(1-6\%)}{1+17.5\%}=4\,800(\text{元})$$

三、目标成本的分解

目标成本测定之后，为了使其能够实现，还需要将其按管理层次、管理职能、产品结构、产品形成过程、成本的经济内容等分解为若干小目标，并落实到设计成本有关的各责任单位以至个人，使他们都有一个具体、明确的目标成本，作为控制各部分设计成本与评价设计工作经济效果的依据。各责任单位制定保证实现这些小指标的方案之后，还要进行试算平衡，以验证在实现小指标方案之后，总的目标能否实现。如未实现，则需要采取新的措施分解落实，以保证达到目标成本的要求。

目标成本分解的方法主要有以下几种：

1. 按产品结构进行分解

这是按产品测定目标成本进行分解的最基本方法。首先，将产品按其构成情况分解为若干结构件；其次，可参考老产品或类似产品的实际成本资料，计算各结构件成本占产品成本的比重，也称为成本系数；然后，根据新产品的结构件及其材质、重量和复杂程度，调整成本系数；最后，将新产品目标成本乘上调整后的各结构件的成本系数，即可求得该结构件的目标成本。

2. 按产品主要功能进行分解

这种方法首先要确定各结构件的功能评价系数，然后按下列公式计算各结构件目标成本：

某结构件目标成本＝新产品目标成本×该结构件功能评价系数

3. 按产品成本的形成过程进行分解

这种方法将新产品目标成本按照产品成本形成过程进行分解，从而对每一个生产步骤的设计成本进行控制，主要适用于连续式复杂生产的产品。分解时，可根据老产品或类似产品的实际成本资料，计算出各生产步骤成本之间的比例关系，据此分解新产品目标成本。

4. 按产品成本项目的结构进行分解

这种方法主要适用于简单生产的产品，它是将新产品的目标成本按经济用途即成本项目的构成分解为直接材料、直接人工和制造费用三个项目，作为产品设计成本中料、工、费的限额。分解时，可依据老产品或类似产品的实际成本资料，测算料、工、费各占成本的比重；然后将新产品目标成本乘上老产品或类似产品成本中各成本项目的比重，即可求得新产品的料、工、费的目标成本。

四、成本功能分析

当确定了一项新产品的目标成本后，企业需要组成由工程、技术、采购、生产、销售和会计等各方面人员参加的设计小组，承担产品设计任务。目标成本控制给设计小组以巨大的压力，迫使他们必须实现目标成本的要求。在目标成本计算的问题上，没有任何重新协商的可能，没有达到目标成本的产品是不会被投入生产的。目标成本最终反映了顾客的需求，以及资金供给者对投资合理收益的期望。因此，客观上存在的压力，迫使设计小组寻求和使用有助于他们达到目标成本的方法。其中，价值工程是评价设计方案的一种系统性、基础性的方法。

(一)价值工程的含义

构成产品成本的各项费用，虽然大多数是在产品生产过程中实际发生的，但生产一件产品应该发生哪些费用，数量是多少，在很大程度上是由产品投产前的产品设计决定的。因此产品生产成本的控制，可以在产品的设计阶段，通过对产品的价值工程分析，选择最佳方案并确定相应的最低目标成本。

价值工程是以功能分析为中心，使产品和作业能达到适当的价值，即用最低的成本来实现或创造产品应具备的必要功能的一项有组织的活动。它有以下三个方面的含义：

(1)价值工程是以最低的成本去实现某产品或作业应具备的必要功能，以使产品和作业达到最佳价值。其中，功能是某项产品所负担的职能或所起的作用。功能首先以满足消费者的需求为前提条件，功能的提高是无限的，它同时又受用户需求和生产成本的制约。价值工程就是要确定产品的必要功能，避免功能过剩和功能不足现象的发生。成本则是指产品的寿命周期成本，即为实现产品的必要功能在整个产品生产和使用过程中发生的成本。价值工程就是在保证产品必要功能的前提下，使其寿命成本最低。这里的价值要从功能和成本的关系上来理解，即产品的功能和成本的比值，它反映了产品物美价廉的程度。产品功能与成本之间的关系如下：

价值＝功能/成本

价值工程是根据产品成本和功能的内在联系通过科学的比较分析，从中找出最佳价值。由于产品的功能受用户需求的限制，而用户的需求又受产品寿命周期成本的制约。因此，开展价值工程既不能脱离用户的成本制约，片面追求高功能，也不能脱离顾客的需求，片面追求低成本，造成产品的必要功能不足。价值工程的真正目的在于既实现产品的必要功能，又要降低产品的寿命周期成本，追求产品的最佳价值。要实现这个目的，只能从提高功能和降低成本两个方面人手。

(2)价值工程的核心问题是对产品或作业进行功能分析。在产品设计和研制时，着重对产品的功能分析研究，确定实现必要功能最优方案的有效方法。通过功能分析，可以发现哪些功能是消费者需要的，哪些功能是不必要的，哪些功能是过剩的，哪些功能是不足的，并在改进方案中提出新的解决方法，去掉不必要的功能，削减过剩的功能，补足不足的功能，从而使产品的功能结构更加合理，以达到既能满足消费者的需求，保证必要的功能，又能降低产品寿命周期成本。

(3)价值工程作为一整套的科学方法，是运用集体智慧的一项有组织的活动。由于价值工程既要降低成本，又要提高功能，涉及到企业经营活动的方方面面，因此，要有效开展价值工程活动，就需要将各部门的专业人员组织起来，紧密配合，运用各方面的知识，充分发挥集体的力量。

(二)价值工程的程序

价值工程活动就是一个发现和解决问题的过程，其具体开展包括以下几个阶段：

1.正确选择对象

企业没有必要对所有的产品或作业都进行价值分析，也没有必要对一个产品的所有零件都进行价值分析，而应该有所选择。一般而言，在设计方面要选择那些结构复杂、体积庞大、材料昂贵的、性能差的产品；在生产方面选择那些批量大、工艺复杂、原材料消耗高、能源消耗大、成品率低、废品率高的产品；在销售方面要选择用户意见多、竞争力差的老产品；在成本方面要选择成本高于同类或功能相近的产品以及成本结构中过高的构成部分。

2.收集可靠信息

根据对象的性质、范围和要求，收集可靠的信息。包括企业的基本情况，如经营方针、产品品种、产量、质量等；有关的技术和经济资料，如本企业或同类产品的结构、性能、加工工艺、材料成本、加工费等；用户的有关意见，如用户对产品的要求、使用目的、使用条件以及在使用中的问题等。

3.分析成本功能

首先要把价值工程的对象所具有的功能细致地加以研究，了解它们的作用。

就是分析对象在生产过程中所采取的每一工艺、每道工序、每种材料和零件对构成产品最终使用价值起到了什么作用，承担了什么职能，没有它们是否影响产品的使用价值，有无便宜的东西可以替代等。所有这些就是给每个分析对象的功能下定义的过程，实际上也是发现问题的过程。其次，就是对已下定义的功能进行分类和整理，即搞清哪些是基本功能，哪些是辅助功能，哪些功能是用户需要的，哪些功能是用户不需要的，哪些是功能过剩，哪些是功能不足，以及各功能之间的关系。通过功能整理可以具体把握需要改进的功能范围，为进一步提出功能改进方案提供依据。最后，要进行功能评价。先针对不同的分析对象进行评价，然后与现实成本相互比较，求出各分析对象的价值系数。

成本功能分析的计算步骤如下：

第一，计算功能评价系数，如表 13-1 所示。

表 13-1　　功能评价系数表

零件名称	一对一比较结果						得分累计	功能评价系数
	A	B	C	D	E	F		
A	×	1	1	0	1	1	4	0.266 7
B	0	×	1	0	1	1	3	0.200 0
C	0	0	×	0	1	1	2	0.133 2
D	1	1	1	×	0	1	4	0.266 7
E	0	0	0	1	×	0	1	0.066 7
F	0	0	0	0	1	×	1	0.066 7
							15	1

将每一零件与其他零件一对一地进行功能重要程度的对比，重要的打 1 分，次要的打 0 分。功能评价系数是某一零件得分除以全部零件得分合计求得。

第二，计算成本系数。即将某一零件的设计成本除以全部零件设计成本合计数求得，如表 13-2 所示。

表 13-2　　成本系数、价值系数及成本分配表

零件名称	功能评价系数	设计成本	成本系数	价值系数	目标成本	应降低成本
	①	②	③=②/②合计	④=①/③	⑤=$\sum$⑤×①	⑥=②−⑤
A	0.266 7	1 213.36	0.242 7	1.10	1 280.16	−66.80
B	0.200 0	1 060.00	0.212 0	0.94	960.00	100.00
C	0.133 2	906.56	0.181 3	0.73	639.36	267.20
D	0.266 7	1 213.36	0.242 7	1.10	1 280.16	−66.80
E	0.066 7	253.36	0.050 7	1.32	320.16	−66.80
F	0.066 7	353.36	0.070 6	0.94	320.16	33.20
合计	1	5 000	1	—	4 800	200

第三，计算价值系数。即将功能评价系数除以成本系数求得。从成本功能分析观点来看，成本系数应该同其功能评价系数大体一致。如果价值系数近于1，说明零件重要程度同所费成本大体相等；如小于1，说明零件重要程度同所费成本不相符，应当成为成本功能分析的重要目标；如大于1，说明此零件成本比重较小。在本例中，零件B、C、F的价值系数均小于1，尤其是C，只达到0.73，降低设计成本的重点该放在这三个零件上。

第四，测算各零件目标成本，计算成本降低幅度。某零件目标成本等于产品目标成本乘以该零件功能评价系数。求得各零件目标成本后，再同其设计成本比较，B零件应降低成本100元，C零件应降低成本267.20元，F零件应降低成本33.20元，这就为降低成本指明了努力的方向。

产品设计成本测算后，应和目标成本进行比较。当设计成本超过目标成本时，应进一步挖掘降低成本的潜力，直至有了可靠的措施，保证设计成本控制在目标成本的限度内，才能批准设计方案，以避免先天性的损失和浪费。

为使产品的设计方案达到最优化，应同时提出几种不同的设计方案，进行设计方案的优选。这就要求在定性分析的基础上，采用定量分析的方法来评价取舍方案。评价的原则是：①设计方案必须能充分利用本国资源，有利于节约资源；②设计方案在技术上都必须是可行的；③设计方案的设计成本必须小于目标成本；④各设计方案通常是在产品功能、售价和目标成本限定的前提下进行设计，设计成本最低的方案一般应是最优的方案；⑤如果各设计方案不仅设计成本不同，而且产品售价和预计销售量也不一样，则要结合其成本盈利率（售价/设计成本－1）和总盈利（预计销售量×单位盈利）加以综合研究；⑥评价不同设计方案时，不仅要考虑企业经济效益，而且要考虑社会经济效益。根据以上原则，从多方面进行可行性分析和评价不同设计成本方案，就能在投产前预先有效地控制产品成本的形成，保证从根本上提高企业经济效益。

第三节　标准成本控制

一、标准成本控制概述

（一）标准成本控制的含义

标准成本控制也称标准成本制度（standard cost system），是指以预先制定的标准成本为基础，将实际成本与标准成本进行比较，计算分析成本差异的一种成本计算方法，它也是加强成本控制、评价经营业绩的一种成本控制制度。

标准成本制度最早产生于20世纪20年代的美国，是泰罗制与会计相结合的产物。它的核心是按标准成本记录和反映产品成本的形成过程和结果，并借以实现对成本的控制。它将成本的事前规划、事中控制和事后分析处理有机地结合起来，成为企业加强管理、提高经济效益的有效手段。

(二)标准成本控制的内容

标准成本控制的内容主要包括：标准成本的制定、成本差异的计算分析和成本差异的账务处理。其中标准成本的制定是采用标准成本制度的前提，据此可以达到成本事前控制的目的；成本差异的计算分析是标准成本制度的重点，借此可以促成成本控制目标的实现，并据以进行经营业绩考评；成本差异的账务处理则与成本的日常核算相联系，从而可以简化成本核算工作。

(三)标准成本制度的意义

(1)有利于进行成本控制。标准成本是经过科学合理的计算而确定的，它不仅事先剔除了过去存在的浪费和不合理支出，而且还考虑了未来发展趋势和应采取的措施，因此，它既是事前成本控制的主要手段，同时也是事中成本控制的主要依据。

(2)有利于进行经营决策。由于标准成本体现了成本要素的合理配置，它可以作为确定产品售价和估算产品未来成本的依据，也可以作为本量利分析的原始数据资料。因此，标准成本为企业进行有关的经营决策分析提供了可靠的依据。

(3)有利于简化成本核算。在标准成本制度中，日常的成本核算将标准成本和成本差异分别列示，可使日常的成本核算不受实际干扰，对于各项成本差异另设账户进行归集，期末一次性调整，从而大大简化了日常的成本核算工作。

(4)有利于评价工作业绩。标准成本制度以标准成本作为评估业绩的尺度，由于标准成本通常是指在正常生产条件下制造产品应有的成本额，因此，以本期实际成本与标准成本相比较，就能正确评价企业的工作质量。

二、标准成本及其制定

(一)标准成本的种类

所谓标准成本是指按照成本项目反映的、在已经达到的生产技术水平和有效经营管理条件下，应当发生的单位产品成本目标。标准成本可以按以下方法进行分类：

1. 按其适用期，分为现行标准成本和基本标准成本

现行标准成本是指根据其适用期间应该发生的价格、效率和生产经营能力利用程度等预计的标准成本。在这些决定因素变化时，需要按照改变了的情况加以修订。这种标准成本可以成为评价实际成本的依据。基本标准成本是指一经制定，只要生产的基本条件无重大变化，就不予变动的一种标准成本。由于基本标准成本不按各期实际修订，不宜用来直接评价工作效率和成本控制的有效性。

2. 按其制定所根据的生产技术和经营管理水平，分为理想标准成本和正常标准成本

理想标准成本是指在最优的生产条件下，利用现有的规模和设备能够达到的最低成本。这种标准没有考虑现实的可能性，在实际生产中是很难实现的。正常标准成本是指在效率良好的条件下，根据下期一般应该发生的生产要素消耗量、预计价格和预计生产经营能力利用程度制定出来的标准成本。这种标准是企业经过努力可以达到的，因而能够调动职工的积极性。

在标准成本控制中，广泛使用正常的标准成本。它具有以下特点：它是用科学方法根据客观实验和过去实践经充分研究后制定出来的，具有客观性和科学性；它排除了各种偶然性和意外情况，又保留了目前条件下难以避免的损失，代表正常情况下的消耗水平，具有现实性；它是应该发生的成本，可以作为评价业绩的尺度，成为督促职工去努力争取的目标，具有激励性；它可以在工艺技术水平和管理有效性水平变化不大时持续使用，不需要经常修订，具有稳定性。

（二）标准成本的制定

标准成本的制定就是根据各项成本标准和与此相关的作业量之间的关系，分别确定出相应的标准成本内容，经汇总后再确定出产品标准成本的一系列过程。在标准成本的制定过程中，其指导思想是：从现实出发，立足于先进，并给人们指明一种激励的目标。因此，它必须是在消除一切不利因素的条件下，制定出先进可行的考评尺度，通过标准成本的制定，实现事前成本控制的目的。

制定标准成本，通常先确定直接材料和直接人工的标准成本，其次确定制造费用的标准成本，最后确定单位产品的标准成本。

1. 直接材料标准成本的制定

直接材料的标准成本是指单位产品应耗用直接材料的成本目标，它是由直接材料数量标准和直接材料价格标准两个因素决定的。

直接材料的数量标准是指企业在现有生产技术条件下，生产单位产品应当耗

用的原料及主要材料数量。一般包括构成产品实体应耗用的材料数量、生产中的必要消耗,以及不可避免的废品损失中的消耗等。应根据企业产品的设计、生产和工艺的现状,结合企业的经营管理水平的情况和成本降低任务的要求,考虑材料在使用过程中发生的必要消耗,并按照产品的零部件来制定各种原料及主要材料的消耗定额。一般应由生产技术部门制定。

直接材料的价格标准是指以订货合同价格为基础,并考虑到未来可能发生的变动而确定的计划价格。一般包括材料买价、运杂费、检验费和正常损耗等成本。通常由财务部门会同采购部门按照材料的品种分别制定。

直接材料标准成本的计算公式如下:

$$某产品直接材料标准成本 = \sum(直接材料的标准数量 \times 直接材料的标准价格)$$

【例 13-2】某企业生产的甲产品需要 A、B 两种材料,该产品直接材料标准成本的计算如表 13-3 所示。

表 13-3　　直接材料标准成本计算表　　单位:元

项　目	A 材料	B 材料	合计
预计平均购买价格(元/千克)	200	120	
预计平均采购费用(元/千克)	10	5	
直接材料标准价格(元/千克)	210	125	
预计正常耗用数量(千克/件)	4	5.4	
预计正常损耗数量(千克/件)	0.5	0.6	
直接材料标准用量(千克/件)	4.5	6	
单位产品直接材料标准成本(元/件)	945	750	1 695

注:直接材料标准成本=4.5×210+6×125=1 695(元/件)。

2. 直接人工标准成本的制定

直接人工的标准成本是指单位产品应耗用直接人工的成本目标。是由直接人工效率标准和直接人工薪酬率标准两个因素决定的。

直接人工的效率标准是指直接生产工人生产单位产品所需要的标准工时,是在企业现有的生产技术条件下,生产单位产品所需要的工作时间,包括对产品的直接加工工时、必要的间歇和停工工时以及不可避免的废品耗用工时等。通常由生产技术部门和劳动工资部门根据技术测定的统计调查资料确定。

直接人工的薪酬率标准是指生产工人每消耗一个标准工时应分配的人工成本。如果采用计件工资制,该薪酬标准就是根据计件单价和单位产品应耗用工时而确定的小时薪酬率;如果采用计时工资制,该薪酬标准就是生产能力标准总工时和预计的直接人工薪酬总额所确定。应由劳资部门、生产技术部门和财会部门协同一起，根据历史资料、预期薪酬水平和生产技术变化等因素进行制定。

直接人工标准成本的计算公式如下：

$$某产品直接人工标准成本=\sum(直接人工的标准工时\times直接人工的标准薪酬率)$$

【例 13-3】某企业生产的甲产品需经过两个车间连续加工，该产品的直接人工标准成本的计算如表 13-4 所示。

表 13-4　直接人工标准成本计算表　单位：元

项　目	一车间	二车间	合计
从事直接生产工人数(人)	50	60	
每人每月标准工时数(小时)	160	160	
每月标准加工总时数(小时)	8 000	9 600	176 00
每月直接人工成本(元)	40 000	48 000	88 000
小时工资率(元/小时)	5	5	5
单位产品标准工时(小时/件)	40	60	100
单位产品直接人工标准成本(元/件)	200	300	500

注：直接人工标准成本＝40×5＋60×5＝500(元/件)。

3. 制造费用标准成本的制定

由于制造费用按其性态可划分为变动性制造费用和固定性制造费用两部分，所以，制造费用的标准成本也应分为两部分分别制定。

(1)变动性制造费用标准成本的制定。变动性制造费用的标准成本是由变动性制造费用工时标准和变动性制造费用分配率标准两个因素决定的。变动性制造费用的分配率标准是指每消耗一标准工时应发生的变动性制造费用，其计算公式为：

变动性制造费用标准分配率＝变动性制造费用预算总额/标准总工时

其中：标准工时总数可以分别用直接人工工时或机器台时总量来表示。

变动性制造费用准成本的计算公式如下：

$$\begin{matrix}某产品变动性制造\\费用标准成本\end{matrix}=\begin{matrix}变动性制造费用\\工时标准\end{matrix}\times\begin{matrix}变动性制造费用\\分配率标准\end{matrix}$$

(2)固定性制造费用的标准成本的制定。固定性制造费用标准成本的制定，应视采用的成本计算方法而定。

在变动成本法下，固定性制造费用属于期间成本，直接计入当期损益，作为本期收入的扣除项目,不必在各种产品间进行分配,因而不包括在单位产品的标准成本中。

在完全成本法下,固定性制造费用与变动性制造费用一样也要通过分配计入单位产品的标准成本中。其分配方法与变动性制造费用相同。计算公式如下：

$$\text{某产品固定性制造费用标准成本}=\text{固定性制造费用工时标准}\times\text{固定性制造费用分配率标准}$$

$$\text{固定性制造费用标准分配率}=\text{固定性制造费用预算总额}/\text{标准总工时}$$

【例 13-4】某企业生产甲产品,其制造费用标准成本的计算如表 13-5 所示。

表 13-5　　制造费用标准成本计算表　　单位:元

项　目	变动性制造费用	固定性制造费用	合计
制造费用预算总额(元)	28 160	7 040	35 200
标准加工总时数(小时)	17 600	17 600	17 600
制造费用分配率(元/小时)	1.6	0.4	2
单位产品标准工时(小时/件)	100	100	100
单位产品制造费用标准成本(元/件)	160	40	200

注:制造费用标准成本=100×1.6+100×0.4=200(元/件)。

4. 单位产品标准成本的制定

单位产品的标准成本是根据直接材料标准成本、直接人工标准成本和制造费用标准成本汇总计算求得的。其计算公式如下：

$$\text{单位产品标准成本}=\text{直接材料标准成本}+\text{直接人工标准成本}+\text{制造费用标准成本}$$

【例 13-5】根据表 13-3、表 13-4、表 13-5 的计算结果,A 产品的单位标准成本计算如表 13-6 所示。

表 13-6　　单位产品标准成本计算表　　单位:元

项　目	数量标准	价格标准	标准成本
直接材料			1 695
甲材料	4.5	210	945
乙材料	6	125	750
直接人工	100	5	500
制造费用	100	2	200
变动性制造费用	100	1.6	160
固定性制造费用	100	0.4	40
单位产品标准成本(元/件)	—	—	2 395

注:单位产品标准成本=1 695+500+200=2 395(元/件)。

三、成本差异的计算分析

成本差异的计算分析是指依据制定的各项标准成本，随时同实际成本进行比较，分析评价实际成本同标准成本之间的差异性质及其原因，并及时提醒有关执行者，以求不断改进工作，严格控制支出，达到降低成本目的的一系列过程。通过这一过程，不仅可以发现实际工作同要求之间的差距，还可促使其不断予以改进，避免在今后的工作中重复出现失误，达到事中成本控制的目的。

标准成本是一种目标成本，在实际工作中，由于种种原因，可能会出现产品的实际成本与标准成本不符的情况。实际成本与标准成本之间的差额，称为标准成本差异，或称成本差异。实际成本低于标准成本的差异，称为有利差异(或节约差异)；实际成本高于标准成本的差异，称为不利差异(或超支差异)。由于标准成本是根据标准数量和标准价格两个因素计算而成的，所以在计算分析差异时，也应从消耗数量和价格两方面分别进行。

(一)直接材料成本差异的计算分析

直接材料成本差异是指在实际产量下直接材料实际总成本与其标准总成本之间的差额。由于标准成本的高低取决于价格标准和数量标准，因此，进行差异分析时要区分出由于“价格”标准和由于“数量”标准而引起的差异。

$$\text{直接材料成本差异}=\text{实际产量下直接材料的实际成本}-\text{实际产量下直接材料的标准成本}$$

$$=\text{直接材料数量差异}+\text{直接材料价格差异}$$

$$\text{直接材料数量差异}=\left(\text{实际产量下直接材料的实际数量}-\text{实际产量下直接材料的标准数量}\right)\times\text{直接材料标准价格}$$

$$\text{直接材料价格差异}=\text{实际产量下直接材料的实际数量}\times\left(\text{直接材料实际价格}-\text{直接材料标准价格}\right)$$

影响直接材料数量差异的因素大致包括：工人的技术熟练程度和责任感；加工设备的完好程度；产品质量控制制度；材料的质量和规格；材料的安全保管工作。直接材料用量差异多是由于企业内部可控因素造成的，一般情况下应由生产部门负责，但有时则要由其他部门负责。

影响直接材料价格差异的因素包括：市场环境；价格变动状况；材料采购方式、运费、批量和运输方式、可利用的数量折扣、紧急交货、材料供应者的选择等。材料价格差异的责任一般应由采购部门负责，但应注意区别主观因素和客观因素。

【例 13-6】某企业生产的甲产品，耗用 A、B 两种材料，材料的标准价格分别为 210 元、125 元，实际采购价格分别为 220 元、120 元。标准耗用量分别为 45 000 千克和 6 000 千克，本月实际耗用量分别为 4 450 千克和 6 060 千克。则甲产品直接材料成本差异的计算分析如下：

甲产品直接材料成本差异 =(4 450×220+6 060×120)−(4 500×210+6 000×125)

=11 200(元)

其中：

直接材料数量差异影响：

A 材料数量差异=(4 450−4 500)×210=−10 500(元)

B 材料数量差异=(6 060−6 000)×125 =7 500(元)

合计 −3 000 元

直接材料价格差异影响：

A 材料价格差异=(220−210)×4 450=44 500(元)

B 材料价格差异=(120−125)×6 060=−30 300(元)

合计 14 200 元

上述计算表明：甲产品的直接材料成本差异为超支 11 200 元，其中：直接材料数量差异为节约 3 000 元，是由于 A 材料实际消耗量低于标准消耗量而节约 10 500 元和 B 材料实际消耗量超过标准消耗量而超支 7 500 元综合作用的结果；而直接材料价格差异为超支 14 200 元，是由于甲材料实际单价高于标准单价而超支 44 500 元和乙材料实际单价低于标准单价而节约 30 300 元共同作用的结果。对差异原因，应结合企业实际情况作进一步分析。

(二)直接人工成本差异的计算分析

直接人工成本差异是指在实际产量下直接人工实际总成本与其标准总成本之间的差额。由于标准成本的高低取决于效率标准和薪酬率标准，因此，进行差异分析时要区分出由于“效率”标准和由于“薪酬率”标准而引起的差异。

$$\text{直接人工成本差异}=\text{实际产量下直接人工的实际成本}-\text{实际产量下直接人工的标准成本}$$

$$=\text{直接人工效率差异}+\text{直接人工薪酬率差异}$$

$$\text{直接人工效率差异}=\left(\text{实际产量下的实际人工工时}-\text{实际产量下的标准人工工时}\right)\times\text{标准薪酬率}$$

$$\text{直接人工薪酬率差异}=\text{实际产量下的实际人工工时}\times(\text{实际薪酬率}-\text{标准薪酬率})$$

影响直接人工效率差异的因素主要包括：工人的劳动生产率、加工设备的完好程度、动力供应情况以及材料、半成品供应保证程度、材质、规格等。直接人工效率差异主要由生产部门负责，应当有针对性地认真分析，准确确定责任归属。

影响直接人工薪酬率差异的主要因素包括：总体工资水平、由于不同工资等级的存在而形成的工资结构等。直接人工薪酬率差异主要由劳资部门负责，但是其中不可控因素相当多，应当作进一步分析。

【例 13-7】 某企业生产甲产品，本月完成标准工时 17 000 小时，实际工时 17 500小时，标准薪酬率 5 元，实际薪酬率为 5.2 元。甲产品直接人工成本差异的计算分析如下：

$$\text{甲产品直接人工成本差异}=17\,500\times5.2-17\,000\times5=6\,000(\text{元})$$

其中：

$$\text{直接人工效率差异}=(17\,500-17\,000)\times5=2\,500(\text{元})$$
$$\text{直接人工薪酬率差异}=(5.2-5)\times17\,500=3\,500(\text{元})$$

上述计算表明，甲产品直接人工成本差异为超支 6 000 元，是由于直接人工效率下降使直接人工成本超支 2 500 元和直接人工薪酬率提高使直接人工成本超支 3 500 元的结果。对差异原因，应结合企业实际情况作进一步分析。

(三)变动性制造费用成本差异的计算分析

变动性制造费用成本差异是指在实际产量下变动性制造费用的实际发生额与其标准发生额之间的差额。它又可分解为变动性制造费用效率差异和变动性制造费用耗费差异两部分。其计算公式如下：

$$\begin{aligned}\text{变动性制造费用成本差异}&=\text{实际产量下实际变动性制造费用}-\text{实际产量下标准变动性制造费用}\\&=\text{变动性制造费用效率差异}+\text{变动性制造费用耗费差异}\end{aligned}$$

$$\text{变动性制造费用效率差异}=\left(\text{实际产量实际工时}-\text{实际产量标准工时}\right)\times\text{变动性制造费用标准分配率}$$

变动性制造费用耗费差异＝实际产量实际工时×（变动性制造费用实际分配率－变动性制造费用标准分配率）

影响变动性制造费用效率差异的主要因素与影响直接人工效率差异的因素一致。

影响变动性制造费用耗费差异的因素包括：预算或标准估计有误，实际发生的变动性制造费用与预计数发生偏差；间接材料价格变化；间接人工工资的调整；间接材料质量低劣；间接人员过多；其他各项变动性制造费用控制不当等。变动性制造费用耗费差异由于其构成内容繁多，具体原因不同，在进行分析时，应分清哪些是可控的，哪些是不可控的，并根据具体情况确定其责任的归属对象。

【例 13-8】某企业生产的甲产品，本月变动性制造费用预算为 27 200 元，实际执行结果为 27 825 元，本月完成标准工时 17 000 小时，实际工时为 17 500 小时。甲产品变动性制造费用成本差异的计算分析如下：

变动性制造费用标准分配率＝27 200/17 000＝1.6（元/小时）

变动性制造费用实际分配率＝27 825/17 500＝1.59（元/小时）

甲产品变动性制造费用成本差异＝27 825－27 200＝625（元）

其中：

变动性制造费用效率差异＝（17 500－17 000）×1.6＝800（元）

变动性制造费用耗费差异＝（1.59－1.6）×17 500＝－175（元）

计算结果表明，甲产品变动性制造费用成本差异为超支 625 元，是由于变动性制造费用效率下降使变动性制造费用超支 800 元和变动性制造费用耗费降低使变动性制造费用节约 175 元的结果。对差异原因，应结合企业实际情况作进一步分析。

（四）固定性制造费用成本差异的计算分析

与变动性制造费用不同，在一定相关范围内，固定性制造费用不会随业务量的变化而变化。这就决定了对其进行控制的方法与变动性制造费用不同。它通常通过编制固定预算进行成本控制，而不是弹性预算。

固定性制造费用成本差异是指在实际产量下固定性制造费用实际发生额与其标准发生额之间的差额，其计算公式如下：

$$\text{固定性制造费用成本差异}=\text{实际产量下实际固定性制造费用}-\text{实际产量下标准固定性制造费用}$$

$$=\text{实际产量实际工时}\times\text{固定性制造费用实际分配率}-\text{实际产量标准工时}\times\text{固定性制造费用标准分配率}$$

对固定性制造费用成本差异的分解可采用两种方法：两差异分析法和三差异分析法。

1.两差异分析法

两差异分析法是指将固定性制造费用的成本差异分解为预算差异和能量差异两种类型的方法。其计算公式分别为：

$$\text{固定性制造费用预算差异}=\text{实际产量实际工时}\times\text{固定性制造费用实际分配率}-\text{预算产量标准工时}\times\text{固定性制造费用标准分配率}$$

$$\text{固定性制造费用能量差异}=\left(\text{预算产量标准工时}-\text{实际产量标准工时}\right)\times\text{固定性制造费用标准分配率}$$

影响固定性制造费用预算差异的因素包括：管理人员工资的调整；折旧方法的改变；修理费用开支的变化；租赁费、保险费的调整；各项办公用品价格上涨等。这些因素变化主要是由客观原因引起的，不是企业控制的重点。

影响固定性制造费用能量差异的因素包括：市场销路的变化；材料供应方面存在的问题；设备能力利用不善，机械发生故障，停工待修；燃料能源短缺，开工不足；生产批量变化；人员技术水平有限，不能充分发挥设备能力等。这些因素主要应由高层管理人员负责，计划、生产、采购、销售等部门都可能负有一定的责任，应根据企业的具体情况确定。

2.三差异分析法

三差异分析法是指将固定性制造费用的成本差异分解为耗费差异、生产能力差异和效率差异三种类型的方法。其计算公式分别为：

$$\text{固定性制造费用耗费差异}=\text{实际产量实际工时}\times\text{固定性制造费用实际分配率}-\text{预算产量标准工时}\times\text{固定性制造费用标准分配率}$$

$$\text{固定性制造费用生产能力利用差异}=\left(\text{预算产量标准工时}-\text{实际产量实际工时}\right)\times\text{固定性制造费用标准分配率}$$

$$\text{固定性制造费用效率差异}=\left(\text{实际产量实际工时}-\text{实际产量标准工时}\right)\times\text{固定性制造费用标准分配率}$$

三差异法中的耗费差异等于二差异法中的预算差异；生产能力利用差异与效

率差异之和等于能量差异。

【例 13-9】某企业生产甲产品,本月固定性制造费用预算为 7 040 元,预算工时为 17 600 小时,标准分配率为 0.4 元/小时。本月实际发生固定性制造费用 6 825 元,实际工时 17 500 小时,实际完成标准工时为 17 000 小时。固定性制造费用成本差异的计算分析如下:

甲产品固定性制造费用成本差异=6 825-17 000×0.4=25(元)

其中:

固定性制造费用耗费差异=6 825-17 600×0.4=-215(元)

固定性制造费用生产能力利用差异=(17 600-17 500)×0.4=40(元)

固定性制造费用效率差异=(17 500-17 000)×0.4=200(元)

计算结果表明,甲产品固定性制造费用成本差异为超支 25 元,固定性制造费用耗费降低节约 215 元,生产能力利用不足使固定性制造费用超支 40 元,效率降低使固定性制造费用超支 200 元。对差异原因,应结合企业实际情况作进一步分析。

四、成本差异的账务处理

(一)成本差异核算使用的科目

在标准成本制度中,针对各种成本差异,应另设置成本差异科目进行核算。在直接材料成本差异方面,应设置“直接材料数量差异”和“直接材料价格差异”两个科目;在直接人工成本差异方面,应设置“直接人工效率差异”和“直接人工薪酬率差异”两个科目;在变动性制造费用成本差异方面,应设置“变动性制造费用效率差异”和“变动性制造费用耗费差异”两个科目;在固定性制造费用成本差异方面,应设置“固定性制造费用耗费差异”、“固定性制造费用生产能力利用差异”和“固定性制造费用效率差异”三个科目。

(二)归集成本差异的会计分录

上例中有关成本差异的会计分录如下:

1. 直接材料成本差异

借:生产成本(标准数)	1 695 000
直接材料价格差异	14 200

贷:原材料(实际数) 1 706 200

直接材料数量差异 3 000

2. 直接人工成本差异

借:生产成本(标准数) 85 000

直接人工效率差异 2 500

直接人工薪酬率差异 3 500

贷:应付职工薪酬(实际数) 91 000

3. 变动性制造费用差异

发生:

借:制造费用 27 825

贷:银行存款 27 825

分配:

借:生产成本(标准数) 27 200

变动性制造费用效率差异 800

贷:制造费用(实际数) 27 825

变动性制造费用耗费差异 175

4. 固定性制造费用

发生:

借:制造费用 6 825

贷:银行存款 6 825

分配:

借:生产成本(标准数) 6 800

固定性制造费用效率差异 200

固定性制造费用生产能力利用差异 40

贷:制造费用(实际数) 6 825

固定性制造费用耗费差异 215

(三)期末成本差异的账务处理

在标准成本制度中,会计期末对本期发生的各类成本差异可按以下方法进行处理:

1. 直接处理法

直接处理法是指将本期发生的各种差异全部计入损益表,由本期收入补偿的一种处理方法。这种方法的理论依据是,本期发生的差异体现了本期成本控制业绩的好坏，应当在本期损益中得以反映。

这种方法的优点是账务处理比较简单，并能使当期经营成果与成本控制的业绩直接挂钩。其缺点是当成本标准制定得不科学或过于陈旧，或实际成本水平波动幅度过大时，就会因差异额过高而导致净收益失真，进而导致存货水平失真。在实践中，这种方法的应用比较普遍。

根据上述分录，编制成本差异汇总表如表13-7所示。

表13-7　成本差异汇总表　单位：元

会计科目	借方金额	贷方金额
直接材料数量差异		3 000
直接材料价格差异	14 200	
直接人工效率差异	2 500	
直接人工薪酬率差异	3 500	
变动性制造费用效率差异	800	
变动性制造费用耗费差异		175
固定性制造费用效率差异	200	
固定性制造费用生产能力利用差异	40	
固定性制造费用耗费差异		215
合计	21 240	3 390

月末将成本差异转入当期销售成本：

借：主营业务成本　21 240
　贷：直接材料价格差异　14 200
　　直接人工效率差异　2 500
　　直接人工薪酬率差异　3 500
　　变动性制造费用效率差异　800
　　固定性制造费用效率差异　200
　　固定性制造费用生产能力利用差异　40

借：直接材料数量差异　3 000
　变动性制造费用耗费差异　175
　固定性制造费用耗费差异　215
　贷：主营业务成本　3 390

2. 递延法

递延法又称分配法，是指把本期的各类差异按标准成本的比例在期末存货和本期销货之间进行分配，从而将存货成本和销货成本调整为实际成本的一种成本差异处理方法。这种方法的理论依据是，成本差异的产生与存货和本期销货之间都有联系，而不能只由本期销货负担，应该有一部分差异随期末存货递延到下期去。

递延法的优点是可以确定产品的实际成本，缺点是分配差异比较繁琐。

第四节 责任成本控制

一、责任成本的确定

责任成本是以具体的责任单位(部门、单位或个人)为对象，以其承担的责任为范围所归属的成本，也就是特定责任中心的全部可控成本。

责任中心是指企业内部负有特定管理责任的部门和单位。责任中心所负有的“责任”，是指责任中心负责人对其职责范围内所发生的可以管理的成本费用、利润和资金利润率应负的责任。如果一个责任中心只是成本发生的区域，只能控制成本，这一中心就称为成本责任中心。成本责任中心只对成本负责。

可控成本总是针对特定责任中心来说的。因为一项成本对某个责任中心来说是可控的，对另外的责任中心则可能是不可控的，因此必须对责任成本加以确定。确定责任成本就是确定责任中心能控制哪些成本费用项目，通常按以下原则进行：

(1)如果某责任中心通过自己的行动能有效地影响一项成本的数额，这项成本就是该中心的责任成本；

(2)若某责任中心有权决定是否使用某项资产或劳务，该资产或劳务的成本也就是该中心的责任成本；

(3)某责任中心负责人员虽然不直接决定一项成本，但如果他参与有关事项并对该项成本的支出施加了重要影响，则这项成本也是该中心的责任成本。

进行责任成本控制，首先要划分责任层次，建立责任中心；其次，根据可控制性原则将责任成本目标分解到各成本责任中心，作为考核和评价各成本中心的实绩标准；最后，建立一套完整的计量、记录和报告责任成本的核算体系，通过责任成本实际发生额和控制标准的对比和报告，检查和考核各责任层次和责任中心的实绩。

二、成本责任中心的建立

划分成本的责任层次，明确应对成本负责的责任中心，是进行责任成本控制的前提。成本的责任层次就是企业对责任成本的管理层次。责任层次的数目应根据企业的具体情况和管理需要而定。成本责任中心就是对成本负责控制和保证完成的责任单位，是成本发生的区域，它只能控制成本，即只对成本负责。通常成本中心是没有收入的，因此，它无需对收入、收益或投资负责。如果责任单位只提供一定的服务，不生产物质产品，如各个职能管理部门和服务部门，那就是费用中心。考核成本中心的主要指标是责任成本，考核费用中心的主要指标是责任费用限额。

在责任成本控制的实践中，建立各层次的责任中心应遵循以下原则：

1.必须与企业的组织机构相适应

企业生产经营的组织结构是一个相互依存、相互制约的完整体系。不论是实行集权管理还是分权管理的企业，都有若干个部门和若干个管理层次。各部门间、各层次间有着密切的业务联系，组成整个企业管理系统。责任成本控制作为企业内部管理的一种制度，必须服从企业管理的总体要求。也就是说，在确定责任中心，实施责任成本控制时，必须对企业原有的组织机构形式作通盘研究，统筹设计，在确保原有组织机构的基础上，根据责任成本控制的要求进行适当的调整，这样，既可以保持企业正常的管理秩序，又可以将责任成本控制与企业管理的其他方式结合起来。

2.必须能够划清责任，单独核算

在设置责任中心的同时，就应明确其承担的经济责任——责任范围和责任程度。为了保证这种责任的实施，企业的各个责任中心都必须进行单独核算。就划清责任与单独核算的关系而论，划清责任是前提，单独核算是保证。只有既能划清责任又能进行单独核算的企业内部单位，才能作为一个责任中心。

3.必须使责权利紧密结合

责任中心的基本特征就是责权利相结合。设置责任中心，除了必须明确其责任范围和责任程度外，还必须拥有与企业总体目标相协调，与其管理职能相适应的决策权；同时还必须建立与其责任相配套的利益机制，以便使每个管理人员的个人利益与其管理业绩联系起来。在责、权、利三者中，责是核心，权是尽责的必要条件，利是履行责任的内在动力。

不同的责任层次和不同的责任中心，责任成本的内容是各不相同的。但是，任何责任层次和责任中心的责任成本都必定是可控成本。

设某公司由制造部、销售部和财务部组成。其中制造部下属的成本中心有班组、车间两个层次。则其责任成本的内容如下：

(1)班组责任成本，由班组长负责。

$$\text{班组责任成本}=\text{可控直接材料成本}+\text{可控直接人工成本}+\text{可控制造费用成本}\pm\text{经济责任转账}$$

(2)车间责任成本,由车间主任负责。

$$\text{车间责任成本}=\sum\text{各班组责任成本}+\text{车间的可控成本}\pm\text{经济责任转账}$$

(3)制造部责任成本,由制造部副总经理负责。

$$\text{制造部责任成本}=\sum\text{各车间责任成本}+\text{制造部可控成本}\pm\text{经济责任转账}$$

(4)公司责任成本,由公司总经理负责。

$$\text{公司责任成本}=\text{制造部责任成本}+\text{销售部责任成本}+\text{财务部责任成本}$$

三、责任成本的核算与控制

(一)责任成本核算

责任成本的控制和考评离不开责任成本的核算系统,因为责任成本核算所提供的信息是进行责任成本控制和考评的重要依据。由于责任成本和产品成本本质上都是生产经营过程中的各种耗费,因此,责任成本和产品成本可以结合起来进行核算。就其结合的方式而言,一般有"双轨制"和"单轨制"两种核算方法。

"双轨制"就是在现有产品成本核算体系之外,另外建立一套责任成本核算体系。两个体系所提供的指标可以相互补充和相互利用,但在核算中是两个不同的体系,并且执行着不同的任务:作为产品成本核算体系依据有关财务规定进行核算,满足财务规定的有关需要;而作为责任成本核算体系则依据责任成本的原理进行核算,满足内部管理的需求。"双轨制"的主要优点是,能使产品成本的核算免受任何影响而按有关财务规定的程序和方法严格进行。其缺点是:分别两套体系组织核算势必增加核算工作量。

"单轨制"就是将责任成本核算和产品成本核算结合起来,形成一套既能满足财务规定要求,又能为内部管理服务的核算体系。这种核算方法简便易行,同样可以获得有关责任成本核算的资料。下面对单轨核算制的一种构思作具体说明。

首先,在成本核算对象的确定上,产品成本核算的对象是产品,责任成本核算的对象是责任单位,根据单轨制成本核算的要求,其成本核算对象可概括为"责任单位——产品"。当制造成本发生时,一方面要确定它所归属的责任单位,另一方面要进一步确定它所归属的产品,并采取直接或分配的方法将其计入产品成本中去。对于各个管理部门所发生的管理费用等期间费用,可先按"责任单位"进行归集,确定其责任成本,至月末直接计入当期损益。

其次，在会计科目的设置上，为了同时计算责任成本和产品成本，企业可在准则允许的范围内，设置必要的科目。这些科目主要包括：①“生产成本”科目，按“基本生产成本”和“辅助生产成本”设置二级账，再按“责任单位——产品”设置明细账；②“制造费用”科目，按“责任单位——产品”设置明细账；③“管理费用”和“财务费用”科目，按“责任单位”设置明细账；④“成本差异”科目，用来核算实际费用与标准费用之间的差异。

再次，在费用的归集和分配上，对于直接材料按标准用量和标准价格计算，并从“原材料”等科目转入“生产成本”科目，直接材料的量差和价差，应分别确定责任部门，同时转入“成本差异”科目；对于直接人工应根据标准工时和标准薪酬率计算，并从“应付职工薪酬”科目转入“生产成本”科目，同时将人工费用差异转入“成本差异”科目，结转人工差异时必须准确确定其责任归属；对于制造费用首先应按“责任单位”进行归集，按标准工时和标准薪酬率计算，并将其转入“生产成本”科目，同时将制造费用差异转入“成本差异”科目；对于管理费用和财务费用，应按“责任单位”进行归集，并转入“本年利润”科目。在要素费用归集的过程中，一方面要明确区分可控费用和不可控费用。对于可控费用，应根据事先制定的费用标准进一步区分为符合标准的费用和脱离标准的费用，将符合标准的费用计入“生产成本”等科目，将脱离标准的费用计入“成本差异”科目，并及时反馈到有关责任单位，以便采取措施，控制不利差异的发生。对于不可控费用的处理与符合标准费用的处理相同。另一方面要严格区分成本差异的归属，以便于真实反映各责任单位的工作绩效。

最后，在实际成本的计算上，由于产品成本是按标准成本(或定额成本)核算，为了计算产品的实际成本，在月终应对成本差异进行处理。如果成本差异额不大，可全部由完工产品负担，即将“成本差异”科目的余额全部转入“库存商品”科目。如果成本差异额大，则应将其在各种产品的完工产品和在产品之间进行分配。成本差异经过上述处理后，各种产品成本就调整成为实际成本。

(二)责任成本控制

责任成本的控制应由各责任中心负责。从控制的形式看，可以采取直接控制的形式，也可以采取下级向上级承包的控制形式。从控制的方法看，对于原材料及主要材料可以通过消耗定额进行控制；对于辅助材料，能制定消耗定额的按消耗定额控制，不能制定消耗定额的可按耗用总额或金额进行控制；对于人工成本，主要应控制劳动定额或定员，并提高劳动时间利用率；对于费用成本，应通过编制费用预算，采取费用手册或厂内货币进行控制。在控制中，如果发现实际成本超过责任成本，应立即采取措施，加以纠正。

四、经济责任转账与内部转移价格

(一)经济责任转账

责任成本的核算和控制必须严格分清各责任单位的经济责任,建立经济责任转账制度。所谓经济责任转账,就是指通过内部转账方式,把影响责任成本的数额,从被影响的成本中心的责任成本中减去,转移到应该承担经济责任的成本中心的责任成本上去。经济责任的转账之所以必要,是因为各责任中心之间存在着责任成本发生的地点和应承担责任的地点不一致的情况。例如,某企业的生产车间和采购部门都是成本中心,若生产车间所耗用的原材料由于质量或规格不符合于原定标准而发生的超定额消耗的成本差异部分,不应由生产车间负担,而应该由采购部门负担,这就需要将这一部分差异从生产车间的责任成本中转移到采购部门的责任成本中去。这种情况属于生产部门和管理部门之间的经济责任转账。另外还有一种情况是生产部门与生产部门之间的经济责任转账。例如,某车间的前后两道工序都是成本中心,后一道工序使用前一道工序转来的产品。当后一道工序在加工时才发现前一道工序转来的是次品,那么,后一道工序对这些次品所采取的筛选、整理、修补等活动而消耗的人、财、物,均应转由前一道工序承担,而不应该由后一道工序来承担,否则就模糊了经济责任关系。至于对这些次品的降格、报废的损失,则应分析其原因,分别转移到有关责任成本中心的账户中。如果原因是多方面的,而且涉及的责任成本中心较多,则应在分清责任的基础上进行再转账。可见,不论哪种情况的经济责任转账,其实质都在于正确确定责任归属,严格分清经济责任。

在确定责任归属,实行经济责任转账的过程中,各责任中心之间不可避免地会产生一些有关责、权、利方面的纠纷,以及内部转账中的一些争议事项,这就需要在企业内部建立"内部经济仲裁机构",对这些争议事项进行调停和裁决。这个机构通常由总会计师负责;财会、计划、供销、生产、技术各部门负责人参加。为了使内部经济仲裁工作富有成效,减少经济纠纷的发生,企业可以事先把有关责、权、利的关系和可能发生的经济责任转账问题,列入规章制度,制订内部经济责任仲裁办法,明确加以规定,使各责任中心有所遵循。

(二)内部转移价格

内部转移价格是指企业内部各责任中心之间,由于相互结算或相互转账所需选用的一种价格标准。在企业各责任中心相互提供产品或劳务时,需要进行计价和办理清偿债权债务手续,在各责任中心之间由于责任成本发生的地点与应承担责任的地点不一致时也需要进行转账,这都必须以合理的内部转移价格作为办理结算和转账的重要依据。因此,正确制订合理的内部转移价格,有利于管理当局明确划清各责任中心的经济责任,借以调动各责任中心的工作积极性;有利于管理当局对各责任中心的业绩进行正确的评价和考核;有利于管理当局根据各责任中心的有关会计信息,做出正确决策。

(1)标准成本。即以标准成本作为内部转移价格。其优点是简便易行,责任明确,能提高买卖双方降低成本的积极性,有利于考核成本中心的经营业绩。半成品和劳务在生产部门和使用部门都采用同一价格,便于企业汇总分析。

(2)标准成本加成。即根据产品或劳务的标准成本,再加上一个合理的利润率作为计价的基础。其优点是能分清买卖双方的经济责任,但是加成利润率的确定具有一定的主观性。

(3)市场价格。即根据产品或劳务的市场价格作为计价的基础。企业生产部门生产的产品或提供的劳务,供应给企业内部和外部,以及使用部门使用本企业内部或外部供应的产品或劳务,在价格上都是相同的,都采用市场价格。由于市场价格比较客观,对生产部门和使用部门没有偏袒,因而被认为是一种比较合理的内部转移价格。但是,有些半成品或劳务是为企业内部专门生产和提供的,通常没有市场价格可资利用。

(4)协商价格。即各责任中心之间产品或劳务的转移以双方协商的价格作为转移价格。它往往是以市场价格为基础共同协商制订的双方均可接受的价格。一般情况下,协商价格低于市价。

(5)双重价格。即买卖双方分别采取不同的转移价格作为计价的基础。内部转移价格主要是为了对各责任中心的业绩进行评价和考核,所以买卖双方所采取的转移价格并不需要强求一致。例如,一种产品或劳务在市场上出现不同价格时,管理当局一般应以适中的价格作为转移价格,但也可以同意买卖双方分别选用对自己最有利的价格作为计价基础,即买方采用最低价,而卖方采用最高价。有时,买方按卖方的单位变动成本作为计价基础,而卖方则以市价作为计价基础。显然,这种区别对待的“双重价格”可以维护双方的利益,调动各自的积极性。但是,采取双重价格由于双方计价基础不同,难免影响责任成本的汇总和分析。

在实际工作中,对于成本中心之间相互提供产品或劳务,以及有关成本中心之间的责任成本转账,一般应以标准成本作为内部转移价格;而对于企业内部产品或劳务的转移以及责任成本涉及到其他责任中心(如利润中心、投资中心),则应尽可能采取市场价格作为制订内部转移价格的基础。

五、责任成本的考核和评价

为了保证经济责任制的贯彻和成本降低目标的实现,责任成本控制除了以责任目标为基础，经常对目标的执行情况进行系统的计量、记录之外，还必须通过定期编制"业绩报告"的方式对各责任中心的业绩和成果进行考核和评价。

由于成本中心只对成本负责，因而，对其考核和评价的重点应放在责任成本上。即以业绩报告为依据来衡量责任成本的实际数与计划数之间的差异，分析产生差异的原因。成本中心编制的"业绩报告"一般只需按该中心的可控成本的各明细项目列示其计划数、实际数和差异数。而对于不可控成本可采取两种处理方式：一种是全部省略，不予列示；另一种是作为业绩报告的参考资料，供管理者参考。

由于各成本中心是逐级设置的，因而业绩报告也应自下而上，从最基层的成本中心逐级向上汇编，直至最高管理层次。每一级的责任报告除了最基层只有本身的可控成本外，都应包括下属单位转来的责任成本、本身的可控成本，以及有关经济责任的转账，从而形成一条"责任链锁"。

责任成本业绩报告如表 13-8 所示。

表 13-8　　责任成本业绩报告

单位：W 公司　　单位：元

责任中心	责任成本	计划	实际	差异	原因分析
甲班组	直接材料	2 200	2 000	－200	单耗下降
	直接人工	580	545	－35	人数减少
	制造费用	450	498	＋48	辅助材料费用超支
	经济责任转账	—	100	＋100	零件质量差使乙班组成本升高
	小计	3 230	3 143	－87	
A 车间	甲班组	3 230	3 143	－87	单耗下降
	乙班组	2 560	2 400	－160	劳动效率提高
	车间可控成本	1 800	2 000	＋200	辅助材料费用超支
	经济责任转账	—	－200	－200	材质差、转出责任成本
	小计	7 590	7 343	－247	
制造部	A 车间	7 590	7 343	－247	主要是劳动效率提高
	B 车间	5 510	6 137	＋627	主要是单耗上升
	制造部可控成本	3 000	2 500	－500	主要是费用降低
	经济责任转账	—	—	—	
	小计	16 100	15 980	－120	
公司	制造部	16 100	15 980	－120	主要是费用降低
	销售部	2 450	3 180	＋730	费用超支
	财务部	1 500	1 200	－300	费用节约
	总公司可控成本	1 950	1 140	－810	费用节约
	合计	22 000	21 500	－500	主要是费用节约

第五节　质量成本控制

产品质量和成本是提高企业竞争能力的两大基本因素，提高产品质量，降低产品成本，都可以提高产品的竞争能力。但是，提高产品质量，会增加一些费用，使产品成本升高，影响企业利润。而不必要的过高质量，会造成产品成本不必要的增加，不但使企业遭受可以避免的损失，而且还可能引起价格的提高，带来产品滞销，使企业陷于困境。因此，必须加强对质量成本的控制。

一、质量成本的构成

所谓质量成本是指企业为保持或提高产品质量所支出的一切费用，以及因产品质量未达到规定水平所产生的一切损失。质量成本包括两方面的内容：一是预防和检验成本，一是损失成本。

预防和检验成本由预防成本和检验成本两部分构成。所谓预防成本是指为保证产品质量达到一定水平而发生的各种费用。如：质量计划工作费用、新产品评审费用、工序能力研究费用、质量审核费用、质量情报费用、人员培训费用和质量奖励费用等。所谓检验成本是指为评估和检查产品制造质量而发生的费用，如：进货检验费、工序检验费、产品检验费、破坏性实验的产品试验费用和检验设备的维护、保养费用等。

损失成本包括内部质量损失成本和外部质量损失成本两部分。所谓内部质量损失成本是指生产过程中因质量问题而发生的损失成本，包括产品在生产过程中出现的各类缺陷所造成的损失，以及为弥补这些缺陷而发生的各类费用支出。如报废损失、返修损失、复检费用、停工损失、事故分析处理费用和产品降级损失等。所谓外部质量损失成本是指产品销售后，因产品质量缺陷而引起的一切费用支出，如支付用户的索赔费用、退货损失、保修费用和折价损失等。

与质量有关的预防和检验成本以及损失成本是两类具有不同性质的成本。预防和检验成本属于不可避免成本，随着产品质量的不断提高，这部分成本将会不断增大；损失成本则属于可避免成本，随着产品质量的不断提高，这部分成本将逐渐降低，产品质量的高低通常以产品的合格率来表示，它们之间的关系如图13-1所示。

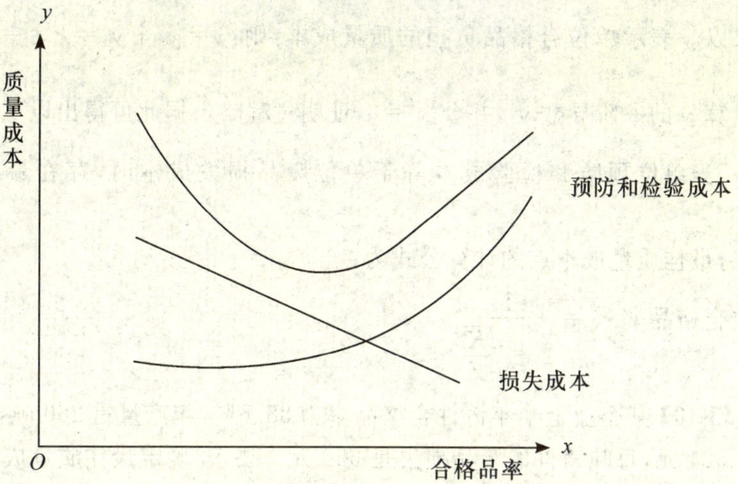

图 13-1 质量成本与合格品率关系图

二、最佳质量标准的确定

要对质量成本进行控制，首先就要确定最佳质量标准，以此作为质量成本控制的依据和努力达到的目标。最佳质量标准，是指最合理的质量水平，而不是最理想的质量水平。一般认为，在企业质量成本总额最小时，所应达到的质量水平最合理。确定最佳质量标准的方法有两种：

1. 边际分析法

边际分析法又称公式法，此法是微分边际理论在质量成本控制中的应用。如果以合格品率代表质量水平，则存在最优质量成本点，即存在最佳的合格品率。

设 F 为单位产品成本的内部质量损失，r 为合格品率，$(1-r)$ 为废品率，则每件合格品负担的质量损失成本 y_1 的计算公式为：

$$y_1=F\times\frac{1-r}{r}$$

设每件合格品负担的预防和检验成本为 y_2，它与合格品率和废品率之间的比值存在一定的比例关系。设这个比例系数为 K，即随合格品率变化需要追加的预防和检验成本的系数。这一系数是个常数，则 y_2 的计算公式是：

$$y_2=K\times\frac{r}{1-r}$$

如果以 y 表示单位合格品负担的质量成本，则：$y=y_1+y_2=F\times\frac{1-r}{r}+K\times\frac{r}{1-r}$。计算 y 的一阶导数 y'，并令 $y'=0$，证明过程略。据此可得出以下结论：

第一，当单位预防和检验成本等于单位废品损失成本时，存在最佳质量成本点。

第二，最佳质量成本点的计算公式为：

$$最佳合格品率\ r^*=\frac{1}{1+\sqrt{\frac{K}{F}}}$$

【例 13-10】某企业上半年铸件合格品率为 88.6%，年产量是 260 吨，预防检验成本是 7 524 元，每吨铸件的废品损失是 650 元。要求：确定最佳质量成本点。

解：依题意，已知 $r=88.6\%$，$F=650$，则：

$$y_2=\frac{7\,524}{260}\approx28.938\,4(元)$$

$$K=y_2\times\frac{1-r}{r}=\frac{28.938\,4\times(1-88.6\%)}{88.6\%}\approx3.723\,5$$

$$r^*=\frac{1}{1+\sqrt{\frac{3.723\,5}{650}}}\approx0.929\,6$$

$$最佳质量成本=650\times\frac{1-0.929\,6}{0.929\,6}+28.938\,4\times\frac{0.929\,6}{1-0.929\,6}\approx431.34(元)$$

即使单位质量成本最低(431.34 元)而获得最高的合格品率是 92.96%。

2. 合理比例法

这种方法是根据质量成本各项目之间的比例关系，确定一个合理的比例，从而找出质量水平的适宜区域，而不是确定最佳质量成本点。因为达到某一点的合格品率不易保持，而使合格品率保持在某一范围内还是容易做到的。

质量成本诸项目间客观存在一个合理比例。当达到这一合理比例时，质量水平处于适宜区域，质量适当，质量成本低，企业经济效益高，是理想区域。如图13-2所示。

从图 13-2 中可以看出，质量总成本曲线可分为三个区域：适宜区域、改善区域和至善区域。如质量水平处于改善区域，说明产品质量水平较低，损失成本高，企业应尽快采取措施，追加预防和检验费用的支出，尽可能地提高产品质量；如质量水平处于至善区域，说明产品质量水平很高，而且超过用户的需要，出现了不必要的质量成本损失，此时也是不可取的。所以，只有质量水平处于适宜区域时，才是最佳的质量标准。

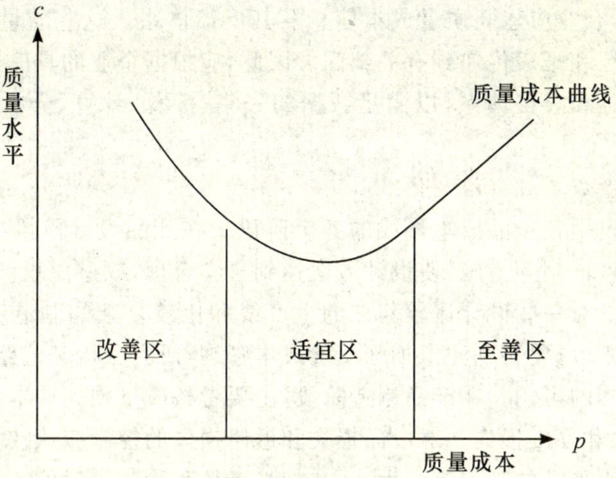

图 13-2 质量成本与质量水平关系图

寻找质量水平的适宜区域，就是要根据企业本身的具体情况，求出适合自身的比例和最佳值。外国专家认为，在一般情况下，质量成本中，预计成本占 10%左右；检验成本占 30%左右；损失成本占 60%左右。经过我国一些企业的实践证明，这一比例基本上具有代表性，但我们不能对此作绝对化理解。

三、质量成本的控制

最佳质量标准确定之后，就要研究如何进行控制，研究在保证最佳质量水平的前提下，怎样才能使质量成本最低。一般来说，对质量成本的控制，应以加大预防质量成本为基本手段，抑制各种质量损失成本，使质量检验成本趋于稳定，从而达到全面控制企业质量成本开支的目的。

1. 建立质量成本管理组织体系

由于质量成本涉及面广，必须明确各个部门在质量成本管理中的责任，将质量成本中的各项费用逐级分解落实到有关部门和执行人，形成一套自上而下的质量成本管理组织体系。如企业管理部门和财会部门共同负责制定控制标准及全面分析汇总，质量管理费用由质量管理部门负责，废、次品造成的损失由生产部门负责，外部的三包损失由销售部门负责。各部门还要进一步分解落实到有关车间、班组及工作岗位，使质量成本的控制同厂内经济责任制紧密结合起来。

2. 建立质量成本信息反馈体系

为了使企业有关部门及时掌握各项质量成本的发生和偏离标准的情况，以便随时采取措施,企业应建立质量成本信息及其反馈体系。这些质量成本信息应通过各种专门凭证和报表传递到有关部门。因此,应根据企业的具体情况,设计一套完整的原始凭证和表格体系,以满足数据的采集、汇总、计算、分析及信息反馈的要求。

3.建立质量成本过程控制体系

质量成本发生在产品成本形成的各个阶段。在产品设计阶段,通过对产品设计的论证、评审、试制等措施,使设计方案达到科学合理,以避免投产后因设计方案问题造成损失。对一些设计比较匆忙的生产线和比较复杂的制造工艺、生产成本较高的工序及工段,要特别注意加强质量成本管理,研究分析工艺路线、工艺作业、工艺装备对成本的影响。在产品制造阶段,主要考核质量损失成本,包括控制废品损失、返修损失和停工损失。对废品损失和返修损失的控制应从技术上加强管理,尽量安排技术水平高的工人进行生产,并加强考核和检验。对停工损失,要进行有预见性的控制,即事先要做好预防措施,从而使上下工序之间不至于因质量问题停工。产品销售阶段质量成本控制是指产品完工入库后在保管、发运以及用户使用的整个过程的成本控制,主要指三包损失,即销售后用户在使用中发生的质量问题,应由本厂承担修、退、换的经济损失。三包损失发生后,要分析原因,分清经济责任,按经济责任转移承担三包损失。

思 考 题

1.什么是成本控制?它包括哪些内容?

2.成本控制的原则包括哪些?成本控制的程序分为哪几个步骤?

3.什么是目标成本?对目标成本如何控制?

4.什么是标准成本?标准成本是如何制定出来的?

5.如何进行成本差异的计算分析?

6.什么是责任成本?对责任成本如何控制?

7.什么是质量成本?如何确定最佳质量标准?

练 习 题

习题一

1.目的:练习成本差异的计算。

2.资料:某企业生产乙产品耗用B材料,有关资料如下:

(1)乙产品标准成本:

直接材料(50千克,单价0.2元/千克)　　10.00元

直接人工(3 小时,单价 6.00 元/小时)	18.00 元
变动性制造费用(3 小时,单价 1.00 元/小时)	3.00 元
固定性制造费用(3 小时,单价 0.50 元/小时)	1.50 元
单位产品标准成本	32.50 元

(2)制造费用预算:全月固定性制造费用 700 元,变动性制造费用 1 400 元,正常生产能力 1 400 小时,变动性制造费用标准分配率:1 元/小时,固定性制造费用标准分配率:0.50 元/小时。

(3)实际情况:本月购进 B 材料 25 000 千克,单价 0.21 元/千克;耗用 B 材料 19 000 千克;直接人工薪酬 6 490 元(1 100 小时,单价 5.90 元/小时);变动性制造费用 1 300 元,固定性制造费用 710 元;乙产品生产量 400 件。

3. 要求:计算有关成本差异。

习题二

1. 目的:练习责任成本的考核与评价。

2. 资料:假定康泰机械厂的锻压车间为责任单位,下属甲、乙两个班组亦为责任单位,本月甲、乙两个班组所发生的可控成本资料如下:

单位:元

成本项目	甲班组		乙班组	
	实际	计划(预算)	实际	计划(预算)
直接材料	21 000	22 050	13 500	12 900
直接人工	18 000	17 700	4 500	4 650
制造费用	7 500	7 950	10 800	11 100

锻压车间本月发生的可控成本如下:

单位:元

费用项目	实际	计划(预算)
管理人员薪酬	6 000	6 150
折旧费	4 500	4 500
修理费	4 350	4 800
物料费	1 200	975
其他费用	2 400	2 025

3. 要求:根据上述资料编制锻压车间本月业绩报告。

第十四章

成本报表

本章导读

- 成本报表的作用和种类
- 商品产品成本表
- 主要产品单位成本表
- 费用明细表与其他成本报表

第一节　成本报表的作用和种类

成本报表是根据成本管理的需要，依据企业日常成本核算资料和其他有关资料而编制的，用以反映企业一定时期各有关费用和产品成本水平、构成及其升降变动情况，考核各项费用与生产成本计划执行结果的会计报告文件。

由于成本、费用信息被视为商业秘密，企业生产经营情况、资金耗费水平、产品成本构成、费用升降变动等成本信息都属于对外保密的资料，所以成本报表只是作为向企业经营管理者提供有关成本、费用信息，进行成本分析的一种内部报表。但这并不说明成本报表不重要。从企业经营管理的角度看，它甚至可以说是比财务报表更为重要。

一、成本报表的作用

(1)成本报表可以综合反映报告期内的产品成本水平，考核企业成本计划的完成情况，为编制下期成本计划提供重要参考。

企业成本计划的完成情况，从根本上影响着企业利润计划的实现，因此，制定成本计划并进行考核，也就成为企业成本管理的重要内容之一。通过编制成本报表，可以综合、系统地反映报告期内产品成本的实际水平，产品实际成本与成本计划对比并分析，可为企业领导及各级管理人员提供成本计划完成情况的信息。企业管理人员通过分析成本计划的完成情况及原因，可为制定下期成本计划提供可靠的依据；通过分析成本报表资料，可及时发现企业在生产、技术、质量、管理等方面取得的成绩和存在的问题，不断总结经验教训，促进企业经营管理水平和经济效益的提高。

(2)成本报表是进行成本差异分析、评价和考核各成本中心成本管理业绩的重要依据，为例外管理提供必要的信息。

通过成本报表的分析，可以揭示成本差异对产品成本升降的影响程度，把注意力集中放在那些属于不正常的，对成本有重要影响的关键性差异上，查明原因，以便采取有针对性的措施来控制成本。通过成本报表提供的信息，可以定期评价和考核各有关部门和人员执行成本计划或预算的成绩和责任，总结经验，奖励先进，鞭策后进，激励职工增强岗位责任感，使企业在保证产品质量的前提下完成降低成本的任务。

(3)利用和分析成本报表，可使企业管理人员及时掌握成本实现的情况及进程，有利于日常成本控制工作的有效进行，为企业进行成本预测、经营决策乃至成本战略提供信息。

在市场经济中企业面临的竞争日益激烈，企业对成本进行的有效控制往往成为其取胜的手段，而成本报表则是进行成本有效控制所必不可少的重要依据。企业要想在竞争中保持低水平的成本或降低成本，实施成本领先战略，也应不断结合企业的实际情况，充分挖掘内部潜力，制定出新的成本计划，而当期的成本报表是企业进行成本预测并据此进行有关经营决策、推行成本战略的重要信息来源。

二、成本报表的种类

(一)按报表反映的内容分类

(1)反映成本计划执行情况的报表。这类报表主要有商品产品成本表和主要产品单位成本表等。通过将报告期的实际成本与前期平均成本、历史最好水平成本、本期计划成本等进行对比分析，可以了解企业产品成本的发展变化趋势和成本计划完成情况，并为进行深入的成本分析，挖掘降低成本的潜力提供资料。

(2)反映费用支出情况的报表。这类报表主要有制造费用明细表、管理费用明细表、销售费用明细表、财务费用明细表等。通过对这类报表的分析，可以了解企业费用支出的合理程度及变化趋势，有利于企业制定费用预算，考核费用预算的实际完成情况，明确有关经济责任。

(3)反映生产经营情况(专项成本或成本管理专题)的报表。这类报表通常有生产情况表、材料耗用成本表、材料价格差异分析表、责任成本表、质量成本表等。通过对这类报表的分析和有关信息的反馈，可以采取针对性措施加强企业成本管理。

(二)按报表编制的时间分类

(1)定期成本报表。这类报表是指按规定期限按时报送的、反映企业有关成本、费用情况的成本报表。定期成本报表按报送的期限长短不同，可分为年报、季报、月报、旬报、周报、日报和班报。一般地，商品产品成本表、主要产品单位成本表、制造费用明细表、管理费用明细表等都是定期成本报表。

(2)不定期成本报表。这类报表是针对成本、费用管理中出现的某些问题或急需解决的问题而随时按要求编制的有关成本报表。

(三)按报表编制的范围分类

成本报表按编制的范围划分，可分为企业(全厂)成本报表、车间(分厂)成本报表、班组成本报表和个人成本报表。一般地，商品产品成本表、主要产品单位成本表、管理费用明细表、财务费用明细表等都是全厂成本报表，而制造费用明细表、生产情况表、责任成本表、质量成本表等，既可以是全厂成本报表，也可以是车间或班组、个人成本报表。

上述三种分类中，第一种分类能体现出成本报表反映的经济内容和用途，是最基本、最重要的分类；后两种分类则是对第一种分类的补充和完善，可以了解哪些成本报表何时编报，是反映企业整体情况还是反映某一部门或职工个人的成本情况，如何编制而成等情况。

三、成本报表的编制要求

1.要考虑报表的专题性

虽然有些成本报表反映的是企业成本的全貌，但作为内部报表，其专题性是设置中需要考虑的重要问题。所谓专题性,是指成本报表的设置要适应成本管理中某一方面的需要,突出成本管理中的重点问题,对成本形成影响大、费用发生集中的部门,要单独设置有关成本报表,以提供充分的成本信息,从而使成本报表的编制能取得理想效果。

2.要注意报表格式的针对性

成本报表格式的设计,应能针对某一具体业务的特点及其存在的问题,重点突出,简明扼要,切忌表式复杂庞大,避免无用的繁琐计算。

3.要达到报表指标内容的实用性

成本报表的设置及其内容要以适应企业内部管理的需要为准,成本指标既可按全部成本反映,也可按成本习性分固定成本(不随产品产量变动而变动的成本)和变动成本(随产品产量变动而变动的成本)反映,还可考虑将成本指标与生产工艺规程及各项消耗定额对照,以便从最原始的资料入手,分析成本升降的原因,挖掘降低产品成本的潜力。

4.在计量和填报方法上,应保持前后会计期间的一致性

编制成本报表时,会计处理方法应当前后各期保持一致,否则其差异将对成本信息产生消极影响。当情况发生变化使计量和填报方法的变更成为合理和必须时,应当及时做出说明,以避免前后各期成本信息的波动给企业经营管理者造成误导。

5.报表编制要做到数字真实、计算准确、内容完整、说明清楚、编报及时、报送迅速

市场信息瞬息万变,成本信息不能滞后于市场变化的速度,成本信息要对决策有用。为了做到真实、准确、完整、清楚、及时、迅速,应做到以下几个方面:

(1)在编制报表前,要将报告期内所有的经济业务全部入账,不得将本期的经济业务留到下期入账,也不能将下期的经济业务提前到本期入账,并按有关规定做好对账、结账工作。

(2)要根据实际的成本计算资料和有关的实际与计划资料编制报表,不能任意调整成本数字和以估计数字代替实际数字,更不允许弄虚作假,篡改报表数字。

(3)编制的报表要满足生产经营和成本管理的需要,做到主要报表种类齐全,表内指标及表内补充资料完整,并保持各成本报表计算口径一致。对定期报送的主要成本报表,还应分析说明产生成本、费用升降的原因、应采取的措施等文字资料。

(4)会计部门要与职能部门及生产车间加强协作,相互配合,特别是有关部门

应为成本报表编制及时提供所需要的有关资料。

(5)要充分掌握大量有关成本核算资料。不仅要做好日常成本核算工作,还要注意整理搜集有关的历史成本、历史成本计划、费用预算资料等。只有这样,才能保证成本报表编制的及时性。

另外,成本报表中的有关信息,对财务报表也会产生一定的影响,成本信息的准确、真实,将使财务报表中的有关信息的真实、客观得到保证,否则财务报表对外提供的信息就有虚假成分;而为了财务报表能够及时编制和报出,也必须及时计算产品成本,并及时编制成本报表。

第二节 商品产品成本表

一、商品产品成本表的意义

商品产品成本表是反映企业在报告期内生产的全部商品产品的总成本和各种主要商品产品单位成本和总成本的报表。

这里的商品产品,包括报告期内验收入库可供销售的各种产成品,已经出售的自制半成品,已经完成的对外提供的工业性作业(如机器设备的修理、来料加工等)。可以降价出售的不合格品,在会计上仍应包括在商品产品范围内,但按统计制度规定,不合格产品不计算产量产值,故要在表中单列一行,并注明“不合格品”字样。

利用商品产品成本表,可以考核全部商品产品和主要商品产品成本计划的执行结果,考核和分析企业成本计划的执行情况,对企业成本管理工作进行一般的评价。

二、商品产品成本表的结构

商品产品成本表分为基本部分和补充资料两部分。基本部分反映企业全部商品的成本,这又可分为可比产品成本和不可比产品成本。可比产品是指企业过去已经正式生产过的产品;不可比产品是指企业过去没有生产或没有正式生产过的产品。传统的商品产品成本表基本部分的格式,就是按照是否具有比较完整可供比较的成本资料,将商品产品划分为可比产品和不可比产品两大类,分别列示各种主要产品的总成本和单位成本。根据管理的需要，商品产品成本表也可按成本项目或成本性态编制。

补充资料部分是根据实际需要而规定填报的有关产值、成本降低任务完成情况等指标。

(一)按产品种类反映的商品产品成本表的结构

按产品种类汇总反映企业在报告期内全部商品产品单位成本和总成本的报表，分为实际产量、单位成本、本月总成本和本年累计总成本四部分。表中按产品种类分别反映本月产量、本年累计产量，以及上年实际成本、本年计划成本、本月实际成本和本年累计实际成本。

这类报表，对于主要产品，应按产品品种反映实际产量和单位成本，以及本月总成本和本年累计总成本；对于非主要产品，则可按产品类型汇总反映本月总成本和本年累计总成本。对不可比产品，不反映上年成本资料；对可比产品，还要反映上年成本资料。其格式如表 14-1 所示。

表 14-1　　商品产品成本表

编制单位：　　2008 年 12 月　　单位：元

产品名称	计量单位	实际产量		单位成本				本月总成本			本年累计总成本		
		本月	本年累计	上年实际平均	本年计划	本月实际	本年累计实际平均	按上年实际平均单位成本计算	按本年计划单位成本计算	本月实际	按上年实际平均单位成本计算	按本年计划单位成本计算	本年实际
可比产品合计								37 400	36 850	36 960	408 000	402 000	404 400
A	件	110	1 200	340	335	336	337	37 400	36 850	36 960	408 000	402 000	404 400
不可比产品合计									14 000	14 112		147 500	149 270
B	台	56	590	—	250	252	253	—	14 000	14 112	—	147 500	149 270
全部商品产品合计								—	50 850	51 072	—	549 500	553 670

补充资料(全年)：

1. 可比产品成本降低额为3 600 元(本年计划降低额为6 000 元)；
2. 可比产品成本降低率为0.88%(本年计划降低率为1.47%)；
3. 按现行价格计算的商品产值为896 000 元；
4. 产值成本率为61.79 元/百元(本年计划产值成本率为61.33 元/百元)。

通过该类报表，可以了解、分析和考核各种类的产品和全部商品产品的成本计划执行情况、各种可比产品和全部可比产品的成本比上年的超支或节约情况、有关可比产品成本降低计划的完成情况，并对成本的超支或节约情况做一般评价，并根据情况,采取有效措施降低产品成本,为进一步进行单位产品成本分析打下基础。

(二)按成本项目反映的商品产品成本表的结构

商品产品成本表按成本项目汇总反映企业在报告期内发生的全部生产费用以及产品生产成本合计数,分为生产费用和产品生产成本两部分。生产费用部分按成本项目反映各种生产费用及其合计数;产品生产成本部分是在生产费用合计数的基础上,加上在产品和自制半成品的期初余额,减去在产品和自制半成品的期末余额,计算出产品生产成本合计数。费用和成本都按上年实际、本年计划、本月实际、本年累计实际等分栏反映。其格式如表14-2所示。

表14-2 **商品产品成本表**

编制单位: 2008年12月

项 目	上年实际	本年计划	本月实际	本年累计实际
生产费用				
直接材料				
直接人工				
制造费用				
生产费用小计				
加:在产品、自制半成品期初余额				
减:在产品、自制半成品期末余额				
产品生产成本合计				

通过该类报表,可以分析、考核和反映报告期内全部产品生产费用的发生情况、计划的执行结果及本年生产费用同上年相比的升降情况、企业的年度产品生产总成本计划的执行情况及升降情况,并可对生产费用的支出进行一般评价,分析影响成本升降的因素。

(三)按成本性态反映的商品产品成本表的结构

商品产品成本表按成本性态反映企业在报告期内发生的全部商品产品成本情况,分为单位变动成本、固定成本总额(按合适的标准分配于各产品)和总成本三部分。按产品种类分别依据单位变动成本、固定成本总额和总成本反映上年实际成本、本年计划成本、本年实际成本,因此这类报表是按年度编制的。

该报表同按产品种类反映的商品产品成本表一样,对主要产品应按产品品种反映,对非主要产品,可按产品类型汇总反映;对不可比产品,不反映上年成本资料;对可比产品,还要反映上年成本资料。其格式如表14-3所示。

表 14-3 **商品产品成本表**

编制单位： 2008 年 12 月

产品名称	计量单位	本年实际产量	单位变动成本			固定成本总额			总成本		
			上年实际平均	本年计划	本年实际平均	上年实际	本年计划	本年实际	按上年实际平均单位成本计算	按本年计划单位成本计算	按本年实际平均单位成本计算
可比产品合计											
甲											
乙											
不可比产品合计											
丙											
丁											
全部商品产品合计											

通过该类报表，可以分析和考核各种类产品单位变动成本计划的执行情况和全部产品的固定成本计划的执行情况、各种可比产品单位成本和全部可比产品固定成本比上年的升降情况、全部产品成本计划的完成情况及其受变动成本和固定成本变动的影响、计划执行情况等。

三、商品产品成本表的编制

（一）按产品品种反映的商品产品成本表的编制

在该表中，各种产品的本月实际产量，应根据当月的成本计算单或产品成本明细账的记录填制；本年累计实际产量，应根据本月实际产量，加上上月本表的本年累计实际产量计算填列；上年实际平均单位成本，应根据上年度本表所列全年累计实际平均单位成本填列；本年计划单位成本，应根据本年度成本计划填列；本单位成本，应根据表中本月实际总成本除以本月实际产量计算填列。如果在产品成本明细账或产成品成本汇总表中有现成的本月产品实际产量、总成本和单位成本，表中这些项目都可以根据产品成本明细账或产成品成本汇总表填列。表中本年累计实际平均单位成本，应根据表中本年累计实际总成本除以本年累计实际产量计算填列。按上年实际平均单位成本计算的本月总成本和本年累计总成本，应根据本月实际产量和本年累计实际产量，乘以上年实际平均单位成本计算填列。按本年计划单位成本计算的本月总成本和本年累计总成本，应根据本月实际产量和本年累计实际产量，乘以本年计划单位成本计算填列。本月实际总成本，应根据产品成本明细账或产成品成本汇总表填列。本年累计实际总成本，应根据产品成本明细账或产成品成本汇总表本年各月产成品成本计算填列。如有不合格品，一般单列一行，并注明“不合格品”字样，而不应与合格品合并填列。

该表补充资料部分，应根据表中有关资料和其他有关资料计算填列：

$$\text{可比产品成本降低额}=\text{可比产品按上年实际平均单位成本计算的本年累计总成本}-\text{可比产品本年累计实际总成本}$$

$$\text{可比产品成本降低率}=\frac{\text{可比产品成本降低额}}{\text{可比产品按上年实际平均单位成本计算的本年累计总成本}}\times 100\%$$

可比产品成本的超支额和超支率应在“降低额”和“降低率”项目中以负号(一)表示。

$$\text{按现行价格计算的商品产值}=\sum\left(\text{各种商品产品本年累计实际产量}\times\text{该种商品产品现行出厂价格}\right)$$

其中自制设备不应包括在商品产品之内，其价值不在本项目反映。

$$\text{产品成本率(元/百元)}=\frac{\text{商品产品总成本}}{\text{商品产值}}\times 100$$

(二)按成本项目反映的商品产品成本表的编制

在按成本项目反映的商品产品成本表中，上年实际数应根据上年12月份本表的本年累计实际数填列；本年计划数应根据有关成本计划资料填列；本年累计实际数应根据本月实际数，加上上月份本表的本年累计实际数计算填列。

表中本月实际数，各种生产费用应根据各种产品成本明细账所记本月生产费用合计数，按照成本项目分别汇总填列；期初、期末在产品、自制半成品的余额，应根据各种产品成本明细账的期初、期末在产品成本和各种自制半成品明细账的期初、期末余额，分别汇总填列。

根据表中的生产费用合计数，加在产品、自制半成品期初余额，减在产品、自制半成品期末余额，即可计算出表中的商品产品生产成本合计数。

(三)按成本性态反映的商品产品成本表的编制

在按成本性态反映的商品产品成本表中，上年实际数根据上年本表本年实际栏填列；本年计划根据按成本性态编制的成本计划资料填列；本年实际根据按变动成本法计算的成本资料填列(前已述及，此处不再详阐述)。

【例 14-1】某企业 2008 年 12 月生产 A、B 两种产品，有关资料如下：

A 为可比产品，且为企业的主要产品；12 月份生产 110 件，全年累计生产同本年计划产量，为 1 200 件；12 月份发生实际完工产品成本 36 960 元，其中直接材料项目 18 590 元，直接人工项目 6 380 元，制造费用项目 11 990 元；全年实际完工产品成本 404 400 元，其中直接材料项目 194 400 元，直接人工项目 68 400 元，制造费用项目 141 600 元；计划单位成本 335 元，其中直接材料项目 169 元，直接人工项目 56 元，制造费用项目 110 元。按相同的会计处理方法和计算填报方法，2006 年实际平均单位成本 340 元，其中直接材料项目 172 元，直接人工项目 54 元，制造费用项目 114 元；历史上最低单位成本是 2000 年的 322 元，其中直接材料项目 160 元，直接人工项目 54 元，制造费用 108 元。A 产品销售单价为每件 550 元(计划单价同实际单价)。

B 是非主要产品，且为不可比产品；12 月份生产 56 台，全年累计生产 590 台(计划为 600 台)；12 月份实际完工产品成本 14 112 元，全年实际完工产品成本 149 270 元；全年单位产品计划成本为 250 元，单位售价为 400 元(计划单价同实际单价)。

要求：根据以上资料编制按产品品种反映的商品产品成本表。

[解] 根据以上资料，可得到：

(1)A 产品：

$$\begin{matrix}\text{本月实际}\\\text{单位成本}\end{matrix}=36\,960\div110=336(\text{元/件})$$

$$\begin{matrix}\text{本年累计实际}\\\text{平均单位成本}\end{matrix}=404\,400\div1\,200=337(\text{元/件})$$

$$\begin{matrix}\text{按上年实际平均单位成本}\\\text{计算的本月总成本}\end{matrix}=340\times110=37\,400(\text{元})$$

$$\begin{matrix}\text{按本年计划单位成本}\\\text{计算的本月总成本}\end{matrix}=335\times110=36\,850(\text{元})$$

$$\begin{matrix}\text{按上年实际平均单位成本}\\\text{计算的本年累计总成本}\end{matrix}=340\times1\,200=408\,000(\text{元})$$

$$\begin{matrix}\text{按本年计划单位成本计算}\\\text{的本年累计总成本}\end{matrix}=335\times1\,200=402\,000(\text{元})$$

(2)B 产品：

$$\text{本月实际单位成本}=14\,112\div56=252(\text{元/台})$$

$$\text{本年累计实际平均单位成本}=149\,270\div 590=253(\text{元/台})$$

$$\text{按本年计划单位成本计算的本月总成本}=250\times 56=14\,000(\text{元})$$

$$\text{按本年计划单位成本计算的本年累计总成本}=250\times 590=147\,500(\text{元})$$

(3)其他有关资料：

①可比产品按上年实际平均单位成本计算的本月总成本、本年累计总成本和按本年计划单位成本计算的本月总成本、本年累计总成本合计，即是A产品按上年实际平均单位成本计算的本月总成本、本年累计总成本和按本年计划单位成本计算的本月总成本、本年累计总成本；可比产品本月实际总成本、本年累计实际成本合计，即是A产品本月实际总成本、本年累计实际成本。

②不可比产品按本年计划单位成本计算的本月总成本、本年累计总成本合计，即是B产品按本年计划单位成本计算的本月总成本、本年累计总成本；不可比产品本月实际总成本、本年累计实际成本合计，即是B产品本月实际总成本、本年累计实际成本。

③根据上述资料，可以得到：

$$\text{全部商品产品按本年计划单位成本计算的本月总成本}=36\,850+14\,000=50\,850(\text{元})$$

$$\text{全部商品产品本月实际总成本}=36\,960+14\,112=51\,072(\text{元})$$

$$\text{全部商品产品按本年计划单位成本计算的本年累计总成本}=402\,000+1\,475\,000=549\,500(\text{元})$$

$$\text{全部商品产品本年累计实际总成本}=404\,400+149\,270=553\,670(\text{元})$$

④

$$\text{可比产品成本本年累计实际降低额}=408\,000-404\,400=3\,600(\text{元})$$

$$\text{可比产品成本本年计划降低额}=408\,000-402\,000=6\,000(\text{元})$$

⑤

$$\text{可比产品成本本年实际降低率}=\frac{3\,600}{408\,000}\times 100\%=0.88\%$$

$$\text{可比产品成本计划降低率}=\frac{6\,000}{408\,000}\times 100\%=1.47\%$$

⑥

$$\text{按现行价格计算的商品产值}=1\,200\times 550+590\times 400=896\,000(\text{元})$$

⑦ $\text{实际产值成本率}=\frac{553\ 670}{896\ 000}\times 100=61.79$(元/百元)

$$\text{计划产值成本率}=\frac{\text{商品产品按计划产量、计划单位成本计算的总成本}}{\text{商品产品按计划产量、计划单位价格计算的产值}}\times 100\%$$

$$\text{商品产品按计划产量、计划单位成本计算的总成本}=1\ 200\times 335+600\times 250=552\ 000\text{(元)}$$

$$\text{商品产品按计划产量、计划单位价格计算的产值}=1\ 200\times 550+600\times 400=900\ 000\text{(元)}$$

所以，$\text{计划产值成本率}=\frac{552\ 000}{900\ 000}\times 100=61.33$(元)

根据以上计算结果，可以编制出按产品品种反映的商品产品成本表，如表14-1所示。

第三节 主要产品单位成本表

一、主要产品单位成本表的意义

主要产品单位成本表是反映企业在报告期内(月、季、年内)生产的各种主要产品单位成本构成情况的报表。而主要产品是指企业经常生产、在企业全部产品中所占比重较大、能概括反映企业生产经营面貌的那些产品。

主要产品单位成本表的作用是，可以按照成本项目考核主要产品单位成本计划的执行结果，了解实际单位成本比上年的升降情况、与历史先进水平的差距，分析各主要产品单位成本变化趋势、主要技术经济指标的执行情况等。

二、主要产品单位成本表的结构

主要产品单位成本表一般分为三部分：第一部分为产量，主要反映本月和本年累计的实际产量与计划产量，以便于考核主要产品产量的完成情况；第二部分是单位成本，按制造成本项目反映历史先进水平、上年实际平均、本年计划、本月实际和本年累计实际平均的单位成本，以便于对主要产品单位成本进行分析；第三部分是主要技术经济指标，主要反映原料、主要材料、燃料和动力等消耗数量，以便于对消耗情况及产品成本进行分析。主要产品单位成本表的一般格式见表 14-4。

表 14-4 **主要产品单位成本表**

编制单位： 2008 年 12 月 单位:元

产品名称	A	本月计划产量	×××
规格	××	本月实际产量	110 件
计量单位	件	本年累计计划产量	××××
销售单价	550	本年累计实际产量	1 200 件

成本项目	行次	历史先进水平（2000 年）	上年实际平均	本年计划	本月实际	本年累计实际平均
直接材料	1	160	172	169	169	162
直接人工	2	54	54	56	58	57
制造费用	3	108	114	110	109	118
产品单位生产成本	4	322	340	335	336	337
主要技术经济指标		用量	用量	用量	用量	用量
1. 主要材料(圆钢)		9.5 千克	10.5 千克	10 千克	9 千克	9.4 千克
2. ……						

三、主要产品单位成本表的编制

该表是对商品产品成本表所列各种主要产品成本的补充说明，应按主要产品分别编制。

该表的销售单价应根据产品定价表填列；本月和本年累计计划产量，应根据生产计划填列；本月实际产量应根据产品成本明细账或产成品成本汇总表填列；本年累计实际产量应根据上月本表的本年累计实际产量，加上本月实际产量计算填列。

表中历史先进单位成本应根据历史上该种产品成本最低年度本表的实际平均单位成本填列；上年实际单位平均成本应根据上年度本表实际平均单位成本填列；本年计划单位成本应根据本年度成本计划填列；本月实际单位成本应根据该种产品成本明细账所记录本月完工入库的单位成本填列；本年累计实际平均单位成本应根据该种产品成本明细账所记录的、从年初起至报告期末止完工入库总成本除以本年累计实际产量计算填列。不可比产品不填列历史先进水平的单位成本和上年实际平均单位成本。

表中上年实际平均、本年计划、本月实际和本年累计实际平均的单位生产成本——单位成本合计数，应与按产品种类反映的商品产品成本表中该产品的相应单位成本核对相符。

表中主要技术经济指标部分的历史先进水平、上年实际平均、本年计划、本月实际、本年累计实际平均数等，应分别根据实际消耗记录、计划数、上年度有关数据等业务技术核算资料和企业或上级机构规定的指标名称、填列方法计算填列。

【例 14-2】 某企业 2008 年生产的主要产品 A 的主要材料圆钢的消耗量资料如下：上年实际平均单位产品消耗为 10.5 千克，本年计划单位产品消耗量为 10 千克，本月实际单位产品消耗量为 9 千克，本年累计实际平均单位产品消耗量为 9.4 千克，单位 A 产品历史成本最低的 2000 年消耗量为 9.5 千克。其余有关成本资料同例 14-1。

要求：根据以上资料，编制关于 A 产品的主要产品单位成本表。

［解］例 11-1 中已经求出 A 产品本月实际单位成本为 336 元/件，本年累计实际平均单位成本为 337 元/件。下面计算其他有关资料：

$$\text{本月单位产品直接材料}=\frac{18\,590}{110}=169(\text{元/件})$$

$$\text{本月单位产品直接人工}=\frac{6\,380}{110}=58(\text{元/件})$$

$$\text{本月单位产品制造费用}=\frac{11\,990}{110}=109(\text{元/件})$$

$$\text{本年累计实际平均单位产品直接材料}=\frac{194\,400}{1\,200}=162(\text{元/件})$$

$$\text{本年累计实际平均单位产品直接人工}=\frac{68\,400}{1\,200}=57(\text{元/件})$$

$$\text{本年累计实际平均单位产品制造费用}=\frac{141\,600}{12\,000}=118(\text{元/件})$$

于是，可以编制出关于 A 产品的主要产品单位成本表，如表 14-4 所示。

第四节 费用明细表与其他成本报表

费用，是指企业在生产经营过程中为组织和管理生产经营活动而发生的制造费用、管理费用、销售费用、财务费用。编制上述费用报表的作用在于反映各该项费用计划的执行情况，分析各种费用变动的原因以及对产品成本和当期损益的影响。其他成本报表主要是指反映生产经营情况的报表。这类报表属于反映专项成本、费用情况的报表，根据企业生产经营的实际情况和成本、费用的管理要求来设置。本节仅对其中一些常用的报表作概括性介绍。

一、制造费用明细表

制造费用明细表是反映制造业企业在报告期内发生的制造费用及其构成情况的报表。这类报表一般只反映基本生产车间的制造费用情况。

制造费用明细表一般是按照费用项目分别反映各项费用的本年计划数、上年同期累计实际数、本月实际数和本年累计实际数，其格式如表14-5所示。

表14-5 制造费用明细表

编制单位： 2008年12月 单位：元

项目	行次	本年计划	上年同期累计实际	本月实际	本年累计实际
职工薪酬	1	（略）	（略）	3 990	42 750
折旧费	2			3 900	46 800
办公费	3			550	5 400
水电费	4			4 000	47 500
机物料消耗	5			1 500	18 500
	6				
	7				
	8				
	9				
其他	10			2 130	24 760
合计		190 000	192 500	16 070	185 710

表中本年计划数应根据本年制造费用计划填列；上年同期实际数应根据上年同期本表的本年累计实际数填列；本月实际数应根据“制造费用”总账科目所属各基本生产车间制造费用明细账的本月合计数汇总计算填列；本年累计实际数应根据这些制造费用明细账本月末的本年累计数汇总计算填列或根据上月本表的本年累计实际数加计本月实际数填列。如果需要，也可以根据制造费用的分月计划，在表中加列本月计划数。

该表本月实际数合计应与按成本项目反映的商品产品成本表中的制造费用项目的本月实际栏核对相符；年末，该表的上年同期累计实际栏合计数、本年累计实际栏合计数应分别与年末按成本项目反映的商品产品成本表中制造费用项目上年实际栏和本年累计实际栏的数字相符。

【例14-3】某企业2008年12月份制造费用明细账上显示的有关资料如下：

(1)管理人员及技术人员工资3 500元，以此为基数计提的其他职工薪酬为

490 元，全年累计分别为 37 500 元和 5 250 元：

(2)计提的固定资产折旧费是 3 900 元，全年累计为 46 800 元；

(3)发生的办公费为 550 元，全年累计为 5 400 元；

(4)应支付水电费 4 000 元，全年累计为 47 500 元；

(5)原材料一般消耗 1 500 元，全年累计 18 500 元；

(6)车间有关人员 12 月份差旅费 1 150 元，全年累计 13 000 元；

(7)发生运输费用 980 元，全年累计为 11 760 元。

其他有关资料；2007 年制造费用实际发生额为 192 500 元，2008 年制造费用预算为 190 000 元。

要求：根据以上有关资料，编制制造费用明细表。

[解] 根据以上有关资料可知，12 月份制造费用有关项目发生额分别是：职工薪酬 3 990 元，折旧费 3 900 元，办公费 550 元，水电费 4 000 元，机物料消耗 1 500 元，其他费用 2 130 元(1 150 元，运输费 980 元)。

全年制造费用有关项目发生额分别是：职工薪酬 42 750 元，折旧费 46 800 元，办公费 5 400 元，水电费 47 500 元，机物料消耗 18 500 元，其他费用 24 760 元(差旅费 13 000 元，运输费 11 760 元)。

据此编制出制造费用明细表见表 14-5。

二、管理费用明细表

管理费用明细表是反映企业报告期内管理费用的发生额及其构成情况的报表。

管理费用明细表按管理费用项目分别反映本年计划数、上年同期(累计)实际数、本年累计实际数。如果需要，可以增设“本月实际”栏及“本月计划”栏。其格式同制造费用明细表基本相同。

管理费用明细表中的本年计划数应根据本年计划资料填列；上年(同期累计)实际数应根据上年度同期本报表的本年累计实际数填列；本年累计实际数应根据管理费用明细账本月末的累计数填列。如果管理费用有分月计划，可加列本月计划数，并根据管理费用的各月实际发生情况，加列本月实际数。

三、销售费用明细表

销售费用明细表是反映企业报告期产品销售费用发生额及其构成情况的

报表。

销售费用明细表分别反映各费用项目的本年计划数、上年同期(累计)实际数、本年累计实际数。根据管理需要可增设“本月计划”、“本月实际”等栏。其格式也同制造费用明细表基本相同。

销售费用明细表中的本年计划数应根据计划资料填列;上年同期累计实际数应根据上年度同期本报表的本年累计实际数填列;本年累计实际数应根据销售费用明细账本月末的累计数填列。如果销售费用有分月计划,可加列本月计划数,并根据销售费用的各月实际发生情况,加列本月实际数。

四、财务费用明细表

财务费用明细表是反映企业报告期内财务费用的发生及其构成情况的报表。

财务费用明细表也按费用项目分别反映其本年计划数、上年同期累计实际数、本年累计实际数。根据需要可增设“本月实际”、“本月计划”等栏。其格式也同制造费用明细表基本相同。

财务费用明细表中的本年计划数应根据计划资料填列;上年同期累计实际数应根据上年度同期本报表的本年累计实际数填列;本年累计实际数应根据财务费用明细账本月末的累计数填列。如果财务费用有分月计划,也可加列本月计划数,根据财务费用的各月实际发生情况,加列本月实际数。

五、其他成本报表

(一)责任成本表

责任成本表是进行责任成本核算的企业,反映各责任单位报告期内实际发生的责任成本情况及其与责任成本预算差异情况的报表。其主要作用是:①可以考核责任成本预算的执行情况,为各责任单位及时调节自己的经济活动,以实现成本控制的预期目标而提供依据。②可以揭示实际责任成本与责任成本预算的差异,分析差异形成的原因和责任,从而评价和考核各责任单位对责任管理范围内的成本(可控成本)的管理实绩。

责任成本表的结构和格式可由各单位根据企业内部管理的需要自行设计,一般是按责任单位反映责任成本预算指标、实际成本指标、成本差异及其形成的原因,以便于考核预算的完成情况。在以上指标中,还可以分别反映可控成本和不可控成本、变动成本和固定成本,以便明确经济责任和进行成本分析。

责任成本表的格式见表14-6。

表14-6 责任成本报表

部门： 年 月 单位：元

项目	预算成本	实际成本	成本差异	差异产生原因
可控成本合计				
变动成本合计				
直接材料				
直接人工				
物料消耗				
固定成本合计				
管理人员薪酬				
不可控成本合计				
一车间转入半成品				
二车间转入半成品				
其他成本				
总计				

责任成本表应由各责任单位定期编制并报送上一级责任单位，而较高层次责任单位的责任成本表不仅反映自身责任成本情况，还要反映其所属责任单位的责任成本，内容涉及若干成本费用项目的责任成本计划执行情况。其中预算成本根据计划年度的企业责任成本预算控制数或分解到的责任成本数逐项填列，实际成本根据实际发生的成本费用分析填列，成本差异根据实际成本减去预算成本的差额逐项填列。

(二)质量成本报表

质量成本报表是按质量成本项目反映企业实际发生的质量成本、评价质量成本控制业绩的一种成本报表。

质量成本表是企业用以充分发挥信息反馈作用，满足企业全面质量管理的要求，为企业领导者提供决策依据的报表。它是分析质量成本各构成项目的重要依据，根据它所提供的信息，有利于分析和考核质量成本管理的责任，推动企业内部经济责任制的执行，也有利于正确处理产品质量成本与产品成本、经济效益之间的辩证关系。

质量成本表有的按责任单位编制，以便于考核和分析质量成本管理的责任；有的则按产品编制，以便于分析产品质量成本与产品成本、经济效益之间的关系。按产品编制的又有两种：一种是产品质量成本表，另一种是单位产品质量成本表。无论哪一种质量成本表,都应按产品质量成本项目分别反映预算成本、实际成本、差异成本。因此,产品质量成本表的结构基本上同责任成本表一样,也是按照预算成本、实际成本、成本差异等反映的,只是在项目类别上主要包括预防成本、鉴定成本、故障损失等质量成本项目。

质量成本表中的预算成本,要根据计划年度企业制定的质量成本预算控制数逐项填列;实际成本应根据废品通知单、返修单、检验工时报告单、质量事故减产损失计算表等原始凭证和原始记录,以及有关质量成本核算的明细账户的记录来填列;成本差异数根据实际成本减去预算成本的差额填列。

(三)材料考核成本表

材料考核成本表是用来反映一定时期内材料耗用和采购情况的报表。该表一般分为两个部分,一部分反映相关生产部门有关材料耗用的标准成本、实际成本及其差异(材料耗用成本表),一部分反映采购的各批材料的实际成本、计划成本及其差异(材料价格差异分析表)。

利用该表可以分析各生产部门及整个企业产品生产中材料消耗情况,以及采购部门的工作成本和业绩。通过考核,可以控制材料的消耗支出和采购支出,有效地降低材料成本。

在该表的编制中,材料耗用成本表中实际成本根据各车间材料实际用量和实际单价计算,标准成本按标准用量和计划单价计算,成本差异按实际成本减去标准成本填列,差异率为成本差异除以标准成本。

材料价格差异分析表中实际成本根据"材料采购"所属明细分类账分析填列,计划成本按计划单价乘以采购数量填列,差异额按实际成本减去计划成本填列,差异率等于总成本差异额除以计划总成本或单位成本差异除以计划单位成本。

思 考 题

1. 什么是成本报表?其作用有哪些?

2. 制造业企业应设置哪几类成本报表?其编制要求有哪些?

3. 商品产品成本表应按什么反映?其作用各是什么?按产品种类反映的商品产品成本表为什么分别反映可比产品成本和不可比产品成本?

4. 主要产品单位成本表的作用是什么?它与商品产品成本表有何不同?

5. 商品产品成本表、主要产品单位成本表、制造费用明细表的结构怎样?编制方法各是什么?

6. 各成本报表之间的勾稽关系有哪些?

练 习 题

1. 目的：练习商品成本表的编制。

2. 资料：星华工厂某年度及该年 12 月份有关产品、产量、单位成本等资料如下表：

产品名称	全年计划产量（件）	全年实际产量（件）	12 月份实际产量（件）	上年实际平均单位成本（元）	本年计划单位成本（元）	本年实际平均单位成本（元）	12 月份实际单位成本（元）
可比产品							
甲	2 400	2 500	200	275	270	264	262
乙	4 100	4 000	340	186	180	175	175
丁	3 200	3 500	300	372	370	372.85	372
不可比产品							
丙	900	1 000	100	—	160	165	162
戊	1 550	1 500	125	—	480	450	452

3. 要求：根据表中资料编制按产品种类反映的商品产品成本表。

第六篇

成本分析与业绩评价

第十五章

成本分析

本章导读

- 成本分析概述
- 商品产品总成本分析
- 单位产品成本分析
- 技术经济指标对产品成本影响的分析

第一节　成本分析概述

一、成本分析的意义

成本分析是利用专门的方法，对一定时期内企业成本的计划、定额和有关资料与成本的实际发生情况进行综合分析评价，揭示成本各组成部分之间的关系以及成本各组成部分变动和其他有关因素变动对成本的影响，以寻找降低成本途径，促进企业成本不断降低的手段。

成本分析是成本管理的重要组成部分。由于成本是反映企业生产经营管理活动水平的综合性指标，因此，对成本的组成进行剖析，并找出其组成部分的本质属性和彼此之间的关系，从而认识成本的本质特性及其变化的规律，对正确认识和评价企业生产经营管理水平，采取有效措施降低成本，具有十分重要的作用。

有关成本的组成及其本质属性，在以前章节中已经论述过，本章成本分析的主要内容是对各组成部分进一步划分，并找出各组成部分的内在关系对其进行影响分析。由于成本报表是成本信息的主要载体，因此成本分析也就主要是对成本报表中提供的成本信息进一步分析。

成本分析的作用主要体现在以下三个方面：

(1)通过成本分析，可以从形成成本的各要素中，揭示出节约和超支的项目，分析出超支和节约的原因，找出企业在生产经营中存在的问题，总结经验教训，改善管理工作。

(2)通过成本分析，可以评价和考核企业成本计划的完成情况及企业的现在成本水平同历史最好水平的差距，揭示影响成本计划完成的因素，寻求进一步降低成本的途径和方法。

(3)通过成本分析，认识和了解过去企业成本变动的规律，为下一步的成本预测和成本决策提供重要的信息资料，对未来的成本管理工作进行展望和指导，提高企业成本管理水平。

二、成本分析的内容

(1)商品产品总成本分析。包括可比产品成本降低目标的完成情况和全部商品产品成本计划的完成情况分析，属于商品产品成本指标完成情况的分析。

(2)单位产品成本分析。包括商品产品产量、质量、品种等变动对成本水平的影响分析，单位产品制造成本主要项目的分析，属于产品单位制造成本的分析。

(3)技术经济指标对产品成本影响分析。包括生产工艺、产品设计、工时利用、设备性能、原材料、能源动力消耗等各项技术经济指标对成本的影响分析。因企业生产及其管理要求不同，企业间的各种技术经济指标的作用和种类都会有所区别。

三、成本分析的原则

1.成本分析与技术经济指标变动相结合

企业的各项技术经济指标，反映着企业的技术经济状况，与企业的生产技术、工艺特点、成本管理要求密切相关。而各项技术经济指标的水平，也直接或间接地影响到产品成本的高低。因而，成本分析与技术经济指标变动结合起来，才能使成本分析深入下去，从而查明影响成本变动的具体原因，找出成本降低的有效途径，同时也有助于企业从资金耗费的效果方面促使各职能部门和生产单位更好地完成各项技术经济指标，有利于从经济的角度改善企业的生产技术条件。

2.成本分析与经济责任制相结合

为了建立健全和完善企业内部经济责任制，使成本分析工作能深入、持久、有效、具体，把成本分析和各个责任单位的经济效果及工作质量的分析、考核、评价、奖惩结合起来,是必不可少的。

3.成本分析的定性与定量相结合

对成本进行定性分析,可以揭示影响成本变动的因素的性质、内在联系及其变动趋势。对成本进行定量分析,可以确定成本变动的大小及各因素的影响程度。所以,成本分析中定性分析是基础,定量分析是深化,两者相辅相成,互为补充。

四、影响成本变动的因素

(一)企业内部因素

从企业本身的经济活动角度来观察,影响产品成本变动的因素概括起来可分为内部因素和外部因素,而起重要作用的是内因。因此,成本分析的重点应是内部因素的分析。影响产品成本变动的内部因素主要有:

1.劳动生产率水平

劳动生产率是劳动者在单位时间内劳动的生产效果或能力,一般用单位时间内所生产的产品数量或单位产品所需要的劳动时间来表示。提高劳动生产率,不仅可以减少单位产品工时消耗,从而降低单位成本中的工资费用,而且随着产品数量的增加,降低单位产品成本中的固定费用。此外,劳动生产率的提高还会连带地促进对固定资产、原材料、动力利用的改善,进而降低单位成本中的物化劳动消耗。

随着科学技术的进步,通过采用先进的科学技术工艺和装备来大幅度地提高劳动生产率,将是降低产品成本的主要途径。同时,还应从实际出发,根据国内外市场需求,综合考虑产供销、生产能力和资金三方面的平衡,具体分析劳动生产率水平高低对产品成本的影响。

2.材料、燃料和动力的利用效果

材料、燃料和动力的消耗,通常在企业的产品成本中占有较大的比重。通过改进产品设计,开展材料的综合利用,采用先进的生产工艺,提高燃料、动力的利用效率,改进材料采购和管理工作,可以不断地降低原材料、燃料和动力消耗,从而降低产品成本。

3.生产设备利用效果

生产设备是企业的主要劳动手段,提高其利用率,改善其工时利用的情况,就能促进一定时间内原材料加工量的增加和产品产量的增长,从而减少单位成本中的固定费用(如固定资产折旧费、维修费、计时工资、其他制造费用等)。同时,生产设备利用率的提高,有利于加快设备更新及现代化水平的提高,从而进一步提高产品产量和质量。

4.产品质量水平

产品质量水平可以用合格率、返修率、废品率等指标来反映。提高产品质量水平,就意味着提高合格率,降低返修率和废品率,从而减少修复费用和其他质量成本,降低产品单位成本。而采用先进合理的生产工艺技术和设备,将是减少废品损失、保证产品质量的重要途径。

5.工资水平和制造费用水平

产品产量一定的情况下,工资总额越高,制造费用越大,单位产品成本就会越大。因此,严格控制工资总额,合理简化生产部门管理机构并控制有关费用,提高工作效率,就能控制产品成本并使之逐步降低。

6.企业经营管理水平

不断提高企业管理水平,包括加强和完善产品成本的全面管理,严格控制产品成本计划的执行情况,及时消除对产品成本产生不利影响的因素,将提高产品成本的控制水平,同时还会使其他有关费用和支出得到控制,从而提高企业的经济效益。

此外,企业经营决策的科学性,材料、能源的管理体制,产品开发与科研工作的进展,信息网络的建立情况,职工人员的素质等,对产品成本水平均有直接或间接的影响。

(二)企业外部因素

从企业经济活动本身以外的角度来观察,分析有关因素对产品成本的影响,有利于正确认识产品成本水平,并为正确的成本决策提供重要的参考信息。影响产品成本变动的外部因素主要有:

1.企业所处的地理位置和资源条件

企业距离原材料、燃料和动力供应的地点如果较远,或销售市场较远,不仅会造成运费、保险费、包装费、途中损耗增加,还会引起原材料、燃料等储备成本增加,从而导致产品成本提高。气候条件不同,也会影响企业劳动条件中资产结构不同,从而影响企业的费用水平。对采掘工业和农产品加工工业来说,企业所处自然资源条件不同,也是影响成本水平的重要因素。

2.企业的生产经营规模和技术装备水平

一般而言,如果企业生产规模相对较大,则单位产品成本的固定费用将会相对降低;随着生产规模的扩大,单位产品成本会逐步降低,同时为采取更先进的产品设计和工艺创造条件,从而进一步降低产品成本。对于同样规模的企业,由于技术装备水平和由此决定的机械化、自动化程度的不同,成本水平也会有所不同。

3. 企业的专业化和协作水平

企业按专业化、协作与联合经营的原则组织工业生产，是实现资源优化配置，发展规模经济的必由之路。企业如果进行专业化生产，与其他企业进行协作与联合，就可以组织成批、大量生产，有利于采用高新科学技术，有利于应用先进的专用设备和加工工艺，简化生产管理工作，提高产品质量和劳动生产率，促进产品成本的降低。

4. 产品市场需求变动和生产资料市场价格的变动

市场经济条件下，每一种社会商品的市场需求和价格都在不断地变化。当企业生产的产品市场需求降低时，企业的生产规模势必减少，产量势必下降，从而使企业的生产能力发挥受到限制，导致企业产品成本上升。当企业所需的生产资料市场价格受市场供求上涨时，也必然导致企业产品成本的上升。

此外，国家的产业政策，国民经济的增长速度、宏观调控目标、固定资产投资规模、货币供应量和信贷规模、流通体制、社会保障体制、宏观管理体制的改革、宏观决策的正确与失控，宏观成本管理体制的健全与否，对企业成本的变化都有着直接或间接的影响。

企业外部因素一般属于客观原因，并不完全反映企业经营管理水平，因此不属于企业成本分析的重点。分清这样一些企业外部因素，有利于正确地评价企业成本管理工作，并努力采取各种措施，适应客观经济条件的变化，尽可能地降低产品成本。

五、成本分析的方法

(一)比较分析法

比较分析法是指通过相互关联的指标的对比来确定数量差异的一种方法。其主要作用是揭示客观上存在的差距，为进一步分析指出方向，以便采取措施，降低成本。在成本分析的实际工作中，比较分析法主要有以下几种指标间的对比形式：

(1)实际指标与计划或定额指标对比。通过对比，可以说明计划(定额)的完成情况，揭示完成计划(定额)和未完成计划(定额)指标的差异。

(2)本期实际指标与前期(上期、上年同期或历史上最好水平)实际指标对比。通过对比，可以观察企业成本指标的变动情况和变动趋势，以便采取措施改进企业生产经营工作。

(3)本企业实际指标与国内外同行业先进指标对比。通过对比，可以了解企业成本水平在国内外同行业中所处的地位，在更大范围内揭示差异，促进企业改善经营管理。

采用比较分析法，要注意对比指标的同质性，即对比指标采用的计价标准、时间单位、计算方法、指标口径等是可比的。在比较同类企业成本指标时，还必须考虑到客观条件、技术经济条件等问题。

比较分析法除用于绝对指标对比外，在很多情况下还要进行相对数的比较分析。这就需要计算出相对指标，即有关比率。

（二）比率分析法

比率分析法是通过计算和对比经济指标的比率，进行数量分析的一种方法。其具体形式有：

1. 相关指标比率分析

将两个性质不同但又相关的指标对比求出比率，然后再以实际数与计划数（或前期实际数）进行对比分析，以便从经济活动的客观联系，更为深入地了解和掌握企业生产经营状况。例如，将成本指标与反映生产、销售等生产经营成果的产值、销售收入、利润等指标对比，求出产值成本率、销售成本率和成本利润率等指标，就可以进一步分析和比较生产耗费的经济效益。

2. 构成比率分析

所谓构成比率，是指某项经济指标的各个组成部分占总体的比重。例如，将构成产品成本的各个费用项目同产品成本总额相比，计算其占总成本的比重，确定成本构成的变动，掌握经济活动情况及其对产品成本的影响。

3. 动态比率分析

动态比率，就是将不同时期同类指标的数值进行对比，求出比率。通过计算动态比率，可以分析反映客观事物的发展方向、增减速度及其发展趋势。例如，将产值成本率、销售成本率、成本利润率或构成产品成本的各个费用项目的比重等，同某一期进行比较，就可以发现这些指标的增减速度和变动趋势，并从中发现企业在生产经营管理方面的成绩或不足。

（三）因素分析法

因素分析法是把某一综合指标分解为若干个相互联系的因素，通过一定的计算方法，定量地确定各因素影响程度的方法。

成本指标是一个综合性价值指标，它受到许多因素的影响。只有把成本指标分解为若干个构成因素，才能明确成本指标完成情况的原因和责任，因此必须运用因素分析法进行成本分析。

运用因素分析法时，首先要确定综合指标由哪几个因素构成，并建立各因素与该指标之间的函数关系，然后根据分析目的，选用适当的方法进行分析，测定各因素变动对指标的影响程度。因素分析法按照计算程序不同可分为以下两种：

1. 连环替代法

这是在影响综合指标的各因素中，顺序地把其中一个因素当作可变的，而暂时把其他因素看作是不变的进行替代，从而测定出各个因素对综合指标影响程度的一种分析方法。其基本程序是：

第一，确定综合经济指标及其影响因素的实际数与基数（计划数或前期实际数）。

第二，以综合指标实际数和基数的差额作为分析对象，并确定各因素影响指标的排列顺序。

第三，以基数为计算基础，按照各因素的排列顺序，逐次以各因素的实际数替代其基数，且每次替换后实际数就被保留下来，直到所有因素的基数都被实际数所替代为止。每次替换后都计算出新的结果。

第四，将每次替换所计算的结果减去替换前的结果，其差额就是替换因素变动对综合指标变动的影响结果。

最后，计算各因素变动影响结果的代数和。这个代数和就是分析对象，即综合指标的实际数与基数的差额。

【例 15-1】某产品的原材料费用由产品产量、单位产品耗用量和原材料单价三个因素决定，这三个因素的联系可列成如下分析计算公式：

$$\text{材料费用总额}=\text{产品产量}\times\text{单位产品材料消耗量}\times\text{材料单价}$$

企业上述指标的计划和实际资料如表 15-1 所示。

要求：分析各因素变动对材料费用的影响。

表 15-1　　产品材料费用表

项　　目	单位	计划数	实际数	差异
产品产量	件	200	210	+10
单位产品材料消耗量	千克/件	18	17	−1
材料单价	元/千克	10	12	+2
材料费用总额	元	36 000	42 840	+6 840

[**解**] 利用连环替代法计算分析如下：

$$计划指标：200\times18\times10=36\,000(元)$$
$$第一次替代：210\times18\times10=37\,800(元)$$

可见，由于产品产量变动(增加)而使材料费用增加1 800元。

$$第二次替代：210\times17\times10=35\,700(元)$$

可见，由于单位产品材料消耗量减少而使材料费用减少了2 100元。

$$第三次替代：210\times17\times12=42\,840(元)$$

可见，由于材料单价提高而使材料费用增加了7 140元。

$$\begin{array}{l}材料费用变\\动差额合计\end{array}=1\,800-2\,100+7\,140=6\,840(元)$$

从上例的计算分析可以看出，连环替代法具有以下特点：

(1)计算程序的连环性。就是在计算每一因素变动对指标的影响数值时，除第一次替换是在基数基础上进行外，每个因素的替换都是在前一因素替换的基础上进行。这种替换必须顺序连环地逐一进行。

(2)因素替换的顺序性。各个因素的替换顺序，要根据其内在的客观联系、影响差异的作用等顺序进行。只有这样，才能正确揭示各因素的影响程度，计算结果才具有可比性，而改变各因素的排列顺序，各个因素变动的影响结果也会发生变化。通常确定各因素的替换顺序的原则是：先替换数量因素，后替换质量因素；先替换实物量因素，后替换价值量因素；先替换原始因素，后替换派生因素；先替换主要因素，后替换次要因素；在有除法运算的关系式中，先替换分子因素，后替换分母因素。

(3)计算条件的假定性。运用这一方法测定某一因素变动的影响时，是在某种假定条件下进行的，这就是假定其他各因素不变。由于连环替代法下各因素变动的影响受其他因素的替代顺序和大小的影响，因此计算结果具有一定程度的假定性。而这种假定性的分析方法，是在确定事物内部各种因素影响程度时必不可少的。

2. 差额计算法

它是连环替代法的一种简化形式，是利用各个因素的实际数与基数之间的差额，计算出各个因素变动对综合经济指标影响程度的一种分析方法。

差额计算法的程序是：

第一，确定各因素实际数与基数的差额。

第二，以某种因素的差额乘以函数关系式中排列在该因素前各因素的实际数和后面各因素的基数，得到该因素的影响程度。

最后，将各因素的影响数值相加，其代数和即是综合指标的实际数与基数之间的差额。

下面用差额法计算分析上例中各因素对材料费用变动的影响。

产量变动的影响：(＋10)×18×10＝＋1 800(元)

单位产品材料消耗量变动的影响：210×(－1) ×10＝－2 100(元)

材料单价变动的影响：210×17×(＋2)＝＋7 140(元)

计算分析结果与前述连环替代法的结果相同。但由于计算简便，所以，差额计算法应用比较广泛，特别是在影响因素较少的时候更为适用。

第二节 商品产品总成本分析

商品产品总成本分析，主要是全部商品产品成本计划的完成情况分析和可比产品成本降低目标的完成情况分析。分析一般是在月份、季度或年度的终了，根据“商品产品成本表”，结合其他有关的成本资料，采用指标对比法进行分析。首先将全部商品产品的实际总成本与按实际产量调整计算的计划总成本相比较，确定本期产品实际总成本比计划总成本的节约或超支额，然后分别计算可比产品成本和不可比产品成本的节约或超支额。最后，根据以上计算结果，进行节约或超支额情况的因素分析等。

一、商品产品总成本计划完成情况分析

商品产品总成本完成情况分析，就是对本期产品实际总成本比计划总成本的节约或超支额的分析，是一种总括性的分析。在实际工作中，根据需要可按产品种类、成本项目、成本性态等进行分析。下面主要以产品类别为例进行有关分析。

【例 15-2】某企业 2008 年 12 月编制的商品产品成本报表(按产品类别)如表 15-2 所示。

要求对企业年度商品产品成本进行分析。

［解］ $$\text{全部商品产品成本降低额}=\text{全部商品产品计划总成本}-\text{全部商品产品实际总成本}$$

$$=850\,400-850\,000=400(\text{元})$$

$$\text{全部商品产品成本降低率}=\frac{\text{全部商品产品成本降低额}}{\text{全部商品产品计划总成本}}\times 100\%$$

$$=\frac{400}{850\,400}\times 100\%=0.047\%$$

表 15-2 **商品产品成本表**

编制单位： 2008 年 12 月 单位：元

产品名称	计量单位	实际产量		单位成本				本月总成本			本年累计总成本		
		本月	本年累计	上年实际平均	本年计划	本月实际	本年累计实际平均	按上年实际平均单位成本计算	按本年计划单位成本计算	本月实际	按上年实际平均单位成本计算	按本年计划单位成本计算	本年实际
可比产品合计											708 800	700 400	698 200
甲	件	（略）	1 200	340	335	（略）	336.5	（略）	（略）	（略）	408 000	404 400	403 800
乙	件		800	376			368				300 800	296 000	294 400
不可比产品合计												150 000	151 800
丙	台	（略）	590	—	250	（略）	253	—	（略）	（略）	—	150 000	151 800
全部商品产品合计								—	（略）	（略）	—	850 400	850 000

补充资料（全年）：

1. 可比产品成本降低额为10 600 元（本年计划降低额为7 800 元）；
2. 可比产品成本降低率为1.495 5%（本年计划降低率为1.217 2%）；
3. 按现行价格计算的商品产值为2 500 000 元；
4. 产值成本率为34 元/百元（本年计划产值成本率为34 元/百元）。

计算表明，企业全年全部商品产品总成本比计划总成本降低 400 元，降低率为 0.047%。但可比产品成本降低额为 2 200 元（700 400 元－698 200 元），不可比产品成本超支 1 800 元（150 000 元－151 800 元）。这说明，从总体上看，企业完成了按实际产量计算的全部商品产品成本计划，但在可比产品成本降低的情况下，不可比产品成本却出现了超支情况。因此，要进一步分析不可比产品成本情况，查明原因，采取措施，以达到完成产品成本计划的目的。

为了进一步分析全部商品产品成本计划完成情况，还可以按产品项目进行分析：将全部商品产品总成本按成本项目汇总，将实际总成本与计划总成本对比，确定每个成本项目的降低额、降低率；也可以按成本性态构成分析：将全部商品产品总成本按成本性态（变动成本和固定成本）汇总，将实际总成本与计划总成本对比，分别确定变动成本和固定成本的降低额、降低率。总之，进行全部商品产品总成本完成情况分析，要根据企业产品生产特点、成本管理现状和要求、成本分析的目的进行。

二、可比产品成本降低情况分析

在企业成本计划中，一般对可比产品成本不仅有计划，而且还有降低额、降低率等成本降低任务。可比产品成本降低任务就是成本计划中规定的本期可比产品计划总成本与按本期计划产量、上年实际单位成本计算的上年实际总成本相比较所确定的计划成本降低指标(包括绝对数降低额和相对数降低率)。可比产品成本降低情况分析，就是将可比产品实际成本与按实际产量和上年实际单位成本计算的上年实际总成本相比较，确定可比产品的实际降低额和降低率，并同计划降低指标相比，评价企业可比产品成本降低任务完成情况，确定各因素的影响程度。

值得一提的是，成本降低额和成本降低率被同时用来作为可比产品的成本降低任务是必要的。因为一般来说，成本降低率愈大，成本降低额也愈大，但成本降低率只表示产品成本水平的升降变化情况，不受产量多少影响，而成本降低额则还受产量多少的影响。在实际工作中，当规定了这两个指标的任务后，往往会出现以下情况：①各种产品及全部产品的两个指标任务都得以完成；②没有完成某种产品的成本降低率计划，但完成了该产品成本降低额计划；③完成了某产品的成本降低率计划，但没有完成该产品成本降低额计划；④各种产品的成本降低率计划都得以完成，但总的成本降低率计划没有完成；⑤企业没有一种产品的成本降低率完成，但却完成了总的降低率计划；等等。因此，分析可比产品成本降低情况必须从降低额和降低率两个方面进行，并进一步分析各因素的影响程度。

下面仍以表 15-2 的有关资料为例，说明可比产品成本降低情况的分析。

【例 15-3】已知可比产品甲的计划产量为 1 000 件，乙的计划产量为 800 件，其余有关资料如表 15-2 所示。要求进行年度可比产品成本降低情况分析。

［**解**］(1)计算有关降低指标。

$$① \begin{matrix}\text{计划成本}\\\text{降 低 额}\end{matrix} = \sum\left[\begin{matrix}\text{计划}\\\text{产量}\end{matrix}\times\left(\begin{matrix}\text{上年实际}\\\text{单位成本}\end{matrix}-\begin{matrix}\text{本年计划}\\\text{单位成本}\end{matrix}\right)\right]$$

$$= 1\,000\times(340-337)+800\times(376-370)$$

$$= 7\,800(\text{元})$$

$$② \begin{matrix}\text{计划成本}\\\text{降 低 率}\end{matrix} = \frac{\text{计划成本降低额}}{\sum\left(\begin{matrix}\text{计划}\\\text{产量}\end{matrix}\times\begin{matrix}\text{上年实际}\\\text{单位成本}\end{matrix}\right)}\times 100\%$$

$$= \frac{7\,800}{1\,000\times 340+800\times 376}\times 100\% = 1.217\,2\%$$

$$③\ \begin{matrix}实际成本\\降低额\end{matrix}=\sum\left(\begin{matrix}实际\\产量\end{matrix}\times\begin{matrix}上年实际\\单位成本\end{matrix}-\begin{matrix}本年实\\际成本\end{matrix}\right)$$

$$=708\,800-698\,200=10\,600(元)$$

$$④\ \begin{matrix}实际成本\\降低率\end{matrix}=\frac{实际成本降低额}{\sum\left(\begin{matrix}实际\\产量\end{matrix}\times\begin{matrix}上年实际\\单位成本\end{matrix}\right)}\times100\%$$

$$=\frac{10\,600}{708\,800}\times100\%=1.495\%$$

(2)说明有关成本降低情况。

①从成本降低额来看，计划降低 7 800 元，实际降低了 10 600 元，多降低了2 800元，企业超额完成了成本降低额任务。

②从成本降低率来看，计划降低 1.217 2%，实际降低 1.495 5%，多降低了0.278 3%。

(3)进行可比产品成本降低情况的因素分析。影响可比产品成本降低情况的因素有三个：产量、品种结构、单位成本水平。

①产量因素分析。如果其他条件不变(包括产品结构不变)，只考虑产品产量因素，则单纯的产量变化只影响成本降低额，不影响成本降低率。因为各种产品的产量计划完成率相同，计算成本降低率时因分子、分母都具有相同的产量增减比例而不变。产品产量因素变动对成本降低额影响可按下列公式计算(推导从略)：

$$\begin{matrix}产量变动对成本\\降低额的影响\end{matrix}=\sum\left[\left(\begin{matrix}实际\\产量\end{matrix}-\begin{matrix}计划\\产量\end{matrix}\right)\times\begin{matrix}上年实际\\单位成本\end{matrix}\right]\times\begin{matrix}计划成本\\降低率\end{matrix}$$

$$=[(200\times340)+(0\times376)]\times1.217\,2\%$$

$$=828(元)$$

计算表明，产品产量因素变动使商品产品总成本实际降低额比计划降低额又增加了 828 元。

②品种结构因素分析。从实质上讲，全部可比产品成本降低率是以各种产品的个别成本降低率为基础，以各种产品的产量比重为权数计算的平均成本降低率。由于各种产品的成本降低程度不同，因而产品品种结构发生变化时，成本降低额也会发生一定变化。产品品种结构因素变动对成本降低额和降低率的影响用下式计算：

$$\begin{matrix}品种结构变动对\\成本降低额的影响\end{matrix}=\sum\left(\begin{matrix}实际\\产量\end{matrix}\times\begin{matrix}上年实际\\单位成本\end{matrix}\right)-\sum\left(\begin{matrix}实际\\产量\end{matrix}\times\begin{matrix}计划单\\位成本\end{matrix}\right)$$

$$-\sum\left(\begin{matrix}实际\\产量\end{matrix}\times\begin{matrix}上年实际\\单位成本\end{matrix}\right)\times\begin{matrix}计划成本\\降低率\end{matrix}$$

$$=(1\,200\times340+800\times376)-(1\,200\times337+800\times370)$$
$$-(1\,200\times340+800\times376)\times1.217\,2\%$$
$$=-228(元)$$

$$\begin{array}{c}品种结构变动对\\成本降低率的影响\end{array}=\frac{\begin{array}{c}品种结构变动对成本\\降低额的影响金额\end{array}}{\sum\left(\begin{array}{c}实际\\产量\end{array}\times\begin{array}{c}上年实际\\单位成本\end{array}\right)}\times100\%$$
$$=\frac{-228}{1\,200\times340+800\times376}\times100\%$$
$$=-0.032\,2\%$$

计算表明产品品种结构因素变动使商品产品总成本实际降低额比计划降低额减少了 228 元,使成本降低率减少了 0.032%。

③单位成本因素分析。可比产品成本计划降低额是本年度计划成本比上年度实际成本的降低数,而实际降低额则是本年度实际成本比上年度实际成本的降低数。因此,可比产品成本降低任务的完成程度,实质上是各种产品单位成本发生变化的结果。也就是说,当本年度可比产品实际单位成本比计划单位成本升高或降低时,必然会引起成本降低额和降低率的变动。单位成本因素变动对成本降低任务完成的影响可用下式计算:

$$\begin{array}{c}单位成本变动对\\成本降低额的影响\end{array}=\sum\left[\begin{array}{c}实际\\产量\end{array}\times\left(\begin{array}{c}计划单\\位成本\end{array}-\begin{array}{c}实际单\\位成本\end{array}\right)\right]$$
$$=1\,200\times(337-336.5)+800\times(370-368)$$
$$=2\,200(元)$$

$$\begin{array}{c}单位成本变动\\成本降低率的影响\end{array}=\frac{\begin{array}{c}单位成本变动对\\成本降低额的影响\end{array}}{\sum\left(\begin{array}{c}实际\\产量\end{array}\times\begin{array}{c}上年实际\\单位成本\end{array}\right)}\times100\%$$
$$=\frac{2\,200}{1\,200\times340+800\times376}\times100\%$$
$$=0.310\,4\%$$

计算表明,单位成本因素变动使可比产品总成本实际降低额比计划降低额增加了 2 200 元,使成本降低率提高了 0.310 4%。

计算各因素变动影响成本降低数额和成本降低率的代数和,与前述有关成本降低情况相符:

$$\text{实际成本降低额}-\text{计划成本降低额}=10\,600-7\,800=2\,800(\text{元})$$

$$=828+(-228)+2\,200(\text{元})$$

$$\text{实际成本降低率}-\text{计划成本降低率}=1.495\,5\%-1.217\,2\%$$

$$=0.278\,3\%$$

而(－0.032 2％)＋0.310 4％ ＝0.278 2％与0.278 3％的误差，是由于小数保留问题引起的。

同样，可以对可比产品成本的降低情况按成本项目或成本性态进行分析。分析时要注意影响成本降低情况因素的完整性，以使分析能较为全面地进行。

第三节　单位产品成本分析

一、单位产品成本分析的意义

对企业全部商品产品成本降低情况进行总结分析可以得出企业产品成本及其升降的总括情况。但仅有这些分析信息还不够，因为这些信息会在某种情况下掩盖个别产品、个别项目的升降情况，这就需要对产品单位成本进行分析。

单位产品成本分析就是对成本变动较大的主要产品单位成本进行各方面的深入分析：主要产品单位成本比计划、比上期的升降情况；按成本项目分析成本变动情况，查明造成单位成本升降的原因；各项消耗定额的执行情况；产品结构、工艺、操作方法的改变及有关技术经济指标变动对产品单位成本的影响，等等。进行单位产品成本分析，有利于针对成本升降的具体原因采取措施，从而降低产品成本。

单位产品成本分析主要依据主要产品单位成本表、成本计划和各项消耗定额资料，以及反映各项技术经济指标的业务技术资料。分析一般是先检查主要产品单位成本实际比计划、比上年实际、比历史最好水平的升降情况，然后按成本项目分析单位产品成本变动的具体原因。因此，单位产品成本分析主要包括两个方面的内容：主要产品单位成本变动情况的分析和主要成本项目的分析。

二、主要产品单位成本变动情况的分析

这是对主要产品单位成本所作的一般分析。分析时依据主要产品单位成本表

及有关技术经济指标，查明单位实际成本与基准的差异，确定单位成本是升高还是降低及升降幅度，然后按成本项目进行对比分析，分别确定各成本项目的消耗定额差异和价格差异。必要时还要进一步分析产品产量变动、产品质量水平变动等对单位产品成本的影响。

三、主要成本项目分析

一定时期内单位产品成本的高低，是与企业该时期的生产技术、生产组织的状况和经营管理水平、采取的技术组织措施效果相联系的。紧密地结合技术经济方面的资料，查明成本升降的具体原因，是进行产品单位成本各个项目分析的特点。

在一定生产技术条件下，某种类型的产品单位成本项目的构成，应保持在一定的相对水平上。通过成本项目的结构分析，可以大体了解单位成本水平变动的原因。因此，在具体成本项目分析前，首先要进行成本项目结构的一般分析，以确定成本项目分析的重点再进行详细分析。

（一）直接材料费用的分析

直接材料费用的变动主要受单位产品的直接材料消耗量和直接材料的价格等两个因素变动的影响。其基本关系式为：

直接材料费用＝直接材料消耗量×直接材料价格

直接材料费用差异额＝直接材料实际费用－直接材料计划费用＝直接材料消耗数量变动的影响＋直接材料价格变动的影响

其中：

直接材料消耗数量变动的影响＝（单位产品实际耗用量－单位产品计划耗用量）×直接材料计划单价

直接材料价格变动的影响＝单位产品直接材料实际耗用量×（直接材料实际单价－直接材料计划单价）

下面对影响直接材料耗用量变动和直接材料单价变动的主要因素作进一步分析。

1.影响材料耗用量变动的因素

（1）材料质量的变化。实际购入和消耗的材料质量有高有低。当材料质量较低时，就会影响产品质量，造成废品增加，使材料消耗量增加，同时也会引起工废增加。因此，必须加强材料质量管理，严把材料的采购、收发关，使生产所用材料的质量得到保证。

(2)产品生产工艺和操作方法的改变。在产品生产过程中,不断改进产品生产工艺,改进加工的操作方法,就会不断地提高各种材料的利用率,降低材料的消耗。当然,在采用新工艺、新技术方法的开始,也不排除由于工人操作不熟练而造成材料消耗量的增加。

(3)产品或其零部件结构的变化。由于结构的改进,将使产品质量更高而体积更小、重量更轻,从而减少材料消耗,降低材料费用。同时,结构的改进也会使通用件、标准件用量增加,从而减少材料消耗。

(4)代用材料的使用。在保证产品质量的前提下,用廉价的普通材料代替价格高昂的贵重材料,就会使材料消耗量和材料价格发生很大变化,并降低材料成本。直接材料成本差异变动因素可做以下分析。

当产品产量也发生变化时,代用材料的使用引起的直接材料成本差异由两部分组成:产量差异和材料代用差异,其中材料代用差异又可分为计划代用材料差异和生产差异两部分。用公式表示就是:

直接材料成本差异=实际代用材料成本－计划材料成本

产量差异=实际产量计划材料成本－计划材料成本

材料代用差异=实际代用材料成本－实际产量计划材料成本

计划代用材料差异=实际产量计划代用成本－实际产量计划材料成本

生产差异=实际代用材料成本－实际产量计划代用成本

上述生产差异可进一步区分为数量差异和价格差异:

$$材料数量差异=\begin{matrix}实际代用材料\\计划代用成本\end{matrix}-\begin{matrix}实际产量\\计划代用成本\end{matrix}$$

$$材料价格差异=\begin{matrix}实际代用\\材料成本\end{matrix}-\begin{matrix}实际代用材料\\计划代用成本\end{matrix}$$

(5)配料比例的变化。在钢铁、化工、棉纺、毛织等工业生产中,配料比例的变化,对各种材料的消耗量都有直接的影响。通过科学实验,在产品质量得到保证和提高的前提下,采用降低相对贵重原材料用量的配方,将会使材料成本得到降低。

配料比例引起的直接材料成本差异可用下式计算:

$$\begin{matrix}直接材料\\结构差异\end{matrix}=\sum\left[\left(\begin{matrix}按实际比例计算的\\材料实际消耗量\end{matrix}-\begin{matrix}按原比例计算的\\材料实际消耗量\end{matrix}\right)\times\begin{matrix}材料(计划)\\价\quad格\end{matrix}\right]$$

(6)边角余料及废料的综合利用。在产品生产过程中,不可避免地会出现边、角、余料及准备予以废弃的废料。这些材料的多少，特别是其回收和综合利用情况，将直接影响到产品材料的消耗量。

2.影响直接材料价格变动的因素

(1)材料采购价格变动。材料采购的价格，大多属于从市场采购时确定和支付的(也有少部分可能是国家定价)。采购材料时，如果所购材料市场平均价格上涨(或国家调高了材料的价格)，则购买的材料价格也必然升高，从而引起直接材料价格的升高。这种升高属于与企业无关的因素。

此外的材料采购价格变动，是与企业或企业内部人员有关的因素。如采购地点或供应商选择不当而提高了采购价格，采购员或企业有关负责人员因获得好处而采购高价材料或质量低劣的材料等。对于材料采购价格的变动，要结合市场供求、材料价格变动、材料质量等认真查明原因，明确具体责任归属。

(2)采购费用的变动。当采购地点发生变动，或运输方式、装卸费用等发生变动，或采购的材料需要增加挑选整理工作时，都会引起采购费用的变化，从而影响材料价格的变动。当然，运输部门调整运费时，也会引起采购费用的变化。

总之，当直接材料费用发生变动时，要结合定量方法与定性方法，对企业内外的实际情况进行认真分析，以便总结经验教训，采取适当措施，使产品成本中的直接材料费用降到最低。

(二)直接人工费用的分析

单位产品直接人工费用的变动，主要受劳动生产率和工资水平两个因素的影响。在计件工资制下，虽然影响直接人工费用变动的因素可以归结为计件单价，但计件单价的确定与修正直接受企业劳动生产率和工资水平及其变动的影响。以下以计时工资为例，说明直接人工费用的分析。

在计时工资条件下，单位产品直接人工费用与劳动生产率(单位产品工时消耗)、工资水平(小时薪酬率)的基本关系为：

$$\text{直接人工费用}=\text{单位产品工时消耗}\times\text{小时薪酬率}$$

$$\text{直接人工费用变化}=\text{直接人工实际费用}-\text{直接人工计划费用}=\text{人工效率差异}+\text{小时薪酬率差异}$$

其中：

$$\text{人工效率差异}=\left(\text{单位产品实际工时}-\text{单位产品计划工时}\right)\times\text{计划小时薪酬率}$$

$$\text{小时薪酬率差异}=\text{单位产品实际工时}\times\left(\text{实际小时薪酬率}-\text{计划小时薪酬率}\right)$$

从以上有关公式可以看出，人工效率差异反映的是单位产品工时耗用量变动对单位产品成本的影响：劳动生产率越高，单位产品的生产工时消耗就越少，单位产品直接人工费用就越低；小时薪酬率差异反映的是平均小时薪酬变动对单位产品成本的影响：工资水平越高，小时薪酬率越高，单位产品直接人工费用也就越高。一般地，劳动生产率的提高将导致单位产品直接人工费用降低，但往往同时工资水平提高，这又使单位产品直接人工费用增加。因此，只有劳动生产率的提高速度超过工资水平的增长速度时，才会使单位产品中的直接人工费用降低。

当然，造成劳动生产率和工资水平变动的具体因素很多，还要结合企业内外的实际情况作深入的分析。一般地，对劳动生产率变动有影响的因素有生产技术工艺和劳动组织、工人技术熟练程度、工作环境、生产计划安排、工作准备时间、材料和动力供应、材料质量等。对工资水平变动有影响的因素主要是计时工资总额和生产工时总额，这又与国家工资政策、企业工资政策、生产工人调度、工作安排等密切相关。对揭示的直接人工费用差异，还要具体分析形成的真正原因，以便采取有效措施，降低单位产品的直接人工费用。

(三)制造费用的分析

制造费用包括的项目很多，如生产车间的管理人员薪酬、固定资产折旧及修理费、办公费、低值易耗品摊销、水电费、取暖费、租赁费、保险费、机物料消耗等，其发生和变化也很复杂。有的费用项目的发生及其大小不随产品生产情况的改变而变化，如固定资产折旧费；有的费用项目的发生及其大小则随产品的生产情况而变化，如机物料消耗。产品生产量越大，其费用额也越大。

企业应根据实际生产中制造费用的发生情况和成本分析的目的与要求，进行制造费用变动的因素分析，如两因素或三因素分析，甚至四因素、五因素分析等。分析层次越深，因素越多，其结果反映制造费用变动的原因越真实、越具体，但分析也越复杂。因此，分析应依解决矛盾、纠正偏差、降低产品成本为宗旨。

1.制造费用成本两因素分析

指制造费用脱离计划数量因素和预算因素的分析。制造费用成本脱离计划的数量因素差异表示实际产品产量按计划单位制造费用计算的费用成本与其计划制造费用的差额，预算因素差异是实际制造费用成本与实际产品产量按计划单位制造费用计算的费用成本的差额。前者反映了生产能力利用情况，后者则反映了制造费用水平与计划预算的差距或距离。其计算公式为：

$$\text{数量差异}=\text{实际产量}\times\text{计划单位制造费用}-\text{计划制造费用}$$

$$\text{预算差异}=\text{实际制造费用}-\text{实际产量}\times\text{计划单位制造费用}$$

【例 15-4】 企业上月计划用工 300 小时，产品产量为 100 件，固定制造费用 3 000 元，单位小时变动制造费用 6 元；上月实际用工 275 小时，产品产量 110 件，单位小时变动制造费用 5 元，实际制造费用为 3 575 元。要求进行上月制造费用的两因素分析。

[解] 计划制造费用成本＝3 000＋300×6＝4 800(元)

制造费用差异＝3 575－4 800＝－1 225(元)

计划单位产品工时＝300÷100＝3(小时/件)

计划小时固定制造费用＝3 000÷300＝10(元/小时)

数量差异＝110×3×(10＋6)－4 800＝480(元)

预算差异＝3 575－110×3×(10＋6)＝－1 705(元)

2. 制造费用成本三因素分析

制造费用的三因素分析就是在两因素基础上，将预算因素进一步划分为效率因素和耗费因素，即将预算变动差异划分为效率差异和耗费差异两部分：

$$\text{效率差异}=\left(\text{实际产量}\times\text{实际单位产品工时}-\text{实际产量}\times\text{计划单位产品工时}\right)\times\text{计划小时制造费用率}$$

$$\text{耗费差异}=\text{实际产量}\times\text{实际单位产品工时}\times\left(\text{实际小时制造费用率}-\text{计划小时制造费用率}\right)$$

如例 15-4，实际单位产品耗用工时＝275÷110＝2.5(小时/件)

实际单位小时制造费用＝3 575÷275＝13(元/小时)

计划单位小时固定费用＝3 000÷300＝10(元/小时)

效率差异＝(110×2.5－110×3)×(10＋6)＝－880(元)

耗费差异＝110× 2.5×(13－10－6)＝－825(元)

可见，在预算差异影响制造费用成本节约的 1 705 元中，由于生产效率提高，单位产品用工时数降低，节约制造费用成本 880 元；由于生产能力提高使单位小时制造费用下降，节约制造费用 825 元。

3. 制造费用成本四因素分析

制造费用成本四因素分析，是将固定制造费用和变动制造费用分别进行分析：

制造费用成本差异＝变动制造费用差异＋固定制造费用差异

变动制造费用差异＝实际变动制造费用－计划变动制造费用

＝效率差异＋耗费差异

效率差异＝实际工时×计划变动制造费用率－计划变动制造费用

耗费差异＝实际变动制造费用－实际工时×计划变动制造费用率

固定制造费用差异＝实际固定制造费用－计划固定制造费用

＝数量差异＋预算差异

数量差异＝(按实际产量计算计划工时－计划总工时)×计划固定制造费用率

预算差异＝(实际固定制造费用－按实际产量计算计划工时×计划固定制造费用率)

在例15-4中，根据上述有关公式可以计算出：

变动制造费用成本差异＝－425(元)

效率差异＝－150(元)

耗费差异＝－275(元)

固定制造费用成本差异＝－800(元)

数量差异＝300(元)

预算差异＝－1 100(元)

4.制造费用成本五因素分析

这是在四因素分析的基础上，对数量差异进一步分解为能力差异和效率差异所作的进一步分析。

数量差异＝能力差异＋效率差异

能力差异＝按实际产量工时计算计划固定制造费用－按计划产量工时计算计划固定制造费用

效率差异＝按实际产量计算计划固定制造费用－按实际产量工时计算计划固定制造费用

在例5中，根据上式可以计算得出，数量差异300元中，能力差异为－250元，效率差异为550元。

实行标准成本制度时，成本差异是实际成本与实际产量按标准或预算成本的差额形成的。期末，成本差异完全分配到完工产品和在产品的成本上。影响成本差异的因素的测算，因分析对象差异与上述方法不完全相同而有所不同：直接材料成本基本相同，直接人工成本略有不同，制造费用则差异较大。在此不予详述。

第四节 技术经济指标对产品成本影响的分析

一、技术经济指标对产品成本影响概述

技术经济指标，是指与企业生产技术特点有着内在必然联系的经济指标。企业的生产经营管理特点不同，使用的技术经济指标也不同。对于各个企业来说，反映企业工作的技术经济指标有很多，而且自成一套体系。如果按技术经济指标与成本的关系分类，可以分为三类：①直接影响产品产量、间接影响产品成本的指标；②对产量和成本都有直接影响的指标；③只对成本有直接影响的指标。

从上述分类可以看出，企业各项技术经济指标，都会对产品成本有着直接或间接的影响。

上一节介绍了单位产品成本分析，而要想正确评价产品成本水平的变动，产品单位成本分析还应深入生产实际，掌握生产工艺、产品设计、工时利用、设备性能、材料消耗、能源动力消耗等各项技术经济指标对成本的影响。由于具体的技术经济指标很多，以下只分析一些常见的主要技术经济指标对产品成本的影响。

二、产品产量变动的影响分析

设产品成本中既有变动费用，也有固定费用。产品生产量变化时，单位产品的变动费用没有变化，单位产品的固定费用却发生了变化，因此使得单位产品成本发生了变化。测定产量变动对单位产品成本的影响，在其他条件不变的情况下可利用下式计算(推导从略)：

$$\begin{matrix}\text{产品产量增长引起的}\\\text{单位产品成本降低率}\end{matrix}=\frac{\text{产量增长率}}{1+\text{产量增长率}}\times\frac{\text{单位产品成本}}{\text{固定费用比重}}\times 100\%$$

【例 15-5】在例 15-4 中，已知甲产品计划单位变动制造费用为 5.5 元/件，固定制造费用为 21 元/件，设产品产量计划为 1 000 件，实际完成 1 200 件，其他因素实际与计划相同。试分析产量变动引起的单位产品成本变动。

[解] $\begin{matrix}\text{产品产量增加引起的}\\\text{单位产品成本降低率}\end{matrix}=\frac{20\%}{120\%}\times\frac{21}{5.5+21}\times 100\%=13.21\%$

显然,可以进一步计算出由于产品产量增加引起的单位产品成本降低额为3.5元(26.5×0.132 1)。

对于上述计算公式需要做如下说明:①当产量降低时,产量增长率以负数表示,相应计算出的单位产品成本降低率则实为增长率;②从公式可以看出,产量增长率与单位产品成本降低率并不是成正比例关系,而这恰是一般定性分析得到的假象。

有一个与产品产量变动密切相关的技术经济指标,就是设备利用率。设备利用率变动不直接影响产品总成本,而是通过使产量发生变动来影响单位产品成本。因为当其他条件不变时,设备利用率指标的变动,将使产量同比例地变动。

三、产品质量变动的影响分析

企业生产的产品特点不同,表示产品质量的方法指标也有所不同。对于生产等级产品的企业,通常用产品的等级率、产品平均等级率表示产品的质量。不过,虽然生产出的产品等级可能不同,但所有产品通过的生产过程是相同的,因此发生的成本也是相同的。当企业生产中出现了废品(不可修复废品或可修复废品)时,无论生产的是否为等级品,都要通过废品损失对单位产品成本发生影响。一般用以反映产品质量的指标有合格品率、废品率、返修率等。因此,分析产品质量变动对产品成本的影响,主要是分析废品率(或合格品率)及可修复废品返修率等有关指标对单位成本的影响。

下面以不可修复废品的废品率为例进行分析。废品率是指废品数量占全部产品总产量的比重。废品率越低,同样数量的原材料将生产出更多的合格产品,从而降低单位产品的原材料消耗,使产品成本得到降低。同时,废品率的降低使得相同生产条件下的产量得到增加,因此会间接影响产品单位成本的降低。

【例 15-6】某产品有关成品率变动情况如表 15-3 所示。

表 15-3　产品成品率变动情况表

指　标	计划	实际	差异(%)
材料投入(千克)	1 000	1 000	
产成品产量(千克)	800	900	12.5
成品率(%)	80	90	
单位产品材料消耗(千克)	1.25	1.111	
材料价格(元/千克)	10	10	
单位产品材料回收(千克)	0.25	0.111	

其他资料:直接材料为变动成本,计划占成本构成的60%,其余均为固定成本,且其实际数与计划数一致;材料回收价值2元/千克。要求分析成品率变化对单位产品成本的影响。

[解] 由于成品率提高,产量增长12.5%,因而使单位产品制造成本下降:

$$\frac{12.5\%}{112.5\%}\times 40\%=4.45\%$$

每千克产成品消耗的原材料净值(成本－回收净值)如下:

$$计划:1.25\times 10-0.25\times 2=12(元)$$

$$实际:1.111\times 10-0.111\times 2=10.888(元)$$

由于材料消耗量降低,单位产成品实际消耗材料成本比计划降低:

$$12-10.888=1.112(元)$$

由于材料消耗量降低,使单位产品成本的降低率为:

$$\frac{1.112}{20}\times 50\%=5.56\%$$

单位产成品计划成本为:12÷60%＝20(元)

所以由于产品成品率提高而使单位产品成本降低:

$$4.45\%+5.56\%=10.01\%$$

四、材料消耗变动的影响分析

材料消耗量的变动,直接影响到单位产品的材料成本,进而影响到单位产品成本。降低单位产品材料消耗的措施很多,根据前述影响材料消耗量变动的因素,可以采取的措施有提高材料质量、改进产品生产工艺和操作方法、改进产品及其零、部件结构、边角余料综合利用等。而无论采取什么措施,都是为了提高材料利用率,以降低单位产品成本。

材料利用率在不同类型的企业有不同的表达形式,通常用产品重量与材料投入重量的比率或单位产品重量与生产单位产品投入材料重量的比率来表示。在其他条件不变的情况下。材料利用率的变动,即材料消耗变动对单位产品成本的影响,可用下式计算(推导从略):

$$\begin{matrix}材料利用率变动对\\产品单位成本的影响\end{matrix}=\left(\frac{基期材料利用率}{实际材料利用率}-1\right)\times\begin{matrix}基期直接材料占\\单位产品成本比重\end{matrix}\times 100\%$$

五、劳动生产率变动的影响分析

企业的劳动生产率水平在一定程度上代表了企业生产力水平和经营管理的成效。提高劳动生产率，表明企业生产力水平和经营管理水平有了相应的提高，因为在较高的劳动生产率下单位产品所消耗的工时减少，或者说单位时间内可生产出更多的产品。从其对单位产品成本的影响来说，它是通过产品总产量的变化对单位产品中的固定费用(包括计时工资下的直接人工和固定制造费用)产生影响。

若其他条件不变，劳动生产率的提高对单位产品成本的影响可用下式计算：

$$\frac{\text{劳动生产率变动对}}{\text{单位产品成本的影响}}=\left(\frac{1}{1+\dfrac{\text{劳动生产率}}{\text{增长百分比}}}-1\right)\times\frac{\text{计划直接人工费用}}{\text{占单位产品成本比重}}\times 100\%$$

如前所述，劳动生产率的提高一般将导致工资水平上升。这时，可用下式来计算劳动生产率变动对单位产品成本的影响：

$$\frac{\text{劳动生产率变动对}}{\text{单位产品成本的影响}}=\left(\frac{1+\text{工资增长百分比}}{1+\text{劳动生产率增长百分比}}-1\right)\times\frac{\text{计划直接人工费用}}{\text{占单位产品成本比重}}\times 100\%$$

思 考 题

1.什么是成本分析？成本分析的意义是什么？

2.成本分析的内容有哪些？常用的方法有哪几种？

3.简述比较分析法的特点和适用范围。

4.连环替代法的特点和适用范围是什么？

5.为什么要进行可比产品成本分析？如何进行分析？

6.如何分析主要产品单位成本？

7.影响成本降低的技术经济指标有哪些？如何计算各类技术经济指标的变动对产品成本的影响？

8.为什么产量变动会影响单位产品成本？

练 习 题

1.目的：练习成本分析方法。

2.资料：某企业年度成本计划和实际执行情况如表15-4所示：

表 15-4 某企业年度成本计划和实际执行情况

编制单位： 2008 年 12 月 单位：元

产品名称	产量(台)		单位成本			计划产量总成本		实际产量总成本		
	计划	实际	上年	计划	实际	按上年单位成本	按计划单位成本	按上年单位成本	按计划单位成本	按实际单位成本
可比产品										
甲	2 000	1 800	92	90	84					
乙	1 500	1 500	172	160	164					
不可比产品										
丙	1 000	2 000	—	74	70					
合计										

3. 要求：

(1)分析全部商品产品成本计划完成情况；

(2)分析可比产品成本降低任务完成情况及其各因素的影响程度；

(3)对分析结果做出评价。

第十六章

业 绩 评 价

本章导读

- 组织目标
- 责任中心及业绩评价
- 平衡计分卡

管理大师彼得·F·德鲁克(Peter F. Drucker)曾经说过:“如果你不能评价,你就无法管理。”业绩评价(performance evaluation)是企业管理控制系统的核心,是通过建立特定的评价指标体系,对照相应的评价标准,对企业一定经营期间的经营业绩和努力程度等方面进行的综合评判。业绩评价是激励员工的关键因素。本章首先介绍企业组织目标概念以及与业绩评价的关系,第二节和第三节分别介绍了不同责任中心业绩评价的特点和内容及平衡计分卡的概念和应用。

第一节 组 织 目 标

一、什么是组织目标

组织目标是指一个组织未来一段时间内要实现的目的,它是管理者和组织中一切成员的行动指南,是组织决策、效率评价、协调和考核的基本依据。目标告诉员工需要做什么,以及需要付出多大努力。一个表述清晰、易于为企业各级管理者和员工理解的企业目标是一个企业成功的重要因素。

组织目标从层级上可分为:

(1)总目标。一个组织的整体目标,不仅要体现组织自身的利益,还必须体现社会利益和个人利益。

(2)分目标。组织内各职能部门的目标或组织在一定阶段的目标。

(3)个人目标。组织成员的个人利益要求。

在目标层级结构中,总目标统帅分目标,分目标和个人目标要服从总目标,即部分服从整体,小局服从大局,同时兼顾分目标和个人目标。

整体目标是一个组织的宗旨,指明了组织活动的方向。整体目标是比较原则的、抽象的,不便于直接实施,所以要把它具体化为分目标、个人目标,把任务最终落实到每一个基层单位甚至每一个成员个体,对其所要完成任务的数量、质量、技术要求和工作程序做出具体规定,责任、权限和报酬也都作出明确的划分,使组织目标转变成成员的行动。一般来说,将组织目标转变成成员的行动,首先需要将组织目标进行分解并传递到每一个成员,保证每一个成员充分理解组织的目标;其次,需要将组织中每一个成员的利益和组织的目标结合在一起。科学合理的业绩评价系统和奖惩制度是实现这种组织目标转变的有效途径。业绩指标向成员明确传达了组织目标的信息,通过业务规划,使组织目标层层得到落实,而奖惩系统通过业绩指标的实现和组织成员的利益挂钩,将员工的行为与组织目标联系在一起。

目标管理是激励员工的有效措施,它通过一种专门设计的过程将目标逐级分解到组织的各个单位,使目标具体化,具有可操作性,如图 16-1 所示。

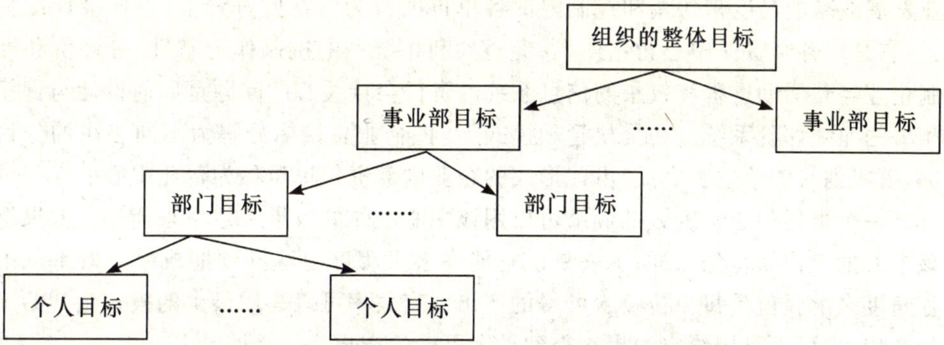

图 16-1 目标的层次结构

组织目标能否予以量化对战略执行有重要的意义,因为量化的目标能为各级管理者和员工之间达成共识提供一个强有力的工具。目标量化对业绩评价也会产生很大的影响。目标限定了企业的核心业务,从而可使企业找出关键的成功因素,而对这些关键成功因素能够进行业绩计量,是构建企业业绩评价系统的基础和前提。

二、组织结构变化与责任会计的产生

第二次世界大战后，科学技术的迅猛发展、竞争的加剧促使资本进一步集中，企业规模进一步扩大，跨国公司以及公司的多元化经营格局得以形成。在此情形下，原有的集权管理模式虽然可以保留高层管理者对于关键业务的控制权，有助于期望业绩水平的实现，但是随着企业规模的扩大以及经营业务的多元化，高层管理者在信息获取、管理能力以及地域或业务知识等方面已经不能满足管理所有层次上具体经营活动的要求，直线职能式的集权管理转变为事业部式的分权管理成为必然。

分权管理的理由除了利用管理者的地域或专业知识外，还有其他重要的因素。首先，许多管理者会认为分权管理下的业绩评价更具激励性，因为它给管理者提供了证明自己能力和实现自己理想的机会，通过这种方式可获得认可和报酬。其次，由于各层级经营单位要承担责任，分权管理提供了训练新的高层管理者的方法。最后，大多数管理者认为分权管理为业绩评价提供了更好的基础。它被认为更客观，能给努力工作、精力充沛的管理者提供更多的发展机会①。

分权管理将生产经营的决策权下放给下属部门或地区经营管理机构，与此同时，相应的责任也被层层落实到各级管理部门。由于较低管理层次具有较大自主权，可能会妨碍企业内部单位的协作，实现企业整体利益的最大化，就需要站在企业发展战略的高度来协调和控制内部各单位的行为。在此背景下，责任会计产生了，它是以各个责任中心为主体，以责、权、利相统一的机制作为基础，是评价和控制企业经营活动进程和效果的信息系统。责任会计关心的问题是如何设计与责任相关的业绩评价系统。在分权管理模式下，将企业总目标分解为不同层次的分目标，落实到有关单位去完成，由此形成的企业内部责任单位称为责任中心。

一个责任中心负责人的业绩可以用该中心工作的效果和效率来衡量。效果指该中心的工作做得怎么样；也就是说它能在多大程度上达到预期成果。效率从工程角度来解释就是每单位投入可得的产出。有效率可以是用最少的投入生产给定的产出，也可以是用给定的投入得到最大可能的产出。

效果总是与组织的目标相关。效率，则不是这样。一个有效率的责任中心总是耗用较少的资源做它所要做的。但如果它做的(即产出)对组织目标的贡献不够充分，则它是没有效果的。通俗地说，效率就是把事情做正确，而效果就是做正确的事

---

①爱德华·J·布洛切，康·H·陈，托马斯·W·林. 成本管理——经营控制与管理控制. 北京：华夏出版社，2002：170－171.

情。一个责任中心应该是有效果也是有效率的，而并非只满足其一。在一些情况下，效果和效率可同时用单一标准来衡量。如在利润导向的组织中，利润指标既代表了效果也代表了效率①。本章第二节将详细论述不同责任中心的责任会计及其特点。

三、业绩评价与组织目标

实现组织目标是目的，进行业绩评价是手段或工具。业绩评价系统设计人员必须了解企业的目标和范围，尤其在不同环境下企业选择的特定目标，因为他们要评价实现组织目标的关键活动的业绩。一个有效的业绩评价系统应根据企业的目标以及为实现企业目标所采取的战略而定。譬如，在企业生命周期的不同阶段，因战略目标不同，企业关键成功因素也不同，就需要建立与之相适应的业绩评价系统。其一般思路是，首先通过环境分析明确实现战略目标的关键成功因素（key success factors，以下简称“KSF”）；接下来设计出计量这些 KSF 的关键业绩指标（key performance index，以下简称“KPI”）；进而根据这些 KPI 设计出延伸指标；最终，设计出业绩评价指标体系。以会计信息为基础的传统业绩评价体系，在评价组织目标的实现以及组织成员的激励等方面起到了关键作用。

然而，随着企业外部环境的变化，竞争压力的加大、财务评价指标本身的局限性以及管理创新对信息的需要，都要求对传统业绩评价体系进行革新，一个重要标志就是在业绩评价体系里增加非财务指标，如经营、顾客和员工等。

在几种典型的融入非财务指标的业绩评价体系中②，卡普兰和诺顿提出的平衡计分卡影响最大，应用也最广。平衡计分卡的理论围绕企业的战略进行构建，用客户（顾客）、内部流程、学习与成长（学习与创新）三个方面的非财务指标补充传统的财务评价指标。平衡计分卡理论经历 10 多年演进，如今已经发展成为全面的战略管理模式。本章第三节将对平衡计分卡进行详细介绍。

第二节 责任中心及业绩评价

责任会计的一个核心特征是注重责任中心。责任中心是具有一定管理权力并

①王立彦、刘志远．成本管理会计．北京：经济科学出版社，2000：423.

②主要有德鲁克以改革为核心的观点、霍尔的“四尺度”论、克罗斯和林奇的等级制度以及卡普兰和诺顿的平衡计分卡。

承担相应经济责任的企业内部独立核算的特定部门。责任会计是衡量各责任中心经营成员的业绩评价系统的一部分。

构建责任会计制度应遵循以下原则：

(1)目标一致性原则。各责任中心的目标实现要有助于企业总体目标的实现，使两者的目标保持一致。

(2)责、权、利相结合的原则。在明确各个责任中心应承担责任的同时，赋予其相应的管理权力，并根据其责任的履行情况给予适当的奖惩。

(3)可控性原则。各责任中心只能对其可控制和管理的经济活动负责，这样便于企业管理当局对各责任中心的工作实绩与经营成果进行正确的监控、评价和考核。

(4)反馈性原则。各责任中心对其生产经营活动提供及时、准确的信息，以便发现问题，迅速采取有效措施加以控制。提供信息的主要形式是编制责任预算和责任报告。通过比较责任预算和责任报告的差异，使有关负责人对此作出及时、适当的调整。

根据权责范围以及业务活动的特点，可将生产经营上的责任中心分为成本中心、利润中心和投资中心三类。不同的中心具有不同的决策权分配和相应的业绩评价指标体系。表16-1[①]列示了各责任中心之间存在的差异。

表16-1　　成本、利润及投资中心比较

中心类别	决策权	业绩指标	通常运用的情况
成本中心	选择投入资源（人力、材料及其他设备）	产量一定时，最小的总成本金额；预算一定时，最大的产出量	中心的负责人能够衡量产出情况、了解成本属性，同时能确定理想的产量及适当的奖惩
利润中心	选择投入资源组合；选择产品组合；选定售价（或产出数量）	真实利润；真实利润与预算利润的比较	中心的负责人拥有选定适当的价格、产量的知识和信息；选择最优产品组合的知识和信息
投资中心	选择投入资源的组合；选择产品组合；选定售价（或产出数量）；投入该中心的资本金运用	投资报酬率；剩余收益	中心的负责人拥有选定适当的价格、产量的知识和信息；选择最优产品组合的知识和信息；关于投资机会的知识和信息

一、成本中心的业绩评价

（一）成本中心的确定

一个责任中心，如果只着重考核其所发生的成本和费用，而不考核（或不形成）

①刘运国，等.管理会计前沿.北京：清华大学出版社，2003：209.

其收入，这类中心称为成本中心。

成本中心往往没有收入，或虽有少量收入但不成为主要的考核内容。例如，一个生产车间没有经营权或销售权，所生产的产品或半成品并不由自己销售，没有货币收入，所以其责任只是对其职权范围内发生的成本负责。即使有的生产车间可能会取得少量加工收入，但这不是它的主要职能，不是对其进行考核的主要内容。

成本中心是最基层的责任单位，应用范围最广。任何发生成本的责任领域，都可以确定为成本中心。一个分公司、车间、班组、个人等都可以是一个成本中心。成本中心的评价，是通过一定期间实际发生的成本与其责任成本预算进行对比来实现的。

成本中心包括两种类型：标准成本中心和费用中心。

标准成本中心，主要是企业内部生产部门，如工厂、车间、工段、班组等。标准成本中心所生产的产品以及单位产品所需要的投入量是稳定而明确的。标准成本中心适用于各种行业，譬如银行业根据经手支票的数量，医院根据接受检查或放射治疗的人数，快餐业根据售出的盒饭数量，都可建立标准成本中心。标准成本中心的考核指标，是既定产品质量和数量条件下的标准成本。标准成本中心不对生产能力的利用程度负责，只对既定产量的投入量承担责任。

费用中心，主要是企业内部服务部门，包括一般行政管理部门(如会计、人事、劳资、计划等)、研究开发部门(如设备改造、新产品研制等)，以及某些销售部门(如广告、宣传、仓储等)。费用中心适用于产出物不能用财务指标来衡量，或者投入与产出之间没有密切关系的单位。由于费用中心的产出难以量化，投入和产出之间的关系不密切，难以运用传统的财务技术来评估这些中心的业绩。通常，使用费用预算来评价费用中心的成本控制业绩。由于很难依据一个费用中心的工作质量和服务水平来确定预算数额，一个解决办法是考察同行业类似职能的支出水平。另外一个解决办法是零基预算法，即详尽分析支出的必要性及其取得的效果，确定预算标准。还有许多企业依据历史经验来编制费用预算。

(二)责任成本

责任成本是以责任中心为对象，以其承担的责任为范围所归集的成本，也就是特定责任中心的全部可控成本。

可控成本是指在特定时期内、特定责任中心能够直接控制其发生的成本。其对称概念是不可控成本。成本是否可控是相对的，具体表现在：

(1)某个责任中心的可控成本，往往是其他责任中心的不可控成本。例如，耗用材料的进货成本，供应部门可以控制，而生产部门则不能控制。

(2)有些成本可控与否与管理层次的高低、管理权力的大小有关。低层次责任单位的可控成本往往是高层次责任单位的可控成本,但反过来则不一定。例如,车间折旧费用对于车间班组是不可控的,但对于整个车间则可以控制。

(3)区分可控成本和不可控成本,还要考虑成本发生的时间范围。一般来说,在消耗或支付的当期成本是可控的,一旦消耗或支付就不再可控。有些成本是以前决策的结果,如折旧费、租赁费等,在添置设备和签订租约时曾经是可控的,而使用设备或执行契约时已无法控制。

从整个企业的空间范围和很长的时间范围来观察,所有成本都是人的某种决策或行为的结果,都是可控的。但是,对于特定的人或时间来说,则有些是可控的,有些是不可控的。

对于某个成本中心来说,各项可控成本之和就是它的责任成本。对成本中心的考核与评价应以其可控成本作为主要依据。

责任成本与产品成本是既有区别又有联系的两个概念。责任成本是以责任中心为对象归集的成本,其特征是谁可控,谁承担;而产品成本是以产品为对象归集的成本,其特征是谁受益,谁承担。但两者在性质上又是相同的,都是企业在生产经营过程中的资金耗费,而且,企业产品成本总额与各成本中心的责任成本之和是相等的。

计算责任成本的关键是判别每一项成本费用支出的责任归属。通常,可以按以下原则确定责任中心的可控成本:①假如某责任中心通过自己的行动能有效地影响一项成本的数额,那么该中心就要对这项成本负责;②假如某责任中心有权决定是否使用某种资产或劳务,它就应对这些资产或劳务的成本负责;③某管理人员虽然不直接决定某项成本,但是上级要求他参与有关事项,从而对该项成本的支出施加了重要影响,则他对该成本也要承担责任。

判别直接材料和直接人工费用的责任归属通常比较容易,相对而言,制造费用的归属就比较困难。通过研究各项费用与责任中心存在的因果关系,可按以下五个步骤进行处理:

(1)直接计入责任中心。如果可以直接判别责任归属,则直接将费用项目列入应负责的成本中心。例如,机物料消耗、低值易耗品的领用等,发生时即可判别可归属的成本中心。

(2)按责任基础分配。有的费用不能直接判别应归属于哪个责任中心,应优先采用责任基础分配。有些费用虽然不能直接归属于特定成本中心,但它们的数额受成本中心的控制,能找到合理依据来分配,如动力费、维修费等。如果成本中心能自己控制使用量,可以根据其用量来分配。

(3)按受益基础分配。有些费用不是专门属于某个责任中心的也不宜用责任基础分配,但与各中心的受益多少有关,可按受益基础分配,如按装机功率分配电费等。

(4)归入某一个特定的责任中心。有些费用既不能用责任基础分配,也不能用受益基础分配,可以考虑建立专门的成本中心,由其控制此项成本。例如,车间的运输费用和试验检验费用。

(5)不能归属于任何责任中心的固定成本,不进行分摊。例如,车间厂房的折旧是以前决策的结果,短期内无法改变,可暂时不加控制,作为不可控成本。

(三)评价目标

对成本中心进行业绩评价具有多重目标:一是在产量一定的情况下成本最小化,二是在预算金额一定的情况下产出量最大化。为此,成本中心的负责人必须做到:①选择最佳的产出量;②以最低的成本生产该数量的产出。成本中心的负责人通常关注的是成本最小化,而产品数量决策通常由企业核心管理层来完成。需要说明的是,由于成本中心的负责人存在通过降低质量来削减成本的可能性,核心管理层在主要考察其产出数量的同时,对其生产的产品质量也需要进行监督。

因此,实现成本中心工作效率的最大化,企业的核心管理层要充分了解成本的属性,能对有关数量进行衡量,并能够选定可实现利润最大化的产量水平,并制定相应的奖惩措施。同时,不应忽视对成本中心产出质量的考察。

二、利润中心的业绩评价

(一)利润中心的确定

利润中心是指能同时控制生产和销售,既要对成本负责又要对收入负责,并且要把收入和成本相配合,考核利润的责任中心。利润中心与成本中心的主要区别在于是否产生收入以及是否有独立的经营决策权。利润中心的负责人对投入组合、产品组合以及产品售价具有决策权,但没有责任或没有权力决定该中心资产投资的水平。

利润中心有以下两种:

1. 自然的利润中心

它既可向企业内部其他单位提供产品,又可像独立经营的企业那样直接向企业外部出售产品,独立自主权较大。例如,某些公司采用事业部制,每个事业部均有销售、生产、采购的职能,有很大的独立性,这些事业部就是自然的利润中心。

2.人为的利润中心

它主要在企业内部按照内部转移价格出售产品。例如,大型钢铁公司分成采矿、炼铁、炼钢、轧钢等几个部门,这些生产部门的产品主要在公司内部转移,只有少量对外销售,或者全部对外销售由专门的销售机构完成。此时,内部转移价格的合理确定是非常重要的。

需要注意的是,可以计量利润的组织单位并不都是真正意义上的利润中心。仅仅规定一个组织单位的产品价格并把投入的成本归集到该单位,并不足以使该组织单位具有自主权或独立性而成为一个利润中心。从根本目的上看,利润中心是指管理人员有权对其供货的来源和市场的选择进行决策的单位。就是说,利润中心要向顾客销售其大部分产品,并且可以自由地选择大多数材料、商品和服务等项目的来源。

对于利润中心进行考核的指标主要是利润。通过一定期间实际实现的利润同责任预算所确定的预计利润数进行对比,进而对形成差异的原因和责任进行具体分析。在采用利润指标进行考核的同时,可以采用一些非货币的衡量方法作为补充,包括生产率、市场地位、产品质量、职工态度、社会责任、短期目标和长期目标的平衡等。

(二)部门利润的计算

在计量一个利润中心的利润时,需要解决两个问题:第一,选择一个利润指标,包括如何分配成本到该中心;第二,为在利润中心之间转移的产品或劳务规定价格。在这里先讨论第一个问题。

在评价利润中心业绩时,通常选择边际贡献作为利润中心业绩的评价考核指标。边际贡献等于销售收入总额减去变动成本总额。当它应用于利润中心的业绩评价时,可引申出两种指标:可控边际贡献和部门边际贡献。可控边际贡献等于边际贡献减去可控固定成本总额,主要用于评价利润中心负责人的经营业绩。部门边际贡献等于可控边际贡献减去不可控固定成本总额,主要用于对利润中心的业绩进行评价,能反映部门补偿共同性固定成本及提供企业利润所做的贡献。

【例 16-1】某公司的某一部门的数据如下(单位:元):

部门销售收入	20 000
已销商品变动成本总额	15 000
可控固定成本	1 200
不可控固定成本	1 600

计算如下：

收入	20 000
变动成本	15 000
(1)边际贡献	5 000
可控固定成本	1 200
(2)可控边际贡献	3 800
不可控固定成本	1 600
(3)部门边际贡献	2 200

通过计算，可控边际贡献为 3 800 元，它作为对部门负责人进行业绩评价的依据可能是最好的，反映了部门负责人在其权限和控制范围内有效使用资源的能力。部门负责人可控制收入、变动成本和部分固定成本，因而可以对可控边际贡献承担责任。这一衡量标准的主要问题是可控固定成本和不可控固定成本的区分比较困难。例如折旧、保险等，如果部门负责人有权处理这些有关的资产，那么，它们就是可控的；反之，则是不可控的。

得到的部门边际贡献为 2 200 元，作为业绩评价依据。部门边际贡献更适合评价该部门对企业利润的贡献，而不适合于对部门负责人的评价。由于有一部分固定成本是过去最高管理阶层投资决策的结果，现在的部门负责人已经很难改变，部门边际贡献超出了负责人的控制范围。如果要决定该部门的取舍，部门边际贡献则是具有重要意义的信息。

(三)内部转移价格

为了明确各责任中心的经济责任，正确评价各责任中心的工作成果，当组织内部部门之间相互提供产品或劳务时，需要制定一个科学合理、能够客观反映责任中心业绩的内部转移价格。

从理论上说，制定转移价格需满足下述标准：防止成本转移带来的部门间责任转嫁，对每个责任中心的业绩都能进行合理的评价；激励基层负责人更好地经营；促进内部各责任部门与组织整体目标的一致性。但是，上述标准实际上有矛盾。比如，适合评价部门业绩的转移价格，可能不符合组织的整体利益，或者对组织有深远影响或长期贡献的责任单位的转移价格，又可能会损害该责任部门的短期业绩。在进行转移价格决策时，应根据企业的具体情况进行。

可以考虑的内部转移价格有以下几种：

1. 市场价格

在中间产品有外部市场、有价可循的情况下，市场价格减去对外的销售费用，是理想的转移价格。

通常认为市价是制定内部转移价格的最好依据。采用市价意味着供需双方可以按市价买卖中间产品，在企业内部引进了市场机制，形成竞争气氛。另外，内部交易还可以节省谈判成本，提高资金的使用效率。由于企业为销售中间产品还需发生各种销售费用，如包装、发运、广告、结算等，因此市场价格减去某些调整项目才是目前未销售的中间产品的价格。

以市场价格作为内部转移价格的前提是，企业外部存在中间产品的竞争性市场，而且内部各责任单位可以独立自主地决定从内部或外界进行购销。以市价为内部转移价格最适用于利润中心和投资中心。

2. 以市场为基础的协商价格

如果中间产品存在非竞争性的外部市场，可以采用协商的办法确定转移价格，由购销责任单位的负责人进行协商来确定一个双方都愿意接受的内部转移价格。

成功的协商转移价格依赖于下列条件：在内部部门间转移的中间产品应有市场可买卖，在此市场内购销双方都可自行决定是否买卖这种中间产品。如果根本没有可能从外部取得或销售中间产品，就会使一方或双方处于垄断状态，这样谈判结果不是协商价格而是垄断价格。

经过协商确定转移价格往往浪费时间和精力，甚至会导致部门之间的矛盾。当责任部门之间难以自行解决、争论不休时，往往要靠上层管理者进行公断，由此损害了分权管理的实际效果，影响到责任单位的业绩评价，难以起到激励的作用。在实践中，协商转移价格仍被广泛采用，因为确定价格的协商过程可以让双方的利益诉求都得到表达，最终得到双方认可。

3. 双重价格

双重价格的含义就是针对买卖双方分别采用不同的内部转移价格所制订的价格。如对卖方，可按协商的市场价格计价；对买方则按卖方产品的变动成本计价。

采用双重价格的原因在于，合理确定内部转移价格的目的是为了对各责任中心的业绩进行正确评价，买卖双方并不需要采用完全一致的转移价格，可以分别采用对本责任中心最有利的价格作为计价基础。双重价格有两种表现形式：一是双重市场价格，二是双重转移价格。

双重市场价格是指当某种中间产品在市场上出现几种不同价格时，卖方采用最高市价，买方采用最低市价。双重转移价格是指卖方按市场价格或协商价格为计价基础，买方以卖方产品的变动成本作为计价基础。

双重价格仅在任何单一内部转移价格均无法达到目标一致性及激励目的，而且中间产品有外部市场、生产(供应)能力不受限制且变动成本低于市价的条件下适用。

4. 成本加成价格

成本加成价格是指在中间产品全部成本的基础上加上一定利润作为内部转移价格。它主要适用于内部转让的产品没有正常市价的情况。具体做法有:

(1)实际成本加成。根据产品的实际成本加上一定的利润作为计价基础。这样做存在一些缺陷,譬如:卖方的工作效果不管好坏都全部转给了买方,削弱了双方降低成本的动力;确定加成的利润,也带有很大的主观性,合理与否影响到对双方部门业绩的正确评价。

(2)标准成本加成。根据产品的标准成本加上一定的利润作为计价基础。其优点是能够分清买卖双方的经济责任,但所加成利润的主观性仍难以避免。

三、投资中心的业绩评价

(一)投资中心的确定

投资中心是指既能控制成本和收益,又具有投资规模和投资类型等投资决策权,从而也能对投入资金进行控制的责任单位。投资中心不仅要衡量其利润,而且要衡量其资产并把利润与其所占用的资产联系起来。所以,投资中心同时也是利润中心,但它具有其他利润中心所不具有的投资决策权。

投资中心是分权管理模式的最突出表现。大型企业集团所属的事业部、分公司、子公司往往都是投资中心。投资中心是企业最高层次的责任中心,一般适用于规模和经营管理权力较大的部门。由于对投资的经济效益负责,投资中心要求拥有充分的决策权,而且还必须与其他责任中心的资产划分界限。

(二)考核指标

评价投资中心的业绩一般采用投资报酬率和剩余收益两个指标。

1. 投资报酬率

这是最常见的考核投资中心业绩的指标。投资报酬率等于部门边际贡献除以该部门所拥有的资产额。

假设某个部门的资产额为 10 000 元,部门边际贡献为 2 000 元,那么投资报酬率为 20%:

$$投资报酬率=\frac{2\,000}{10\,000}\times 100\%=20\%$$

投资报酬率的优点十分明显，表现为：①投资报酬率根据现有会计资料计算得到，比较客观，可比性较强；②投资报酬率是投资人非常关心的指标，也是公司负责人十分关心的指标，用它来评价每个部门的业绩，促使其提高本部门的投资报酬率，有助于提高整个企业的投资报酬率；③投资报酬率可以分解为投资周转率和部门边际贡献率两者的乘积，并可进一步分解为资产的明细项目和收支的明细项目，利于对部门整体经营状况作出评价。

投资报酬率指标的不足也很明显，主要为：部门负责人会放弃高于资本成本而低于目前部门投资报酬率的机会，或者减少现有的投资报酬率较低但高于资金成本的某些资产，使部门的业绩获得较好评价，但却伤害了企业整体的利益；如果存在通货膨胀，资产的账面价值会失实，会出现每年少提折旧，虚增盈利，投资报酬率随之升高；投资规模不同的时候对各责任单位的评价会出现不公正。

假设前述提到的企业资金成本为15%。部门负责人面临一个投资报酬率为17%的投资机会，投资额为10 000元，每年部门边际贡献1 700元，尽管对整个企业来说，由于投资报酬率高于资本成本，应当利用这个投资机会，但是它却使这个部门的投资报酬率由过去的20%下降到18.5%：

$$投资报酬率=\frac{2\ 000+1\ 700}{10\ 000+10\ 000}\times 100\%=18.5\%$$

同样道理，当情况与此相反，假设该部门现有一项资产价值5 000元，每年获利850元，投资报酬率为17%，超过了资金成本，部门负责人却愿意放弃该项资产，以提高部门的投资报酬率：

$$投资报酬率=\frac{2\ 000-850}{10\ 000-5\ 000}\times 100\%=23\%$$

可以看出，通过加大公式分子或减少公式分母可以提高投资报酬率，而减少分母更容易实现。这样做，会失去不是最有利但可以扩大企业总净利的项目，从而作出的决策与企业总体利益目标不一致。

2. 剩余收益

为了克服使用投资报酬率衡量部门业绩所带来的次优化问题，许多企业采用绝对数指标来实现利润与投资之间的联系，这就是剩余收益指标。采用剩余收益来评价和考核投资中心的经营成果，可以使部门目标与企业的目标协调一致，鼓励投资中心负责人采纳高于企业资本成本的决策。

$$剩余收益=部门边际贡献-部门资产最低报酬$$

=部门边际贡献−部门资产×资本成本

根据前述的资料计算：

目前部门剩余收益=2 000−10 000×15%

=500(元)

采纳增资方案后剩余收益=(2 000+1 700)−(10 000+10 000)×15%

=700(元)

采纳减资方案后剩余收益=(2 000−850)−(10 000−5 000)×15%

=400(元)

通过比较不同投资方案的剩余收益，部门负责人会采纳增资的方案而放弃减资的方案。

由于剩余收益是绝对数，不同规模的投资中心不能用相同的目标剩余收益来比较。在实际应用这一方法时，事先建立与每个部门资产结构相适应的剩余收益预算，然后通过实际与预算的对比来评价部门业绩。

第三节　平衡计分卡

平衡计分卡(balanced score card，简称 BSC)在保留了传统财务指标的基础上，增加了客户、内部业务流程、学习和成长三方面的非财务指标，从而可以达到全面计量企业业绩的目的。更重要的是，平衡计分卡把战略目标与实现过程联系起来，把当前的业绩与未来的获利能力联系起来，通过业绩评价使组织中的每个部门、每个成员的行为与企业战略目标保持一致。平衡计分卡现已发展成为全面的战略管理模式。

一、平衡计分卡概述

(一)传统绩效评价体系的局限性及平衡计分卡的产生

传统绩效评价体系只由纯粹的财务指标构成，其最初形式为单一的财务指标(如利润或投资报酬率等)，后来开始采用由多个指标构成的评价指标体系，最具代表性的是由美国杜邦公司创立的“杜邦财务分析体系”。这个体系以权益资金利润率为源头，利用各财务指标之间的内在联系，对企业综合经营状况进行系统地分析评价。

然而，当人类社会由工业经济时代进入知识经济时代，以管理有形资产来创造价值的战略正在转向以创造和配置无形资产为主要内容、以知识为基础的战略，以"杜邦财务分析体系"为代表的单纯的财务业绩评价指标已不能适应时代的变化。其原因主要在于：①传统的绩效评价体系以财务衡量为主，对无形资产和智力资产（包括企业的专利权、商标权、商誉、员工的专业技能、员工对企业的忠诚度、客户的满意度等等）的确认、衡量难以奏效；②对企业经营绩效的评价注重于企业内部的管理水平和生产效率，而忽视了企业外在因素，如企业产品的市场份额、竞争对手的财务状况、客户对企业产品和服务的要求、企业的创新能力等；③对企业经营绩效的评价偏重于企业过去和现在的经营成果，而忽视了企业创造未来价值的潜在能力；④传统绩效考核制度与公司的战略和竞争优势关系不大，并且只看重短期绩效，忽视企业长期需要。

罗伯特·卡普兰在1986年出版的《失去关联性：管理会计的兴衰》一书中指出，传统的业绩衡量体系仅仅关注财务方面的指标，而没有衡量那些驱动未来财务业绩的非财务指标，不能揭示公司组织如何通过活动创造价值。

20世纪90年代初，哈佛商学院的罗伯特·卡普兰（Rober Kaplan）和诺朗诺顿研究所所长戴维·诺顿（David Norton）发展出一种全新的企业绩效管理方法：平衡计分卡。该方法打破了传统的只注重财务指标的业绩管理方法，认为传统的财务会计模式只能衡量过去发生的事情（落后的结果因素），但无法评估企业前瞻性的投资（领先的驱动因素）。在工业时代，注重财务指标的管理方法还是有效的。但在信息社会里，传统的业绩管理方法并不全面，公司必须通过在客户、供应商、员工、企业流程、技术和革新等方面的投资，获得持续发展的动力。正是基于这样的认识，平衡计分卡认为，公司应从财务（financial）、客户（customers）、内部经营过程（internal business progress）、学习与成长（learning and growth）四个角度审视自身业绩。

（二）平衡计分卡的特点

具体来说，平衡计分卡有以下几个特点：①平衡计分卡既是一种评价系统，也是战略管理的重要组成部分，还是一种企业管理制度；②平衡计分卡重视对企业长远发展的评价，即评价指标中包括影响企业长远利益的因素；③平衡计分卡所设计的评价指标体系做到了财务指标与非财务指标的有机结合，能够对企业的经营绩效和竞争能力进行系统的评价；④平衡计分卡重视对企业经营过程的评价，即指标中包括评价企业的经营活动能否满足客户需要；⑤平衡计分卡重视企业与外部利益相关者，如客户、供应商、战略伙伴以及政府等的关系；⑥平衡计分卡重视对企业可持续发展能力的评价；⑦平衡计分卡从分析创造企业经营绩效的驱动因素入手，找出企业存在问题的真正症结所在，以确定企业为实现某种战略目标所必须改进或发展的方面。例如，平衡计分卡在对企业要提高资本回报率进行分析时，就可按照下列因果关系链展开：提高投资回报率——提高客户对产品的认可程度——提高准时交货率——缩短产品生产周期并控制产品质量——提高员工技能。

采用平衡计分卡的企业应具备一定的条件，如成本管理水平较高，以目标、战略为导向，实行分权管理等。而且，平衡计分卡仍然存在一些有待于改进的地方。平衡计分卡的一些非财务指标，如客户满意度、员工满意度等，是不易收集且量化的，需要收集大量的信息，并经过充分加工后才有价值。平衡计分卡建立和实施的成本很高，它需要全员参加，每个部门、每个员工都有自己的平衡计分卡。当企业战略变更或结构变更时，平衡计分卡需要耗费企业大量的资源进行重新调整。在公司的经营环境不稳定的情况下，或者公司对自身所处市场的竞争形势不甚了解的情况下，在应用平衡计分卡技术的过程中，公司整体的战略目标以及通过逐层分解得到的员工个人目标的设定本身就是一个难以解决的问题。

（三）平衡计分卡的内容

平衡计分卡作为一种战略绩效管理及评价工具，从其评价指标体系来看，包括以下四个方面的内容：

1. 财务指标

财务（financial）指标具有综合性的特点，它是企业追求的终极目标。平衡计分卡其他三个方面是否成功都能够在财务指标上体现出来。平衡计分卡的设计不是否认财务数据的重要性，而是在财务指标的基础上，对传统企业管理中因过度重视财务而忽视了其他方面造成的“不平衡”状况进行修正，财务指标仍是最重要的指标。

财务绩效指标主要包括：①收入增长指标；②成本减少或生产率提高指标；③资产利用或投资战略指标。当然，也可以根据企业的具体要求，设置更加具体的指标，如经济增加值、净资产收益率、资产负债率、投资报酬率、销售利润率、应收账款周转率、存货周转率、成本降低率、营业净利额和现金流量净额等。

企业根据其生命周期的不同阶段，所选择的财务绩效指标可能会有很大的不同。例如，成长阶段的企业在提供产品和劳务获得收入方面有着较大的增长潜力，投资规模较大，投资报酬率可能较低，其财务目标主要是开发市场、提高市场占有率、扩大销售规模等，处于这一阶段的企业应主要采用销售增长率、目标市场收入增长率、成本率等财务绩效指标来加以评价。而维持阶段的企业可以根据其财务目标采用投资报酬率、利润等指标，成熟阶段的企业采用净现金流量等指标。

2. 客户指标

企业的活动必须以客户价值为出发点。企业经营成果的取得（实现）不取决于内部，而是取决于客户（customer）。客户方面绩效指标主要包括市场份额、客户保留度、新客户获取率、客户满意度、客户利润贡献率、重要客户的购买份额等。

3. 内部业务流程指标

企业对外提供的产品质量完全取决于内部价值链的各个环节是否真正创造了价值。企业必须以客户的需求和偏好为依据，重视内部业务流程的每个环节，创造持久的竞争优势。内部业务流程（internal business processes）指标主要包括三个方面：①评价企业创新能力的指标，如新产品开发所用的时间、新产品销售额在总销售额中所占的比例、比竞争对手率先推出新产品的比例、所耗开发费用与营业利润的比例、第一批设计出的产品中可完全满足客户要求的产品所占的比例、在投产前需要对设计加以修改的次数等；②评价企业生产经营绩效的指标，如产品生产时间和经营周转时间、产品和服务的质量、产品和服务的成本等；③评价企业售后服务绩效的指标，如企业对产品故障的反应时间和处理时间、售后服务的一次成功率、客户付款的时间等。具体应用时，应根据不同阶段的内部业务采用不同的指标。

4. 学习与成长指标

学习和成长（learning and growth）方面考评企业获得持续发展能力的情况，只有不断学习与创新的企业才会创造持久的竞争优势。学习与成长绩效指标主要包括三个方面：①评价员工能力的指标，如员工满意程度、员工保持率、员工工作效率、员工培训次数、员工知识水平等；②评价企业信息能力的指标，如信息覆盖率、信息系统反映的时间、接触信息系统的途径、当前可能取得的信息与期望所需要的信息的比例等；③评价激励、授权与协作的指标，如员工所提建议的数量、所采纳建议的数量、个人和部门之间的协作程度等。

上述四部分内容虽然各自有特定的评价对象和指标，但彼此之间存在着密切的联系。财务指标体系是根本，而其他三个方面的指标体系则最终都要体现在财务指标上，各个评价指标之间存在着企业战略所体现的因果关系，共同构筑了一个完整的评价体系，如图16-2所示。

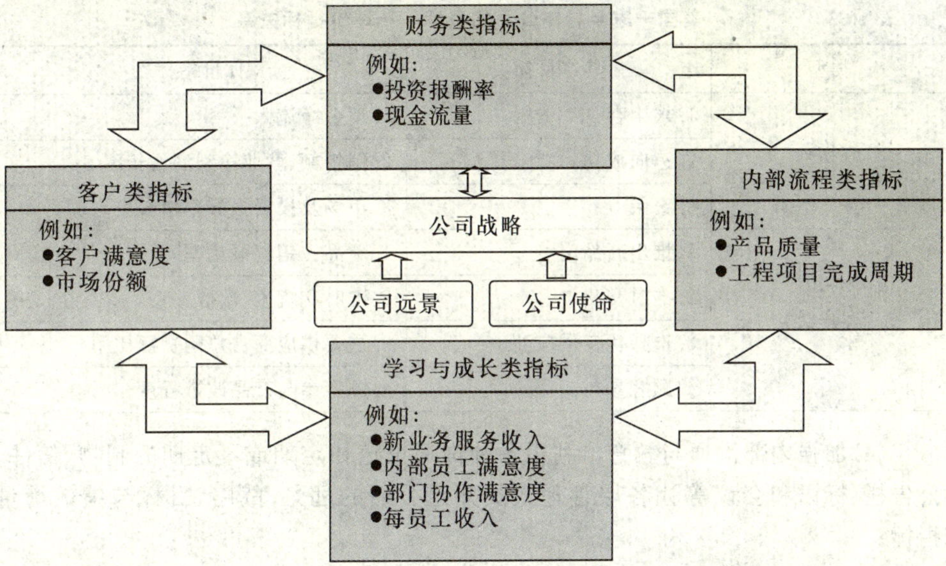

图 16-2 平衡计分卡评价指标体系图

卡普兰和诺顿认为,根据前述四个层面,分别设计适量的绩效衡量指标,可以提供公司经营所需的信息,又不会使信息太过于复杂而失去效用,另外可弥补传统绩效测评的不足,还可促进战略及远景的实现。

二、平衡计分卡的应用

平衡计分卡在实际应用过程中,需要综合考虑企业所处的行业环境、企业自身的优势与劣势以及企业所处的发展阶段、企业自身的规模与实力等。企业应用平衡计分卡来建立绩效评价体系时,一般经过以下步骤:

(1)确立公司的使命、远景与战略。公司的远景与战略应简单明了,使每一部门可以采用一些业绩衡量指标去完成公司的远景和战略。

(2)成立平衡计分卡小组或委员会。该小组或委员会负责解释公司的使命、远景与战略,并建立财务、客户、内部流程、学习与成长四个方面的具体目标。

(3)为四类具体目标确定最重要的绩效衡量指标,并对所设计的指标要自上而下,从内部到外部进行交流,征询各方面的意见。通过沟通和协调,使所设计的指标体系达到平衡,从而全面反映企业的战略目标。以美国一家半导体公司为例,所确定的财务类、客户类具体目标与评价指标如表 16-2 所示。

表 16-2 美国一家半导体公司的目标——评价指标关系

类型	具体目标	评价指标
财务类	1.求生存	1.现金净流入
	2.迈向成功	2.销售额、营业净利润增长率
	3.繁荣	3.市场及投资报酬率增长率
客户类	1.推出新品	1.新品占销售额比率
	2.准时交货	2.准时交货率/次数
	3.选择优良供应商	3.主要供应商占总购货额比率
	4.顾客参与	4.顾客参与产品改进程度

(4)加强内部沟通与教育。利用各种沟通渠道如定期或不定期的刊物、信件、公告栏、标语和会议等让各层管理人员知道公司的远景、战略、目标与绩效衡量指标。

(5)数据处理。根据指标体系收集原始数据，通过专家打分确定各个指标的权重，并对数据进行综合处理、分析。

(6)将指标分解到企业、部门和个人，并将指标与目标进行比较，从而发现数据变动的因果关系。以部门层面的平衡计分卡作为范例，各部门把自己的战略转化为自己的平衡计分卡。在此过程中要注意结合各部门自身的特点，在各自的平衡计分卡中应有自己独特的、不同于其他部门的目标与指标。

(7)预测并制订每年、每季、每月的绩效衡量指标具体数字，并与公司的计划和预算相结合。

(8)将每年的报酬奖励制度与平衡计分卡挂钩。例如美国 Pioneer 石油公司与平衡计分卡挂钩的各类指标奖金权重如表 16-3 所示。

表 16-3 Pioneer 石油公司平衡计分卡项目权重

类别权重	评价指标	权重
财务(60%)	利润(与竞争者比较)	18.0
	投资报酬率(与竞争者比较)	18.0
	成本降低率(与计划比较)	18.0
	新市场销售成长率	3.0
	现市场销售成长率	3.0

续表 16-3

类别权重	评价指标	权重
客户(10%)	市场占有率	2.5
	顾客满意度	2.5
	经销商满意度	2.5
	经销商利润	2.5
内部流程(10%)	社区/环境保护指数	10.0
学习、成长(20%)	员工工作环境与满意度	10.0
	员工技能水平	7.0
	策略性信息供应情况	3.0

(9)实施平衡计分卡,进行月度、季度、年度监测和反馈实施的情况。

(10)不断采纳员工意见,修正平衡计分卡指标并改进公司战略。

在平衡计分卡实施过程中,应该注意一些问题:切勿照抄照搬其他企业的模式和经验;权衡选用评价指标,将注意力集中在几个关键的评价指标上;找出衡量企业经营成功与否的关键指标,其他一般性指标应与关键指标保持一致;将平衡计分卡与企业的激励措施结合起来;正确对待平衡计分卡实施时投入成本与获得效益之间的关系,等等。

三、平衡计分卡案例分析①

S企业是一家1998年成立的中小型物流配送公司。随着物流配送行业竞争加剧,S企业感觉到巨大的经营压力,同时管理人员战略意识较为模糊,不知从何下手。此外,员工积极性也不高。因此,2003年企业高层拟对企业进行业务流程的重组,同时建立相应的企业和员工绩效考核体系,并将绩效与薪酬体系相关联,以此来激励员工,实现利润的增长。此外,S企业拟在2003年引进电子商务,同时与物流业的上游企业建立战略联盟关系。为此,S企业在2002年底应用平衡计分卡对企业绩效进行评价,以发现问题所在,并将2003年的战略付之量化而采用实行的改进行动。

(一)战略目标及指标体系的确定

平衡计分卡的关键是将战略目标转化为实际行动。首先将S公司的战略目标分解成四个部分,并逐层分解成各个具体的指标体系,如表16-4所示。

①该案例引自江积海,宣国良.如何使用平衡计分卡.企业研究,2003(12).

表 16-4　　S公司的战略目标解释及分解

第一层指标	战略目标	第二层指标
财务	利润增长	利润边际
		收入/员工
		市场份额
		投资回报率
顾客	更高的顾客满意度	顾客满意度
		投诉数目
		投诉限额
运作流程	改进管理流程 改进配送系统 降低库存成本	即时交货率
		缺陷的数目
		库存成本
		存货周转率
		流程效率
		质量指数
学习与成长	应用电子商务的可能性 增加协作项目中员工的满意度 联盟的市场战略	气氛的改进
		工作环境指数
		员工满意
		培训

(二)S公司平衡计分卡的数据处理过程

1. 平衡计分卡数据计算过程

在建立平衡计分卡以后，可以根据有关的历史数据对设定的各项指标进行计分，反映出企业财务、顾客(客户)、内部运作流程、学习与成长等四个方面的业绩状况与发展趋势，以及企业的总体业绩状况与发展趋势。这个过程的关键在于如何计算平衡计分卡的各项指标的分值。

下面根据S公司数据按以下几个步骤计算指标的分值，见表16-5。

第一，按前面叙述的方法建立指标体系，设计相应的指标体系表。

第二，收集定量数据，进行无量纲处理。把不同计量单位的指标值进行无量纲处理，同时把所算的数据填入表16-5[4]。

第三，计算定性数据。根据定性指标设计调研问卷，并对调研问卷的结果进行处理，把它们的数据填入表16-5[4]。

第四，确定权重。通过专家打分法确定两个层次各个指标的权重，并把第二层和第一层指标权重数据分别填入表16-5[5]和16-5[2]。

第五，计算单项指标分。先从第二层指标倒推出第一层指标值，如表16-5所示。第一层指标值[6]=[4]×[5],然后计算[7]=[2]×[6]。

第六,计算平衡计分卡总分值。将四个方面指标的分值[7]加总,得到该企业的综合业绩分值[8]=Σ[7]。

第七,把上述求得的值填入平衡计分卡中,如表16-6所示。

表16-5　S公司2002年10月份平衡计分卡数据计算过程

[1] 指标	[2] 第一层权重(%)	[3] 第二层指标	[4] 第二层指标值	[5] 第二层权重	[6] 第一层指标值	[7] 第一层分值	[8] 平衡计分卡值
财务	48.6	利润率	4.1	19.1	1.89	0.92	1.18
		收入/员工	3.5	6.0			
		市场份额	3.6	6.8			
		投资回报率	3.9	16.7			
顾客	28.1	顾客满意度	2.4	14.2	0.62	0.17	
		投诉数目	1.8	8.7			
		退货率	2.3	5.2			
内部运作流程	15.9	即时交货率	2.9	2.3	0.53	0.08	
		缺陷的数目	2.7	2.1			
		库存成本	3.4	2.7			
		存货周转率	3.8	2.9			
		流程效率	4.5	3.1			
		质量指数	2.0	2.8			
学习成长	6.4	气氛的改进	2.3	1.4	0.12	0.01	
		信息技术	1.2	1.5			
		员工满意度	2.5	2.1			
		培训费用	1.1	1.4			
总计	100%			100%			1.18

表16-6　S公司的平衡计分卡

内容 指标	起始时间:2002/10/1			终止时间:2002/10/31		
	本　月		实际值/预算值(%)	累　积		实际值/预算值(%)
	实际值	预算值		实际值	预算值	
财务	0.92					
顾客	0.17					
内部运作流程	0.08					
学习成长	0.01					
平衡计分卡值	1.18					
负责人的评价:						

2. S公司平衡计分卡的数据分析过程

为了说明指标分值的实际意义，我们假设 1998—2003 年数值如表 16-7 所示。从该表中我们可以看出变动趋势。

表 16-7　　2003 年 S 企业的平衡计分卡值预测表

项目	1998 年	1999 年	2000 年	2001 年	2002 年	2003 年预测值	变动趋势
平衡计分卡总值	1.109 2	1.062	1.18	1.250 8	1.534	1.77	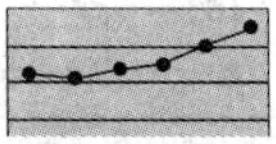
财务	0.864 8	0.828	0.92	0.975 2	1.196	1.38	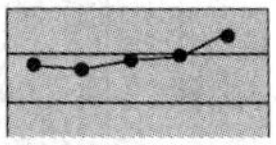
顾客	0.159 8	0.153	0.17	0.180 2	0.221	0.255	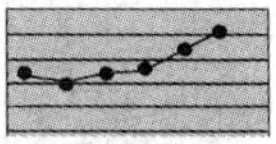
运作	0.075 2	0.072	0.08	0.084 8	0.104	0.12	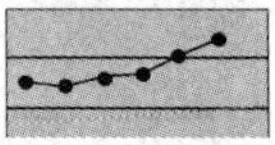
学习	0.009 4	0.009	0.01	0.010 6	0.013	0.015	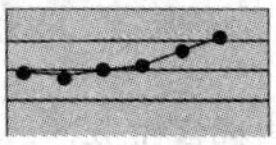

另外，我们还有必要考察一些关键指标，尤其是一些波动较大的第一层指标，进一步考察该第一层指标下的第二层指标，也就是考察平衡计分卡的因果关系。假如得到顾客指标波动较大，要对顾客满意度进行考察。如图 16-3 和表 16-8 所示，S 企业今后的工作重点应该放在顾客和理顺内部流程方面，主要是致力于吸引新顾客，提高顾客增长率、减少交货时间和提高服务速度，并加大 R&D 的投入，来降低新产品的上市周期。

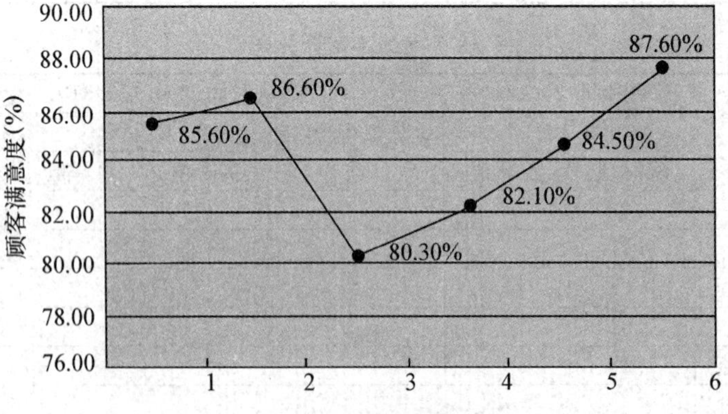

图 16-3　顾客满意度变动图

表 16-8 顾客满意度数据

时间	2001 年第四季度	2002 年第一季度	2002 年第二季度	2002 年第三季度	2002 年第四季度	2003 年第一季度
顾客满意度(%)	85.6	86.6	80.3	82.1	84.5	87.6

对于 2003 年的预测值,把它按一定的比例分配给四个指标,同时按一定的比例分配到各个部门,并进一步细分到每个关键员工。

此外,还可以对企业间的平衡计分卡进行比较。为说明问题,假设 S 企业和同行业竞争对手 Q 企业 2000—2002 年的数据如表 16-9,可以从中看出相应的差异。但是由于竞争对手数据较难取得,所以这方面的比较存在一些困难。

表 16-9 2000—2002 年 S 企业和对手 Q 企业数据比较

项目	2000 年		2001 年		2002 年	
	S 企业	Q 企业	S 企业	Q 企业	S 企业	Q 企业
平衡计分卡总值	1.109 2	1.996 6	1.18	2.773	1.534	3.438 5
财务	0.864 8	1.556 6	0.92	2.162	1.196	2.680 8
顾客	0.159 8	0.287 6	0.17	0.399 5	0.221	0.495 3
运作	0.075 2	0.135 4	0.08	0.188	0.104	0.233 1
学习	0.009 4	0.016 9	0.01	0.023 5	0.013	0.029 1

(三)项目时间进度

根据所做项目的情况,可大致估计实施进度,如表 16-10 所示。公司在实施平衡计分卡项目时,一方面可以成立项目团队自己做,也可以借助一些有经验的知名度较高并且有平衡计分卡实施经验的咨询公司来做。在数据处理模块可以安装国内外管理软件公司开发的评价软件,这样可以减少计算量,并且可以随时进行评价。同时,一些软件界面很友好,易操作,而且包含的信息量也较大,可以通过一些图表更直观地观察指标的变动趋势,部分软件还可以自动生成报告,大量减少了工作量。对大多数中小企业而言,没有软件也可以做,但一方面计算量占用了一些人工工时,而且每次进行评价时可能要重复一些工作。从上面的计算过程可以看出并不复杂,建议实施企业自己可以编写一些简单程序算法克服计算的问题。

表16-10 企业首次平衡计分卡项目实施估计时间进度

项目实施过程	公司所需天数	咨询公司所需天数
项目计划	5	5
1.战略分析		
2.战略目标及范围		
3.界定任务及资源		
4.制订全面的计划		
5.设定事件的转折点		
6.大概预算		
建立指标体系	20	10
7.管理层的沟通及员工的教育		
8.组建实施团队		
9.目前业务流程的分析		
10.重组业务流程		
11.界定责任		
12.再次沟通达成共识		
13.建立评价指标体系		
14.解释、归类指标体系		
数据综合处理	5	3
15.数据的收集		
16.数据的处理		
17.数据的分析分解		
制定措施和实施	10	10
18.分析因果及平衡关系		
19.制定措施及实施		
反馈及修正指标		
总计	40	28

思考题

1.组织目标与业绩评价有什么关系？

2.什么是责任中心？可控成本与产品成本有什么不同？

3.成本中心、利润中心、投资中心之间的区别是什么？

4.什么是内部转移价格，制定的方法有哪几种？

5.什么是平衡计分卡？其特点和内容分别是什么？

6.编制平衡计分卡一般需要哪几个步骤？

练习题

习题一

1. 目的：掌握企业利润中心的业绩评价方法。

2. 资料：企业某部门本月销售收入 10 000 元，已销商品的变动成本 6 000 元，部门可控固定间接费用 500 元，部门不可控固定间接费用 800 元，分配给该部门的公司管理费用 500 元。

3. 要求：计算最能反映该部门真实贡献的业绩指标。

习题二

1. 目的：掌握企业投资中心的业绩评价方法。

2. 资料：某公司下设 A、B 两个投资中心，目前 A 投资中心的部门资产为 2 000 万元，投资报酬率为 15%，B 投资中心投资报酬率为 14%，剩余收益为 200 万元。该公司的平均资本成本为 10%。

3. 要求：

(1)计算 A 投资中心的剩余收益。

(2)计算 B 投资中心的部门资产。

(3)说明以投资报酬率和剩余收益作为投资中心业绩评价指标的优缺点。

附　　录

附录 1　　一元复利终值系数表

n \ i	1%	2%	3%	4%	5%	6%	7%	8%	9%	10%	11%
1	1.010	1.020	1.030	1.040	1.050	1.060	1.070	1.080	1.090	1.100	1.110
2	1.020	1.040	1.061	1.082	1.103	1.124	1.145	1.166	1.188	1.210	1.232
3	1.030	1.061	1.093	1.125	1.158	1.191	1.225	1.260	1.295	1.331	1.368
4	1.041	1.082	1.126	1.170	1.216	1.262	1.311	1.360	1.412	1.164	1.518
5	1.051	1.104	1.159	1.217	1.276	1.338	1.403	1.469	1.539	1.611	1.685
6	1.062	1.126	1.194	1.265	1.340	1.419	1.501	1.587	1.677	1.772	1.870
7	1.072	1.149	1.230	1.316	1.407	1.504	1.606	1.714	1.828	1.949	2.076
8	1.083	1.172	1.267	1.369	1.477	1.594	1.718	1.851	1.993	2.144	2.305
9	1.094	1.195	1.305	1.423	1.551	1.689	1.838	1.999	2.172	2.358	2.558
10	1.105	1.219	1.344	1.480	1.629	1.791	1.967	2.159	2.367	2.594	2.839
11	1.116	1.243	1.384	1.539	1.710	1.898	2.105	2.332	2.580	2.853	3.152
12	1.127	1.268	1.426	1.601	1.796	2.012	2.252	2.518	2.813	3.138	3.498
13	1.138	1.294	1.469	1.665	1.886	2.133	2.410	2.720	3.066	3.452	3.883
14	1.149	1.319	1.513	1.732	1.980	2.261	2.579	2.937	3.342	3.797	4.310
15	1.161	1.346	1.558	1.801	2.079	2.397	2.759	3.172	3.642	4.177	4.785
16	1.173	1.373	1.605	1.873	2.183	2.540	2.952	3.426	3.970	4.595	5.311
17	1.184	1.400	1.653	1.948	2.292	2.693	3.159	3.700	4.328	5.054	5.895
18	1.196	1.428	1.702	2.206	2.407	2.854	3.380	3.996	4.717	5.560	6.544
19	1.208	1.457	1.754	2.107	2.527	3.026	3.617	4.316	5.142	6.116	7.263
20	1.220	1.486	1.806	2.191	2.653	3.207	3.870	4.661	5.604	6.727	8.062
25	1.282	1.641	2.094	2.666	3.386	4.292	5.427	6.848	8.623	10.835	13.585
30	1.348	1.811	2.427	3.243	4.322	5.743	7.612	10.063	13.268	17.449	22.892
40	1.489	2.208	3.262	4.801	7.040	10.286	14.974	21.725	31.409	45.259	65.001
50	1.645	2.692	4.384	7.107	11.467	18.420	29.457	46.902	74.358	117.39	184.57

续表附录 1

n \ i	12%	13%	14%	15%	16%	17%	18%	19%	20%	25%	30%
1	1.120	1.130	1.140	1.150	1.160	1.170	1.180	1.190	1.200	1.250	1.300
2	1.254	1.277	1.300	1.323	1.346	1.369	1.392	1.416	1.440	1.563	1.690
3	1.405	1.443	1.482	1.521	1.561	1.602	1.643	1.685	1.728	1.953	2.197
4	1.574	1.630	1.689	1.749	1.811	1.874	1.939	2.005	2.074	2.441	2.856
5	1.762	1.842	1.925	2.011	2.100	2.192	2.288	2.386	2.488	3.053	3.713
6	1.974	2.082	2.195	2.313	2.436	2.565	2.700	2.840	2.986	3.815	4.827
7	2.211	2.353	2.502	2.660	2.826	3.001	3.185	3.379	3.583	4.768	6.276
8	2.476	2.658	2.853	3.059	3.278	3.511	3.759	4.021	4.300	5.960	8.157
9	2.773	3.004	3.252	3.518	3.803	4.108	4.435	4.785	5.160	7.451	10.604
10	3.106	3.395	3.707	4.046	4.411	4.807	5.234	5.696	6.192	9.313	13.786
11	3.479	3.836	4.226	4.652	5.117	5.624	6.176	6.777	7.430	11.642	17.922
12	3.896	4.335	4.818	5.350	5.936	6.580	7.288	8.064	8.916	14.552	23.298
13	4.363	4.898	5.492	6.153	6.886	7.699	8.599	9.596	10.699	18.190	30.288
14	4.887	5.535	6.261	7.076	7.988	9.007	10.147	11.420	12.839	22.737	39.374
15	5.474	6.254	7.138	8.137	9.266	10.539	11.974	13.590	15.407	28.422	51.186
16	6.130	7.067	8.137	9.358	10.748	12.330	14.129	16.172	18.488	35.527	66.542
17	6.866	7.986	9.276	10.761	12.468	14.426	16.672	19.244	22.186	44.409	86.504
18	7.690	9.024	10.575	12.375	14.463	16.879	19.673	22.091	26.623	55.511	112.46
19	8.613	10.197	12.056	14.232	16.777	19.748	23.214	27.252	31.948	69.389	146.19
20	9.646	11.523	13.743	16.367	19.461	23.106	27.393	32.429	38.338	86.736	190.05
25	17.000	21.231	26.462	32.919	40.874	50.658	62.669	77.388	95.396	264.70	705.64
30	29.960	39.116	50.950	66.212	85.850	111.07	143.37	184.68	237.38	807.79	2 620.0
40	93.051	132.78	188.88	267.89	378.72	533.87	750.38	1 051.7	1 469.8	7 523.2	36 119
50	289.00	450.74	700.23	1 083.7	1 670.7	2 566.2	3 927.4	5 988.9	9 100.4	70 065	497 929

附录 2 一元复利现值系数表

i / n	1%	2%	3%	4%	5%	6%	7%	8%	9%	10%	11%	12%
1	0.990	0.980	0.971	0.962	0.952	0.943	0.935	0.926	0.917	0.909	0.901	0.893
2	0.980	0.961	0.943	0.925	0.907	0.890	0.873	0.857	0.842	0.826	0.812	0.797
3	0.971	0.942	0.915	0.889	0.864	0.840	0.816	0.794	0.772	0.751	0.731	0.712
4	0.961	0.924	0.888	0.855	0.823	0.792	0.763	0.735	0.708	0.683	0.659	0.636
5	0.951	0.906	0.863	0.822	0.784	0.747	0.713	0.681	0.650	0.621	0.593	0.567
6	0.942	0.888	0.837	0.790	0.746	0.705	0.666	0.630	0.596	0.564	0.535	0.507
7	0.933	0.871	0.813	0.760	0.711	0.665	0.623	0.583	0.547	0.513	0.482	0.452
8	0.923	0.853	0.789	0.731	0.677	0.627	0.582	0.540	0.502	0.467	0.434	0.404
9	0.914	0.837	0.766	0.703	0.645	0.592	0.544	0.500	0.460	0.424	0.391	0.361
10	0.905	0.820	0.744	0.676	0.614	0.558	0.508	0.463	0.422	0.386	0.352	0.322
11	0.896	0.804	0.722	0.650	0.585	0.527	0.475	0.429	0.388	0.350	0.317	0.287
12	0.887	0.788	0.701	0.625	0.557	0.497	0.444	0.397	0.356	0.319	0.286	0.257
13	0.879	0.773	0.681	0.601	0.530	0.469	0.415	0.368	0.326	0.290	0.258	0.229
14	0.870	0.758	0.661	0.577	0.505	0.442	0.388	0.340	0.299	0.263	0.232	0.205
15	0.861	0.743	0.642	0.555	0.481	0.417	0.362	0.315	0.275	0.239	0.209	0.183
16	0.853	0.728	0.623	0.534	0.458	0.394	0.339	0.292	0.252	0.218	0.188	0.163
17	0.844	0.714	0.605	0.513	0.436	0.371	0.317	0.270	0.231	0.198	0.170	0.146
18	0.836	0.700	0.587	0.494	0.416	0.350	0.296	0.250	0.212	0.180	0.153	0.130
19	0.828	0.686	0.570	0.475	0.396	0.331	0.277	0.232	0.194	0.164	0.138	0.116
20	0.820	0.673	0.554	0.456	0.377	0.312	0.258	0.215	0.178	0.149	0.124	0.104
25	0.780	0.610	0.478	0.375	0.295	0.233	0.184	0.146	0.116	0.092	0.074	0.059
30	0.742	0.552	0.412	0.308	0.231	0.174	0.131	0.099	0.075	0.057	0.044	0.033
40	0.672	0.453	0.307	0.208	0.142	0.097	0.067	0.046	0.023	0.022	0.015	0.011
50	0.608	0.372	0.228	0.141	0.087	0.054	0.034	0.021	0.013	0.009	0.005	0.003

续表附录2

n \ i	13%	14%	15%	16%	17%	18%	19%	20%	25%	30%	35%	40%	50%
1	0.885	0.877	0.870	0.862	0.855	0.847	0.840	0.833	0.800	0.769	0.741	0.714	0.667
2	0.783	0.769	0.756	0.743	0.731	0.718	0.706	0.694	0.640	0.592	0.549	0.510	0.444
3	0.693	0.675	0.658	0.641	0.624	0.609	0.593	0.579	0.512	0.455	0.406	0.364	0.296
4	0.613	0.592	0.572	0.552	0.534	0.516	0.499	0.482	0.410	0.350	0.301	0.260	0.198
5	0.543	0.519	0.497	0.476	0.456	0.437	0.419	0.402	0.320	0.269	0.223	0.186	0.132
6	0.480	0.456	0.432	0.410	0.390	0.370	0.352	0.335	0.262	0.207	0.165	0.133	0.088
7	0.425	0.400	0.376	0.354	0.333	0.314	0.296	0.279	0.210	0.159	0.122	0.095	0.059
8	0.376	0.351	0.327	0.305	0.285	0.266	0.249	0.233	0.168	0.123	0.091	0.068	0.039
9	0.333	0.300	0.284	0.263	0.243	0.225	0.209	0.194	0.134	0.094	0.067	0.048	0.026
10	0.295	0.270	0.247	0.227	0.208	0.191	0.176	0.162	0.107	0.073	0.050	0.035	0.017
11	0.261	0.237	0.215	0.195	0.178	0.162	0.148	0.135	0.086	0.056	0.037	0.025	0.012
12	0.231	0.208	0.187	0.168	0.152	0.137	0.124	0.112	0.069	0.043	0.027	0.018	0.008
13	0.204	0.182	0.163	0.145	0.130	0.116	0.104	0.093	0.055	0.033	0.020	0.013	0.005
14	0.181	0.160	0.141	0.125	0.111	0.099	0.088	0.078	0.044	0.025	0.015	0.009	0.003
15	0.160	0.140	0.123	0.108	0.095	0.084	0.074	0.065	0.035	0.020	0.011	0.006	0.002
16	0.141	0.123	0.107	0.093	0.081	0.071	0.062	0.054	0.028	0.015	0.008	0.005	0.002
17	0.125	0.108	0.093	0.080	0.069	0.060	0.052	0.045	0.023	0.012	0.006	0.003	0.001
18	0.111	0.095	0.081	0.069	0.059	0.051	0.044	0.038	0.018	0.009	0.005	0.002	0.001
19	0.098	0.083	0.070	0.060	0.051	0.043	0.037	0.031	0.014	0.007	0.003	0.002	0
20	0.087	0.073	0.061	0.051	0.043	0.037	0.031	0.026	0.012	0.005	0.002	0.001	0
25	0.047	0.038	0.030	0.024	0.020	0.016	0.013	0.010	0.004	0.001	0.001	0	0
30	0.026	0.020	0.015	0.012	0.009	0.007	0.005	0.004	0.001	0	0	0	0
40	0.008	0.005	0.004	0.003	0.002	0.001	0.001	0.001	0	0	0	0	0
50	0.002	0.001	0.001	0.001	0	0	0	0	0	0	0	0	0

附录 3 一元年金终值系数表

n \ i	1%	2%	3%	4%	5%	6%	7%	8%	9%	10%	11%
1	1.000	1.000	1.000	1.000	1.000	1.000	1.000	1.000	1.000	1.000	1.000
2	2.010	2.020	2.030	2.040	2.050	2.060	2.070	2.080	2.090	2.100	2.110
3	3.030	3.060	3.091	3.122	3.153	3.184	3.215	3.246	3.278	3.310	3.342
4	4.060	4.122	4.184	4.246	4.310	4.375	4.440	4.506	4.573	4.641	4.710
5	5.101	5.204	5.309	5.416	5.526	5.637	5.751	5.867	5.985	6.105	6.228
6	6.152	6.308	6.468	6.633	6.802	6.975	7.153	7.336	7.523	7.716	7.913
7	7.214	7.434	7.662	7.898	8.142	8.394	8.654	8.923	9.200	9.487	9.783
8	8.286	8.583	8.892	9.214	9.549	9.897	10.260	10.637	11.028	11.436	11.859
9	9.369	9.755	10.159	10.583	11.027	11.491	11.978	12.488	13.021	13.579	14.164
10	10.462	10.950	11.464	12.006	12.578	13.181	13.816	14.487	15.193	15.937	16.722
11	11.567	12.169	12.808	13.486	14.207	14.972	15.784	16.645	17.560	18.531	19.561
12	12.683	13.412	14.192	15.026	15.917	16.870	17.888	18.977	20.141	21.384	22.713
13	13.809	14.680	15.618	16.627	17.713	18.882	20.141	21.495	22.953	24.523	26.212
14	14.947	15.974	17.086	18.292	19.599	21.015	22.550	24.215	26.019	27.975	30.093
15	16.097	17.293	18.599	20.024	21.579	23.276	25.129	27.152	29.361	31.774	34.405
16	17.258	18.639	20.157	21.825	23.657	25.673	27.888	30.324	33.003	35.950	39.190
17	18.430	20.012	21.762	23.698	25.840	28.213	30.840	33.750	36.974	40.545	44.501
18	19.615	21.412	23.414	25.645	28.132	30.906	33.999	37.450	41.301	45.559	50.396
19	20.811	22.841	25.117	27.671	30.539	33.760	37.379	41.446	46.018	51.159	56.939
20	22.019	24.297	26.870	29.778	33.066	36.786	40.995	45.762	51.160	57.275	64.203
25	28.243	32.030	36.459	41.646	47.727	54.865	63.249	73.106	84.701	98.347	114.41
30	34.785	40.588	47.575	56.085	66.439	79.058	94.461	113.28	136.31	164.49	199.02
40	48.886	60.402	75.401	95.026	120.80	154.76	199.64	259.06	337.89	442.59	581.83
50	64.463	84.579	112.80	152.67	209.35	290.34	406.53	573.77	815.08	1 163.9	1 668.8

续表附录 3

n \ i	12%	13%	14%	15%	16%	17%	18%	19%	20%	25%	30%
1	1.000	1.000	1.000	1.000	1.000	1.000	1.000	1.000	1.000	1.000	1.000
2	2.120	2.130	2.140	2.150	2.160	2.170	2.180	2.190	2.200	2.250	2.300
3	3.374	3.407	3.440	3.473	3.506	3.539	3.572	3.606	3.640	3.813	3.990
4	4.779	4.850	4.921	4.995	5.006	4.141	5.215	5.291	5.368	5.766	6.187
5	6.353	6.480	6.610	6.742	6.877	7.014	7.154	7.297	7.442	8.207	9.043
6	8.115	8.323	8.536	8.754	8.977	9.207	9.442	9.683	9.930	11.259	12.756
7	10.089	10.405	10.730	11.067	11.414	11.772	12.142	12.523	12.916	15.073	17.583
8	12.300	12.757	13.233	13.727	14.240	14.773	15.327	15.902	16.499	19.842	23.858
9	14.776	15.416	16.085	16.786	17.519	18.285	19.086	19.923	20.799	25.802	32.015
10	17.549	18.420	19.337	20.304	21.321	22.393	23.521	24.701	25.959	33.253	42.619
11	20.655	21.814	23.045	24.349	25.733	27.200	28.755	30.404	32.150	42.566	56.405
12	24.133	25.650	27.271	29.002	30.850	32.824	34.931	37.180	39.581	54.208	74.327
13	28.029	29.985	32.089	34.352	36.876	39.404	42.219	45.244	48.497	68.760	97.625
14	32.393	34.883	37.581	40.505	43.672	47.103	50.818	54.841	59.196	86.949	127.91
15	37.280	40.417	43.842	47.580	51.660	56.110	60.965	66.261	72.035	109.69	167.29
16	42.753	46.672	50.980	55.717	60.925	66.649	72.939	79.850	87.442	138.11	218.47
17	48.885	53.739	59.118	65.075	71.673	78.979	87.068	96.022	105.93	173.64	285.01
18	55.750	61.725	68.394	75.836	84.141	93.406	103.74	115.27	128.12	218.05	371.52
19	63.440	70.749	78.969	88.212	98.603	110.29	123.42	138.17	154.74	273.56	483.97
20	72.052	80.947	91.025	102.44	115.38	130.03	146.63	165.42	186.96	342.95	630.17
25	133.33	155.62	181.87	212.79	249.21	292.11	342.60	402.04	471.98	1 054.8	2 348.8
30	241.33	293.20	356.79	434.75	530.31	647.44	790.95	966.7	1 181.9	3 227.2	8 730.0
40	767.09	1 013.7	1 342.0	1 779.1	2 360.8	3 134.5	4 163.2	5 519.8	7 343.9	30 089	120 393
50	2 400.0	3 459.5	4 994.5	7 217.7	10 436	15 090	21 813	31 515	45 497	280 256	165 976

附录 4　一元年金现值系数表

n \ i	1%	2%	3%	4%	5%	6%	7%	8%	9%	10%	11%	12%
1	0.990	0.980	0.971	0.962	0.952	0.943	0.935	0.926	0.917	0.909	0.901	0.893
2	1.970	1.942	1.913	1.886	1.859	1.833	1.808	1.783	1.759	1.736	1.713	1.690
3	2.941	2.884	2.829	2.775	2.723	2.673	2.624	2.577	2.531	2.487	2.444	2.402
4	3.902	3.808	3.717	3.630	3.546	3.465	3.387	3.312	3.240	3.170	3.102	3.037
5	4.853	4.713	4.580	4.452	4.329	4.212	4.100	3.993	3.890	3.791	3.696	3.605
6	5.795	5.601	5.417	5.242	5.076	4.917	4.767	4.623	4.486	4.355	4.231	4.111
7	6.728	6.472	6.230	6.002	5.786	5.582	5.389	5.206	5.033	4.868	4.712	4.564
8	7.652	7.325	7.020	6.733	6.463	6.210	5.971	5.747	5.535	5.335	5.146	4.968
9	8.566	8.162	7.786	7.435	7.108	6.802	6.515	6.247	5.995	5.759	5.537	5.328
10	9.471	8.983	8.530	8.111	7.722	7.360	7.024	6.710	6.418	6.145	5.889	5.650
11	10.368	9.787	9.253	8.760	8.360	7.887	7.499	7.139	6.805	6.495	6.207	5.938
12	11.255	10.575	9.954	9.385	8.863	8.384	7.943	7.536	7.161	6.814	6.492	6.194
13	12.134	11.348	10.635	9.986	9.394	8.853	8.358	7.904	7.487	7.103	6.750	6.424
14	13.004	12.106	11.296	10.563	9.899	9.295	8.745	8.244	7.786	7.367	6.982	6.628
15	13.865	12.849	11.938	11.118	10.380	9.712	9.108	8.559	8.061	7.606	7.191	6.811
16	14.718	13.578	12.561	11.652	10.838	10.106	9.447	8.851	8.313	7.824	7.379	6.974
17	15.562	14.292	13.166	12.166	11.274	10.477	9.763	9.122	8.544	8.022	7.549	7.102
18	16.398	14.992	13.754	12.659	11.690	10.828	10.059	9.372	8.756	8.201	7.702	7.250
19	17.226	15.678	14.324	13.134	12.085	11.158	10.336	9.604	8.950	8.365	7.839	7.366
20	18.046	16.351	14.877	13.590	12.462	11.470	10.594	9.818	9.129	8.514	7.963	7.469
25	22.023	19.523	17.413	15.622	14.094	12.783	11.654	10.675	9.823	9.077	8.422	7.843
30	25.808	22.396	19.600	17.292	15.372	13.765	12.409	11.258	10.274	9.427	8.694	8.055
40	32.835	27.355	23.115	19.793	17.159	15.046	13.332	11.925	10.757	9.779	8.951	8.244
50	39.196	31.424	25.730	21.482	18.256	15.762	13.801	12.233	10.962	9.915	9.042	8.304

续表附录 4

n \ i	13%	14%	15%	16%	17%	18%	19%	20%	25%	30%	35%	40%	50%
1	0.885	0.877	0.870	0.862	0.855	0.847	0.840	0.833	0.800	0.769	0.741	0.714	0.667
2	1.668	1.647	1.626	1.605	1.585	1.566	1.547	1.528	1.440	1.361	1.289	1.224	1.111
3	2.361	2.322	2.283	2.246	2.210	2.174	2.140	2.106	1.952	1.816	1.696	1.589	1.407
4	2.974	2.914	2.855	2.798	2.743	2.690	2.639	2.589	2.362	2.166	1.997	1.849	1.605
5	3.517	3.433	3.352	3.274	3.199	3.127	3.058	2.991	2.689	2.436	2.220	2.035	1.737
6	3.998	3.889	3.784	3.685	3.589	3.498	3.410	3.326	2.951	2.643	2.385	2.168	1.824
7	4.423	4.288	4.160	4.039	3.922	3.812	3.706	3.605	3.161	2.802	2.508	2.263	1.883
8	4.799	4.639	4.487	4.344	4.207	4.078	3.954	3.837	3.329	2.925	2.598	2.331	1.922
9	5.132	4.946	4.472	4.607	4.451	4.303	4.163	4.031	3.463	3.019	2.665	2.379	1.948
10	5.426	5.216	5.019	4.833	4.659	4.494	4.339	4.192	3.571	3.092	2.715	2.414	1.965
11	5.687	5.453	5.234	5.029	4.836	4.656	4.486	4.327	3.656	3.147	2.752	2.438	1.977
12	5.918	5.660	5.421	5.197	4.988	4.793	4.611	4.439	3.725	3.190	2.779	2.456	1.985
13	6.122	5.842	5.583	5.342	5.118	4.910	4.715	4.533	3.780	3.223	2.799	2.469	1.990
14	6.302	6.002	5.724	5.468	5.229	5.008	4.802	4.611	3.824	3.249	2.814	2.478	1.993
15	6.462	6.142	5.847	5.575	5.324	5.092	4.876	4.675	3.859	3.268	2.825	2.484	1.995
16	6.604	6.265	5.954	5.668	5.405	5.162	4.938	4.730	3.887	3.283	2.834	2.489	1.997
17	6.729	6.373	6.047	5.749	5.475	5.222	4.988	4.775	3.910	3.295	2.840	2.492	1.998
18	6.840	6.467	6.128	5.818	5.534	5.273	5.033	4.812	3.928	3.304	2.844	2.494	1.999
19	6.938	6.550	6.198	5.877	5.584	5.316	5.070	4.843	3.942	3.311	2.848	2.496	1.999
20	7.025	6.623	6.259	5.929	5.628	5.353	5.101	4.870	3.954	3.316	2.850	2.497	1.999
25	7.330	6.873	6.464	6.097	5.766	5.467	5.195	4.948	3.985	3.329	2.856	2.499	2.000
30	7.496	7.033	6.566	6.177	5.829	5.517	5.235	4.979	3.995	3.332	2.857	2.500	2.000
40	7.634	7.105	6.642	6.233	5.871	5.548	5.258	4.997	3.999	3.333	2.857	2.500	2.000
50	7.675	7.133	6.661	6.246	5.880	5.554	5.262	4.999	4.000	3.333	2.857	2.500	2.000

参考文献

1. 罗飞. 成本会计. 北京:高等教育出版社,2003.
2. 潘飞. 成本管理会计学. 北京:中国财政经济出版社,2005.
3. 万寿义,任月君. 成本会计. 大连:东北财经大学出版社,2008.
4. 中国注册会计师协会编. 财务成本管理. 北京:经济科学出版社,2008.
5. 乐艳芬. 成本会计. 上海:上海财经大学出版社,2006.
6. [美]查尔斯·T·霍恩格伦. 高级成本管理会计学. 北京:中国财政经济出版社,1986.
7. 王平心. 作业成本计算理论与应用研究. 大连:东北财经大学出版社,2001.
8. 万寿义. 现代企业成本管理研究. 大连:东北财经大学出版社,2004.
9. 汪祥耀,等. 现代成本会计学. 杭州:浙江人民出版社,2007.
10. 卡普兰,等. 高级管理会计. 3 版. 吕长江,等译. 大连:东北财经大学出版社,1999.
11. 汉森. 管理会计. 4 版. 王光远,等译. 北京:北京大学出版社,1998.
12. 亨格伦,等. 管理会计教程. 10 版. 许秉岩,等译. 北京:华夏出版社,1999.
13. 王立彦,刘志远. 成本管理会计. 北京:经济科学出版社,2000.
14. 王雍君. 财务精细化分析与公司管理决策. 北京:中国经济出版社,2008.
15. 运转. 企业全面预算管理. 北京:机械工业出版社,2007.
16. 梁星. 基于作业的全面预算管理. 北京:中国财政经济出版社,2007.
17. 王斌. 公司预算管理研究. 北京:中国财政经济出版社,2006.
18. 刘志远,等. 管理会计. 北京:北京大学出版社,2007.
19. 宋效中. 现代管理会计. 北京:机械工业出版社,2007.
20. 唐婉虹,李怀栋,曹春华,等. 成本管理会计. 上海:立信会计出版社,2005.
21. 李守明,等. 成本与管理会计. 武汉:武汉大学出版社,2002.
22. 余海宗. 战略管理会计论. 成都:西南财经大学出版社,2004.
23. Keith Ward. Stragetic Management Accounting. Butterworth Heineman

Ltd，1992.

24. Kenneth Simmonds. Strategic Management Accouunting. 载 Handbook of Management Accounting，Gower Publishing CO. Ltd，1998.

25. J. K. Shank，V. Govindarajan. Strategic Cost Management. The Free Press，1993.

图书在版编目(CIP)数据

成本管理会计/王秀芬,颜敏主编 . 3 版. —北京:中国农业大学出版社,2009. 6

ISBN 978-7-81117-787-9

Ⅰ. 成… Ⅱ. ①王… ②颜… Ⅲ. 成本会计-高等学校-教材 Ⅳ. F234. 2

中国版本图书馆 CIP 数据核字(2009)第 099429 号

书　　名　成本管理会计

作　　者　王秀芳　颜　敏　主编

策划编辑　赵　中　　**责任编辑**　潘晓丽

封面设计　郑　川　　**责任校对**　陈　莹　王晓凤

出版发行　中国农业大学出版社

社　　址　北京市海淀区圆明园西路 2 号　　**邮政编码**　100193

电　　话　发行部 010 - 62818525,8625　　读者服务部 010-62732336

编辑部 010-62732617,2618　　出　版　部 010-62733440

网　　址　http://www.cau.edu.cn/caup　　**e-mail**　cbsszs @ cau.edu.cn

经　　销　新华书店

印　　刷　北京时代华都印刷有限公司

版　　次　2009 年 7 月第 3 版　　2016 年 1 月第 3 次印刷

规　　格　787×980　16 开本　34.75 印张　640 千字

印　　数　3 001～6 000

定　　价　47.00 元